扶蘇山城을 다시 본다

주류성출판사

부여군 백제신서 01

扶蘇山城을 다시 본다

인 쇄 일 : 2006년 8월 8일
발 행 일 : 2006년 8월 10일
발   행 : 주류성 출판사
발 행 인 : 최 병 식
등 록 일 : 1992년 3월 19일 제 21-325호
주   소 : 서울특별시 서초구 서초동 1305-5 창람(蒼藍)빌딩

T   E   L : 02-3481-1024(대표전화)
F   A   X : 02-3482-0656
HOMEPAGE : www.juluesung.co.kr
E - M A I L : juluesung@yahoo.co.kr

값 19,000원

ISBN 89-87096-68-8

부소산성 현황도

▲ 포곡식산성 영정주 및 횡장목흔

▲ 부소산성 전경

▲ 부소산성 우물 전경

▲ 포곡식산성 남벽 판축층

▲ 원형 저수조 노출상태

▶ 와적기단렬 노출상태

▲ 포곡식산성 동벽(N25구역) 영정주공 및
　부석렬 노출상태

▶ 포곡식산성 외부
　영정주공 노출상태

▲ 군창지 테뫼식산성 영정주공

◀ 군창지 테뫼식산성 내 수혈주거지
남측 목책공 노출상태

▼ 군창지 테뫼식산성 내 수혈건물지

▼ 남문지 전경

▲ 정지원명 삼존불상

▲ 청동 초두

▲ 금동광배

▼ 정지원명 삼존불상(뒷면)

▼ 출토 무기류(양지창)

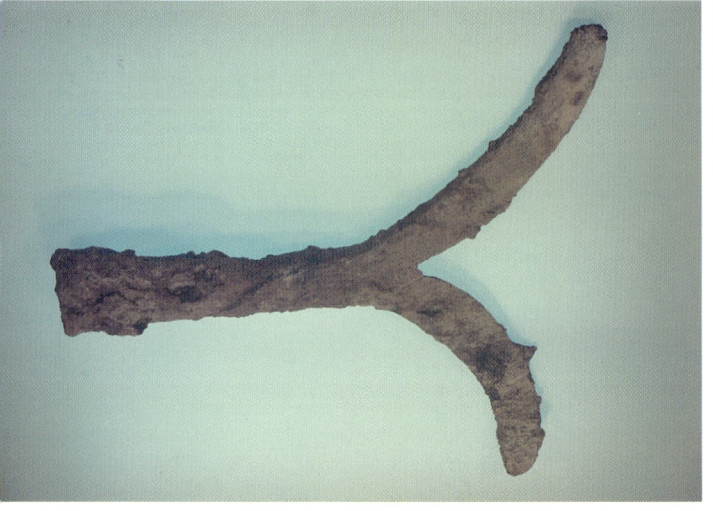

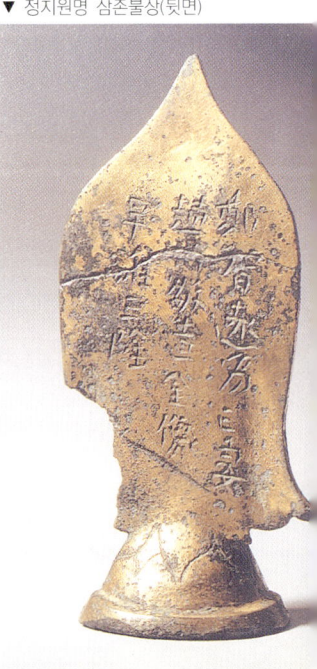

扶蘇山城을 다시 본다

扶蘇山城을 다시 본다 **목차**

Contents

사비 천도와 부소산성

이 도 학 (한국전통문화학교 문화유적학과 교수)

목 차

I. 머리말[1]

백제는 역사상 몇 차례에 걸쳐 도읍을 옮겼다. 백제가 지금의 서울 지역에 도읍하던 시기만 하더라도 하북위례성(河北慰禮城)에서 하남위례성(河南慰禮城)으로, 그리고 한산(漢山)으로 옮겼다가 다시금 한성(漢城 = 하남위례성)으로 천도한 바 있다.[2] 백제는 지금의 서울 지역에서만 천도한 것이다. 그런데 백제는 475년 고구려군의 강습(强襲)을 받아 개로왕이 전사하였고, 수도인 한성을 상실하고 웅진(熊津)으로 천도하였다. 웅진도읍기 63년간은 2명의 왕이 피살되고 귀족들의 반란이 연이어 발생하는 등 정치적으로는 격동성을 띤 심히 불안정한 시기였다. 그러나 무령왕대에 이르러 국력은 착실하게 성장을 거듭하였다. 무령왕은 농업 경제적 기반도 꾸준히 넓혀 나갔던 것이다. 이러한 토대 속에서 성왕은 538년에 지금의 충청남도 부여 지역인 사비(泗沘)로 천도를 단행하였고, 국호까지 남부여(南扶餘)로 고쳤을 정도로 국가 분위기를 일대 쇄신하고자 하였다.

성왕은 중국 남조(南朝)의 문물을 적극적으로 받아들였고, 왜(倭)에 불교를 비롯한 선진 문물을 전파하였다. 이러한 기반을 토대로 백제와 왜,

---

1) 본고는 漢字를 괄호 안에 기입하는 원칙을 세웠다. 그런데 동일한 단어라도 내용상 중요하다고 판단되는 단어의 경우는 중복 기재하였음을 밝혀 둔다.

2) 이에 대해서는 다음의 논고를 참조하기 바란다. 李道學, 「百濟 漢城都邑期 都城制에 관한 몇 가지 檢討」, 『백제 도성의 변천과 연구상의 문제점』, 2003, pp.75~95.

양국 간의 관계는 한층 밀착되어 갔다. 나아가 성왕은 신라와의 동맹관계를 적절히 이용해서 76년 만에 고토(故土) 한수유역(漢水流域)을 회복하기까지 하였다. 성왕대의 비약적인 정치·문화적 발전상은 익히 운위(云謂)되었을 정도로 백제사상 괄목할만한 위업(偉業)이었던 것이다. 그것을 가능하게 하였던 배경이 사비 천도(泗沘遷都)였다고 본다. 그러므로 사비 천도가 지닌 역사적 의미와 더불어 그 성격 등에 관한 검토가 필요하다고 판단되었다. 이와 관련해 사비 천도가 준비된 시점에 관한 기존 견해를 검토하는 등 그 전반에 대한 전면적인 재검토를 통해 사비 천도의 의의(意義)를 재평가해 보는 계기로 삼고자 하였다.

즉 웅진 천도와 연관된 이 지역 토착세력 문제와 결부지어 운위되는 수촌리세력을 백씨(苩氏)로 지목하는 견해의 타당성 검토, 수도였던 웅진이 지닌 수도로서의 한계점과 동성왕대의 사비 천도 준비설, 사비 천도를 계획하고 준비한 시점, 사비 지역이 천도지(遷都地)가 된 배경과 목적, 그리고 사비 천도의 협조 세력에 대한 검토를 시도하려는 것이다. 그럼으로써 성왕이 신도시(新都市)인 사비 지역에서 구현하려고 했던 세계관(世界觀)을 그려 보는게 가능해질 것 같다.[3]

---

3) 이에 관한 연구 성과는 다음 글에 어느 정도 정리되어 있다. 李道學, 「고대 왕도, 부여의 발달과 의미」, 『문화와 나』, 2001, 5·6월호, pp.18~25.

II. 사비 천도에 이르기까지 – 웅진시대사의 정리

1. 문주왕 (文周王)

475년 초겨울 고구려 군대의 강습으로 백제는 지금의 서울 지역에 소재한 수도 한성을 상실하고 말았다. 백제는 한 번 망하고 말았던 것이다. 그러나 지금의 공주 땅인 웅진(熊津)에 새로운 국가의 터전을 급히 마련하였다. 웅진은 어떠한 도시인가? 지금의 공산성인 웅진성은 북으로는 금강이 띠를 두르며 흘러가고 있어 천험의 해자 역할을 해주고 있는 요충지였다. 이괄의 난 때 한양을 잃고 내려온 인조가 거처한 곳이 공산성이었다. 공산성에는 쌍수정(雙樹亭)이라는 정자가 복원되어 남아 있다. 1624년 이괄의 난이 평정되었다는 소식을 들은 인조는 기쁜 나머지 성 안에 있는 두 그루의 소나무에 벼슬을 내려주었다. 세월이 흘러 소나무는 말라 죽었지만 그 장소에 쌍수정이라는 정자를 세워 기념하고 있는 것이다. 이렇듯 지금의 서울 지역을 상실한 상황에서 문주왕과 인조가 찾아온 곳은 한결같이 공주 땅이었다. 서울 지역을 상실한 상황에서 북쪽의 전황을 빨리 포착할 수 있을 뿐 아니라, 방비하기에 용이한지라 공주 땅을 선호했던 것 같다.

개로왕의 아우인 문주왕은 신라의 지원을 끌어들여 고구려의 남진을 억제하면서 내부 체제정비를 시도하였다. 신라에 파견되어 1만 명의 구원군을 이끌고 왔으나 이미 파국(破局)을 맞은 후였다. 그러한 상황에서 문주왕은 즉위하였지만, 난세(亂世)의 군주로는 적합하지 않은 우유부단한 성품이었다. 물론 문주왕은 백성들을 사랑하고 또 사랑받는 군주였지만, 비상시국을 냉혹한 의지로 극복할 수 있는 임금은 되지 못하였다. 왕실의 권위는 실추될 대로 실추된 상황이었다. 476년 봄, 문주왕은 유송에 사신을 파견하여 외교적 고립에서 벗어나고자 하였다. 유송 정권은 458년에 개로왕이 보낸 관작 요청 문서를 받고 그것을 내려준 바 있다. 그 11명 가운데 보국장군(輔國將軍)을 제수 받은 여도(餘都)라는 왕족이 기실 문주왕이었다. 문주왕은 유송에 그 존재가 알려졌던 바, 그러한 외교적 관계에 힘입어 백제의 국제적 위상을 회복하고자 한 것이다. 그러나 불행히도 연안 항해를 하던 백제 선단은 고구려 수군이 항로를 차단함에 따라 되돌아오고 말았다. 문주왕은 초조하지 않을 수 없었다. 고구려는 백제를 철처하게 파괴시켜 재기불능으로 만들었다고 선전하고 다녔을 터이지만, 중국 대륙에 그러한 주장이 잘못되었음을 말할 수 있는 백제 사신의 그림자는 비칠 수도 없었기 때문이다.

그 해 4월에는 탐라국(지금의 제주도)의 사신이 백제 조정에 도착하여 토산물을 바쳤다. 백제의 중심축이 지금의 서울 지역에서 공주 땅으로 남하해 왔음에도 불구하고, 탐라국 사신이 제대로 찾아올 수 있었다. 이는 무엇을 의미하는가? 양국 간의 교류가 활발하였고, 탐라국은 백제 조정의 동정을 읽고 있었기에 가능한 일이었다. 문주왕이 탐라국왕도 아닌 그 사신에게 2품의 달솔 관등을 내려주었음은, 백제의 당시 궁색한 처지에서 비롯된 파격적인 벼슬이었다. 그 해 8월 해구(解仇)는 병관좌평에 임명되었다. 이듬해 2월에 문주왕은 궁실을 중수하여 국왕의 위엄을 과시하고자 했다. 아울러 아우인 곤지를 내신좌평에 임명하여 왕권의 후원세력을 든든하게 포진시킨 것이다. 백제 조정의 실세였던 곤지는 그 해 7월에 사망했다. 그가 사망하기 2개월 전인 5월에 "흑룡이 웅진에 나타났다"는 『삼국사기』의 기사는, 곤지의 사망 그것도 피살을 암시하는 문구로 해석된다. 병관좌평 해구는 문주왕을 살해하기에 앞서 실세인 곤지를 먼저 제거하였을 개연성이 높기 때문이다. 곤지는 문주왕이 피살되기 불과 2달 전에 죽었기 때문이다.(『삼국사기』에 의하면 문주왕은 그 4년 9월에 사망한 것으로 되어 있지만, 3년 9월이 맞다.)

　곤지가 죽은 후 해구의 전횡은 극심하였다. "병관좌평 해구가 권력을 오로지 하고 법을 문란시켜 임금을 없애려는 마음이 있었으나 왕이 제어하지 못했다"고 할 정도였다. 문주왕은 가을에 사냥하러 들판에 갔다가 궁성으로 돌아오지 못하고 외부에서 묵었다. 해구에게는 물실호기였다. 그 틈을 놓치지 않고 해구가 도적을 시켜 문주왕을 살해하였던 것이다. 해구는 지금의 서울 지역에서 백제를 창건하는데 큰 공을 세운 해씨 가문 출신이었다. 그 가문의 기원은 부여에 두고 있는데, 백제 국왕의 배우자인 왕비를 배출했던 왕비족이기도 하였다. 그는 병권을 장악한 상황에서 실추된 부여씨 백제 왕실을 뒤엎고 국왕이 되고자 했던 것으로 보인다. 실제 문주왕을 살해한 후 해구는 "군국정사(軍國政事) 일체가 모두 좌평 해구에게 맡겨졌다"고 하였을 정도로 백제 조정의 실권을 거머쥐고 있었던 것이다.

2. 삼근왕 (三斤王)

　문주왕의 아들로서는 당시 13세된 삼근이 있었다. 과연 이런 상황에서 삼근이 즉위하였을지는 지극히 의문시 된다. 문주왕을 살해한 이듬해 봄, 해구는 은솔 연신(燕信)과 함께 무리를 모아 가지고 대두성(大豆城 : 예산군 두촌·신양면)에 근거지를 두고 반란을 일으켰다고 한다. 백제 조정의 최강자였던 해구가 일개 성에서 버티고 있는 것이다. 이는 조정 내의 세력 다툼에서 밀린 결과로 볼 수밖에는 없다. 해구 세력을 축출할 수 있는 세력은 누구일까? 백제가 지금의 서울 지역에 도읍하고 있던 시절, 해씨 가문과 더불어 번갈아 왕비족이 되었던 진씨 가문이었다. 해구는 문주왕을 살해한 후 조정의 실권을 장악하였는데, 왕이 없는 공위(空位) 기간이 되겠다.

그런데 진씨 가문이 해구의 전횡을 용납하지 않고 제동을 걸었다. 진씨 세력은 문주왕의 어린 아들 삼근을 옹립하였는데, 전통적 권위를 지닌 부여씨 백제 왕실의 복원을 원하였다. 그 결과 해구 세력과 진씨 세력 간에는 격렬한 정쟁이 벌어졌을 것이다. 해구에게는 연신과 같은 토착 기반을 가진 연씨 세력의 지원이 있었지만, 진씨 세력에게 밀려 대두성으로 쫓겨나고만 것으로 보아야만 한다. 그렇지만 여전히 해구 세력은 강성하였다. 좌평 진남(眞男)은 군사 2,000명을 이끌고 대두성을 공격했지만 패하고 말았다. 덕솔인 진로(眞老)가 정예 병력 500명을 이끌고 공격을 시도하여 해구를 잡아 죽였다. 연신은 대두성을 빠져나와 고구려로 달아났다. 연신의 처자들을 붙잡아서 웅진의 저자에서 목을 베었다. 모반자에 대한 응징에는 연좌제가 어김없이 집행되는 것이다.

이러한 곡절을 겪은 후에 삼근왕은 즉위하게 된다. 그러나 실권은 유약한 삼근왕이 아니라 그를 옹립해 주었고 부여씨 백제 왕실을 지켜준 진남과 같은 진씨 귀족에게 집중되어 있었다. 그런데 『삼국사기』에는 삼근왕이 즉위하였음에도 불구하고 부왕을 살해한 해구를 제거하지 못하고 있다가, 해구가 대두성에서 반란을 일으키자 삼근왕이 진남에게 명하여 치게 한 것으로 되어있다. 이것은 뒤에 왕실의 입장에서 서술한 것이다. 기실은 문주왕 사후 공위시대가 펼쳐졌고, 후계자 문제에 있어서 삼근왕을 옹립한 진씨 세력과 고구려에게 수도와 한강유역을 빼앗겨 버린 무능한 부여씨 왕실을 대신하여 몸소 즉위하려는 해구 세력 간에 펼쳐진 갈등관계 속에서 이해하는 게 합리적이다.

이러한 이해가 없었기에 김부식은 다음과 같은 사론(史論)을 덧붙여 탄식하고 있다. "춘추의 논법에는 임금이 살해되었는데 그 역적을 토벌하지 않는데 대하여 심각하게 책망하며 말하기를 '신하다운 신하가 없었기 때문이다' 고 하였다. 해구가 문주왕을 살해하였는데 그 아들 삼근이 왕위에 올라 그를 죽이지 못하였을 뿐 아니라 도리어 그에게 국정을 맡겼다가 한 개 성을 근거지로 삼아 반란을 일으킨 연후에야 두 차례나 대병을 출동시켜 이겼다. 이른바 첫 가을 서리를 단속하지 않았다가 굳은 얼음에 부닥치게 되었고, 반짝거리는 불똥을 끄지 않았다가 큰 불을 일으키는 격이니 그 유래하는 바는 적은데서부터 커지는 것이다. 당나라 헌종(憲宗)이 살해되었을 때도 3대 만에야 간신히 그 역적을 죽였거늘 하물며 바다 모퉁이에 있는 궁벽한 곳이며, 삼근과 같은 어린애에 대하여야 무슨 말할 나위가 있겠는가!"

3. 동성왕 (東城王)

삼근왕은 15세의 어린 나이에 세상을 떴다. 삼근왕의 사망 원인은 알려진 바 없지만, 연령상으로 볼 때 자연사일 가능성은 희박해진다. 그를 옹립해준 진씨 귀족들의 전횡 속에서 일종의 로봇 역할만 하다가 사망하였음은 분명하다. 백제 조정에서는 후사(後嗣) 문제가 논의되지 않을 수 없었다. 일단 15세로 사망한 삼근왕에게는 자식이 없었을 가능성이 높고, 설령 아들이 있었다하더라도 왕위에 오를 수 있는 연령이 아닌 유아(幼兒)일 가능성이 지극히 높다. 결국 삼근왕의 후손으로는 즉위가 어렵게 된 것이다. 삼근왕의 아우가 있었는지는 알 길이 없지만, 문주왕의 아우인 곤지의 다섯 아들 가운데 사마(무령왕)와 모대(동성왕)가 물망에 올랐다. 당시 사마는 18세의 소년으로서 국내에 체류하고 있었고, 또 세상 물정에 밝았다. 사마는 급박하게 돌아간 정변의 순간 순간들을 한 발짝 뒤에서 체험하였기에 죄다 목도하고 있었다. 반면 모대는 나이가 어렸고 왜에 장기간 체류했던 관계로 국내 정정에는 어두웠다.

두 사람 가운데 누구를 택할 것인가? 실권을 쥐고 있던 좌평 진남과 같은 진씨 귀족들은 모대를 택하기로 하였다. 모대는 사마보다 나이가 어렸으므로 조종하기에 용이할 뿐만 아니라, 더구나 국내 사정에 어둡지 않은가? 진씨 귀족들은 모대를 낙점했다. 왜 조정으로 연락하여 모대의 귀국이 준비되었다. 동성왕은 생전의 이름을 모대(牟大)라고 하였다. 『일본서기』에는 말다(末多)라고 하였다. 그는 문주왕의 아우인 곤지의 아들이었다. 그는 곤지가 왜에 건너가서 출생한 아들로 짐작되는데, 삼근왕이 사망한 후 즉위하게 된다. 삼근왕이 사망했을 때 그는 일본열도에 체류하고 있었다. 동성왕이 체류하고 있던 곳은 그의 아버지인 곤지를 제사지내는 신사인 아쓰카베 신사가 있는 가와치 아스카[近飛鳥] 일대였음이 분명하다. 그런데 왕위 계승자로 결정이 되어 백제로 떠나려고 할 때, 왜왕이 내전으로 불러 동성왕을 격려했다고 한다. 이때 동성왕을 가리켜 '나이는 어리나 총명하다[幼年聰明]'는 칭찬이 붙었다. 당시 그의 연령을 『일본서기』에는 '유년(幼年)'이라고 하였다. 479년 당시 동성왕을 유년이라고 하였다면, 적어도 15세 이하의 소년이었음을 알 수 있다.

왜에 체류하고 있던 소년의 왕위계승자가 백제로 건너오게 된 것이다. 이 왕족 소년이 즉위하게 된 배경은 복잡다기한 당시 백제 정정(政情)에 기인하였다. 모대 혹은 말다라는 이름의 동성왕은 지금의 북규슈 지역인 쓰쿠시[筑紫]의 병사 500명의 호위를 받으며 귀국하였다. 동성왕은 482년(동성왕 4)에 자신의 즉위에 결정적 공로를 세웠음이 분명한 진로를 병관좌평으로 임명하였다. 진로는 수도와 지방의 병마권을 장악하게 되었다. 이는 진로가 백제 조정 내에서 실질적인 최고의 강자였음을 뜻한다. 동성왕의 즉위 초반인 482년 이전 기록은 전하지 않지만 순탄하지만은 않았던 것 같다. 482년에는 말갈로 표기된 동예 세력이 변경을 습격하여 300여 호를 잡아가지고 간다든지, 한 길이 넘게 큰 눈이 내리기도 하였다.

동성왕은 사냥을 좋아하였다. 그는 담력이 보통 사람보다 월등히 뛰어났을 뿐 아니라 활을 잘 쏘아 백번 쏘면 백번 맞추는 신궁(神弓)이었다. 그는 말갈이 습격한 적이 있는 한산성에 나가 사냥을 하면서 군사와 백성들을 위무하고 열흘만에 돌아왔다. 웅진 북쪽에서 사냥하다가 신록(神鹿)을 잡기도 하였다. 동성왕은 사냥을 통하여 산림과 원야(原野)에 대한 지배권을 하나하나 장악하면서 왕정의 물적 기반을 확대시켜 나갔다. 왕이 사냥한 장소는 더 이상 지방 호족의 영유지가 될 수는 없었던 것이다.

동성왕의 사냥은 다른 임금들에 비해 빈번한 편이었다. 그 자신이 숨을 거두게 된 원인이 사냥이었듯이 유별난 데가 있었다. 동성왕은 지금의 부여 지역인 사비 들판이나 우명곡(牛鳴谷) 또는 우두성(牛頭城)에서도 사냥을 하였다. 사비 들판에서 가장 많은 세 차례의 사냥을 하였다. 해서 혹자는 동성왕이 사비성 천도와 관련해서 사비 들판으로 자주 사냥한 것으로 추리하기도 한다. 과연 그럴까? 동성왕은 500년에는 우두성에서 사냥을 하였는데, 이곳은 486년에 성을 축조한 곳이었다. 만약 동성왕이 우두성 일원에서 사냥을 한 후 성을 쌓았다면 축성과 관련한 지세를 탐지할 목적의 사냥으로 해석하는 게 가능하다. 그러나 그 반대였다. 이는 동성왕의 사냥 목적이 국가에서 축조한 우두성을 중심한 그 일원에 대한 지배권 확인에 있었음을 뜻하는 것이다.

10대의 소년왕은 국제 정세에도 밝았다. 484년(동성왕 6)에 남중국의 남제가 고구려 장수왕에게 표기대장군(驃騎大將軍)의 벼슬을 내렸다는 소식을 들었다. 이에 질세라 동성왕도 남제에 사신을 보내었다. 그로부터 5개월 후인 7월에 내법좌평 사약사(沙若思)를 남제에 보냈지만, 서해 해상에서 고구려 선박을 만나 되돌아오고 말았다. 백제는 다시금 고구려 수군의 연안 항로 봉쇄에 따라 외교적으로 고립되는 위기에 봉착하였다. 그러나 1년 8개월 만인 486년 3월에 남제에 사신을 보내어 조공을 하였다. 동성왕은 신라에도 사신을 보내어 돈독한 관계를 맺음으로써 자신의 정치적 위상은 물론이고 고구려의 남진에 효과적으로 대처해 나갔다.

동성왕은 493년(동성왕 15)에 신라에 사신을 보내어 혼인을 청하였다. 신라의 소지 마립간은 이에 응하였다. 왕족인 이찬 비지(比智)의 딸을 동성왕에게 시집보낸 것이다. 동성왕은 신라 왕실을 처가로 하는 혼인동맹을 맺게된 것인데, 그럼으로써 자신의 대내적 위상을 높였다. 그러면 동성왕은 무엇 때문에 신라 왕녀와 혼인하게 된 것일까? 동성왕이 신라에 혼인을 요청한 시기는 재위 15년으로서, 20대 후반의 연령으로 추정된다. 이러한 연령의 동성왕이 혼인하지 않았다고는 생각되지 않는다. 그럼에도 불구하고 동성왕이 신라 왕녀와의 결혼을 시도한 데는 정치적인 의미가 강하였다.

전통적으로 백제 왕실의 처족인 왕비족은 해씨나 진씨였다. 동성왕이 즉위할 무렵에 권력을 장악한 세력은 진씨 귀족이었다. 그러므로 동성왕은 진씨 출신의 여자를 왕비로 삼았을 가능성이 지극히 높다. 그럼에도 불구하고 동성왕이 청년기를 벗어날 무렵에 신라 왕녀를 배우자로 구하였음은, 진씨 세력의 수중에서 벗어나 왕권을 강화시키려는 데 있었을 것이다. 이 경우 동성왕은 진씨 귀족들과의 갈등을 각오해야만 하였다. 그러나 신라의 힘을 빌어 진씨 세력의 힘을 배제할 수 있다고 판단한 만큼 혼인을 단행한 것으로 본다. 또 혼인을 통해 신라와의 결속을 강화시켜 당면한 고구려의 남진을 효과적으로 저지하고 그럼으로써 여유있어진 국력을 기반으로 당면 과제인 왕권 강화를 시도하고자 한 것이다.

동성왕은 혼인동맹으로써 신라와 함께 고구려의 남진을 한층 효과적으로 막아 나갔다. 혼인동맹 이듬해인 494년에 고구려와 신라 군대가 살수(薩水) 벌판에서 싸우다가 신라가 이기지 못하고 견아성(犬牙城)으로 퇴각하여 지키고 있었다. 살수는 지금의 충청북도 괴산군 청천면 일대가 되지만, 견아성은 상주시 화북면 장암리에 소재한 견훤성으로 비정된다. 그런데 신라 군대가 들어간 견아성은 금새 고구려 군대에 포위되었다. 백제 동부전선에서의 전황을 들은 동성왕은 즉각 군대 3천 명을 출병시켰다. 백제 군대는 견아성을 포위하고 있던 고구려 군대를 축출시켰던 것이다.

495년에 고구려 군대가 백제의 치양성(雉壤城)을 포위하자, 동성왕은 신라에 사신을 보내어 지원을 요청하였다. 신라에서는 장군 덕지(德智)가 군대를 이끌고 지원해오므로 고구려 군대가 물러갔던 것이다. 이처럼 백제와 신라의 동맹은 잘 운용되고 있었다. 그러나 동성왕은 용의주도한 일면이 있었다. 탄현(炭峴)에 목책을 설치하여 신라의 침공에 대비하였던 것이다. 탄현은 대전시 동구와 옥천군 군서면에 소재한 식장산이라는 산에 소재한 고개로서, 660년 신라 군대가 넘어 왔던 곳이고, 성충과 흥수가 지키라고 신신 당부하였던 천험의 요충지였다. 요컨대 동성왕은 국제관계의 현실을 누구보다 잘 꿰뚫고 있던 군주로서, 권력의 속성에도 밝았음을 생각하게 한다.

동성왕대에는 다양한 귀족세력들이 중앙정계에 진출하고 있다. 진로(병관좌평), 사약사(내법좌평), 백가(위사좌평), 연돌(병관좌평)과 같은 이들이 중앙의 요직에 임명되고 있는데, 특정 귀족의 독주에서 벗어나 다양한 세력들이 등장하고 있는 것이다. 동성왕은 백제 왕실에 도전하였던 해씨 세력의 요직 진출을 철저히 봉쇄하였을 뿐 아니라, 자신을 옹립하였던 진씨 귀족세력의 권력 독주 또한 허용하지 않았다. 백제가 지금의 서울 지역에 도읍하고 있던 시기에는 왕실을 축으로 한 양대(兩大) 귀족세력이었던 진씨와 해씨 외에는 요직에 기용되지 않았다. 그러나 동성왕대에는 사씨를 비롯하여 백씨 연씨 등 금강을 중심으로 한 충청남도 지역에 기반을 가지고 있던 세력이 대거 등용되었다. 이러한 현상은 동성왕이 특정 귀족의 권력 독주를 막기 위해 여러 세력을 기용한 것으로서, 귀족들 간의 상호

견제와 대립을 통해 왕권을 강화시키려고 한 조치였다.

　동성왕은 486년(동성왕 8)에 이르러 국왕의 내적 권력을 공고하게 마련하였다. 동성왕은 지금의 대통령 경호실장에 해당되는 위사좌평에 백가를 임명하였다. 그리고 동성왕은 남제에 사신을 파견하여 국왕의 지위에 대한 국제적인 공인을 확보하는 동시에 궁실을 중수하여 왕실의 위엄을 과시하였다. 동성왕은 그 해 10월, 궁성 남쪽에서 크게 군대를 사열하였는데, 군 통수권의 확립을 의미하는 것이다. 동시에 원정(遠征) 전야의 어떤 검열을 생각하게 한다. 이와 관련 있는 게 488년(동성왕 10)의 기록이다. 『삼국사기』에 의하면 "위나라에서 군대를 보내와 정벌하려고 하였으나 우리에게 패하였다"는 기사가 되겠다. 이 기사는 『자치통감』 영명(永明) 6년 조의 "위나라가 군대를 보내어 백제를 쳤으나 백제에게 패하였다"라는 구절을 옮겨 온 것이다. 북중국의 왕조인 북위에서 백제를 침공했으나 패하였다는 내용이 되겠다. 우리의 고정관념을 뛰어넘는 선뜻 믿기지 않는 기사이다. 선비족 계통인 북위가 과연 위험한 항해를 무릅쓰고 백제를 침공할 필요가 있었을까? 그러므로 이 기사에 관해서는 조선시대 학자들도 한 마디씩 하였지만, 수긍하기 어렵다는 게 대세였다. 혹은 백제의 요서 진출과 관련하여 이 문구를 해석하기도 하였다. 그런데 이와 관련된 전쟁으로 보이는 기사가 『남제서(南齊書)』에 다음과 같이 적혀 있다.

이 해에 위나라 오랑캐가 또다시 기병(騎兵) 수십만을 동원하여 백제를 공격하여 그 지경(地境)에 들어가니 모대(牟大)가 장군 사법명(沙法名)·찬수류(贊首流)·해례곤(解禮昆)·목간나(木干那)를 파견하여 무리를 거느리고 오랑캐 군대를 기습 공격하여 그들을 크게 무찔렀다.

건무(建武) 2년(495년 ; 동성왕 17)에 모대가 사신을 보내어 표문을 올려 말하기를 "지난 경오년(庚午年 ; 490년)에 험윤[獫狁]이 잘못을 뉘우치지 않고 군사를 일으켜 깊숙히 쳐들어 왔습니다. 신(臣)이 사법명(沙法名) 등을 파견하여 군사를 거느리고 역습케 하여 밤에 번개처럼 기습 공격하니, 흉리(匈梨)가 당황하여 마치 바닷물이 들끓듯 붕괴되었습니다. 이 기회를 타서 쫓아가 베니 시체가 들을 붉게 했습니다. 이로 말미암아 그 예리한 기세가 꺾이어 고래처럼 사납던 것이 그 흉포함을 감추었습니다.

지금 천하가 조용해진 것은 실상 사법명 등의 꾀이오니 그 공훈을 찾아 마땅히 표창해 주어야 할 것입니다. 이제 사법명을 임시로 정로장군(征虜將軍) 매라왕(邁羅王)으로, 찬수류(贊首流)를 임시로 안국장군(安國將軍) 벽중왕(辟中王)으로, 해례곤(解禮昆)을 임시로 무위장군(武威將軍) 불중후(弗中侯)로 삼고, 목간나(木干那)는 과거에 군공(軍功)이 있는데다가 또 대(臺)와 큰 선박(舫)을 때려 부수었으므로 임시로 광위장군(廣威將軍) 면중후(面中侯)로 삼았습니다. 엎드려 바라옵건대 천은(天恩)을 베푸시어 특별히 관작을 제수하여 주십시오" 라고 하였다.

위의 전쟁 기록은 과거부터 논란이 많았다. 백제가 북위와 적대 관계인 남제의 비위를 맞추기 위해 조작한 허구적인 전쟁으로 보는 견해가 있었다. 그러나 외교문서에 그것도 존재하지도 않았던 전쟁을 꾸며 넣었다는 발상 자체가 경이로울 정도이다. 이 전쟁은 사실로 보아야만 한다. 그렇다고 할 때 490년에 백제 수군은 험윤 혹은 흉리로 표기된 북위의 선단을 크게 격파하였음을 알 수 있다. 물론 이 전쟁은 『삼국사기』에는 전혀 비치지 않지만, 488년에 북위 군대를 격파한 기사가 보이므로, 양자는 동일한 전쟁으로 간주할 수도 있다. 그러나 "목간나(木干那)는 과거에 군공이 있다"고 하였는데, 이 군공 또한 북위와의 전쟁과 관련 있음이 분명하므로 488년의 전쟁을 가리킨다고 보아 무방하다. 바로 건무 2년 조 앞의 '이 해'로부터 시작되는 전쟁 기사가 488년의 전쟁을 뜻한다고 보겠다. 요컨대 백제는 적어도 488년과 490년의 두 차례에 걸친 북위와의 전쟁을 승리로 이끌었음을 알 수 있다. 488년은 육상전을, 490년에는 해전을 하였던 것이다.

그러면 이 전쟁을 승리로 이끈 백제 장군들이 남제로부터 받은 관작을 보자. 사법명부터 목간나(木干那)에 이르기까지 4명의 백제 장군들은 남제의 장군호를 제수받게 된다. 이들은 장군호에 이어 어김없이 왕이나 후(侯)로 봉해지는데, 왕과 후 앞에는 지명을 관(冠)하고 있다. 그런데 이들 지명은 중국 대륙에서 그 위치를 구하기는 어렵다. 중국의 역대 지명사전에 전혀 보이지 않기 때문이다. 오히려 백제 영역 내에서 찾기 쉬운데, 지명을 관칭한 왕·후 호는 『남제서』 백제 조의 앞부분에 이미 다음과 같이 보이고 있다.

공(功)에 대하여 보답하고 부지런히 힘쓴 것을 위로하는 일은 실로 그 명성과 공업을 보존시키는 것입니다. 임시로 부여한 영삭장군 신(臣) 저근(姐瑾) 등 4인은 충성과 힘을 다하여 나라의 환란을 쓸어 없앴으니 그 뜻의 굳셈과 과감함이 명장(名將)의 등급에 들만하며 나라의 간성(干城)이요 사직의 튼튼한 울타리라 할만 합니다. 그들의 노고를 헤아리고 공을 논하면 환히 드러나는 지위에 있어야 마땅하므로 지금 전례에 따라 외람되이 임시 관직을 주었습니다. 엎드려 바라옵건대 은혜를 베푸시어 임시로 내린 관직을 정식으로 인정하여 주십시오. 영삭장군 면중왕 저근은 정치를 두루 잘 보좌하였고 무공 또한 뛰어났으니 이제 임시로 관군장군(冠軍將軍) 도장군(都將軍) 도한왕(都漢王)이라 하였고, 건위장군(建威將軍) 팔중후(八中侯) 여고(餘古)는 젊었을 때부터 임금을 도와 충성과 공로가 진작 드러났으므로 이제 임시로 영삭장군 아착왕(阿錯王)이라 하였고, 건위장군 여력(餘歷)은 천성이 충성되고 정성스러워 문무가 함께 두드러졌으므로 이제 임시로 용양장군 매로왕(邁盧王)이라 하였으며, 광무장군(廣武將軍) 여고(餘固)는 정치에 공로가 있고 국정을 빛내고 드날렸으므로 이제 임시로 건위장군 불사후(弗斯侯)라 하였습니다.…

위의 기록들을 모두 놓고 볼 때 왕과 후에 관칭된 면중·도한·팔중·아착·매로·불사·매라·벽중·불중 등이 지명임을 알 수 있다. 이러한 지명은 중국 지명이라기보다는 대부분 백제지역으로 비정되고 있다. 면중은 전라남도 광주로, 도한은 전라남도 고흥으로, 팔중은 전라남도 나주 일원으로, 아착은 전라남도 여수로, 매로는 전라북도 옥구나 전라남도 보성 혹은 장흥 일원으로, 불사는 전라북도 전주로, 벽중은 전라북도 김제로 비정되어진다. 이러한 비정이 정곡을 찔렀다고 보기에는 석연치 않은 구석이 많다. 그러나 일단 중국 대륙에서는 찾기 힘든 지명인데 반해 백제적인 색채가 강하다는 특징은 유의하지 않을 수 없다.

게다가 대략 전라북도 일부와 전라남도 일원에 몰려있다는 지명 분포의 경향성을 띠고 있다. 그러므로 지명을 관칭한 왕과 후들은 북위와의 전공이나 국왕을 잘 보좌한 공로로 중국의 장군호를 받는 동시에, 백제가 새로 개척한 영산강유역의 각 지역에 봉해지고 있다고 보겠다. 백제는 근초고왕대 마한경략을 통해 지금의 노령산맥 이북선까지만 영역화하고 있었다.

그런데 이 기록을 통해서 저근은 면중왕에서 도한왕으로, 여고는 팔중 후에서 아착왕으로 전봉(轉封)되었다는 사실을 발견하게 된다. 최근에 발굴된 고흥 안동고분의 피장자는 도한왕으로 분봉된 대왕권 체제하의 왕·후로 비정된다. 그리고 495년에는 목간나가 면중 후에 봉해지고 있다. 이러한 사실은 동성왕대의 귀족들은 전공 등에 따라 임지를 바꾸어 계속 이동하면서 지방을 통치했음을 알려준다. 이는 지방을 통치하는 주체가 토착 호족이 아니라 중앙에서 파견한 귀족이었음과 더불어, 전봉은 이들의 토착화를 차단하기 위한 조처로 판단된다. 나아가 동성왕 휘하에 왕과 후 그리고 태수들이 포진하고 있었음은, 동성왕 또한 왕 중의 왕인 대왕의 위치에 군림하였음을 뜻한다고 보겠다.

한편 왕·후를 칭한 귀족들은 저근·여고·여력·여고·사법명·찬수류·해례곤·목간나가 되겠다. 이 중 북위와의 전쟁에서 군공을 세운 사법명·찬수류·해례곤·목간나를 제외한 그 앞의 4명은 저근만 제외하고는 부여씨 왕족이다. 저근은 문주왕을 도와 목려만치와 함께 웅진 천도에 공을 세운 조미걸취(祖彌桀取)의 조미씨와의 관련을 연상시킨다. 부여씨를 여씨로만 표기한 것처럼, 복성(複姓)인 조미씨를 단성(單姓)인 저씨로만 표기한 게 아닐까 하는 생각도 들게 한다. 물론 조미씨를 유력 성씨인 진모씨(眞慕氏)로 파악하는 견해도 있다. 여하간 저근은 "절부(節符)와 부월(斧鉞)을 받아 모든 변방을 평정하였습니다"고 한 기사에 이어 저근이 다시금 언급되고 있는 만큼, 지방세력에 대한 통제와 흡수 그리고 영산강 유역으로의 진출에 공을 세운 인물이었음을 생각하게 한다. 그리고 저근은 면중에 왕으로 파견된데 반해 목간나(木干那)는 후로서 이곳에 부임하게 된다. 이로써 볼 때 왕과 후들이 특정 지역에 파견되면, 그 지역 이름을 취해서 왕이니 후를 칭하는 것이지 왕과 그 밑의 후가 함께 면중 지역으로 파견되었다고는 생각되지 않는다. 그러나 면중의 위치가 지금의 광주광역시가 맞다면 큰 도회였던 만큼, 그 격에 맞게끔 왕과 그 밑에 후가 함께 파견되었을 가능성도 배제하기는 어렵다. 어쩌면 이 가능성이 더 큰지도 모른다.

동성왕은 한성 함락이라는 일대 사변과 웅진 천도 초기의 내분과 같은 정정의 혼란을 틈타 이탈해 간 세력들을 하나하나 장악해 가야만 했다. 동성왕이 즉위하는 해인 479년에 가라국왕(加羅國王) 하지(荷知)가 보낸 사신은 검푸른 파도를 헤치고 남제에 도착하였다. 하지는 남제로부터 보국장군 본국왕(輔國將軍本國王)을 제수받았다. 그러면 하지는 가야제국 가운데 어느 나라 국왕이었을까? 여러 견해가 있지만 고령에 소재한 대가야의 국왕으로 간주되어지는데, 근초고왕 이래 백제에 예속되어 있던 가야세력이 백제의 영향력 약화를 틈타 남제로부터 그 정치적인 지위를 인정받고자 한 것이다. 동성왕이 해결해야 될 문제가 가야제국에 대한 영향력 복원인데, 그에 앞서 지방세력에 대한 장악이 급선무였다.

동성왕대의 농업경제 상황은 전반적으로 넉넉하지는 못했다. 다만 489년(동성왕 11) 가을 대풍을 기록하였고, 남쪽 바닷가 주민이 이삭이 맞붙은 벼를 바쳤다. 그 해 10월 동성왕이 제단을 만들어 하늘과 땅에 제사지낸 것이나, 남당에서 여러 신하들에게 잔치를 베푼 것도 대풍과 무관하지 않았을 것이다. 그러나 기상이변과 자연재해가 많았다. 490년 11월에는 얼음이 얼지 않았을 정도로 따뜻한 겨울이었다. 491년 6월에는 금강 물이 불어 웅진성의 200여 가(家)가 떠내려가거나 물에 잠겼다. 이러한 홍수는 농작물에 엄청난 피해를 주었든지 그 해 7월 600여 호의 주민들이 굶주림을 이기지 못하고 신라로 도망가게 하였다. 그 이듬해 봄철인 3월에 눈이 내렸으며 4월에 나무가 뽑힐 정도의 큰 바람이 불었다. 이러한 기상 이변은 농사가 순조롭지 못하였음을 암시하는 것이다.

497년(동성왕 19) 6월에는 비가 많이 내려 주민들의 가옥이 유실되거나 무너졌다. 2년 후인 499년 여름에는 크게 가물어 주민들이 굶주리다 못해 서로 잡아먹었으며, 도적들이 창궐하였다. 주민들은 흉년과 과도한 수취를 이기지 못했을 때 무리를 지어 촌락 공동체를 탈출하게 마련이다. 이들이 손에 검을 쥐고 생존을 모색했을 때 도적떼로 변모하게 되는 것이다. 이 지경이 되니 신하들이 창고를 열어 굶주린 주민들을 구제할 것을 요청하였지만, 동성왕은 듣지 않았다. 고구려로 도망한 주민이 2,000명을 헤아릴 정도였다. 그 해 10월에는 전염병이 크게 돌기까지 하였다. 민심이 흉흉하였던 것이다.

500년에도 가물었고, 그 이듬해 3월에는 서리가 내려 보리를 해쳤을 뿐 아니라, 5월부터 가을까지 비가 내리지 않았다. 요컨대 동성왕 재위 23년간 기상 이변으로 인한 흉년과 기아 나아가 신라와 고구려로의 주민 이탈, 그리고 홍수와 같은 재해가 끊이지 않았던 것이다. 주민들의 생활이 각박하였음을 뜻한다. 그러나 동성왕은 500년(동성왕 22) 봄에 궁성 동쪽에 높이가 다섯 길이나 되는 임류각(臨流閣)이라는 장대한 누각을 세웠다. 또 못을 파고 진기한 새들을 길렀다. 임류각은 현재 공산성 안의 동쪽 높은 대지에 2층 누각으로 복원되어 있는데, 현재의 터에서 '流'자가 새겨진 기와편이 출토되었기 때문이다. 그 위치에 대해서는 의문이 없지 않지만 여하간 굽이굽이 흘러가는 금강을 굽어볼 수 있는 경관 수려한 자리에 세워진 누각이 임류각이었다. 그러나 사치스런 이러한 토목공사에 반대하는 귀족들이 적지 않았다. 흉년으로 인한 주민의 이탈과 전염병의 창궐로 민심이 뒤숭숭한 상황이었기 때문이다. 동성왕은 냉담하였다. 귀족들이 항의하였으나 대꾸도 하지 않았을 정도로 무시하였다. 동성왕은 다시 간(諫)하는 자가 있을까봐 궁성문을 닫아걸기까지 하였다. 그 해 5월 동성왕은 가뭄으로 농민들이 하늘만 쳐다보며 애를 태우는 데도 아랑곳없이 측근들을 거느리고 잔치를 베풀어놓고 밤새 마음껏 즐겼다. 바로 임류각에서였다. 이러한 사실은 동성왕이 강력한 왕권을 확립하였음을 알려준다.

이듬해인 501년(동성왕 23년) 정월부터 괴이한 일이 일어났다. 도성 안에 거주하는 노파가 여우로 변하여 사라지는 사건이 발생했다. 남산에서는 두 마리의 호랑이가 싸웠는데 놓치고 말았다. 불길한 일에 대한 암시임은 분명하였다. 그 해도 서리가 내려 보리를 해친다거나 5월부터 가을까지 비가 내리지 않아 농사에 먹구름이 좍 끼였다. 8월에는 지금의 부여군 임천면에 소재한 성흥산성을 가리키는 가림성을 축조하고는 위사좌평 백가로 하여금 지키게 하였다.

동성왕은 10월에는 사비성 동쪽 벌판에서 사냥을 하였고, 11월에는 지금의 금강인 웅천 북쪽 벌판에서 사냥을 하였다. 이어 사비성 서쪽 벌판에서 사냥을 하였다. 동성왕이 사비성 벌판에서 사냥을 자주 행한 이유는 도성에서 가깝다는 이유 외에 천도지의 물색과 결부지어 해석하기도 한다. 특히 동성왕이 10월에서 11월에 걸쳐 집중적으로 사냥을 한 이유는 어디에 있었을까? 군사권에 대한 통제와 무관하지 않은 것으로 해석된다. 동성왕은 흉년과 토목공사로 인한 하층 주민들의 이탈 현상과 더불어 동성왕의 전횡을 말렸던 데서 알 수 있듯이 귀족층의 불만을 감지하고 있었다고 본다. 모반의 가능성을 예견하였기에 동성왕은 도성으로의 진격이 용이한 그 외곽 부대에 대한 검열적 성격을 띤 사냥을 거듭 실시한 것으로 짐작된다. 특히 동성왕은 병을 핑계로 가림성으로의 전출을 가고 싶어 하지 않았던 백가를 유의하지 않을 수 없었는지도 모른다. 그는 백가의 원망을 포착하였을 가능성이 높다. 이런 이유로 동성왕은 사비성 벌판의 동쪽과 서쪽에서 사냥을 통하여 그 곳 지방관들과 그 관할 부대에 대한 지배권을 확인하려고 한 것으로 보인다.

그런데 동성왕의 의도와는 달리 예기치 않은 일이 발생했다. 동성왕은 사비성 서쪽 벌판에서 사냥을 하다가 큰 눈에 길이 막혀 마포촌(馬浦村)에 묵었다. 이때 사냥 구역에 소재한 현지의 지방관인 가림성주 백가 또한 동성왕을 수종하였을 가능성이 높다. 원한을 품고 있던 백가는 이 틈을 절대 놓치지 않았다. 자객을 보내 유숙하고 있던 동성왕을 칼로 찔렀다. 『삼국사기』에 의하면 "12월에 이르러 돌아가셨다"고 하였다. 그러므로 동성왕은 현장에서 사망하지 않고 부상을 입은 채 웅진성으로 돌아온 후 사망하였던 것이다.

동성왕은 사냥 나갔다가 칼에 찔려 혼수상태에 빠졌다. 이때 백제 조정은 일단 동성왕을 찌른 사람이 누군가하는 문제와 동성왕의 소생 여부에 온 신경을 쏟았을 것이다. 그 다음에는 백가의 단독 소행인가 아니면 공범자가 있는가 여부에 촉각을 곤두세웠으리라고 본다. 이 문제에 관한 실마리는 "정월에 좌평 백가가 가림성에 웅거하여 반란을 일으켰다(무령왕 즉위년 조)"라는 기사가 되겠다. 동성왕이 칼에 찔린지 2개월 가까이 흘러 백가가 반란을 일으킨 것이 된다. 동성왕이 칼에 찔린 후 백가는 즉각 체포되지 않았음을 알 수 있다. 이러한 사실은 동성왕의 피살이 귀족들의 분노를 야기시켰다기보다는 서로 간에 이해득실에 따라 저울질하고 있는 상황이었음을 뜻한다.

이 문제에 관한 실마리는 『일본서기』에 인용된 백제 측 문헌인 『백제신찬』에 달려 있는 것 같다. 이에 의하면 동성왕의 피살을 "백제 말다왕이 포학무도하여 국인(國人)이 공히 제거하였다"고 하였다. 백가에 의한 살해가 아니라 국인으로 말해지는 범 귀족세력에 의해 제거되었음을 뜻한다. 다른 문헌도 아니고 백제 당시에 편찬된 책으로 믿어지는 『백제신찬』의 기록인 만큼 각별히 유의할 필요가 있을 것 같다. 이 문헌에 의미를 둘 때 다음과 같은 추리가 가능해진다. 즉, 큰 부상을 입고 누워있던 동성왕이 치료를 받기보다는 방치된 채 사망하였다면, "국인에 의해 공히 제거"가 되는 것이다. 귀족들은 쓰러진 동성왕이 소생하기를 바라지 않았던 것 같다. 엄혹한 동성왕보다는 넉넉한 인품의 군왕 후보를 물색하였을 것이다. 그러는 가운데 동성왕은 세상을 떴다. 동성왕의 이복형인 사마가 새로운 국왕으로 추대되었다. 동성왕을 살해하여 사마 곧 무령왕을 최대의 수혜자로 만들어준 이가 백가였다. 그럼에도 불구하고 그는 반란을 일으켰던 것이다. 왜 그랬을까? 백가는 '포악한' 동성왕을 살해하는데 일등 공신이었지만, 동성왕을 방치시켜 사망하게 한 일반 귀족들에 의해 그의 공은 희석되었는지도 모른다. 게다가 새로운 국왕을 추대하는 과정에서 백가와 여타 귀족들 간의 이해가 엇갈렸을 가능성이 제기된다. 무령왕의 입장에서 볼 때 백가는 여러모로 부담스러운 존재였을 것이다. 무령왕의 즉위는 이러한 와중을 극복한 이후라고 보여진다. 아마도 귀족들이 추대한 무령왕에 반기를 든 백가의 반란을 진압한 이후일 것이다.

4. 무령왕 (武寧王)

제25대 무령왕은 웅진도읍기(475~538)에 백제 중흥에 진력한 영주로서 알려진 바 있다. 그러나 그가 백제역사에서 자리매김을 제대로 받게 된 데는 1971년 여름 공주 송산리 백제 고분군 지역에서 그 5호분과 6호분의 배수시설 공사 중 실로 우연하게 그 능이 발견됨에 따라 재조명을 받게 된 때문이었다. 무령왕릉에서는 모두 108종, 2,906점의 유물이 발견되어 백제 최고급 문화의 찬연함을 보여주었다. 그런데 가장 값진 유물은 무령왕과 그 왕비의 묘터를 토지신으로부터 구입했음을 밝혀주는 문권(文券)인 매지권(買地券)이었다. 매지권에는 무령왕인 '영동대장군 백제 사마왕(寧東大將軍百濟斯麻王)'이 계묘년(癸卯年) 5월에 62세로 사망하였음을 밝혀주고 있다. 이로써 무령왕의 계보를 밝힐 수 있는 단서를 얻었거니와, 정치적 급변기였던 웅진도읍기의 왕위 계승을 둘러싼 정치적 권력구조와 그 추이에 관한 보다 정확한 지견을 얻을 수 있었다.

『무령왕릉 매지권』은 무령왕의 계보에 관한 언급은 없다. 그러나 523년에 그가 62세로 사망한 것으로 되어 있다. 이를 토대로 할 때 그는 462년에 출생하여 40세인 501년에 즉위하였음을 알려준다.

그런데 무령왕의 계보에 관해서는 몇 가지 이설이 제기되고 있다. 이와 관련하여 우선 한성 말기에서 웅진시기에 이르는 다음과 같은 『삼국사기』 백제본기 본문의 왕계에 문제가 있음을 직시할 필요가 있다. 19대 구이신왕은 405년에 출생하여 427년에 사망한 것으로 밝혀졌다. 23대 삼근왕은 465년에 출생하여 479년에 사망하였다. 25대 무령왕은 『무령왕릉 매지권』을 통하여 462년에 출생하여 523년에 사망한 것으로 밝혀졌다.

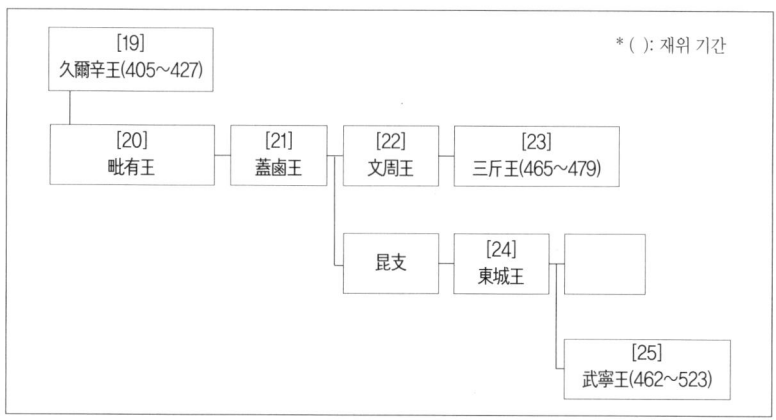

그렇다고 할 때 19대 구이신왕과 25대 무령왕까지의 5세대 사이에 즉위한 국왕들의 출생 연령을 놓고 볼 때, 57년이 소요되었고, 각 왕들은 세대 평균 11년마다 즉위 국왕들을 출생시킨 격이 된다. 이러한 수치는 매 국왕들 간의 연령차가 고구려나 신라의 경우 27~31세 정도인 점과는 현저한 차이를 보이고 있다. 가령 구이신왕과 그의 고손자인 삼근왕 사이에 2세대 차이인 60년 밖에 연령 차이가 나지 않고 있는데, 과연 그럴 수 있을까? 이는 말할 나위 없이 『삼국사기』 백제본기 본문의 왕계에 문제점이 도사리고 있음을 느끼게 한다. 이런 점을 염두에 두면서 무령왕의 계보를 살펴본다.

『삼국사기』와 『삼국유사』는 무령왕의 계보에 관하여 모두 동성왕의 둘째 아들로 기록하고 있다. 그러나 『일본서기』의 웅략 5년(461) 조에는 무령왕의 출생설화를 기록하고 있는데, 무령왕은 곤지(昆支)의 아들이지만 기실은 개로왕의 아들인 것처럼 서술하고 있다. 즉, 개로왕은 아우인 곤지를 왜(倭)에 사신으로 보낼 때, 곤지의 간청에 따라 자신의 임신한 부인(婦人)을 곤지의 아내로 삼아 함께 보냈다고 한다. 그런데 임신한 부인이 산기를 느끼자 지금의 후쿠오카 북쪽의 가카라시마[各羅島]라는 섬에 정박하여 몸을 풀어 무령왕을 출산했는데, 이로써 무령왕의 이름이 '섬왕[島王]' 즉 '사마왕(斯麻王)'이라는 이름을 얻게 되었다고 하였다. 그랬기에 백제인들이 왜로 항진할 때 지나치는 가카라시마를 일컬어 니리무세마[主嶋]라고 하였는데 '임금의 섬'이라는 뜻이다.

『일본서기』에 적혀 있는 형제공처설화(兄弟共妻說話)는 곤지가 왜로 건너간 시기나, 무령왕의 출생 연대에 관해서는 수긍되는 바 있다. 그러나 이러한 형제공처설화는 형사취수제도 아니요 전례가 없을 정도로 너무나 내용이 모욕적이고 괴기하여 따르기 어렵다. 실제 만삭의 여인을 그것도 자신의 형수를 처(妻)로 삼았다는 극적인 구성도 그렇거니와 만삭의 몸인 여인과 파고가 거세기로 유명한 현해탄을 건너야 했을 정도로 절박한 동기는 없기 때문이다. 그러다 보니까 소설가들이나 이 설화를 액면대로 받아들이고 있지만, 다만 이 설화가 지닌 의미는 존중해야 될 것 같다. 즉 무령왕의 혈통을 한성시대 마지막 왕으로서 대단한 권위를 지니고 있었지만 직계 혈통이 단절된 개로왕과 연결시키고 있는 것이다. 그럼으로써 여러 차례의 정변을 거친 후 연만한 나이에 즉위한 무령왕의 왕위 계승을 정당화하려는 의도가 숨어 있는 것이라고 하겠다. 요컨대 무령왕 출생설화는 일종의 상징 조작이라고 할 수 있다.[4]

그러나 이와는 달리 『일본서기』 무열 4년 조에 인용된 백제 역사책인 『백제신찬』에는 무령왕을 개로왕의 아우인 곤지의 아들로 기록하였다. 이 기록에 의하면 무령왕은 동성왕의 이복형이 되는데, 여러 가지 논증을 통해 볼 때 타당함이 입증되고 있다. 한 가지 예를 든다면 479년 왜에서

---

4) 이러한 서술은 李道學, 「漢城末·熊津時代 百濟 王系의 檢討」, 『韓國史研究』 45, 1984, p.16에 의한다.

36 부소산성을 다시 본다

귀국하여 즉위하는 동성왕의 연령을 '유년(幼年)'이라고 하였으므로(『일본서기』 雄略 23년 조) 유년의 상한 연령인 15세를 기준으로 할 때, 적어도 그는 465년 이후에 출생한 게 된다. 이는 462년에 출생한 무령왕보다 적어도 동성왕이 3세 정도 연령이 더 어렸음과 더불어, 『백제신찬』에 기록된 무령왕의 계보가 타당함을 알려주고 있다. 요컨대 무령왕은 곤지의 아들로서 동성왕의 형이었지만 동성왕의 사망 후인 40세의 나이로 즉위한 것이다.

이와 관련해 무령왕과 동성왕의 아버지가 되는 곤지에 관한 언급이 필요할 것 같다. 곤지는 458년 중국 남조정권인 유송(劉宋)으로부터 왕족을 포함한 11명의 백제 귀족가운데 가장 높은 정로장군 · 좌현왕(征虜將軍左賢王)을 제수받은 바 있다. 그는 당시 개로왕 정권의 병권(兵權)을 장악한 세력가였는데, 좌현왕은 흉노와 같은 유목국가에 등장하는 직제로서 동방을 관장하였다. 좌현왕의 용례를 백제에도 적용하는 게 가능하다면 곤지는 왜와 연관 있는 역할을 하였으리라고 믿어진다. 실제 그는 461년에 고구려의 남진 압박에 왜와 공동 대처하기 위한 군사 협력관계로 일본열도에 건너간 이후 가와치아스카[近飛鳥] 지역을 개척하여 근거지로 삼았다. 『신찬성씨록』에 수록된 가와치아스카베노 미야쓰코[河內飛鳥戶造]의 선조(先祖)와 아스카베 신사[飛鳥戶神社]의 제신(祭神)이 곤지인 점에서도 이 점은 입증되고 있다.

즉위와 관련한 무령왕의 당면 현안은 자신의 즉위와 직접 관련된 백가의 난에 대한 진압이었다. 무령왕은 직접 군대를 거느리고 나가 우두성에 주둔하였다. 우두성은 486년에 동성왕이 축조한 성이자 이곳에서 사냥을 하였던 곳이다. 그 위치는 알려진 바 없지만 부여군 임천면에 소재한 가림성을 공격하기 위한 군대가 머물렀던 곳이므로, 대략 지금의 공주에서 가림성을 잇는 구간에 소재한 것으로 보인다. 무령왕은 한솔인 해명(解

明)에게 명하여 가림성을 공격하게 했다. 백가를 토벌하는 데 해씨 세력이 무령왕의 편에 섰음을 알려준다. 여기서 해명은 무령왕이 출정할 때부터 종군한 인물이었는지 아니면 우두성의 성주였는지는 명확하지 않다. 해명의 공격을 받고 백가는 성문을 열고 나와 항복하였다. 무령왕은 백가의 목을 베고는 그 시신을 백강(白江)에 던져버렸다. 시신을 강물에 던져버린 것은 매장권(埋葬權)을 박탈한 가혹한 형벌이었다.

무령왕은 백가의 반란을 진압하였다. 그럼으로써 동성왕 사후의 뒷처리를 마무리 짓고 즉위 기반을 다질 수 있었다. 『삼국사기』에서 무령왕을 가리켜 "신장이 8척이요 얼굴이 그림과 같았으며 인자하고 너그러웠으므로 민심이 귀부(歸附)하였다"는 평을 내렸다. 무령왕이 폭넓은 지지 기반을 가졌음과 더불어 동성왕과는 확연히 구분되는 정치 스타일의 소유자였음을 알려준다. 주민들이 굶주려서 서로 잡아먹는 상황인지라 신하들이 창고를 열어 구제하자고 하였지만 동성왕은 거절하였다. 그러나 무령왕은 주민들이 굶주리자 즉각 창고를 열어 구제해 주었다.[5]

III. 수도 웅진의 한계(限界)

백제 26대 성왕(聖王)에 대해서는 "지혜와 식견이 뛰어나고 일에 결단성이 있었다"·"나라 사람들이 '성왕'이라 일컬었다"[6]라는 『삼국사기』의 평가가 있다. 그리고 『일본서기』에서는 "성왕은 천도(天道)와 지리에 신묘하게 통달하였기에 이름이 사방에 나 있었다"[7]라고 하였다. 명성을 한

---

5) 이상의 웅진시대사에 대한 정리는 李道學, 『살아 있는 백제사』, 2003, pp.184~219에 의한다.
6) 『三國史記』 권26, 성왕 즉위년 조.
7) 『日本書紀』 권19, 欽明 16년 조.

몸에 받았던 성왕이 재위 16년인 538년에 단행한 사비 천도에 대해서는 다음과 같은 기록이 보인다.

* 봄 사비(泗沘)로 도읍을 옮겼대다른 이름은 所夫里였대. 국호를 남부여(南扶餘)라 하였다.[8]
* 무오(戊午)에 도읍을 사비(泗沘)로 옮기고는 남부여(南扶餘)를 칭했다.[9]
* 뒤에 성왕에 이르러 도읍을 사비(泗沘)로 옮겼다. 지금 부여군(扶餘郡)이다.…26대 성왕에 이르러 도읍을 소부리(所夫里)로 옮기고는 국호를 남부여(南扶餘)라고 했다.[10]

그런데 위와 같은 간략한 기사만 놓고서는 성왕이 사비로 천도했다는 사실 이외에는 알 수 없다. 즉 사비 천도의 목적이나 배경에 관해서는 알 길이 없는 것이다. 그러면 백제 왕실이 천도를 준비하게 된 이유는 무엇이었을까? 그것은 일단 사비 이전의 수도인 웅진에 대한 불만에서 기인한다고 보겠다. 이와 관련해 웅진이 지니고 있는 제반 지리상의 문제점을 언급하지 않을 수 없다. 고구려군의 기습을 받아 경황없이 천도한 웅진은 방어 거점으로서는 적합하였다. 즉 웅진의 북쪽으로는 차령산맥이 막혀 있고 금강이 띠를 두르며 흘러가고 있다. 동쪽으로는 계룡산이 뻗어있어 신라로부터 공주 일원을 방어해 준다. 서쪽으로는 서해가 가로놓여 있고, 남쪽으로는 곡창인 호남평야를 끼고 있다. 금강을 이용한 천연적인 방어선과 해운 교통은 피난 수도로서의 지리적 조건을 충분히 갖추고 있었음

---

8) 『三國史記』권26, 성왕 16년 조. "春 移都於泗沘[一名所夫里] 國號南扶餘"
9) 『三國遺事』권1, 王曆, 제22 성왕 조. "戊午移都泗沘 稱南扶餘"
10) 『三國遺事』권2, 紀異 南扶餘 前百濟 北扶餘 條. "後至聖王 移都於泗沘 今扶餘郡 … 至二十六世 聖王 移都所夫里 國號南扶餘"

을 뜻한다.[11] 문주왕은 물론이고 훗날 조선조 이괄의 난 때 한양을 잃고 내려온 인조가 거처한 곳이 한결같이 공주였다. 이 사실은 서울 지역을 상실한 상황에서 북쪽의 전황을 빨리 포착할 수 있을 뿐 아니라, 방비하기에 용이했기에 이곳으로 몽진해 왔던 것 같다.

1. 웅진의 토착세력 문제 – 수촌리 세력의 백씨(苩氏)설 검토

웅진으로 천도하기 전에 이곳에는 어떤 세력이 존재하고 있었을까? 이와 관련해 목씨(木氏)나 백씨(苩氏)를 지목하기도 한다. 먼저 목씨의 경우는 문주왕의 남천(南遷)에 함께 하였지만, 그러나 그 가문이 임나 문제에 관여하였다. 그러므로 목씨 가문의 세력 기반을 공주 수촌리와 연관 짓기는 지리적으로 근사점이 보이지 않는다. 한편 백씨를 수촌리 지역과 연관 짓는 입론(立論)은 대략 다음에 근거하고 있다. 즉 백씨(苩氏)는 대성(大姓) 8족(族)의 하나인데, '백(苩)'이 웅진의 '웅(熊)'을 표시하는 '박(狛)' 혹은 웅진을 흐르는 금강(錦江)의 별명인 백강(白江)의 '백(白)'과 관계가 있으므로 웅진 지역을 기반으로 한 세력이라고 할 수 있다는 것이다.[12] 여기서 백씨(苩氏)의 경우를 웅진(熊津)지역과 연관 짓는 근거로서, 백강(白江)의 '백(白)'을 웅진과 관련시키고, 백씨 가문의 백가(苩加)가 왕의 최측근인 위사좌평이라는 데 두고 있다.

그런데 백강(白江)은 공주 지역뿐 아니라 부여 지역도 통과하는 지금의 금강을 가리킨다. 공주와 관련된 백제 때 금강 이름은 백강(白江)이 아니라 기실 웅수(熊水) 혹은 『삼국사기』 동성왕 13년 조에 명확하게 적혀 있

---

11) 成周鐸,「百濟 熊津城과 泗沘城研究」,『百濟研究』11, 1980, p.9.

12) 李基白,「熊津時代 百濟의 貴族勢力」,『百濟研究』9, 1978, p.102.

듯이 웅천(熊川)이라고 하였다. 즉 "6월에 웅천의 물이 불어서 왕도(王都)의 200여(餘) 가(家)가 표몰(漂沒)되었다"라고 한 기사가 그것이다. 여기서 백강(白江)의 '백(白)'의 훈독(訓讀)은 '사비'이다. 그러므로 백강(白江)은 곧 사비강(泗沘江)을 가리키며[13] 지금의 부여 지역을 통과하는 강을 가리키고 있다.[14] 이러한 사실은 무령왕이 부여 임천면에 소재한 가림성의 성주 백가(苩加)의 반란을 진압한 후 그 시신을 백강(白江)에 던졌던[15] 데서도 뒷받침된다. 요컨대 백강이 지금의 부여 지역을 통과하는 강을 가리키는 이름임을 명확히 알 수 있다. 따라서 백강(白江)의 '백(白)'은 공주와는 아무런 관련이 없다는 사실을 알려준다. 나아가 이것에 근거한 백강과 백씨 그리고 공주 지역과의 연관성을 찾는 견해는 설득력을 잃게 된다. 일례로 다음의 주장이 그것에 해당될 수 있다. 즉 백가(苩加)는 웅진 지역을 근거로 한 세력인데, 백(苩)이라는 성은 웅진(熊津)의 웅(熊)과 관련되며, 이 웅(熊)은 감·검·곰 등으로 읽혀 감해비리국(監奚卑離國)의 감(監)과도 대응된다는 것이다. 그런 까닭에 백씨(苩氏)는 일각에서 공주로 소재지를 추정하는 감해비리국 수장의 성씨이며, 수촌리 고분은 바로 백씨 가문의 분묘로 간주할 수 있다[16]는 주장이다. 이러한 주장은 입론도 잘못되었을 뿐 아니라 무조건 '감'자(字)만 나오면 공주와 연관 짓는 식이 되고 말았다. 공주와 연관 있는 지명을 찾는다면 고대사 문헌에서 공주를 가리키는 '구마나리'나 '고마' 등의 음가와 연관 짓는 게 타당했을 것이

13) 도수희, 『백제의 언어와 문학』, 2005, p.176.

14) 白馬江이라는 江名이 泗沘 즉 所夫里를 통과하는 데서 유래했음은 成周鐸, 「百濟 泗沘都城研究」, 『百濟研究』13, 1982, pp.11~12.

15) 『三國史記』 권26, 무령왕 즉위년 조. "春正月 佐平苩加據加林城叛 王帥兵馬至牛頭城 命悅率解明討之 苩加出降 王斬之 投於白江"

16) 盧重國, 「금강유역의 백제 영역화와 문화적 변화」, 『4~5세기 금강유역의 백제문화와 공주 수촌리 유적』, 충청남도 역사문화원 제5회 정기심포지엄, 2005, p.18.

다. 게다가 『청구도』에서 충청남도 홍성군 금마면을 대감개면(大甘介面)이라고 하였다. 이러한 근거로 감해비리국(監奚卑離國)의 '감해' 즉 '감개'를 홍성 대감개면의 '감개'에 비정하기도 한다.

그리고 위사좌평 백가가 공주 지역 호족 출신이고, 웅진 천도에 이들 가문의 도움이 지대하였다면 어떠한 형태로든 간에 문주왕과 삼근왕대에 백씨(苩氏)의 존재가 등장하지 않을 수 없었을 것이다. 더욱이 백씨가 공주 지역 토착 호족 가문이라면 문주왕 피살과 삼근왕 즉위 과정에서 발생한 해씨와 진씨 가문의 격돌에서 백씨가 아무런 역할을 하지 않았다는 게 납득되지 않는다. 오히려 연씨(燕氏) 세력이 해씨와 연계되어서 등장하고 있을 따름이다.[17] 그 뿐 아니라 위사좌평은 왕이 신임할 수 있는 최측근을 임명하게 마련인데, 웅진 지역 토호(土豪)를 그 직위에 임명한다는 것은 오히려 왕권에 부담이 될 수 있기 때문에 당초부터 기용하기는 어렵지 않을까 싶다. 이와 관련해 『삼국사기』 고이왕 28년 조에 보면 위사좌평에 고수(高壽)를 임명하고 있는 사실이 유의된다. 위사좌평 직에 재직했던 인물로서는 백가와 더불어 고수만이 『삼국사기』에서 보인다. 그런데 고수(高壽)는 박사 고흥(高興)과 동일한 낙랑 대방계 출신으로 추측되고 있

---

17) 해구에게는 연신과 같은 토착 기반을 가진 연씨 세력의 지원이 있었지만, 진씨 세력에게 밀려 대두성으로 쫓겨나고 만 것으로 보아야만 한다. 그렇지만 여전히 해구 세력은 강성하였다. 좌평 眞男은 군사 2천 명을 이끌고 대두성을 공격했지만 패하고 말았다. 덕솔인 眞老가 정예 병력 5백 명을 이끌고 공격을 시도하여 해구를 잡아 죽였다. 연신은 대두성을 빠져나와 고구려로 달아났다. 연신의 처자들을 붙잡아서 웅진의 저자에서 목을 베었다. 연좌제가 어김없이 집행되는 것이다. 이러한 곡절을 겪은 후에 삼근왕은 즉위하게 된다(李道學, 「漢城末·熊津時代 百濟 王位繼承과 王權의 性格」, 『韓國史研究』 50·51合集, 1985, pp.14~16).

18) 『日本書紀』 권17, 繼體 10년 조에 보면 백제에서 왜에 보낸 五經博士 高安茂를 '漢高安茂'라고 하였다. 高氏가 중국계임을 명시했다. 高興이 중국계임은 李弘稙, 『韓國古代史의 研究』, 1971, p.358에서 언급하였다.

다.[18] 그렇다면 위사좌평에는 가문의 토착적 기반이 없는 이들이 기용되었다는 이야기가 되어진다. 따라서 백가의 공주 지역 토착 호족설은 어느 모로 보나 근거가 두텁다고 보기는 어렵다. 그 밖에 수촌리 지역은 공주의 금강 이북에 소재하고 있다는 점이다. 당시 산천(山川)을 경계로 세력권이나 정치적 범위가 구획되었다고 할 때[19] 공산성 대안(對岸)의 금강 북안에서 직선거리로 5㎞ 이상 떨어진 수촌리 지역은 백제가 천도한 금강 이남의 공산성 일대와는 세력권에서는 직접 관련이 없음을 시사해 준다.

2. 웅진 지역의 지리와 정치적 문제점

웅진은 한 나라[一國]의 수도로서는 협소하기 이를 데 없었다. 금강 남안(南岸)에 소재한 공산성을 기준으로 해볼 때 웅진은 주위가 산과 구릉으로 거의 에워싸여 있기 때문에 가용 면적이 협소하여 도성으로서의 공간 구성에 부적합하다는[20] 사실을 지적하지 않을 수 없다. 이와 관련해 고구려와 백제의 초기 도성의 입지적 조건을 놓고 볼 때 방어에 유리한 험한 지형과 경제적 안정을 기할 수 있는 넓은 평야가 도읍지로서 갖추어야 할 일반적인 조건이었다고 한다. 그런데 반해 웅진 지역은 방어에는 유리한 천험의 요새이기는 하지만 옥택(沃澤)과는 거리가 있다는 것이다. 이러한 요인으로 인해 결국 천도가 준비되었다고 한다.[21]

아울러 천도 요인으로는 웅진 일원에 대한 금강의 범람을 꼽고 있다. 『삼국사기』에 다음과 같은 기사가 보인다. "웅천의 물이 불어 왕도의 200여 가(家)가 물에 떠내려가고 잠겼다(동성왕 13년 6월)", "비가 크게 내려

19) 東濊의 責禍가 대표적인 사례에 속한다(『三國志』 권30, 동이전 濊 條).

20) 沈正輔, 앞의 논문, p.6.

21) 徐程錫, 『百濟의 城郭 - 熊津 泗沘時代를 中心』, 2002, p.109.

백성들의 가옥이 떠내려가고 무너졌다(동성왕 19년 6월)"이 같은 금강의 범람 역시 사비 천도의 한 요인으로 지목하기도 한다.[22] 강의 범람으로 인한 민가의 유실과 같은 피해는 한성도읍기에도 확인되고 있다. 개로왕은 제방을 축조하여 한강의 범람으로부터 피해를 막고자 하였다.[23] 이같은 정황에 비추어 볼 때 금강 범람이 웅진 일원에만 국한된다기보다는 같은 수계(水系)를 끼고 있는 사비 지역에도 여전히 미친다고 판단된다. 실제 612년(무왕 13)에도 "5月에는 큰물이 나서 인가(人家)가 표몰(漂沒)하였다"[24]고 하여, 사비도성이 홍수를 겪고 있음을 알려준다. 따라서 금강 범람이 사비 천도의 직접적인 요인이 되기에는 설득력이 약하다는 것을 느낀다.

그러면 사비 천도의 배경을 웅진도읍기의 정치 상황과 연관지어 검토해 보지 않을 수 없다. 웅진도읍기 정정(政情) 불안의 요인이 되었던 게 왕위 계승 문제였다. 즉 한성이 함락되었을 때 개로왕은 전사하고 문주왕은 웅진으로 천도를 단행하였다. 그런데 우유부단한 성품의 문주왕은 국가적인 위기를 극복하지 못한 채 병관좌평 해구에 의해 피살되고 말았다. 문주왕을 이어 13세의 삼근왕으로 왕위가 계승되었다. 그러나 소년왕의 즉위와 3년 만에 삼근왕이 사망함에 따라 왕권의 향방은 예측이 어려운 불안정한 상태에 놓였다. 불안정한 왕위는 정국의 변수로서 작용하게 되어 정정 혼미의 요인이 되었다. 결국 곤지계의 동성왕이 유년(幼年)의 연령에 왜(倭)에서 귀국하여 즉위했다. 동성왕은 곤지의 적자(嫡子)는 아니었

22) 尹武炳,「百濟王都 泗沘城研究」,『學術院論文集』33輯(人文社會科學篇), 1994, p.92.
　　沈正輔,「百濟 泗沘都城의 築造時期에 대하여)」,『사비도성과 백제의 성곽』, 2000, p.93.
23)『三國史記』권25, 개로왕 21년 조. "又取大石於郁里河 作槨以葬父骨 緣河樹堰 自蛇城之東 至崇山之北"
　　李道學,「百濟 蛇城의 位置에 대한 再檢討」,『韓國學論集』17, 1990 ;「百濟 漢城時期의 都城制에 관한 檢討」,『韓國上古史學報』9, 1992;『백제 고대국가 연구』, 1995, pp.278~283.
24)『三國史記』권27, 무왕 13년 조.

을 뿐 아니라 무령왕의 이복동생이었다. 그러한 동성왕은 강력한 왕권을 구축하고 지방 지배를 철저하게 단행해 갔었다. 그러나 동성왕은 가림성 주 백가(苩加)에 의해 피살되고 말았다. 웅진도읍기에 문주왕과 동성왕 2 명의 왕이 정변에 의해 피살된 것이다. 백제 조정의 실권자였던 내신좌평 곤지와 삼근왕 역시 피살 가능성이 높은 것으로 밝혀졌다.[25]

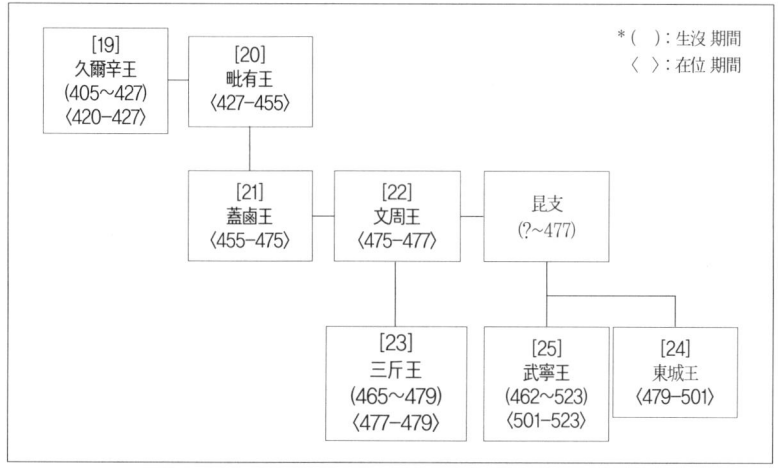

〈새로 조정된 한성 말 · 웅진도읍기의 백제 왕위계승 관계와 계보표〉

이 같은 왕권의 불안정은 왕위 계승에 있어서 확고한 원칙이 없는 상황 이었기에 가속화된 느낌을 주고 있다. 동성왕 피살 후 혼란을 수습하고 무령왕이 즉위하게 되었다. 이후 무령왕의 후손들이 백제 말기까지 왕통 을 계승하였다. 사비 천도를 단행했던 성왕은 무령왕의 아들인 것이다.[26] 무령왕의 입장에서 볼 때 음모와 칙칙한 내분의 그림자가 드리워진 웅진 땅을 벗어나 국가와 왕실의 분위기를 일대 쇄신하고자 했을 가능성이 크

---

25) 이상의 서술은 다음의 논고를 참조하였다.

李道學, 「漢城末 · 熊津時代 百濟王位繼承과 王權의 性格」, pp. 1~35.

다고 판단된다. 국왕의 거듭된 피살과 내분의 종식을 통한 강력한 왕권 확립 차원에서 사비 천도를 단행했다고 판단된다.[27] 사비 천도와 동시에 단행된 남부여(南扶餘)로의 개호(改號)가 그것을 웅변한다고 보겠다.

IV. 사비 천도는 언제부터 준비되었는가
― 동성왕대 사비 천도 준비설의 검토

백제가 사비 천도를 준비한 것은 어느 때였을까? 이와 관련해 그 시기를 동성왕대로 소급시켜 추정하는 견해가 있다.[28] 이러한 추정은 동성왕이 사비 지역에서 전렵(田獵)한 『삼국사기』의 다음과 같은 기사에 근거를 두었다.[29]

---

26) 무령왕의 아들로서 즉위한 성왕은 먼저 계보상의 검토가 요망된다. 『삼국사기』나 『삼국유사』에서 성왕은 무령왕의 아들로만 적혀 있을 뿐 元子니 長子니 하는 기록은 없다. 이는 성왕이 무령왕의 장자가 아니었음을 시사하고 있다. 이 문제를 검토해 본다. 성왕의 원자인 위덕왕은 554년에 29세였으므로 526년생이다. 그 아버지인 성왕의 출생 연도는 대략 502~503년경으로 상정할 수 있다. 이때는 무령왕의 즉위 직후가 된다. 그렇다고 할 때 성왕은 40세에 즉위한 무령왕이 왕자로 있을 시에 혼인한 여성의 소생이기보다는 즉위에 공로를 세운 세력 출신의 여자의 소생일 가능성이 크다. 성왕은 무령왕이 즉위한 직후에 혼인한 여성의 소생으로 추측된다. 그렇기에 성왕은 원자가 아님에도 불구하고 즉위할 수 있지 않았을까? 이러한 추정은 전사할 때(554년) 성왕의 연령을 50대로 설정할 수 있는 상황과 모순이 없다. 462년경에 출생한 무령왕이 480년경에 혼인하여 성왕을 낳았다고 하자. 그렇더라도 전사할 때 성왕의 연령이 70세를 상회하게 된다. 高齡의 임금이 전장에 나서기는 어렵기 때문이다. 이러한 맥락에서 볼 때 513년에 사망한 순타태자는 무령왕의 왕자시절 아내의 소생이었다. 반면 성왕은 무령왕이 즉위한 후에 맞아들인 왕비 소생이라고 하겠다(李道學, 『살아 있는 백제사』, 2003, pp.221~222).

27) 사비 천도의 배경을 내분을 종식시키기 위한 데 두었던 견해로서는 千寬宇, 「三韓의 國家形成(下)」, 『韓國學報』3, 1976, p.142가 참고된다.

28) 盧重國, 『百濟政治史研究』, 1988, p.166.

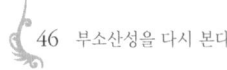

* 왕이 서울 서쪽의 사비 벌판에서 전렵을 하였다(동성왕 12년 9월 조).
* 왕이 사비 동쪽 벌판에서 전렵을 하였다(동성왕 23년 10월 조).
* 웅천(熊川) 북쪽 벌판에서 전렵을 하였다. 또 사비 서쪽 벌판에서 전렵을 하였다(동성왕 23년 11월 조).

  위와 같은 동성왕의 사비 지역 일원으로의 전렵은 단순히 사냥에 목적이 있었다기 보다는 사비 지역을 경영하기 위한 과정으로 이해할 수 있다는 것이다. 이것을 뒷받침해 주는 것이 가림성의 축조라고 보았다. 현재의 부여군 임천면의 성흥산성으로 비정되는 가림성에서는 남쪽과 동쪽으로 금강의 흐름이 내려다보이고 있다. 북쪽으로는 부소산성을 비롯한 왕궁 터가 한 눈에 조망(眺望)되고 있으며, 가까이는 논산 방면의 여러 성들과 연결되고, 멀리는 익산(益山)까지 바라본다. 따라서 가림성의 입지적 조건은 사비도성의 방어 상에 매우 중요한 요충지에 해당되므로 가림성 축조는 결국 사비 천도를 위한 준비 작업과 무관하지 않다는 것이다.[30] 그리고 동성왕은 그 재위 23년 8월에 가림성을 축조하고 위사좌평 백가로 하여금 지키게 하였다. 백가는 병을 핑계로 이에 응하지 않았지만, 동성왕이 강제로 그곳으로 전출시켰다. 동성왕이 이처럼 백가의 반대에도 불구하고 가림성에 대한 강한 집착을 보였다는 것은 사비 지역에 대한 동성왕의 특별한 관심에서 비롯되었다고 간주하였다. 요컨대 동성왕대의 가림성 축조는 사비 천도 계획의 일환으로 판단할 수 있다는 것이다.[31]

---

29) 盧重國은 동성왕 14년 조도 포함시켜 사비 지역에 대한 전렵이 모두 4차례였다고 했다. 그러나 동성왕 14년 조는 牛鳴谷으로의 전렵이므로 사비 지역과 직접 관련짓기는 어렵다. 더구나 우명곡이 사비 지역이라는 근거마저 없다. 그러므로 이는 盧重國의 失檢으로 판단된다.

30) 尹武炳, 「百濟王都 泗沘城研究」, 『學術院論文集』人文社會科學篇, 제33집, 1994.

아울러 당시 웅진에 세력 기반을 갖고 있던 백가의 입장에서 볼 때 사비 천도는 자신의 본거지로부터의 축출인 동시에 세력 기반 상실을 의미하는 것이라고 한다. 따라서 백가는 동성왕의 사비 천도에 적극 반대하는 입장에 있었다고 보았다. 그럼에도 동성왕은 백가를 가림성으로 전출시키자 이에 앙심을 품고 동성왕이 사비서원(泗沘西原)에 전렵차 행차함을 기화로 삼아 시해함으로써 반발하였다는 것이다. 즉 이것은 나성(羅城)의 축조와 함께 사비도성의 방어 시설이 거의 마무리되면서 동성왕이 당대에 천도하려고 하는 의도를 천도 반대 입장인 백가가 이미 간파하고 있었다. 백가는 결국 이를 저지하기 위하여 동성왕 시해라는 극단적인 행동을 표출한 것으로 파악했다. 이와 같은 사건의 긴박성으로 미루어 볼 때 나성은 동나성(東羅城)과 서나성(西羅城)을 포함하여 모두 동성왕 23년 11월 경에는 그 축조가 완비된 상태에 놓여 있었다. 즉 이 무렵은 사비 천도 준비가 거의 완료된 상태였다고 간주했다.[32] 심정보가 완성한 동성왕대 사비 천도설은 치밀한 고증과 물적 근거를 배경으로 하였다. 따라서 관련 논의 가운데 가장 탁발한 견해임은 부인할 수 없다. 이 점에 있어서 씨의 논고에 경의(敬意)를 표하지 않을 수 없다.

그러면 이상에서 소개한 동성왕대의 사비 천도 준비설을 검토해 보지 않을 수 없다. 우선 동성왕대의 전렵 기사가 과연 천도 계획과 관련을 지니고 있는가 하는 문제이다. 이와 관련해 동성왕대의 전렵 기사를 『삼국사기』에서 모두 뽑아 보면 앞서 인용한 것 외에 다음과 같이 보인다.

  * 여름 4월에 웅진 북쪽에서 전렵을 하면서 신록(神鹿)을 사로잡았다(동성왕 5년 조).
  * 겨울 10월에 왕이 우명곡(牛鳴谷)에서 전렵하다가 직접 사슴을 쏘았다(동성왕 14년

---

31) 沈正輔, 앞의 논문, pp.91~92.

조).

* 여름 4월에 우두성(牛頭城)에서 전렵하다가 우박(雨雹)을 만나 중지했다(동성왕 22년 조).

* 11월에 웅천(熊川) 북쪽 벌판에서 전렵을 하였다(동성왕 23년 조).

동성왕대 전렵 기사는 모두 7건이다. 이 가운데 사비 일원으로의 전렵 기사는 모두 3건에 불과하다. 사비 지역 전렵 중 2건이 동성왕이 피살되는 재위 23년 말의 1~2개월 사이에 이루어졌다. 그것도 '사비동원(泗沘東原)'·'웅천북원(熊川北原)'·'사비서원(泗沘西原)'과 함께 등장하고 있다. 이들 지역은 당시 수도였던 웅진을 기준으로 할 때 그 남동과 북쪽 그리고 남서쪽에 각각 해당된다. 동성왕 23년의 전렵이 사비 일원에만 국한된 현상이 아닌 것으로 드러났다. 따라서 전렵을 사비 천도 준비와 직접

32) 沈正輔,「古代 扶餘의 考古學的 檢討」,『부여의 어제와 오늘 그리고 내일』, 2001, 문화재관리학과 학술심포지엄, p.11, 앞의 논문, pp.99~100 이러한 견해에 대한 반론이 다음과 같이 제기된 바 있다. "이러한 주장은『삼국사기』백제본기의 동성왕 8년 7월 조에 있는 "築牛頭城"을 출발점으로 삼으면서 同기록에 나타난 동성왕의 사비 지역 田獵 기사라던가 뀹加와 가림성과의 관련 기사 등을 적극적으로 해석하는 것을 바탕으로 한 것이다. 그러나 우두성=부소산성, 전렵기사=도성 조영이란 공식의 인정과 가림성과 관련된 백가의 반발 등을 나성 축조시기의 방증자료로 활용함에 나름의 의문이 적지 않으며, 오히려 보다 적극적 근거 자료의 마련이 필요하지 않은가 생각된다. 우선 부소산성의 始築時期와 관련한 것이다. 심교수께서는『삼국사기』동성왕 8년의 "築牛頭城"의 기록을 현재의 부소산에 우두성을 쌓고 이를 근거로 사비 지역의 도읍을 경영한 것으로 보는데 이 우두성이 현재의 부소산성으로 보기에는 논거가 다소 빈약하지 않은가 생각된다. 부소산성이 우두성임은 그 형상이 소머리 같다는 점에 근거하나 신라본기 눌지마립간 22년 조에는 牛頭郡이 나오고 백제본기 온조왕 18년 조에도 낙랑의 牛頭山城, 구수왕 9년에 신라의 牛頭鎭 공격 기록으로 미루어 牛頭라는 명칭이 적지 않음에 비추어 산의 지형이 단순하게 소머리 같다고 하여 곧바로 기록의 우두성을 부소산성으로 비정하기에는 보다 많은 방증 자료가 제시되어야 하지 않은가 여겨진다. 그와 관련

연관 짓는 견해는 설득력이 약하다. 오히려 수도인 웅진을 중심으로 한 그 사방 외곽 지역에서 일련의 전렵이 이루어졌음을 알려준다. 이는 전렵의 핵심이 사비 지역이 아니었음을 시사한다고 보겠다. 설령 동성왕대의 전렵이 사비 천도와 관련 있다고 하자. 그러면 동성왕 말년인 23년 이전에도 몇 차례 사비 지역에 대한 전렵 기사가 보여야 마땅하지만 그렇지 않다.[33]

이 문제는 아무래도 동성왕이 23년 10월에서 11월에 걸쳐 집중적으로 전렵을 한 이유와 연관지어 살펴보아야 할 것 같다. 이는 추측컨대 군사권에 대한 통제와 무관하지 않은 것으로 해석된다. 동성왕은 흉년과 토목공사로 인한 하층 주민들의 이탈 현상과 더불어, 군신(群臣)들이 동성왕의 전횡을 말렸던 데서 알 수 있듯이[34] 귀족층의 불만을 감지했던 것 같다. 모반의 가능성을 예견하였기에 동성왕은 도성으로의 진격이 용이한

하여 주목할 것은 동성왕 8년의 이미 제시되었던 기록이다. 즉 동성왕은 우두성의 축성에 앞서 宮室을 重修하고 있는데 이때의 宮室은 웅진성의 궁실이 분명하다. 그런데 사비 천도의 첫 단계로 牛頭城을 축성하면서 웅진성의 궁실을 중수하는 이유가 무엇인가 가늠이 어렵고 오히려 기록으로 보아 우두성의 축성은 웅진성의 방어와 관련 있는 것이 아닌가 생각되기도 한다. 또한 그와 관련한 전렵 기사 중에서 동성왕 12년과 23년 · 10월 · 11월 조의 사실을 동성왕이 사비 지역에 천도 계획을 추진한 것으로 해석하고 있는데 이것이 단순한 전렵이 아닌 사비 지역을 경영하기 위한 것이라면 동성왕 22년의 기사처럼 "田於牛頭城"으로 표현되어야 하지 않을까 여겨진다. 그리고 사비 지역에서 이루어진 전렵 기사를 모두 도읍지 경영과 관련하여 해석한다면, 백제 전 기간은 차치하더라도 웅진도읍기에 반복적으로 전개된 적지 않은 "田獵" 관련 기사는 어떻게 해석해야 할 지 의문도 없지 않다. 또한 간과할 수 없는 것은 사비 천도를 위한 작업인 우두성 축성이 동성왕 8년에 이루어질 수 있을까라는 의문이다. 심교수께서도 지적하셨듯이 동성왕이 귀족들 간의 갈등과 알력 속에 상대적으로 자기 지지 기반이 취약한 상태에서 왕위에 오르게 되었다면, 어떻게 왕위에 오른지 8년 만에 귀족들의 간섭을 물리치고 천도를 위한 축성 사업을 전개할 수 있을까라는 의문도 자연스럽게 떠오른다. 다음은 나성의 축조시기에 대한 문제이다. 동성왕 23년 10월과 11월 조의 泗沘東原과 泗沘西原으로의 전렵 기사를 근거로, 이 시기에 나성의 축조를 마무리한 것으로 보면서

그 외곽 부대에 대한 검열적 성격을 띤 사냥을 거듭 실시한 것으로 짐작된다. 특히 동성왕은 병을 핑계로 가림성으로의 전출을 가고 싶어하지 않았던 백가를 유의하지 않을 수 없었을 것이다. 그는 백가의 원망을 포착하였을 가능성이 높다. 이러한 이유로 동성왕은 사비 벌판의 동쪽과 서쪽에서 전렵을 통하여 그곳 지방관들과 그 관할 부대에 대한 지배권을 확인하려고 했던 것으로 보인다. 동성왕이 전렵 과정에서 가림성주 백가가 보낸 자객의 칼에 찔려서 숨지게 되었다. 이는 전렵의 성격이 사비 천도 준비보다는 수도 외곽에 대한 안정적 지배라는 차원에서 이루어졌음을 시사한다. 전렵의 속성에는 지배의 확인이라는 요소가 작용하기 때문이다. 그리고 마키아벨리의 『군주론』에서 언급했듯이 국왕은 전렵을 통해 자국의 지형을 숙지(熟知)해야만 그에 맞는 방어책을 세울 수 있다고 한다.[35] 동성왕의 전렵 역시 수도 주변의 지형을 잘 파악해서 수도의 안정적 운영

그에 대한 증거로 백가의 반발을 들고 있다. 물론 동성왕 23년이란 나성의 축조시기를 반박할 적극적 문헌 자료는 찾기 어렵지만, 논지 자체는 다소 애매한 부분이 없지 않다. 즉 백가의 반발 문제에 있어, 위사좌평의 직위에 있던 사람이 동성왕 8년부터 23년까지 15년간에 걸쳐 추진한 사비 천도 계획을 천도 직전에 간파하고 이에 반발하였다는 것을 선뜻 받아들이기 어렵지 않은가 생각된다. 또한 심 교수께서도 지적하였듯이 백씨는 동성왕이 한성시대부터 있었던 구 귀족을 견제하기 위해 등용한 신흥 세력으로 보고 있다. 나아가 백가는 웅진 지역을 기반으로 한 세력임에도 강제로 사비도성의 방비에 중요한 가림성에 진주케함으로 왕의 시해로 이어지는데, 동성왕은 사비도성의 수비에 그토록 중요한 가림성에, 사비 천도가 현실로 굳어진 상태에서 반발을 충분히 예상할 수 있는 백가를 구태여 거기에 보낼 필요가 있었을 까라는 의문도 있다. 사실 웅진 천도 후 새로운 세력들이 성장하지만 여전히 『삼국사기』를 장식하는 것은 진씨와 해씨 등의 한성시대 이래의 유력 가문이고, 이들은 사비 천도까지 여전히 명맥을 유지한다. 이러한 사실은 백가의 반발을 단순히 천도에 따른 불만으로 보기에는 어색함이 많기에 동성왕대 나성 축조설을 설명하기 위해서는 보다 적극적 자료의 보완이 필요하지 않은가 생각된다. 동성왕대 사비도성의 축성 작업이 완료되었다면 무령왕과 성왕으로 이어지는 약 40년간에 걸쳐 천도가 이루어지지 않은 점도 의문이다. 물론 동성왕을 반대하는 세력에 의해 무령왕의 등극으로 이를 설명할 수도 있겠지만 그것이 성왕대에 다시

을 위한 방위망의 구축과 관련이 크다고 본다. 그러한 결실이 동성왕대 가림성의 축조라고 하겠다. 그러나 이것이 "백제 말다왕(末多王)이 무도(無道)하고 백성(百姓)에게 포학(暴虐)하여 국인(國人)이 드디어 제거했다"[36]라는 식으로 표출되었을 수 있다. 즉 전횡(專橫)으로 느껴졌을 동성왕의 권력 행사에 대한 귀족들의 반감과, 그에 대한 방어 차원에서 동성왕의 전렵을 상정할 수 있지 않을까 한다. 요컨대 일종의 양자 간의 이해가 부딪치는 과정에서 결국 동성왕이 해(害)를 입은 것으로 이해하는 게 자연스러워진다.

가림성의 입지적 조건이 사비성 방어에 긴요하다는 측면에서 사비 천도와 연관지어 해석하였다. 그러나 이는 동성왕대의 지방 지배라는 차원에

천도로 이루어졌다는 점에서 의문은 증폭된다. 심 교수께서 동성왕대의 천도 이유를 귀족 갈등에 의해 약화된 왕권의 회복, 수로를 통한 원활한 대외 활동, 가용 면적의 확보, 강의 범람을 피하기 위한 요소를 제시하였는데 그러한 이유는 무령왕·성왕대에도 여전할 것으로 볼 수 있지 않을까. 李南奭, 「'百濟 泗沘都城의 築造時期에 대하여'의 토론함」, 『사비도성과 백제의 성곽』, 2000, pp.105~107)

이에 대해 沈正輔는 다음과 같은 견해를 피력했다. "…盧重國은 이에 주목하여 東城王이 末期에 와서 側近政治로 政事를 그르치자 武寧이 昆加 등 반왕 세력을 조종하여 東城王을 제거하고 왕위(王位)에 오른 것으로 보고 있다. 이때 東城王의 측근은 泗沘遷都를 지지하는 세력으로 추정된다. 이와 같이 무령왕이 사비 천도를 반대하는 백가 등 반왕세력을 기반으로 하여 즉위하였다고 하면, 무령왕 재위 시에 사비로 천도하지 않은 것이 어쩌면 당연하다고 보겠다. 실지로 무령왕은 즉위 후 백가를 토벌하여 사비 천도를 지지하는 세력을 무마하고 국내의 분열된 정정을 극복하기 위하여 시선을 밖으로 돌리고자 하였으며, 이와 같은 수습책은 곧바로 對高句麗 공세로 나타나고 있다. 즉 元年 11월에 達率 優永을 보내서 고구려 水谷城을 습격하고 있으며, 그 다음 해인 2년 11월에도 군사를 보내어 고구려 邊境을 침공하고 있는 것이다. 이와 같이 백제의 선공으로 시작된 무령왕대의 대고구려에 대한 공방전은 동왕 12년까지 계속 이어지고 있으며, 동왕 13년에는 섬진강유역의 가야세력 복속으로 이어지고 있다. 이러한 대외활동으로 확보된 인적·물적 자원은 이후 사비 천도의 기반이 되었을 것으로 판단된다. 그리하여 梁에 사신을 보내어 스스로 강국이 되었음을 공언하게 된 것이라고 하겠다."(沈正輔, 앞의 논문, p.10)

서 중앙 요직의 인물을 새로 축성한 지역에 파견하여 통제하게 하는 방식의 일환으로 보는 게 온당할 것 같다. 사정성(沙井城)을 축조하여 한솔(扞率) 비타(毘陀)를 그곳에 파견하여 진수(鎭戍)하게 한[37] 것과 동일한 맥락에서 살피는 게 오히려 자연스럽다. 즉 이는 중앙귀족세력에 대한 재편성 작업의 일환이 되는 것이다. 그리고 지명(地名)을 관칭(冠稱)한 왕·후(王侯)들이 대거 영산강유역에 분봉(分封)되고 있는 등, 국가적 간난기(艱難期)를 틈타 이탈해 간 지방세력에 대한 지배가 동성왕대의 시대적 현안이었다.[38]

그러면 이제는 동성왕의 과연 천도 여건의 조성 여부에 대한 검토가 전제되어야 할 것 같다. 지금까지 검토한 동성왕대에 사비 천도 준비가 진행되었다는 견해는 실제 많은 비판을 받고 있다. 우선 동성왕대에 나성까지 축조되어서 천도 준비가 완료되었다고 하자. 그런데 천도를 저지할 목적에서 동성왕을 살해한 이가 백가라고 한다. 그러한 백가를 제거한 무령왕이 천도를 성큼 단행하지 못했는지에 대한 의문이 제기된다. 동성왕이 피살되는 501년부터 사비 천도가 단행되는 538년까지는 무려 1세대가 넘

---

33) 동성왕이 사비 천도와 관련하여 사비 지역으로 자주 전렵한 사실을 언급한다. 이것이 과연 적절한 근거가 될 수 있을까? 다음의 사례를 통해서 검토해 본다. 동성왕은 재위 22년에 牛頭城에서 전렵을 하였다. 이곳은 486년(동성왕 8)에 축성한 곳이었다. 만약 동성왕이 우두성 일원에서 전렵을 한 후 우두성을 축조했다고 하자. 그렇다면 우두성 축조와 관련한 지세를 탐지할 목적의 전렵으로 해석이 가능하다. 그러나 그 반대였으므로, 동성왕의 전렵 목적이 국가에서 축조한 우두성을 중심으로 그 일원에 대한 지배권의 확인에 있었음을 뜻한다고 하겠다. 따라서 동성왕의 전렵을 사비 천도와 연결 짓는 견해는 설득력이 떨어진다.

34) 『三國史記』권26, 동성왕 21·22년 조.

35) 『군주론』, 제14장, 「군사와 관련된 군주의 의무」

36) 『日本書紀』권16, 무열 4년 조.

37) 『三國史記』권26, 동성왕 20년 조.

38) 李道學, 앞의 논문, pp.23~29.

는 시간이 소요되었다. 천도가 완료된 상황에서 그것도 천도 반대 세력을 제거했음에도 불구하고 이렇게까지 장고한 시간이 소요되었다는 것은 이해하기 어렵다. 그러니 동성왕대에 천도를 위한 축성이 시작되었다거나 준비 작업이 시작되었다는 견해에는 수긍하기 어렵다는 것을 알 수 있다.

동성왕 8년에 "궁실을 중수(重修)했다"거나 동성왕 20년에 "웅진교를 설치했다"고 한다. 여기서 웅진교의 가설(架設)은 최초의 교통로 정리 기사로서 통치구획에 대한 정비를 단행했음을 시사하는 것이다. 사실 동성왕은 웅진교를 가설하기에 앞서 그 8년에 우두성(牛頭城)을, 12년에 사현성(沙峴城)과 이산성(耳山城)을 축성하였다. 웅진교를 가설하던 해에도 사정성(沙井城)을 축조하는 등 웅진성 방어체제에 심혈을 기울이던 시기였다. 따라서 웅진교 가설은 왕도를 정비하여 통치에 효율을 꾀하기 위한 조치로 파악이 되고 있다. 이러한 점에서 보더라도 동성왕대까지는 오히려 천도할 계획이 없었음을 반증하는 것으로 이해되어진다. 그 뿐 아니라 동성왕에 이어 즉위한 무령왕대에도 천도와 관련한 조짐은 찾아볼 수 없다는 것이다. 오히려 무령왕 10년에 "제방(堤防)을 튼튼하게 쌓고, 내외(內外)의 유식자(游食者)들을 귀농(歸農)시키도록 몰았다"는 조치는 역시 천도 의지가 없었음을 의미하는 문자로 해석되고 있다.[39]

천도는 일조일석에 단행되는 것이 아니다. 그 반대세력을 제압할 수 있을 정도로 왕권이 성장했을 때 가능한 일대 국가적 사업인 것이다. 외적으로는 천도에 지장이 없을 정도로 국제 정세 역시 어느 정도 호전되어 있어야 한다. 그런데 동성왕대에는 내외적으로 긴박하게 흘러가고 있었으므로 천도를 위한 객관적 여건이 조성되었다고 보기는 어렵다. 우선 동성왕대에는 『삼국사기』만 보더라도 다음과 같이 천재지변이 많았다.

---

39) 徐程錫, 앞의 책, p.82, pp.128~129.

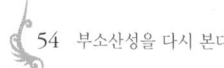

* 큰 눈이 왔는데 한 길이 넘었다(동성왕 4년 조).

* 얼음이 얼지 않았다(동성왕 12년 조).

* 6월에 웅천의 물이 불어서 왕도(王都)의 200여 가(家)가 표몰(漂沒)되었다. 7월에 백성들이 굶주려서 600여 가(家)가 신라로 도망하였다(동성왕 13년 조).

* 6월에 큰비가 와서 민가(民家)가 파괴·표류되었다(동성왕 19년 조).

* 여름에 큰 한재가 들고 백성들은 굶주려 서로 잡아먹는 지경에 이르고 도적이 많이 일어나므로 군신(群臣)들은 창곡을 풀어내어 구제할 것을 청하였으나 왕이 듣지 않았다. 이때 한산인(漢山人) 2,000여 명이나 고구려로 도망하여 들어갔다. 10월에 나쁜 병이 크게 유행하였다(동성왕 21년 조).

* 5월에 한재가 들었는데 왕은 군신(群臣)들과 임류각에 잔치를 베풀고 밤새도록 즐겨 놀았다(동성왕 22년 조).

* 정월에 한 노파가 여우가 되어 도망하고, 두 마리의 호랑이가 남산에서 싸우는 것을 잡으려 했으나 잡지 못하였다. 3월에 서리가 내려 보리가 상하였고, 5월부터 가을에 이르기까지 비가 오지 않았다(동성왕 23년 조).

위와 같은 천재지변 기사는 백제 여느 왕들의 치세 기간보다도 유례없이 많았다. 이러한 사실은 동성왕 정권이 불안정하였음을 뜻한다. 바꿔 말해 이 사실은 천도를 단행할만한 내적 기반이 성숙되지 않았음을 의미한다고 보겠다. 그 밖에 동성왕대에는 전투와 축성 그리고 토목공사도 『삼국사기』에만 보더라도 다음과 같이 제법 산견(散見)된다.

* 9월에 말갈이 침입하여 한산성을 습격하고 300여 호를 사로잡아가지고 돌아갔다(동성왕 4년 조).

* 궁성을 수리하고 우두성을 축조하였다(동성왕 8년 조).

* 위(魏)에서 군사를 보내어 침입하였으나 우리 군사에게 패하였다(동성왕 10년 조).

* 7월에 북부(北部) 사람으로 15세 이상을 징발하여 사현성과 이산성의 2성을 축조하였다(동성왕 12년 조).
* 7월에 고구려는 신라와 살수원에서 싸웠는데, 신라가 이기지 못하고 견아성으로 물러서자, 고구려가 이를 포위하므로 왕은 군사 3,000명을 파견하여 이를 구원하여 포위를 풀게 하였다(동성왕 16년 조).
* 8월에 고구려는 치양성으로 침입하여 포위 공격하므로, 왕이 사신을 신라에 파견하여 구원을 청하자, 신라의 소지왕이 장군 덕지에게 명하여 군사를 거느리고 이를 구원하니 고구려 군사는 곧 퇴각하였다(동성왕 17년 조).
* 웅진교(熊津橋)를 건설하였다. 7월에 사정성을 축조하고 한솔 비타로 하여금 이를 진수(鎭戍)하게 하였다. 8월에 왕은 탐라에서 공부(貢賦)를 닦지 않으므로 친히 공벌(攻伐)하러 무진주에 이르자, 탐라는 이 말을 듣고는 사신을 파견하여 사죄하므로 이를 그만 두었다(동성왕 20년 조).
* 봄에 임류각을 궁성 동쪽에 세웠는데, 높이가 5길이나 되고 또 연못을 파고 이상한 새를 기르게 하자 간관(諫官)이 상소로 항의하였으나 왕은 이를 회답하지 않고 다시 간(諫)하는 자가 있을까하여 궁문(宮門)을 닫아 버렸다(동성왕 22년 조).
* 7월에 탄현에 책(柵)을 설치하고 신라를 방비하였다. 8월에 가림성을 쌓고 위사좌평 백가로 하여금 이를 진수(鎭戍)하게 하였다(동성왕 23년 조).

위의 기사에서 짐작할 수 있듯이 동성왕대는 민심의 흉흉을 뜻하는 천재지변과 축성을 비롯하여 전쟁과 토목공사가 실로 많았다. 이러한 정황은 동성왕대가 천도에 적합하지 않은 상황에 놓여 있었음을 시사해 주고도 남는다. 동성왕은 이탈해 간 지방세력과 가야 및 탐라를 비롯한 부용(附庸) 세력을 그 영향권 내에 재편시키는 작업에 박차를 가하고 있었다. 이 무렵 지명(地名)을 관칭(冠稱)한 왕·후(王侯)의 분봉이 활발했던 데서 알 수 있듯이 중앙권력의 지방 지배를 통한 국가의 재건과 왕권의 확립에 부심하고 있는 상황이었다.[40] 그러므로 동성왕대는 여러 모로 천도가 논의될 여건이 되지 못한다고 보겠다.

V. 사비 천도의 계획과 준비 시점에 관한 검토

그러면 언제부터 천도에 적합한 여건이 조성되었을까? 이와 관련해 천도를 단행하기 위해서는 민심의 수습과 더불어 광범위한 지지 기반 속에서 가능하다는 사실을 유념할 필요가 있을 것 같다. 이에 적합한 국왕이 무령왕이었기에 그 성품을 "인자관후하여 민심이 귀부하였다"[41]라고 평가했던 것 같다. 민심이 무령왕에게 귀부할 수밖에 없었던 이유는 그의 치적(治績)과 관련된 사안이라고 하겠다. 무령왕의 치적은 일단 전승(戰勝)과 영역 확장에서 두드러진다. 백제가 망하다시피한 상황을 몸소 체험했던 무령왕은 무엇보다도 군사력 배양과 실지(失地) 회복(回復)에 비상하게 힘을 쏟았다. 『삼국사기』에서 관련 기사를 뽑아 보면 다음과 같다.

* 11월에 달솔 우영을 시켜 군사 5,000을 거느리고 고구려의 수곡성을 치게 하였다(무령왕 원년 조).
* 11월에 군사를 보내어 고구려의 변경(邊境)을 침범하였다(무령왕 2년 조).
* 9월에 말갈이 마수책(馬首柵)을 태우고 고목성(高木城)으로 진공(進攻)해 오자 왕이 군사 5,000을 보내어 이를 격퇴하였다(무령왕 3년 조).
* 7월에 말갈이 침범해 와서 고목성(高木城)을 깨뜨리고 600여 인을 죽이고 잡아 갔다

---

40) 李道學, 앞의 논문, pp.25~32.
41) 『三國史記』 권26, 무령왕 즉위년 조.

(무령왕 6년 조).

* 5월에 고목성(高木城) 남쪽에 2개의 책(柵)을 세우고 또 장령성(長嶺城)을 축조하여 말갈에 대비하였다. 10월에 고구려의 장수 고노가 말갈과 공모(共謀)하고 한성을 치려고 횡악 밑에 주둔하므로 왕이 군사를 내어 격퇴시켰다(무령왕 7년 조).

* 9월에 고구려가 가불성(加弗城)을 공취(攻取)하고 군대를 옮기어 원산성(圓山城)을 쳐서 깨뜨리고는 죽이고 약탈한 것이 심히 많았다. 왕이 날랜 기병(騎兵) 3,000 명을 거느리고 위천(葦川)의 북쪽에서 싸웠는데, 고구려인이 왕의 군사가 적은 것을 보고는 가볍게 여겨 진(陣)을 치지 않았다. 왕이 기계(奇計)를 써서 급히 쳐서 크게 격파하였다(무령왕 12년 조).

이러한 거듭된 전승에 힘입어 무령왕은 양(梁)에 보낸 국서에서 "여러 차례 구려(句驪)를 깨뜨렸다"고 밝혔고, "다시금 강한 나라가 되었다"는 평을 얻게 되었던 것 같다.[42] 무령왕은 고구려에 대한 설욕을 하였던 것이다. 이와 더불어 무령왕은 가야 지역에도 영향력을 미쳤다. 다음의 기사가 그 일단(一端)을 시사한다. 즉 "임나(任那)의 일본 현읍(縣邑)에 있는 백제 백성으로 도망해 온 자와 호적이 끊어진지 3~4대 되는 자를 찾아내어 백제에 옮겨 호적에 올리게 하였다"[43]라는 기사가 되겠다. 509년에 무령왕은 고구려와의 군사적 긴장이 고조되었던 한성 말·웅진 천도 이후 거듭된 정란으로 인해 가야 지역으로 이탈해 간 주민들을 귀환시키는 조치를 취했다. 이는 무령왕대에 이르러 백제 중앙권력의 흡인력이 가야 지역까지 미치게 됨에 따라 가능하였다. 512년에 백제는 이른바 임나 4현(縣)인 상다리(上哆唎)·하다리(下哆唎)·사타(娑陀)·모루(牟婁)를 점령하

---

42) 『梁書』 권54, 百濟國 조.

43) 『日本書紀』 권17, 繼體 3년 조.

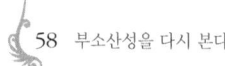

였다.[44] 이들 지역은 섬진강 서편에 소재한 것으로 비정된다.[45] 무령왕대 백제의 군사적 영향력이 가야제국에 미치기 시작하여 그 영토를 확대시킨 것이다. 그 밖에 무령왕대의 수리(水利) 시설에 대한 관심과 유민의 귀농(歸農) 조치를 비롯해서 남조(南朝)로부터의 사원 조영 기술의 도입 등이 천도의 직접적인 사회·경제적 배경이 되었다.[46]

무령왕은 한편 남중국의 양(梁)과 일본열도의 왜와의 관계를 긴밀히 하였다. 백제의 입장에서 볼 때 양(梁)은 선진 문물의 섭취 창구로서, 또 국왕의 위상 확립에 있어서 긴요한 대상이었다. 무령왕은 양(梁)으로부터 역대 백제왕들의 장군호(將軍號)보다 등급이 높은 영동대장군(寧東大將軍)을 제수받았다. 반면 왜에는 오경박사 단양이(段楊爾)에 이어 고안무(高安茂)를 파견하는 등 문화 사절의 파견을 소홀히 하지 않았다.[47] 아울러 무령왕은 간난(艱難)의 길을 걸었던 백제의 정치 상황을 거울삼아 권력 기반을 강화하는 동시에 사회 안정화를 위한 시책을 추진하였다. 그 결과 주민들의 지지를 받아 무령왕에 대하여 "인자관후(仁慈寬厚)하여 민심이 귀부하였다"는 호의적인 평을 남기게 했던 것 같다. 그렇기 때문에 무령왕은 백제 중흥의 '대왕(大王)'으로서의 의미가 함축된 '무령(武寧)'이라는 시호를 받았을 것이다.

이러한 치적과 성품을 기반으로 무령왕은 궁극적으로 천도할 수밖에 없는 이유를 내세워 귀족들을 설득하면서 중지(衆志)를 수렴했던 것이 아닌가 생각되어진다. 이 무렵의 사정을 기록한 『양서(梁書)』에는 "고구려에

---

44) 『日本書紀』 권17, 繼體 6년 조.

45) 金泰植, 『미완의 문명 7백년 가야사』3, 2002, p.79.

46) 李炳鎬, 「百濟 泗沘都城의 造營過程」, 『韓國史論』47, 2002, p.108.

47) 이에 관해서는 李道學, 「百濟의 交易網과 그 體系의 變遷」, 『韓國學報』63, 1991, pp.93~95를 참조하기 바란다.

게 격파되어 여러 해 동안 쇠약해졌다가 남한(南韓) 땅으로 옮겨 거주했다"라고 적혀 있었다. 그 직후 무령왕이 양(梁)에 보낸 국서에 따르면 "여러 차례 구려(句驪)를 격파했다"라고 선언하였다. 따라서 "다시 강한 나라가 되었다"⁴⁸⁾라는 평가를 받았던 521년(무령왕 21) 이후부터로 천도 준비를 상정해 볼 수 있을 것 같다.⁴⁹⁾ 고구려에 대한 국력의 자신감 고양(高揚)을 기반으로 무령왕은 천도를 모색했을 것으로 보인다. 그러한 천도 모색은 "지혜와 식견이 영특하고 일을 잘 결단하였다"⁵⁰⁾는 성왕의 사비 천도로 결실을 보게 되었다고 하겠다.

그러면 성왕의 사비 천도는 언제부터 그 작업이 시작되었을까? 이와 관련해 부소산성 동문지(東門址) 발굴조사 시 발굴된 대통명(大通銘) 인각와(印刻瓦)의 존재를 거론하고 있다. 대통(大通)은 주지하듯이 양(梁)의 연호로서 그 사용 기간은 527년~528년까지였다. 또 대통(大通) 연호를 사용하던 기간에 공주에 대통사(大通寺)가 건립된 적이 있었다. 이러한 대통사지(大通寺址)에서 출토된 인각와(印刻瓦)와 동일한 와(瓦)가 부소산성 동문지에서 남쪽으로 10m 떨어진 성 내부 와적층(瓦積層)에서 출토된 것이다.⁵¹⁾ 이로 미루어 대통(大通) 연호를 사용하던 기간에 부소산성 축조가 단행되었고, 그러한 축조는 사비 천도의 일환이라는 해석이 가능하다고 보았다.⁵²⁾ 그런데 인각와에 보이는 '대통'은 연호라고 일방적으로 단정하기 어려운 구석이 있다. 인각와의 '대통'이 연호로 사용되었다면, 연대가 명기(銘記)되어 있어야 할 것이다. 가령 부소산성에서 출토된 '회창7년

---

48) 『梁書』 권54, 百濟國 조.

49) 徐程錫도 이러한 견해를 이미 제시한 바 있다. 徐程錫, 앞의 책, p.131.

50) 『三國史記』 권26, 聖王즉위년 조.

51) 국립부여문화재연구소, 『扶蘇山城 - 發掘調査中間報告』, 1995, pp.88~89.

52) 沈正輔, 앞의 논문, pp.85~86.

(會昌七年)'명(銘) 와(瓦)에서도 역시 '7년(七年)'이라는 연대가 확인되고 있다.[53] 그러나 '대통' 명 인각와에서는 연대가 보이지 않기 때문이다. 그 러므로 이곳의 '대통(大通)'은 연호라기보다는 대통사라는 절 이름[寺名]을 가리키는 것으로 간주하는 게 온당할 것 같다. 설령 이러한 추측이 허 용되지 않더라도 대통명 인각와를 대통(大通) 연간에 제작된 것으로 단정 할 수 있는 근거는 없다. 부소산성에서 출토된 '대통(大通)'명 기와는 2점 이 서로 다른 인장(印章)으로 찍었음이 확인되었다.[54] 이러한 사실도 부소 산성 출토 '대통(大通)'명 인각와의 제작 상한 연대를 527~528년으로만 단정할 수 없음을 반증한다. 백제 때 대통사가 존재했던 시기에는 이러한 인각와가 계속 제작될 수 있었기 때문이다. 따라서 부소산성의 시축(始 築) 시점을 527년~528년으로 간주했던 종전의 추정은 재고를 요한다고 하겠다. 527~528년경에 창건된 대통사의 '대통' 명 인각와가 출토된 부소 산성은 527~528년 이후 어느 때 축조되었음을 뜻할 뿐이다.[55] 설령 이러 한 '대통(大通)'명 인각와가 출토되지 않았다고 하자. 그렇더라도 천도 불과 10년 전에 국가의 기반시설 그것도 왕궁과 연계된 부소산성이 축조 되지 않았다는 것은 상상하기 어렵다. 이와 관련해 고구려 장안성 조영에 34년이 소요되었고, 백제 왕흥사라는 일개 사찰 조영에도 무려 35년이 소 요되어 완공된 사실을 상기하지 않을 수 없다. 신라 황룡사의 경우에는 사역(寺域)의 담장이 구획되는 데만 무려 17년이 소요되었다고 한다.[56] 따

---

53) 이 銘文의 全文은 '會昌七年丁卯年末印'이다.(국립부여문화재연구소, 『扶蘇山城 - 發掘 中間報告書Ⅲ』, 1999, p.184, pp.189~197)

54) 국립부여문화재연구소, 앞의 책, pp.238~239.

55) 沈相六도 부소산성이 개축되면서 '대통' 명 기와가 사용되었을 가능성을 배제하지 않 았다(沈相六, 「百濟時代 印刻瓦에 關한 硏究」 공주대학교 대학원 사학과 석사학위논문, 2005, p.54).

56) 李炳鎬, 앞의 논문, p.91.

라서 부소산성 출토 '대통' 명 인각와를 근거로 사비 천도와 관련한 부소산성의 조영 시기를 천도 10년 전으로 설정한 것이 결코 획기적인 연구일 수 없다는 게 드러났다. 그보다 훨씬 이전에 사비도성에 대한 조영에 착수했고, 그 시점은 무령왕대 후반까지 소급하는 게 온당해진다.

한편 "그런데, 부소산성 성벽 부근 출토 기와는 판축 성벽의 피복용으로 이해된다. 그렇다면, 527년 무렵 창건된 대통사 소용 기와 가운데 일부가 그 무렵 역시 판축 성벽이 완성되었을 부소산성의 성벽에 피복되었던 것으로 볼 수 있으며, 따라서 부소산성은 527년 무렵 성벽 축조가 완료되었을 가능성이 매우 높다. 이와 관련해 이병호(李炳鎬)는 그 직전 526년의 웅진성(熊津城) 수리, 523년 무령왕의 사망, 526년 왕비 사망 등 일련의 국가 대사 속에서 신도(新都) 건설이 착수되었을 가능성에 회의를 제기하면서 천도 전후 시점에도 부소산성의 포곡식산성의 축조는 제한된 범위에 머물렀을 것으로 주장하였다(李炳鎬, 2002). 산성 축조가 바로 그 무렵에 착수되었다고 볼 이유는 없으며, 기왕에 착수된 산성 축조가 전기한 그러한 일로 중단되었다고 볼 이유는 없으며, 기왕에 착수된 산성 축조가 전기한 그러한 일로 중단되었다고 볼 적극적 근거도 없다. 그리고 부소산성이 완성되지 않은 상황에서 천도가 이루어졌을 것이라는 추정은 더욱 이해하기 어렵다"[57]라는 견해 역시 참고할 사안이 있지 않을까 싶다. 그러나 분명한 것은 부소산성은 538년의 사비성 천도 이전에는 축조되었다는 것이다.

---

57) 朴淳發, 「泗沘都城 研究 現況과 課題」, p.98.

VI. 사비 천도와 국가적(國家的) 이상(理想)의 구현
── 천도(遷都)의 협조 세력 문제

1. 성왕의 천도 계획

그러면 성왕의 천도 계획은 무엇이었을까? 무엇 때문에 성왕은 천도하려고 했을까? 이와 관련해 "왕권의 강화를 도모하고자 하는 목적에서 결행되었다"는 지적이 있다.[58] 그러나 고금의 일상적인 천도에서 왕권 강화와 무관하게 천도가 추진된 사례는 찾기 어렵다. 여러 귀족들 간의 이해가 착종(錯綜)하는 천도를 단행할 수 있는 강력한 왕권이 구축되지 않고서는 힘든 일이기 때문이다. 따라서 천도의 목적이 왕권 강화가 된다기보다는 왕권 강화가 그 전제 조건이 되어야만 하지 않을까 싶다. 사비 천도의 목적과 연관지어 일단 무령왕대 수습된 내분을 종식시키고 무령왕을 중시조로 하는 왕위계승 원칙을 확립하고자 했던 것으로 보인다. 이는 궁극적으로 왕권 강화와 연계된 사안임은 말할 나위 없다. 그랬기에 필자역시 사비 천도의 목적을 "강력한 왕권 확립 차원에서 사비 천도를 단행했다"[59]라고 한 바 있다. 이와 관련해 시호제가 확립되었다는 사실을 상기하지 않을 수 없다. 동성왕(東城王)의 '동성(東城)'과는 달리 무령왕(武寧王)의 '무령(武寧)'은 중국식 시호제의 영향을 받아 추증된 시호인 것이다.[60] 이러한 시호제의 확립은 불가피하게 종묘제(宗廟制)의 개편을 가져왔던 것이고, 나아가 시조 인식에도 영향을 미쳤던 것으로 생각된다. 사비도읍기부터 구태(仇台)라는 시조를 제사지내는 구태묘(仇台廟)가 건립

---

58) 盧重國, 앞의 책, p.167.

59) 李道學, 「百濟 泗沘遷都의 再檢討」, 『東國史學』 39, 2003, p.31.

60) 李道學, 「漢城末·熊津時代 百濟 王系의 檢討」, p.21.

된다. 부여계 시조인 구태는 성왕대 천도와 더불어 국호를 남부여로 고친 사실과 관련지어 부여적인 전통의 확립과 관련된 것으로 생각된다.[61] 그러기 위해서는 음모와 모략 그리고 반란으로 점철된 웅진 땅을 벗어나 새로운 수도를 경영할 필요를 느꼈기 때문이라고 하겠다. 사비 천도를 가능하게 했던 배경은 왕권의 강화와 더불어 중앙집권화가 촉진되었기 때문일 것이다. 최근의 연구 성과에 따르면 사비도성은 5부(部)·5항(巷)이 엄격히 구별되어 편제되었다고 한다. 이는 신분에 따라 시가지의 구조를 엄격하게 구분함으로써 예치(禮治)에 의해 운영되는 도성 구조를 계획하였고, 이것이 성왕이 천도를 단행한 근본 목적이 된다고 보았다.[62] 성왕은 사비 천도 후 지방에 대한 지배체제로서 5방제(方制)를 실시하였다. 이러한 5방제는 『예기(禮記)』의 '오방지민(五方之民)'에서 기원한 데서도[63] 예치(禮治)에 의한 국가 경영설은 타당성이 있다고 본다.

국호를 남부여로 개호(改號)한 데서 알 수 있듯이 부여적인 전통의 확립과 관계된 제의 시설이 사비 천도와 관련해 기반 시설로서 우선적으로 고려되었을 것이다. 그러면 사비도성에는 어떤 제의 시설이 소재하였을까? 『책부원구』를 인용한 『삼국사기』 제사지에 따르면 "백제는 매번 사중지월(四仲之月 : 2·5·8·11월)에 왕이 하늘 및 오제(五帝)의 신(神)에게 제사를 지내고, 그 시조(始祖)인 구태(仇台)의 묘(廟)를 국성(國城)에 세우고 해마다 4차례 이곳에 제사지낸다"[64]고 하였다. 여기서 종묘나 사직을 떠나서 일단 천신(天神)과 오제신(五帝神)을 제사지내는 사당과 구태묘(仇台

61) 李道學, 「漢城末·熊津時代 百濟王位繼承과 王權의 性格」, p.33.
　　梁起錫, 「百濟 聖王代의 政治改革과 그 性格」, 『韓國古代史硏究』4, 1990, pp.89~91.
62) 徐程錫, 앞의 책, p.336.
63) 李道學, 앞의 책, p.243.
64) 『三國史記』 권32, 祭祀志.

廟)가 각각 소재했음을 알려준다. 고구려의 경우 "거처하는 곳의 왼편에 대옥(大屋)을 지어 귀신에게 제사한다. 또 영성(靈星)과 사직(社稷)에도 제사를 지낸다"[65]라고 하였다. '거처하는 곳'은 왕궁 가운데서도 정전(正殿)을 가리키므로, 귀신에게 제사하는 대옥(大屋)은 왕궁 내에 소재한 시설로 간주되어진다. 이와 관련해 조선왕조의 정궁(正宮)인 경복궁의 동쪽에 종묘가 건립된 사례를 상기하는 게 좋을 것 같다. 정확하게 말하면 종묘는 경복궁의 동남쪽에 소재하고 있다. 그러나 보다 중요한 사실은 종묘역시 한양 도성 구간 안에 소재하였다는 것이다. 그러므로 백제의 종묘와 같은 제사 유구 역시 나성 구역 안에 소재한 것으로 추정하는 게 온당할 것으로 보인다. 흔히 고구려의 종묘 유구로 추정하기도 하는 집안의 동대자 유적 역시 국내 성에서 동쪽으로 불과 500m 떨어져 있는 것에 불과하다. 그러나 동대자 유구는 유적의 범위가 방대한 관계로 황성(黃城)의 일부로 간주하고 있다.[66] 그렇다면 궁실과 제사 유구는 한 개의 구역 안에 소재한 게 된다. 그런데『양서』에 적혀 있는 제사 시설 관련 기사는『삼국지』동이전 고구려 조의 기사를 전재한 것인데, "거처하는 곳의 좌우에 대옥(大屋)을 지어 귀신에게 제사한다. 또 영성(靈星)과 사직(社稷)에도 제사를 지낸다"[67]라고 적혀있다.『양서』에는『삼국지』의 동일한 문구에 적혀있는 '좌우(左右)'를 '좌(左)' 즉 '왼편'만 기재한 것이다. 그러므로『양서』에만 근거해서 왕궁 내지는 도성의 왼편 곧 동편에 있는 유구를 제사시설로 간주하는 견해는 재고를 요한다고 하겠다.

이와 더불어 사비도성과 그 주변 구간에서 고구려계 유물이 출토되는 유구의 성격에 관한 문제이다. 용정리절터와 부여초등학교 부지에서 고

---

65)『梁書』권54, 고구려 조. "於所居之左立大屋 祭鬼神 又祠靈星社稷"

66) 申瀅植,「集安 高句麗遺蹟의 調査硏究」, 1996, pp.165~166.

67)『三國志』권30, 고구려 조. "於所居之左右立大屋 祭鬼神 又祀靈星社稷"

구려계 연화문 와당이 출토되었다. 특히 용정리절터에 의미를 부여해서 사묘(祠廟)로 파악한 견해도 있다. 그러나 이와 동일한 성격의 고구려계 와당은 부소산 남쪽의 쌍북리 부여초등학교 부지에서도 출토되었다. 이 같은 고구려 계통의 유구는 능산리절터의 강당지가 온돌 구조를 갖추고 있는데, 만주 집안의 동대자 유적 및 평양의 정릉사터에서 나타난 그것과 동일하다고 한다. 그리고 고구려계의 암문토기(暗文土器)는 궁남지와 나성·송국리·능산리절터에서 확인되고 있다.[68] 손가락 끝의 압날문(押捺文)을 기와 끝에 병렬(橙列)시키는 헌평와(軒平瓦)는 집안이나 평양 등지의 고구려 절터에서 출토되고 있지만 부여 군수리절터에서 확인되었다.[69] 의외(意外)로 고구려계 유물이 사비도성 구간에서 자주 확인되고 있는 것이다. 바로 이러한 요소들과 서로 결부지어 용정리절터의 성격에 접근하는 게 온당하지 않을까 생각된다.[70]

한편 웅진에서 사비로 천도하면서 부명(部名)의 변동이 있었다는 견해가 제기된 바 있다. 그러한 근거는 『일본서기』에서 516년에 전부(前部)로 표기된 목씨(木氏)가 사비 천도 이후인 541년과 552년 그리고 554년에는 '중부(中部)'로 관칭(冠稱)되고 있다는 것이다. 그리고 534년에 '상부(上部)'로 관칭된 기주기루(己州己婁)가 543년에는 '전부(前部)' 출신으로 기재되었다는데 근거하였다. 그런데 후자의 경우 『일본서기』 흠명(欽明) 4년 9월 조에 보면 기주기루(己州己婁) 앞에는 부명(部名)이 없다. 다만 같은 책에 동일 기사에서 그 앞에 적힌 진모귀문(眞牟貴文)의 관칭인 '전부'와 동일할 것이라는 막연한 추측에 기인할 뿐이다. 그러나 이것을 금석문

68) 金鍾萬, 「사비시대 백제토기 연구」, 2004, p.275.

69) 齋藤忠, 「古代朝鮮文化と日本」, 1981, p.53.

70) 이와 관련해 趙源昌, 「기와로 본 百濟 熊津期의 泗沘經營」, 『先史와 古代』 23, 2005, pp.211~227이 참고된다.

의 표기 사례와는 동일시 하기는 어렵지 않을까 싶다. 그리고 전자의 경우는 웅진도읍기에 해씨와 연씨 그리고 백씨가 모두 모반(謀叛)에 연루된 바 있다. 그럼에도 이들은 사비도읍기에는 대성(大姓) 8족의 일원으로서 건재함을 과시하고 있다. 그런 만큼 웅진도읍기에는 이들 가문이 모두 동일한 부(部)에 거주했다고 보기는 어렵게 한다. 그러나 목씨(木氏)가 사비도성에서 왕궁을 제외하고서는 가장 핵심 구간인 중부(中部)에 거주하였다. 이러한 점을 놓고 볼 때 목씨는 당장 사비 천도에 가장 영향력을 행사했던 세력으로 지목하여 좋을 것 같다.

그러면 천도지로서 사비 지역을 택한 이유는 어디에 있었을까? 첫째는 지리적 여건을 참작하지 않을 수 없다. 사비 지역인 현재의 부여 땅은 백마강이 북으로부터 서쪽까지 반달처럼 휘감겨져 흐르는 형세이다. 동쪽으로는 계룡산과 대둔산으로 이어져 있는 산맥이 자연적인 성벽을 이루고 있다. 또한 서쪽으로는 서해를 향해 흐르고 있는 금강을 통하여 중국이나 일본을 왕래할 수 있는 수로 교통상의 요지로 알려져 왔다. 남으로는 곡창지대인 호남평야를 끼고 있어서 왕권 강화와 대외전쟁을 수행하는 데 필요한 경제적 기반을 확보할 수 있는 곳이기도 하다. 둘째 송국리 문화(松菊里文化)로 널리 알려져 있듯이 부여지방은 청동기시대 이래로 오랜 문화적 전통과 역사성을 가진 곳이었다. 근자에 발굴된 부여군 구봉리에서도 청동기시대부터 백제 때에 이르는 농경 유적이 확인된 바 있다. 이렇듯 부여 지역이 청동기시대 이래로 주요 농경 생활지역임을 알려준다.[71] 그러므로 웅진에 비해 사비는 경제 활동에 유리한 지역이었다는 점을 간과할 수 없다. 그 밖에 사비는 넓은 평야를 끼고 있을 뿐 아니라 천험(天險)하지는 않지만 그 외곽에 축성을 통해서 얼마든지 방어력을 높일

---

71) 梁起錫, 앞의 논문, p.78.

수 있는 이점(利點)이 존재하였다.[72]

2. 천도의 협조 세력

성왕의 사비 천도를 적극 유치함으로써 정치적 실권을 장악하려는 세력의 역할을 상정하고 있다. 즉 사비 천도는 성왕과 그 지지세력으로 총칭되는 정치세력에 의해 이루어진 업적이라는 것이다.[73] 이와 관련지어 사씨(沙氏) 곧 사택씨(砂宅氏) 세력을 사비 천도를 적극 유치한 주요 정치세력으로 지목하였다. 그러한 근거로서 사씨(沙氏) 세력의 지역적 기반이 부여 지방이기 때문이라는 데 두었다. 즉 "이 사씨(沙氏)는 부여 지역(扶餘地域)에 기반을 가진 세력으로서 동성왕대에 두각을 나타내었다.…성왕은 사비 지역에 기반을 가진 이 사씨 세력과 연결을 가짐으로써 천도 단행을 뒷받침할 수 있는 배경세력을 확보할 수 있었던 것으로 보인다"[74] 고 했다. 사택지적비를 통해서도 부여지방이 사씨의 세력 기반임을 알 수 있다는 것이다. 사비 천도 이후 사씨(沙氏) 세력들이 상좌평이나 대좌평과 같은 중요 관직을 차지하고 있어서 정치적 비중이 높은 세력으로 부각된 것은 사실이다.[75] 그렇지만 사씨의 근거지로 지목했던 내지성(奈祗城)의 소재지에 대한 비정은 재검토되어야 한다. 즉 기존의 견해에서는 내지성을 부여군 은산면 내지리(內地里)로 비정하였다.[76] 내지성(奈祗城)의 '내지'와 내지리(內地里)의 '내지'를 음상사(音相似)로 연결시켰던 것이

---

72) 徐程錫, 앞의 책, pp.109~111.

73) 盧重國, 앞의 책, p.166.

74) 盧重國, 앞의 책, p.166.

75) 梁起錫, 앞의 논문, pp.78~79.

76) 洪思俊, 「百濟砂宅智積碑에 대하여」, 『歷史學報』6, 1954, p.256.

다. 그러나 내지리라는 지명은 1914년에 일제가 행정 구역 개편 시 내대리(內垈里)와 지경리(地境里)의 머리 글자를 따서 조합한 이명(里名)이므로[77] 역사성은 없다고 보아야만 한다. 따라서 사택씨의 근거지를 부여로 비정하는 견해는 방법이 잘못되었음을 알 수 있다. 『사택지적비문』을 통해 볼 때 백제의 인명 표기는 출신 지역명으로써 성명(城名)을 표기하였다고 보겠다. 그러나 왕경인(王京人)의 경우는 여타 금석문이나 문헌 자료를 놓고 볼 때 신라와 마찬가지로 부명(部名)을 표기하였다고 생각된다. 그렇다고 할 때 내지성은 부여 나성(羅城) 구역 안이 되는 지금의 부여읍 일원이 아님을 알 수 있다.[78] 이러한 내지성은 사택지적이 은퇴한 곳도 아니다.[79] 그의 출신지인 내지성(奈祇城)은 노사지성(奴斯只城) 즉 내사지성(內斯只城)이라고도 불린 지금의 대전광역시 유성구[80] 일원을 가리킨다고 보여진다. 또 사택지적이 금(金)을 뚫어 진당(珍堂)을 세우고, 옥(玉)을 다듬어 보탑(寶塔)을 세웠다는 것은, 두루 알려져 있듯이 8성(姓) 대족(大族)에 속한 사택씨의 경제적 기반을 암시해 준다.[81]

이와 관련해 천도 이전 사비의 지역적 상황을 살펴보지 않을 수 없다. 천도 이전 사비 지역은 개발이 어려운 저습지(低濕地)가 곳곳에 점재(點

---

77) 한글학회, 『한국지명총람』4, 충남편(상), 1974, p.480.

78) 李道學, 「方位名 夫餘國의 成立에 관한 檢討」, 『白山學報』38, 1991, p.33.

79) 李道學, 「日本書紀의 百濟 義慈王代 政變 記事의 檢討」, 『韓國古代史硏究』11, 1997, p.413.

80) 『三國史記』권36, 地理志, 比豊郡 조에 따르면 "儒城縣은 본시 백제의 奴斯只縣이다"라고 하였다. 奴斯只縣에서 '斯'는 사이 'ㅅ'에 불과하므로, 奴斯只는 '奴只'로 발음된다. 여기서 奴는 주지하듯이 內・壤・邢・洛 등과도 통하므로, 내지성과 奴只는 연결된다고 하겠다. 더욱 분명한 사실은 『大東地志』권5, 公州 古邑 조 儒城 항에 의하면 "本百濟奴斯只 奴一作內"라고 하였다는 점이다. 奴斯只는 內斯只로도 표기되고 있다. 이러한 경우라면 奈祇城의 '奈'는 '나'보다 '내'로 발음되었을 가능성이 높다.

81) 李道學, 『새로 쓰는 백제사』, 1997, pp.458~459.

在)하여 선주(先住) 취락이 거의 없었다고 한다. 정림사지 발굴에서도 기단부 조사에서 판축층(版築層) 아래층에 저습한 토양이 확인되어 저습지 개발을 통한 사역(寺域)의 정지 작업의 결과로 해석되고 있다.[82] 능산리절터의 경우 사찰 조영 이전에 소택지(沼澤地)였음이 확인되었다.[83] 이렇듯 사비도성 조성 과정은 그때까지 개발이 이루어지지 않았던 지역에 대한 대규모 신도시 개발의 성격을 띠었다고 보겠다.[84] 그렇다고 할 때 사씨 세력을 사비 지역의 토착 세력으로 결부 짓는 견해는 더 이상의 설득력을 잃는다. 동시에 이는 '사비(泗沘)'·'소부리(所夫里)'라는 지명을 '새로운 벌(伐)' 즉 '신도회(新都會)'라는 뜻으로 해석한 견해와 자연스럽게 부합된다. 요컨대 사비 지역에 토착세력이 없었기에 신도시 개발 형태로 천도가 추진된 결과, 사비도성은 계획 도시로서 번듯하게 자리잡을 수 있었다고 하겠다. 사비 지역이 국가 심장부로서의 위상을 확보하기까지는 목씨(木氏) 세력의 전폭적인 지원에 힘입었다고 본다. 한성도읍기는 물론이고 문주왕의 웅진 천도와 동성왕대 전공을 세우면서 두각을 나타낸 목씨

---

82) 尹武炳, 『定林寺』, 1981, pp.15~16.

83) 金鍾萬, 「扶餘陵山里寺址에 대한 小考」, 『新羅文化』17·18合集, 2001, pp.61~68.

84) 朴淳發, 「熊津遷都 背景과 泗沘都城 造成過程」, 『백제 도성의 변천과 연구상의 문제점』, 2002, pp.58~64.

85) 盧重國은 木氏의 출신을 目支國에서 찾았다. 목지국의 '目'은 木羅氏의 '木'과 상통하고, '支'는 '벌'·'평야'·'城'을 의미하는 '羅'와 연결되므로, 目支와 木羅는 동일한 실체라는 것이다(盧重國, 「금강유역의 백제 영역화와 문화적 변화」, 『4-5세기 금강유역의 백제 문화와 공주 수촌리 유적』, 충청남도역사문화원 제5회 정기심포지엄, 2005, p.8). 이러한 주장이 성립하기 위해서는 먼저 木羅氏를 木劦氏로도 표기하고 있고, 또 盧重國 자신은 木劦氏를 '목협씨'로 읽고 있는 점에 대한 검증이 필요하다. 왜냐하면 氏는 '支'를 城의 뜻으로 간주하여 '羅'와 결부지었다. 그러나 '支'가 과연 성읍의 뜻으로 '羅'와 연결되는지도 의문이다. 더 나아가서는 이것이 '鳴'을 '협'으로 읽고 있는 것과는 어떻게 결부 지을 수 있을지 의심된다. '羅'는 '토지'나 '땅'과 관련된 '那'·'壤'·'奴' 등과는 연결되지만 성읍과 관련 짓는 경우는 찾기 어렵기 때문이다.

세력의 출신 근거지에 대한 분명한 검토가 앞으로 남아 있다.[85] 그러나 목씨 세력이 5부(部)로 구획된 사비도성 내에서 그 한 복판인 중부(中部)에 거주한 사실이 천도와 관련한 영향력을 암시하고도 남는다. 사비도성의 거주 구역은 천도 시 구획되었다고 하므로 더욱 그렇게 여겨진다.

Ⅶ. 부소산성의 성격

부소산성의 어의(語義)에 대해서는 여러 가지 해석이 제기되었지만 명확하지 않다. 그리고 앞에서 이미 언급했지만 부소산성의 성격에 대해서는 우두성으로 지목하는 견해가 있었다. 그러한 우두성에 관한 기록은 『삼국사기』에 다음과 같이 보인다.

> 궁실을 중수하였다. 우두성을 축조하였다(동성왕 8년 7월 조).
> 우두성에서 전렵하다가 우박을 만나 그만 두었다(동성왕 22년 4월 조).
> 좌평 백가가 가림성에 웅거하여 반란을 일으켰다. 왕이 병마를 이끌고 우두성에 이르러 한솔 해명에게 명하여 그곳을 치게 하였다. 백가가 나와서 항복하자 왕이 그를 베고는 백강에 던졌다(무령왕 즉위년 정월 조).

그런데 부소산성을 우두성으로 지목하는 문제에 관한 최근의 지적으로서는 다음과 같은 견해가 제기된 바 있다. 즉 "…심지어 동성왕 8(486)년에 축조 기사가 보이는 우두성을 부소산성으로 비정하여 웅진시기 이른 시점에 이미 사비도성의 축조가 이루어졌다는 주장도 제기된 바 있다. 『삼국사기』에 나타나는 동성왕대의 일련의 축성 기사 사이의 선후관계 및 정황은 처음에는 고구려 등 북방 위협에 대처하는 것이었고 그 다음은 신라에 대한 방비로 파악된다. 사비 천도를 위한 일련의 사전 정지 조치 가운데 하나로 널리 받아들여지고 있는 가림성 축조는 그 다음에 비로소 나타난다. 그러므로 동성왕 8년에 축성된 우두성이 사비 지역 경영을 위한 축성으로 받아들이기는 어렵다. 우두성을 부소산성으로 주장하는 근거는 단지 평면 형태가 소머리와 유사하다는 주관적 관찰 이외에는 찾기 어려우므로 받아들이기 어렵다는 입장이 많다. 현재로서는 우두성의 위치를 비정할 근거는 없으나 『대동지지』 한산군 연혁 조에는 '본래 백제 우두성이다'라고 하고 있어 주목된다. 『대동지지』 이외의 조선시대 지지류(地誌類)에서는 그러한 내용이 보이지 않아 그러한 비정의 근거를 찾기 어렵다"[86)]는 것이다. 이 우두성의 위치에 대해서는 전기(前記)한 『대동지지』 한산(韓山) 성지(城池) 조에서 "건지산고성[乾止山古城 : 즉 우두성(牛頭城)은 둘레가 3,061척이고, 샘[泉]은 7개, 못[池]은 1개, 옛적에 창(倉)이 있었다] 백제 무왕 33년에 마산성(馬山城)으로 개축했다"[87)]고 하였다. 『대동지지』의 저자인 고산자 김정호는 우두성을 서천군 한산면에 소재한 건지산성으로 지목하였다. 이 건지산성은 백제인들이 조국을 회복하기 위해 항쟁했던 마지막 왕성이었던 주류성으로 비정되어 왔었다. 그러나 건지산성은 발굴 결과 고려시대 때 축조한 성으로 밝혀졌다.[88)] 그러므로 건지산성을 우두성과 관련짓기는 어렵게 되었다.

그러면 우두성의 위치는 어디일까? 부여 관내의 읍지에 따르면 우두성은 부여군 남면 마정리 우평 부락의 속칭 소머리성으로 지목하고 있다. 혹은 우두성을 부여군 장암면의 원문리산성으로 비정하기도 한다. 원문리산성은 가림성인 성흥산성과 맞대치하고 있다. 여기서 소머리성은 성

---

86) 朴淳發, 「泗沘都城 硏究現況과 課題」, 『百濟 泗沘時期 文化의 再照明』, 제14회 문화재연구 국제학술대회, 2005, pp.98~99.
87) 『大東地志』 권5, 韓山 城池 條.

이름으로 볼 때는 그럴듯하기는 하지만 부지가 너무 협소한 토축성인 관계로 역사 기록에 등장할 정도로 비중 있는 우두성으로 간주하기에는 어려운 구석이 많다. 반면 원문리산성은 입지 조건으로 볼 때는 우두성에 걸맞다는 느낌을 준다.[89]

---

88) "乾芝山城은 城의 규모가 크기 때문에 성 내에서 많은 양의 유물이 수습되었다. 유물은 크게 보아 瓦片과 磁器片으로 나누어 볼 수 있는데, 磁器片은 모두가 白磁片이었으며, 수습된 瓦片 중에서도 절대 다수가 淸海波文, 혹은 複合文이 시문된 조선시대 瓦片이었다. 그 중에는 일부 고려시대의 것으로 생각해 볼만한 魚骨文이 施文된 瓦片도 있었지만 역시 대부분은 조선시대 瓦片이었다. 그 대신 삼국시대 유물은 단 한 점도 발견되지 않았다. 이러한 사실로 미루어 볼때 乾芝山城의 축성 시기를 삼국시대로까지 소급해 보기는 어려울 듯하다. 물론 이번의 조사가 지표조사에 그친 것이기 때문에 발굴조사를 통해서 새로운 자료들이 드러날 가능성은 얼마든지 있다. 그러나, 지표상에서 삼국시대 유물을 단 1점도 수습할 수 없었다는 것은 단순히 지표조사이기 때문이 아니라 산성 자체가 삼국시대에 축성된 것이 아님을 강하게 시사해 주는 것으로 판단된다. 이러한 사실은 단순히 유물의 유무를 떠나 산성이 갖는 입지조건이라든가, 성문의 특징을 통해 살펴 본 바와도 어느 정도 통하는 사실이다. 물론, 이 乾芝山城에 대해서 『新增東國輿地勝覽』에는 간단히 기록이 남아 있는데, 이로써 보아 조선 초기에는 이미 乾芝山城이 성으로써 기능을 다하고 있었음을 알 수 있는데, 그렇다면 성내에서 수습되는 유물과 종합해 볼 때 산성은 高麗時代에 축성되어 이어져 오다가 조선시대에 廢城된 것으로 믿어진다. 이러한 사실은 乾芝山城의 성격을 이해하는데 반드시 고려해 보아야 할 것이다(忠淸埋葬文化財硏究院, 『乾芝山城』, 1998, pp.249~250)."

"본 연구원은 한국고대사에서 큰 비중을 차지하고 있는 백제부흥군의 거점성과 관련하여 건지산성에 대한 정밀 지표조사를 실시하고 그 결과를 발표한 바 있다. 건지산성은 일부 土石混築을 포함한 複合式山城(포곡식+테뫼식)으로 城內의 여러 지점에서는 건물지로 볼 수 있는 평탄면이 확인되었다. 출토 유물은 기와, 백자, 토기 등이었으나 그 중 기와가 압도적으로 많았다. 반면, 고려~조선시대로 편년할 수 있는 기와가 壇을 포함한 거의 모든 건물지에서 출토되었다. 결과적으로 이러한 출토 유물의 현황과 건지산성에 대한 주류성으로의 추정은 오히려 시대적 괴리감과 이질감을 낳기에 충분하였다.…따라서 건지산성의 동서벽 시굴갱에서 출토된 기와, 청자 등은 고려 후기의 것들로 추정되며, 건지산성의 축성 시기 또한 고려 후기로 판단된다(忠淸埋葬文化財硏究院, 『韓山乾芝山城』, 2001, p.11, 80)."

89) 李道學, 『살아 있는 백제사』, p.215.

참고로 왕궁의 소재지와 더불어 내리(內裏)의 존재를 생각해 보지 않을 수 없다. 고대 왜왕(倭王)의 처소를 내리(內裏)라고 하였다. 『마운령진흥왕순수비문』에 보이는 '이내 종인(裏內從人)'의 이내(裏內) 역시 대궐(大闕) 내의 왕의 사적 공간으로서 내리(內裏)를 가리킨다고 볼 수 있다. 따라서 이내(裏內) 종인(從人)은 국왕의 처소에 근무하는 즉 국왕과 왕족을 시중하며 여러 종류의 궁중 업무에 종사하는 근시직을 가리킨다. 고구려 연개소문의 아들인 남생(男生)이 역임한 관직에 보이는 중리소형(中裏小兄)의 '중리(中裏)'에서 '중(中)'은 '내(內)'와 의미가 상통하므로 중리(中裏)는 곧 내리(內裏)와 동일한 성격의 처소를 가리킨다고 할 수 있다.[90] 즉 내리(內裏)에는 국왕뿐 아니라 궁중 업무에 종사하는 종인(從人)들의 공간도 존재했다는 것이다. 이러한 점을 유념하면서 목곽고(木槨庫)와 같은 식품 저장시설이 확인된 현재의 추정 왕궁지를 내리(內裏)로 비정하는 견해를 재음미해 볼 필요가 있지 않을까 한다.

VIII. 맺음말

백제의 사비 천도는 제24대 동성왕대부터 추진되었고, 그 후반 경에는 사비 나성(羅城)의 축조가 완료 되는 등 천도를 위한 제반 여건이 모두 완비되었던 것으로 간주해 왔다. 동성왕의 피살은 사비 천도를 반대하는 웅진 지역 토착세력의 저항의 산물로 이해하였던 것이다. 그러나 이러한 견해는 설득력이 부족하다는 사실을 밝혀 보았다. 오히려 사비 천도는 제25

---

90) 李道學, 「磨雲嶺 眞興王巡狩碑의 近侍隨駕人에 관한 檢討」, 『新羅文化』9, 1992, pp.123~124.

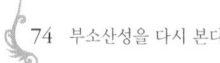

대 무령왕 후반기부터 추진되어 왔던 것으로 구명(究明)하였다. 그리고 웅진 천도에 공헌을 세운 이 지역의 토착 호족으로 수촌리 세력을 지목하면서 백가(苩加)의 그 백씨로 간주하는 견해가 있었다. 그러나 이에 대한 검토를 통해 설득력 없는 주장이라는 사실을 밝혔다.

천도(遷都)라는 것은 이해가 착종(錯綜)하는 여러 귀족세력들을 압도 내지는 조정할 수 있는 강력한 왕권이 구축되었을 때 가능한 것이다. 무령왕은 동성왕대 이루어진 지방에 대한 지배와 왕권 강화를 토대로 농업 생산력 증대에 비상하게 심혈을 기울였고 실제 다대한 성과를 기록했던 것 같다. "민심이 귀부했다"고 했을 정도로 무령왕의 치세(治世)는 확실히 볼만한 것이 있었다. 또 무령왕대는 왕권과 귀족권 간의 갈등도 조정(調整) 국면에 접어들었을 정도로 빠른 속도로 왕권의 안정이 이루어졌다. 무령왕은 중국 양(梁)의 문물을 활발하게 받아들였고, 그것을 왜에 전파했을 정도로 문치(文治)의 시대를 역동적으로 열었던 것이다. 아울러 백제는 숙적(宿敵)인 고구려와의 전쟁에 승리하여 북방 영토의 확장과 더불어 대(對)고구려전의 주도권을 장악했었다. 백제는 섬진강유역에도 진출했을 정도로 외정(外征)에 크나 큰 성과를 거두었다.

이러한 성과를 기반으로 무령왕대 후반기에 접어들어 사비 천도가 추진되었던 것 같다. 백제가 사비로 천도하고자 했던 목적은 다음과 같이 정리된다. 국가의 중심축이 남쪽으로 내려옴에 따라 호남평야의 농업생산력을 장악하기에 유리하였다. 사비라는 도시 자체가 그 주변에 거대한 농경지를 끼고 있는 등, 무령왕대 이래로 추진해온 농업생산력 증진에 박차를 가할 수 있는 지리적 이점을 지니고 있었기 때문이다. 그리고 사비는 웅진보다 서해와 가까운 금강 하류에 소재한 만큼 중국 대륙이나 일본열도와의 관계가 한층 긴밀해지는 상황에서 외부 세계와의 활발한 접촉이 가능한 입지적 조건을 갖추고 있었다.[91] 이와 관련해 『택지리』의 다음과 같은 기사가 주목된다. "공주 동쪽은 강물이 얕고 여울이 많아서 강의 배가 통하지 못한다. 그러나 부여(扶餘)·은진(恩津)부터는 바다의 조수(潮水)와 통하게 되므로 백마강 이하 진강(鎭江) 일대까지는 모두 배가 통행할 수 있는 이점이 있다."[92] 요컨대 웅진강은 교역로와 세공로(歲貢路)로 부적절하다는 것이다. 이와 동일한 지리적 요인으로 인해 조운로(漕運路)를 단축시키는 이점이 있다. 리아시스식 해안을 끼고 있는 백제는 그 지형적 특성상 서해안에서 금강으로 이어지는 조운로의 비중이 클 수밖에 없었다. 웅진에서 사비로의 천도는 조운로를 단축시켜 준다는 경제적 효용성의 문제와 더불어 지방에 대한 통제력의 강화라는 측면을 함께 고려했던 것 같다.[93]

아울러 웅진 지역의 지리적 한계를 극복하는 동시에 그 지역의 토착 세력들로부터 탈피하여 왕권을 강화시키기 위한 목적과 더불어, 유교(儒敎)의 예치(禮治)와 불교(佛敎)에 의한 이상국가(理想國家)를 한꺼번에 구현할 수 있는 공간적 조건을 지니고 있었기 때문일 것으로 보았다. 22부(部) 관서(官署)의 명칭과[94] "절과 탑이 매우 많았다[寺塔甚多]"[95]라고 했을 정

---

91) 천도 준비 시점은 차이가 나지만 沈正輔도 "錦江의 水路와 西海를 이용하여 對外的인 활동을 전개하는 데 있어서 熊津보다는 泗沘로 천도하는 것이 훨씬 유리하다는 점을 간파하여 즉시 실행에 옮기려 하였을 것으로 판단된다"(沈正輔, 앞의 논문, 2001, p.6)고 하였다.

92) 『擇利地』, 生利篇.

93) 수도의 입지적 조건으로서 漕運路의 비중은 조선왕조 개국 후 계룡산 신도안에 터를 잡고 役事를 벌였지만, 조운로가 멀었기 때문에 그것을 罷한데서도 잘 나타난다(『新增東國輿地勝覽』 권18, 連山縣 山川 條).

94) 梁起錫, 앞의 논문, pp.85~89.
    李基東, 「百濟國의 政治理念에 대한 一考察」, 『震檀學報』 69, 1990; 『百濟史研究』, 1997, pp.161~181.

95) 『隋書』 권81, 百濟 條.

도로 숱하게 조성된 사찰(寺刹)의 존재는 그러한 이상의 표출이 아니었을
까.

 사비 천도에 적극적으로 협조했던 사씨(沙氏)의 근거지를 종전에는 지
금의 부여 지역으로 지목했었다. 그러나 사택지적비에 적혀 있는 사씨(沙
氏)의 근거지 내지성은 대전광역시 유성(儒城) 지역으로 간주하는 게 온
당해 보였다. 내지성을 부여 지역으로 지목했던 논거 자체가 명백히 잘못
되었기 때문이다. 더구나 천도 이전 사비 지역에는 도시가 형성되지도 않
은 상태였다. 사비도성 내에 구획된 5부 가운데 그 한복판이자 중심 구역
인 중부(中部)에 거주한 목씨(木氏)가 천도에 지대한 영향력을 미쳤을 것
으로 보았다.

- 『三國史記』,『三國遺事』,『大東地志』,『梁書』,『隋書』,『日本書紀』
- 국립부여문화재연구소, 1995,『扶蘇山城 - 發掘調査中間報告』
- 국립부여문화재연구소, 1999,『扶蘇山城 - 發掘中間報告書Ⅲ』
- 金鍾萬, 2004,『사비시대 백제토기 연구』
- 金泰植, 2002,『미완의 문명 7백년 가야사』
- 盧重國, 1988,『百濟政治史研究』
- 도수희, 2005,『백제의 언어와 문학』
- 徐程錫, 2002,『百濟의 城郭 - 熊津 泗沘時代를 中心』
- 申瀅植, 1996,『集安 高句麗遺蹟의 調査研究』
- 尹武炳, 1981,『定林寺』
- 李道學, 1997,『새로 쓰는 백제사』
- 李道學, 2003,『살아 있는 백제사』
- 齋藤忠, 1981,『古代朝鮮文化と日本』
- 忠淸埋葬文化財研究院, 2001,『韓山 乾芝山城』
- 한글학회, 1974,『한국지명총람』4, 충남편(상)
- 金鍾萬, 2001,「扶餘陵山里寺址에 대한 小考」,『新羅文化』17 · 18합집
- 盧重國, 2005,「금강유역의 백제 영역화와 문화적 변화」,『4~5세기 금강유역의 백제문화와 공주 수촌리 유적』, 충청남도 역사문화원 제5회 정기심포지엄
- 朴淳發, 2002,「熊津遷都 背景과 泗沘都城 造成過程」,『백제 도성의 변천과 연구상의 문제점』
- 朴淳發, 2005,「泗沘都城 研究現況과 課題」,『百濟 泗沘時期 文化의 再照明』, 제14회 문화재연구 국제학술대회

- 成周鐸, 1980,「百濟 熊津城과 泗沘城研究」,『百濟研究』11
- 成周鐸, 1982,「百濟 泗沘都城研究」,『百濟研究』13
- 沈相六, 2005,「百濟時代 印刻瓦에 關한 研究」, 공주대학교 대학원 사학과 석사학위논문
- 沈正輔, 2000,「百濟 泗沘都城의 築造時期에 대하여」,『사비도성과 백제의 성곽』
- 沈正輔, 2001,「古代 扶餘의 考古學的 檢討」,『부여의 어제와 오늘 그리고 내일』, 문화재관리학과 학술심포지엄
- 梁起錫, 1990,「百濟 聖王代의 政治改革과 그 性格」,『韓國古代史研究』4
- 尹武炳, 1994,「百濟王都 泗沘城研究」,『學術院論文集』33輯(人文社會科學篇)
- 李基東, 1997,「百濟國의 政治 理念에 대한 一考察」,『震檀學報』69, 1990. ;『百濟史研究』
- 李基白, 1978,「熊津時代 百濟의 貴族勢力」,『百濟研究』9
- 李南奭, 2000,「百濟 泗沘都城의 築造時期에 대하여'의 토론함」,『사비도성과 백제의 성곽』
- 李道學, 1984,「漢城末·熊津時代 王系의 檢討」,『韓國史研究』45
- 李道學, 1985,「漢城末·熊津時代 百濟王位繼承과 王權의 性格」,『韓國史研究』50·51합집
- 李道學, 1991,「百濟의 交易網과 그 體系의 變遷」,『韓國學報』63
- 李道學, 1991,「方位名 夫餘國의 成立에 관한 檢討」,『白山學報』38
- 李道學, 1992,「磨雲嶺 眞興王巡狩碑의 近侍隨駕人에 관한 檢討」,『新羅文化』9
- 李道學, 1997,「日本書紀의 百濟 義慈王代 政變 記事의 檢討」,『韓國古代史研究』11

- 李道學, 2001, 「고대 왕도, 부여의 발달과 의미」, 『문화와 나』, 5·6월호
- 李道學, 2003, 「百濟 漢城都邑期 都城制에 관한 몇 가지 檢討」, 『백제 도성의 변천과 연구상의 문제점』
- 李道學, 2003, 「百濟 泗沘 遷都의 再檢討」, 『東國史學』39
- 李炳鎬, 2002, 「百濟 泗沘都城의 造營過程」, 『韓國史論』47
- 趙源昌, 2005, 「기와로 본 百濟 熊津期의 泗沘經營」, 『先史와 古代』23
- 千寬宇, 1976, 「三韓의 國家形成(下)」, 『韓國學報』3
- 洪思俊, 1954, 「百濟砂宅智積碑에 대하여」, 『歷史學報』6

부소산성의 조원적 의미

정 재 훈 (한국전통문화학교 전통조경학과 석좌교수)

목 차

Ⅰ. 머리말

백제는 한성시대(BC 18~AD 475)와 웅진시대(475~538), 사비시대 (538~660)로 도읍지를 옮겼다. 한성시대(漢城時代) 도성(都城)으로 서울 풍납동 토성이 조사 연구되고 있다. 풍납동 토성은 한강에 접하여 남쪽에 조성된 평지성이다. 풍납동 토성에서 서쪽에 인접하여 몽촌토성이 있다. 백제가 왕궁을 처음 짓는 것은 온조왕 15년(BC 4) 기록에 보인다. '새 궁 실을 지었는데 검소하되 누추하지 않고 화려하되 사치하지 아니하였다.' [1] 백제가 위례성을 수축하는 기록은 온조왕 41년(23)에 있었는데 이때 15 세 이상되는 자를 모두 징발하여 축성공사를 했다. [2] 이후 백제는 축성공 사에 있어서 15세 이상자를 동원하는 연령의 기준이 되었다.

한성 백제시대 조원하는 기록은 진사왕 7년(391) '궁궐을 중수하고 못을 파고 산을 만들어 기이한 새와 화초를 길렀다' [3] 하였다. 이 기록에서 우 리가 알 수 있는 것은 왕궁이 평지성(平地城) 내에 있는 것이다. 그것은 산성(山城)인 경우에는 포곡성이나 테뫼식성이 되는데 가산을 만들 수 없 기 때문이다.

가산이란 축경식의 선산(仙山)을 만드는 것으로 상징주의적 조원이 되

---

1) 『三國史記』, 溫祚王 十五年 春正月 作新宮室 儉而不陋 華而不侈.

2) 『三國史記』, 溫祚王 四十一年 二月 發漢水東北諸部落人年十五歲以上 修營慰禮城.

3) 『三國史記』, 辰斯王 七年 春正月 重修宮室 穿池造山 以養奇禽異卉.

는 것이다. 아직 서울 풍납동 토성 내를 전면 발굴하지 않아서 한성 백제시대의 왕궁조원은 들어나지 않고 있다.

백제가 475년 웅진성(熊津城)으로 천도한 후 궁실을 중수하는 것은 문주왕 3년(477)에 보인다. 웅진성 내에서 조원하는 기록은 동성왕 22년(500), '봄에 궁성 동쪽에 임류각을 세웠는데 높이가 오장(五丈)이었다. 또 못을 파고 진귀한 새를 길렀다' [4] 이 임류각(臨流閣)에서 근신(近臣)들과 연회를 베풀고 밤새도록 환락한 기록이 있다. [5] 이를 보면 임류각은 연회장소였던 것이다. 웅진성에서 조원하는 기록은 산성 내이므로 조산하는 기록이 없고 못을 파고 새를 기르며 누각을 건립한 것이다. 웅진성은 지금의 공주 공산성이므로 발굴조사 결과[6] 못과 샘 같은 집수지와 임류각지가 들어나서 복원하여 놓았다.

백제의 조원기록 속에서 왕궁에 꼭 못을 파고 기이한 새와 짐승을 기르는 것에 대하여 살펴볼 필요가 있다. 이것은 경관을 아름답게 꾸미고자 한 것보다 실용적 필요성에 의하여 이루어진 것으로 보인다. 왕궁에 못을 만들면 물고기를 기를 수도 있고, 살아 있는 민물고기를 저장할 수도 있어서 좋다. 또 말이나 사슴, 소, 노루 등 짐승의 물먹는 장소가 된다. 이들 짐승은 식용도 되지만 천제(天祭)와 시조묘(始組廟)에 제사지내는 제물을 양육해야 하기 때문이다. 당시 제사에 쓰는 제물의 준비는 왕이 해야 할 가장 중요한 일에 속하였다. 새를 기른 것은 그 알을 장생의 식품으로 먹었던 것이며 장닭은 새벽이 되면 꼭 운다. 시계가 없는 그때 닭은 시간을 알려주는 중요한 새이다. 삼국사기 탈해왕 9년(65) 신라의 계림(鷄林) 속에 닭이 울고 금괴 속에서 김알지가 탄생하여 신라 김씨 왕조를 이루게

---

4) 『三國史記』, 東城王 二十二年 春 起臨流閣於宮東 高五丈 又穿池養奇禽.

5) 『三國史記』, 東城王 二十二年 五月 旱 王興左右宴臨流閣 終夜極歡.

6) 李南奭 · 李勳, 『公山城池塘』 공주대학교 박물관, 1999.

되며 이로 인해 계림(鷄林)을 신라 국호(國號)로 삼았다.[7] 제왕의 정체성은 시간을 알아서 날과 달과 해가 가는 천지운행을 알리는 것과 도량형을 정하여 경제단위를 정하는 것이 중요한 것이었다. 1973년 경주 천마총(天馬塚)을 발굴했을 때 목곽의 동쪽 부곽 속 바닥에는 쇠솥이 있었고 10마리분의 소뿔이 있었으며 토기 항아리 속에는 달걀이 가득 들어 있었다.[8] 이와 같이 소와 달걀은 제물로 넣은 것이다.

백제는 성왕 16년(538) 사비(泗沘)로 천도하였다. 성왕 19년(541) 백제가 중국의 양(梁)나라에 모시박사(毛詩博士), 열반 등의 경의(經義) 및 공장(工匠), 화사(畵師) 등을 요청하여[9] 이들이 들어와서 사비의 신도(新都) 건설에 참여한 것으로 보인다. 부여 정림사지 발굴에서 중국의 도용들이 출토되어 중국의 기술자들이 정림사 건립에 참여한 것을 알 수 있었다.

사비백제의 수도는 중국의 선진문화를 외교적으로 받아들여서 건설한 국제적 규모의 왕도(王都)였음을 짐작할 수 있다.

무왕 35년(634) 2월에 왕흥사(王興寺)가 낙성되었다. 왕흥사는 강수(江水)에 임하고 채식이 장려하였는데 왕이 매양 배를 타고 절에 가서 행향하였다. 3월에는 궁성 남쪽에 못을 파고 물을 20여 리 끌어들였으며 네 언덕에 버드나무를 심고 못 속에 섬을 만들어 방장선산(方丈仙山)을 모방하였다.[10] 또 무왕 37년(636) 3월에 왕이 좌우 신료들을 거느리고 사비하(泗沘河) 북포(北浦)에서 연유(宴遊) 하였다. 양안에는 기암괴석이 착립(錯

---

7) 『三國史記』雜志 제3 地理 脫解王九年 始林有鷄怪 更名鷄林 因以爲國號.

8) 文化財管理局, 『天馬塚』 발굴조사보고서, 1975.

9) 『三國史記』聖王 十九年 王凹棒使入梁朝貢 兼表請 毛詩博士 涅槃等 經義 幷工匠 畵師 等 從之.

10) 『三國史記』武王 三十五年 春二月 王興寺成 其寺臨水 彩飾壯麗 王每乘舟 入寺行香 三月 穿池於宮南 引水二十餘里 四岸植以楊柳 水中築島嶼 擬方丈仙山.

立)한데다가 간간이 기화이초가 끼어 있어서 마치 그림과 같았다. 왕은 술을 마시고 즐거움이 극도에 이르러 북과 거문고를 타며 스스로 노래를 불렀고 종자들도 여러 차례 춤을 추었다. 당시 사람들이 그 곳을 대왕포라고 일렀다.[11]

무왕 39년(638)에는 왕이 빈부(嬪婦)들과 함께 대지(大池)에 배를 띄우고 놀았다.[12] 의자왕 15년(655) 2월에 태자궁을 지극히 화려하게 수리하였고 왕궁 남쪽에 망해정(望海亭)을 세웠다.[13] 이러한 『삼국사기』 기록은 백제가 삼국 중에 조원의 기술이 대단히 발달되어 있었음을 말해주는 것이다. 일본서기(日本書紀)를 보면 사비시대 백제문화는 일본에 크게 영향을 끼쳤다. 545년(日本書紀 欽明紀 6年) 백제에서 불교의 문물과 사상이 전래하였다고 하였는데 552년(欽明紀 13年) 10월에 백제의 성명왕(聖明王)이 서부(西部)의 희씨(姫氏)와 달솔(達率, 二品職), 노리사치계(怒唎斯致契) 등을 일본에 보내어 금동 석가불 일구와 경륜을 전하였다. 이어 553년에는 왜왕(倭王)이 醫, 易, 曆 박사의 교대를 요청하고 점치는 책과 달력 및 약재를 백제에 요청하였다. 이러한 왜와의 교류는 계속해서 있어왔다. 588년에는 왜에서 백제에 최초의 유학생인 선신니(善信尼)와 선장니(禪藏尼), 혜선니(惠善尼)의 여승들이 와서 불교공부를 하고 590년에 돌아갔다. 일본의 성덕태자(聖德太子)는 고구려의 승려 혜자(慧慈)에게 불교를 2년간 배우고 백제인 박사 각가(覺價)에게 유교를 배웠으며 백제의 승려 혜총(惠聰)도 성덕태자의 스승이 되었다. 이 성덕태자가 일본 비조문화(飛鳥文化)의 황금시대를 열고 왜를 제국(帝國)으로 승격시킨 군주로서 추고여제

---

11) 『三國史記』 武王 三十七年 三月 王率左右臣寮 遊燕於泗沘河 北浦 兩岸奇巖怪石 錯立 間以奇花異草 如畵圖 王飮酒極歡 鼓琴自歌 從者屢舞 時人謂其地大王浦.

12) 『三國史記』 武王 三十九年 春三月 王與嬪御泛舟大池.

13) 『三國史記』 義慈王 春三月 修太子宮極侈麗 立望海亭於王宮南.

(推古女帝)의 태자가 되어 정치를 독단하였다.

593년 일본에 법흥사(法興寺)와 사천왕사(四天王寺)가 창건되었는데 기공식날 왜의 대신들이 모두 백제 옷을 입고 식을 거행하였다. 백제 위덕왕의 왕자이면서 화가인 아좌태자(阿佐太子)는 597년 일본에 가서 성덕태자의 상(像)을 그려주고 스승이 되었다.(日本書紀 推古紀 5年 4月 條)

일본이 비조시대(飛鳥時代) 이래로 조원의 기술이 발달하여 세계적인 조원국가가 되었다. 비조시대 조원기술을 일본에 전한 것도 이름이 지기마여(芝耆摩呂)라 하고 사람들이 노자공(路子工)이라 부르는 백제인이었다. 『일본서기』 추고기(推古紀) 20년(612) 기록에 '백제에서 귀화한 자 가운데 얼굴이나 몸의 일면에 흰 반점이 있는 자가 있었다. 백라(白癩)라는 것 같았다. 사람들은 그 이상한 것을 싫어하여 바다 속의 섬에 두려하였으나 그 사람은 「나의 얼룩진 피부가 싫다하면 국내에서 흰 얼룩소나 말을 사육할 수 없을 것 아니냐 그 위에 나는 사람이 하지 못하는 기술을 조금 가지고 있다. 그것은 축산(築山)하는 기술이다. 나를 두고 쓰면 나라에 이익이 있을 것이다. 바다가운데의 섬에 두어 버린다면 아깝지 않느냐」고 말하였다. 그 말을 듣고 섬에 두는 것을 그만 둔 것 같다. 그래서 수미산(불교에서 말하는 세계 중심의 산)의 모양과 오교(吳橋)를 어전의 남정(南庭)에 조성하라는 명을 내렸다. 사람들은 그 사람을 노자공(路子工)이라 불렀다. 또 이름을 지기마여(芝耆摩呂, 일본명으로 시기마로)라 일렀다. 또 백제의 사람 미마지(味摩之, 일본명 미마시)도 귀화하였는데 이 사람은 오(吳, 중국 남부국가)에서 배워서 기락(伎樂, 일본이름 구레가구 가면극)의 춤을 출줄 안다고 말하니 앵정(櫻井, 明日香村)에 살게 하고 소년을 모아서 기락(구레가구)의 춤을 가르치게 하였다. 이때 진야수제자(眞野首弟子, 마노노 오비도데시), 신한제문(新漢濟文, 이마기노 하야히도사이몬)의 두 사람이 배워서 그 춤을 전수하였다. 이것이 지금의 대시수(大市首, 오오치노오비도), 벽전수(陽田首, 사기다노오비도) 등의 조선(祖先)이다.'[14] 이러한 일본문화의 선사(先師)지가 백제의 사비(泗沘)였던 것이다.

그간에 부소산성의 발굴조사가 1981년부터 2002년까지 22년을 계속해 오면서 많은 연구논문과 보고서가 발간되었다. 이들 연구 내용을 보면 다음과 같다.

홍사준의 백제성지연구 1971(백제연구 제2집), 성주탁의 백제도성축조의 발전과정에 대한 고찰, 1988(백제연구 19), 차용걸의 백제의 축성기법, 판축토루의 조사를 중심으로 1988(백제연구 19), 심정보의 백제산성연구 1996(백제역사재현단지 조성을 위한 조사연구보고서), 최맹식의 백제 판축공법에 관한 연구 1996(碩晤 尹容鎭敎授 停年退任紀念論叢), 윤무병의 백제왕도 사비성 연구 1994(학술원논문집 인문사회과학편 제33집), 성주탁의 백제 사비도성 연구 1982(백제연구 13집), 홍재선의 백제 사비성연구 1981(동국대 석사논문), 장경호, 홍성빈의 부소산성 건물지 발굴조사 약보 1984(문화재 제17호), 최무장의 부소산성 추정 동문지 발굴약보 1991(백제연구 제22집), 신광섭의 부여 부소산성 폐사지고 1994(백제연구 제24집), 국립부여문화재연구소 1995, 부소산성 발굴조사 중간보고, 국립부여문화재연구소 1996, 부소산성 발굴조사 보고서(1983~1987), 국립부여문화재연구소 2003, 부소산성 발굴조사 보고서, 김용민의 부소산성 성벽축조기법 및 변천에 대한 고찰 1997(한국상고사학보 제26호) 등이 있

---

14) 『日本書紀』券第二十二推古天皇 二十年 是歲 自百濟國 有化來者 其面身皆斑白 若有白 癩者乎 惡其異於人 欲棄海中島 然其人曰 若惡臣之斑皮者 白斑牛馬 不可畜於國中 亦臣 有小才 能構山岳之形 其留臣而用 則爲國有利 何空之棄 海山島耶於是 聽其辭以不棄 仍 令 構須彌山形及吳橋於南庭 時人號其人曰路子工 亦名芝耆摩呂 又百濟人 味摩之歸化 曰學于吳得伎樂貸 則安置櫻井 而集少年令習伎樂貸 於是 眞野首弟子 新漢濟文 二人習 之傳 其貸此 今大市首 陽田首等祖也.

다. 이들 연구내용은 고고학적 내용이거나 건축, 토목적 내용들이다. 이러한 내용을 토대로 하여 조원적 측면에서 부소산성을 살펴보기로 한다.

II. 부소산성의 기능

부소산성은 백마강을 북으로 연하고 표고 106m의 부소산에 조성되어 있다. 부소산성의 발굴조사 결과 백제시대 토성은 2,496.6m의 포곡형산성이며 산성내부 남쪽과 서북쪽에 테뫼식산성이 조성되어 있는데 이 테뫼식산성은 통일신라 성이다. 남쪽의 테뫼식산성 중간지점에서 길이 196m의 남북방향의 토루가 조성되어 있는데 이는 조선 초기에 조성된 토루였다. 부소산성의 군창지도 조선시대 건물지였다. 부소산성에서 천여 점에 가까운 마름쇠가 출토되고 창, 칼, 도끼, 화살촉 등이 출토되어 부소산성이 방어적 군사시설을 갖추고 있었음을 알 수 있었다.

백제의 수도 사비(泗沘)는 부소산성을 주성으로 하여 나성(羅城)이 설치되었는데 동나성(東羅城)은 부소산성 군창지가 있는 동북 능선을 따라 동쪽으로 뻗어 청산성(靑山城)에 이르고 이를지나 석목리와 근래 발굴된 능산리사지 서편 언덕을 내려서 동문지에 연결된다. 여기서 다시 부여 임창리를 지나 백마강두에서 그쳤다. 서나성(西羅城)은 부소산성 서쪽에서 산능선을 따라 내려와 구교리와 군수리를 지나서 성말리 부락에서 그쳤다. 나성 내의 넓이는 동서 약 4km, 남북 약 4km에 이른다. 나성은 토성인데 성 외벽은 급경사가 지고 내벽은 완만하게 조성하여 성벽 위로 인마(人馬)가 달릴 수 있게 도로를 설치하였으며 성곽 곳곳에 초소의 건물터가 보인다. 서나성은 사비하의 홍수방지용 제방기능도 했다. 나성에는 동문이 있었고 공주쪽으로 가는 곳에는 석문이 하나 있었으며 북쪽과 남쪽과

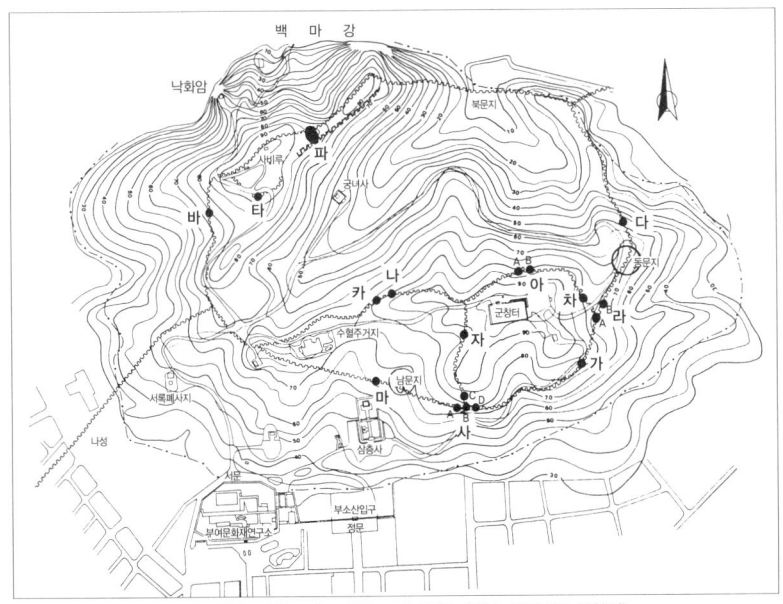

그림1. 부소산성 성벽조사 현황도 (한국상고사학보 제 26호 1997, 한국상고사학회)

서쪽에는 문이 없었다.

부여를 보면 백마강이 북, 남, 서를 활처럼 에워싸고 흘러서 천연의 요새가 되어있다. 그래서 나성의 문이 남, 서, 북에 있을 필요가 없게 된 지형이다.

나성 내에는 부소산성을 뒤로 등지고 왕궁이 남향으로 배치되고 동쪽의 상부(上部), 중부(中部), 서쪽의 하부(下部), 전부(前部)와 후부(後部)의 5부가 있었고 부(部)에는 500인의 상비군이 주둔하였다. 그러므로 수도 사비를 지키는 상비군은 2,500명에 이른 것이다. 백제의 관등은 16품이 있는데 좌평(佐平)은 5인이며 1품이다. 내관(內官)에는 내신좌평(內臣佐平)이 있어 선납(宣納 : 왕명을 출납)의 일을 맡고, 내두좌평(內頭佐平)은 창고에 수장하는 일을 맡고, 내법좌평(內法佐平) 예의(禮意)에 관한 일을 맡고, 위사좌평(衛士佐平)이 숙위(宿衛)에 관한 일을 맡고, 조정좌평(朝廷佐平)이 형옥에 관한 일을 맡고, 병관좌평(兵官佐平)이 외방의 병마에 관한 일을 맡았다. 왕궁 내의 정무기능은 이들 좌평에 의해서 논의되고 시행되는 것이었다. 수도 5부 외에 외방은 5방(方)으로 나누어 방령(方領) 1인이 있는데 방령은 2품직인 달솔(達率)로 하였다. 백제의 달솔은 30인이며, 3품직인 은솔(恩率) 이하는 정원이 없었다.(三國史記 雜志 職官下)

백제의 도성을 중심으로 중방(中方)에 고사성(古沙城, 고부 斗升山) 동방(東方)에 득안성(得安城, 논산 은진), 남방에 구지하성(久知下城), 서방에 도선성(刀先城), 북방에 웅진성(熊津城)으로 지방장이 있는 대성이 있고 이들이 그 밑에 있는 군현을 다스려 갔다. 군사적 방위성을 보면 사비 중앙에 金城이 있고 이 금성 남방 10리쯤에 고성성(古省城, 현 石城山城)이 있고 동방 10리쯤에 청마산성(靑馬山城)이 있고 북쪽에 증산성(甑山城)이 있는데 이들 성은 모두 견고하게 쌓은 석성이다. 백제성은 대성과 대성 사이에 연락을 취하는 소형의 퇴뫼성이 배치되어 있다. 성과 성은 봉수나 깃발 같은 것으로 서로 통신을 하기에 용이하게 배치되어 있다.

660년 신라와 당나라군이 도성을 지키는 백제군을 공격하기 시작하는 것은 7월 9일이며 7월 13일에 사비성이 함락되었으니 불과 5일만에 점령되고 말았다.(신라본기 태종무열왕 7년 조) 이를 보면 나성이나 사비성은 전란에 대비한 군사적 요새가 아니었다. 삼국사기 태종무열왕 7년 7월 13일의 기록에 백제 의자왕은 좌우 근신을 데리고 밤에 사비성에서 도망하여 웅진성으로 피난하였다가 7월 18일에 의자왕이 태자와 함께 웅진성에서 영군(領軍) 등을 데리고 나와서 항복하였다. 이것은 사비성보다 웅진성이 군사적으로 견고한 성임을 보여주는 것이다. 백제가 망할 때 백제국에는 5부 37군 2백 성 76만 호가 있었다(三國史記 百濟本紀 義慈王 二十年) 한다.

부소산성은 토성이 되어서 군사적 방어기지로 수도 중앙에 있는 석성인 금성(金城)보다 못하다. 발굴조사 보고서의 내용을 보아도 백제의 군사적 요새가 될 시설들이 크게 보이지 않는다. 그리고 백제의 왕궁이 부소산성 내에 있지 않았다. 백제의 도성은 나성(羅城)으로 보아야 할 것이다. 그런데 나성은 남북 약 4km, 동서 약 4km의 수도의 경계성 같은 역할을 하고 있다. 백제의 왕궁지는 부여읍 관북리로서 지금 국립부여문화재연구소가 연차적으로 계속 발굴 중에 있어서 2005년 12월 16일까지의 발굴지도위원회 자료가 있을 뿐 발굴조사보고서는 보고되지 못한 상황에 있다. 발굴지도 위원회 자료를 인용한다. 부소산성의 성격과 기능을 검토함에 있어서는 백제왕궁지로 추정되는 부여읍 관북리의 유적과 결부시켜 보아야한다. 2005년 12월까지 관북리유적에서는 남향한 정면 7칸, 측면 4칸(동서 35m, 남북 18m)의 대형 건물지가 들어나 왕궁의 남당(南堂) 같은 건물로 보인다. 또 남북 6.2m, 동서 10m, 깊이 1.2m의 연지가 조사되었으며 이 연지는 서와 북의 호안가에 굴립주 자리 12개가 ㄱ형태로 노출되었다. 이 연지의 수원은 샘인데 수키와를 받치고 덮어서 수로를 만들어 폭포로 떨어지게 수입시설이 들어나 있다.

조원 유적으로 37m의 배수로 시설과 배수로에 연결된 방형의 목곽지(木槨池)가 들어났다. 이 목곽지는 정면 2칸, 측면 2칸(남북 2.4m, 동서 2.3m, 잔존깊이 60㎝)의 방형인데 사각의 정자건물이 목곽의 지붕으로 건립되었던 것이다. 현재 굴립주의 기둥자리가 들어나 있다. 목곽의 판자 외곽으로는 점토를 충진하여 물이 새어 나가지 않게 되어 있으며 수입시설은 수키와를 받치고 덮어서 만든 수로를 통해 물을 넣고 수출구는 무너미를 두어 물이차면 흘러나가게 만들었다. 절묘한 재주를 부린 목곽지이다.

또 대형건물 주위에는 원형과 방형의 저장고들이 있고 대형건물 북쪽에

그림2. 부여 관북리 배수로에 연결된 방형 목곽지

는 담장자리도 정연하게 들어나 있다. 현재 이 관북리 33번지에는 국립부여문화재연구소 건물이 서 있는데 이 건물 동, 서, 남을 발굴한 결과 5개의 목곽고(木槨庫)와 석실고가 3개 교

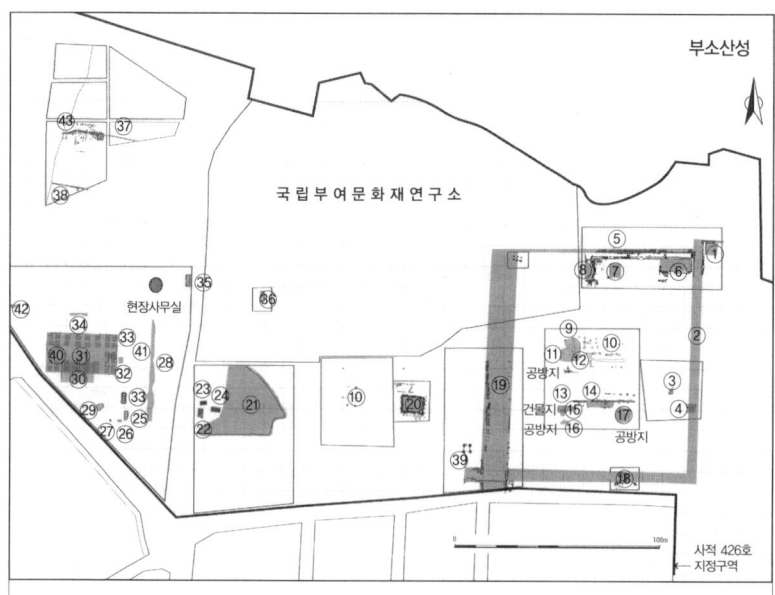

부소산성

국립부여문화재연구소

사적 426호
← 지정구역

1. 건물지(b)	12. 장방형수혈유구(공방 관련)	23. 2호목곽창고	34. 추정담장지
2. 남북소로	13. 와적기단건물지('03)	24. 3호목곽창고	35. 2호석곽창고
3. 와요지	14. 동서석축	25. 4호목곽창고	36. 6호목곽창고(추정)
4. 수혈건물지(철기제작소)	15. 부석유구(공방 관련)	26. 1호장방형수혈	37. 1호배수로
5. 부소산목곽축	16. 2호폐기용수혈(공방 관련)	27. 2호장방형수혈	38. 2호배수로
6. 건물지(a)	17. 원형노시설(공방 관련)	28. 남북구상유구	39. 적심건물지
7. 추정건물지	18. 동서소로	29. 1호부정형수혈	40. 와적열('05)
8. 건물지	19. 남북대로	30. 와적기단건물지1('05)	41. 원형수혈(라-2피트)
9. 1호폐기용수혈(공방 관련)	20. 연지	31. 대형건물지	42. 와적열2('05)
10. 굴립주열	21. 성토대지	32. 5호목곽창고	43. 굴립주열('05)
11. 방형저수조(공방 관련)	22. 1호목곽창고	33. 1호석곽창고	

란된 건물지들과 백제의 도로와 수로, 샘 등이 발굴조사되었다. 목곽고 내에서는 참외씨, 살구씨, 복숭아씨, 다래씨, 머루씨 등이 발견되었다. 물을 담아 과일들을 저장하던 왕궁의 주방창고 같기도 하다.

백제왕궁의 후원에 부소산성이 있다. 부소산성 남문지는 백제 왕궁 담의 북문과 연결되어 있다. 이렇게 보면 조선왕궁인 창덕궁과 후원인 비원(秘苑) 같은 것으로도 볼 수 있다. 또 평양에 있는 고구려 안학궁지(安鶴宮址)와 대성산성(大城山城) 같은 관계로도 보인다.(김일성종합대학교, 1973, 『대성산성과 그 부근 고구려 유적』)

부소산성의 동문지 발굴에서 대통명(大通銘) 기와가 출토되어 대통은 중국 양(梁)나라 연호로 527년과 528년에 해당하는데 부소산성의 포곡식산성의 축성은 백제가 사비로 천도하는 성왕 16년(538) 이전인 성왕 5년이나 6년부터 조성된 것임을 알게 된 것이다. 그리고 사비루가 있는 서북쪽 봉우리의 테뫼식산성과 군창지가 있는 남쪽 봉우리의 테뫼식산성에서는 통일신라시대의 토기와 출토된 목탄시료의 탄소연대를 측정한 결과 690~900년(확률 95%)으로 나오고 남쪽 퇴뫼식토루의 퇴적층에서 회창칠년명(會昌七年銘) 기와가 출토되었다. 회창(會昌)은 당나라 연호로 7년은 847년에 해당되어 테뫼식산성은 모두 통일신라시대에 조성된 것임을 입증하게 되었다. 그리고 군창지가 있는 테뫼식산성의 남북으로 이어지는 196m의 토루 판축 내에서 인화문 분청사기편이 출토되어 이는 조선 초기에 군창지와 함께 조성된 것임을 확인하게 되었다.

조원(造園)적 측면을 다루는 이 글에서는 통일신라의 테뫼식산성이나 조선 초기의 인화문분청사기가 출토되는 토루에 대한 것은 제외하고 백제의 순수 판축구조의 포곡식산성 내를 대상으로 조원의 글을 쓴다.

고구려는 왕궁과 성이 따로 있었다. 중국 북주서(北周書) 고려전에 보면 성과 왕궁이 따로 있는 것을 말하고 있다.[15] 부소산성에 대한 문헌적 기록은『삼국사기』무왕 37년(636) 3월 '왕이 좌우신료들을 거느리고 사비하 (泗沘河) 북포(北浦)에서 연유하였다. 양 언덕에는 기암괴석이 착립(錯立) 한데다가 간간이 기화이초가 끼어 있어서 마치 그림과 같았다. 왕은 술을 마시고 즐거움이 극도에 이르러 북과 거문고를 타며 스스로 노래를 불렀 고 종자들도 여러 차례 춤을 추었다. 당시 사람들이 그곳을 대왕포(大王 浦)라고 일렀다.' 이 기록은『삼국유사』권 제2 남부여 조에도 있으며 이 기록을 보면 부소산성은 왕궁의 후원으로 볼 수 있다. 사비하 북포는 부 소산성의 북쪽 강안이다. 무왕 37년에 연유(宴遊)하기 위해서는 부소산성 을 통해서 북쪽 산언덕을 내려간 것으로 보인다. 기암괴석이 착립하고 기 화이초가 간간이 피어 있는 것은 조원(造園)한 경관같이 표현하고 있는 것이다. 백제왕궁에는 한성 백제 때인 진사왕 7년(391)에 이미 조산(造山) 하는 기록과 기이한 새와 화초를 기르고 있는 것이다. 웅진성에서도 동성 왕 22년(500) 왕궁 내에 못을 파고 진귀한 새를 길렀다. 그러면 사비시대 (538~660)에는 왕궁에 못을 파고 새를 기르지 않았던 것일까. 국립부여 문화재연구소가 2003년 발간한『부소산성』발굴조사 보고서에 보면 부소 산성 내에서 확인된 저수조(貯水槽)는 다음과 같다.

● 부여 부소산성 저수조(貯水槽)

부소산성 저수조 발굴조사는 국립부여문화재연구소 2003년『부소산성』 발굴조사 보고서로 보고되고 있다. 1호 저수조는 부소산성 동북 편에서 확인되었다. 풍화암반층을 파낸 후 바닥과 가장자리를 점토로 채우고 내 부에 할석으로 축조한 원형 석축구조물을 조성하였다. 전체규모는 풍화

---

15)『北周書 高麗傳』: 治平壤城 其城 東西六里 南臨沮水 城內唯積倉器 備冠賊至日 方入固 守 王則別爲宅於其側 不常居之.

암반을 파낸 공간이 상부직경 4.5m, 깊이 1.7m, 하부직경 3.8m 가량의 평면 원형이며 내부의 석축은 상부직경 1.9~2.1m, 하부직경 1.8m, 최대 깊이 1m 정도가 현재 남아 있다.

축조방법을 살펴보면 풍화암반을 80° 경사지게 파내고 바닥 전면에 60㎝ 내외의 두께로 이물질이 거의 섞이지 않은 회청색 점토를 채웠다. 그런 다음 외곽 굴광선으로부터 1m 들여서 깊이 40~60㎝, 폭 20~30㎝, 두께 20㎝ 정도의 할석과 작은 돌들을 이용하여 평면이 원형인 석축을 거의 수직으로 쌓았다. 석축은 정연하지 않은 허튼층 막쌓기 방식으로 쌓았다. 석축과 풍화암반 사이는 다시 점토를 채워 넣었다.

이 원형저수조 내에서는 다량의 잡석과 함께 백제기와가 가득 차 있었다. 이 유구는 석축 바닥부와 뒷채움부가 점토로 채워져 있는 것으로 보아 물을 저장하기 위한 저수조 기능을 했던 것으로 보인다.

2호 저수조는 부소산성 동문지 내에서 확인되었다. 2호 저수조는 풍화암층을 동서 4.8m, 남북 4.2m, 최대깊이 1.8m를 파고 그 내부 바닥부터 60㎝ 높이로 회청색 점토를 채웠다. 그 다음 토광 벽과 약 1m 내외의 거리를 두고 둥글게 석축을 쌓았으며 석축 뒤와 토광벽 사이의 공간에는 바닥 채움토와 같은 회청색 점토로 충진하였다. 원형석축의 규모는 직경 1.8m 가량이며, 북벽의 경우 현재 5~6단에 최대 60㎝ 정도의 높이만 잔존하고 있다. 저수조 내부 퇴적층은 4기로 분류하여 조사되었다. 백제화덕 등과 통일신라 토기들이 혼재되어 있었다. 이런 것을 보면 완전 폐기된 시기가 통일신라시대로 보인다.

부소산성에서는 북성벽 내측 인접부에서도 이와 같은 원형저수조 2개가 조사되었다. 북성벽 1호 원형저수조는 토광 직경 4.5m, 깊이 1.7m, 석축 직경 1.9~2.1m, 깊이 1m 정도였다. 북성벽 2호 원형저수조는 토광직경 4.2~4.8m, 깊이 80㎝이며 석축직경 1.8m, 깊이 60㎝ 정도였다. 부소산성 추정서문지 인접부에서는 방형 축석유구가 발견되기도 하였다.

이들 저수조는 산성을 지키는 수비병사의 먹는 물도 공급하고 때로는 군마(軍馬)나 사슴이나 노루 또는 닭 같은 새 종류를 기르는 데도 물 공급을 하는 못의 기능도 할 수 있다.

부소산성 내에는 새나 짐승을 길렀던 것으로 보인다. 왕궁의 후원을 원유(苑囿)라 하는 것은 귀한 약용식물이나 과일나무를 심어서 왕궁에 약초나 과일을 공급하기도 하지만 왕의 식탁에 올리는 사슴이나 닭이나 거위 같은 짐승의 고기가 필요한 것이다. 가장 중요한 것은 소나 말이나 사슴이나 돼지 또는 닭이나 거위 등은 천제(天祭)나 묘(廟)에 제사지내는 제물이 되기 때문에 길렀던 것으로 보인다.

부소산성 서록의 나성 안으로 절터가 조사되었다. 1942년에 발굴조사되었는데 면적이 200여 평되고 발굴 당시 금동풍탁, 벽화쪽, 소조불상, 백제기와, 치미편 등이 출토되었다. 중문지, 탑지, 금당지가 발견되었다. 1919년 부소산성의 가장 높은 서북쪽 봉우리(표고 106m)에 원래 송월대(送月臺)가 있던 곳이라 전하는 터에 임천문루(林川門樓)를 이건하고 사비루(泗沘樓)라 현판을 달았다. 당시 사비루를 건립하기 위해 정지작업을 하다가 정지원명(鄭智遠銘) 금동여래입상(현재 보물 제196호)이 발견되었다.[16] 이 불상은 높이가 8.5cm 밖에 되지 않지만 일광삼존(一光三尊)의 백제불상이다. 이를 보면 백제 때 부소산성 제일 높은 봉우리 주위에 암자 같은 불당(佛堂)이 있었던 것으로 추정된다. 『삼국유사』 권2 남부여(南夫餘) 조에 부여군에 백제수도를 수호하는 신산(神山)이 셋 있는데 그 이름이 일산(日山), 오산(吳山), 부산(浮山)이며 이 산에는 신령한 사람이 살면서 아침이나 저녁이나 계속 날아서 서로 왕래하였다[17] 한다. 지금 이들 신

---

16) 申光燮, 부여 부소산성, 「廢寺址考」, 『百濟硏究』제24집, 1994.

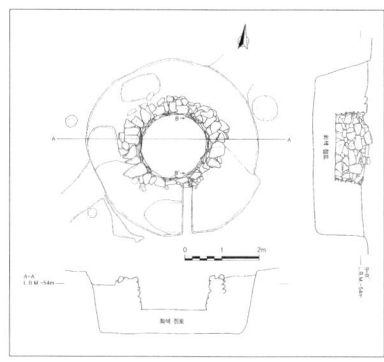

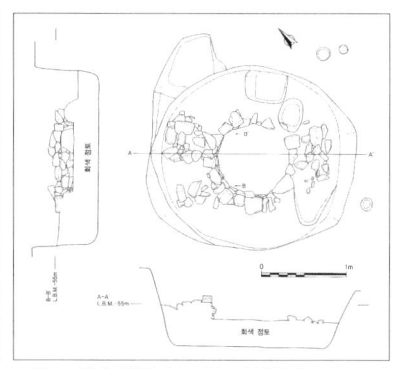

그림4. 제1호 원형저수조(부소산성발굴조사보고서 V, 국립부여문화재연구소, 2003)

그림5. 제2호 원형저수조(부소산성발굴조사보고서 V, 국립부여문화재연구소, 2003)

령스러운 산은 사비하(백마강)와 연접되어 있는 것으로 보인다.

　부산(浮山)은 백마강 건너 서쪽 들녘에 있는데 높이가 106m의 동산이며 산 주위에 425m의 테뫼식산성이 조성되어 있다. 이 부산성은 왕도의 서를 지키는 군사 요충지이며 성은 판축의 토성이다. 성 내에는 평지가 있고 부산에서는 백제의 화장묘가 발견되기도 하였다. 이 부산에 오르면 백마강과 부소산성의 아름다운 경관을 한 눈에 볼 수 있는 명승지이다. 신령한 사람이 살던 사비의 일산은 확정할 수는 없지만 부소산성의 일영대가 있던 봉우리가 아닌지, 백제의 고도에서 가장 아름다운 해맞이 장소는 부소산이기 때문이다.

　부소산성 내에는 이와 같이 서복사지나 사비루 주위에 불당이 있고 신령이 산다는 신성한 숲이나 제단(祭壇)이 있을 수 있다. 부소산에서 북으로 건너다보면 백마강 건너에 백제 최대의 왕찰 왕흥사(王興寺)가 백마강에서 배를 타고 들어가는 자리에 있었다. 이 절터에서 1934년 왕흥(王興)

---

17) 『三國遺事』 南夫餘.

이란 명문기와가 출토되고 국립부여문화재연구소가 발굴조사하여 왕흥사 유적을 확인하였다. 왕흥사 뒤(부여군 규암면 신리) 울성산(蔚城山, 표고 130m)의 험준한 암벽에는 주위 약 350m의 퇴뫼식토성이 있다. 이 성을 지금은 울성산성이라 하는데 660년 7월 13일 백제수도가 함락된 후에 백제 부흥군이 왕흥사의 잠성(岑城)에서 결집하여 사비성의 당군(唐軍)을 공격하였다. 신라의 문무왕이 직접 사비에 와서 이 잠성을 공격하여 700 여 명의 백제 부흥군을 참수하였다한다. 잠성과 울성산성은 같은 장소로 보인다. 부소산성에서 사비하(泗沘河)의 북을 바라보면 부여읍 규암면 호암리 186번지에 취령봉(鷲靈峰)이 있다. 표고가 136m인데 여기에 호암사지가 있다. 호암사지에서 동쪽으로 약 900m 거리에 백마강변에 약 50m 높이로 솟아 있는 절벽 위에 평평한 건물지가 있다. 여기에 천정대(天政臺)가 있었다. 이를 정사암(政事岩)이라고도 한다. 백제왕이 재상(좌평)을 정할 때 후보자 3~4인의 이름을 궤속에 넣고 하늘에 제사를 올렸다. 그리고 다시 궤를 열어 펼쳐보면 이름 위에 도장이 찍혀 있었다. 이를 재상으로 임명했던 것이다. 백제는 재상을 정함에 있어 이와 같이 하늘의 명을 받아 임명하였던 것이다. 하늘에 제사지내던 천정대는 지금도 남아 있다. 삼국사기 잡지(雜志) 제사조(祭祀條)를 보면 '백제는 매년 4월 중에 왕이 하늘과 오제(五帝)의 신(神)을 제사한다. 그 시조(始祖) 구이(仇台)의 묘(廟)를 나라 도성(都城)에 세우고 사계절로 제사한다' 하였다.[18] 여기서 백제의 시조는 동명(東明)이며, 구이(仇台)는 고이왕을 말하는 것으로 보인다. 오제(五帝)는 동서남북 중앙의 오방신(五方神)을 의미한 것으로 동방신은 창제(蒼帝), 남방신은 적제(赤帝), 중앙신은 황제(黃帝), 서방신은 백

---

18) 『三國史記』, 雜志 祭祀條, 百濟每以四仲之月 王祭天及五帝之神 立其始祖仇台廟於國城 歲四祠之.

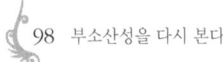

제(白帝), 북방신은 흑제(黑帝)를 말하는 것으로 오행사상에서 기원하고 있다. 『삼국유사』 권 제2 남부여(南夫餘) 조에 '사비하 강둑에 바위가 하나 있어 일찍이 소정방(蘇定方)이 그 위에 앉아 고기와 용을 낚았으므로 바위 위에는 용이 꿇어 앉은 자취가 있기 때문에 용암이라고 이름지었다' 하였다.[19]

부여읍지 등 기록에는 당군이 백제를 정벌하기 위하여 660년 7월 사비성을 공격할 때 풍우가 자주 일어나 당장 소정방이 어떤 노인에게 이유를 물으니 「백제 무왕이 용의 아들인데 낮에는 사람이 되어 정치를 하고 밤이면 부소산 북쪽에 있는 수궁(水宮)에 드시었다. 근래 의자왕이 정사를 돌보지 않는데 노하여 수궁에만 계시는데 나라가 위태롭게 되니 조화를 부리어 당군을 물리치기 위하여 풍우를 일으킨다」 하였다. 소정방은 너의 왕이 즐겨 자시던 음식이 무엇이냐 물었다. 노인은 백마(白馬) 고기라고 하였다. 소정방은 노인을 돌려보내고 백마 한 필을 산채로 큰 낚시에 꿰어 조그마한 배로 수궁 입구 바위 밑에 드리웠다. 얼마 있자 낚시에 큰 황룡이 낚였다. 이 황룡을 쳐올리니 용이 공중에 높이 떠 용전(龍田, 부여읍 龍井里)에 떨어져 죽었다. 용 한 마리를 낚은 후에도 일기는 불순하고 당군의 배는 백마강에서 많은 피해를 입었다. 이에 그 노인을 다시 불러 내력을 물으니 아직 암용이 한 마리 있어서 조화를 부린다는 것이다. 소정방은 이 용을 잡기 위해 소금과 독약을 강물에 풀고 규암나루의 물을 막았는데 소금과 독약물에 못 견딘 용이 사람으로 화신하여 달아나므로 당군이 잡아 죽였더니 날씨가 맑아지고 배가 자유롭게 되어 백제를 멸망시켰다는 것이다 그래서 이곳을 소정방이 용을 낚은 곳이라 하여 조룡대(釣龍臺)라 이름하게 되었다 한다.

---

19) 『三國遺事』 南夫餘.

이는 백제 호국신의 설화이다. 백제 당시에 사비하(泗沘河)의 물결이 암벽에 부딪쳐 회돌이 치는 소(沼)가 되어 물이 깊은 부소산성 북안은 백제를 지키는 수중용왕이 살고 있고 이곳에서 백제의 제왕은 용왕제를 지냈을 것이다. 『삼국사기』 직관지에 보면 신라에는 용왕제를 지내는 용왕전(龍王典)의 직제가 있다. 대사 2인, 사(史) 2인으로 구성되었는데 백제에도 용왕제를 담당한 부서와 관직이 있었을 것이다. 백제 무왕(武王)이 용왕의 아들로 사비하의 물속에서 소정방의 당군을 물리치기 위해 풍우를 일으키고 당군의 배를 공격하는 것은 백제의 사비성이 함락된 660년 7월 13일 이후 2개월 정도 되었을 때 백제 부흥군이 일어나서 사비성의 당군을 포위하여 공격하였다. 사비성과 사비하를 사이에 두고 왕흥사의 잠성에 웅거한 백제군과의 치열한 공방전이 전개되는 것이다. 아마도 당군은 사비하에 배를 동원하여 군수물자나 군사들을 이동시킨 것으로 보인다. 사비하(泗沘河)를 백마강(白馬江)이라 부르게 된 것은 소정방이 백마로 백제의 호국용을 낚은 후에 부르게 된 이름이다. 소정방이 백제의 호국신인 용왕을 낚았다는 이 소문은 당시 백제 부흥군에게는 심대한 정신적 사기를 꺾어버리는 심리전술이 되었을 것이다. 큰 강인 사비하를 뚝을 막고 소금과 독약을 풀어 백제 호국신의 용왕을 소멸시키는 전략까지 당군은 감행한 것을 알 수 있다. 백마로 용왕을 낚았다 한 것은 백마를 잡아 용왕을 달래는 용왕제를 지낸 것으로도 보인다. 경관적으로 보면 부소산성은 백제수도 사비의 진산으로 동서남북의 모든 경관을 조망하는 중요한 위치에 있다. 신령스러운 부산과 천정대가 있는 취령봉이 건너다 보이고, 사비하의 아름다운 강안과 중국과 일본까지 가는 뱃길의 포구(구드래)가 사비성에 접하여 있다.

부여팔경이 부여읍지에 기록되어 있는데 ① 백제탑의 낙조(落照) ② 부소산의 해맞이 ③ 고란사의 새벽종 ④ 백마강의 봄빛 ⑤ 대왕포에서 보는

돛단배 ⑥ 만광못(부여 동쪽에 있던 연지, 지금은 논이 됨) ⑦ 궁남지의 버들숲 ⑧ 백마강 기슭의 소나무와 회화나무 숲이다. 이 팔경도 부소산성과 관련된 것이 5개 처이다. 이상과 같이 부소산성의 기능은 군사적인 것 외에 백제 왕궁의 후원으로 조원적 기능이 컸던 것이다. 사비성의 군사적 기능은 청마산성이 담당할 수 있었던 것으로 보인다. 청마산성은 백제 최대의 석성이며 견고하게 쌓았다. 쌓는 시기는 사비성을 조성하는 백제 성왕대로 보이며 석성의 길이가 5.6㎞에 달하는 포곡식산성이다. 전쟁이 났을 때 사비도성의 모든 인구가 청마산성에 들어갈 수 있는 수용능력을 갖추고 있다. 청마산성 바로 밑에 백제의 왕릉들이 잇는 능산리이며 왕릉의 수호사찰이 있었다.

  부소산성은 괴석을 착립하고 기화이초를 심어 그림같이 아름다운 백제의 원유(苑囿)로서 왕궁의 월찰도 있고 신령스러운 제단도 있고 사슴이나 닭 등 짐승도 기르고 약초도 생산하며 과수원 기능도 했을 것으로 보인다. 사비하에서 용왕제도 지내고 제왕이 신하들과 잔치도 벌이고 물고기도 낚는 장소이기도 했다. 그래서 순수 판축식포곡성의 아름다운 황토빛 토성과 적의 방비가 허술한 동문과 남문 등 성문의 구조를 가지고 있다. 성 안에 5개소의 저수조는 식수기능이나 방화수나 짐승을 기르는데 쓰는 저수지 역할도 했던 것이며 아직은 발굴조사가 이루어지지 않았지만 저장시설 등이 많이 있었을 것이다. 이와 같이 왕궁의 후원으로 조원시설이 갖추어진 것은 평양의 고구려 안학궁의 북쪽에 있는 대성산성(大城山城)도 백 수십 개의 연못과 누각과 정자자리가 발굴조사되었다.(김일성종합대학교 1973, 대성산성과 그 부근 고구려유적) 신라의 고도 경주의 낭산(狼山)은 신라가 하늘에 큰 제사를 지내는 제단이 있었으며 신라 왕궁의 남문이 이 낭산 중간 자리에 있었다. 문무왕의 능지탑이 왕궁의 고문(庫門) 밖에 있는 것이다. 낭산 남쪽에 신유림(神遊林)이 있고 사천왕사지가 있다.

1828년경에 그려진 조선왕궁의 동궐도(東闕圖)에 보면 창덕궁 후원의 그림 속에 대보단의 제단도 있고 왕궁의 수호신을 모신 부원당도 그려져 있으며 조선 초기에는 불당도 있었다. 연못과 정자가 있고 사슴이나 새 등의 동물도 길렀고 약용식물도 심었으며 아름다운 숲도 있다. 원래 제왕의 원유는 이와 같은 기능을 가졌던 것이다. 부소산성은 백제왕궁의 후원 같은 기능의 성이며 백제 사비수도의 가장 신성한 제단과 묘사가 있고 사비하에서 용왕제(龍王祭)도 지내던 곳으로 보인다.

Ⅲ. 부소산성의 조원적 의미

1. 사비 백제의 조원사상

사비 백제의 조원기록은 무왕(武王) 35년(634) 기록이다. '궁남(宮南)에 못을 파고 물을 20여 기에서 끌어 들였으며 못의 네 언덕에 버드나무를 심고 방장선산(方丈仙山)을 모방한 섬을 만들었다.' 이 궁남의 대지(大池)가에는 망해루(望海樓)와 망해정(望海亭)이 건립되어 있었다. 백제 무왕 35년 기록 속에서 방장선산을 상징하는 섬을 만든 것은 우리나라 조원사에 있어서 삼신산(방장산, 봉래산, 영주산)을 상징하는 조원을 처음 만든 기록이 된다.

삼신산(三神山)을 상징한 조원은 신선사상(神仙思想)에 의한 조원을 말한다. 신선사상은 고대 중국에 널리 퍼졌던 민간사상으로 장생불사의 선향(仙鄕)에의 승천을 구하였다. 삼신산은 동쪽 바다 가운데 있는 신선이 살고 불노초와 불사약이 있다는 영산이다.

이 신선사상은 중국의 춘추전국시대에 비롯되어 진(秦)나라와 한(漢)나라 때 크게 유행되고 뒤에 노장사상과 결합되어 도교(道敎)의 성립으로 발전하였다. 신선사상의 조원은 상징주의적 조원이 되며 실재하는 산을 만드는 것이 아니라 가상의 산을 만드는 것이므로 축경식 조원이 된다.

무왕 37년 3월에 왕이 신하들과 사비성 북포(北浦)에서 연유(宴遊)할 때 북포의 양 언덕에는 괴석이 착립(錯立)한 데다가 간간이 기화이초가 끼어 있어서 마치 그림 같았다 하였다. 괴석이 높고 낮게 서있는 것을 착립이라 한 것이며 괴석을 세워놓았다는 것이다. 괴석 사이에는 기화이초를 심었던 것이다. 기화이초란 선약초(仙藥草)로 인삼 같은 영약이거나 귀한 지초(芝草)나 영지(靈芝) 같은 흔하지 않은 향초(香草) 같은 식물을 말한다. 난(蘭) 같은 식물도 기화이초의 하나일 수 있다. 북포의 경치는 축경식의 조원공간을 표현하고 있다 할 수 있다.

2004년 12월에 익산 왕궁리의 유적에서 왕궁사(王宮寺)의 명문 기와도 출토되었으며 백제시대 기와가 출토되는 곳에서 괴석을 입석으로 조성한 석가산(石假山) 유적이 발견되었다. 석회암과 변성암으로 조성되어 있는데 중국의 태호석과 비슷하게 둥근 구멍이 침식작용으로 만들어진 천호동굴에서 볼 수 있는 것이었다. 아직 이 석가산 유적은 발굴 중에 있어서 보고서로 출간되지는 않았지만 국립부여문화재연구소가 발굴지도위원회를 개최하여 공개하였다.

일본서기 추고(推古) 20년(612)에 보이는 백제인 노자공(路子工)의 기록에서도 보통사람이 할 수 없는 축산(築山)의 기술을 가지고 있다고 하였으며 어전의 남쪽에 수미산(須彌山)을 상징한 가산(假山)과 오교(吳橋)를 놓았다. 신선사상의 상징주의적 가산을 불교적인 가산인 수미산으로 만든 것을 알 수 있다. 백제의 이러한 상징주의적 축경식 조원양식이 일본에 전해져서 일본정원의 전통적 양식으로 발전해 갔다. 통일신라시대에

그림6. 익산 왕궁리 백제석가산 괴석   그림7. 익산 왕궁지 괴석수로와 백제석가산

조성된 신라 동궁(東宮)의 원지(苑池)인 안압지(雁鴨池)도 백제의 신선사
상에 의해 조성된 상징주의적 축경식 조원으로 조성된 것이다.

『삼국사기』 문무왕(文武王) 14년(674) 2월의 기록을 보면 '왕궁 내에 못
을 파고 가산을 만들고 화초와 진귀한 새와 짐승을 길렀다(宮內穿池 造山
種花草 養珍禽奇獸) 하였다. 그리고 문무왕 19년(679) 기록에 東宮을 창건
하였다' 하였다. 발굴결과 의봉사년개토(儀鳳四年皆土)라는 명문(銘文) 전
이 출토되어 의봉 4년은 당나라 연호로 679년에 해당된다. 『삼국사기』의
동궁창건 기록과 부합되어 안압지가 신라 동궁의 원지(苑池)임을 확인하
게 되었다. 안압지는 못 속에 삼신도(三神島)가 있고 못가에 괴석을 배치
하여 신선사상으로 조성된 축경식의 상징주의적 조원인 것이다.

이러한 신선사상의 조원은 고려, 조선시대를 이어 내려와 조선왕궁의
후원인 비원과 관아의 루원(樓苑)인 남원 광한루의 조성에까지 영향을 미
쳤다. 경복궁의 자경전 십장생 굴뚝담의 장생문도 신선사상과 관계있는
것이다.

2. 백제조원의 몇 가지 특성

발굴조사된 유적과 유물을 통하여 백제조원의 몇 가지 양식과 특성을

살펴보기로 한다.

첫째, 백제는 점토와 마사토를 번갈아 교대로 다져올린 판축기법의 토성을 쌓기에 뛰어난 토목공학적 기술이 있었다. 부소산성의 포곡식토성 2,496.6m는 순수판축기법의 토성벽이었다. 동문지 구간의 판축구간을 살펴보면 토사 밀림 방지용 판목을 고정시킨 목주를 두 줄로 열지어 세우고 그 안쪽에 점질토와 마사토를 번갈아가며 거의 같은 두께로 다져 올렸다.

이 과정에서 목주(木柱)와 판목(板木)을 안정되게 고정시키고 목주간 또는 토루(土壘) 내부의 힘을 받쳐주는 보조 재료로 횡장목(橫長木)과 종장목(縱長木)을 세우고 정밀한 판축으로 토성벽을 쌓았다. 조원적 미관으로 보면 따뜻한 질감의 토성벽이 얼마나 아름다웠을까를 생각한다. 이 토성벽 내에는 목주의 구조가 들어 있어 경사진 구배 따라 무너지지 않게 지탱하는 구조를 형성하였다. 신라나 고구려는 6세기에 석성을 축성하고 있는데 백제는 도성(都城)이 모두 판축기법의 토성을 축조하고 있는 점이 다르다.(최맹식, 1996, 백제 판축공법에 의한 연구, 김용민, 1997, 부소산성의 성벽축조기법 및 변천에 대한 고찰)

둘째, 부소산성 남록의 관북리 추정 왕궁터 유적에서는 정면 2칸, 측면 2칸의 굴립주를 세우고 남북 2.4m, 동서 2.3m, 잔존깊이 60cm의 목곽지가 들어났다. 못 바닥과 벽면은 모두 판자로 짰고 수입시설은 북쪽 판벽위에 수키와를 받치고 덮은 방식으로 수로를 만들어 목곽지에 폭포로 떨어져 들어가게 만들고 물이 나가는 쪽은 서쪽 목곽벽에 무너미로 넘쳐나가게 만들었다. 나가는 물의 배수시설은 수입시설과 같이 수키와를 받치고 덮어서 만든 수로였다. 이 수로는 약 37m까지 조사되었다.

이 물의 수원은 솟아나는 샘(泉)에서 흘러오는 것으로 보인다.(2005년 12월 16일 발굴지도 회의자료) 또 관북리의 연지는 석축으로 쌓은 남북

6.2m, 동서 10m, 깊이 1.2m의 장방형 방지인데 북쪽과 서쪽 호안에서 굴립주 자리가 12개 노출되어 ㄱ형의 11칸 건물이 서 있었던 것으로 보인다. 이러한 정자건물은 고구려나 신라에서는 볼 수 없는 특이한 것이다.

관북리 유적에서 저장고 같은 목곽이 5개 처에서 발견되었다. 1호 목곽 저장고는 남북 5.25m, 동서 4.3m, 깊이 80㎝로 목곽 외곽은 점토로 충진시켜서 물이 새지 않게 처리한 시설인데 물을 담아서 어떤 물건을 저장하는 시설로 보였다.

이러한 저장시설은 석실로 된 것도 몇 개 나왔는데 장방형의 것과 원형의 것도 있다. 원형의 것은 백제 사비시대 토기로 어깨가 벌어진 평저의 회백색 큰 독을 하나 안치하면 꼭 좋을 것 같은 규모의 것도 있다. 사비시대 백제의 토기는 고구려나 신라보다 다르게 온화한 회백색으로 조화적인 승석문이 시문되어 있으며 어깨가 벌어지고 밑은 모두 평저로 시원한 곡선의 미는 후대 고려, 조선의 도자기의 형태에 이르기까지 연결되는 것이다.

당시 고구려 토기는 투박하고 억센 거친 그릇이며 신라 토기는 단단하기는 한데 검고 거칠며 제기처럼 대(臺)가 붙어있고 문양도 거치문, 파상

그림8. 부여 관북리 백제의 암거수로 암키와와 수키와로 조성

그림9. 백제 대형건물지 북쪽 후원의 수로. 수키와를 아래위로 놓아 설치

그림10. 익산 왕궁리 출토 수로용 토관

그림11. 부여 관북리 제1호 목곽창고 백제토기 머루씨, 복숭아씨, 오이씨 등 출토

그림12. 부여 관북리 목곽고

그림13. 석곽 창고

그림14. 백제 석곽창고 내부의 목주시설

문, 동물문 등 샤면적 색채가 농후하고 인간적인 멋과 조형적인 조화가 떨어진다. 사비시대 아름다운 백제의 큰 항아리는 사람의 키 높이보다 약간 낮은 것들이 많다. 이런 독으로 장독대 같은 조원시설물을 만들 수도 있을 것이다.

사비시대 백제의 연지는 방형의 양식으로 정리되는 경향을 보여준다. 정림사지 앞의 연못은 절에 들어가는 진입도로 양쪽으로 쌍지가 설치되었는데 방형의 연못 형태를 보여주고 있다.

절 입구 진입로 양쪽에 연못이 조성된 것은 익산 미륵사지 앞에서도 볼 수 있다. 익산 미륵사지 앞의 연못은 통일신라시대의 호안에 연결되어 있어 미륵사 창건 당시보다 늦은 시기로 보이지만 절 앞의 진입도로를 중심으로 쌍지가 조성되는 것은 정림사지 쌍지와 같은 배치를 보여주는 것이다.(정재훈, 2005, 전통조경 332쪽, 백제의 사원)

금산 백령산성(栢嶺山城) 저수용 목곽이나(충남역사문화원, 2004, 금산 栢嶺山城) 대전 월평동 목곽고(국립공주박물관, 충남대학교박물관, 1999, 대전 월평동 유적)는 집수지 형태의 방형구조를 하고 있다. 이러한 목곽 집수지나 창고는 부여 관북리 목곽고나 목곽지와 같은 구조와 형태를 보여주는 백제식 방형 목곽이다.

샘의 기능으로 공산성 만하루지 앞의 집수지(이남석, 이훈, 1999, 공산성지당)와 순천 검단산성(檢丹山城) 집수지(순천대학교박물관, 2004년 順天 劍丹山城)는 산성 내의 집수정(集水井) 시설이다. 백제의 조원 양식중 하나는 못이나 개울이나 판축의 토성 내에 목주를 줄지어 박아서 토사의 밀림이나 연못의 호안을 보호하는 것이다. 이러한 호안 목주열의 조성 방법은 궁남지(宮南池) 발굴에서 목조 저수조(貯水槽) 시설에서 잘 보여 주었다.

목조 저수조는 동서길이 11.2m, 너비 1.6m인데 좁은 말목은 65~75cm, 넓은 것은 125~145cm 간격으로 박고 내부쪽은 판목과 반원형의 나무로 세로로 겹쳐 벽체를 조성하였다. 저수조의 내부는 동반부가 동서 630cm 되고 서반부는 진흙층을 깊이 파서 물을 저장할 수 있게 하여 깊이가 107cm 내외였다.(최맹식, 김용민, 2001, 宮南池 II, 국립부여문화재연구소)

셋째, 산성 내의 원형저수조는 공주 공산성 내에서도 발굴조사되었으며 부소산성에서도 발굴조사되었고 여수 고락산성(鼓樂山城) 내에서도 조사되었다. 이들 저수조의 기능은 식수의 저장 기능도 하지만 동물의 사육에 필요한 집수지로도 보인다. 닭이나 거위, 사슴, 말 등에게 물을 먹이는 그러한 것으로 부소산성의 것은 왕궁의 후원에 기이한 새와 짐승을 기르는 집수지로 보이기도 한다.

넷째, 백제의 문양전은 고구려나 신라보다 제조 기술도 뛰어나고 조형 예술적으로는 동양의 최고품이었다. 백제 규암에서 출토된 산경문(山景文), 봉황문, 연화문, 귀면문, 반룡문, 와운문의 문양전은 건물의 벽을 장식했던 것으로 보이는데 백제의 산수화의 높은 경지를 이 산경문전에서 볼 수 있으며 귀면문전에서는 백제인의 해학적 여유를 볼 수 있다.

와운문(渦雲文)에서는 요동치는 구름의 힘과 한정된 원의 공간 속에서 무한한 창공을 나르고 있는 생동하는 봉황문의 구도는 백제미술의 높은 구상을 엿보게 한다. 신라는 이후 통일신라 때 문양전을 만들었으나 기하학적이고 도식적이어서 백제의 저 자유로운 구상을 따르지 못했다.(전흥섭, 1975, 백제 미술문화와 신라, 고구려와의 비교, 백제문화 제7, 8 합집)

백제의 와당은 고구려나 신라보다 대단히 아름답다. 부소산성에서 출토되는 와당들은 백제의 왕궁에서 사용하던 기와들인 것이다. 고구려 와당은 감각적으로 우악스럽다. 굴곡 없는 연꽃잎의 날카로운 선이나 자방의 표현이 반구형의 청동거울 원형 꼭지같이 만들어졌고 연씨의 표현이 없으며 연꽃잎 사이에 강한 직선을 새겼거나 연꽃잎 중앙에 강한 선들을 넣고 연꽃잎 뿌리가 자방(子房)에서 떨어져 조형되었다. 주연(周緣)의 넓은 테에는 강한 힘만을 발휘하여 조화는 젖혀두고 우악스럽게 만들었다.

백제기와 무늬는 수막새의 공간 속에 가득 만발한 꽃송이로 알맞게 살이 쪄서 무령왕릉전의 연꽃은 버선코처럼 연꽃잎 끝이 살짝 들고 있어 입체감이 있고 온화하고 조화적인 조형미를 보여준다.

사비시대 와당의 연꽃은 버선코처럼 들고 있던 연꽃이 약간 낮아지고 만발한 연꽃으로 꽃잎 끝이 갈라지고 더 부드럽고 평평하게 된다. 굴곡의 곡선미를 최고로 발휘하여 색깔도 회백색의 부드럽고 우아한 질감으로 만들어졌다. 신라의 와당은 백제의 와당을 모방하였고 신라적 개성은 통일신라가 되어서야 나타난다. 부소산성의 성문이나 누각이나 절터에서는 와당과 벽화쪽과 치미 등 장식 기와도 출토되었다.(박용진, 1975, 백제와당의 체계적 분류1, 백제문화 제7, 8 합집)

다섯째, 백제의 조원의 원기(苑器)로 석조(石槽)가 있다. 관북리 왕궁지의 것으로 부여 석조(보물 제194호)는 왕궁조원에 쓰였던 석연지(石蓮池)이다. 전체높이가 1.57m, 직경이 1.42m, 밑을 받힌 상, 중, 하의 대석이 있고 간결하게 아무 조각도 없이 원형의 석조를 받치고 있다.

이 석조는 차돌이 섞인 화강암으로 만들어 흡사 큰 순백자사발 같은 모습을 하고 있다. 석조의 기벽(器壁)에는 종으로 일정한 간격으로 띠를 양각하였으며 부드러운 곡선의 소박하고 간결한 조형미가 높은 품위를 보여준다. 이 석조에 연꽃을 심었을 때 백자사발 같은 하얀 용기 위에 녹색의 연잎과 붉은 연꽃이 피어났을 때 그 연꽃을 선명하게 보이도록 조화시킨 백제인의 미감을 엿볼 수 있다. 부여석조 내외 면에 '大唐平百濟國碑銘'이 희미하게 음각되어 있다. 이는 정림사지 5층 석탑의 1층 탑신에도 소정방(蘇定方)의 전공기가 새겨 있는데 660년 7월 13일 사비성을 함락시키고 급히 전공문을 새기다보니 비를 만들 시간이 없어 탑신이나 석조에

그림15. 군수리 금당지 와적기단

그림16. 부여 군수리 금당지 남편 합장식 와적기단 세부

같은 전공을 낙서처럼 새긴 것이다.

이러한 석조는 공주박물관에도 두 개가 있다. 보물 148호는 공주 중동석조(公州 中洞石槽)이며 보물 제149호는 공주 반죽동석조이다. 이 석조는 모두 백제 대통사지인 반죽동 당간지주가 서있산 주위에 있던 것을 1940년 박물관으로 옮겨갔다. 중동석조는 직경이 134㎝, 높이가 72㎝이며 큰 대접같이 한 돌로 파서 만들었는데 외면에 두 줄기 띠를 새겼고 네 곳에 연꽃조각을 배치하였다. 반죽동석조는 직경이 188㎝, 높이가 75㎝로 중동석조 보다 약간 큰 편이다. 이와 같이 백제의 석연지는 원형을 하고 있다. 배같이 타원형을 한 것도 부여박물관에 있다. 신라의 석조는 모두 장방형을 하고 있음이 백제와 다르다.

여섯째, 백제는 목조의 불탑을 석탑으로 조성한 창조적 건축기술이 있었다. 부여 정림사지 5층 석탑이나 익산 미륵사지 석탑은 목탑을 석탑으로 조성한 것이다. 이런 예는 중국에도 없고 고구려나 신라에도 없었다. 신라 황룡사의 9층 목탑을 건립해 준 것도 백제의 건축가 아비지(阿非知)였다.

일곱째, 백제의 와적기단은 대단히 아름답고 숯을 다져서 건물의 기단을 만드는 탄축기술이 뛰어났다. 군수리사지와 부소산성 군창지 주위의 건물지에서 와적기단이 발견되었다. 조원에 이 와적 축조법을 원용하면 아름답다.

여덟째, 백제의 석가산이 익산 왕궁리에서 2004년 발굴조사되었다. 석회암과 변성암으로 입석하여 조성한 괴석산이었다. 중국의 태호석같이 침식된 구멍이 뚫린 돌이었다.(정재훈, 2005, 한국전통조경)

IV. 부소산성 조원의 접근방식

2005년까지 연구된 부소산성의 발굴조사는 13개 지점에 대한 성벽 단면을 절단하여 발굴조사한 것과 군창지, 남문지, 동문지 지역의 시설물과 부소산 서록의 사지(寺址) 및 관북리 백제 왕궁지 조사가 진행되어 왔다. 부소산성 연구는 성벽의 축조 기법과 조성연대 및 출토유물을 통한 고고학과 미술사적 연구에 치중하여 왔다. 이제 부소산성을 백제왕궁의 후원으로서 조원적 접근을 하려면 조원유적의 발굴조사가 이루어져야 한다. 수로를 따라가면 연못이 나오고 산성의 계곡을 발굴하면 집수지 같은 유적이 나타날 수 있다. 부소산성의 경사진 산자락을 시굴조사하면 많은 저장혈 같은 유적이 발견될 수 있다. 백제 무왕이 부소산성 북쪽의 대왕포에서 술을 마시고 북과 거문고를 타고 노래를 부르자 신료들이 같이 춤을 추었다는 『삼국사기』 무왕 37년(636) 3월의 기록을 보면 북포에는 괴석이 착립하고 기화이초가 심어진 조원뿐 아니고 왕이 연회를 할 수 있는 누각 같은 건물이 있었던 것으로 보인다.

왕이 북을 치고 거문고를 타고 노래를 부르는 장소는 그냥 야산의 바위 위이거나 사비하의 강가가 아니다. 이런 유적에 대하여 조원적 안목의 검토가 필요한 것이다.

부소산성 내에서는 제단이나 묘(廟)의 자리도 있을 수 있다. 정자나 누각의 자리도 정밀하게 조사되어야 할 것이다. 부소산성 내의 백제시대 보도를 찾아내는 것도 중요한 일이다. 부소산성의 정비에 있어서는 정비를 위한 발굴조사를 다시 할 필요가 있다.

부소산성의 조원적 측면에서 정비가 이루어지는 경우에 다음과 같은 원칙이 적용되어야 할 것이다. 첫째, 유적의 복원이나 정비는 현재 남아 있는 원래의 유적과 다시 보충하는 자재는 시대구분을 할 수 있게 다른 것을 쓰고 원상의 파괴가 없어야 한다. 정비로 인해 보충한 자재를 철거하면 언제든지 유적의 원상복구가 가능하게 되어야 한다.

둘째, 정비나 복구는 원상을 이해할 수 있게 복원을 하거나 상상할 수 있게 하여야 한다.

셋째, 부소산성 복원 정비에 있어서 판축성의 축조나 연지의 복원이나 목곽고의 복원 등에는 보존과학기술과 수복기술의 전문가에 의하여 이룩되어야 한다.

V. 맺음말

부소산성은 백제왕궁이 들어 있는 도성(都城)이 아니다. 왕궁의 후원(後苑) 같은 판축토성이다. 평양의 고구려 안학궁과 대성산성 같은 성격도 있다. 조선왕궁의 창덕궁과 비원 같은 원유(苑囿)의 기능을 가지고 있다. 부소산성의 발굴결과 군사시설이 두드러지지 않고 원유의 아름다운 토벽과 성문과 집수지와 원유를 지키는 수군의 막사 건물들이 나타나고 있다. 부여 관북리 백제 왕궁지의 발굴로 부소산성은 왕궁의 후원인 원유 같은 의미를 더욱 부여하게 되었다. 왕궁의 원유는 새나 짐승을 길렀던 곳이며 제단과 약용식물과 연유(宴遊)의 장소가 되기도 한다. 『삼국사기』 백제 무왕 37년 부소산성 북포의 기록은 기암괴석이 착립(錯立)하고 기화이초가 간간이 끼어있어 그림처럼 아름다운 조원의 경관을 말하고 있으며 왕은 술을 마시고 즐거움이 극에 달하여 북을 치고 거문고를 타며 스스로 노래를 부르고 신료들도 여러 차례 춤을 추었다. 이러한 부소산성 북포의 기록은 창덕궁 비원 속에서 있었던 왕과 신하의 연유(宴遊)하는 기록과 아주 비슷한 것이다.

부소산성의 경관은 백제 사비수도의 진산으로 가장 아름다운 사비하(泗沘河)와 접하고 있으며 동, 서, 남, 북을 전부 조망하는 망루 같은 기능을 한다.『삼국사기』제사 조에 보이는 백제왕이 매년 4중월(四仲月 ; 2, 5, 8, 11월)에 하늘에 제사 지내고 오제(五帝)의 신을 제사지내고 시조묘(始祖廟)를 도성(都城) 안에 세우고 4계절에 제사하던 그러한 제단이 부소산성 내에 있었던 것은 아닌지 검토되어야 한다. 백제가 삼산(三山)에서 천제를 지낸 것으로『삼국유사』에 보이는 신산(神山)인 부산(浮山), 일산(日山), 오산(吳山)이 남부여 안에 있었던 것이며 백제의 재상을 임명할 때 후보 3~4인의 명단을 함속에 넣고 하늘에 고하는 제사를 지내고 천명(天命)을 받았던 천정대(天政臺)인 취령봉(鷲靈峰) 정사암도 부소산성과 마주하는 북쪽 사비하 절벽에 있다.

백제의 수호신이 사는 사비하의 푸른 소(沼)는 용왕(龍王)이 사는 용궁(龍宮)이었다. 사비하에는 분명 용왕제(龍王祭)를 지내던 곳이다. 백제를 정벌하던 당군의 주장 소정방(蘇定方)이 사비하의 수궁에 사는 무왕의 화신인 용을 제압하고 난 후에야 백제 정벌이 가능하였던 것이다. 이런 사실을 보면 부소산성은 백제의 호국신이 주제하는 신성한 제단이 있는 산성일 수 있다. 이와 같이 부소산성은 군사 목적을 뛰어넘는 왕궁의 원유(苑囿)이다.

부소산성의 발굴조사는 끝난 것이 아니다. 왕궁의 원유로서의 정밀한 발굴이 전면적으로 이루어져야 한다. 정비에 있어서는 보존과학과 수복 기술의 전문가가 직접 참여하여야 한다. 백제 조경의 사상은 신선사상에 의한 상징주의적 조원이며 백제조원의 특성은 방지나 목곽지(木槨池)의 조성, 호안보호에 목주열의 사용, 석회암과 변성암의 축경식 석가산 조성, 저장혈과 저장고의 조성, 목탑 구조의 석탑 이행, 원형 석조(石槽)의 조성, 판축토성의 축조기술 발달, 백제미술의 온화하고 조화적인 조형 예술성 등이 백제조원의 양식적 특징이라 할 수 있을 것이다.

참고 문헌 및 인용 문헌

- 李南奭・李勳, 1999, 『公山城池塘』, 공주대학교박물관
- 文化財管理局, 1975, 『天馬塚』, 발굴조사보고서
- 申光燮, 1994, 부여 부소산성, 「廢寺址考」, 『百濟研究』 제24집
- 김일성종합대학교, 1973, 『대성산성과 그 부근 고구려 유적』
- 정재훈, 2005, 「백제의 사원」, 『한국전통조경』
- 국립공주박물관・충남대학교박물관, 1999, 『대전 월평동 유적』
- 최맹식, 1996, 『백제 판축공법에 의한 연구』
- 김용민, 1997, 『부소산성의 성벽축조기법 및 변천에 대한 고찰』
- 충남역사문화원, 2004, 금산, 『栢嶺山城』
- 순천대학교박물관, 2004, 『順天 劍丹山城』
- 최맹식・김용민, 2001, 『宮南池 II』, 국립부여문화재연구소
- 전흥섭, 1975, 「백제 미술문화와 신라, 고구려와의 비교」, 『백제문화 제7, 8 합집』
- 박용진, 1975, 「백제와당의 체계적 분류1」, 『백제문화 제7, 8 합집』
- 2005, 『국립부여문화재연구소 발굴지도 회의자료』
- 『三國史記』 溫祚王 十五年 春正月 作新宮室 儉而不陋 華而不侈
- 『三國史記』 溫祚王 四十一年 二月 發漢水東北諸部落人年十五歲以上 修營慰禮城
- 『三國史記』 辰斯王 七年 春正月 重修宮室 穿池造山 以養奇禽異卉
- 『三國史記』 東城王 二十二年 春 起臨流閣於宮東 高五丈 又穿池養奇禽

- 『三國史記』東城王 二十二年 五月 旱 王與左右宴臨流閣 終夜極歡
- 『三國史記』雜志 제3 地理 脫解王九年 始林有鷄怪 更名鷄林 因以爲國號
- 『三國史記』聖王 十九年 王 使入梁朝貢 兼表請 毛詩博士 涅槃等 經義 并工匠 畫師等 從之
- 『三國史記』武王 三十五年 春二月 王興寺成 其寺臨水 彩飾壯麗 王每乘舟 入寺行香 三月 穿池於宮南 引水二十餘里 四岸植以楊柳 水中築島山與 擬 方丈仙山
- 『三國史記』武王 三十七年 三月 王率左右臣寮 遊燕於泗沘河 北浦 兩岸奇 巖怪石 錯立 間以奇花異草 如畫圖 王飲酒極歡 鼓琴自歌 從者屢舞 時人謂 其地大王浦
- 『三國史記』武王 三十九年 春三月 王與嬪御泛舟大池
- 『三國史記』義慈王 春三月 水太子宮極侈麗 立望海亭於王宮南
- 『日本書紀』券第二十二推古天皇 二十年 是歲 自百濟國 有化來者 其面身 皆斑白 若有白癩者乎 惡其異於人 欲棄海中島 然其人曰 若惡臣之斑皮者 白斑牛馬 不可畜於國中 亦臣有小才 能構山岳之形 其留臣而用 則爲國有 利 何空之棄 海山島耶於是 聽其辭以不棄 仍令 構須彌山形及吳橋於南庭 時人號其人曰路子工 亦名芝耆摩呂 又百濟人 味摩之歸化 日學于吳得伎樂 貸 則安置櫻井 年令習伎樂貸 於是 眞野首弟子 新漢濟文 二人習之傳 其貸 此 今大市首 陽田首等祖也.
- 『北周書 高麗傳』：治平壤城 其城 東西六里 南臨浿水 城內唯積倉器 備冠 賊至日 方入固守 王則別爲宅於其側 不常居之.
- 『三國史記』雜志 祭祀 條, 百濟每以四仲之月 王祭天及五帝之神 立其始祖 仇台廟於國城 歲四祠之. 泗沘河過 有一茅 蘇定方嘗坐比上 約魚龍而出故 茅上有 龍ㄹ棒之跡因名龍茅
- 홍사준 1971, 「백제성 연구」, 『백제연구』2

- 성주탁 1988, 「백제도성축조의 발전과정에 대한 고찰」, 『백제연구』19
- 차용걸 1988, 「백제의 축성기법 판축토루의 조사를 중심으로」, 『백제연구』19
- 심정보 1996, 「백제산성연구」, 『백제재현단지 조성을 위한 조사연구보고서』
- 최맹식 1996, 「백제판축공법에 관한 연구」, 『윤용진 교수 정년퇴임기념 논총』
- 윤무병 1994, 「백제왕도 사비성 연구」, 『학술원 논문집 인문사회과학편』33
- 성주탁 1982, 「백제사비도성연구」, 『백제연구』13
- 홍재선 1981, 「백제사비성연구」(동국대 석사학위논문)
- 장경호 홍성빈 1984, 『부소산성건물지 발굴조사 약보』(문화재지 제17호)
- 최무장 1991, 『부소산성 추정동문지 발굴약보』, 백제연구 제 22집
- 국립부여문화재연구소 1995, 『부소산성 발굴조사 중간보고』
- 국립부여문화재연구소 1996, 『부소산성 발굴조사 보고서』(1983~1987)
- 국립부여문화재연구소 2003, 부소산성 발굴조사 보고서

부소산성의 구조와 축조시기

심 정 보 (한밭대학교 교양학부 교수)

목 차

Ⅰ. 머리말

『신증동국여지승람』부여 현 산천 조에 의하면 부소산은 '부여 현 북쪽 3리에 있는 鎭山으로, 동쪽 작은 봉우리에 험준한 곳이 있는데 迎月臺라 부르고 서쪽 작은 봉우리를 送月臺라 부른다'고 하여 동쪽과 서쪽에 각기 봉우리를 갖추고 있는 부여의 진산임을 알 수 있다. 또한 부소산 북쪽에는 금강이 흐르고 있어 江을 이용한 用水·運送·防禦의 효과를 극대화할 수 있는 요충지라고 하겠다.

이 부소산에는 산 정상부를 에워싸서 축조한 포곡식산성이 있고, 2개의 봉우리를 각기 에워싸서 축조한 테뫼식산성이 있으며, 다시 동남쪽 봉우리에 축조한 테뫼식산성에는 남-북으로 성벽이 가로질러 축조되어 동, 서로 나누어 구획되고 있어 구조상으로 볼 때 소위 복합식산성의 형태를 하고 있다.

또한, 같은 책 고적 조에 수록된 半月城은 '부소산을 포용하여 축조된 성벽의 두 머리가 백마강에 닿았는데, 그 형상이 반달 같기 때문에 반월성이라 이름한 것이다. 지금 현치소가 그 안에 있다'라고 수록된 것으로 보아 이 반월성은 나성을 표현한 것이며, 부소산성을 포용하여 축조된 나성 성벽의 두 머리가 백마강에 닿았다고 한 것으로 보아 동나성과 서나성으로 볼 수 있는 두 갈래의 나성이 축조되어 백마강에 이르고 있음을 나타내고 있다고 하겠다.

성왕 16년(538)에 웅진에서 사비로 천도하였을 때 이 부소산성은 內城의 역할을 하였으며, 부여 시가지를 나성으로 에워싼 외성이 별도로 축조되어 우리나라 고대 도성으로서는 처음으로 內城과 外郭이 구비된 도성으로 밝혀지게 되었다. 특히 부소산성 발굴조사 과정에서 출토된 백제기와에 押印된 '首府' 銘 인장와는 부소산성이 都城으로서 경영되고 있었음을 확인할 수 있는 중요한 고고학적 자료라 하겠다.

본 고에서는 사비도성의 내성에 해당하는 부소산성에 국한하여 살펴보고자 하며, 그 구조와 축조시기에 대하여 검토하여 보고자 한다. 부소산성의 축조시기에 대해서는 필자가 고찰한 바 있으며,[1] 그 기조에 변함이 없으므로 일부 수정 및 보완하였으나 거의 그대로 채용하였음을 밝힌다.

II. 考古學的 調査

扶蘇山城은 군창지 소재 테뫼식산성과 사비루 소재 테뫼식산성, 그리고 이를 둘러싸고 있는 포곡식산성으로 이루어져 있는 복합식산성으로 알려져 있었으나,[2] 부여문화재연구소에서 1993~1994년에 걸쳐 실시된 발굴조사 결과 군창지 소재 테뫼식산성은 통일신라시대의 축성으로 밝혀졌으며, 이 군창지 소재 테뫼식산성을 2구로 구분하기 위해 남-북으로 축조된 성벽은 조선시대의 축성으로 보고되고 있고, 1996년에 조사된 사비루 소재 테뫼식산성도 통일신라시대에 축조한 것으로 밝혀지고 있어 백제시대에 축조된 城體는 포곡식산성뿐이었음이 밝혀지게 되었다.

---

1) 沈正輔, 1996, 「百濟 泗沘都城의 築造時期에 대한 一考察」, 『東北아시아의 古代都城』, 東亞大學校開校50周年紀念 國際學術大會 發表論文集.
2) 尹武炳 · 成周鐸, 1977, 「百濟山城의 新類型」, 『百濟研究』8.

이 포곡식산성의 전체길이는 토루 외곽선을 기준으로 하여 총 연장길이는 2,495.6m이다. 이 포곡식산성에는 동·서·남·북의 4개소의 성문과 치성 2개소, 장대지 2개소가 시설되었던 것으로 파악되고 있다. 부소산성의 포곡식산성에 대한 조사는 1981년부터 2002년에 걸쳐 비교적 많은 지점에 대해 밀도있는 조사가 진행되어,[3] 부소산성의 구조 및 축조기법에 대하여 많은 학술자료를 확보하게 되었다.

1. 포곡식산성

부소산성의 포곡식산성은 동·남·서벽은 해발 75m 내외의 부소산 외측 급경사면을 따라 구축되었으며, 북측으로는 큰 계곡이 형성되어 있으며 이 계곡부에는 완경사면과 몇 군데의 넓은 평지가 조성되어 있는데 북벽은 이를 포용하여 축조되었다. 북측의 이러한 지세는 북단에 이르러서 낮은 저습지대가 펼쳐지고 금강과 연접되고 있다.

이 포곡식산성의 조사과정에서 정교한 판축기법에 의한 체성이 확인되어 백제시대 판축기법에 대한 방대한 자료를 축적할 수 있었으며, 또한, 동문지와 남문지 및 2개소의 치성이 확인되어 방어시설에 있어서 백제인들의 매우 수준 높은 축성기술을 나타내게 되었다.

---

3) 尹武炳, 1982, 「扶蘇山城 城壁調査」, 『韓國考古學報』13.
扶餘文化財研究所, 1995, 『扶蘇山城 發掘中間報告』.
國立扶餘文化財研究所, 1996, 『扶蘇山城 發掘調査報告書』.
國立扶餘文化財研究所, 1997, 『扶蘇山城 發掘中間報告Ⅱ』.
國立扶餘文化財研究所, 1999, 『扶蘇山城 發掘中間報告Ⅲ』.
國立扶餘文化財研究所, 1999, 『扶蘇山城 −整備에 따른 緊急發掘調査−』.
國立扶餘文化財研究所, 2000, 『扶蘇山城 發掘中間報告Ⅳ』.
國立扶餘文化財研究所, 2003, 『扶蘇山城 發掘調査報告書』, p.82, p.100 참조.

1) 城壁

1981년 윤무병에 의해 동남쪽 테뫼식산성의 북성벽과 포곡식산성의 동벽에 대한 절개조사[4]가 시작된 이래로 포곡식산성의 축조방식을 확인할 수 있었던 곳은 동성벽의 남편지점, 동문지 주변, 동남쪽 테뫼식산성 동단부의 포곡식산성과 만나는 지점, 남문지 주변, 서성벽 중앙부, 사비루 주변, 북문지 서편과 동편 지점 등이다.[5]

이 중 북문지 서편을 제외한 나머지 지점에서는 성벽 축조 시 순수한 점질토와 마사토를 교차하여 다져올린 순수판축기법을 채용하였다. 조사보고서에 의하면 初築한 백제시대 판축부의 기초부는 원칙적으로 부소산의 생토면인 풍화 암반층을 바닥으로 하였다. 그러나 약간의 경사면에 따라 필요한 지역에는 판축 기초부의 흽쓸림을 방지하고, 판축을 용이하게 구축하기 위하여 30~60cm 안팎의 밝은 황갈색 마사토를 사용하여 단일층으로 성토한 후 그 상층에 본격적인 판축기법을 사용하여 쌓아 올렸다. 이 판축층의 기초부는 생토면인 풍화 암반층을 기저부로 하며, 성벽 안쪽의 흙을 파서 성 내벽 쪽에 壕를 만든 한편 그 파낸 흙을 성 내벽에 보축하였다. 그러나 성 외측의 경우는 풍화암반층에 'U'자형 溝를 마련하였는데, 이 溝의 너비는 55~65cm, 깊이는 경사면에 마련하여 일정치는 않으나 성 외측의 경우 25cm, 성 내측에는 55cm 정도이다.

그리고 판축토루 외측과 내측에 대칭되게 일정한 간격으로 木柱孔을 마련하였다. 이 木柱孔은 溝 중앙에 125cm~130cm 간격마다 배치된 듯하다. 이 木柱孔은 溝보다 10~20cm 정도 깊고 넓게 굴착되었고 그 내부에는

4) 尹武炳, 1982, 「扶蘇山城 城壁調査」, 『韓國考古學報』13.
5) 國立扶餘文化財研究所, 2003, 『扶蘇山城 發掘調査報告書Ⅴ』.

1~3기 정도의 할석편이 놓여 있었다. 초기 중심토루인 판축층의 경계면은 동으로는 성 외측의 木柱孔 중심부에서 경계면을 이루고, 서측으로는 성 내측 木柱孔 중심부에서 판축층 경계 벽면이 수직으로 경계면을 이루고 있었다.

東·西 木柱孔間의 거리는 일정하지는 않으나 580~640㎝ 정도인데 이 거리가 초기 판축토루의 너비를 나타낸다. 조사결과 이 판축층은 일시에 판축을 하지 않고 2회에 걸쳐 나누어 판축을 한 곳이 확인되었다. 이 구간의 경우 초기 판축바닥층 너비(東西)는 580㎝인데, 성 내측(너비 360㎝)을 먼저 판축기법으로 쌓고 성 외측(너비 220㎝)을 후에 축조하였다.

초기 판축토루 내부 상층에서는 토루를 횡으로 가로지르는 橫長木孔이 上·下 2단으로 노출되었다. 상단과 하단의 각 구멍은 그 간격에 있어 목주의 간격과 거의 비슷하나, 상단 구멍과 하단 구멍의 상하관계는 서로 엇갈려 배치되어 상하 수직으로 나타나지는 않았다.

또한 이 구멍들의 모양은 단면상 정방형에 가까웠으나 그렇지 않은 직방형태도 조사되었는데, 모두 각재를 사용한 횡장목으로 그 크기에 있어서도 일정하지는 않았다. 이 橫長木孔의 크기는 지름이 19㎝, 22㎝, 30㎝ 등 다양하며 길이는 최고 240㎝에 이르는 예도 발견되었다.

횡장목공의 위치는 잔존한 초기 판축 중심토루의 상면에서만 주로 노출되었고, 하단 횡장목공은 상면의 횡장목공에서 35~40㎝ 정도 아래에서 노출되었다. 따라서 노출된 횡장목공의 위치로 본 횡장木의 쓰임새는 판축층의 중간층보다 더 높은 층에서만 사용했을 것으로 보인다.

따라서 토루 판축기법에서는 기본적으로 중심토루의 동단, 서단의 경계지점에 토루를 따라 120~130㎝ 간격마다 木柱孔이 배치되었고, 중심토루 판축 중에서 橫長木孔과 從長木孔이 발견됨으로서 판축 구축 시에 木柱와 長木을 사용하였음을 알 수 있었는데, 외측 木柱孔에서 드러난 수직 토층선에서 나타난 토층으로 보아, 木柱孔에는 'U'자형의 홈을 마련한 후 판목을 끼워 넣어 아래층부터 판축공법으로 한 층씩 흙을 다지고, 판목 높이만큼 다져지면 다시 판목을 올린 후 그 윗층을 다졌을 것으로 추정된다. 부소산성의 포곡식산성이 백제시대에 축조하였다는 특징적인 면을 관찰할 수 있는 단서는 다음과 같다.

① 성벽의 축조방법은 기본적으로 版築技法을 이용하고 있다.

② 판축기법은 지세에 따라 다른 기법을 사용함으로서, 공정을 원활하게 하는 신축성 있는 변화가 있었던 것으로 판단된다.

③ 土城 橫斷面은 중심부에 體城을 먼저 축조한 후, 內·外側面에 경사지게 補築하고 있다.

④ 體城部의 양측 경계면에는 土城의 장축방향을 따라 木柱孔을 두었는데, 그 간격은 125~130㎝ 내외이다.

⑤ 土城 體城部의 橫斷面 토층은 지세에 따라, 1~5차의 판축 공정구간 경계선이 관찰되었다.

⑥ 東門址 남측 성벽에서는 판축이 높게 진행됨에 따라 木柱를 따라 올리면서 공정이 진행되었던 것으로 판단되었다.

⑦ 토성의 구간에 따라서 橫長木孔 및 縱長木孔이 드러났다.

⑧ 경사가 심하거나, 경사진 암반을 地盤으로 한 곳에는 外側面의 지반에 접하여 自然割石을 石築처럼 축조하여 성벽이 밀려나지 않도록 보완하였다.

⑨ 城壁內側에는 성벽과 접하거나, 조금 떨어진 지점에 敷石을 시설하여 排水機能 등 성벽을 보호하기 위한 조처로 판단되었다.[6]

---

6) 최맹식, 2000, 「泗沘都城과 扶蘇山城의 最近成果」, 『사비도성과 백제의 성곽』, p.132.

상기 특징에 한 가지를 덧붙인다면 지금까지의 조사결과 백제시대 판축토루에 사용된 토양에는 와편이나 할석 등의 불순물이 전혀 포함되어 있지 않은 것을 들 수 있다고 하겠다.

이와 같은 고고학적 조사에 의하여 포곡식산성이 백제시대에 축조되었다는 것이 확인되었다.

2) 門址

포곡식산성에는 동·서·남·북의 4개소에 성문이 시설되어 있을 것으로 판단되는데, 북문지는 백제도읍기 당시의 부소산성에서 이곳을 빠져나가면 곧바로 백마강 포구에 연결되어 평상시 뿐만 아니라 유사시에는 이곳이 비상구로 사용했음을 짐작할 수 있으나, 1980년에 금강광역상수도취수장이 들어서면서 79m 정도가 파괴되어 그 모습을 확인할 수 없는 상태이다.

동·서 두 문지는 부소산성에서 좌우 양편으로 나성과 연결되는 지점의 안쪽에 근접해서 위치하고 있다. 따라서 나성 외부로부터 직접 산성으로 들어올 수 있는 통로는 백마강을 이용하여 북문으로 밖에 들어오지 못하도록 설계되었다. 현재 동문지와 남문지가 조사되어 그 유구가 확인되었으며, 서문지로 추정되는 지점은 현재 부소산성 후문을 통해 부소산폐사지를 지나면 나타나는 광장부근의 성벽 절개지로 1985년도 확인조사가 실시되었으나 특별한 유구가 발견되지는 않았다.

(1) 남문지

포곡식산성의 남문지는 三忠祠 뒷편에 위치하고 있으며 정문으로 파악되는데, 1986·87년에 조사되었다. 남문지는 약간 서남향하여 정면 1칸,

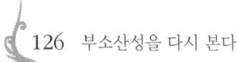

측면 1칸으로 각기 약 3.3m의 간격을 유지하는 평면 방형으로 구성되었는데, 문지 밖에서 성 내로 들어가는 입구 전면에는 5단의 계단이 시설되어 있었고 이 계단 전면에는 작은 돌들을 깔아 놓았다. 이 계단의 규모는 폭 2.2m, 길이는 5.4m인데 각 계단의 높이는 0.1m~0.15m, 계단 상면의 너비는 0.4m~0.5m 정도이다. 문지의 폭은 4.5m로 이곳에는 0.7×0.7m, 0.8×0.8m 2개의 방형 초석이 있는데 동편 초석은 이동되어온 것으로 보인다. 그밖에 문지석이나 이 문의 구체적인 상부구조를 밝혀주는 자료는 얻지 못하였으나, 暗渠와 導水管 등이 발견되었다. 남문지의 서쪽 측벽은 1단의 석렬로 마감하였으며, 동쪽 측벽도 동일구조로 파악되지만 통일신라시대에 동편으로 문지를 확장하면서 파괴된 것으로 추정하고 있다.

(2) 동문지

동문지에 대한 조사는 1988년~1991년에 이루어졌으며 본래 동문지로 추정되던 지점이 처음 조사 시 외형상 4.5m 정도 절개되어 문지로 판단되었으나 통일신라시대에 들어와 토루를 헐어낸 후 문으로 개조했을 것으로 파악하고 있다. 이 후대 문지에서 토루를 따라 95m되는 지점에 너비 10m 정도의 절개지가 다시 드러나는데 발굴조사 결과 이 지역에서 백제 舊地表와 함께 문초석으로 판단되는 가로 0.65m, 세로 1m의 方形礎石이 적심석 위에 정연한 상태로 1기가 바르게 놓여 있었다. 이 문초석의 상면 중앙에는 0.15m 정도의 너비와 깊이를 가진 구멍이 뚫려있으며, 구멍의 동·서측에는 철심이 박혀있었다. 특히 동측 철심은 0.3m 정도 높이로 그대로 남아 있었다. 반대편에는 직경 0.55m의 원형초석이 있는데 이것은 원위치에 있었던 것이 아닌 것으로 보인다. 이 문지가 백제시대의 동문지로 판단된다. 또한 백제 동문지 주변에서는 다량의 기와와 수막새, 철제못, 문고리, 투겁형의 무기류, 札甲片 등의 유물이 다양하게 출토되었다. 주변지형을 보아서도 이곳 백제시대에 시설된 동문지는 토루를 빠져나가면 작은 계곡 또는 완만한 지형이 평지까지 이어져 문지로서의 호조건을 갖추고 있음이 확인되었다.

한편 1991년 조사 시에는 이 동문지 부근에서 '大通'의 두 글자가 새겨진 印刻銘瓦片 1점이 발견되었다. 이것은 공주 大通寺址에서 출토된 유물과 똑같은 문자기와이다. 기와에 새겨진 글자는 원형의 윤곽안에 右書로 양각되었다. 대통사는 『삼국유사』 권3 원종홍법 조에 '대통 원년 정미에 梁帝를 위하여 웅천주에 절을 창건하고 이름을 대통사라 하였다(又於大通元年丁未 爲梁帝創寺於熊川州 名大通寺).'라고 그 유래가 기록되어 있는 바와 같이 중국 양나라의 대통원년(성왕 5년, 527)에 창건되었음이 확실한 사찰이다. 부소산성 내부에서 발견된 이 와편은 新王都의 조영을 위하여 웅진지방의 건축자재들이 수송되었다는 것을 밝혀주는 것으로서 538년 사비로 천도하기 이전에 사전 준비한 사실을 엿볼 수 있는 매우 귀중한 자료이다.

3) 雉城

백제시대 치성은 포곡식산성 동벽의 거의 중심지점에서 동치성이, 남문지 서편 지점에서 남치성이 각각 확인되었다. 동치성은 1989~1990년에, 남치성은 1999년에 조사되었다.

(1) 동치성

동벽의 치성은 후대 문지에서 북쪽으로 18m 떨어진 지점에서 확인되었으며, 규모는 동변 길이 10.2m, 서변 길이 9.2m, 남변 폭 2.72m, 북변 폭 3.1m로, 남북으로 길고 폭이 좁은 편이다. 이 치성의 외벽석축의 축조 방식은 면마다 약간씩 차이가 있다. 이 석축 상층을 덮고 있는 적갈색 점토층에는 초기 판축층과는 달리 비교적 많은 통일신라시대 기와편과 인화문토기편 등이 포함되어 1995년 보고서에서는 통일신라시대에 구축된 후대 치성으로 판단하였으나, 동문지 치성에 드러난 주공의 간격이 125㎝ 내외이며, 풍화암반층에서부터 다져 올린 판축층은 백제 성벽 판축기법과 동일함을 확인할 수 있고 1999년도에 조사한 남문지 서편 치성과 흡사하여[7] 이는 통일신라시대에 백제 초축토루에 대한 대대적인 보축공사 시 보강된 것으로 파악하고 있다. 현재 잔존해 있는 석축은 2~5단 정도이며, 최대높이는 80㎝ 정도이다. 이 치성은 백제시대 장대지로 추정되는 부분의 동편에 약 4~5㎝ 간격을 두고 시설된 것으로 서북모서리 부분이 장대지의 원형초석을 덮고있어 이 두 유구 간에 시간차가 있을 것으로 파악하고 있다.

(2) 남치성

이 치성은 南門址에서 서편으로 40m 떨어진 곳에 위치하고 있다. 이 치성의 규모는 동서길이 11m, 남북 폭 7.5m, 높이는 남측으로 가면서 경사지게 무너져 내려 일정하지는 않지만, 토성과 접한 가장 잘 남아 있는 지점은 최고 4.6m 정도로 體城을 먼저 축조하고 이에 덧대어 시설한 것이다. 백제시대에 초축할 당시에는 치성이 토축으로만 이루어졌으나 통일신라시대에 치성부 동 · 서 양단부에 석축을 덧대어 보강하였다. 통일신라시대의 석축의 잔존높이는 1.2~1.6m 정도를 나타내고 있다. 이 치성은 성벽으로 접근하는 적을 방어하기 위한 것과 남벽 외곽이 급경사면을 이루고 있어 이에 따른 체성의 쏠림현상을 방지하기 위한 목적으로 구축

---

7) 최맹식, 2000, 상게문.

하였을 것으로 파악하고 있다.

4) 將臺址

장대지로 추정되는 곳은 앞선 동벽 치성의 서편 지점과 북문지 사비루 동편의 통일신라시대 테뫼식산성의 성벽과 포곡식산성의 성벽이 교차하는 지점이다. 동성벽의 추정 장대지는 치성과 마찬가지로 1989~1990년에 조사되었으며, 후자는 1997년에 확인되었다. 이 두 지점은 각각 부소산성 동편과 북편을 조망하기에 좋은 위치에 있다.

(1) 동장대

동벽에 시설된 장대지는 동벽 바깥쪽을 따라 12개의 원형초석이 1.3m 간격으로 설치되어 있으며, 그에 대칭되는 부분인 성벽 서단부에도 석축이 시설되고 그 안쪽으로 목주공이 나타난다. 1995년도 보고서에서는 이 유적을 원형초석열유구로 보고되었으나, 이러한 원형초석과 석축시설의 존재, 지형적으로 조망하기 좋은 위치, 주변에서 각종 무기류와 기와류 등이 다량 출토된다는 점 등을 통해 이곳을 장대지로 추정하였으며, 그 규모는 남북 길이 14.3m, 동서 폭 4.7m 정도이다.

(2) 북장대

부소산성 서북편 테뫼식산성의 동편 끝 지점에 해당하는 우회부에서 테뫼식산성의 성벽과 직교하여 평면 방형으로 돌출시킨 장대지가 확인되었는데, 이 장대지에서는 지형상 백마강의 북편과 동편을 관찰하기에 유리한 곳에 위치하고 있다. 이 장대지의 남동모퉁이에서 서쪽으로 0.5m 지점에서 통일신라시대에 축조한 테뫼식산성의 석축성벽이 이 장대지 윗부분에 걸치면서 잇대어 구축한 것이 확인되어 이 장대지는 백제시대에 시설된 것으로 파악된다. 이 유구는 심하게 파괴되어 원래 규모를 알 수는 없으나 남북 너비는 최대 8m, 동서 너비는 최소 6.26m 이상, 잔존높이는 2m 정도이며, 잘 다듬어진 석재를 이용하여 축조하였다.

2. 테뫼식산성

통일신라시대의 성벽과 그 축조방식이 확인된 곳은 동남쪽 테뫼식산성 북문지 부근, 포곡식산성의 남벽과 남북방향 테뫼식산성의 교차지점, 군창지 북편 테뫼식산성, 서북편 테뫼식산성 사비루 남쪽 절개조사 지점 등이다. 이 시기 성벽의 축조는 기본적으로 성벽 하부에 석축기단부가 조성되어 있고 그 위로 백제시대 판축에 비해 덜 정교한 수법으로 판축토루가 마련된 구조이다.

1) 동남쪽 테뫼식산성

군창지에서 25m 정도 북편에 동-서향의 성벽이 이어지고 있는데, 이 성벽은 테뫼식산성의 북편 구간으로서 길이는 793m이다. 군창지 남측에 해당하는 테뫼식산성의 남쪽 구간은 원래 백제시대에 초축한 포곡식산성의 남벽구간으로 테뫼식산성의 북편을 초축할 당시인 통일신라시대에 이르러 부분적으로 파손된 백제성벽을 보축하여 새로 구축한 북편의 성벽과 함께 테뫼식산성을 구성하고 있는 셈이다. 따라서 이 군창터를 중심한 통일신라시대에 구축된 테뫼식산성의 총 연장길이는 1,576m이다.

(1) 城壁

이 테뫼식산성의 토성구축은 경사진 지세일 경우 대부분 準 版築層[다짐층]을 형성하여 築基部를 형성한 후 그 상층에 본격적인 판축층을 구축하여 체성부를 완성시키고 있다. 이 경우 흙이 무너져 내릴 가능성이 있다고 진단되는 곳은 체성의 외측면은 낮은 경우 1~2단, 높은 경우는 5단정도의 석축을 구축하면서 내측에 판축작업을 동시에 실시하는 방법으로 토성을 조성하였다. 군창지 북동편 성벽의 경우 급경사면에 토루를 높게 조성하기 위하여 먼저 석축을 2단으로 쌓고 내부를 판축하여 1차 기반을 조성한 후 그 위에 석축을 5단 정도 쌓고 판축토루를 조성한 예도 있다.

석축은 토루의 외부 경사면 아래에 쌓아 토루를 보호하고 밀려 내리지 않도록 하는 기능과 공사의 기초와 같은 기능 등을 하도록 배려된 것으로 보여지며 이러한 석축이 토루 내·외부에 조성된 예도 보인다. 또한 남성벽과 조선시대 남북방향 테뫼식성이 교차하는 지점에서는 토루 외부 기저부에 3단 석축이 마련되고 그 위로 판축토루가 조성되었는데, 석축 종방향으로 405㎝ 구간마다 판축용 목주를 세워 올렸던 기둥흔적이 남아 있었고 이 흔적을 기준으로 토루 좌우에서 토질이 서로 교차되는 양상이 뚜렷하게 나타났다. 따라서 이 목주를 세운 구간이 토루의 공사단위 구간이었음을 알 수 있다.

테뫼식산성의 초축연대가 통일신라시대임을 파악할 수 있었던 적극적인 자료로서 테뫼식산성 구간 중 새로 구축된 북편성벽의 중심부인 판축층 맨 아래층인 풍화암반층에 접하여 출토되었던 목탄에 대한 방사성탄소연대 측정결과[8]를 통하여 절대연대를 얻을 수 있었다. 한편 이 목탄이 출토된 층에서는 대형 토기호편이 일괄로 출토되어 1/2 정도 복원되었지만 저부에서부터 구연부까지 남아 있어 전 기형을 관찰할 수 있었다. 이 토기호는 회청색의 경질토기로서 器壁 전면에 小格子紋이 타날 시문되어 있었다. 이 토기호의 배부분에는 3조의 돌대가 덧붙여져 있었고 좀 긴 목 부분에는 음각의 파상문이 크게 돌려진 것이다. 이러한 토기호는 사찰이나 기타 건물지, 다른 산성 등에서도 적지 않게 출토된 바 있는데 통일신라 중후반경의 표식적인 토기기종 중의 하나이다. 특히 익산 彌勒寺址에서는 이러한 동일 토기 기종의 어깨부분에 「大中十二年 彌勒寺」 명문이 음각(陰刻)으로 새겨져 출토된 바 있었는데, '大中'은 中國 唐나라 宣宗年間의 연호로서 서기 847~859년까지 사용되었으므로 이러한 토기호가 이 시기를 즈음하여 유행했던 것임을 입증해준 바 있어 더욱 확실하다고 하겠다.

　군창지 서편으로 40m 떨어져 구축된 남북향 196m의 성벽은 조선시대 전반경에 초축된 것으로서 이는 군창지를 의식하여 가장 훗날 조성된 성벽이다. 이 조선시대 전반경에 조성된 성벽은 통일신라시대에 초축되거나 보축된 그 이전의 테뫼식산성 중 동서 중간지점에 새로 구축되었기 때

---

8) 테뫼식산성 북편구간 중 판축층 정상부의 직하층인 풍화암반층에 접하여 출토된 목탄에 대한 방사성탄소연대측정법은 국립문화재연구소 보존과학실의 강형태 박사와 나경임 연구원에 의하여 이루어졌다. 이 측정으로 다음과 같은 측정치를 얻을 수 있었다(國立扶餘文化財硏究所, 1997, 前揭書, p.289).

[방사성탄소연대측정결과]

시료번호	시료종류	출　　토　　지	^{14}C Age (BP±1δ Yr)	Calibrated Age (AD/BC Yr)
KCP 85	목　탄	부소산성 영일루 산성 성벽 다지구 B지구 판축토 내부	1230±60	AD 680~900

1. 방사성탄소의 반감기는 5568년을 사용하였음.
2. 동위원소분별효과(Isotope fractionation)는 고려하지 않았으며 13C값은 -25 을 사용하였음.
3. BP year의 편차는 1 을 사용하며 보정연대(CALIBRATED AGE)는 2 를 사용하여 AD/BC year 로 전환한 연대임.
4. 고정밀보정곡선(M. Stuiver & P.J. Reimer, 1993)을 사용하여 BP year를 AD/BC year로 전환하였음.

문에 군창지[9]를 중심한 최종 성벽구간은 통일신라시대에 구축된 성벽구간을 다시 보축하거나 잔존성벽 상면을 被覆하는 작업이 동시에 실시되었던 사실이 확인되었다. 따라서 조선 전반경에 군창지 바로 서편의 성벽 196m가 새로 구축되면서 이 군창지를 에워싼 성벽의 둘레는 실제 실측에 의한 길이는 840.60m이다. 이 구간조사에서는 성벽 기초부에 암거형의 수구 1기를 확인할 수 있었다. 성벽의 기초부는 풍화암반층을 형성하고 있었는데 백제시대의 상협하광형의 원형저장공 4기가 조사되었다. 특히 성벽 기초부에서는 13C경의 청자 저부가 출토되었고, 이 구간 남측 성벽 절개조사에서는 성벽 기초부의 판축층 하부인 암반층 직상층에서 분청사기편이 출토함으로써 조선 초에 이 성벽구간이 초축되었던 것으로 확인되었다. 군창지만을 중심한 테뫼식산성은 부소산성에서는 가장 늦은 시기인 조선 전기 太宗 시 부여현의 官衙를 부소산 기슭에 설치하면서 군창의 설치를 필요로 하게 되었던 것으로 판단된다. 조선시대에 축조된 성벽으로 구획된 서쪽 테뫼식산성 내부에서는 백제시대 수혈주거지가 확인되었다.

(2) 門址

이 테뫼식산성에서 확인된 문지는 남문지와 북문지가 확인되었다. 남문지는 1986~1987년도에 조사되었는데, 백제시대에 조성된 문지를 1차로 동편과 남편으로 확장하여 조성하고, 다시 2차로 확장한 것으로 확인되었다. 1차 확장 시 백제시대의 계단 전면에 폭 20㎝ 정도의 암거를 시설하고, 성벽 또한 남측으로 1.5m~1.6m 보강한 것으로 나타났으나 확장된

---

9) 이 군창지는 조선시대의 창고시설로 파악되고 있으나, 풍화암반층에서 확인된 굴립주 건물의 柱穴로 볼 때 백제시대에도 군창지와 유사한 건물이 있었을 것으로 판단된다.

문지와 관련된 건물유구가 없는 것으로 보아 일종의 암문시설이었을 것으로 추정하고 있다. 그러나, 2차로 확장된 문지는 정면 1칸(4.8m), 측면 2칸(5.4m), 전체 문지 폭은 6.8m로 복원되는 樓門式 門으로 파악하고 있다.

1995년에 조사된 북문지는 문지의 측벽이 서로 방향을 엇갈린 상태로 놓여있는 어긋문 형태로 확인되었다. 이 성문의 규모는 정면(남북) 1칸, 측면(동서) 2칸으로 정면이 오히려 칸 수가 적은 것으로 드러났으며, 성문의 출입은 결과적으로 동서방향으로 드나들 수밖에 없다.

문지의 초석 중 4기는 주좌(柱坐)없는 것과 있는 것 두 가지의 원형초석을 사용하였고 1기는 백제의 방향초석을 재사용한 것이었다. 문지 각 초석 간의 중심거리를 보면 정면(남북) 4.85m, 측면(동서) 4.9m 정도인데 다른 柱間 역시 같은 방향의 경우는 거의 같은 거리를 나타내고 있다.

문지의 가장 동단의 초석에서 동편으로 1m되는 지점에서는 잘 치석되지는 않았으나 할석을 사용한 계단석 4조가 확인되었는데, 이 계단의 잔존길이는 4m이다.

계단석의 북단은 서편으로 90° 꺾여 석축형태로 돌을 놓아 방형초석과 접하고 있으며 이 연결부분은 곧 이 문을 조성할 당시 성벽 내외나 문 내외부의 석축상태가 어떠한 형태로 막음처리되었는지를 잘 보여주는 귀중한 자료로 판단된다.

북문은 樓門式 門으로 문루를 건축하여 윗층은 누마루를 두어 주변을 경계하거나 장엄함을 함께 나타내어 위엄을 외부에 보이기도 하는 실질적인 이 성벽구간에서의 중심역할을 했던 문 시설로서의 성격을 갖추었다고 파악된다. 이 북문지는 2차 확장된 남문지와 구조적으로 유사하여 동시기에 조성된 것으로 보인다.

(3) 雉城

이 치성의 위치는 테뫼식산성 동단지점, 즉 포곡식산성 동벽과 만나는 지점으로 백제시대의 포곡식산성 동벽보다는 약간 서쪽에 자리 잡고 있다. 이 치성은 테뫼식성과 동시에 축조된 것으로 규모는 남북 8m, 동서 5.5m로서 남북으로 긴 직사각형을 띠고 있다. 치성의 외벽은 삼면 모두 석축으로 최고 8단, 높이 1.3m에 이르며, 석축 내부는 다짐층과 판축층으로 구축되었다. 치성은 일종의 공격적 방어시설로써 성 밖으로 돌출된다는 점을 감안할 때 통일신라시대에 이르러 이 지점이 백제시대 포곡식산성의 動線과 상이하였을 것으로 보인다. 즉, 백제시대 포곡식산성의 동벽은 치성의 바깥쪽으로 연결되어 북향했으나 통일신라시대에는 치성의 서편으로 성벽이 연결되었거나, 아니면 기존의 포곡식산성과 연결되지 않고 일정한 단절부가 있었을 가능성도 있다.

2) 서북쪽 테뫼식산성

사비루 남쪽에 돌려진 테뫼식산성의 외벽은 석축을 5단 내외로 쌓고 석축 내부에 5m 이상 호박돌로 채워올린 후 그 상부에 판축토루를 조성하여 2중 성벽 형태로 확인되었다. 내벽은 판축기법에 의하여 쌓아올렸는데 표토층을 제외한 잔존 높이는 1.75m이다. 이 성벽의 외벽은 석축 및 호박돌로 내벽은 판축기법에 의하여 다져 구축한 테뫼식산성의 너비는 12m가 넘는 규모이다. 이러한 경우는 석축기법과 판축기법을 혼용한 예이기는 하지만 판축보다는 석재를 이용한 의존도가 높아졌다고 하겠다. 석축 앞 생토층 바로 위층에서 '會昌七年'銘 명문와가 출토되었으며, 토루 판축층 내부에서도 백제계 평기와 및 통일신라계 평기와편과 함께 인화문토기편 1점이 출토되어 이 테뫼식산성은 통일신라 전반경에 축조된 것으로 판단하고 있다.

Ⅲ. 扶蘇山城 築造時期에 대한 從來의 見解

부소산성의 축조시기에 대하여서는 尹武炳은 부소산성은 테뫼식산성과 포곡식산성과의 두 부분으로 크게 나눌 수 있다고 전제하고, 이 중에서 군창지를 둘러싸고 있는 테뫼식산성은 사비 천도 이전부터 있던 所夫里縣 山城을 토대로 만들어진 부소산성의 근원지로 파악하고, 천도에 앞서 부소산성의 확대공사는 완성되어 있겠지만 정확한 築造年代는 밝힐 수 없다고 하고 있다. 그러나 1991年 실시된 동문지부근의 발굴에서 출토된 '大通'銘 印刻瓦片과 관련하여 大通年間(527~529)으로부터 사비 천도의 實現 年代인 538년까지 사비 천도 사업이 최고조에 도달하였을 것이라 하여 530년경에 포곡식산성을 축조하였을 것이라고 추정하고 있다.[10]

成周鐸은 1982년 부소산성 성벽조사 이후 泗沘城이 군창지 소재 테뫼식 산성과 사자루 소재 테뫼식산성 그리고 이를 싸고도는 포곡형산성으로 구축된 복합식산성으로 이루어져 있는데, 테뫼식산성의 초축시기는 동성왕 23년 전후로 추정하고, 改築은 聖王이 천도할 무렵인 538년경 전후 그리고 再修築은 武王 4년(605)경으로 추정하여 포곡식산성을 축조하여 복합식산성이 이루어지는 것은 武王 4(605)년경으로 추정[11]하였다가, 1991년 동문지 조사 시에 출토된 '大通'銘 印刻瓦片의 출토 이후 일부를 수정하여, 포곡식인 부소산성은 천도 전인 527~528년경에 축성한 것으로 파

---

10) 尹武炳, 1994, 「百濟王都 泗沘城研究」, 『學術院論文集』人文 · 社會科學篇 第33輯.
11) 成周鐸, 1982, 「百濟泗沘都城研究」, 『百濟研究』13, 忠南大學校 百濟研究所.

악[12]하고 있다.

田中俊明은 부소산성의 축조시기에 있어서 군창지 테뫼식산성은 동성왕 대보다 이전으로 거슬러 올라갈 가능성이 있다고 하고, 군창지산성을 기반으로하여 천도를 전후한 시기에 포곡식으로 확장되고 사비루 주위의 테뫼식산성도 축조된 것으로 판단하고 있다.[13]

朴淳發은 1988~1991年 사이의 東門址 調査에서 梁 武帝의 年號로 527~528年 2年間만 사용된 '大通'銘이 印刻된 瓦片이 수습되었는데 이와 같은 '大通'銘 瓦는 앞서 보았듯이 公州의 班竹洞 所在 大通寺址에서 다수 수습된 바 있어 熊津時代의 瓦임이 확실하다고 판단하고, 泗沘新都 조성이 이미 웅진시대에 시작되었음을 알 수 있었다 하여 부소산성의 始築時點은 527~528년 무렵임이 분명하다고 단정짓고, 정확히 말하면 527~528년이 축성상한이 될 가능성이 높아 그 이후의 어느 시점이 되겠지만 앞서 본 문헌에 나타나는 東城王代의 상황을 고려하면 538年에 단행된 사비 천도 이전에 이미 부소산성이 축조되어 있었을 가능성이 지극히 높다는 견해를 밝히고 있다.[14]

그러나 尹武炳과 田中俊明이 주장하는 군창지 주변의 테뫼식산성을 부소산성의 근원으로 보고 이를 토대로 630년경에 포곡식산성을 축조하였다는 견해는 이제 부소산성에 대한 성벽절개 발굴조사 결과에 의하여 더 이상 고고학적으로 뒷받침할 수 없게 되었다.[15]

---

12) 成周鐸, 1993, 「百濟泗沘都城再淳 -發掘資料를 中心으로-」, 『國史館論叢』 45, 國史編纂 委員會.

13) 田中俊明, 1990, 「王都로서의 泗沘城에 대한 豫備的 考察」, 『泗沘時代의 百濟』, 第5回 百 濟研究 國際學術大會 發表要旨文 및 『百濟研究』 21, 忠南大學校 百濟研究所.

14) 朴淳發, 1996, 「백제 도성연구」, 『百濟歷史再現團地造成 調査研究 報告書』 考古美術分野 Ⅰ, 忠淸南道.

15) 朴淳發, 1996, 前揭文.

Ⅳ. 扶蘇山城 築造時期에 대한 檢討

『삼국사기』에 의하면 聖王 16年(538)에 도읍을 泗沘로 옮기고 국호를 南扶餘라 하고 있음을 볼 수 있다. 그리고는 사비 천도에 대한 더 이상의 문헌기사는 보이지 않고 있다.[16] 이 기사 내용만을 가지고 본다면 아무런 사전 계획없이 갑자기 도읍을 옮기는 것으로 비쳐진다. 그러나 백제가 도읍을 熊津에서 泗沘로 옮기려는 계획은 이보다 훨씬 이전인 동성왕대부터 추진되었던 것으로 보인다. 이와 같은 사실은 사비지역으로 행차하였던 동성왕의 전렵기사에서 찾아볼 수 있다.

① 왕이 나라 서쪽 泗沘 들판에서 사냥하였다(동성왕 12년 9월 조).
② 왕이 사비 동쪽 벌판에서 사냥하였다(동성왕 23년 10월 조).
③ 왕이 웅천 북쪽 벌판에서 사냥을 하였으며, 또 사비 서쪽 벌판에서 사냥하였다(동성왕 23년 11월 조).

이상과 같이 동성왕이 사비지역으로 사냥[17]을 나가고 있는 것은 단순한 사냥의 목적만이 아니라 사비지역을 경영하기 위한 과정으로 이해할 수 있다. 이것을 뒷받침하는 것이 바로 加林城[18]의 축조이다. 이 가림성은 현재 임천의 성흥산성에 비정되고 있는데 이 산성에서는 남쪽과 동쪽으로

---

16) 이때 성왕이 국호를 南扶餘라고 고치게 된 것은 494년에 고구려에 복속된 (北)扶餘의 전통을 계승코자 하는 의도가 강하게 내포된 것이라 하겠다.

17) 백제의 36회에 걸친 순행기사 중 수렵위주라는 것은 고구려와 그 특징을 같이 하고 있으며, 흉작이나 기근에 대한 대책이 高句麗·新羅보다 훨씬 적극적이었으나 百濟 역시 政治·外交·戰爭과 관계있는 것이 일반적인 사실이다. 특히 築城과 연결되고 있음은 백제사회의 방어형 전쟁과 같은 의미로 생각된다고 하고 있다(申瀅植, 1981, 『三國史記 研究』, pp.181~184).

錦江의 흐름이 내려다보이고 있고, 북쪽으로는 부소산성을 비롯한 추정 왕궁지가 한 눈에 관측되고 있으며, 가까이는 논산방면의 諸山城과 연결되고 멀리는 익산까지 조망되고 있다. 따라서 加林城의 그 입지하고 있는 위치가 사비 新都의 방어상에 매우 중요한 요충지에 해당되므로 이 성의 축조는 결국 사비 천도의 준비 조치로 볼 수 있는 것이다.[19]

『삼국사기』에 의하면 東城王은 재위 23년 8월에 加林城을 축조하고 衛士佐平 苩加로 하여금 지키게 하고 있다.[20] 위사좌평은 바로 궁성을 지키는 책임자이다. 특히 궁성을 지키는 책임자라면 동성왕의 추종세력 중에서도 신임이 두터운 심복이 아니면 임명하기 힘든 중요한 자리이다. 그런데 동성왕은 궁성을 지키던 위사좌평 백가를 웅진도성 대신에 가림성을 지키도록 파견하고 있는 것이다. 이때 백가는 병을 핑계로 이에 응하지 않았으나 동성왕은 이를 용납하지 않고 강제로 부임토록 하고 있는데, 동성왕이 이처럼 백가의 반대에도 불구하고 加林城에 대하여 집착을 보이고 있는 것은 바로 사비지역에 대한 동성왕의 특별한 관심에서 비롯되었다

---

18) 이 가림성의 중요성에 대하여서는 다음 문헌내용이 정확하게 적시하고 있다. 즉 백제 부흥군 내에 내분이 있었음을 간파한 나·당군이 수륙양면으로 주류성을 공격하게 되었을 때 신라는 문무왕이 친히 김유신 등 28장군(혹은 30장군)을 거느리고, 7월 17일에 정토차 출발하여 웅진주에서 유인원의 군대와 합세하고 있다. 이때 제장이 모여 의논하는데, 어떤 사람이 말하기를 '가림성은 수륙의 요충이라 먼저 공격하자.'고 요청하자, 유인궤가 말하기를 '가림성은 험하고 단단하여 급히 공격하면 군사들이 상하여 결손이 있을 것이고, 굳게 지키면 시일을 많이 허비하게 될 것이니, 먼저 주류성을 공격함만 같지 못하다. 주류는 적의 소굴로 흉포한 무리들이 모여 있는 곳이니, 악의 근본을 제거하기 위해서는 모름지기 그 근원을 뽑아야 된다. 만약 주류를 평정한다면 나머지 모든 성들은 스스로 항복할 것이다(『구당서』, 「열전」, 유인궤 조).' 라고 하여, 주류성 공격로 상에 있는 수륙요충의 가림성을 피하여 주류성을 먼저 공격의 대상으로 삼고 있다(沈正輔, 1996, 「백제의 부흥운동」, 『百濟의 歷史와 文化』, 學研文化史).

19) 尹武炳, 1994, 「百濟王都 泗沘城研究」, 『學術院論文集』 人文·社會科學篇 第33輯.

20) 築加林城 以衛士佐平苩加鎭之(『삼국사기』, 동성왕 23년 8월 조).

고 할 것이다. 즉 동성왕대에 있어서 가림성의 축조와 위사좌평의 배치는 泗沘 遷都計劃의 일환으로서 판단된다.[21] 이는 웅진에 근거를 두고 있는 백가[22]가 동성왕의 사비 천도 계획을 미리 파악하고 이에 반발하여 병을 핑계대고 부임하지 않다가 결국은 자객을 보내어 동성왕을 시해[23]했을 가능성도 배제할 수 없는 것이다. 백가는 위사좌평의 직책상 누구보다도 왕의 행적에 대하여 상세히 파악하고 있었기에 웅진도성을 고수하고자하는 일파들 중에서도 동성왕을 시해하여 사비 천도 계획을 무산시키는데 가장 유리한 지위에 있었기 때문이다.

동성왕이 도읍을 熊津에서 泗沘로 옮기려고 시도했던 데에는 몇 가지 이유가 상정된다. 첫째, 고구려의 압박으로 급히 웅진으로 천도하였지마는 이 때는 解氏와 眞氏로 대표되는 구귀족과 웅진지방의 신귀족 세력과의 갈등으로 인하여 왕권이 가장 불안하였던 시기로 文周王과 三斤王은 재위 3년을 넘기지 못하였다. 이러한 위기 속에서 즉위한 동성왕은 왕권 강화[24]를 꾀하는 한편 하루 빨리 새 都邑地를 건설하여 도읍을 옮기려고 하였을 것으로 보인다.

둘째는, 동성왕은 즉위하기 전에 장기간 倭國에 체류[25]하였던 관계로 국

---

21) 李基白, 1978,「熊津時代 百濟의 貴族勢力」,『百濟研究』9, pp.17~19 및 俞元載, 1996,「百濟 加林城研究」,『百濟論叢』6, 百濟文化開發研究院.

22) 李基東, 1996,『百濟史研究』, p.25.

23) 『삼국사기』,「백제본기」, 동성왕 23년 12월 조.

24) 동성왕은 眞氏·解氏 등 한성시대 이래의 외척세력을 배제하는 한편 웅진 및 사비지역에 세력기반을 갖고 있던 燕氏·懨氏·沙氏 등 신흥세력을 정치무대에 등장시켜 이 세력 상호간의 견제와 균형을 통하여 왕권을 강화하려 했다. 무엇보다도 그는 王妃族과의 연결 속에서 안정을 찾으려 했던 한성시대의 고식적인 왕권강화책을 지양하고자 했다. 그리하여 그는 신라의 왕족인 伊飡 比智의 딸과 혼인을 하였는데(493), 이로써 王妃族의 대두를 예방함은 물론 신라와의 동맹체제를 굳건히 하는데 이바지하였다.

25) 『日本書紀』,「雄略紀」, 5年 條 및 23年 條.

내에 정치적인 기반이 미약하였을 것으로[26], 결국 외교적인 성과에 힘입어 왕권의 강화를 시도하였을 가능성을 예견할 수 있다. 이때 錦江의 水路와 西海를 이용한 대외적인 활동을 전개하는데 있어서 웅진보다는 사비로 천도하는 것이 훨씬 유리하다는 점을 간파하여 즉시 실행에 옮기려하였을 것으로 판단된다.

셋째는, 웅진의 주위가 산과 구릉으로 거의 둘러싸여있기 때문에 가용면적이 협소하여 都城으로서의 공간구성에 부적합하다는 것을 느꼈을 것으로 보인다.

넷째는, 웅진지역에 대한 錦江의 범람을 들 수 있다. 『삼국사기』에는 동성왕 13년 6월에 "熊川의 물이 불어 王都의 2百餘 家가 물에 떠내려가고 잠겼다."고 하고 同王 19년 6월에도 "비가 크게 내려 백성들의 가옥이 떠내려가고 무너졌다."고 하여 범람으로 인한 피해사실을 기록하고 있는데, 이것도 사비 천도를 추진하는데 영향을 미쳤을 것으로 보인다.

한편, 『삼국사기』에는 東城王의 뒤를 이어 즉위한 武寧王이 苩加가 加林城에 웅거하여 반역하자 王이 직접 兵馬를 거느리고 牛頭城에 이르러 悅率 解明으로 토벌토록하고 있으며, 백가가 나와 항복함에 왕이 백가를 참하여 白江에 던지는 기사가 수록되어 있다.[27] 그런데 이 기사에 나오는 牛頭城이 주목되는 것이다.

당시 武寧王이 웅진도성에서 현재 임천에 위치하고 있는 加林城을 치기 위하여 행차하였다면 무령왕이 행차하여 머무르고 있었던 牛頭城은 바로

---

26) 眞氏 등 南遷 귀족세력들은 그들의 세력신장을 위하여, 국내에서 성장한 武寧보다 倭에서 장기간 체류한 관계로 국내 政情에 어두운 幼年의 東城을 적극 옹립하였을 것으로 보고 있다(李道學, 1985, 「漢城末 熊津時代 百濟王位繼承과 王權의 性格」, 『韓國史研究』 50 · 51合集, pp.16~17).

27) 『三國史記』, 「百濟本紀」, 武寧王元年 正月 條.

公州와 林川 사이의 어느 지점에 해당할 것이기 때문이다. 公州와 林川 사이에서 武寧王이 행차하여 머무를만한 성곽으로는 扶蘇山城을 비롯하여 靑山城, 甑山城, 靑馬山城, 石城山城이 분포하고 있다. 이 중 부소산성과 청산성은 토축산성이며, 증산성, 청마산성, 석성산성은 석축산성이다. 이들 성곽들의 규모를 살펴보면 청산성은 둘레가 500m이며, 증산성은 600m, 청마산성은 6.5㎞, 석성산성은 1.5㎞이다.

대체로 고래 성곽에서 행정을 중심으로하는 治城에는 토축산성이 대다수를 차지하고 있으며, 석축산성은 방어를 중심으로 하는 군사적 목적에 의하여 축조되는 예가 많다. 백제의 경우 한성시대에서부터 웅진시대를 거쳐 사비시대에 이르기까지 도성은 토성으로 구축하고 있다. 고구려의 경우 환인의 五女山城과 下古城子, 집안의 丸都城과 國內城, 평양의 大城山城과 安鶴宮 등 산성과 평지성이 하나의 세트형식을 띠고 있다가 이를 보완한 것이 長安城인데 하고성자와 안학궁성이 토성이며, 신라도성인 경주 월성[28]과 고려 도성인 개경[29]이 토성으로 이루어졌고, 조선시대에 들어와서도 태조 5년에 축조한 한양도성의 경우 전체 길이 59,500척 중 석축이 19,200척이고, 토축이 40,300척[30]으로 토축이 전체의 68%를 차지하고 있다. 그러나, 백제시대부터 조선 초에 이르기까지 군사적 목적으로 축조된 성곽은 대부분이 석축으로 이루어지고 있다.

---

28) 李相俊, 1997, 「慶州 月城의 變遷過程研究」, 嶺南大學校大學院 碩士學位論文.
　　金洛中, 1998, 「新羅 月城의 性格과 變遷에 關한 研究」, 서울大學校大學院 碩士學位論文.
　　朴方龍, 1998, 「新羅都城研究」, 東亞大學校 博士學位論文.
29) '그 성의 둘레는 60리이며, 산으로 둘러싸여 있는 지형에 따라 모래와 자갈을 섞어 축조하였다. 성 밖은 해자를 파지 않았으며, 여장도 시설하지 않았다(徐兢, 『宣和奉使高麗圖經』國城 條)'고 하여, 토성임을 알 수 있다.
30) 『태조실록』 5년 2월 병진 조. 한양도성이 석축으로 수축하여 완성을 보게된 것은 세종 4년에 이르러서이다(『세종실록』 4년 2월 경술 조).

앞에서 살펴본 증산성, 청마산성, 석성산성은 군사적 목적으로 축조한 석축산성이고 대체로 6~7세기에 축조한 것으로 파악하고 있으며, 청산성은 토축산성이나 부소산성에서 내려다보이고 있고 규모면에서 반란군을 진압하기 위해서 행차한 동성왕이 머무르기에는 미흡하다고 하겠다. 그리하여, 육로와 수로를 다 같이 이용할 수 있고 웅진도성인 공산성과 함께 금강 남안에 위치하고 있다는 입지조건 등으로 볼 때 扶蘇山城이 가장 유력하다고 하겠다.

따라서 牛頭城에 비정할 수 있는 것은 부소산성이라 하겠으니, 부소산은 북으로 크고 작은 두 개의 계곡을 포용하며 사비루가 있는 산봉우리와 군창지가 위치하고 있는 산봉우리가 쇠뿔과 같이 솟아 있어 부소산 전체의 형상이 '소머리'와 같기 때문이다.[31] 부소산성에 대한 발굴조사 결과 포곡식산성만이 백제시대에 축조되었다는 것이 밝혀진 것도 이를 뒷받침한다고 하겠다. 이 결과는 '소머리'모양의 부소산성에 전체적으로 포곡식산성을 축조하여 牛頭城이라는 지명으로 수록하게 된 문헌상의 축성사실을 考古學的으로 뒷받침하는 것이라 하겠다. 왜냐하면 기존의 학설대로 군창지 소재 테뫼식산성을 먼저 축조하였다면 '소뿔' 하나만을 감싼 것이 되기 때문에 결코 牛頭城이라고 부를 수 없기 때문이다. 이 牛頭城에 관한 기사를 『삼국사기』 동성왕 조에서 찾아보면 다음과 같다.

④ 궁실을 重修하고 牛頭城을 쌓았다(동성왕 8년 7월 조).
⑤ 牛頭城에서 사냥을 하다가 우박을 만나서 중지하였다(동성왕 22년 4월 조).

---

31) 山모양이 마치 '소뿔'과 흡사한 관계로 扶餘의 옛이름이 所夫里라는 지명을 갖게된 것일지도 모르겠다고 하고 있다(洪思俊, 1975, 『扶餘의 百濟史蹟』, 扶餘郡, p.115).

우두성은 비교적 이른 시기인 동성왕 8년인 486년에 이미 축조되고 있으며, 재위 22년에 이 우두성으로 사냥을 나가고 있음을 볼 수 있다. 상기 ①~③의 사비지역에 대한 전렵기사도 바로 이 우두성의 축조 이후에 이루어지고 있어, 사비지역을 경영하기 위하여 부소산에 우두성을 먼저 축조하였음을 살필 수 있는 것이다. 이를 연대별로 다시 정리하면 다음과 같다.

　㉠ 왕이 나라 서쪽 泗沘 들판에서 사냥하였다(동성왕 12년 9월 조).
　㉡ 왕이 사비 동쪽 벌판에서 사냥하였다(동성왕 23년 10월 조).
　㉢ 왕이 웅천 북쪽 벌판에서 사냥을 하였으며, 또 사비 서쪽 벌판에서 사냥하였다(동성왕 23년 11월 조).
　㉣ 궁실을 重修하고 牛頭城을 쌓았다(동성왕 8년 7월 조).
　㉤ 牛頭城에서 사냥을 하다가 우박을 만나서 중지하였다(동성왕 22년 4월 조).

　그리고, 가림성에서 웅거하여 반란을 일으켰던 백가가 나와 항복하자 무령왕이 참하여 白江에 던졌다[32]고 하였는데, 백가가 당시 가림성 밖으로만 나왔는지 무령왕이 머무르고 있었던 牛頭城까지 압송되어 오게 되었는지는 파악할 수 없지만, 우두성으로 나와 항복하였음을 상정하더라도 우두성을 부소산성으로 비정할 때 아무런 무리가 없음을 알 수 있다.

　따라서 부소산성은 初築이 동성왕 8년인 486년에 이루어졌으며, 성곽의 보수 및 문루의 정비과정에서 나타난 것이 '大通'의 두 글자가 새겨진 印刻銘瓦片 1점의 발견으로 이는 천도 이전의 마무리 공사 과정에서 나타난

---

32) 『삼국사기』, 「백제본기」, 무령왕 원년 춘정월 조.

현상이라 하겠다.

이를 뒷받침하는 것으로 부소산성 유적 목탄시료에 대한 방사성탄소연대측정에 의한 절대연대이다. 즉 ⓐ남문지 백제 치성부 토루다짐층 내, ⓑ남문지 백제 체성부 토루다짐 하 황갈색 사질점토층(표토 하 140cm), ⓒ남문지 백제 체성부 내측 외적층(표토 하 80~100cm), ⓓ남문지 치성부 외측 서편 와적층 내 등에서 출토된 목탄시료 4점을 미국 Purdue대학의 PRIME연구소에서 AMS에 의한 방사성탄소연대를 측정한 결과 교정연대가 ⓐ · ⓑ · ⓓ는 AD230~595AD로서 삼국시대 중기에 해당되며, ⓒ는 AD330~635AD를 나타내고 있어[33] 목탄시료 대부분이 부소산성의 초축시기가 『삼국사기』에 수록된 동성왕 8년(486) 牛頭城 축조사실과 일치하고 있음을 과학적으로 증명하고 있다.

한편, 웅진시기의 사비 천도 계획과 관련하여 이를 방증할 수 있는 考古學的 자료로 井洞里窯址를 들 수 있다. 이 요지는 1988年 국립부여박물관에 의하여 발굴조사되었는데, 이곳에서는 文樣塼, 銘文塼, 그리고 암 · 수키와와 약간의 토기편들이 수습되었다. 塼은 無文塼을 포함하여 20여 점이 출토되었는데, 蓮花文塼은 2매를 조합하는 것과, 2개의 蓮花文을 나란히 배치한 것 등 두 종류가 출토되었으며, 그리고 長方形塼의 한 측면에 蓮花文과 菱格文이 새겨진 문양전도 발견되었는데, 모두 웅진도읍기에 만들어진 것으로 알려졌다. 또한 銘文塼은 '大方'과 '中方'이 새겨져 있는 두 종류가 발견되었다. 그런데 이 銘文塼과 文樣塼은 公州 宋山里古墳의 6號墳의 연도와 武寧王陵을 축조한 벽돌들과 같은 것으로 밝혀졌다.[34] 이와

---

33) 國立扶餘文化財研究所, 2000, 上揭書, pp.356~359

34) 沈正輔, 1988, 「忠南地域의 百濟窯址」, 『百濟時代의 窯址研究』, 文化財研究所, p.117.
   金誠龜, 1990, 「扶餘의 百濟窯址와 出土遺物에 대하여」, 『百濟研究』21, pp.218~219.

같이 公州에 소재하고 있는 王陵을 조성할 벽돌을 扶餘에서 공급하고 있었다는 것은 당시 웅진도읍기에 건축과 관련된 분야에 국한될지는 몰라도 산업의 중심이 이미 泗沘로 상당부분 옮겨와 있었던 것을 입증하는 자료로 주목되는 것이다.

또한, 武寧王陵에서 출토된 유리구슬들도 扶餘 陵山里寺址에 부속된 工房터에서 만들어져 공급되었을 것으로 추측하고 있다.[35] 이와 같은 고고학적 자료들은 무령왕대에도 사비 천도 계획이 계속 추진되고 있었음을 살펴볼 수 있는 중요한 방증자료라 하겠다.

V. 맺음말

이상에서 살펴본 바와 같이 扶蘇山城의 구조는 부소산의 외곽부를 따라 백제시대에 축조된 포곡식산성이 동·남·서벽은 해발 75m 내외의 부소산 외측 급경사면을 따라 구축되었으며, 북벽은 계곡부를 포용하여 축조되었다. 그 후 통일신라시대에 이 포곡식산성 내에 필요에 따라 동남쪽 테뫼식산성과 서북쪽 테뫼식산성이 축조되었으며, 동남쪽 테뫼식산성은 조선 초 군창지를 별도 관리하기 위하여 군창터 서편으로 40m 떨어진 중간부분에 남북향의 196m 길이의 성벽이 축조되어 군창지 소재 테뫼식산성과 수혈주거지 소재 테뫼식산성으로 구획되게 되었다.

부소산성의 축조시기에 관련하여서는 군창지 소재 테뫼식산성을 근간으로 포곡식산성을 축조하여 복합식산성이 이루어진 것이라는 연구업적이 많은 지지를 받아오고 있었으나, 성벽에 대한 수년간의 발굴조사 결과

---

35) 金鍾萬, 1994, 「扶餘地方出土 도가니」, 『考古學誌』第6輯, p.115 註15.

백제시대에 축조된 성벽은 포곡식산성이라는 사실이 밝혀짐에 따라 수정이 불가피하게 되었다. 또한 이 결과는 '소머리' 모양의 부소산성에 전체적으로 포곡식산성을 축조하여 牛頭城이라는 지명으로 수록하게 된 문헌상의 축성사실을 考古學的으로 뒷받침하는 것이라 하겠다.

부소산성을 牛頭城으로 비정할 때 동성왕이 사비지방으로 자주 행차하였던 전렵의 목적을 이해할 수 있고, 가림성을 축조하고 위사좌평 백가로 하여금 지키도록 파견하고 있는 것이 연계되는 것이며, 임천의 加林城(聖興山城)에서 웅거하여 반란을 일으킨 懶加를 진압하기 위하여 熊津(公州)에서 출발한 武寧王이 행차하여 머물었던 지점을 아울러 충족시킬 수 있는 것이다. 따라서 부소산성을 牛頭城에 비정하여도 무리가 없다면 부소산성의 초축연대는 동성왕 8년인 486년이 틀림없다고 판단된다. 이는 부소산성 유적 목탄시료 4점에 대한 방사성탄소연대측정한 결과 교정연대가 3점은 AD230~595AD로서 삼국시대 중기에 해당되며, 1점이 조금 늦은 AD330~635AD를 나타내고 있어 목탄시료 대부분이 부소산성의 초축시기가 牛頭城 축조 사실과 일치하고 있음을 과학적으로 증명하고 있어 더욱 확실하다고 하겠다.

- 金洛中, 1998,「新羅 月城의 性格과 變遷에 關한 研究」, 서울大學校大學院 碩士學位論文
- 金誠龜, 1990,「扶餘의 百濟窯址와 出土遺物에 대하여」,『百濟研究』21
- 金鍾萬, 1994,「扶餘地方出土 도가니」,『考古學誌』第6輯
- 朴方龍, 1998,「新羅都城研究」, 東亞大學校 博士學位論文
- 朴淳發, 1996,「백제 도성연구」,『百濟歷史再現團地造成 調査研究 報告書』考古美術分野Ⅰ, 忠淸南道
- 成周鐸, 1982,「百濟泗沘都城研究」,『百濟研究』13, 忠南大學校 百濟研究所
- 成周鐸, 1993,「百濟泗沘都城 - 再發掘資料를 中心으로 -」,『國史館論叢』45, 國史編纂委員會
- 申瀅植, 1981,『三國史記 研究』, 一潮閣
- 沈正輔, 1996,「百濟 泗沘都城의 築造時期에 대한 一考察」,『東北아시아의 古代都城』, 東亞大學校開校50周年紀念 國際學術大會 發表論文集
- 沈正輔, 1996,「백제의 부흥운동」,『百濟의 歷史와 文化』, 學研文化史
- 沈正輔, 1988,「忠南地域의 百濟窯址」,『百濟時代의 窯址研究』, 文化財研究所
- 심정보, 2004,『백제산성의 이해』, 주류성
- 俞元載, 1996,「百濟 加林城研究」,『百濟論叢』6, 百濟文化開發研究院
- 尹武炳·成周鐸, 1977,「百濟山城의 新類型」,『百濟研究』8
- 尹武炳, 1982,「扶蘇山城 城壁調査」,『韓國考古學報』13
- 尹武炳, 1994,「百濟王都 泗沘城研究」,『學術院論文集』人文·社會科學篇 第33輯

- 李基白, 1978, 「熊津時代 百濟의 貴族勢力」, 『百濟研究』9
- 李基東, 1996, 『百濟史研究』, 一潮閣
- 李道學, 1985, 「漢城末 熊津時代 百濟王位繼承과 王權의 性格」, 『韓國史研究』50·51合集
- 李相俊, 1997, 「慶州 月城의 變遷過程研究」, 嶺南大學校大學院 碩士學位論文
- 최맹식, 2000, 「泗沘都城과 扶蘇山城의 最近成果」, 『사비도성과 백제의 성곽』
- 洪思俊, 1975, 『扶餘의 百濟史蹟』, 扶餘郡
- 扶餘文化財研究所, 1995, 『扶蘇山城 發掘中間報告』
- 國立扶餘文化財研究所, 1996, 『扶蘇山城 發掘調查報告書』
- 國立扶餘文化財研究所, 1997, 『扶蘇山城 發掘中間報告 Ⅱ』
- 國立扶餘文化財研究所, 1999, 『扶蘇山城 發掘中間報告 Ⅲ』
- 國立扶餘文化財研究所, 1999, 『扶蘇山城－整備에 따른 緊急發掘調查－』
- 國立扶餘文化財研究所, 2000, 『扶蘇山城 發掘中間報告 Ⅳ』
- 國立扶餘文化財研究所, 2003, 『扶蘇山城 發掘調查報告書 Ⅴ』
- 田中俊明, 1990, 「王都로서의 泗沘城에 대한 豫備的 考察」, 『泗沘時代의 百濟』, 第5回 百濟研究 國際學術大會 發表要旨文 및 『百濟研究』21, 忠南大學校 百濟研究所

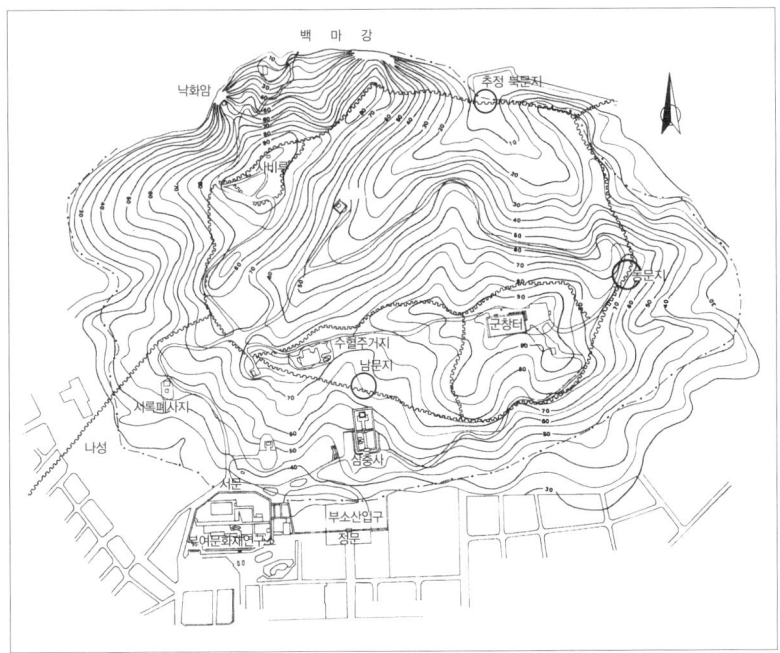

도면1. 부소산성 지형도 (부여문화재연구소, 1995, 『부소산성발굴조사중간보고』所收)

사진1. 부소산성 남문지 주변 토루 판축상태 및
횡장목 노출상태

사진2. 부소산성 사비루 소재 테뫼식산성

사진3. 부소산성 남문지 전경

사진4. 부소산성 남치성

사진5. 동남쪽 테뫼식산성 내 수혈주거지 남측 목
책공 노출상태

사진6. 동남쪽 테뫼식산성 내 수혈주거지 전경

부소산성의 축성기법과 특징

백 종 오 (경기도박물관 학예연구사)

목 차

I. 머리말

백제 성곽의 축성기법은 그 재료에 따라 목책성, 토축성, 석축성, 토석 혼축성 등으로 나누어진다. 이 중 토축성은 성벽이 흙으로 구성된 성을 말하는데 흙을 무작위로 쌓아올리는 盛土法, 기존 지형의 한쪽 면을 깎아 내어 경사를 이루게 하는 削土法, 그리고 흙을 계획적으로 층층히 다져가 면서 쌓아올리는 版築法이 있다. 특히 판축법은 『삼국사기』 백제본기 개 로왕 21년 조(475)에 보이는 '烝土築城'이란 기사와 沙道城, 沙口城 등 명 칭에 붙는 沙자와 관련되는 것으로 여겨진다. 이 기법은 성벽, 건물지나 탑지의 축기부 등 각종 백제유적에서 확인되고 있다.[1]

백제 도성은 한성기부터 사비기까지 전 시기에 걸쳐 판축법을 지속적으 로 사용하고 있는데 이는 도성의 입지가 큰 강의 남안에 접하여 축조되었 으며 이들 강유역에는 돌보다는 흙을 구하기 쉬운 환경적인 요인이 크게 작용하였기 때문이다. 현재까지 진행된 고고학적 조사는 도성을 중심으 로 이루어져 왔으며 도성 중심의 발굴조사는 판축법에 대한 상세한 정보

---

1) 車勇杰, 1988, 「百濟의 築城技法」, 『百濟研究』19, 忠南大學校 百濟研究所 · 崔孟植, 1996, 「百濟 版築工法에 관한 研究」, 『碩晤尹容鎭教授停年退任記念論叢』.

2) 高龍圭, 2001, 「南韓地域 版築土城의 研究」, 木浦大學校 碩士學位論文 · 申熙權, 2001, 「風納土城의 築造技法과 性格에 대하여」, 『風納土城의 發掘과 그 成果』, 한밭大學校 鄕土文化研究所.

를 제공해주는 성과를 거두었다.[2] 그 중 대표적인 유적이 백제 사비기 도성의 중심성곽인 扶蘇山城(사적 제5호)이다. 부소산성은 해발 106m의 정상부를 중심으로 군창지와 사비루를 테뫼식으로 축조한 구역(이하 軍倉址 테뫼식山城, 泗沘樓 테뫼식山城)과 이를 함께 감싸 안으며 포곡식으로 돌아가는 구역(이하 包谷式山城)으로 구분되어진다. 전체둘레는 2,495m이다.

이 성은 1981년 군창지 테뫼식산성과 포곡식산성의 연접부에 대한 발굴을 시작으로 2002년까지 모두 20여 개 지점의 성벽에 대한 발굴조사를 실시하였다.[3] 그 결과 판축법의 가구시설, 축조과정, 시대별 변천 등 구체적인 양상을 파악하는 계기가 되었다.[4] 즉 판축법은 永定柱[5]를 두 줄로 세우고 그 내부에 불순물이 섞이지 않은 점토와 마사토를 교대로 쌓아 토루를 다졌으며, 그 사이에는 토사의 외부 밀림을 막기 위한 版木[6]을 양쪽에 두어 공간을 이루었고 영정주와 영정주 사이에 세로로 결구시켜 골조

---

3) 부소산성에 대한 그간의 발굴결과는 다음의 보고서가 참고된다.

夫餘文化財硏究所, 1995, 『扶蘇山城-發掘調査 中間報告』・夫餘文化財硏究所, 1997, 『扶蘇山城-發掘調査 中間報告Ⅱ』・夫餘文化財硏究所, 1999, 『扶蘇山城-整備에 따른 緊急發掘調査』・夫餘文化財硏究所, 1999, 『扶蘇山城-發掘調査 中間報告Ⅲ』・夫餘文化財硏究所, 2000, 『扶蘇山城-發掘調査 中間報告 Ⅳ』・夫餘文化財硏究所, 2003, 『扶蘇山城-發掘調査 中間報告Ⅴ』.

4) 그동안 발표된 부소산성 축조기법의 주요 논문은 다음과 같다.

金容民, 1997, 「扶蘇山城의 城壁築造技法 및 變遷에 대한 硏究」, 서울大學校 碩士學位論文・呂洪基, 1994, 「扶蘇山城 築城段階의 部分的 分析」, '94文化財硏究所學術硏究發表資料.

5) 永定柱란 『營造法式』에 소개된 목주로서 판축부 경계면에 토사의 밀림방지용으로 세우는 판목을 지지하거나 작업을 원활히 하기 위한 비계의 역할을 한다. 영정주는 판축이 진행되면 될수록 아래쪽의 영정주를 위로 끌어올려 재설치했던 것으로 알려졌고 공사완료 시 철거되었던 것으로 조사되었다. 영정주의 간격은 시대별로 차이를 보이나 동시기의 유적에서도 축조 구간에 따라 차이를 보이기도 한다.

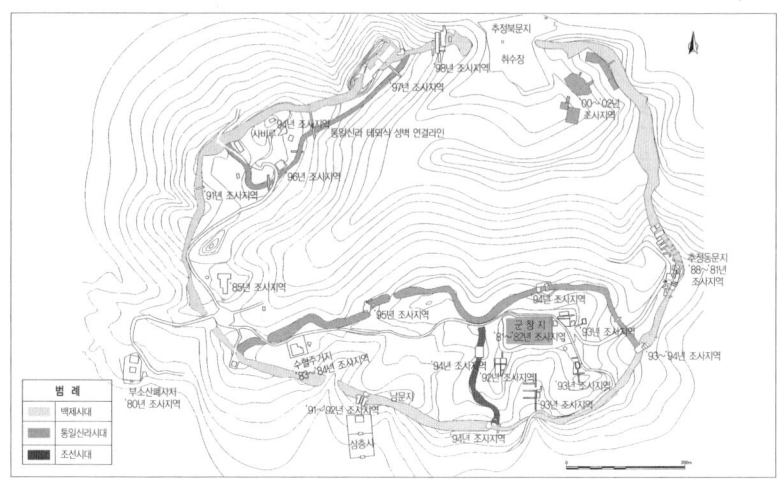

도면1. 부소산성 현황도

기능을 하는 橫長木과 縱長木[7] 등의 木造架構施設[8]을 사용하였음이 밝혀졌다.

이 글에서는 그동안 진행된 부소산성의 성벽 발굴결과를 토대로 포곡식 산성과 군창지 테뫼식산성, 사비루 테뫼식산성의 축조기법을 정리해 보도록 하겠다. 여기에서는 기존의 발굴조사 구간을 위주로 한 지점별 기술 방식을 지양하고 성벽의 위치에 따라 동벽, 남벽, 서벽, 북벽 등으로 재구

---

6) 판축시 흙이 바깥으로 밀리는 것을 방지하는 판목은 영정주나 횡장목에 고정하여 사용하였다. 판목은 대개 두 가지 방법으로 고정되었던 것으로 추정된다. 하나는 영정주마다 홈을 파서 그 사이에 판목을 끼워 넣는 방법이고 다른 하나는 반으로 켠 영정주 사이에 판목을 끼우고 끈으로 고정시키는 방법이다.

7) 횡장목은 판축토의 압력으로 영정주와 판목이 잘 고정될 수 있도록 횡으로 가로지른 기능을 하는 가구부재이다. 주로 버팀기능과 함께 영정주와 판목을 연결하는 기능을 하였다. 대개의 횡장목은 판축과 함께 매몰된 뒤 부식되어 성벽과 평행방향의 구멍자리를 남긴다.

성하여 구간별 축성기법을 언급하고자 한다. 이는 지점별 기술방식에서 세분화되면서 혼란을 초래한 부분에 대한 보완의 의미가 포함되어있기도 하다. 그런 후 부소산성의 판축기법에서 나타난 목조가구시설의 구조적 특징과 관련 시설물 그리고 이에 따른 시기별 변천과정을 검토해 보도록 하겠다. 이러한 작업을 통해 우리나라 토성이 고대로부터 조선시대에 이르기까지 어떻게 변화되었는지, 그 특징은 무엇인지 등 축성기법의 변천과정과 시기별 특징에 대한 하나의 기준을 제공해 줄 것으로 기대한다.

II. 扶蘇山城의 區間別 築城技法

부소산성은 포곡식산성과 군창지, 사비루 테뫼식산성으로 이루어진 3중의 구조를 한 복합식산성이다.(도면1 참조) 이 장에서는 포곡식산성의 성벽 발굴지점에 따라 동벽과 남벽, 서벽, 북벽의 순서로 구간별 축성기법을 알아보고자 한다. 군창지 테뫼식산성은 동벽과 서벽, 북벽 그리고 성을 동서로 이분하는 공유벽으로 나누었으며 사비루 테뫼식산성은 동벽과 남벽으로 분류하였다.[9] 이렇게 성벽의 구간별 축성기법을 통하여 성곽 축성과 활용시기에 대한 토대를 마련하고자 한다.

---

8) 종장목은 성벽과 수평으로 진행하는 영정주의 열과 열 사이를 종방향으로 연결하는 가구재료로서 주된 기능은 영정주와 판목으로 지지해주는데 있다. 종장목은 횡장목과 마찬가지로 판축토 내에 묻히게 되는데 종장목이 부식된 흔적은 성벽과 수직으로 교차하는 구멍을 만들기도 한다.

9) 본고의 사진과 도면자료 등은 각주 3)에서 제시한 부소산성 발굴조사 보고서(부여문화재연구소, 1995~2003)를 인용하였으며 조사내용, 사진과 도면 등에 대해서는 개별적으로 전거를 명시하지 않았음을 밝혀둔다.

1. 包谷式山城

1) 東壁

동벽부는 1988~1991년에 걸쳐 동문지 주변의 성벽에 대하여 조사를 진행하였는데 이곳에서는 백제시대 판축토루와 판축에 필요한 여러 가지 목주 결구흔적이 확인되었다. 목주흔은 중심기둥인 영정주공흔과 성벽과 같은 방향의 종장목공흔 그리고 성벽과 직교하는 횡장목공흔 등이 노출되어 판축과정을 이해하는 중요한 사례가 되었다. 이곳에서는 중심토루인 체성의 내외측 경계지점에 영정주공을 기본적으로 설치하였으며 이들 두 기둥은 580~640㎝ 간격을 두고 있다. 이것은 체성의 내외 바닥너비를 나타낸다. 그리고 영정주공은 성벽을 따라 대체로 125㎝의 중심간 거리를 두고 있으나 일부는 130~140㎝에 이르기도 한다. 각 영정주공의 지름은 위쪽이 40㎝이고 아래쪽은 60㎝ 정도이다. 외벽의 영정주공은 풍화암반 위에 너비 55~65㎝, 깊이 25~55㎝를 판판하게 굴토하여 조성하였으며 이 주공은 溝에 의해 연결되는 점이 특징적이다. 통일신라시대 동문지에서 북편으로 치성이 자리하는데 이곳 체성바닥의 너비는 580㎝ 가량이고 두 차례로 나누어 판축하였는데 1차 구간은 내벽을 먼저 쌓은 후 외벽을 쌓았음을 확인할 수 있었다. 1차와 2차 판축토루의 경계지점에서는 영정주공흔이 나타나지 않는 점이 특이하다. 이 지점의 횡단면은 높이 30㎝의 층단이 성벽 내로 70° 정도의 경사도를 이루는데 모두 4개층으로 구분된다. 층위상 중심토루를 1차적으로 쌓고 이곳에 덧대어 2차 판축토루를 축조하였다. 이 사이는 板木을 대어 고정시킨 후 한층 한층을 판축기법으로 다지면서 쌓아올렸다. 판목은 층단의 높이로 보아 30㎝ 정도로 계측된다. 그리고 체성의 내측과 외측 경계면은 수직으로 형성된 것으로 보아 영정주와 판목을 이용하여 수직으로 곧게 다졌음을 알 수 있다.

사진2. 포곡식산성 동벽 영정주공 및 부석렬

사진1. 포곡식산성 동벽 판축토루 및 주공흔   사진3. 포곡식산성 동벽 영정주공 및 횡장목흔

　한편, 백제 동문지 주변의 성벽은 영정주공이 체성의 내외면에 대칭으로 노출되는 점은 공통된 현상이지만 체성을 1~3차로 구분하여 판축한 점이 다르게 나타난다. 이곳은 성 내측인 1차와 2차 판축구간은 영정주공을 두지 않고 2차와 3차 판축층의 경계면에 너비 140~145㎝의 주공흔이 남아 있다. 내외벽의 판축층 간격은 1차와 2차가 300㎝ 가량이고 3차 365㎝ 정도이며 체성너비는 665㎝로 파악된다. 토루 절개조사에서 깊이 460㎝까지 굴토하였으나 석비레층은 확인하지 못하였다. 이렇게 생토면까지 이르지는 못하였으나 조사된 판축층의 바닥에서 영정주의 적심석으로 추정되는 석재가 노출되었으며 이곳에서 위로 70㎝ 정도에 또 다른 석재가 놓여 있었다. 다시 70㎝ 위로 석재가 놓여 있는데 하부에는 15~20㎝의 작은 2개의 석재가 남아 있으며 그 위에 이보다 큰 30~50㎝ 정도의 석재가 1개씩 놓았다. 이로 보아 이들 석재는 영정주의 적심이나 초석으로 사

용되었으며 판축시 영정주를 70㎝ 높이로 뽑아 올려 재사용하였음을 짐작할 수 있다.

2) 南壁

남벽부는 1981년과 1991년, 1993~4년, 1999년에 걸쳐 수차례 발굴되었다. 먼저 군창지의 동남편에 위치한 남벽부분은 비교적 이른 시기부터 조사가 시작되었는데 1981년 성벽의 보수공사에 앞서 성벽의 단면이 조사되었다. 남벽의 토층은 크게 4개의 토층으로 이루어졌는데 초축 당시의 토층인 A층은 붉은색 점질토를 사용하여 2~3㎝ 단위로 정교하게 판축하였으며, A층이 허물어져 퇴적된 B층은 황갈색 토양을 이루고 있다. 허물어진 B층의 외벽을 견고하게 보축하기 위해 축조된 C층은 자연석을 4~5단 쌓고 그 위에 3~6㎝씩 황갈색 점질토와 갈색 점질토를 섞어서 쌓았으며 간간히 와편이 섞여있다. 기저부 석축의 높이는 103㎝이며 석축의 상단에서 170㎝되는 지점까지의 표면은 괴석으로 덮여있다. A, B, C층을 아우른 성벽의 규모는 기저부가 860㎝이며 토루의 높이는 290㎝이다. 이 토루의 위쪽을 D층이 덮고 있는데 조선시대에 이르러 약 50㎝ 두께로 표면 전체가 보축되었다.

군창지 테뫼식산성과 포곡식산성이 만나는 지점은 크게 A지점과 B지점으로 나눌 수 있다. 한편 A지점은 2단계에 의해 성벽의 축조가 이루어진 것으로 파악되었다. A지점의 1단계의 기저부는 먼저 풍화 암반을 폭 60㎝, 깊이 15~20㎝으로 수직으로 굴토한 뒤 성벽의 진행방향을 따라 기저부가 조성되었는데 내부에 깊이 45~50㎝ 정도 되는 원형 구덩이를 일정하게 조성하였다. 이 구덩이는 영정주의 기초로 판단된다.

B지점은 포곡식산성의 성벽에 해당하며 남벽에서 동벽으로 이어지는 회절부에 해당한다. 이 지점은 동문지 주변의 동벽과 유사한 구조를 보여

사진4. 포곡식산성 남벽 절개부

사진5. 포곡식산성 남벽 조사 전경

사진6. 포곡식산성 남벽 판축층

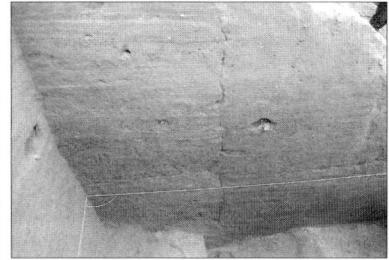

사진7. 포곡식산성 남벽 수직경계선

주는데 2차에 걸쳐 축조가 진행되었다. 1단계 기저부의 폭은 345㎝, 최대높이가 320㎝ 정도로 명갈색 사질토와 적갈색 사질점토를 교대로 판축하였고 내부에는 불순물이 전혀 없다. 2단계 판축부에서는 기저부의 높이를 120㎝ 정도까지 올려 성토다짐을 하여 경사를 줄이고 그 위에 250㎝ 폭으로 황갈색 사질토와 적갈색 점토를 교대로 판축하였다. 성의 안쪽에 해당하는 부분은 암갈색 점질토 위에 연두색을 띤 점토와 사질토를 다져올리면서 안쪽에 폭 120㎝ 정도의 부석시설을 마련하였다. 그 위에는 후대에 보축된 명갈색 사질토와 회백색 사질토, 그리고 와적층이 형성되어 있다.

포곡식산성의 남서벽 구간의 축조방식은 크게 Ⅰ~Ⅴ까지 모두 5개의 층

사진8. 포곡식산성 남벽 영정주 및 횡장목흔   사진9. 포곡식산성 남벽 영정주 하부

으로 구분할 수 있다. 토루부에 해당하는 Ⅰ층은 토루를 축조하기 위해 바깥에서 안쪽으로 25° 경사를 이루는 풍화암반층을 정리한 뒤 안쪽의 영정주는 깊이 80cm, 하부 폭 40cm로 주공을 굴토한 뒤 바닥에 할석 적심과 받침돌을 놓고 회갈색 사질점토와 명적색 사질점토로 단단히 채워 다지면서 세워졌다. 외측의 기초부는 내측에서 470cm되는 지점에 깊이 70cm되는 영정주공을 굴토한 뒤 그 안쪽에 판축을 하였다. 판축의 기저부는 암적색 점질토를 비교적 두텁게 다진 뒤 중간부분은 명적색 점질토와 석비레토, 명갈색 사질토를 번갈아가며 다짐하고 윗부분은 기저부와 마찬가지로 암적색 점질토를 다져 판축하였다. 영정주와 영정주를 고정시키는 횡장목은 바닥에서 위쪽으로 100cm 지점에서 확인되었다.

Ⅰ층의 보강토에 해당하는 Ⅳ층은 폭이 340cm이며 아래층은 명갈색 사질토, 위쪽은 적갈색 점토를 사용하여 전체적으로 깨끗하게 성토다짐한 층위에 해당한다. 내측의 가장자리 바닥은 폭 60~70cm, 깊이 20cm으로 굴토된 溝가 마련되어 수분의 침투를 방지하고 있다.

외부보강토의 중심을 이루는 Ⅲ층은 폭이 290cm이며 외측 영정주공과 성벽의 기저부를 구성하고 있는데 영정주공의 내측은 암적갈색 사질점토와 풍화암반토를 섞어 혼합하여 채웠으며 성벽 외부의 기저부에는 적색과 흑색계통의 사질토와 할석, 기와편이 섞인 양상으로 보인다. 바깥쪽의 마무리는 암반층에서 떼어낸 할석으로 막쌓기하여 호석 역할을 하도록 하였고 그 외부 역시 적갈색 사질점토를 덧대어 보강하였다. Ⅴ층은 Ⅳ층의 상면을 덮어 다짐한 층위로서 명갈색 사질점토만으로 이루어졌으며 다량의 와편과 할석이 혼입되어 있다. 통일신라시대의 수축으로 추정된다.

포곡식산성과 테뫼식산성의 공유벽이 만나는 지점에서는 3단계에 걸쳐 토루가 형성되었다. 초축토루인 1단계 토루에서는 깊이 70㎝, 지름 80㎝의 영정주공을 굴토하고 그 내부에 할석을 깔아 적심을 설치하였다. 판축은 내부에 불순물이 없는 적갈색 사질점토와 풍화암반토를 교대로 다져 올렸고 바닥 폭 300㎝, 높이 290㎝ 가량이 남아 있다. 영정주공과 평행한 방향으로 판축이 이어지고 있어 초축토루로 이해될 수 있다. 2단계 토루는 1차 토루의 보축으로 1차 토루의 전면부를 수직으로 정리한 뒤 폭 490㎝, 높이 320㎝ 정도를 성토 다짐하여 쌓아 올렸다. 토질의 구성은 매우 복잡하며 내부에 잡석과 기와편, 인화문토기편, 토기옹편 등이 섞여 있다. 토루의 바깥쪽에서는 완만한 암반의 경사부를 따라 석렬이 1단씩 둘려져있다. 1차 초축토루의 상면에 설치된 3차 토루는 가장 마지막에 설치된 토루로서 외부에 2단의 석축을 둔 뒤 내부는 단일한 토층으로 성토축성하였다. 이 토루는 군창지 테뫼식산성의 토층과 유사하여 가장 마지막에 쌓은 토층으로 판단된다. 가장 늦은 시기의 토루에서는 내부 바닥에서 14세기 무렵의 분청사기편이 출토되었으므로 고려시대 또는 조선 전기에 축조된 것으로 판단된다.

3) 西壁

남문지 주변에 대해 1991년과 1994년도의 정비작업 시 발굴된 서벽지점은 판축과 관련된 구조가 잘 밝혀진 곳이다. 주된 토루를 이루는 A층은 풍화암반층을 외부가 낮고 내부가 높게 약 15° 정도로 정지작업을 한 뒤에 내측에는 깊이 50~60㎝, 폭 120㎝ 가량을 굴토하였다. 남측에 접하여 지름 50㎝, 깊이 25~30㎝의 영정주 구덩이를 판 뒤에 영정주를 받치기 위한 돌을 1개에서 4개 혹은 5개 정도 모아놓고 그 위에 영정주를 세운 것으로 추정되었다. 외부 또한 내부의 기초부와 같은 방법으로 굴토하되, 폭은 80㎝, 깊이는 70㎝으로 내부보다 깊고 좁게 하였으며 중앙부에 동일한 방법으로 영정주를 세우기 위한 적심구덩이를 설치하였다. 적심구덩이의 간격은 내외측 모두 130㎝이며 영정주는 두께 30㎝ 미만의 통나무를 성 안쪽을 향해 5° 기울여 설치하였고 이를 바닥에서 200㎝ 지점에서 횡장목을 이용해 고정하였다. 판축층은 내외측 모두 기저부를 명황색 풍화암반토로 다진 다음 본격적인 판축을 하였는데 아랫부분은 석비레가 섞인 황갈색 사질토와 풍화암반토가 섞인 암갈색 점질토가 얇게 교차되게 하였고 중간부분에는 황갈색 사질토와 풍화암반토를 두텁게 하고 사이에 암갈색 점질토를 5~10㎝ 두께로 다져넣었다. 판축토의 하부 최대폭은 500㎝이며 판축된 토루의 높이는 340㎝이다.

토루의 안쪽은 기저부의 안쪽으로 폭 260㎝, 길이 60㎝의 대규모 溝가 설치되었고 구의 내측 남쪽에는 할석재를 70㎝ 정도 쌓아 판축부의 내부 기저부를 이루고 있다. 기저부의 위쪽으로 황갈색 부식토와 잡석, 소문수막새, 백제와편이 혼입되어 있어 토루 내측에 대한 추가수축의 흔적이 확인되었다.

2차 판축에 해당하는 B층은 내측의 판축보다 더욱 정교하여 암적색 점질토, 풍화암반토, 황갈색 사질토를 고른 두께로 판축한 형태이며 간간이 짙은 암적색 점질토가 얇게 다져졌다. 기저부는 A층의 기저부에서 바깥쪽으로 760㎝ 지점에서 깊이 100㎝, 상부 폭 130㎝, 하부 폭 60㎝를 이루는 구덩이를 파내어 형성되었고 내부에 폭 70㎝, 깊이 30㎝의 영정주 구덩이를 설치하였다. A층과는 달리 받침돌 시설은 없이 점성이 강한 암적

사진10. 포곡식산성 서벽 단면부   사진11. 포곡식산성 서벽 판축층

색 점질토가 얇게 깔려있었고 적색점토가 약간 혼입된 풍화암반층으로 채워놓은 뒤 판축하였다. C층은 2차 판축에 대한 보강토로서 판축토의 밀려내림을 방지하기 위해 점성이 강한 적색 점질토와 풍화암반토를 교차하여 경사를 이루도록 다진 뒤 최종적으로 상면을 점토로 덮어 마감하였다.

4) 北壁

북벽부는 북문지를 중심으로 서편 토루와 동편 토루로 나누어지는데 서편 토루는 1998년에, 동편 토루는 2000년에 발굴되었다. 2000년의 조사결과, 성벽은 북단부의 1차 토루와 안쪽의 2차 토루, 외벽 보강 토루, 그리고 2차 토루 상면의 후대 보축층으로 구분되었으며 층위는 크게 4개 층으로 확인되었다. 최 상위층은 표토층(Ⅰ층)이고 그 아래는 후대에 보축한 명황갈색 사질토층(Ⅱ)이 내부의 평탄지까지 넓게 형성되었으며, 백제시대에 쌓은 판축토루층(Ⅲ층)이 기반층(Ⅳ층) 위에 조성되었다. 이 중에서 기반층은 최하위의 풍화암반층과 암회색 점토층 그리고 적갈색 점토층의 순서로 퇴적되어 있다. 이러한 기반층의 점토는 판축토루를 축조하는 주요 토양성분으로서 성벽 축조에 기반층의 토양을 활용하였음을 알 수 있다. 가장 먼저 조성된 1차 토루는 하부폭 550cm, 잔존높이 400cm 정도로 단면형태는 직각삼각형이다. 하부는 기반층의 경사면을 고려하여 북편으로 가면서 판축층을 두껍게 하여 높이 1.3m 지점에서 편평하게 하였다. 즉 암갈색 사질점토와 적갈색 사질토+마사토, 적갈색 사질토를 교대로 사용하였는데, 남단부에서는 5cm 정도로 얇지만 경사면을 따라 북단부로 갈수록 30~40cm 내외로 두껍게 판축하였다. 이러한 형태는 일종의 기초 다짐층으로서 동벽조사에서도 확인되었다. 기초다짐층 위의 100cm 가량은 20~30cm 두께의 명황색 마사토와 5cm 두께의 적갈색 마사점토를 수평으로 판축하였으며, 그 위로 130cm 높이, 2~3cm 두께의 적갈색 마사점토층과 10cm 두께의 명황색 마사다짐층을 번갈아 가면서 규칙적으로 수평 조성하여 상부로 갈수록 정교하게 판축하였음을 알 수 있다.

1차 토루의 남·북양단의 하부에는 약 550cm의 거리를 두고 상부 폭 130cm, 하부 폭 75cm, 깊이 120cm의 溝를 조성하였다. 이러한 구는 부소산성의 백제토루 하부에서 공통적으로 보이는 특징으로서 부소산성 성벽을 따라 나란히 이어지고 있다. 특히 외측에 조성된 구의 중앙 바닥에서 납작한 돌이 1매가 확인된 점, 내부를 암회갈색의 단단한 점토로 채운 점 등으로 보아 영정주를 세우기 위한 용도로 추정된다. 1차 토루의 바깥쪽의 외벽 보강 토루는 잡석과 마사토 등을 다져서 조성하였는데 성벽을 보강하기 위해 축조된 것으로 생각된다.

1차 토루 안쪽에 직각으로 경계를 이루고 있는 2차 토루는 1차 토루의 기초다짐층 및 암회색 점토층과 풍화암반층 위에 축조되었다. 하부폭은 500cm 가량이지만 상부는 후대의 보축층에 의해 상당 부분 파괴되었다. 2

사진12. 포곡식산성 북벽 절개부 　　　사진13. 포곡식산성 북벽 판축층

차 토루는 얇고 단단한 적갈색 점
토다짐층과 두껍고 무른 명황색
다짐층을 교대로 판축하여 매우
단단하고 정밀하게 조성된 1차 토
루와 비교된다.

　2차 토루의 상부에는 백제 기와
등이 포함된 암갈색 혹은 적갈색

사진14. 포곡식산성 북벽 토루 및 석축

사질점토층으로 이루어진 층이 형성되었는데, 이 층을 기반으로 1단의
석축렬이 길게 이어지고 있다. 석축렬의 면을 성벽 내측을 향해 맞추었고
석렬 안쪽에 명회색 마사토를 채운 양상으로 보아 이 층까지 백제시대의
성벽을 구성하였던 것으로 추정되었다. 석렬 바깥쪽으로 2차 토루를 덮
고 있는 명황갈색 사질토층(Ⅱ층)에는 기와와 돌 등이 포함되어 있으며,
단면 'U'자형의 구덩이가 조사되었다. 이 구덩이는 후대의 보축시에 조
성된 영정주공의 흔적으로서 사비루 테뫼식산성 남벽에서도 확인되었다.
유물은 1차와 2차 토루에서는 출토되지 않았으며, 외벽 보강 토루에서 백
제시대의 기와편이, 성벽 안쪽의 후대 보축층에서 통일신라시대의 토기
와 함께 백제시대의 토기와 기와편이 출토되었다.

　한편, 북문지 서편 토루에서는 체성부 외벽에 최대 잔존높이가 180cm인

석축시설이 동서방향으로 확인되었다. 석축은 동서방향의 경사가 가장 심한 부분에 한하여 치석되지 않은 작은 할석을 이용하여 조성하였는데, 이는 성벽을 보호하기 위한 보완시설로서 층위로 볼 때 토루의 축조와 동시에 이루어진 것으로 추정된다.

요컨대, 백제시대의 초축 당시에는 1차·2차 토루와 외벽쪽의 잡석 보강층이 축조되었으며, 후대에 성벽 내측에 석렬을 쌓아 보강하였고, 통일신라시대 이후에 명황갈색 사질토를 이용하여 성벽을 포함한 안쪽으로 복토 및 보축이 이루어진 것으로 판단된다.

사진15. 군창지 테뫼식산성 동벽(포곡식산성과 연접부)

사진16. 군창지 테뫼식산성 동벽과 치성 연접부

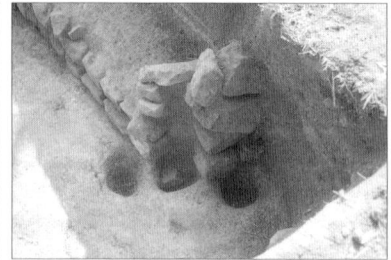

사진17. 군창지 테뫼식산성 동벽 영정주공1

사진18. 군창지 테뫼식산성 동벽 영정주공2

2. 軍倉址: 테뫼식山城

사진19. 군창지 테뫼식산성 동벽

1) 東壁

군창지 테뫼식산성의 동벽에 대한 1993년도 조사결과 A~E층까지 5단계의 구성을 보인다. 이곳은 35° 급경사면에 해당하는데 A층은 이러한 급경사를 완화하고자 암갈색 사질점토와 적갈색 점질토, 명갈색 사질토를 혼합하여 80~120cm 두께로 성토한 기저부에 해당하며 B층은 C층의 수직 석벽을 축조하기 위해 하부를 견고히 하는 적심토로서 2단의 석축을 쌓아 올린 위 내부에 사질토와 암반풍화토를 층위가 고르게 판축하여 수평을 이루게 하였다. 본격적인 토루부분에 해당하는 층위인 C층은 수직으로 4~5단 쌓아올린 석벽과 판축과 유사하게 성토한 토루가 결합된 형태이다. 토루의 성토는 석비레가 섞인 명황색 사질토를 두텁게 쌓고 그 위에 적갈색 사질점토가 얇은 층을 이루도록 번갈아 성토하여 판축과 유사한 형태를 보여준다. D층은 C층의 토루부분이 완성된 뒤에 토루 외부 벽석 기초부터 A·B층을 덮어 기반 상면을 보호하는 역할을 하며 E층은 후대에 기존의 토루부분을 전체적으로 덮은 단계로 할석과 흑갈색 부식토를 혼합하여 축성하였다. 동벽의 기저부 폭은 700cm이며 토루부분의 최대높이는 260cm이다.

2) 西壁

사비루에서 테뫼식산성의 공유벽까지의 구간에서는 통일신라시대의 문

사진20. 군창지 테뫼식산성 서벽부   사진21. 군창지 테뫼식산성 서벽 판축층

루지로 추정되는 장방형의 긴 건물지가 1995년도에 확인되었다. 건물지
는 풍화암반 위에 성토다짐한 뒤 원형 또는 방형 초석을 놓았고 규모는
동서 2칸, 남북 1칸이며 주칸거리는 동서 290㎝, 남북 485㎝이다. 성벽의
단면조사에서는 하부는 성토다짐을 하고 상부는 판축한 뒤, 안팎으로 판
축 경계면에 석축을 하였고 그 위를 얇게 덮은 구조로 되어 있다. 성벽은
경사진 풍화암반토의 생토위에 먼저 적갈색 사질점토를 이용하여 생토다
짐을 한 후에 다시 2차로 가운데를 볼록하게 다져올려 토루의 중심부를
형성하였고 이 중심의 위쪽에 판축을 하였는데 마사토와 적갈색 사질점
토를 번갈아가며 다졌지만 두께는 일정하지않다. 한 겹의 두께가 10~13
㎝ 내외로 불규칙하다 이 위를 명갈색 사질점토로 덮었는데 중심부의 두
께는 40㎝ 정도이다. 성토다짐층의 내·외 경계에는 석축을 쌓았는데 북
벽의 축조양상과 유사하다. 성벽의 축조는 문루와 마찬가지로 통일신라
시대에 이루어진 것으로 판단된다.

3) 北壁

군창지 테뫼식산성의 북벽에 해당하는 이 지점은 1994년 발굴되었다.
축조방식은 표토를 제거하여 화강암 풍화층을 노출시킨 뒤 그 위에 괴석
을 이용하여 2~3단의 호석을 40㎝ 가량 쌓았다. 그 위에 적갈색 점질토

를 3㎝ 정도 얇게 다지고 담황
색 사질토와 적갈색 사질토를
20㎝, 40㎝, 50㎝ 정도로 토층
의 두께가 일정치 않게 다져올
렸다. 이 구간에서는 후대에
수·개축되었던 흔적을 찾을
수 없는데 토루의 규모는 높이

사진22. 군창지 테뫼식산성 북벽(북문지)

275㎝, 기저부 최대폭 620㎝이다.

북벽의 문지에서는 토루의 중앙부를 절개하여 절개면의 양측에 2~3단
의 측벽석을 쌓아 올렸는데 문의 폭은 190㎝이다. 문지의 북벽에 연접하
여 동서 한쌍의 돌쩌귀가 노출되었는데, 서측의 돌쩌귀는 50×85㎝의 석
재 상면에 지름 15㎝, 깊이 10㎝의 원형구멍이 나 있으며 기둥의 사용에
따라 마모된 흔적이 관찰된다. 동쪽의 돌쩌귀는 서쪽의 돌쩌귀와 유사하
지만 지름이 8㎝로 약간 얕다.

수구지에 해당하는 지점에서는 표토의 아래에서 할석으로 조잡하게 구
축된 배수시설이 확인되었는데 길이 400㎝, 폭 50~60㎝, 깊이 20~30㎝
규모이다. 할석 배수시설의 아래에서는 중앙에 벽석을 둔 2기의 수구시
설이 확인되었다. 이 시설은 석비레를 U자형으로 굴토한 뒤 그 위에 판
석으로 된 바닥재를 깔고 양옆을 2~3단의 벽석을 쌓았으며 길이 620㎝,
폭 25~30㎝, 높이 50㎝으로 벽면을 맞추어 정연하게 조성하였다. 출수구
에는 작은 할석을 벽석으로 마감하였다. 이곳에서 백자와 청자편이 출토
되었고 성토층에서 분청사기편이 확인되어 조선시대에 축조된 것을 알
수 있다.

4) 共有壁

공유벽의 중간부분에 해당하는 지점은 1994년 발굴되었는데 외형상 토루가 절개된 완만한 경사지를 이룬다. 조사결과 표토의 30~100cm 아래에서 석비레층이 노출되었는데 이 석비레층 위에서 백제시대 조성한 저장공 7기, 기둥구멍 등의 수혈유구와 조선시대에 조성한 것으로 판단되는 수구지가 확인되었다. 수구는 동서방향을 하였는데 집수구가 남북방향으로 쌓은 석축과 연접해 있다. 배수구는 치석된 화강암과 납작한 할석재를 이용하여 바닥을 깔고 1단의 벽석을 쌓은 뒤 장방형의 할석재나 치석된 돌을 뚜껑돌로 썼다. 수구시설의 규모는 길이 970cm, 너비 70cm, 높이 68cm이며 수구시설의 하부에는 사질토와 점질토, 토기, 기타 할석편이 섞인 다짐층이 20~70cm 두께로 완만한 경사를 유지하고 있다. 이 지점 역시 전술한 북벽의 수구지와 축조기법이 유사하고 하부 바닥층에서 분청사기가 출토되어 북벽 수구지와 유사한 시기에 조성되었을 것으로 추정된다.

사진23. 군창지 테뫼식산성 공유벽 토층   사진24. 군창지 테뫼식산성 공유벽 하부

3. 泗沘樓 테뫼식山城

1) 東壁

사비루의 남쪽에 해당하는 테뫼식성벽의 동벽은 1997년도에 조사되었다. 이 지점은 급경사진 지형의 남쪽 끝에 장방형의 치석재를 바닥 지형

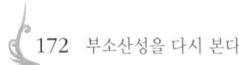

에 맞추어 가로쌓기 하고 그 안쪽으로는 경사면을 따라 판축하였는데 토루의 최대두께는 200㎝ 정도이다. 판축의 수법은 적갈색 점토를 주로 아래쪽에 다져 올리고 위쪽으로 가면서 판축토를 층층이 쌓아 올렸다. 하부 다짐층의 중앙에는 네모난 판석재를 뼈대로 세웠고 상부의 판축층을 축조할 때도 네모진 석재를 쌓아 토루가 붕괴되는 것을 방지한 점이 다른 지점들과 차이를 보인다.

2) 南壁

남벽은 1994년과 1996년의 두 차례에 걸쳐 발굴되었다. 축성방법은 경사진 풍화암반층의 외측에 5~6단 정도의 석축을 쌓은 후 그 안쪽으로는 잡석을 채우고 그 위로 판축으로 다짐하여 뚝처럼 성벽을 조성하였다. 석축은 암반의 바깥 위에 석축을 쌓아 기저부를 수평하게 다듬었으며 현재 높이는 100㎝ 정도이다. 그 위에 쌓은 토루의 판축은 적갈색 점토와 밝은 회색의 마사토를 번갈아 가며 다졌는데 하부의 기반은 주로 적갈색 점토를 다졌고 상부로 갈수록 마사토가 많이 사용되었다. 한편, 판축 하부의 층은 정연하지만 상부로 갈수록 층이 불규칙한데 판축층의 최대두께는 170㎝ 정도를 이루고 있다. 판축층 속에서는 백제토기와 기와편이 소량 섞여 있으며 인화문토기편이 출토되어 통일신라기의 축성으로 볼 수 있다.

사진25. 사비루 테뫼식산성 남벽

사진26. 사비루 테뫼식산성 남벽 판축층

Ⅲ. 扶蘇山城 築城技法의 特徵과 變遷

이와 같이 앞에서 언급한 부소산성의 구간별 축성기법은 포곡식산성과 테뫼식산성에서 뚜렷히 구분되고 있다. 이러한 점을 감안하여 포곡식이나 테뫼식산성에서 나타나는 축성기법상의 구조적 특징과 이에 따른 시기적인 변천과정을 단계별로 나누어 살펴보도록 하겠다.

1. 構造的 特徵

1) 築城用 木造架構施設

축성의 시작은 토루 축조구간의 기저부를 정지한 후 토루가 진행될 방향을 따라 영정주를 130㎝ 내외의 간격으로 양쪽에 세우게 된다. 영정주의 하부는 너비 55~65㎝ 가량의 溝로 연결되며 그 안에 깊이 25~55㎝ 정도로 영정주공을 굴착한다. 영정주공 안에는 아래쪽에 작은 할석 2개와 그 위쪽으로 이보다 큰 할석 1개를 두어 적심과 초석의 역할을 하도록 배려하였다. 그런 후 주변은 영정주가 할석 위에 놓여 지탱할 수 있도록 구 내부를 성토다짐하였다.

북벽부의 북문지 서편 토루를 제외한 나머지 지점은 순수한 점질토와 마사토를 번갈아가며 다져 올린 순수판축기법을 채용하여 축조하였다. 특히 백제시대의 판축토루는 와편이나 할석 등이 전혀 포함되지 않은 정선된 흙을 이용하였다. 영정주 안쪽으로는 마사토와 점질토를 사용하여 번갈아 가며 판축하였는데 이는 경사면을 수평으로 판판하게 정지하는 효과를 가져오게 된다. 이때 점질토를 위주로 마감하는 기법을 채용하는 것은 주목할 사항이다. 이렇게 기초부 공사가 완료되어 수평을 이루게 되면 그 다음으로 본격적인 판축을 진행하게 되는데 영정주와 영정주 사이

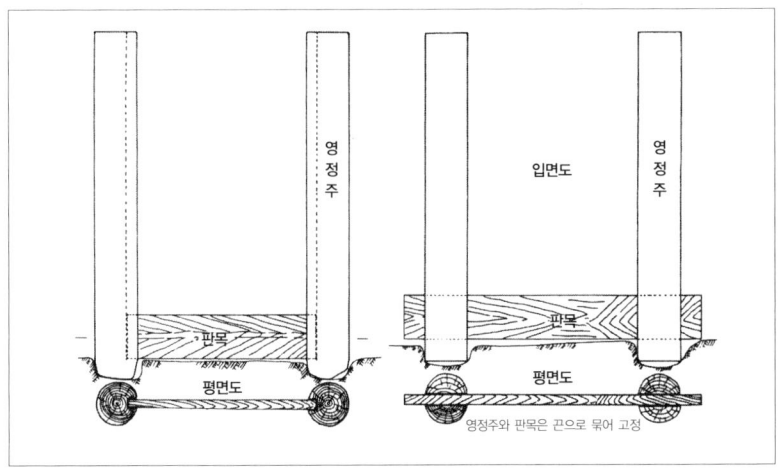

도면2. 영정주와 판목 사용방법 추정 복원도

에는 판목을 대어 내부 판축층이 밖으로 밀려나지 않도록 지탱하게 된다. 판목은 높이 30㎝ 정도에서 한 층단을 이루게 되며 각 층단마다 뽑아 올려 재사용한다.

영정주 사이의 판목은 영정주 중간부에 수직홈을 두어 고정하도록 되어 있으며 한 층단이 완성되면 수직홈을 따라 위로 끌어올리는 방식으로 작업하게 된다. 이들 사이에는 성벽 진행방향과 너비에 맞추어 종장목과 횡장목이 서로를 지지하게 되는데 영정주나 판목과 같이 재사용하지 않고 그대로 두는 犧牲木으로 남는다. 여기에서 횡장목은 판축층 하부에서 130~140㎝ 정도의 일정한 높이 윗부분에서 결구하였으며 角材를 많이 사용하였다. 너비는 19㎝, 22㎝, 30㎝ 정도로 다양하며 길이는 240㎝ 가량으로 긴 것으로 보고되었다. 상하단의 횡장목은 35~40㎝의 간격을 두고 있다. 종장목은 영정주와 보조목, 횡장목, 판목 등 여러 부재를 서로 연결하여 지지목의 역할을 하였다. 종장목의 지름은 10~13㎝ 내외이다. 특히 횡장목과 종장목은 방향이 직교하게 되는데 서로 접하는 부분은 끈으로 묶어 고정시킨 것으로 추정된다.

다음으로 테뫼식산성은 기저부에 석축하는 방법과 상부에 판축토루를 축조하는 방법을 사용한 점이 포곡식산성과 구별되는 점이다. 성벽 기저부에 2~4단 정도의 석축한 후 그 위로 판축토루를 축조하였는데 이는 토루 기저부에 석축을 함으로써 토루가 밀려나는 것을 방지하는 효과를 가지게 된다. 그리고 영정주의 간격은 400㎝ 가량으로 넓어지고 성벽너비는 좁아지게 되며 판축양상 역시 영정주를 경계로 엇갈리게 사질토와 점질토를 다지게 된다. 즉 영정주는 판축기법의 한 구분점이 된다는 것을 말해주고 있다.

앞에서 살펴본 내용을 정리하면 다음의 표 1과 같다.

표1. 부소산성 축성기법

구간	성벽	축성기법	목조가구시설			비고
			영정주	횡장목	종장목	
포곡식산성	동벽	판축(점질토+마사토)	간격:130cm 지름:20~60cm 원재사용	간격:130cm 상하간격:30~40cm 각재사용	1개확인	영정주 이동 흔적(70cm) 내측 부석시설 너비 120cm
	남벽	판축(점질토+마사토)	간격:130cm 지름:30cm	간격:110cm 지름:200cm	간격:110cm 높이:240cm	영정주와 횡장목 결구확인
	서벽	판축(점질토+마사토)	1개 확인	간격:115cm 높이:100cm 이상	1개 확인 높이:50cm	2차 판축토 외부 기저부 잡석보강
	북벽	판축(점질토+마사토)	영정주 설치구 2개소 확인			중앙바닥 판석 1매
군창지 테뫼식산성	동벽	석축(2단)+판축				토루 내부바닥에서 통일신라 토기편 출토
	서벽	석축(2~3단)+판축				토루 내부에 와편과 잡석혼입
	북벽	석축(2~3단)+판축				문지 및 수구지 확인
	공유벽	성토다짐				수구 하부 바닥층에서 분청사기편 출토
사비루 테뫼식산성	동벽	판축(점질토+마사토)	간격:130cm			내측 부석시설 너비 120cm
	남벽	석축(5단)+집석채움+판축				

2) 城壁 排水施設

성곽축조시 성벽의 견고성을 보장하기 위해 우선적으로 해결해야 할 사항은 雨水를 어떻게 처리하느냐이다. 이를 위해서 성벽의 내·외측이나 문지, 그리고 계곡부 주변에는 배수시설을 마련하게 된다. 부소산성 역시 여러 구간과 지점에 조성한 배수시설이 확인되는데 백제시대 포곡산성 역시 여러 구간과 지점에 조성한 배수시설이 확인되는데 백제시대 포곡식산성부터 후대의 테뫼식산성까지 공히 나타나고 있다.

먼저, 포곡식산성의 배수시설은 동벽과 남벽에 위치한다. 동벽 내측으로 100m 이상 확인된 부석시설은 대체로 성벽에서 120㎝ 가량 떨어진 지점에 성벽을 따라 30~80㎝ 폭으로 조성하였으며 북편으로 갈수록 넓어지고 있다. 편평한 석재를 이용하였고 그 위에 적갈색 사질점토를 얇게 덮었다. 성벽에 면한 동단부는 돌을 세워 약 15㎝ 높이의 단을 조성하였다. 서편은 구지표와 거의 같은 높이에서 마감하였다. 남벽의 배수시설은 지점에 따라 축조 방법이 다르게 나타난다. 1984년 조사에서는 바닥에 부석시설을 하고 가장자리에 높이 10㎝ 정도의 단을 둔 외폭 110㎝, 내폭 60㎝의 부석시설이, 1986~1987년 조사에서는 북측 2단, 남측 3~4단으로 석축하고 바닥을 자연판석으로 정연하게 포장한 폭 120㎝의 시설이 확인되었으며, 1999년에는 내부 폭 약 75~80㎝, 깊이 10㎝ 정도로 가장자리에 1단을 둔 부석시설이 찾아졌다. 그러나 서벽이나 북벽에 대한 절개조사에서는 이와 같은 부석시설이 확인되지 않아 성 내부의 배수시설이 전 구간에 걸쳐 조성되지는 않은 것으로 추정된다.

테뫼식산성의 배수시설은 남문지에서 확인된 암거시설과 치성 북편과 북문지 서편의 배수시설을 들 수 있다. 남문지의 암거시설은 20㎝의 거리로 잔돌을 깔고 그 위에 60~70㎝ 정도의 판석형 할석을 덮어 조성하였다. 이는 통일신라시대에 백제시대의 문지가 폐쇄되고 새로운 진입로를 개설하면서 진입로의 측구로 활용한 것으로 추정된다.

치성에서 북편으로 400cm 떨어져 있는 배수로는 동서방향으로 백제 성벽을 횡으로 가로 지르고 있다. 풍화암반층을 하부 폭 180cm, 상부 폭 240cm, 깊이 110cm로 넓고 깊게 파내어 조성하였다. 북문지 서편의 배수시설은 백제시대 포곡식산성의 내측에 마련된 석축시설로 교란이 심하여 정확한 양상을 파악하기 어렵다. 다만 할석을 이용해 가운데로 물이 흐를 수 있도록 바닥에 할석을 깔아 조성하였는데 성 내부보다 낮은 지형에 위치한 북성벽의 붕괴를 방지하기 위해 축조된 것으로 생각된다. 그리고 고려~조선시대 동안 조성된 배수시설은 남북방향 성벽과 군창지 북편 성벽에서 각 1기의 암거가 찾아졌다. 남북방향 성벽의 암거는 성벽방향과 직교하며 길이 950cm, 폭 80cm로 성을 보축할 때 폐기되면서 보강토에 묻힌 것으로 밝혀졌다. 군창지 북편 성벽의 암거는 2조로 조성되었다. 덮개돌 5매가 확인되었고 남북 길이 670cm, 잔존높이 47cm 가량으로 암거의 간격은 40cm, 각 폭은 동편 25cm, 서편 30cm이다.

3) 城壁 關聯 施設物

성벽과 관련된 시설로는 문지, 치성, 장대지 등이 있다. 먼저 포곡식산성의 문지는 남문지와 동문지가 조사되었으며, 서문지와 북문지는 확실히 밝혀지지 않았다. 남문지는 전면에 계단시설을 갖춘 주간거리 330cm의 정면 1칸, 측면 1칸으로 백제시대에 초축된 이후 통일신라시대에 들어와 동편으로 확장된 것으로 밝혀졌다. 백제시대의 적심석 규모는 110~120cm 크기로 초석을 놓지 않았고 돌쩌귀 등 문을 시설했던 흔적도 확인되지 않았다. 서측 성벽의 동단부를 1단의 석렬로 마감한 것으로 보아 동측 성벽도 이와 같았을 것으로 추정된다. 동문지는 비록 돌쩌귀가 조사되었으나 문지를 구성하는 적심이나 초석 등은 확인되지 않았다. 이는 통일신라시대에 문지를 남쪽으로 옮기고 동문지 주변을 성토하는 과정에서 파괴되었기 때문으로 이해된다. 다만 초기 판축토루 상층부를 약간 판 후 적심을 마련하고 돌쩌귀를 얹은 것으로 추정된다. 서문지는 현재 부소산성 후문 밖의 부소산 서복사지를 지나서 광장 부근의 성벽 절개지로 추정되지만 확인조사 결과 특별한 유구가 발견되지 않았다.

치성은 동벽의 중앙지점과 남문지 서편지점에서 확인되었다. 동벽 치성은 백제시대의 장대지로 추정되는 부분에서 동편으로 4~5m 간격을 두고 있다. 동쪽 길이 10.2m, 서쪽 길이 9.2m, 남쪽 너비 2.72m, 북쪽 너비 3.1m의 규모로 성벽과 연접하였는데, 석축의 축조 방식은 면마다 약간의 차이가 확인된다. 현재 2~5단 정도가 남아 있으며 최대높이는 80㎝ 정도이다. 치성의 서북 모서리부분이 장대지의 원형초석을 덮고 있는 것으로 보아 두 유구는 시간 차이를 두고 조성되었을 가능성이 있다. 남벽 치성은 토축으로 규모는 동서 길이 11m, 남북 폭 7.5m이며 북편의 체성부를 먼저 축조하였다. 통일신라시대에 들어와 동서 양단부에 석축을 보강하였는데 현재 120~160㎝ 가량 남아 있다. 이 치성은 방어용 시설인 동시에 급경사의 지형에 조성된 체성부를 보강하는 역할을 하였던 것으로 추정된다.

장대지는 동벽 치성 서편과 북문지 사비루 동편의 통일신라시대 성벽과 백제시대 성벽이 교차되는 지점에서 확인되었다. 장대지가 있는 두 지점은 부소산성의 동편과 북편을 조망하기에 좋은 위치에 해당한다. 동벽의 장대지는 남북 길이 14.3m, 동서 폭 4.7m의 규모로 성벽 바깥쪽을 따라 12개의 원형초석이 130㎝ 간격으로 남아 있으며, 성벽 서단부의 대칭되는 지점에 석축시설이 있고 그 안쪽으로 영정주공이 확인되었다. 주변에서는 각종 무기류와 기와류 등이 다량으로 출토되어 장대지일 가능성을 한층 높여 주었다. 사비루 테뫼식산성의 동편에서 확인된 장대지는 잔존

높이가 2m 정도로 유구가 심하게 파괴되어 원래 규모를 알 수 없지만 잘 다듬어진 석재를 이용하여 축조하였다. 조사 결과 통일신라시대에 장대지에 잇대어 테뫼식산성을 축조한 것으로 밝혀졌으며 북문지 서편 성벽조사에서 확인된 체성부 외측의 석축시설이 있다. 이 석축은 북편으로 4m 가량 연결되다가 동편으로 꺾인 후 다시 북편으로 연결되는데, 최고 높이는 170㎝ 정도로 체성부 외벽 석축보다 나중에 축조되었다. 이 유구에 대해 보고자는 체성부를 보호하기 위한 일종의 옹벽용 시설로 추정하였다.[10]

군창지 테뫼식산성 서편의 북문지는 잔존상태가 가장 양호하다. 동서방향의 성벽이 서로 엇갈린 형태로 동편으로 폭 4.4m 가량의 계단과 원형·방형 초석 4기가 확인되었다. 정면 1칸, 측면 2칸 규모로 문루를 두었던 것으로 여겨지며 앞서 살펴본 2차 남문지와 구조적으로 매우 유사한 점으로 볼 때 동시기에 조성된 것으로 추정된다. 그리고 이곳의 동단 지점에 통일신라시대의 치성이 조사되었다. 규모는 남북 8m, 동서 5.5m로 직사각형을 띠고 있는데 외면은 모두 석축하였으며 내부는 다짐층과 판축층으로 채워졌다. 이 치성은 위치로 보아 백제시대의 포곡식산성과 다른 동선을 보이고 있어 통일신라시대에 들어와 치성의 서편으로 성벽이 연결되었거나 혹은 기존의 백제산성과 연결되지 않고 일정한 단절구간을 두었을 가능성이 있다.

2. 變遷過程

성벽은 후대의 수축이나 개축을 통하여 많은 변화를 가지게 되며 이는

---

10) 夫餘文化財硏究所, 2000, 『扶蘇山城-發掘調査 中間報告Ⅳ』, p.28.

토성이나 석성 등과 같이 축성방법이나 재료에 관련되지 않고 공통적으로 나타나는 현상이다. 이처럼 지속적으로 보수가 이루어져야 하는 구조물인 만큼 그 상부나 내외벽의 잔존 상태만을 가지고 축성시기나 변천과정을 파악하는데는 상당한 무리가 따를 수밖에 없다. 이에 대한 방편으로 지하에 매몰된 기단부나 체성 중심부는 비교적 초축시기의 원형을 그대로 유지하기 때문에 축성방법이나 시기구분에 비교적 객관적인 요소로 결정지울 수 있다. 특히 판축토루의 경우는 목조가구시설을 기본구성요소로 삼고 있는데 이 중 영정주와 같은 목주는 구간별 축성단위를 가장 잘 보여준다고 하겠다. 즉 영정주 간격이 백제시대에는 130㎝ 내외였다가 통일신라시대로 가면서 400㎝ 정도로 넓어지는 점과 함께 성벽의 너비는 상대적으로 좁아지는 현상은 판축기법의 변천과정을 여실히 보여주는 특징이 되고 있다.

　지금까지 살펴본 판축기법의 변천과정을 단계별로 정리하면 1~3단계로 나누어진다.

　● 1단계 : 순수 판축 및 기저부 석렬 판축토루

　사질토와 점질토를 교대로 번갈아가며 두께 2~5㎝ 정도로 얇게 펴서 다져 쌓는 순수 판축 및 기저부 석렬 판축기법 단계이다. 이 단계에서는 영정주와 그에 따른 초석이나 적심시설, 영정주를 사각으로 지지하는 보조목, 영정주를 가로와 세로방향으로 이어주는 횡장목이나 종장목, 판축시 영정주 사이에 덧대어 토압을 지지하는 판목 등의 목조가구시설 흔적이 잘 남아 있어 판축방법이나 과정의 복원이 가능하다. 그 실례로 포곡식산성 동벽부의 동문지 주변 토루와 남벽부 남문지 주변토루, 사비루 서편에 위치한 포곡식산성 서벽부, 북벽부의 북문지 동편과 서편의 토루를 대표적으로 들 수 있다.

◑ 2단계 : 기단석렬 판축토루

성벽 하부에 기단석렬을 조성한 후 그 위로 1단계보다 두텁고 성긴 판축층을 형성하게 되는데 이에 따라 판축층의 단선적인 현상이 많아지게 된다. 그리고 1단계에서 뚜렷하게 나타나던 목조가구 흔적도 판축층 내에서의 관찰이 어려워지게 되며 특히 영정주의 간격은 기존의 130cm 내외에서 3배정도 늘어난 400cm 정도로 커지게 된다. 그만큼 토목기술의 발전과 변화과정을 엿볼 수 있는 단계라고 하겠다. 그 예로 군창지 테뫼식산성의 동벽부와 북벽부에 자리한 북문지 2개소 주변 토루, 사비루 테뫼식산성의 남벽부 등이 있다.

◑ 3단계 : 기단석렬 성토다짐토루

외벽 기단부를 5단 내외의 석축으로 구축한 후 내부에 사질토(석비레)와 점질토를 혼용하여 성토다짐하는 방법으로 토루를 조성하는 단계이다. 이 성토다짐토루 위에는 다시 성토층을 한겹 피복하고 있다. 군창지 테뫼식산성 북벽부와 공유벽에서 확인되었다.

이러한 변천과정을 요약하면 다음과 같다.

◑ 1단계 : 순수 판축 및 기저부 석렬 판축토루(백제 포곡식산성)
◑ 2단계 : 기단석렬 판축토루(통일신라 테뫼식산성)
◑ 3단계 : 기단석렬 성토다짐토루(고려시대~조선 전기 테뫼식산성)

IV. 맺는 말

이상과 같이 부소산성의 축성기법과 특징 그에 따른 변천과정에 대해

살펴보았다. 여기에서는 지금까지 살펴본 내용을 정리하며 맺는 말을 대신하고자 한다.

백제시대 포곡식산성은 토루가 조성될 구간에는 토사의 밀림을 막기 위한 판목을 고정하기 위해 130㎝ 내외의 간격으로 두 줄의 영정주를 열지어 세우고 그 안쪽을 점질토와 마사토를 번갈아가며 일정한 두께로 다져 올렸으며, 목주와 판목을 견고하게 고정하고 영정주 사이나 토루 내부의 힘을 받도록 하기 위해 횡장목과 종장목을 보조 재료로 사용하였다. 또 동벽과 남벽에서는 중심토루가 완성된 이후에 성 안쪽에 배수의 역할을 하는 부석시설을 마련하면서 토루 안쪽에 보강용 다짐층을 형성하였음이 확인되었다. 성 바깥쪽 역시 급경사에 따른 외부 토루의 밀림을 방지하기 위해 외부 보축이 준판축방식으로 부가되었으며 일부에서는 할석을 이용한 간단한 석축이 보강되기도 하였다. 특히 백제시대의 판축토루는 와편이나 할석 등이 전혀 포함되지 않은 정선된 흙을 이용하였다.

통일신라시대 테뫼식산성의 성벽은 기단부 석축과 기단 상면 판축토루의 구조를 이루고 있다. 즉 기단부 석축은 네모지게 다듬은 적당한 크기의 석재를 토루 외부 경사면 아래에 2~5단을 쌓는데 이는 토루를 보호하고 밀림을 방지하는 동시에 기초와 같은 기능을 하였던 것으로 판단된다. 또한 조선시대 남북방향의 테뫼식산성이 교차하는 지점의 경우에는 석축 종방향으로 400㎝ 정도의 간격으로 판축용 영정주를 세웠던 흔적이 확인되었는데 이 흔적을 기준으로 좌우의 토질이 서로 교차되는 양상으로 볼 때 토루의 공사가 단위 구간별로 이루어졌음을 추정할 수 있다. 한편 사비루 남쪽의 테뫼식산성 구간에서는 5단 내외의 석축을 쌓고 비탈진 경사면을 따라 막돌을 5m 이상 석축 안에 채워 그 상면에 판축토루를 조성하였는데 이는 판축보다는 석재에 대한 의존도가 높아진 결과로 볼 수 있다. 고려~조선시대에 걸쳐 축조된 성벽은 군창지 테뫼식산성의 공유벽이 있다. 남북 방향의 토루는 외부에 5단 정도의 석축을 쌓고 내부에 마사토와 점질토를 혼용하여 성토다짐하였으며 토루를 조성한 후에 전체를 덮는 방식으로 성벽을 축조하였다.

흔히 부소산성의 축조 선후관계는 군창지 테뫼식산성과 사비루 테뫼식산성을 먼저 쌓은 후 이를 연결하여 포곡식산성을 조성한 복합식 산성의 구조를 취하는 것으로 여겨져 왔다. 그러나 이러한 해석은 현재까지 발굴된 축성기법을 검토하여 볼 때 사비 천도 이전의 백제시대에 포곡식산성을 초축하여 활용해 오다가 일부 구간에 한해서 백제시대와 통일신라시대에 수·개축하였으며 통일신라시대에 이르러 군창지 테뫼식산성을 초축하되 남벽은 기존의 포곡식산성에 수축하는 형식을 취하여 主城으로 활용하였다. 그리고 군창지 테뫼식산성을 이분하여 지나가는 공유벽은 조선시대에 축조한 것으로 밝혀졌다. 이것은 군창지 테뫼식산성 내부의 군창지 상층유구를 비롯한 동편 건물지는 조선시대 유구인 점과 관련있는 것으로 생각된다. 또한 군창지 남서편의 수혈주거지 바닥에서 인화문 토기류가 다량 출토되고 있는 점, '大唐'銘 수막새와 다량의 중국 도자는 군창지 테뫼식산성 내에 위치하였던 당유인원기공비와 함께 포곡식산성과 테뫼식산성의 선후관계를 뒷받침하는 고고학적 자료라고 볼 수 있겠다.

참고 문헌 및 인용 문헌

- 國立文化財硏究所, 2003, 『韓國考古學事典』
- 白種伍 金炳熙 申永文, 2004, 『韓國城廓硏究論著總攬』, 서경문화사
- 夫餘文化財硏究所, 1995, 『扶蘇山城-發掘調査 中間報告』
- 夫餘文化財硏究所, 1997, 『扶蘇山城-發掘調査 中間報告 Ⅱ』
- 夫餘文化財硏究所, 1999, 『扶蘇山城-整備에 따른 緊急發掘調査』
- 夫餘文化財硏究所, 1999, 『扶蘇山城-發掘調査 中間報告 Ⅲ』
- 夫餘文化財硏究所, 2000, 『扶蘇山城-發掘調査 中間報告 Ⅳ』
- 夫餘文化財硏究所, 2003, 『扶蘇山城-發掘調査 中間報告 Ⅴ』
- 忠南大學校博物館, 1984, 『木川土城』
- 高龍圭, 2001, 「南韓地域 版築土城의 硏究」, 木浦大學校 碩士學位論文
- 金容民, 1997, 「扶蘇山城의 城壁築造技法 및 變遷에 대한 硏究」, 서울大學校 碩士學位論文
- 羅東旭, 1996, 「慶南地域의 土城硏究」, 『博物館硏究論文集』5, 釜山廣域市立博物館
- 朴淳發, 1996, 「百濟都城硏究」, 『百濟歷史再現團地 造成을 위한 調査硏究 報告書-考古美術分野 Ⅰ』
- 朴淳發, 1996, 「百濟都城의 變遷과 特徵」, 『韓國史의 理解-重山鄭德基博士華甲紀念國史學論叢』
- 白種伍, 2004, 「百濟 漢城期 山城의 現況과 特徵」, 『白山學報』69, 白山學會
- 成周鐸, 1982, 「百濟 泗沘都城 硏究」, 『百濟硏究』13, 忠南大學校 百濟硏究所
- 成周鐸, 1993, 「百濟 泗沘都城再淳」, 『國史館論叢』4, 國史編纂委員會

- 成周鐸, 1997, 「百濟 泗沘都城三淳」, 『百濟研究』27, 忠南大學校 百濟研究所

- 申熙權, 2001, 「風納土城의 築造技法과 性格에 대하여」, 『風納土城의 發掘과 그 成果』, 한밭大學校 鄉土文化研究所

- 沈正輔, 1996, 「百濟 泗沘都城의 城郭築造時期에 대한 考察」, 『考古歷史學誌』11 · 12, 東亞大學校博物館

- 沈正輔, 1996, 「百濟山城研究」, 『百濟歷史再現團地 造成을 위한 調査研究 報告書-考古美術分野 I』

- 沈正輔, 2000, 「百濟 泗沘都城의 築造時期에 대하여」, 『사비도성과 백제의 성곽』, 국립부여문화재연구소

- 呂洪基, 1994, 「扶蘇山城 築城段階의 部分的 分析」, '94文化財研究所 學術研究發表資料

- 尹武炳, 1982, 「扶蘇山城 城壁調査」, 『韓國考古學』13, 韓國考古學會

- 車勇杰, 1988, 「百濟의 築城技法」, 『百濟研究』19, 忠南大學校 百濟研究所

- 車勇杰, 1996, 「百濟城郭의 比較研究試論」, 『百濟論叢』5, 百濟文化開發研究院

- 崔孟埴, 1996, 「百濟 版築工法에 관한 研究」, 『碩晤尹容鎭敎授停年退任記念論叢』

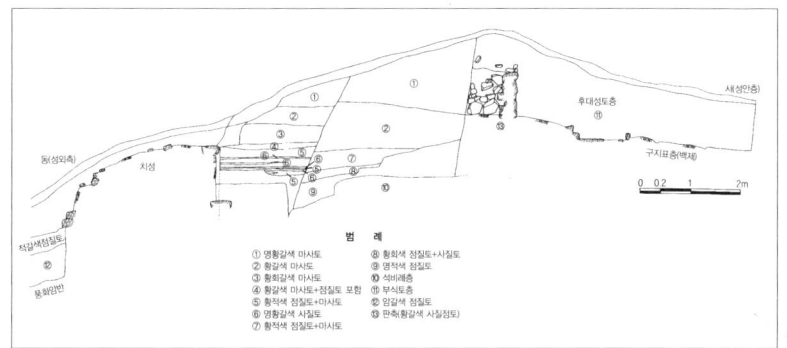

범 례

① 명황갈색 마사토
② 황갈색 마사토
③ 황회색 마사토
④ 황갈색 마사토+점질토 모함
⑤ 황적색 점질토+마사토
⑥ 명황갈색 사질토
⑦ 황적색 점질토+마사토
⑧ 황회색 점질토+사질토
⑨ 명적색 점질토
⑩ 석비레층
⑪ 부식토층
⑫ 암갈색 점질토
⑬ 판축황갈색 사질점토)

도면3. 포곡식산성 동벽 치성 및 토루 횡단면·토층도

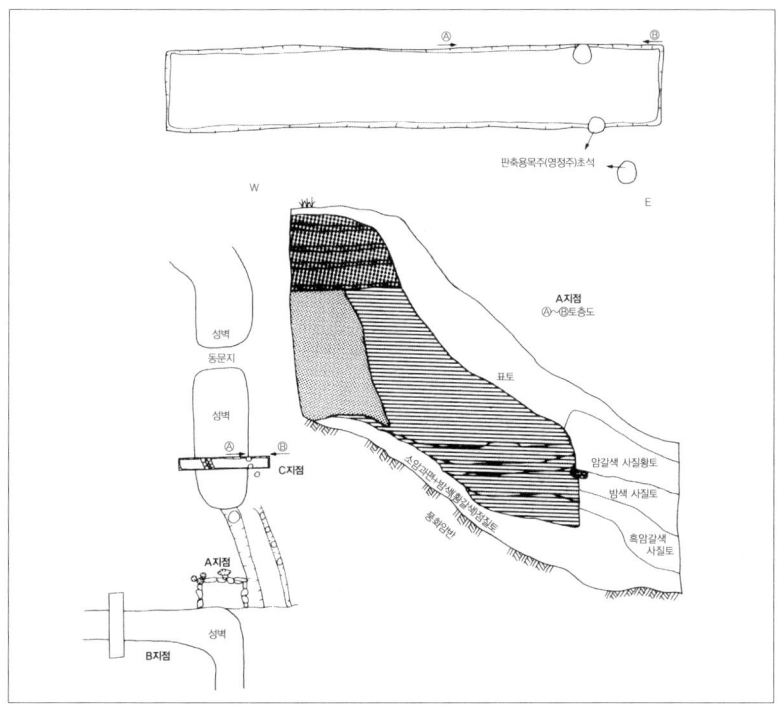

도면4. 포곡식산성 동벽 트렌치 평면도 및 토층도

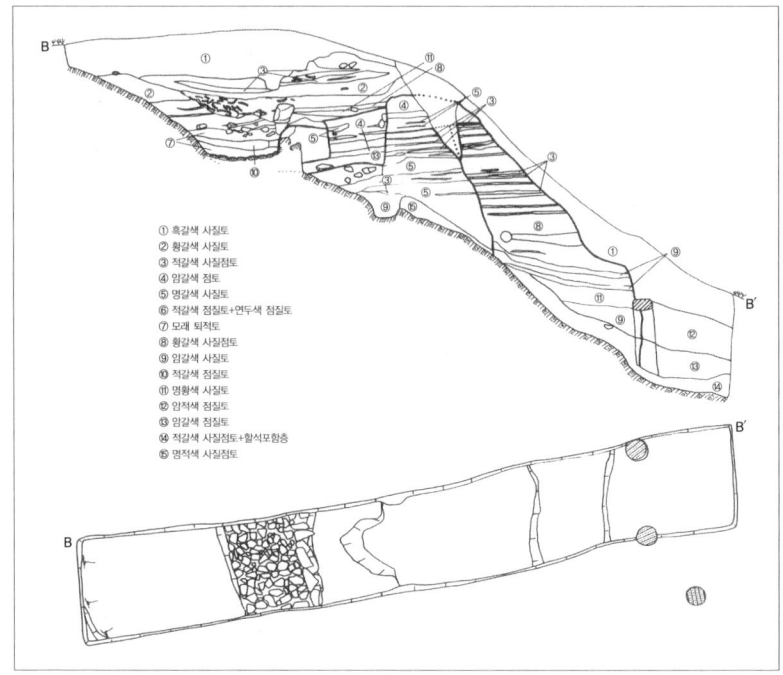

① 흑갈색 사질토
② 황갈색 사질토
③ 적갈색 사질점토
④ 암갈색 점토
⑤ 명갈색 사질토
⑥ 적갈색 점질토+연두색 점질토
⑦ 모래 퇴적토
⑧ 황갈색 사질점토
⑨ 암갈색 사질토
⑩ 적갈색 점질토
⑪ 명황색 사질토
⑫ 암적색 점질토
⑬ 암갈색 점질토
⑭ 적갈색 사질점토+할석포함층
⑮ 명적색 사질점토

도면5. 포곡식산성 남벽 평면·토층도

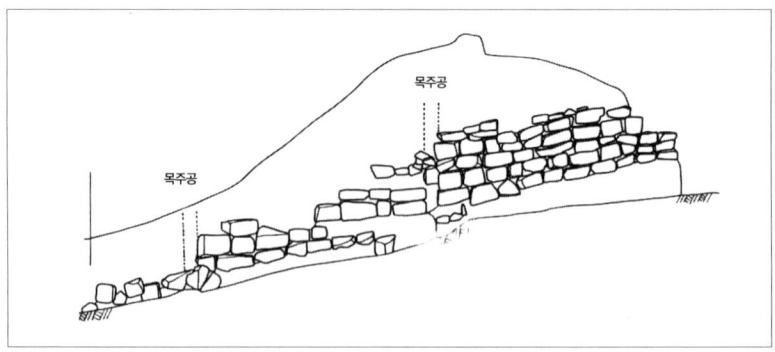

도면6. 포곡식산성 남벽 통일신라 보축 성벽 입면도

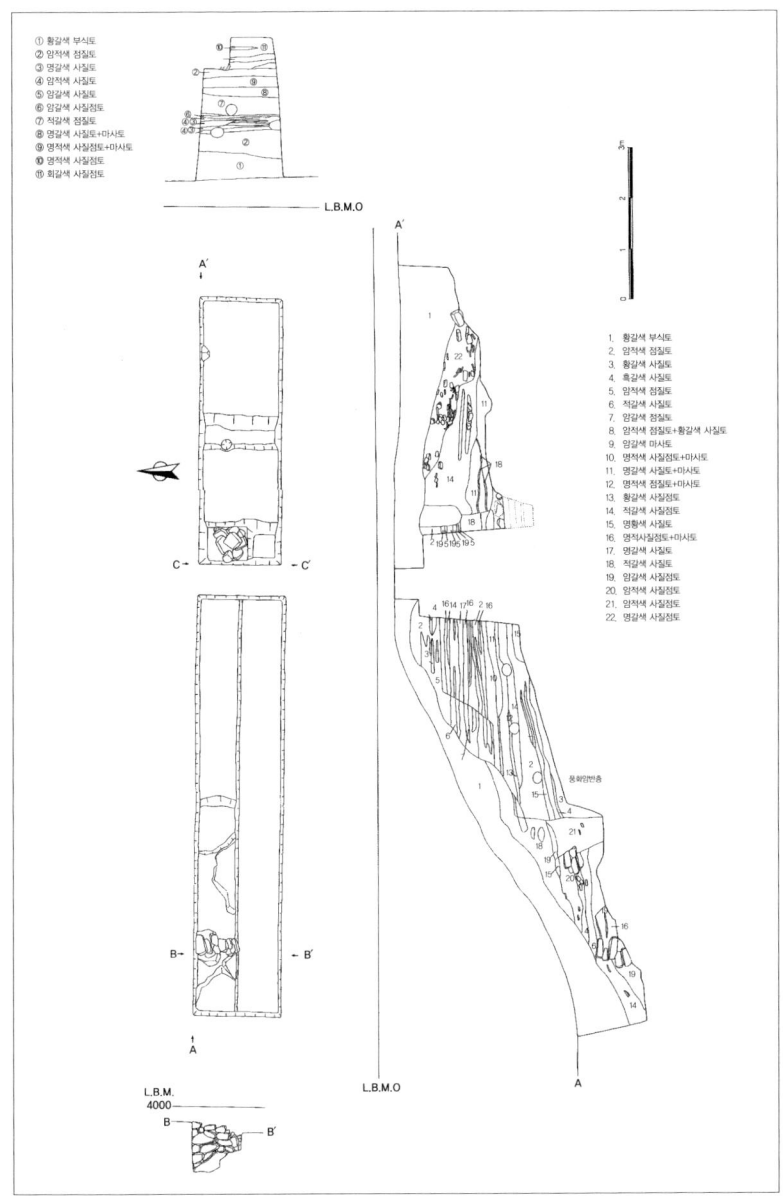

① 황갈색 부식토
② 암적색 점질토
③ 명갈색 사질토
④ 암적색 사질토
⑤ 암갈색 사질토
⑥ 암갈색 사질점토
⑦ 적색 점질토
⑧ 명갈색 사질토+마사토
⑨ 명적색 사질점토+마사토
⑩ 명적색 사질점토
⑪ 회갈색 사질점토

L.B.M.O

1. 황갈색 부식토
2. 암적색 점질토
3. 황갈색 사질토
4. 흑갈색 사질토
5. 암적색 점질토
6. 적갈색 사질토
7. 암갈색 점질토
8. 암갈색 점질토+황갈색 사질토
9. 암갈색 마사토
10. 명적색 사질점토+마사토
11. 명갈색 사질토+마사토
12. 명적색 점질토+마사토
13. 황갈색 사질점토
14. 적갈색 사질점토
15. 명황색 사질토
16. 암적사질점토+마사토
17. 명갈색 사질토
18. 적갈색 사질토
19. 암적색 사질점토
20. 암적색 사질점토
21. 암적색 사질점토
22. 명갈색 사질점토

L.B.M.
4000

L.B.M.O

도면7. 포곡식산성 서벽 평·입면도 및 토층도

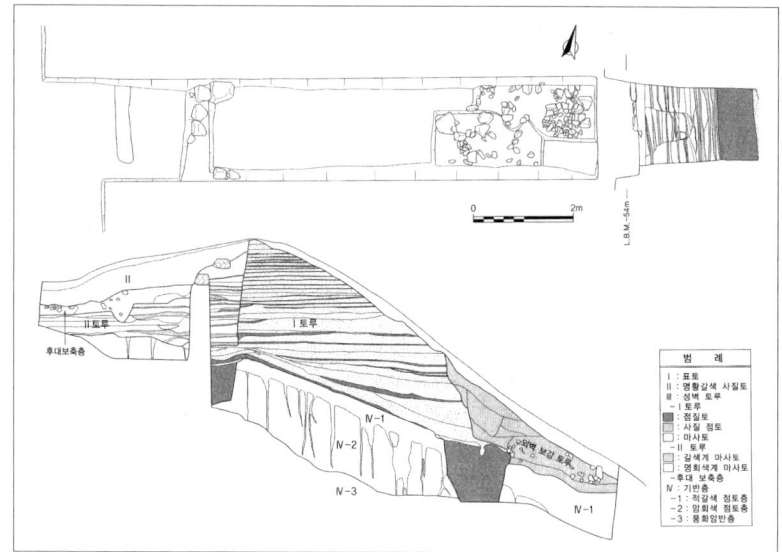

도면8. 포곡식산성 북벽 토층도

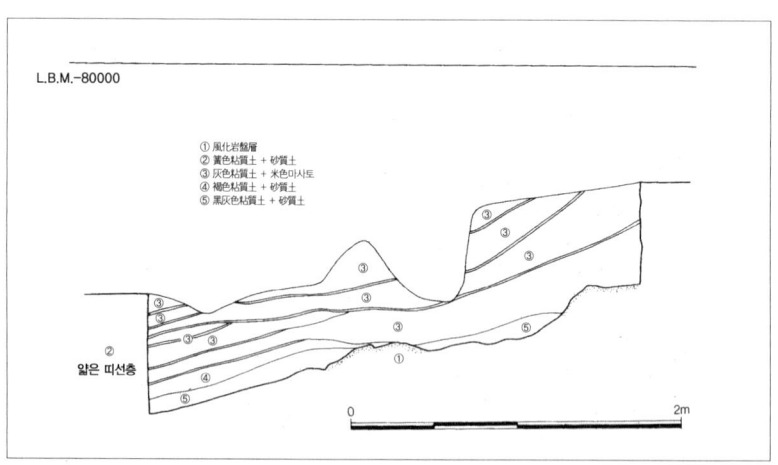

도면9. 포곡식산성 북벽 토루 토층도

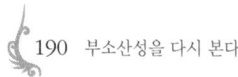

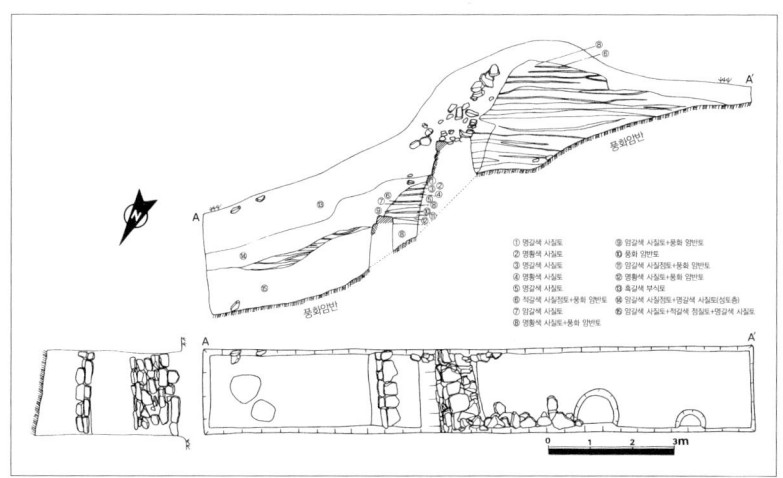

도면10. 군창지 테뫼식산성 동벽 입·평면도 및 토층도

① 명갈색 사질토　　⑨ 암갈색 사질토+풍화 암반토
② 명황색 사질토　　⑩ 풍화 암반토
③ 명갈색 사질토　　⑪ 암갈색 사질점토+풍화 암반토
④ 명황색 사질토　　⑫ 암갈색 사질토+명갈색 사질토(성토)
⑤ 영갈색 사질토　　⑬ 흑갈색 부식토
⑥ 적갈색 사질점토+풍화 암반토　⑭ 암갈색 사질토+명갈색 사질토(성토층)
⑦ 암갈색 사질토　　⑮ 암갈색 사질토+적갈색 점질토+명갈색 사질토
⑧ 명황색 사질토+풍화 암반토

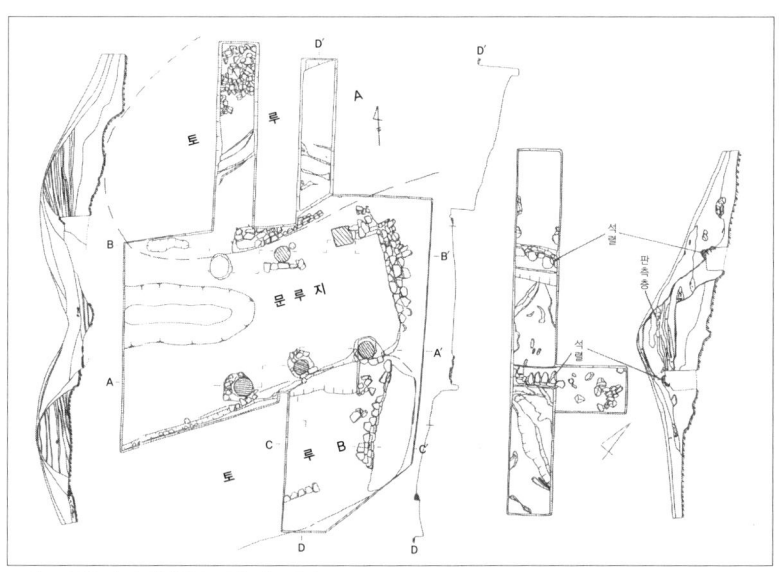

도면11. 군창지 테뫼식산성 서벽 평·단면도

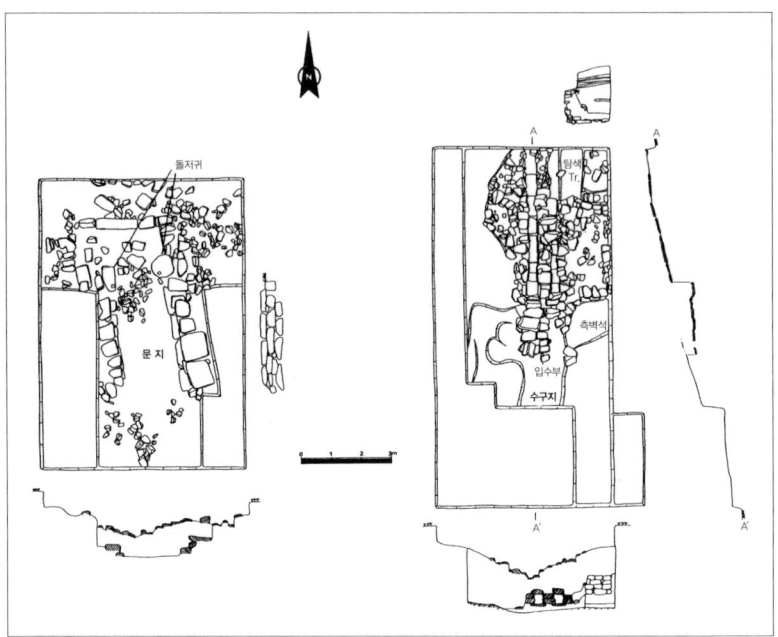

도면12. 군창지 테뫼식산성 북벽 평·단면도

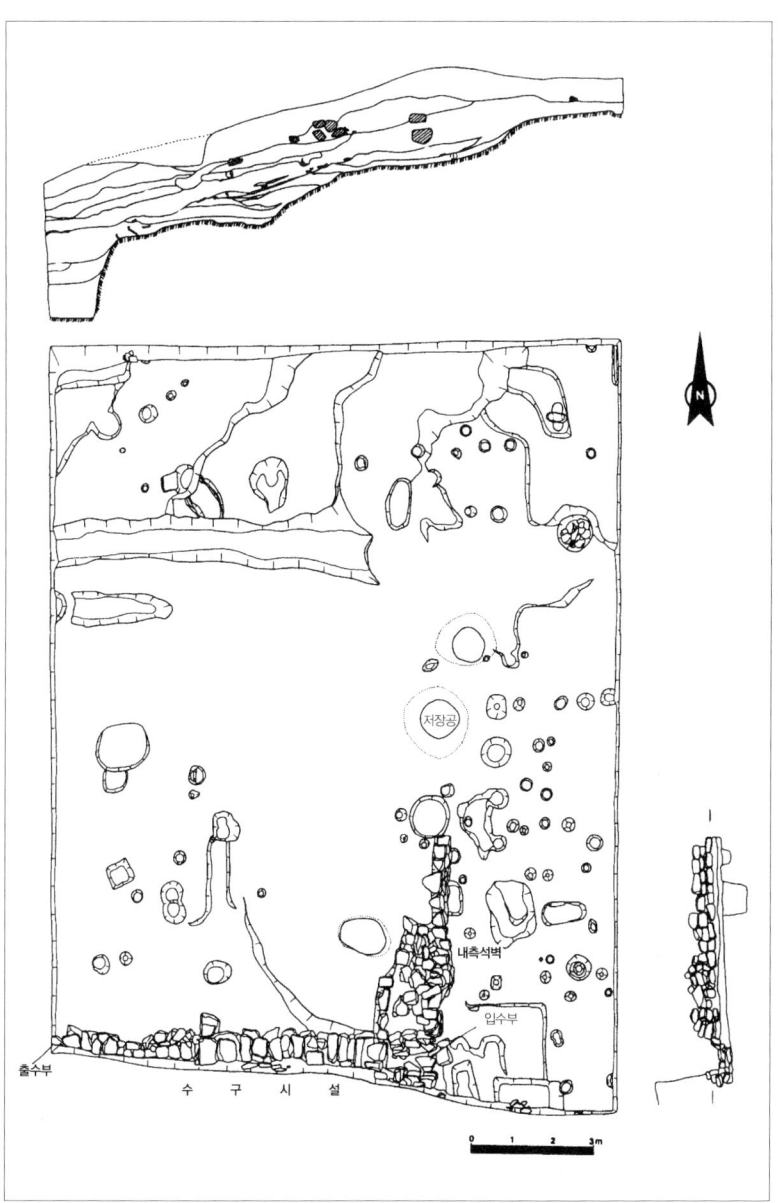

저장공

내측석벽

입수부

출수부

수 구 시 설

0 1 2 3m

도면13. 군창지 테뫼식산성 공유벽 평·단면도

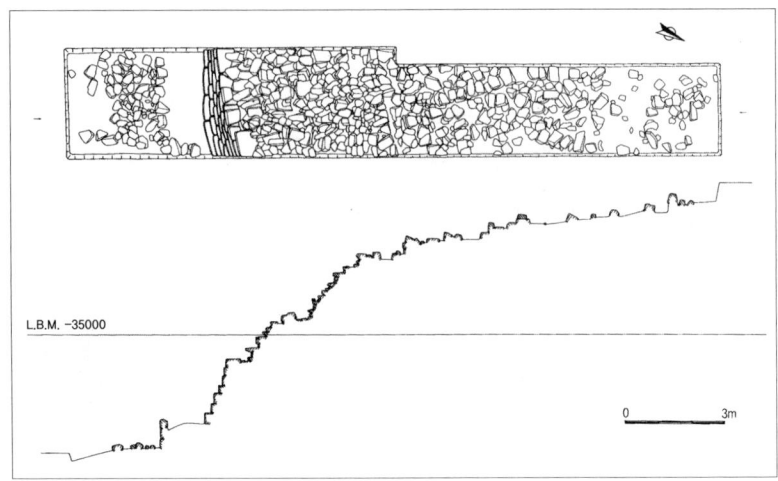

도면14. 군창지 테뫼식산성 동벽 평·단면도

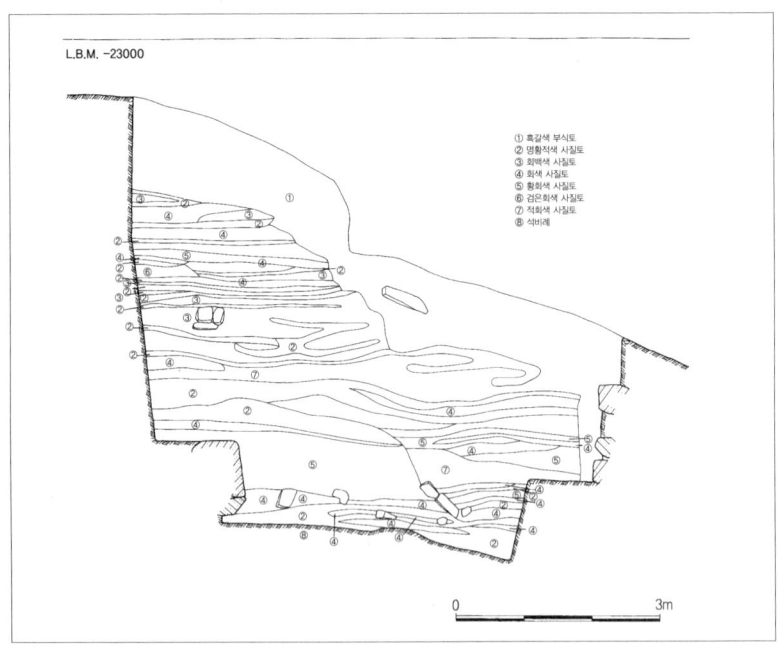

L.B.M. -23000

① 흑갈색 부식토
② 명황적색 사질토
③ 회색 사질토
④ 회색 사질토
⑤ 황회색 사질토
⑥ 검은회색 사질토
⑦ 적회색 사질토
⑧ 석비레

도면15. 사비루 테뫼식산성 남벽구간 판축토루 토층도

부소산성의 건축양식과 구조

이 왕 기 (목원대학교 건축학부 교수)

 **목 차**

Ⅰ. 부소산의 역사경관과 건축

부소산은 백제의 가장 중요한 역사경관요소이다. 부소산에는 백제가 사비로 천도하면서 산성을 쌓고 유사 시를 대비하였던 곳이다. 부소산은 도성과 인접해 있었기 때문에 산성을 비롯한 많은 인공건조물이 건립되었다. 백제시기에 지어진 건조물은 대부분 사라지고 없지만 산성유적은 지금까지 그 명맥을 유지해 오고 있다. 비록 산성의 기능은 퇴화되었지만

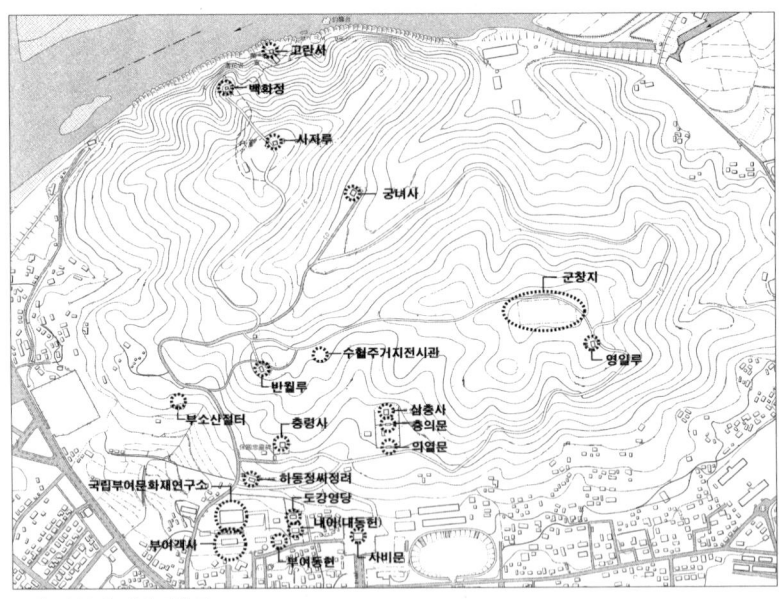

그림1. 부소산 내의 건축물

역사경관으로써 부소산성은 그 무엇보다 중요한 가치를 지니고 있는 것이다.

부소산에는 현존하는 건축유형으로 관아건축, 사찰건축, 사묘건축, 루정건축, 기타 현대건축물이 있다. 관아건축으로는 부여동헌, 내아(내동헌), 객사가 있고, 사찰건축으로는 백제절터, 고란사가 있다. 사묘로는 삼충사, 궁녀사, 도강영당, 충령사, 하동정씨정려가 있고, 루정건축으로는 영일루, 사자루, 반월루, 백화정, 사비문이 있고, 이밖에 근현대 건축물로 국립부여문화재연구소(구 국립부여박물관), 매표소, 간이휴게소, 매점 등이 있다. 부소산성 내에는 백제시대 이래 수많은 건축물이 있었으나 모두 없어지고 남아 있는 것으로 가장 오래된 것은 조선시대의 관아건물이며, 이를 비롯한 몇 개의 건물이 남아 있다. 일제강점기를 거치면서 현대에 들어와 지속적으로 건물이 이건되거나 신축되면서 현재와 같은 많은 건물이 들어서게 되었다.

부소산성은 멸망한 백제의 역사와 함께 백제의 상징성을 지니고 있는 곳으로 일제강점기 때부터 관광자원으로 활용되기 시작하였다. 최근 부소산성 내에는 휴게소, 화장실, 유적보호각 등 현대화된 관광편의시설이 들어서게 되었고, 문화재 안내판을 비롯한 각종 환경조형물이 세워지면서 경관의 변화가 나타나게 되었다. 부소산이 역사경관으로써 의미와 가치를 지속하기 위한 해법이 필요한 때다. 현존하는 건축물의 유형과 그 건축물의 구조, 양식을 고찰하는 것은 부소산의 역사적 가치와 그 가치를 극대화하기 위한 해법을 찾는 기본적인 요구이다.

II. 부소산의 건축물

1. 부여현 관아건축

1) 연혁

기록에 의하면 조선시대 부여현 관아로 동헌을 비롯하여 아사(衙舍), 군기고, 향청(鄕廳), 작청(作廳), 형청(刑廳), 현사(縣司)와 객사가 있었고, 동헌과 객사 앞에는 삼문이 설치되어 있었다. 이밖에 관아 주변에는 신당(神堂), 옥사 등이 있었다.

부여는 조선시대 말기 현내면이라는 이름으로 관북 등 13개리를 두고 관할하다가 일제강점기 때인 1914년 행정구역을 개편하면서 공주군 일부, 석성군 북면 일부를 병합하여 지역의 면적을 확대하였다.

1917년 4월 1일 현내면의 명칭을 부여면으로 개칭하고 현 동헌일대의 관아건물을 그대로 면청사로 사용했다.

동헌과 객사는 고종 6년(1869)에 새로 지은 건물이다. 그 전에 이미 오래된 건물이 있었으나 낡아 새로 지은 것으로 보인다. 따라서 현재의 동헌과 객사는 조선 말기의 구조와 양식을 하고 있다.

동헌은 그 후 등기소, 부여신궁조영사무소 등으로 사용되었다가 해방 후에는 민간인에게 매각되는 바람에 원래의 모습이 많이 변형되었다. 그 후 1975년 부여박물관 부지확장계획에 의하여 박물관에 편입되어 관리되어 오다가 1985년 원래의 모습으로 복원되었다. 초연당(超然堂), 제민헌(濟民軒)이라는 당호(堂號)가 붙어있다.

객사 역시 고종 6년(1869)에 동헌과 함께 건립되었으며 21년 후인 고종 18년 건물이 낡자 당시 현감인 윤후가 주도하여 1881년 새로 중수하였다. 일제강점기에 들어와 보통학교 교사로 사용되다가 1929년 부여고적보존회가 구성되면서 보존회 진열관으로 사용되기도 했다. 그 후 1939년 조선 통독부 박물관 부여분관이 설치되면서 부여박물관으로 사용되기도 했다. 해방 이후 국립박물관 부여분관으로 개편되면서 1971년 새로운 박물관으로 옮기기 전까지 박물관으로 사용되었다.

사진1. 일제시 부여 동헌(자료 : 윤준웅, 사진으로 본 부여의 백년)

1982년 충남유형문화재 제96호로 지정하고 부분적으로 보수해 오다가 1989년 대대적인 보수를 거쳐 오늘에 이르게 되었다.

도강영당 강당은 부여관아의 내아(내동헌)로 사용되었던 건물로 조선 말기에 동헌과 함께 건립된 것으로 보인다. 해방 후 적산가옥을 도강영당 모현계(慕賢契)가 매수 수리하였다. 그 후 1971년 이 건물 후면에 도강영당이 건립되면서 영당의 부속건물로 활용되기 시작하였다.

도강영당은 1971년 허목, 홍가신, 채재공 3인의 영정을 봉안하기 위하여 건립하였다. 도강영당이 관아터에 자리 잡고 있어 전체적인 배치구조가 어색하게 되었다. 도강영당의 구조와 양식에 대해서는 사묘편에서 상세하게 언급하도록 하겠다.

2) 관아 건물의 유형과 기능

조선시대 지방관아에는 수많은 기능의 건물이 있었다. 부여현에도 많은 관아건물이 있었으나 고을 규모가 그리 크지 않아 다른 고을과 같이 건물이 많지는 않았다. 『여지도서』에 의하면 부여현청의 건물규모가 상세히 기록되어 있다. 당시의 건물규모를 보면 객사 22칸, 아사(衙舍) 51칸, 군기고 10칸, 향청(鄕廳) 10칸, 작청(作廳) 14칸, 현사(縣司) 4칸 등이다. 이 중 동헌, 내아, 향청 등을 비롯한 몇 개의 건물은 반드시 설치되어야 하며 이러한 각 건물의 기능은 지역마다 다양한 이름이 쓰여지기는 했다. 일반 적으로 관아건물의 이름과 기능은 다음과 같다.

- 동헌(東軒) – 수령의 집무처. 부여에서와 같이 초연당(超然堂), 제민헌 (濟民軒)과 같은 별도의 명칭을 붙이는 경우도 있다.
- 내아(內衙) – 내동헌이라고도 하며 수령의 가족들이 생활하는 곳이 다. 부여에는 지금도 남아 있다.
- 책방(冊房) – 아사(衙舍) 별실의 하나로 부사의 비서업무를 맡은 책방 이 거처하던 곳이며, 고을 원의 자제들이 독서하는 곳이 기도 하다. 책방은 관제에는 없으나 부사가 사사로이 임 명하여 자제들의 교육과 비서사무를 맡겼다.
- 향청(鄕廳) – 좌수(座首, 별감(別監)의 집무소
- 읍사(邑司) – 육방(六房)의 수석인 호장(戶長)의 집무소. 일반적으로 주사(州司), 부사(府司), 군사(郡司), 현사(縣司)의 통칭이 다.
- 작청(作廳) – 이서(吏胥)들의 집무처로 인리청(人吏廳), 이청(吏廳), 성 청(星廳), 길청, 연청이라고 함
- 서원청(書員廳) – 원래 입추(立秋)에 설치되는 임시기구였으나 나중에 상설기구로 되었다.
- 통인청(通印廳) – 통인의 집합소. 지인청(知印廳), 소성청(小星廳)이라 고도 부른다.
- 형리청(刑吏廳) – 죄인을 다루는 형리들의 집무소
- 공수청(公須廳) – 관아에서 쓰는 경비를 회계하는 곳

- 전제청(田制廳) - 각종 토지에 관한 사무를 집행하던 곳
- 공방청(工房廳) - 관아에서 사용하는 각종 용구나 자재를 만드는 곳. 필요에 따라 설치한다.
- 관청(官廳) - 관아에서 필요한 각종 물품을 공급하는 곳
- 군관청(軍官廳) - 고을의 군기관리와 군병의 소집, 조련 등 병무를 주관하며 속오군(束伍軍)과 함께 지역방위 임무를 수행하기 위한 군관(장교)들의 집무소
- 토포청(討捕廳) - 도적이나 범죄자를 잡아들이는 소임을 맡은 별포군의 근무처
- 장관청(將官廳) - 속오군을 지휘하기 위하여 파견된 별장, 천총, 파총, 중군 등과 같은 장관들이 군무를 집행하던 관청
- 기패관청(旗牌官廳) - 속오군에 소속된 기패관(현 소대장급)과 소관(현 중대장급)이 기거하고 번을 드는 곳
- 교련청(敎鍊廳) - 일반 군관의 집합소
- 도훈도방(都訓導房) - 사령관리소
- 장방(長房) - 사령대기소
- 사령청(使令廳) - 조례, 나장, 문졸, 일수, 군노 등을 사령이라 하며 이들의 집합소
- 관노청(官奴廳) - 관노비의 집합소
- 군뇌청(軍牢廳) - 하급군인의 집합소. 사령청과 비슷하다.
- 훈련청(訓練廳) - 군사를 조련시키던 곳
- 무학당(武學堂) - 군교가 강무(講武)하던 곳
- 약방(藥房) - 관아에 소속된 의생(醫生)이 업무를 보던 곳
- 교방(敎坊) - 관기들이 머무르던 곳
- 형옥(刑獄) - 감옥

- 사창(社倉) - 세금으로 거두어 보관하던 양곡창고를 관리하던 관청. 이밖에 창고로 호적고, 상평고, 진휼고, 균역고, 혜민고, 군기고, 관청고 등이 있다.
- 군기고(軍器庫) - 군기를 관리 출납하고 병기의 재료를 징발하여 제조하고 중앙의 군영과 지방의 진과 순영에 상납하는 창고 관리기관
- 관청고(官廳庫) - 고을의 관수품과 진상하는 공물을 보관하는 창고. 관아 소속 창고가 많지 않을 때는 호적고로 함께 사용되기도 한다.
- 대동고(大同庫) - 대동법이 실시된 이후에 설치된 창고

이 중 남아 있는 건물로는 부여동헌, 내아(내동헌), 객사뿐이다.

3) 입지환경

부소산의 남쪽 능선 아래 구릉을 정지하여 부지를 확보하였다. 남으로 부여시가지가 형성되고 북쪽은 부소산이 배산을 이루고 있다. 동서로는 북고남저의 경사지가 이어지면서 부여 시가지가 조망되는 높은 지대여서 백제의 도성시기에는 국가의 중요한 시설물이 건립되었을 것으로 보인다.

이 지역 동쪽 편으로는 부소산성 입구와 주차장을 비롯하여 부소산성 정문인 사비문이 자리 잡고 있으며, 서쪽으로는 부소산성 후문이 있고, 구두래 나루터로 이어지면서 멀리 백마강이 조망되는 입지조건이다. 동헌이 자리 잡고 있는 이 일대는 백제 사비시대 왕궁이 있었을 것으로 추정되는 곳이며, 동쪽 편 부여여고 교정에 백제의 어정으로 추정되는 우물이 남아 있고, 인근 동쪽에는 왕궁시설물로 보이는 축대, 건물터, 연못 등이 발견되었다. 동헌 서쪽 편에도 건물터, 지하창고 시설 등이 발견되어

동헌 일대가 백제의 중요한 왕궁시설이 있었음을 추정케 해주고 있다.

4) 배치현황

　조선기대에 제작된 부여현 구도(舊圖)를 보면 그 당시 관아 내의 건물 배치가 비교적 잘 나타나 있다. 동헌을 중심으로 동편으로는 내아(내동헌), 서편으로는 객사가 자리 잡고 있으며 이밖에 이속들이 거쳐하던 통인청(지인청)과 관노들이 있었던 급창청이 있다. 동헌 뒤편에는 관사에 해당하는 내아와 고을 원의 비서사무를 담당하던 청원당이라 부르던 책방이 위치하고 있다. 객사 전면에 있는 삼문 앞에는 홍문이 세워져 있으며 그 옆으로 이속이 집무를 하던 작청과 그리고 옥이 있었다. 객사와 동헌 사이에는 행형을 담당하였던 형청과 병기를 보관하는 군기고, 그 뒤로 화약고가 배치되어 있었다. 동헌 정면에는 장청과 사령청이 있으며 그 앞으로 세청과 향청이 있었다.

　당시 건물로는 동헌, 객사, 내아(도강영당 강당)가 현재 남아 있고, 나중에 새로 건립한 구 국립부여박물관(현 국립부여문화재연구소)과 정문 및 수위실, 도강영당과 삼문, 국립부여문화재연구소 부속건물 등이 남아 있다.

　배치를 보면 국립부여문화재연구소 정문이 남쪽에 자리 잡고 있으며 이 문을 들어서면 동쪽으로 동헌이 자리 잡고 있으며, 서쪽으로 객사가 자리 잡고 있다. 동헌의 동쪽으로는 약간 뒤로 치우쳐 내아(현 도강영당 강당)가 위치해 있다. 강당 앞쪽에는 솟을삼문이 있고, 강당 뒤로는 구릉을 올라가 담으로 둘러싸인 도강영당이 배치되어 있다. 도강영당 후면에는 나중에 주택으로 지었던 기와집이 배치되어 있다. 객사 후면에는 한단 높은 대지에 1971년 완공된 국립부여박물관(현 국립부여문화재연구소)이 배치되어 있다.

동헌, 객사, 내아 등 모든 관아건물은 남쪽으로 바라보고 배치하고 있으며, 나중에 건립된 건물 역시 기존 건물과 같은 방향으로 배치되었다. 이러한 배치는 북고남저인 지형조건에 적응하기 위한 배려라고 할 수 있다.

5) 건축구조 및 양식

(1) 동헌

정면 5칸, 측면 2칸이고, 1고주 5량집에 홑처마 팔작지붕이며, 남향으로 배치하고 있다. 평면에서 서측 3칸통은 대청마루이고 동측 2칸은 4개의 작은 온돌방으로 꾸며졌다. 온돌방 남쪽 정면에는 툇마루가 있고 이 툇마루는 대청과 이어지도록 하였다. 구조적으로 대청 앞쪽도 퇴칸이지만 기둥 위치가 대청쪽과 온돌쪽 열이 다르게 배열되어 특이하다. 아마 대청의 기둥열에 맞추면 온돌방이 작아지고, 온돌방 기둥열에 맞추면 대청 대들보 길이가 너무 길어져서 이렇게 기둥열이 된 것으로 보인다.

기단은 잘 다듬은 장대석을 사용하여 외벌대로 만들었는데 심지어 어떤 것은 넓은 판석과 같은 것도 사용되었다. 초석은 건물규모나 조형에 맞지 않을 정도로 크고 견실한 것을 사용하였다. 이 초석은 주변에서 구해온 것으로 백제 때 사용되었던 초석이었을 것으로 추정된다. 초석모양과 크기도 일정치 않은 방형, 원형 등이 혼용되고 있다.

기둥은 8치각(24cm×24cm) 방형기둥을 세웠다. 기둥머리에서는 공포를 짜올리지 않고 일반 양반살림집 구조와 같은 간결한 민도리집 구조이다. 지붕틀은 고주를 세우고 고주와 후면 외진주 사이에 대량을 걸고 동자기둥을 세운 다음 종보를 올렸다. 종보 위에는 사다리모양의 판대공을 세우고 종도리를 올렸다. 고주와 정면 외진주 사이에는 퇴량을 걸었는데 퇴량의 단면은 대들보에 비해 약한 것을 사용하였다. 대청마루의 서측 대들보

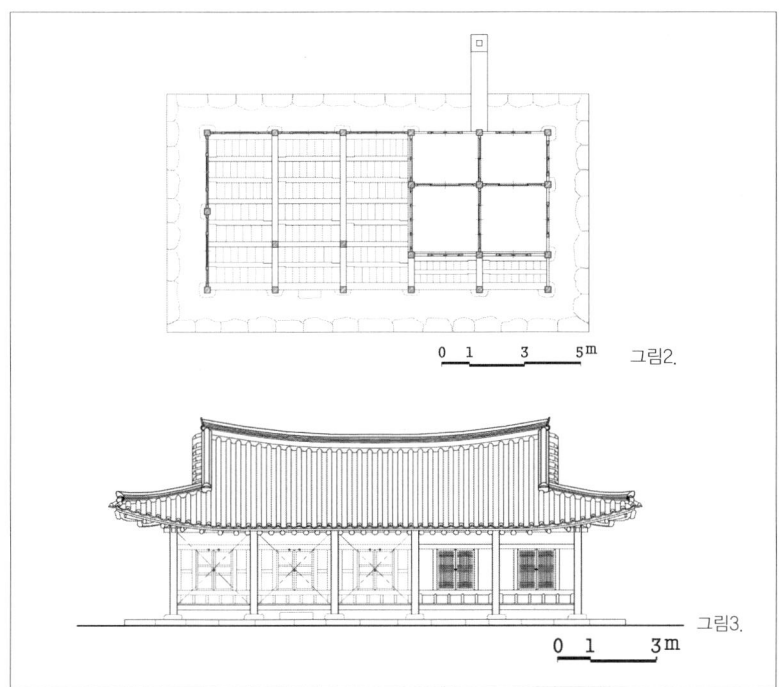

그림2. 부여동헌 평면도 / 그림3. 부여동헌 정면도

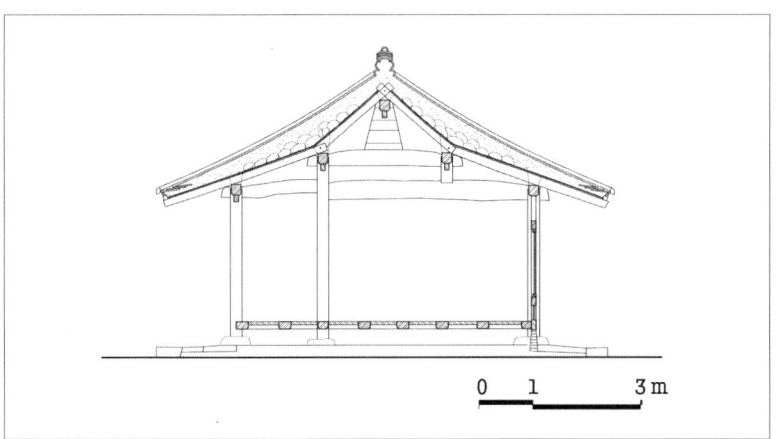

그림4. 부여동헌 종단면도

사진2. 부여동헌 전경

사진3. 부여동헌 초석

중심에서는 충량을 측면 합각방향
으로 걸어두었다. 동헌과 같은 팔
작지붕의 경우 천정을 연등천정으
로 하면 서까래가 노출되면서 선
자서까래가 모이는 부분의 모양이
매우 어색해진다. 따라서 선자서

사진4. 부여동헌 지붕틀 구조

까래가 모이는 부분에는 작게 우물천정을 설치하여 그러한 모습을 자연
스럽게 감추게 하는 기법을 쓰는데 동헌에서는 모서리부분에 천정을 하
지 않고 모든 서까래를 노출시킨 연등천정으로 하였다. 서까래는 장연과
단연으로 나누어 설치하고 단청을 생략했다. 마루바닥은 우물마루로 꾸
몄다.

창호는 대청 정면은 설치하지 않고 동측면과 북측면에 모두 골판분합문
을 설치하였다. 동측의 온돌방 외부로는 모두 세살문을 달았는데 대청쪽
으로는 4분합문들어열개와 분합문들어열개를, 정면에는 하부에 머름청판
을 설치한 세살분합문을 설치해 두었다.

일제강점기 당시의 자료를 보면 기단은 현재와 달리 기단 앞이 낮아 자
연석과 장대석 등으로 축대를 만들어 둔 것을 알 수 있다. 기단은 현재와
같이 외벌대였던 것으로 보인다. 건물은 지붕을 제외하고 외벽과 창호를

일본식으로 개수하였는데 어칸 정면에 현관을 만들어 두고 창호는 외부로 모두 유리창을 달아둔 것을 알 수 있다.

(2) 내아

원래 이 건물은 부여현 관아의 내아(내동헌)였으나 도강영당(道江影堂)이 건립되면서 영당의 강당으로 사용되었다. 정면 5칸, 측면 2칸의 1고주 5량집으로 홑처마팔작지붕이다. 평면의 가운데 3칸통은 대청마루를 두고 그 좌우에 하나씩 온돌방을 두어 중심축을 두고 좌우대칭적인 평면형태가 되었다. 3칸의 대청 정면에는 툇마루를 두고 이 툇마루를 통해 좌우 온돌방의 동선이 연결되도록 했다. 좌우 온돌방 측면으로는 측면 길이에 맞춰 각각 2자 폭으로 쪽마루를 설치해 두었다. 이 건물은 부여현감이 내 실생활을 하는 살림처소였기 때문에 일반 반가모양을 하고 있다. 따라서 창호가 동헌에 비해 많이 설치되어 있다.

기단은 자연석 허튼층쌓기를 약 2자 반 높이로 하고 그 위에 초석을 설치했다. 지반이 경사지여서 전면의 기단 높이가 후면에 비해 높다. 기단의 측면과 후면은 시멘트를 바르고 바닥도 역시 시멘트로 마감해 두었다. 초석은 백제 때의 것으로 보이는 방형, 원형을 혼용하고 있는데 규모가 크고 어떤 것은 연화문이 조각되어 있는 것도 있다. 기단 주변에는 백제

사진6. 내아 주변의 석재

사진7. 내아 기둥 상부구조

시기의 것으로 보이는 초석유구가 산재해 있다.

기둥은 초석 크기에 비해 훨씬 작은 7치각 방주를 사용하였다. 기둥머리에서는 장여와 주심도리를 기둥 사이에 끼우고 퇴보를 얹어 간결하게 엮은 민도리집 구조

사진5. 부여현 내아(내동헌)

이다. 지붕틀은 후면 외진주와 내고주 사이에 대들보를 걸고 그 위에 종보를 올린 1고주 5량집 구조이다. 종보 위에는 사다리모양의 대공을 세우고 종도리를 걸어 서까래를 설치하였다.

(3) 객사

사회가 조직화되면서 관아시설은 다양하게 일어나는 인간행위를 기능적으로 처리하도록 변화되어 갔다. 국가 간, 국가와 지방 간의 인적 교류는 다양한 형태의 사신이라는 직책이 나타나게 되었고, 사신과 같은 객사(客使)가 임시로 머물 수 있는 숙박시설도 관아시설에서 없어서는 안될 중요한 A설 중 하나가 되었다. 뿐만 아니라 중앙의 관리가 지방으로 갈 경우 임시거처가 필요하고 이러한 임시거처를 위한 숙박시설이 객사(客舍)라는 건물형태로 자리잡게 되었다. 조선시대 객사의 기능은 두 가지다. 첫째는 객사의 주사(主舍)에 전패(殿牌)·궐패(闕牌)를 모셔두고 그 고을의 수령이 새로 부임해 왔을 때, 또 초하루, 보름 한 달에 두 번씩 향궐망배(向闕望拜)함으로서 임금을 지척에 모신 듯 충성과 목민관으로서의 소임을 다하는 것이다. 두 번째는 중앙에서 파견된, 또는 여행을 하게 된 관료객들의 숙박을 위한 것으로 주사(主舍)의 좌우 익사(翼舍)에 설치된 온돌방이 이를 전담하게 되는 것이다.[1] 따라서 객사의 위치는 고을의 중

요한 위치, 관아와 가까운 중심부에 별도로 배치해 두었다.

부여객사는 동헌과 함께 조선 고종 6년(1869)에 중수되었다. 일제강점기 때 잠시 보통학교가 교사로 사용되다가 부여고적보존회 진열실, 총독부박물관 부여분관 진열실 등으로 이용되었고 해방 후에는 부여박물관 유물전시실로 1971년까지 사용되어 오다가 1989년 현재의 모습대로 복원되었다. 객사에는 부풍관(扶風館)이라는 편액이 걸려있다. 객사는 3개의 건물이 나란히 이어지면서 마치 하나의 건물과 같이 보이는 건축양식이다. 가운데 건물은 마치 솟을지붕과 같이 지붕을 높이고 그 좌우에 낮은 건물을 세워둔다. 가운데 건물을 흔히 중당(中堂), 좌우의 건물을 익실(翼室)이라고 한다.

중당은 정면 3칸, 측면 3칸으로 2고주 5량집 겹처마 맞배지붕이다. 기단은 갑석과 면석으로 만들고, 커다란 방형 초석을 썼다. 객사에 사용한 기단석과 초석은 일반적으로 조선시대에 쓴 초석에 비해 규모가 크고 잘 다듬은 것이어서 처음부터 객사건물에 사용하려는 것은 아닌 것으로 보여 백제 때 사용한 것이 아닌가 추정된다. 기둥은 모두 원주를 사용하였다. 기둥에 비해 초석이 훨씬 크다.

기둥 상부에는 조선 후기에 크게 유행하던 2익공식 공포를 짜 올렸다. 대개 기둥 상부에만 익공을 짜올리는데 부여객사에서는 정면 어칸 주간에 익공을 하나 더 설치해 두었다. 기둥머리부분에서 창방을 기둥 사이에 끼우고 기둥 위에는 주두와 재주두를, 즉 2개의 주두를 올려두었다. 재주두 위에 대들보가 올려지게 하고 살미는 모두 쇠서형으로 만들었다. 보머리부분 즉 2익공 상부에서는 봉황머리를 조각해 올려두었다. 이런 조각으로 인해 건물이 화려해 보이게 되었다.

---

1) 주남철, 객사건축의 연구, 「대한건축학회논문집 2-3호」, p.80, 대한건축학회, 1986. 6.

지붕틀은 내부에 고주를 생략하고 양 측면에 2개의 고주를 세워 어칸과 협칸의 구조가 다르다. 어칸에는 고주가 없어 전후 외진주 사이에 대들보를 걸고, 그 위에 동자주와 종보를 올렸다. 종보 위에는 파련대공을 세우고 장여와 종도리를 걸어두었다. 협칸 양 측면에는 고주를 세워 대들보를 생략하고 종보가 대들보 역할을 하도록 했다. 대신 전후로는 퇴량을 걸었다. 천정은 서까래가 노출된 연등천정이고 바닥은 우물마루를 깔았다.

창호는 정면에만 4분합세살문을 달고 측면과 후면은 벽으로 처리하였다. 정면 3칸 중 어칸은 주로 출입을 하기 위하여 하부에 머름청단을 달지 않았으나 양 협칸에는 머름청판을 달아두었다. 정면 각 칸의 4분합문 상부에는 횡으로 길게 교살문 광창을 달아두었다.

좌우 양쪽의 익실은 각각 정면 3칸, 측면 2칸으로 좌우가 바뀐 똑같은 모습이다. 익실의 정당 쪽으로 작은 온돌방을 하나씩 두고 외부로는 대청마루를 두었다. 익실은 별도의 기단을 두지 않고 정당과 익실을 하나의 기단위에 올려놓았다. 기둥은 온돌방에는 방주이고, 나머지는 모두 원주이다. 지붕은 가운데 정당보다 한 단 낮게 만든 팔작지붕이다.

건물의 세부기법을 보면 가운데 정당의 구조를 양 측면 익실보다 고급스럽게 만들어 건물의 위계를 상징적으로 보여주고 있다. 정당의 지붕은 맞배지붕이지만 동서 익실은 맞배와 팔작지붕을 혼용하고 있다. 중당과 만나는 곳은 맞배지붕으로 하고, 양 단부는 팔작지붕으로 했다. 객사 내부에는 고종 17년(1880)에 중수하면서 김복현이 쓴 『부풍관중수기』가 있다.

일제강점기 때부터 1971년까지 이 건물은 박물관 진열실로 사용되었다. 이 때문에 익실에도 외부로 모두 창호를 달았는데 출입문을 제외하고는 외부로 창살을 설치해 두었다. 중당 어칸을 제외하고 양 협칸에도 하방벽을 두고 징두리 상부에만 작은 창호를 설치해 사용하였다.

(4) 부속건물

동헌 북쪽 후면, 도강영당의 서측에 주택으로 사용하던 건물이 위치해 있다. 정면 5칸, 측면 2칸의 시멘트기와로 건립된 이 건물은 현재 임시숙소로 사용하고 있다. 약한 경사지에 축대겸 기단을 쌓고 한옥 형태로 지었으나 내외부를 많이 변형시켜 원형이 거의 남아 있지 않다.

백제 때의 사용하던 것으로 보이는 초석을 주택에서 사용하고 있으며, 주변에도 이와 같은 석재가 남아 있다.

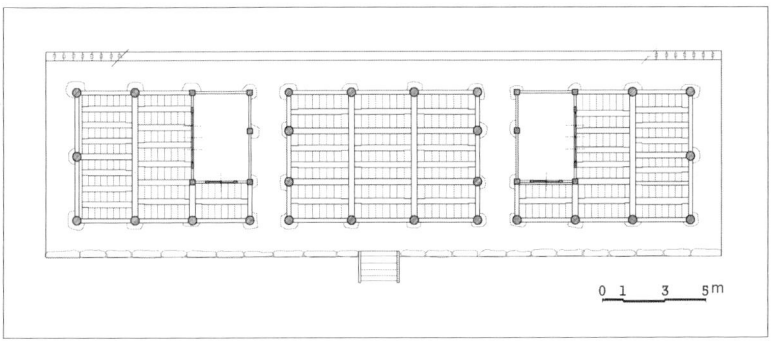

그림5. 부여객사 평면도

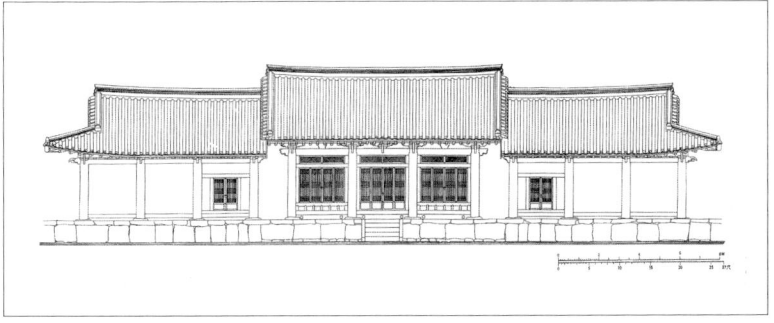

그림6. 부여객사 평면도

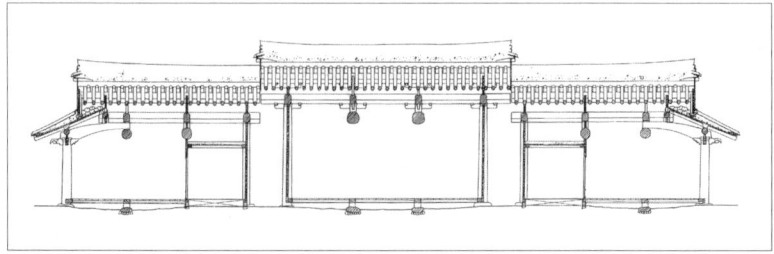

그림7. 부여객사 횡단면도

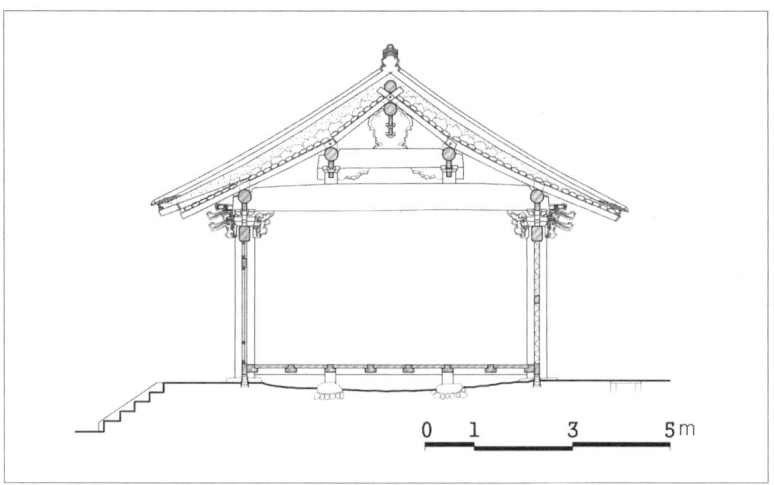

0 1 3 5m

그림8. 부여객사 종단면도

사진6. 내아 주변의 석재

사진9. 부여객사 중당 내부

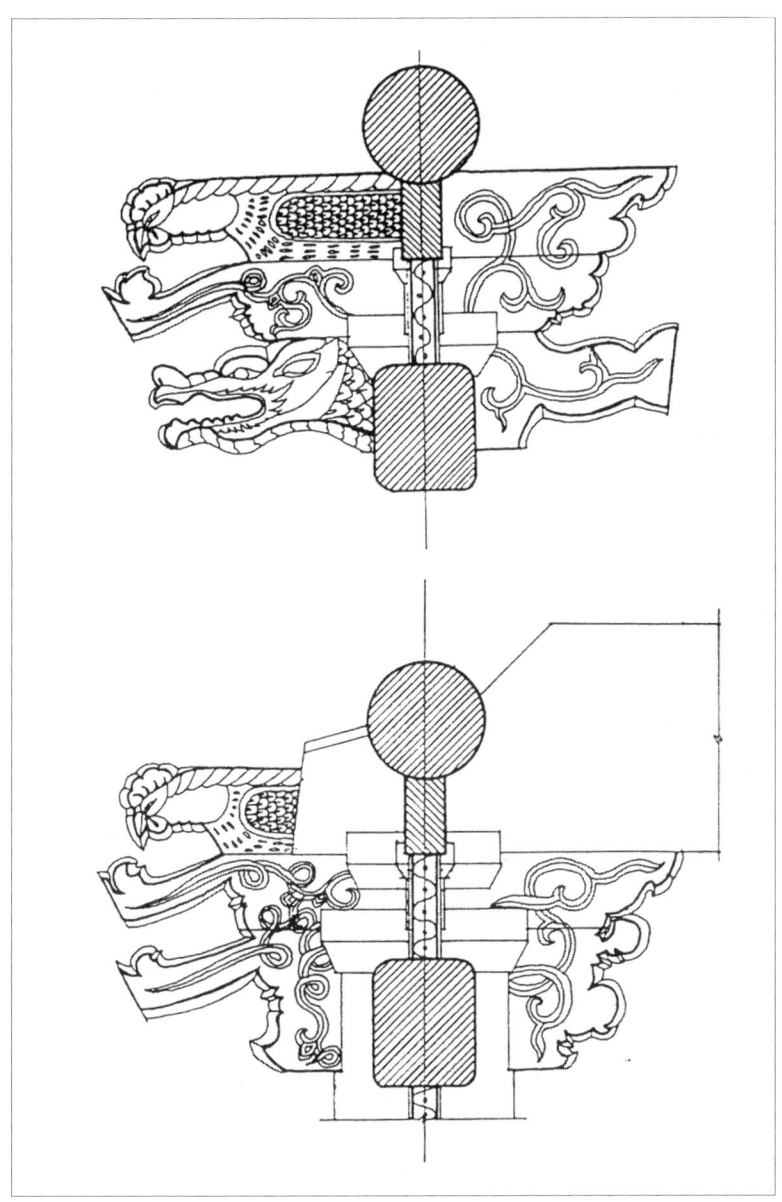

그림9. 부여객사 공포 상세도

사진10. 부여객사 중당처마구조

사진11. 박물관으로 쓸 당시 부여객사(자료 : 윤준웅, 사진으로 본 부여의 백년)

2. 사찰건축

1) 부소산 절터

(1) 연혁

이 절은 언제 누가 지었는지, 절의 이름은 무엇인지, 언제 폐허가 되었는지 기록이나 연혁이 전혀 밝혀지지 않는 백제의 절터이다. 다만 백제 왕궁과 가장 가까운 배산에 위치해 있어 백제왕실의 원찰이었을 것으로 추정하고 있다. 흔히 부소산 서복사라고 부르는 것은 절의 위치가 부소산의 서쪽 편 구릉에 자리 잡고 있어서 붙여진 명칭이다.

이 절터는 일제강점기 때인 1942년 일본인 요네다미요지[米田美代治]와 후지사와 가즈오[藤澤一夫]라는 사람에 의하여 발굴조사를 했으나 발굴보고서가 간행되지 않아 절의 규모나 배치구조가 어떠했는지 정확하게 알려지지 않았다. 그러다가 1980년도에 다시 발굴조사를 실시하면서 절의 규모와 배치구조가 확인되었다. 이 절터에서 출토된 기와문양으로 보아 백제의 사비시대인 7세기경에 건립된 것으로 추정된다. 부여 향토유적 제53호로 지정되어 있다.

(2) 입지환경

이 절터는 부소산의 서남부 언덕에 자리 잡고 있으며 주변에 절터를 감싸는 둔덕이나 산자락이 없어 서남쪽으로는 백마강이 펼쳐져보이고 동남쪽으로는 부여시가지가 조망된다. 대개 사비시대 백제의 절터가 평지에 있거나 약한 경사지에 자리잡게 되는데 경사지라도 배면과 좌우 주변에 산자락이 감싸는 입지조건인 것에 비해 부소산의 절터는 산의 능선을 따라 건물을 배치하는 지형조건이고 좌우로는 능선이나 산자락이 없는 시야가 터진 지형조건이다. 이런 점에서 부소산 절터는 동시대의 다른 절터에 비해 특이하다고 할 수 있다.

(3) 배치계획

배치계획은 남쪽에서부터 중문－목탑－금당이 일직선으로 나란히 자리 잡고 그 주위를 회랑으로 둘러싸고 있다. 중문 전면의 축대길이와 금당 길이를 같게 하고 축대와 금당 사이에 목탑을 세웠다. 즉 금당에서 목탑까지, 목탑의 기단크기, 목탑에서 중문, 중문에서 중문 전면 축대까지 등 간격인 것을 알 수 있다. 이와 같은 배치계획은 사전에 계획되어 건립한 것임을 말해주는 것이다.

이 절의 배치계획에서 특이한 것은 금당 후면에 강당이 없는 점이다. 사찰에 강당이 없는 것은 특별한 의미가 있을 것으로 생각된다. 그것은 두 가지로 해석될 수 있을 것이다. 하나는 지형조건이 협소하여 강당을 배치하기가 어려웠다는 점이다. 현지의 지형조건을 볼 때 절터의 전후방으로 넓은 부지를 확보하기가 어렵다. 일반적으로 강당의 규모가 사찰 내 다른 건물에 비해 가장 크며 이 건물을 배치하기 위해서는 넓은 부지가 필요하게 된다. 따라서 지형조건이 협소하여 강당을 세우지 않았다는 견해이다. 두 번째는 이 사찰이 왕궁으로 추정되는 곳에서 가깝게 위치하여 백제왕실의 원찰로 건립했을 가능성이다. 원찰은 강학보다는 예불기능만 있으면 된다. 강당을 두게 되면 자연히 사찰의 규모가 커지고, 따라서 원찰 기능이 소홀해질 가능성 때문에 규모를 작게 하여 왕실의 기원을 빌었던 사찰이 아닐까 생각된다. 어쨌든 강당이 없는 사찰이라는 것이 이 절터의 특징이다.

(4) 건축계획

가. 금당

금당은 전면이 측면보다 긴 장방형이면 기단의 사방에 계단을 두었는데 전면과 후면에는 중심부에 두었으나 동편과 서편에는 계단을 약간 남쪽편에 두었다. 후면 계단 바닥과 서측 계단 바닥이 비교적 잘 남아 있는데 자연암반을 깎아 만든 것으로 디딤돌과 소맷돌을 놓았던 자리가 분명하게 남아 있다. 북쪽 기단은 암반을 깎아 내부 기단으로 하고 외부에는 가공한 기단석을 세워 만든 이중 기단으로 추정된다. 하축 기단의 지대석용 도랑을 기준으로 측정한 기단의 규모는 전면 10m, 측면 12m이다. 계단은 북쪽과 서쪽의 밑단이 잘 남아 있는데 여기도 자연 암반을 깎아서 계단의 보석과 소맷돌을 끼울 수 있게 만들었다. 금당 상층 기단에서 목탑 기단까지 거리는 약 8m이다. 평평한 지형이 탑의 기단 외곽에 도랑을 파고 기단 지대석을 설치하였던 유구가 남아 있다. 금당터에서 와축기단(瓦築基壇)이 확인되었다. 와편을 여러 층으로 쌓아 만든 기법인데 백제의 왕궁, 사찰, 일반건물 등 거의 모든 건물에 사용되었다.

와축기단을 사용한 사찰 중에는 왕흥사지, 정림사지, 능사, 금성산 절터(傳 天王寺址), 군수리사지, 부소산 폐사지, 규암면 유적지[2] 등이 있고, 사찰이 아닌 건물로서 부여 관북리 추정왕궁지[3], 부소산성 서문지 주변건

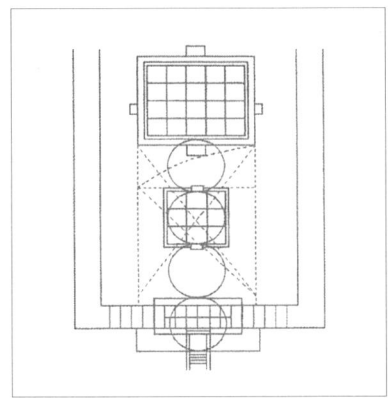

그림10. 부소산 절터 배치도   사진12. 부소산 절터 전경

물, 규암면 건물 서편 등에서 와축기단이 사용된 흔적을 볼 수 있다. 이러한 와축기단은 같은 시기의 고구려나 신라에서는 발견되지 않고 다만 일본에 전해져 교토[京都]의 견원폐사(堅原廢寺), 후쿠오카[福岡]의 축전분국사(筑前分國寺), 혈태폐사(穴太廢寺) 금당, 숭복사 미륵당(崇福寺 彌勒堂), 나라[奈良]의 회외사(檜隈寺, 폐사) 등 여러 불사에 사용되기도 했다. 삼국사기나 일본서기에 백제에서 불경, 불상과 함께 장인이 건너가 일본에 사찰을 지어주었다는 기록이 있는 것으로 보아 백제의 와축기단이 일본에 전해진 것이 확실하다.

나. 탑

중문과 금당 사이에 목탑이 배치되어 있다. 목탑의 위치는 정확하게 중문과 금당 사이에 자리 잡고 있는데 한 변의 길이가 약 8m되는 방형 목

---

2) 朝鮮古蹟研究會, 扶餘に於ける百濟寺址の調査(槪要), 『昭和15·16年 古蹟調査報告』, 1940, 1941.

3) 윤무병, 부여 관북리 백제유적 발굴조사보고(Ⅱ), 충남대박물관, 1999.

탑이다. 중문과 금당까지는 약 24m 정도이고 탑의 한변 길이가 8m라면 탑의 한 변 길이만큼 앞뒤로 이격한 다음 중문과 금당을 배치한 것이어서 철저한 계획에 의해 건립되었다고 할 수 있다.

탑의 한 변 길이가 8m 정도이면 대개 한 면의 간살잡이는 3칸으로 했을 것으로 추정된다. 이렇게 되면 기둥 한 칸의 길이는 약 2.66m가 된다. 남조시기 1자가 25㎝ 내외인 것을 감안하고, 탑 자리의 오차를 감안한다면 남조 때의 1자를 준용하여 기둥 한 칸의 길이는 10자였을 것으로 추정된다. 이 절터의 탑이 목탑이었다는 것은 이 절의 건립시기를 추정하는 근거이기도 하다. 백제 후기가 되면 서서히 목탑에서 견고한 석탑으로 변해가는데 목탑을 건립했다는 것은 이 절이 사비 천도 직후였을 것으로 추정케 하는 근거가 되는 것이다.

다. 중문

중문은 탑 기단에서 남측으로 8m 떨어져 배치되었다. 중문의 전면에는 남화랑지 밖으로 돌출되어 비교적 큰 석재로 쌓은 축대가 16m 정도 잘 남아 있다. 중문의 하단에는 12장의 장대석과 전면계단 최상층의 갑석을 고였던 괴임돌이 남아 있다.

라. 회랑

회랑은 중문의 좌우에서 시작하여 동서로 뻗다가 북으로 꺾어져 금당 후면까지 연결되는 것으로 추정된다. 회랑의 전체가 확인되지 않고 금당의 좌우 일부만 발굴조사되었는데 중심축선에서 동서 회랑의 간격이 조금 다르게 배치된 것이 확인되었다. 즉 서회랑은 금당 기단에서 6.4m, 동회랑은 금당 기단에서 7.12m 떨어져 있으며 동쪽이 약간 넓은 것으로 밝혀졌다. 그 이유는 확인되지 않고 있다. 서회랑은 자연암반층을 파내고 그 안에 평와를 쌓아 기단으로 만든 와축기단이 남아 있는 것이 확인되었고, 동회랑은 잡석기단 위에 원형초석을 세웠던 것으로 확인되었다. 남회랑은 중문 동편에 원형 초석이 남아 있었다.

(5) 건축적 특징 및 출토유물

이 절은 다른 절과는 달리 강당이 없다. 앞에서도 언급했듯이 강당을 두지 않는것이 지형조건 때문인지 아니면 원찰로 계획하면서 생략했는지 확인할 수는 없지만 사비시대의 다른 사찰과 구분된 특징이라 할 수 있다. 그러나 강당 건립계획이 있었으나 지어지지 않았을 가능성도 배제할 수는 없다.

이 절터에서 출토된 유물로는 수많은 기와조각 외에 연화문 와당,

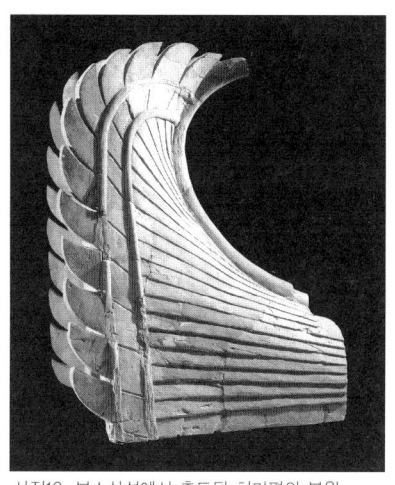

사진13. 부소산성에서 출토된 치미편의 복원

인장와, 금동풍탁(金銅風鐸), 벽화편(壁畵片), 소조불상편(塑造佛像片), 치미(鴟尾) 조각, 금동제 과판(金胴製 誇板), 석제 동단(棟端) 등이 있다. 특히 목탑의 심초석 주변에 수습된 금동제 과판은 일본의 정창원이 소장할 것과 같은 종류이다.

2) 고란사 (皐蘭寺)

(1) 연혁

부소산 북쪽 백마강 왼쪽 암벽 위에 위치하고 있는 고란사는 그 절 이름

사진14. 고란사의 옛 모습(자료 : 윤준웅, 사진으로 본 부여의 백년)

이 사찰 후면 암벽에서 자라고 있는 고란초로부터 온 것으로 알려지고 있다. 이 고란초는 고사리목 고란초과의 양치식물로 높이 10~30㎝ 정도로 자라는 털이 없는 늘푸른 여러해살이 은화식물(隱花植勿)이다.

현재의 고란사 건물은 은산 숭각사(崇角寺)에서 옮겨온 것으로 중수 3창하였으며, 1959년 고쳐 지을 때 대들보 밑에서 상량문이 발견되었는데 이 상량문에 의하면 정조 21년(1797)에 보수했던 적이 있었다. 이 상량문 외에 종이에 쓴 오래된 상량문도 있었다 하나 삭아서 판독할 수 없었다 한다. 건축물의 형태와 기법을 볼 때 이 건물은 조선 후기에 처음 지었던 것으로 생각된다. 충청남도 문화재자료 제98호로 지정되어 있다.

(2) 입지환경

부소산의 북쪽 편은 대부분 경사가 극심하거나 암벽으로 된 지형조건이다. 고란사가 자리 잡고 있는 곳은 동쪽과 남쪽으로는 깎아지른 듯한 토벽과 암벽이 형성되어 있고 북쪽과 서쪽으로 전망이 트여 백마강이 조망되고 있다. 고란사로의 접근은 남쪽의 산 능선을 따라 만들어진 급한 계단을 이용하거나 북쪽의 백마강을 이용해 접근할 수가 있다. 이와 같은 입지조건으로 인해 고란사는 남쪽의 산자락을 배경으로 북향을 하고 있다.

(3) 배치계획

깍아지른 듯한 산자락을 배경으로 전면에 동서로 긴 축대를 쌓아 넓지 않은 대지를 형성하고 건물을 남쪽 산자락에 붙여 건물을 건립하였기 때문에 사찰의 향은 자연히 북을 향하게 된다. 대지조건이 동서로 길기 때문에 건물 배치는 대웅전을 가운데 두고 동쪽에 요사채가 직각방향으로, 서편 백마강 쪽으로 종각이 독립되어 배치되어있다. 일반 사찰에서와 같이 대웅전을 두고 그 앞에 마당을 중심으로 전면과 좌우에 건물을 두는 전형적인 마당 중심형 배치를 하기에는 대지조건이 열악하기 때문에 건물을 대지조건에 맞춰 횡으로 나란히 배치하였다. 이러한 배치를 보면 마치 건물을 지형조건에 의거하여 자유롭게 배치한 듯한 모습이다.

사진15. 고란사 전경

(4) 건축구조 및 양식

가. 대웅전

높은 암벽을 배경으로 앞에 위치하고 있는 이 대웅전은 정면 7칸, 측면 4칸의 겹처마 팔작지붕이다. 평면이 다른 사찰의 대웅전에 비해 정면이 길고, 측면이 짧다. 일반적으로 대웅전의 평면은 정면대 측면의 비가 1.5:1 내외인 것에 비해 고란사 대웅전에서는 2.2:1 정도가 되어 정면이 측면에 비해 특히 길다는 것을 알 수 있다. 이러한 평면계획은 기존 건물을 이전 복원한 이유도 있지만 지형조건상 전후면이 협소하기 때문에 이와 같이 정면을 길게 만들었던 것으로 보인다.

기단은 장대석을 잘 가공하여 기단 겸 축대로 쌓고 전면에는 난간을 설치해 두었다. 기단 전면 중심에는 넓게 8단의 계단을 설치해 두었다. 초석은 모양이 일정하지 않고 방형, 원형, 복련판, 주좌새김 등 다양한 형태의 초석이 사용되었다. 특히 복련판을 조각한 초석 2개는 기법이 매우 우수하여 초창 당시 건물의 규모와 조형이 뛰어났을 것으로 추정된다. 백제시대 초석이었을 가능성도 있다. 일부는 방형 초반에 원형 주좌를 높게 만든 것도 있다. 이와 같이 다양한 초석을 혼용한 것은 이전하면서 부족한 초석을 여기 저기서 보충하면서 이렇게 된 것으로 추정된다. 기둥은 모두 원형기둥을 사용했다. 기둥 상부에서는 기둥 사이를 창방으로 걸고 그 위에 주두와 재주두를 올려 공포를 구성하였다. 공포는 기둥 위에만 설치한 무출목 이익공식으로 초익공은 앙서형이고 이익공은 수서형이다. 앙서에는 연잎(蓮葉)을 조각하고 수서에는 연꽃(蓮花)를 조각하였다. 수서 위에는 보머리가 올려지는데 보머리에 봉황을 조각해 달아두었다. 이러한 조각으로 인해 공포 자체가 매우 화려한 모습을 보여주고 있다. 조선 후기의 장식적인 특징을 그대로 표현하고 있다. 내부 바닥은 우물마루를

사진16. 고란사 대웅전   사진17. 고란사 대웅전 초석

깔고 천정은 대들보 아래에 우물천정을 설치하여 지붕틀 구조를 볼 수가 없다.

내부의 동편 2칸을 요사로 사용하고 나머지 서측 5칸에는 불단을 설치하여 대웅전의 기능을 하도록 했다.

나. 종각

대웅전의 서북 측 모서리 백마강 쪽으로 종각을 배치해두었다. 암반으로 형성된 경사지에 축대를 쌓아 부지를 확보한 다음 건물을 세웠다. 정면 1칸, 측면 1칸의 작은 규모이고 겹처마 모임지붕이다. 초석은 암반, 자연석, 콘크리트를 혼용하였다. 외부 경사지에는 콘크리트로 장초석을 대신하고 일부는 자연암반, 일부는 덤벙주초를 사용하였다. 기둥은 원기둥으로 하고 기둥 상부에서는 창방으로 기둥 사이를 끼우고 그 위에 주두를 올린 다음 공포를 설치하였다.

정면 창방 뺄목에는 용두를 조각해 붙이고 나머지는 익공을 설치해 두었다. 공포는 2익공인데 초익공은 창방 뺄목을 쇠서로 조각하고, 이익공은 별도로 설치하였다. 이익공 위에 주심도리를 올리고 도리 뺄목에는 봉황을 조각해두었다. 서까래 위에는 개판을 깔고 적심을 올린 다음 기와를 올려 마감하였다.

사진18. 고란사 종각
사진19. 고란사 종각 천정

모임지붕 위에는 돌로 만든 절병통을 올리고 건물 내외부에는 화려한
단청을 해두었다. 사면은 벽을 두지 않고 살창을 설치해두었다. (사진 18,
19)

3. 사묘건축

1) 삼충사 (三忠祠)

(1) 연혁

백제의 삼충신인 성충(成忠), 흥수(興首), 계백(階伯)을 모신 사우이다.
처음 삼충신의 위패는 청마산성(菁馬山城) 내 의열사(義烈祠)에 봉안되어
있었으나 고종 때 의열사가 훼철되면서 한동안 위패를 봉안하지 못하고
있다가 1957년 현재의 장소에 사당을 새로 건립하면서 비로소 이곳에 위
패를 봉안하게 되었다. 이때 유진설(俞鎭卨)이 주도하여 삼충사 봉건기성
회를 조직하여 그 책임을 맡고, 군수 박흥양(朴興陽), 교육감 이만승(李萬
承) 등이 협력하여 의연금과 국비 및 도비의 협조를 받아 1957년 개천절
에 위패를 봉안하였다. 그 후 1962년 권의직(權義直) 군수 때 담장을 보수
하고 뜰 앞에 조그만 연못을 조성하였다. 그 후 건물이 퇴락되자 1979년

부터 건물터를 정비하면서 1957년에 지었던 목조 사당을 허물고 1980년 콘크리트 건물로 새로 중건한 것이 현재에 이르고 있다. 1981년에는 삼충사 전정(前庭)에 삼충사중건사적비를 건립하였다. 충청

사진20. 삼충사 전경

남도문화재자료 제115호로 지정되어 있다.

(2) 입지환경 및 배치

삼충사는 부소산의 동남쪽 중하단부에 부소산을 배경으로 남향배치하고 있다. 동남서로는 시야가 터져있으나 수목으로 가려져있고, 북으로 부소산록이 삼충사를 병풍처럼 감싸고 있는 형상이다. 건물이 들어앉은 대지는 다른 곳에 비해 비교적 넓으며 정문인 의열문(義烈門)을 경계로 지형이 단차를 두고 있다. 즉 의열문 앞마당보다 의열문 바닥이 약 1.8m 정도 높아진다. 이는 구릉을 대지로 조성하면서 자연스럽게 형성되었기 때문이다. 의열문 앞에는 8개의 계단을 두고 있다.

삼충사는 크게 2개의 공간으로 구분된다. 하나는 의열문과 충의문 사이의 통과공간이고, 다른 하나는 삼충사가 있는 사묘(祠廟)공간이다. 의열문을 들어서면 그리 넓지 않은 마당이 있고 마당 서측에는 1981년에 세운 삼충사중건사적비가 세워져 있다. 사당 주위로는 사고석담장을 둘러 두었다. 이 마당을 지나면 충의문이 있고 마당과 충의문과의 지반은 약 2m 정도 차이가 난다.

충의문을 들어서면 삼충사가 북편 언덕면에 치우쳐 남쪽을 향해 배치되어 있다. 삼충사 주변 역시 사고석담장이 둘러져있다.

(3) 건축구조 및 양식

　삼충사는 정면 3칸, 측면 3칸이고 겹처마 팔작지붕으로 철근콘크리트 구조이다. 평면의 전면 열은 퇴칸으로 개방하여 참배공간으로 하고 후면 2칸에는 내부공간으로 만들어 삼충신의 영정을 봉안해두었다.

　기단은 잘 가공한 판석과 장대석으로 만들고 기단 앞에는 낮고 넓은 월 대를 만들어 두었다. 초석은 방형 초반에 원형 주좌를 둔 모양이고 배흘 림기둥을 세웠다. 기둥 상부의 공포는 주심포 하앙식으로 짜올렸다. 기둥 머리에 주두를 올리고 첨차와 소로를 끼운 다음 다시 첨차를 한 층 더 올 려서 하앙을 걸었다. 주두굽을 두고 굽받침에는 곡선을 둔 고식의 기법을 사용하였다. 첨차의 하단부는 3단으로 곡을 준 형태로 만들었다. 출목은 내1출목, 외2출목이다. 창방 위에는 4개의 뜬장혀를 겹처 올리고 마지막 에 장혀와 주심도리를 올렸다. 따라서 장혀는 모두 5개가 올려지게 되었 다. 각 칸의 공포와 공포사이 창방 위에는 소로를 끼운 人자대공을 한 조 씩 세우고 같은 위치의 장여와 장여 사이에는 소로를 하나씩 끼워 두었 다. 외목도리는 하앙 위에 단혀를 끼운 다음 그 위에 올려지게 하였다.

　지붕틀 가구는 내진고주와 후진주 사이에 대들보를 걸고 그 위에 종보 를 올려 솟을합장을 세운 다음 종도리를 받치는 1고주 5량집 구조이다. 대들보에서 측면으로는 충량을 걸어두었다.

　내부 바닥은 우물마루를 깔고 천정은 서까래가 노출된 연등천정이다. 내부의 북쪽 벽에는 단과 닷집을 설치한 3개의 영정이 봉안되어있다. 창 호는 정면에만 두었는데 각 칸에는 4분합정자살문을 달고 다만 어칸 상 부에는 횡으로 긴 교살문 광창을 설치해두었다.

　팔작지붕의 용마루 양 끝에 백제의 치미(鴟尾)를 재현하여 올려두고 내 림마루 끝에도 백제식 망새를 끼워두었다. 암막새를 두고 수막새에는 백 제식 연화문와당을 문양으로 사용하였다.

의열문은 삼충사의 정문이다. 정면 3칸, 측면 2칸의 홑처마 맞배집으로 이건물 역시 철근콘크리트구조이다. 기단 겸 계단을 설치하고 초석은 삼충사와 같은 방형 초반에 원형 주좌를 둔 것을 사용하였다. 기둥은 배흘림기둥이다. 기둥 상부에서는 공포를 끼우지 않고 주두 위에 첨차와 소로 1조만 올린 다음 대들보를 걸친 형태이다. 주두와 소로에는 굽받침을 두고 굽에는 곡선을 둔 고식형태를 하고 있다. 기둥 머리에서는 창방을 걸고 창방 위에는 소로를 끼운 人자대공을 각 칸에 1조씩 설치해 두었다.

각 칸의 문은 장판분합문을 달고 문의 외부로는 광두정을 달아 두었다. 문 상부에는 살창을 설치하였다.

사진21. 삼충사

사진22. 삼충사 기단과 초석

사진23. 삼충사 내부

사진24. 삼충사 공포

사진25. 삼충사 기와 문양

사진26. 삼충사 의열문

사진27. 삼충사 충의문

2) 궁녀사 (宮女祠)

(1) 연혁

백제가 멸망하자 백제왕궁의 궁녀 삼천 명이 적군에 붙잡혀 몸을 더럽히느니 낙화암에 스스로 몸을던져 절개를 지켰다는 전설에 따라 삼천궁녀의 충절을 기리기 위해 1965년 건립하였다. 1981년에는 궁녀사 부분보수와 삼문을 보수하고 1983년에는 궁녀사 앞 습지를 정비하였다. 1991년도에는 번와보수와 삼문을 보수하였다. 궁녀사의 편액은 김종필 전 국무총리의 글씨이다.

(2) 입지환경 및 배치

부소산에는 크게 2개의 봉우리가 있는데 하나는 부소산 중심부에서 서북쪽으로 약간 치우쳐 있는 봉우리이며 해발고도 100m로 이곳에 사자루가 자리 잡고 있다. 두 번째는 동남편의 군창지가 있는 곳으로 해발 98.2m이다. 군창지에서 능선을 따라 서쪽으로 가면 두 봉우리 사이의 고개가 나오는데 이 고개에서 동북쪽 계곡을 따라 약 300m 정도 내려가면 동남향 구릉지에 궁녀사가 자리 잡고 있다. 사자루가 있는 봉우리 정상에서 동남쪽 급경사를 이루고 있는 아래쪽에 위치해 있다. 크지는 않지만 동북쪽에서 서남쪽으로 계곡이 형성되어있고, 서북쪽 아래로 더 내려가면 약간 넓은 저지대와 백마강을 만나게 된다. 정면 동북쪽에는 태자천 약수터와 저습지가 형성되어있다. 궁녀사 정면과 후면으로는 급한 경사지로 되어 있어 조망이 막혀있고, 동북쪽으로 조망이 열려있다.

궁녀사는 서북쪽으로 경사진 대지를 정지하여 삼문을 세우고 삼문 앞에는 계단을 두어 진입하도록 하였다. 삼문을 들어서면 마당이 있고 마당을 지나 서북 계면부에 사당을 배치해 두었다. 주위로는 기와를 올린 자연석 담장을 둘러 사당의 경건함을 유지하게 하였다. 전형적인 사당건축의 모습을 보여주고 있다.

(3) 건축구조 및 양식

정면 3칸, 측면 2칸의 겹처마 팔작지붕으로 무고주 5량집 구조이고, 목조건축물이다. 전면열 반칸을 퇴칸으로 개방하여 의식행사에 편리하게 사용할 수 있도록 했다.

기단은 두께가 두꺼운 판석과 장대석을 이용하여 두벌대로 만들고, 정면 가운데와 좌우에 각각 계단을 설치해 두었다. 이 중 가운데 계단에는 소매돌을 설치해 두었다. 기단은 사당 가까운 주위로 둘러 만든 것이 아니라 월대와 같이 정면쪽으로 넓게 만들어 참제인들이 많이 참여할 수 있도록 배려하였다.

초석은 방형으로 가공한 것을 놓고 원주를 세웠다. 기둥 상부에서 창방으로 기

사진28. 궁녀사 배치전경

둥 사이를 걸고 주두, 재주두와 함께 이익공식 공포를 짜올렸다. 공포의 살미끝은 쇠서와 앙서로 만들고 살미에는 연화줄기와 연화를 조각해 두었다. 이익공 위에서 대들보를 올렸는데 보머리 외부로 봉황을 조각해 달아두었다. 익공 위에서 장여와 주심도리를 올려 서까래를 받치도록 했다. 각 칸의 창방과 주심도리 장여 사이에는 화반을 하나씩 설치했는데 화반에는 용을 조각하여 안팎으로 끼워두었다. 익공과 내부는 주변을 운공모양으로 조각하고 파련문을 단청으로 마감하였다.

지붕틀 구조는 고주를 세우지 않고 전면 외진주와 후면 외진주 사이에 대들보를 건 다음 퇴칸의 간주로 대들보를 받치는 구조가 되게 했다. 대들보 위에는 동자주를 양쪽에 세워 종보를 걸치고 종보 위에 판대공을 올리고 종도리를 걸었다. 판대공에는 파련문을 그려 화려하게 보이게 했다. 어칸 대들보 위에서 측면으로는 충량을 걸고 그 위에 판대공을 세워 외기도리를 받치도록 했다. 따라서 내부에는 판대공이 종보 위뿐만 아니라 충량 위에도 세워지게되므로 다른 건물에 비해 판대공이 많아 보인다.

내부 바닥은 우물마루를 깔고 천정은 서까래를 그대로 노출시킨 연등천정이지만 단청을 하여 화려한 모습이다. 안쪽 벽에는 단 위에 세 사람이 함께 서있는 궁녀상을 봉안해두었다.

창호는 정면에만 두었는데 각 칸 똑같이 4분합세살문 들어열개를 설치

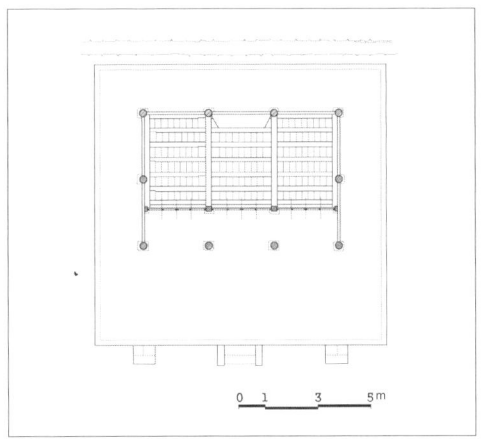

그림11. 궁녀사 평면도

사진29. 궁녀사 사당모습

사진30. 궁녀사 내부공간

하고 문 상부에는 횡으로 긴 광창을 달아두었다. 광창 위 벽에는 백마강변의 경관을 벽화로 그려두었다.

묘문(廟門)은 솟을삼문형식으로 만들었다. 장대석 외벌대 기단을 설치하고 방형 초석을 놓은 다음 원주를 세웠다. 자연스럽게 생긴 부재를 대들보로 사용하고 사당과 같이 조각이 화려한 이익공식 공포를 짜 올렸다. 지붕틀은 간단한 3량집 구조로 하고 겹처마에 맞배지붕이다. 어칸가운데는 화반과 용두를 조각하여 매우 화려한 모습이다. 각 칸의 문은 판재로 만든 장판분합문을 달고 그 위에는 홍살을 설치해 두었다.

사진31. 궁녀사 공포

사진32. 궁녀사 삼문

3) 충령사 (忠靈祠)

(1) 연혁

충령사는 한국전쟁에서 희생된 부여지방 전몰군경의 위패를 모시는 사우로 건립된 것이다. 이 사당을 건립하기 위하여 1956년부터 민간단체에서 모금을 시작하여 추진해 오다가 1960년에 완공하게 되었다. 나중에 부여지방 출신의 파월전사장병, 대간첩작전에서 희생된 군경 등 국가를 위해 목숨을 바친 군경 927위를 함께 봉안하게 되었다. 근 40년을 유지해오다가 건물이 낡고 노후되자 기존의 건물을 허물고 2004년 현재의 건물로 새로 중수하였다.

(2) 입지환경 및 배치

부소산 남서쪽에 경사진 지역에 남향으로 자리 잡고 있다. 국립부여문화재연구소와 부여동헌이 있는 곳에서 북쪽으로 경사를 따라 올라가면 부소산의 3부능선쯤에 남향으로 위치해 있으며 삼충사의 서쪽에 해당된다. 남쪽 부여시가지 쪽으로는 내리막 경사지이고, 북쪽 후면으로는 산록이 형성되어있다. 동·서로 숲이 우거져 시야가 막혀있다.

약한 경사지에 부지를 정지하여 넓은 앞마당을 만들고 북쪽의 산록에

사진33. 충령사 전경

근접시켜 건물을 배치하였다. 부지는 크게 2단으로 조성하였는데 중간에 축대를 중심으로 1.5m 정도 단차를 두고 있다. 아랫단은 넓은 마당과 보국충령비를 세우고 상단에 정문과 충령사를 배치했다. 축대가운데 계단에 올라서면 간단한 시멘트 기둥으로 정문을 표시하고 넓은 마당을 앞에 두고 후면에 충령사를 배치하였다.

충령사로 앞마당 가운데는 판석을 깔아 신도(神道)를 만들어 두고 마당과 사당을 함께 지붕이 있는 담장으로 둘러두었다. 사당 정면 마당 남쪽은 기둥과 철책으로 담을 대신하고 있다. 건축물로는 충령사 1동이 있고, 조형물로 하단 서측 편에 '보국충령비'가 있다.

(3) 건축구조 및 양식

정면 3칸, 측면 3칸으로 겹처마 팔작지붕에 1고주 5량집 구조이다. 전면 열 1칸은 퇴칸으로 하고 정면과 측면을 개방하고, 후면 2칸은 통칸으로 하여 위패를 봉안하는 공간으로 사용하고 있다.

화강석 정다듬으로 만든 장대석으로 두벌대 기단을 만들고 기단 바닥에는 판석을 깔아 마감하였다. 초석은 방형 또는 팔각형 초반에 원형 주좌를 둔 모양이다. 기둥은 민흘림 원기둥을 세웠다. 기둥머리에서는 창방으로 기둥 사이를 결구하고 주두를 올린 다음 이익공식 공포를 짜올렸다. 주두 위에는 재주두를 올리고 퇴량을 걸었다. 살미는 장식조각 없는 익공모양으로 하고 창방 위에는 화반을 2조씩 끼우고 장혀를 올린 다음 도리를 걸어놓았다. 귀포에는 모서리 방향으로 사공을 설치하였다. 내고주 상부에는 주두를 올리고 대들보와 도리를 걸었다. 대들보 밑에는 초각한 보아지를 받쳐두었다. 고주 양 측면으로는 충량을 걸어두었다. 내부 바닥은 우물마루를 깔고 천정은 연등천정으로 마감하였다. 어칸 처마 밑에 걸려 있는 편액 충령사(忠靈祠)는 박정희 전 대통령이 쓴 것이다. (사진 34, 35, 36)

사진34. 충령사 기단

사진35. 충령사 초석

사진36. 충령사 귀포

4) 도강영당 (道江影堂)

(1) 연혁

1971년 허목, 홍가신, 채재공 3인의 영정을 봉안하기 위하여 국비를 보조받아 건립하였다. 충청남도 문화재자료 제116호로 지정되어 있다.

(2) 입지환경 및 배치

부소산 남서쪽 능선 거의 아랫부분에 부여동헌과 함께 내아(내동헌)가 있고 내아 후면 언덕에 17단의 계단을 두고 일각문을 세운 다음 담으로 둘러싸여 영당이 자리 잡고 있다.

사진37. 도강영당 전경

일각문을 들어서면 경사지를 다듬어 부지를 정지하고 하단은 마당으로 하고, 상단에 영당을 배치했다. 하단과 상단과의 단차는 약 3자 내지 3자 반정도이다. 영당 주위로는 담을 둘렀는데 남측 담은 기와를 올린 자연석 담이고, 양 측면과 후면은 시멘트 불럭담이다. 마당은 시멘트 보도블럭을 깔아두었다.

(3) 건축구조 및 양식

도강영당은 정면 3칸, 측면 2칸으로 겹처마 맞배지붕이고 1고주 5량집 구조이다. 평면의 정면열은 퇴칸으로 하고 정면에 창호를 달지 않고 개방해두었다.

기단은 급한 경사지를 이용하였기 때문에 전면은 약 3자 정도를 높고 후면은 지면과 같은 높이가 되었다.

영당의 측면 2칸 중 전면 1칸은 전퇴칸으로 개방하여 참배공간으로 만들고, 후면 1칸은 통칸으로 하여 3인의 영정을 봉안하는 공간을 만들었는데 정면에는 쌍여닫이 띠살 들어열개를 달아 필요에 따라 서까래에 달려 있는 걸쇠에 걸도록 하였다.

구조는 자연석을 먼저 쌓고 다시 그 위에 가공이 잘된 화강석을 갑석(甲

石)처럼 엎어 놓은 기단 위에 원형초석을 놓고 원형기둥을 세웠다. 공포는 전형적인 무출목 초익공계통으로 구성하였는데 창방 위에는 각 칸에 3개씩의 소로를 놓아 주심도리 장혀를 받고 있다. 지붕틀은 전방 퇴주와 후방 평주 사이에 내고주를 세우고 여기에 대들보와 퇴보를 결구하고 있는 1고주 5량집으로 지붕은 겹처마 맞배지붕이다. (사진 38, 39, 40)

사진38. 도강영당

사진39. 도강영당 기단

5) 하동정씨정려 (河東鄭氏旌閭)

(1) 연혁

하동정씨 정득열(鄭得說)·정택뢰(鄭澤雷)·정택뢰의 처 동래정씨, 그리고 정천세(鄭千世) 등 4인을 모신 정려이다. 이 정려는 숙종

사진40. 도강영당 지붕틀 구조

때 처음 부여 동남리 마천마을에 득열·택뢰의 충효정려를 세웠다가 이어서 열려(동래 정씨)와 효자(천세)를 합하여 사정려가 되었다. 그후 정려를 돌보지 않아 퇴락되자 60년 동안 회복하지 못한 채 현판만 보관해 오던 중 1960년에 이곳에 다시 정려를 세웠다.

정득열은 사천현감(泗川縣監)을 역임하였고, 임진왜란 때에 민병 300여 명을 모아 절도사 유숭인(柳崇仁)과 더불어 진주성 싸움에 참전하여 목사

김시민(金時敏)과 힘을 합하여 왜병을 방어하여 큰 공을 세웠으나 마침내 중과부적으로 순절(殉節)하였다. 이와 같은 행적으로 득열은 선조 25년 (1592)에 훈정(訓正)으로 추증되었고, 숙종 43년(1717)에 명정되었으며, 순조 6년(1806)에 다시 승지로 증직되었고, 순조 7년(1807)에 시호가 내렸다.

정택뢰는 광해군의 폐모에 항소를 올렸다가 남해 절도로 귀향가게 되었다. 이때 어머니 강씨가 적소에 따라왔다가 병으로 위독하게 되자 자신의 손가락을 잘라 피를 먹였다. 그 후 조금 낳은듯했으나 마침내 돌아가자 너무 슬퍼한 나머지 눈이 멀어 적소에서 죽었다. 이와 같은 행적으로 인조 원년(1623)에 지평에 증직되었고, 숙종 39년(1713)에 명정되었으며, 순조 6년(1806)에 이조판서로 증직되었다. 그의 부인 동래정씨는 남편이 죽자 곧 자결하고자 하였으나 옆 사람의 구호로 뜻을 못 이루고, 머리를 자르고 지아비의 3년 상을 마친 후 죽어 순조가 열(烈)로서 명정하였다. 아들 천세는 겨우 11살에 아버지를 여의고 밤낮으로 호곡(號哭)하면서 미음도 먹지 아니하다가 열흘이 못되어 죽었다. 이에 순조 6년(1806)에 효로서 함께 명정하였다.

(2) 입지환경 및 배치

부소산 서남부 2부능선 부근에 위치해있으며, 현 부소산성 부출입구(구 정문)에서 동북쪽으로 멀지 않은 언덕 위에 자리 잡고 있다. 남북으로 급하게 경사진 곳에 부지를 정지하고 남향으로 건물을 배치했다. 동쪽과 서쪽으로는 막힌 언덕이 없이 북고남저의 경사지로 되어 있고, 남쪽으로는 전망이 트여 부여읍 내가 조망된다. 북쪽으로는 부소산 구릉이 배경을 만들어주고 있다.

부소산 서측 산책길을 따라 가다가 우측으로 나있는 진입로를 들어서면 정려의 서측 모서리로 집입하게 된다. 측면과 후면에 낮은 축대를 쌓고 정려 앞쪽은 지반을 절토하여 평지를 조성하고 한 동의 건물을 북측 경사지에 붙여 배치해 두었다.

(3) 건축구조 및 양식

정면 3칸, 측면 1칸의 겹처마 맞배지붕으로 3량집 구조이다. 기단은 사괴석 외벌대로 만들고 기단 상부는 흙다짐으로 마감하였다. 초석은 높이 2자반정도되는 방형 초반을 둔 원형 장초석을 놓고 그 위에 원기둥을 세웠다.

기둥 상부에서는 약한 창방부재를 기둥 사이에 걸고 기둥 위에만 주두와 함께 이익공식 공포를 짜올렸다. 공포 상부에 장혀와 주심도리를 올려 서까래를 받도록 하였다. 익공 살미는 연화문양을 조각하여 매우 화려하게 보인다. 정면 각 칸의 창방과 장혀 사이에는 화반을 하나씩 끼우고, 장혀와 주심도리에는 각 칸에 2개씩 운공을 끼워 고정시켰는데 이 운공은 장식을 겸한 부재이다. 후면의 창방과 장혀 사이에는 화반을 끼우지 않고

사진41. 하동정씨정려 전경

사진42. 하동정씨정려 기단과 초석　　사진43. 하동정씨정려 공포　　사진44. 하동정씨정려 박공판

소로를 5개씩 끼워 두었다.

　지붕은 측면 간격이 짧아 대들보를 올리고 판대공을 세운 다음 종도리를 걸었다. 서까래는 긴서까래 하나만으로 지붕면을 처리하였다. 기와에는 막새를 쓰지 않고 암·수키와만으로 마감하였다.

　내부 바닥은 흙바닥으로 하고 천정은 서까래가 노출된 연등천정이다. 창호는 두지 않고 정면에만 살창을 설치하였고, 측면과 후면은 회벽으로 마감하였다. 지붕의 양 측면 박공에는 커다란 풍판을 달아두었다.

　4. 루정건축

　1) 영일루 (迎日樓)

　(1) 연혁

　영일루는 원래 홍산 관아의 정문으로 사용하던 건물을 옮겨온 것이다. 홍산 관아문은 고종 8년(1871) 홍산군수였던 정몽화(鄭夢和)가 건립한 것으로 당시 건물 이름은 집홍루(集鴻樓)이었다. 일제강점기에 들어와 행정 개편이 되면서 대개의 관아건물이 그 기능을 하지 못하게 되면서 퇴락되면 자연히 철거되는 경우가 많다.

　홍산관아 역시 제 기능을 하지 못하게 되자 아문을 1964년 이곳으로 옮기면서 누각으로 사용하게 되었다. 1983년과 1989년에 각각 부분보수가 있었다. 1989년도 보수는 도리이상 해체 후 드잡이하여 번와를 보수하였다.

부소산성 내에 영일루터에는 현재의 건물이 아닌 다른 건물이 이전부터 있었다. 『신증동국여지승람(新增東國輿地勝覽)』과 『여지도서(輿地圖書)』 및 김정호가 지은 『대동지지(大東地志)』 등의 옛 문헌에 영월대(迎月臺)라는 건물이 기록되어 있고, 『증보문헌비고(增補文獻備考)』 『여지고(輿地考)』 산천 조(山川 條)에는 영일대(迎日臺)라는 건물이 있었다고 기록되어 있다. 홍산아문을 이곳에 옮겨오면서 옛 건물의 이름을 그대로 사용하게 되었다.

영일루라는 편액은 홍산 출신인 원곡(原谷) 김기승(金基昇)의 글씨이고, 인빈출일(寅賓出日)이라는 편액은 정향(靜香) 조병호(趙柄鎬)의 글씨이다. 이 밖에도 1964년 당시 부여군수 박욱래가 적고 정임용이 글씨를 쓴 중건기가 있다. 지금은 충청남도 문화재자료 제101호로 지정되어있다.

(2) 입지환경 및 배치

부소산의 두 봉우리 중 동쪽 봉우리에 군창터가 있고 군창터 동편에 영일루가 자리 잡고 있다. 이 누각에서 백제 때 계룡산 연천봉(連天峯)의 일출을 맞던 곳이라는 전설이 있다. 누각 이건을 위한 정지 공사 중 백제의 와편이 다수 출토된 바 있어 이곳에 건물이 있었음을 추정케 해주고 있다. 동쪽으

사진45. 영일루 전경

로 청마산성이 멀리 바라보이며, 나성 제1각이 연봉 산정을 지나는 것이 내려다보인다. 남쪽으로 부여읍 내가 조망되고 있으며, 동남쪽으로는 백마강을 건너 임천의 성흥산성과 그 앞에 펼쳐진 구룡평야가 조망된다. 이곳에서 북으로 약한 경사지를 오르면 군창지가 자리 잡고 있다. 높은 지대에 주변의 시야가 터져있는 곳에 배치하고 있으며 가까이에는 낡고 퇴락된 매점 외에 다른 건물이 없다. (사진 45)

(3) 건축구조 및 양식

건물의 규모는 정면 3칸, 측면 2칸의 2층 누각으로 겹처마 팔작지붕이며 무고주 5량집 구조이다. 아래층은 벽이 없이 기둥만 있고 2층은 높게 누다락으로 꾸며 주변 경관을 잘 볼 수 있도록 했다. 아래층 남서쪽 모서리에 2층으로 오르는 계단을 설치해 두었다.

대지를 평평하게 고른 다음 기단은 화강석을 장대석 외벌대로 하였다. 기단 바닥은 점토와 회를 섞어 마감하였다. 초석은 방형 초반에 8각 장초석을 사용했는데 가운데 열에는 높이가 낮은 50㎝ 정도의 것을 쓰고 앞뒤 열에는 이보다 높은 80㎝로 하였다. 기둥은 가운데 2개는 네모기둥이고 나머지는 모두 원기둥이다. 2층에는 사방으로 난간을 설치하였다. 난간 모양은 기둥과 기둥사이를 상방(上枋)과 하방(下枋)을 가로지르고 그 사이에는 널을 끼운 가장 간단한 평난간이다.

기둥 상부에는 창방(昌枋)으로 기둥과 기둥 사이를 단단히 끼우고, 그 위에 평방(平枋)을 하나 더 올려놓았다. 이렇게 평방을 하나 더 올린 것은 공포를 여러 개 짜 올리는 다포식으로 하려는 이유에서이다. 공포를 기둥 위에만 두지 않고 기둥과 기둥 사이에도 올려놓으면 창방이 무게를 많이 받게 된다. 그래서 창방 위에 평방을 하나 더 걸쳐두는 것이다. 기둥머리에는 용머리를 하나씩 조각해 걸어 두었는데 이 용머리는 기둥 안쪽에서 대들보 끝 부분을 받쳐주는 보아지 역할을 하기도 한다. 공포는 첨차가 안쪽으로 1줄을 내밀고 외부로는 2줄을 내밀게 만든 내 1출목(內一出目) 외 2출목(外二出目) 다포집이다. 공포와 기둥, 보 부분에 연꽃, 용머리, 봉황 등이 조각되어있어 건물이 화려해 보인다.

대들보 위에는 양쪽에 하나씩 동자기둥을 세우고 종보를 올린 다음 화반대공으로 종도리를 받치도록 하였다. 대들보 양 측면으로는 충량을 걸었는데 충량의 보머리는 용두를 조각하여 화려한 모습이다. 충량 위 선자서까래가 모이는 곳은 외기와 우물천정을 달아두었다. 영일루는 건물이 높고 다포식으로 만들어 외부에서 보면 매우 웅장하고 화려해 보인다. 그러나 안에서 내부구조를 보면 외부에서 보는 만큼 화려하지는 않다.

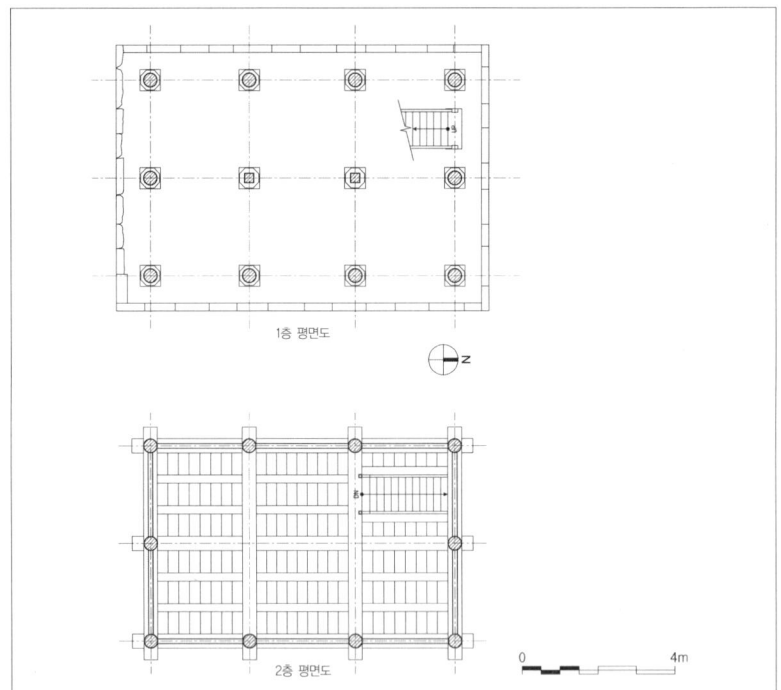

그림12. 영일루 평면도(上 : 1층, 下 : 2층)

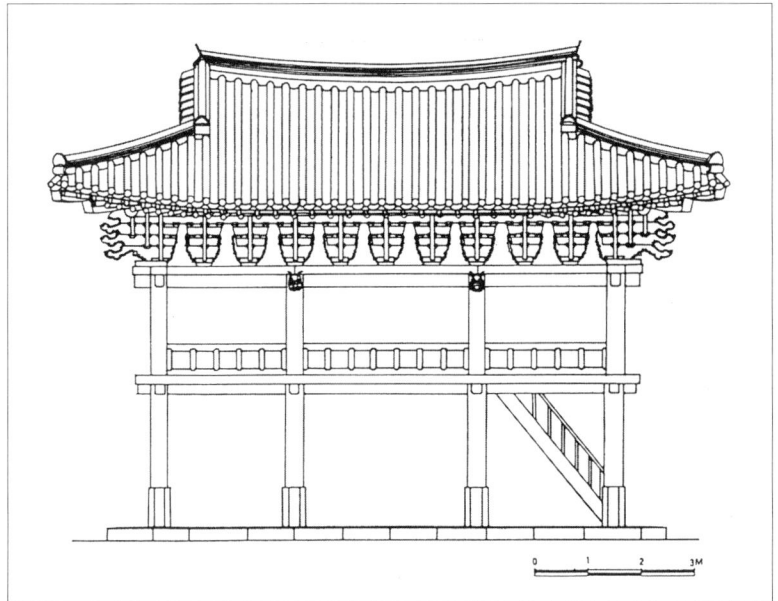

그림13. 영일루 정면도

그림14. 영일루 측면도

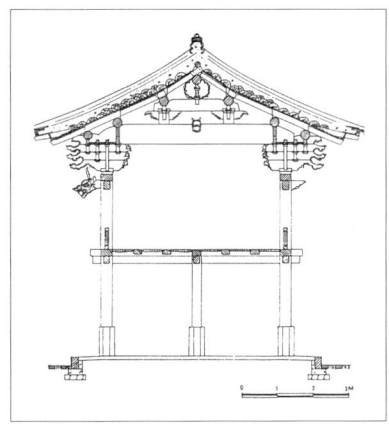

그림15. 영일루 단면도

사진46. 영일루 기단과 초석　　사진47. 영일루 공포구조　　사진48. 영일루 지붕틀구조

2) 사자루 (泗泚樓)

(1) 연혁

사자루는 1919년 기미년에 임천 관아의 누문인 개산루(皆山樓)를 이곳으로 이건하고 사자루(泗泚樓)라 현액한 것이다. 원래 임천 관아의 정문으로 사용했던 것인데 일제 때인 1919년 지금의 장소로 옮겨놓은 것이다. 원래 임천 관아문은 순조 24년(1824) 당시 군수였던 심노숭(沈魯崇)이 건립한 것인데 이곳으로 옮기면서 터를 다듬을 때 지하에서 정지원(鄭智遠)이라는 이름이 새겨진 백제시대 금동석가여래입상이 발견되기도 했다. 건물이 들어선 위치는 옛날 송월대(送月臺址)가 있었던 곳이기도 하다. 1982년에 부분 보수를 하였고 1989년에는 도리이상 해체 후 드잡이하여 번와를 보수하였다.

사자루라 쓴 편액은 1919년 5월에 고종의 아들 의왕(義王) 이강(李堈)이 썼고, 백마장강(白馬長江)이라 쓴 편액은 조선말기 명필인 해강(海堈) 김규진(金圭鎭)이 썼다. 사자루에는 사자루중수기(泗泚樓重修記) 사자루기(泗泚樓記)등 2개의 기문과 시문을 적은 현판이 6개 걸려 있다. 충청남도 문화재자료 제99호로 지정되었다.

(2) 입지환경 및 배치

사자루는 부소산성 내 2개의 봉우리 중 서북쪽에 위치한 봉우리에 자리 잡고 있다. 부소산 봉우리 중 가장 높은 곳이다. 동으로는 계룡산이, 서로는 백마강과 구룡평야가, 남으로는 임천의 성흥산성이, 북으로는 백마강과 울성산성 및 증산성이 관망되는 곳으로 경치나 경관적으로 중요한 위치이다. 가까운 인근 동남쪽으로는 궁녀사가, 서북쪽으로는 낙화암과 백화정, 북으로는 고란사가 자리 잡고 있다. 가장 높은 곳에 위치한 관계로 주변의 조망이 터져있고 다른 건물이 없다.

(3) 건축구조 및 양식

건물의 규모는 정면 3칸, 측면 2칸의 2층 누각으로 무고주 5량집 구조에 겹처마 팔작지붕이다. 전에는 1층 가운데 칸에 문이 있었으나 지금은 문을 달았던 자리를 없애고 기둥만 남아 있다. 북쪽 모서리 기둥에 붙여 위로 오르는 계단을 설치해 두었다.

기단은 잘 가공한 화강석 장대석을 외벌대로 돌리고 바닥은 방형 바닥 전돌을 깔아두었다. 초석은 주좌 없는 원형초석과 8각형 초석을 혼용하고 있다. 초석의 크기는 일정하지 않고 중심부 기둥에는 큰 것을 사용하고 있다. 기둥은 모두 원기둥을 썼다. 2층으로 오르면 사방으로 난간을 설치하였는데 난간모양은 기둥과 기둥 사이를 상방(上枋)과 하방(下枋)을 가로지르고 그 사이에는 널을 끼운 가장 간단한 평난간이다. 기둥머리에서는 기둥과 기둥 사이에 창방(昌枋)을 끼워 고정하고 그 위에 장혀와 도리를 창방과 같은 모양으로 끼워 기둥 상부를 단단하게 고정시켰다. 기둥 위에서는 이익공식으로 공포를 짜 올렸는데 살미는 2개가 모두 위로 올라간 상앙형태이다. 살미에는 연봉 또는 연화를 조각해두었다. 기둥머리에 주두와 재주두를 올리고 대들보를 걸었다. 대들보 머리에는 봉황을 조

각하여 장식을 더했다. 각 칸의 창방과 장혀 사이에는 화려한 식물문양을
조각해 만든 화반(花盤)을 하나씩 끼워두었다. 화반 중심 상부에는 소로
를 하나씩 끼워두었다. 지붕틀 구조는 5량집 구조인데 대들보 위에 2개의
동자기둥을 세우고 종보를 올린 다음 화려한 파련대공을 세우고 장혀와
종도리를 받치도록 하였다. 파련대공은 주변을 파련문으로 조각하고 파
련문 단청을 그려 화려하게 보인다. 대들보 측면으로 충량을 걸었는데 꼬
리 부분에 용두를 조각하고 단청으로 용문양을 그려 넣어 파련대공과 함
께 화려한 모습을 보여주고 있다. 충량 위 선자서까래가 모이는 곳은 외
기도리와 우물천정을 달아두었다. 천정은 서까래가 그대로 드러나 보이
게 만든 연등천정이다. 이 누각은 부소산 정상부에 자리 잡고 있는 데다
가 2층 누각이어서 더욱 높고 커 보인다.

사진49. 사자루 전경

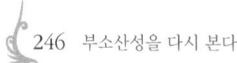

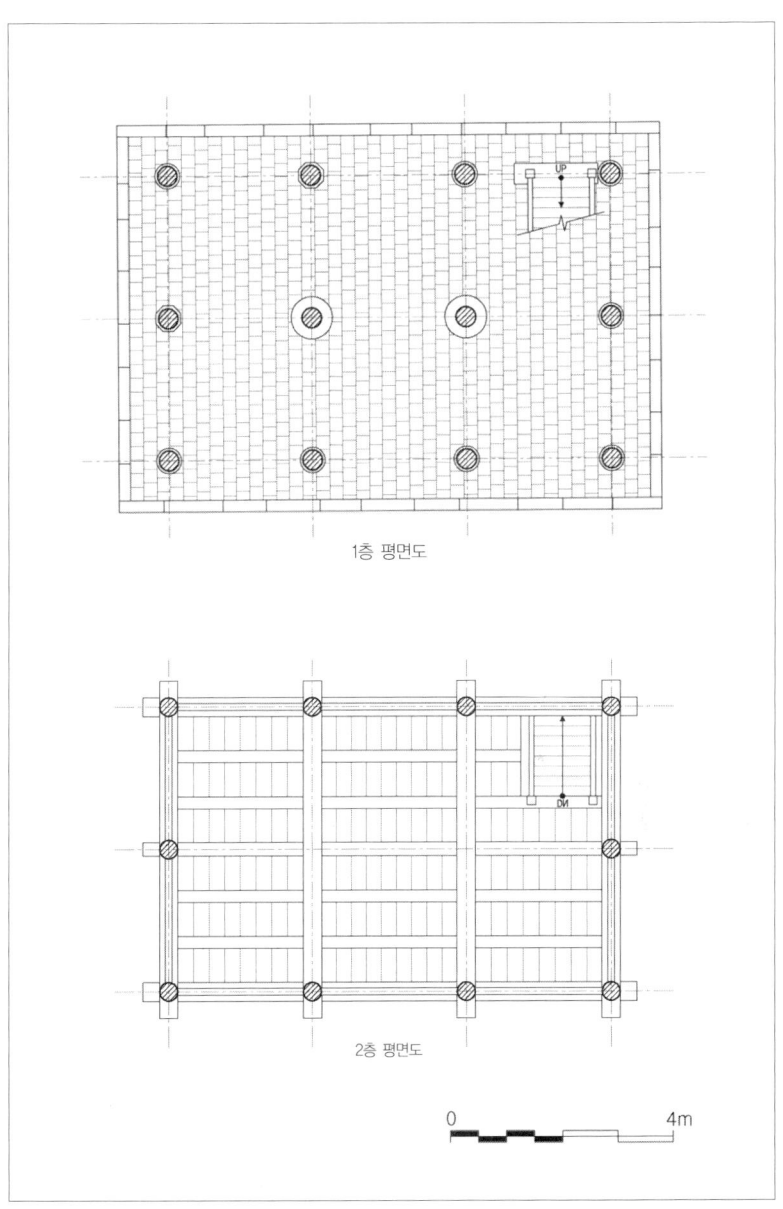

1층 평면도

2층 평면도

0   4m

그림16. 사지루 평면도

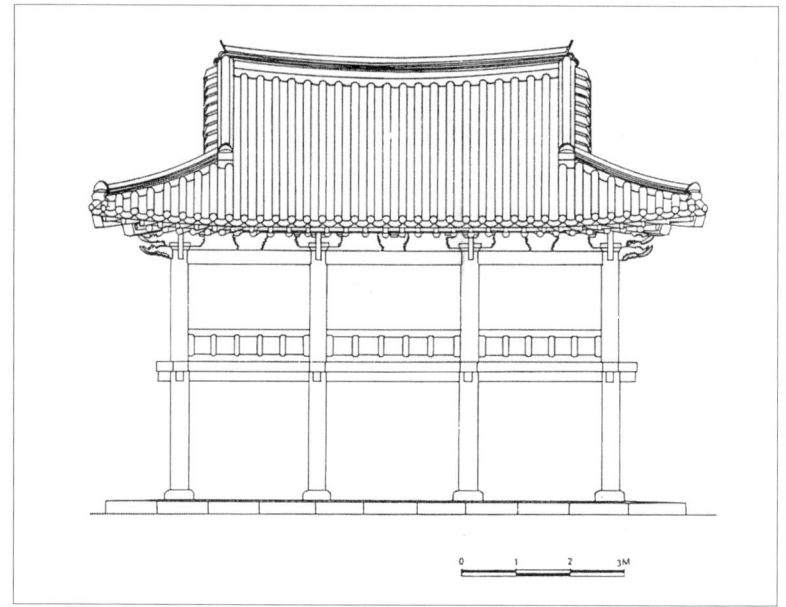

그림17. 사지루 정면도

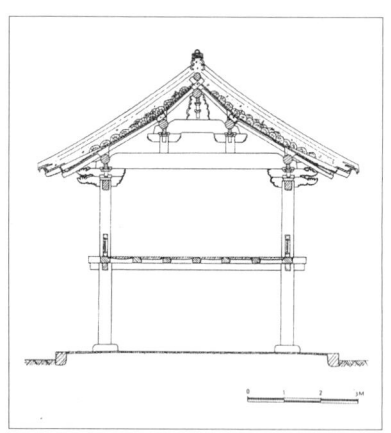

그림18. 사지루 종단면도

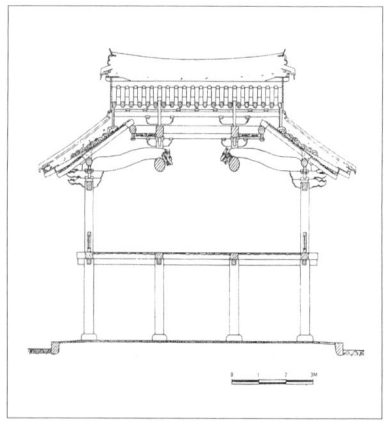

그림19. 사지루 횡단면도

사진50. 사자루 기단과 초석

사진51. 사자루 편액과 겹처마

사진52. 사자루 공포상세

사진53. 사자루 지붕틀구조

3) 반월루(半月樓)

(1) 연혁

원래 이곳에는 술루(戌樓)가 있었던 곳이었으나 이미 오래 전에 퇴락되어 없어지고 빈터만 남아 있었다. 그러다가 1971년 당시 군수였던 전준기(田俊淇)의 노력으로 5백만 원의 국고보조금을 지원받아 이 누각을 건립하고 반월루라고 이름을 붙였다. 1988년 번와보수와 부식된 일부 기둥을 보수하였다. 반월루 현판은 당시 국무총리였던 김종필의 글씨이다.

(2) 입지환경 및 배치

반월루는 부소산의 서남부 언덕 위에 자리 잡고 있다. 동편으로 인접하여 수혈주거지 전시관이 자리 잡고 있으며. 서편 언덕 아래에는 부소산 절터가 있다. 북으로는 산책로를 따라 사자루, 낙화암, 고란사로 이어지고 서남으로는 시야가 터져 부여읍 내와 백마강이 멀리 조망된다.

반월루가 자리 잡고 있는 곳은 부지가 그리 넓지 않으며 누각 1동만 들어갈 수 있을 정도이다. 좌향은 서남쪽을 향하고 있는데 서남쪽 면은 내리막 급경사이다. 동남과 서북쪽 역시 능선으로 이루어진 지형조건이다.

사진54. 반월루 전경 　　　사진55. 반월루 기단과 초석

(3) 건축구조 및 양식

건물의 규모는 정면 3칸, 측면 2칸의 2층 누각으로 무고주 5량집 구조에 겹처마 팔작지붕이다. 서북쪽 모서리부분에 계단을 설치해두었다.

기단은 잘 가공한 화강석 장대석을 외벌대로 돌리고 바닥은 점토와 시멘트를 혼합하여 깔아두었다. 초석은 주좌를 새긴 원형초석을 사용하고 있다. 초석의 크기는 일정하지 않고 중심부의 2개는 특히 큰 초석을 사용하고 있다. 기둥은 모두 원기둥을 썼다. 2층으로 오르면 사방으로 난간을 설치하였는데 난간모양은 기둥과 기둥 사이를 상방(上枋)과 하방(下枋)을 가로지르고 그 사이에는 널을 끼운 가장 간단한 평난간이다. 기둥머리에서는 기둥과 기둥 사이에 창방(昌枋)을 끼워 고정하고 그 위에 장혀와 도리를 창방과 같은 모양으로 끼워 기둥 상부를 단단하게 고정시켰다. 기둥 위에서는 이익공식으로 공포를 짜 올렸는데 살미는 2개가 모두 위로 올

사진56. 반월루 공포상세

사진57. 반월루 지붕틀구조

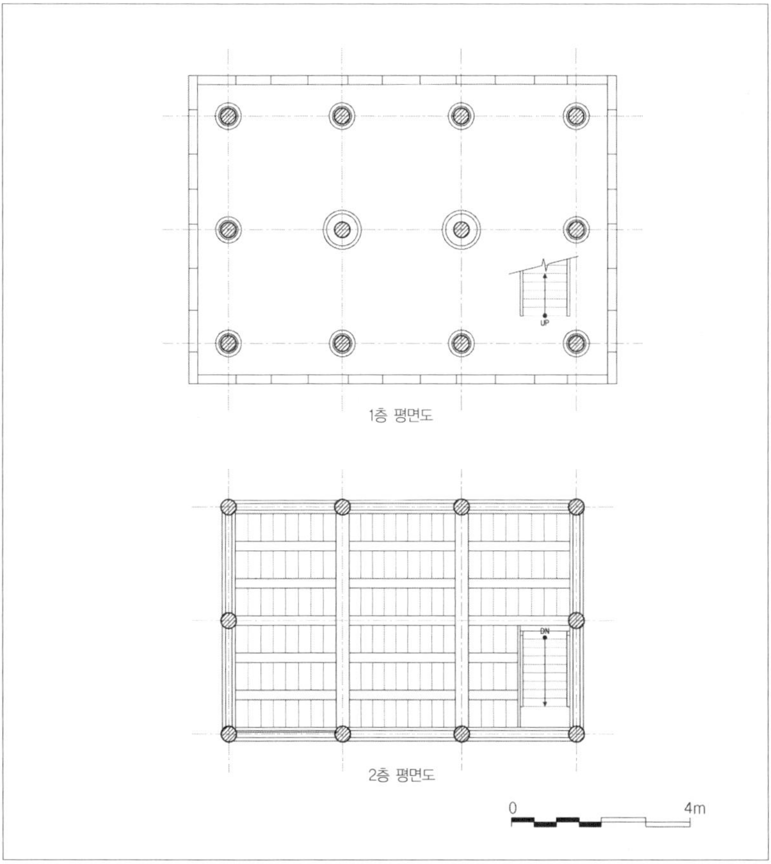

1층 평면도

2층 평면도

0   4m

그림20. 반월루 평면도

라간 상앙(上昻) 형태이다. 살미에는 연봉 또는 연화를 조각해 두었다. 기둥머리에 주두와 재주두를 올리고 대들보를 걸었다. 대들보 머리에는 봉황을 조각하여 장식을 더했다.

각 칸의 창방과 장혀 사이에는 화반(花盤)을 하나씩 끼워 두었다. 화반 중심 상부에는 소로를 하나씩 끼워두었다. 지붕틀 구조는 5량집 구조인데 대들보 위에 2개의 동자기둥을 세우고 종보를 올린 다음 파련대공을 세워 장혀와 종도리를 받치도록 하였다. 파련대공은 주변을 파련문으로 조각하고 간단하게 단홍색을 칠해두었다. 대들보 측면으로 충량을 걸었는데 꼬리부분에 용두를 조각하고 단청으로 용문양을 그려 넣어 화려하다. 충량 위 선자서까래가 모이는 곳은 외기와 우물천정을 달아두었다. 천정은 서까래가 그대로 드러나 보이게 만든 연등천정이다.

4) 백화정 (百花亭)

(1) 연혁

백화정은 백제 멸망과 함께 죽은 궁녀들의 원혼을 추모하기 위하여 이곳 낙화암에 1929년 처음 세운 것이다. 부소산성 북측 밖 백마강변에 위치하고 있다. 험악한 바위로 이루어진 일대에 위치를 정하여 백화정을 배치하였다. 이 바위는 백제 멸망 당시 절벽에 떨어져 죽은 궁녀들의 전설이 깃든 곳이다. 주변은 급한 벼랑으로 되어있고 벼랑 아래는 백마강이 굽이쳐 흘러가고 있다.

'백화정(百花亭)'이란 이름을 붙인 것은 두 가지 의미가 있다. 하나는 소동파(蘇東坡)가 혜주(惠州)에 귀양갔을 때 성 밖의 호수 풍호(豊湖)를 보고 지은 「강금수사백화주(江錦水射百花州)」라는 시에서 따왔다는 것이고, 다른 하나는 백제가 멸망하자 궁녀들이 낙화암에서 떨어져 죽었는데 그 모습이 마치 하얀 꽃과 같은 모습에서 이름을 붙인 것이 아닌가 생각된다.

1982년에 부분보수가 있었고, 1984년도에는 백화정 주위에 보호책을 설치하였다. 1991년에도 부분보수가 있었다. 충청남도 문화재자료 제108호로 지정되어있다.

(2) 입지환경 및 배치

부소산성 북측 밖 백마강변에 위치하고 있다. 험준한 바위로 이루어진 일대를 점지하여 백화정을 배치하였다. 이 바위는 백제 멸망 당시 절벽에 떨어져 죽은 궁녀들의 전설이 있는 곳이다. 주변은 급한 벼랑으로 되어 있고 벼랑 아래는 백마강이 굽이쳐 흘러가고 있다. (사진 58)

사진58. 백화정 전경

(3) 건축구조 및 양식

이 정자는 평면이 육각형이고, 처마는 덧서까래를 짜 올린 겹처마이며 지붕은 육모지붕이다. 대개 정자는 모임지붕으로 만드는 경우가 많은데 평면이 사각형이면 사모지붕, 이 건물처럼 평면이 6각형이면 육모지붕이라고 한다. 지붕의 내림마루 끝에는 망와(望瓦)를 달았으나 기와 끝에는 막새를 달지 않고 석회로 둥그렇게 발라 만든 '아구토'로 마감해 두었다. 지붕 꼭대기에는 절병통을 올려놓았다. 지반에서 약 1.5m 정도 띄워 마루바닥을 설치하였다. 남측면에 나무계단 하나를 두고 이를 오르내리도록 했다.

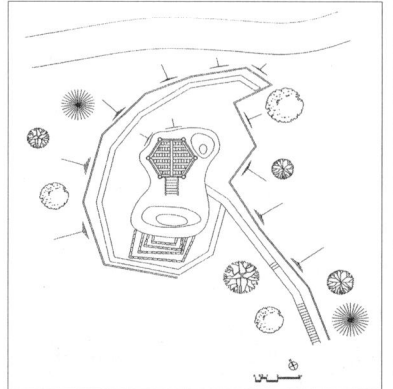

그림21. 백화정 배치도

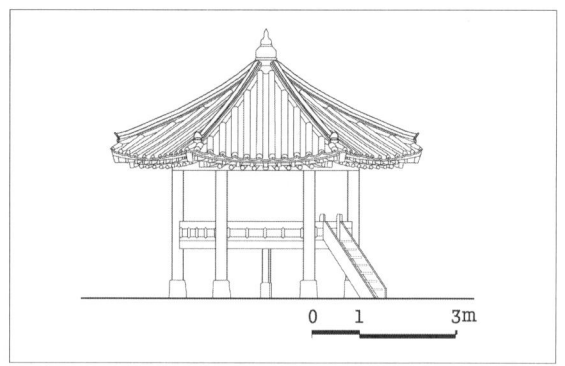

그림22. 백화정 평면도

그림23. 백화정 입면도

사진59. 백화정 처마

사진60. 백화정 기둥머리구조

불쑥 솟은 자연 암반을 그대로 이용했기 때문에 정자가 서는 지반 전부를 축대로 쌓지 않아도 기단이 될 수 있으며, 흙바닥을 다지지 않아도 단단한 지반이 될 수 있었다. 초석은 화강석을 원형으로 다듬어 세웠는데 낮은 것은 약 0.45m, 높은 것은 약 0.6m 정도이다. 기둥은 모두 원기둥을 썼는데 직경이 약 30㎝ 정도이다. 기둥머리에서는 기둥과 기둥 사이를 단단히 연결하는 창방(昌枋) 부재를 끼워 두었는데 대개 단면을 사각형으로 만든다. 그러나 백화정의 창방 단면은 원형이다. 기둥 꼭대기에 올린 주두는 사각형이 아니라 6각형이다. 대개 기둥 위에 끼우는 주두모양은 사각형인데 백화정에서 6각형을 만든 것은 부재가 직각으로 맞추어지지 않고 120도 각도로 맞춰지기 때문에 여기에 맞도록 만든 것이다.

 마루 바닥의 짜임새는 우물마루로 하고 주변에는 난간을 설치하였다. 우물마루는 나무 널판을 동귀틀 사이에 한장 한장 끼워 만드는 것이다. 난간은 기둥과 기둥 사이에 상방(上枋)과 하방(下枋)을 가로지르고 그 사이에는 장식이 없는 착고널로 궁창을 끼운 가장 간단한 '평난간'이다. 궁창의 널 바깥에는 단청으로 연꽃무늬를 그려놓았다.

 천정은 중심 6각형 부분에는 6각에 맞춘 우물반자로 짜 맞추고, 그 주변은 경사지게 만든 '빗천정'으로 마감하였다. 천정에는 여러 가지 연꽃무늬를 그려 놓았다.

5) 사비문 (泗沘門)

(1) 연혁

 부소산의 정문으로 사용하는 문루이다. 부소산의 정문은 원래 부여문화재연구소 쪽에 있었으나 1985년 현재의 사비문을 만들면서 이곳을 정문으로 하고 먼저 사용하던 정문은 후문이 되었다.

(2) 입지환경 및 배치

부소산 남쪽에 위치해 있으며 부여읍 내 중심가로인 석탑로의 북쪽 끝 부분에 자리 잡고 있다. 부소산 능선이 남쪽으로 흘러내려 시가지와 경계를 이루는 지역에서 완만한 경사지가 되는데 남쪽으로는 막힘없이 시가지가 조망되고 북으로는 부소산 언덕이 시작되는 곳이다. 동쪽과 서쪽으로는 북고남저의 완만한 경사를 이루면서 시설물이 없고 전망이 트여있다.

사비문 정면에는 넓은 마당을 조성해 두었고, 후면에는 정면 마당보다는 작으나 마당을 두고 마당 서측에서 왕궁터로 추정되는 유적이 발굴되었다. 후면 마당과 연결되어 부소산으로 올라가는 길이 시작된다. 따라서 사비문은 넓은 마당가운데 중층루문이 서있는 모습이다. 문의 좌우로는 지붕이 있는 자연석 담장을 설치하여 부소산과 경계를 이루고 있다.

(3) 건축구조 및 양식

사비문은 정면 3칸, 측면 2칸에 홑처마 팔작지붕 중층 누각건물이다. 평지에 장대석 외벌대 기단을 만들고 다른 건물에 비해 훨씬 큰 덤벙주초를 사용하였다. 기단 바닥은 평평한 자연석을 깔아두었다. 초석의 크기는 서로 일정치 않다. 기둥은 모두 원주를 사용하였다. 후면 서측 협칸에 계단을 두고 2층으로 오르게 하였다. 2층에는 사방으로 난간을 설치하였는데 난간모양은 기둥과 기둥 사이를 상방(上枋)과 하방(下枋)을 가로지르고 그 사이에는 널을 끼운 가장 간단한 평난간이다. 기둥머리에서는 기둥과 기둥 사이에 장혀와 도리를 올렸는데 특이하게도 주두를 사용하지 않고 기둥이 주심도리에 곧바로 끼워지게 하였다. 즉 기둥머리에서 보와 도리를 한꺼번에 사개맞춤으로 끼우고 도리 밑에는 장혀, 보 밑에는 보아지를 끼워 구조적인 보강을 하였다. 보 밑에 받친 보아지모양을 익공의 살미모양으로 만들어 마치 초익공식 공포처럼 보인다.

　지붕틀 구조는 무고주 5량집 구조인데 대들보 위 양쪽에 하나씩 포대공을 세우고 종보를 올린 다음 대공을 놓고 장혀와 종도리를 받치도록 하였다. 대공은 주변을 곡선으로 하고 단청으로 파련문을 그려놓았다. 대들보 측면으로 충량을 걸고 충량 위에 포대공을 하나 세운 다음 선자서까래 모이는 부분에 우물천정을 달고 외기를 받치도록 했다. 천정은 서까래가 그대로 드러나 보이게 만든 연등천정이다. (사진 62, 63)

사진61. 사비문 전경

사진62. 사비문 기단과 초석

사진63. 사비문 기둥머리구조

5. 기타

1) 국립부여문화재연구소

건축가 故 김수근에 의해 1967년 국립부여박물관으로 설계하여 1971년 완공하였다. 철근콘크리트 라멘구조이고 주요 구조부는 노출콘크리트로 마감하였다. 이 건물은 지어지면서 왜색시비를 불러왔던 것으로 유명하다.

부여현 동헌과 객사가 있는 지역에 구릉지를 정지하여 동서방향으로 장축을 두고 건물을 배치했다. 객사가 위치한 곳에서 북편으로 한 단 높은 대지에 자리 잡고 있으며 남북으로 지붕면을 두고 동서로 박공면을 둔 배치형태이다. 남측 면을 정면으로 하고 있지만 지형조건으로 앞마당을 크게 둘 수가 없고, 대신 동, 서측 면에 여유공간이 있어 이를 마당으로 활용하도록 하였다.

지상 3층 건물이지만 맞배지붕모양으로 구성하여 마치 기둥을 생략하고 하나의 지붕을 지상에 올려놓은 듯한 모습이다. 건축조형은 커다란 콘크리트 구조체가 人자 모양으로 서로 마주보게 세운 것을 5.5m 간격으로 8개를 세우고 그 사이는 지붕면으로 하고 기와를 올렸다. 구조체를 기둥으

사진64. 국립부여문화재연구소 전경

사진65. 국립부여문화재연구소 남측면 출입구

로 보면 정면 7칸이 되는 것이다. 커다란 人자형 구조체는 상부에서 약간 사이를 두고 마주보게 하고 그 사이에 천장을 두도록 하였고, 지면에서는 구조체가 마치 배 젓는 노와 같은 모양으로 지반을 딛고 있는 형상이다. 구조체 사이의 지붕면에는 2개씩 원형 천창을 두어 내부 공간에 빛을 들이도록 하였다. 이렇게 기울어진 구조체가 너무 강한 조형성을 나타내주는 바람에 전후면에 벽체가 있어도 이 벽체는 잘 인지되지 않는다.

평면은 방형으로 3개의 출입구를 두고 있다. 남측 면에 전시실 출입구와 직원출입구를 두고, 동측면에 비상출입구를 두었다. 1층 내부에서는 동측 대부분을 전시장으로 하고 서측에 관리공간을 두었다. 2층 서측은

사진66. 국립부여문화재연구소 동측박공면

사진67. 국립부여문화재연구소 지붕 천창

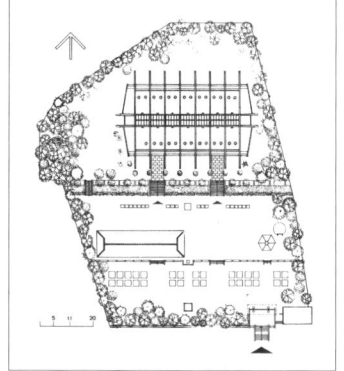

그림24. 국립부여문화재연구소(구 부여박물관) 배치도

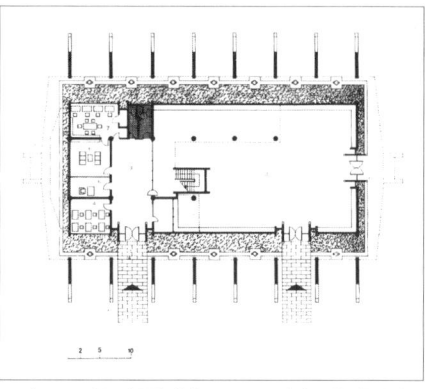

그림25. 국립부여문화재연구소(구 부여박물관) 1층평면도

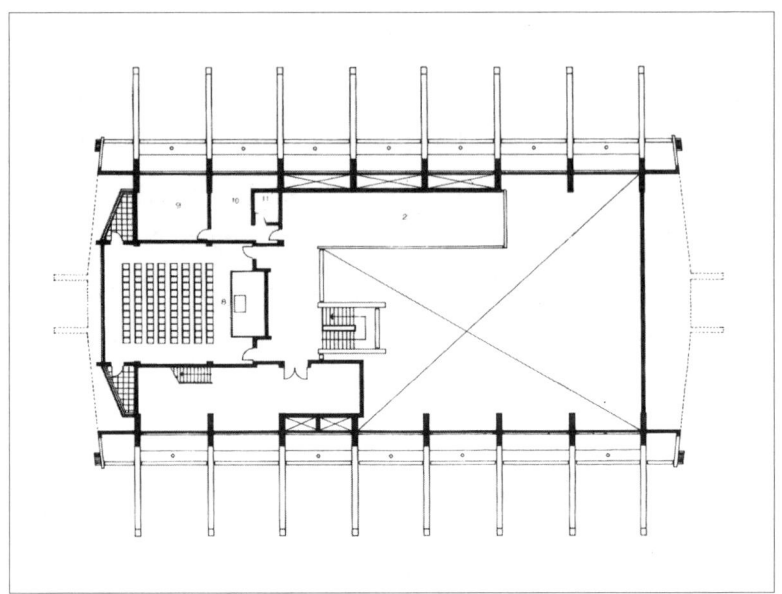

그림26.국립부여문화재연구소(구 부여박물관) 2층평면도

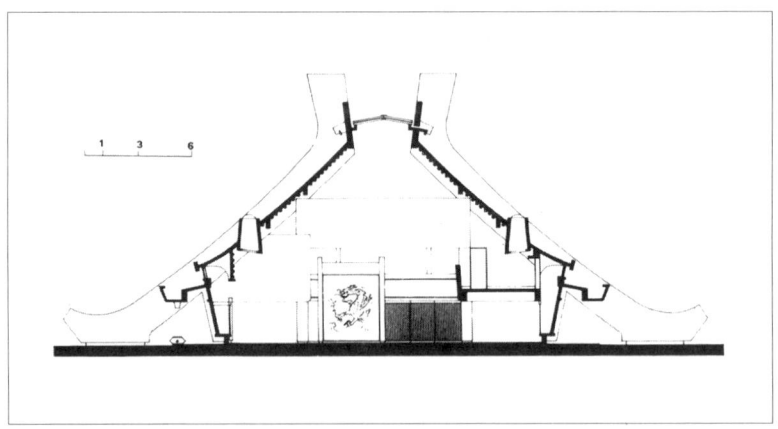

그림27.국립부여문화재연구소(구 부여박물관) 단면도

260 부소산성을 다시 본다

바닥을 구멍내어 좁아 보이는 내부공간을 넓게 보이도록 배려하고 2층 동편에 작은 전시장, 작업실, 수장고, 세미나실을 배치하였다. 3층은 세미나실 상부에만 창고를 두었다. 처음 만들었을 때 주요 구조부를 노출콘크리트로 하여 건축 재료의 진솔한 표현이 특징이었으나 지금은 이 부분을 흰색 페인트를 칠하여 그 의도가 사라져 버리고 말았다.

이 건물은 건축가의 조형의지가 강하게 표현되었지만 조형의미가 특정 이미지와 유사하다는 비평과 함께 건축가들과 일반인들에게 커다란 관심을 불러일으키는 건물이다. 현대건축의 역사적 의미가 담겨져 있는 것으로 평가되고 있는 건축물이다.

III. 맺음말

부소산성 내에는 백제시대부터 현재에 이르기까지 수많은 건축물이 창건과 소멸을 거듭해 왔다. 백제 부소산성의 성문과 병영시설, 신라시기에 건립했던 건물도 이제는 역사 속으로 사라진지 오래다. 현재 부소산에는 조선후기에 건립된 건물보다 오래된 건축물은 없다. 가장 오래된 것이 조선후기에 건립한 부여현 관아(동헌, 내아, 객사)와 고란사 대웅전이며 나머지는 일제강점기 이후에 이건하거나 세워진 것이다. 1500년을 지내온 부소산성에 비해 남아 있는 건축물은 그 역사가 불과 얼마되지 않는다.

일제강점기에 들어와 일본인들은 부여를 그들의 마음의 고향으로 여기면서 귀중한 역사적 공간을 관광지화하기에 이르렀다. 그러나 이곳은 한때 한국역사의 중심이며 우수한 백제문화를 생산해 냈던 곳이었다. 그러기에 부여와 부소산은 단순한 역사경관으로 취급할 수는 없다. 우리는 이처럼 중요하고 귀중한 역사 공간에 아무렇게나 건물을 세워 흠집을 만들어 놓은 것은 아닌지 깊이 생각해 보아야 한다.

부소산성 내의 건축물을 유형별로 분류해 보면 크게 관아건물, 사찰건물, 사묘건물, 루정 그리고 각종 관리 및 편의시설물이다. 관아는 조선후기 부여를 다스리기 위한 건물로 다행히도 몇 동이 남아 부여의 역사를 전해주고 있다. 부소산성 내에 사찰이 들어선 것은 이미 백제 때의 일이지만 이 또한 땅 속에서 그 역사를 말해주고 있으며 또 하나의 사찰 고란사는 조선후기 건물이 이곳으로 옮겨진 것이다. 비록 백제가 멸망한지 1500년이 지나 세운 절이지만 이제 고란사도 우리에게 익숙한 역사경관이 되어버렸다.

부소산성은 멸망한 백제의 역사를 지니고 있어서인지 산성 내에는 많은 사당이 있다. 백제의 세 충신을 모신 삼충사, 백제의 정절을 몸으로 지킨 삼천궁녀의 원혼을 달래기 위해 세운 궁녀사, 백제 땅 부여 출신으로 나라를 지키려다 숨겨간 호국영령을 모신 충령사, 이밖에 도강영당과 같은 사당이 이곳에 있는 것은 부소산성의 슬픈 역사와 그 맥을 같이하는 것 같다.

부소산성에는 루정 또한 유난히도 많다. 계룡산의 아침 해를 맞이했던 영일루(迎日樓)는 일제강점기에 기능을 다해버린 홍산현 관아문을 옮겨온 것이다. 임천현 관아문이었던 개산루는 이곳으로 옮겨 사자루가 되었다. 멸망해 가는 조선의 모습을 눈물로 바라보아야만 했던 이강(李堈)공은 망해버린 백제를 자신과 같은 처지로 생각하고 쓰린 마음을 달래가며 '사자루(泗沘樓)'편액을 썼다. 저 멀리 사라져버린 백제도성과 백마강을 바라볼 수 있도록 전망 좋은 위치에 세운 반월루(半月樓), 꽃처럼 몸을 날려 백제의 절개를 지킨 전설이 남아 있는 낙화암의 백화정(百花亭), 부소산을 들어서면서 처음 만나는 부소산의 얼굴인 사비루도 이제 부소산의 역사경관이 되었다. 또한 한 때 백제의 역사를 한 몸에 담고 있었던 구 국립부여박물관은 한국 현대건축의 한 장을 기록해 주고 있는 역사의 현장이다. 지금은 이 건축물이 부소산을 지키는 역사경관으로 변해가고 있다.

부소산성은 유사시 백제를 지키는 최후의 보루였으나 백제 멸망과 함께 그 명맥은 사라지고 말았다. 비록 그 기능은 소멸되었지만 역사경관은 우리에게 교훈과 체험공간을 제공해 주고 있다. 이처럼 소중한 역사경관은 그 누구도 할 수 없는 반드시 우리가 보존하고 지켜야할 문화유산이다. 부소산성의 역사를 후손들에게 어떻게 남겨서 보여주고 느끼게 할 것인가는 이 시대 우리가 해야 할 책무이다.

부여의 역사경관은 부소산성과 함께하고 있다. 그러기에 부소산성의 훼손은 부여의 훼손이자 백제를 훼손하는 것이다. 1500년의 역사경관을 간직하고 있는 부소산성의 보존은 부여의 경쟁력과 부여의 미래를 담보하는 중요한 요소임을 인식해야 할 것이다.

참고 문헌 및 인용 문헌

- 『대동지지(大東地志)』
- 『신증동국여지승람(新增東國輿地勝覽)』
- 『여지고(輿地考)』
- 『여지도서(輿地圖書)』
- 『증보문헌비고(增補文獻備考)』
- 문화재청, 1986~1991, 『문화재수리보고서』
- 백제문화개발연구원, 1989, 『충남지역의 문화유적』(제3집 부여군편)
- 부여군, 1987, 『부여군지』
- 부여군지편찬위원회, 2003, 『부여의 문화유적』
- 이왕기, 1999, 『한국의 건축문화재(충남편)』, 기문당
- 주남철, 1986. 6, 객사건축의 연구, 『대한건축학회논문집 2-3호』, 대한건축학회
- 충청남도, 1991, 『문화유적총람』(성곽 관아편)
- 충청남도, 1996, 『백제역사재현단지 조성 조사연구보고서』(고건축분야)
- 충청남도, 2002, 『부여의 문화유산』
- 윤준웅, 1998, 『사진으로 본 부여의 백년』, 모든기획

부소산성의 기와

최 맹 식 (국립창원문화재연구소 소장)

▌ 목 차

I. 서문

 부소산성은 백제가 마지막으로 천도한 부여(扶餘 ; 泗沘城)의 왕성(王城)
으로서 이후 백제가 멸망하는 660년까지 122년 동안 주성(主城)으로서 역
할을 했다. 부소산성에 대한 발굴조사는 1980년 군창터로 전해지는 곳부
터 시작하여 20여 년 이상 진행함으로서 성벽의 구간에 따른 축조 시기와
방법, 성벽 내부에서 확인되는 여러 건물과 관련 부대 시설물 등이 많이
밝혀졌다. 이러한 여러 유적과 그 주변에서는 각종 건물지와 이와 관련된
기와류가 많이 출토되었다. 성벽은 백제, 통일신라, 고려 말이나 조선 초
경에 각각 초축되거나 증축되었던 것으로 나타났다. 물론 각 유적에 따른
해당 시기의 유물이 함께 출토되었다.

 성벽을 처음 축조한 백제
성벽은 이른바 포곡형성(包
谷形城)으로서 동남편은 대
부분 해발 75m 내외의 경
사가 심한 지점에 조성되었
다. 통일신라에 들어와서는
기존의 성벽이 크게 축소되
어 초기 토성 내에 두 개의

사진1. 부소산성 전경

테뫼성산성을 새로 보축 또는 초축하였다.

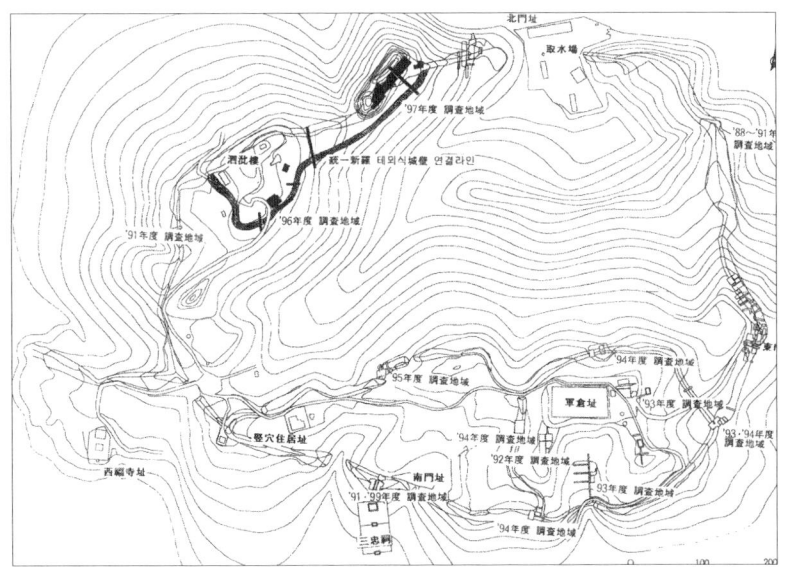

도면1. 부소산성 현황도

한 곳은 전 군창터를 중심으로 한 테뫼성산성으로 기존 남측 성벽을 보강하고, 이 남성벽과 이어지는 비슷한 해발지점을 따라 북성벽을 새로 축조하였다. 이 성벽은 주형(舟形)을 이루고 있으며, 테뫼형산성으로 분류하고 있다. 또 다른 한 곳은 사비루를 중심으로 동편 능선을 따라 테뫼형산성을 새로 구축했는데, 서북편은 기존의 백제 토성벽을 보완하고, 남동편은 새로 쌓아 내성(內城)으로 조성한 것이다. 통일신라에 들어와서는 기능이 크게 축소되어 초기 토성 내에 두 개의 테뫼형산성을 새로 보축 또는 초축하여 구축하였다.(도면 1)

부소산성 내에서 출토된 기와는 유적의 성격으로 보아 크게 두 가지로 구분할 수 있고, 시기별로는 크게 세 시기로 분류할 수 있다. 유적의 성격으로 보면, 주성(主城)으로서 존속했던 백제부터 조선까지의 성벽을 중심으로 관련된 건물, 기타 부속 유적으로서 그 중심의 주체는 성벽이다. 또 다른 성격의 유적은 사찰(寺刹)이다. 이 사찰은 부소산성 서편 입구에서 들어가면 산의 서편 중간 기슭에 위치하고 있다.

따라서 이 글에서는 기와가 출토되는 유적에 성격을 맞추지 않고 부소산성에서 출토되는 기와를 시기와 종류별로 구분하여 서술하였다. 물론 기술하고자 하는 초점은 기와이기 때문에 성벽이나 건물지와 같은 유적은 필요시 간단하게 언급하는 선에서 그치기로 한다. 다만 이러한 유적이나 토층 등 보조적인 설명은 최소한의 내용으로 하였다. 그렇지만 각 기와의 기초적인 조사, 즉 유적이나 층위, 반출유물, 제작기법 등의 특징을 조사·분석한 결과를 토대로 하여 편년과 특징을 파악하여 집약했음을 밝힌다.

부소산성 내에서 출토된 기와는 수막새, 암막새, 인장와(印章瓦)[1], 평기와[2], 치미(鴟尾) 등이 출토되었다.

II. 시대별 출토 기와

부소산성에서 출토된 기와는 성벽 내측과 건물지 주변에서 많은 출토량을 보이지만, 성 외측면의 당시 구지표층과 성 내부의 후대 보완된 체성(體城 ; 판축층과 성토층)부에서도 적지 않은 백제시대 기와가 출토되었다.

---

1) 印章瓦는 기능적인 면에서 일반 평기와에 印章형태의 도장을 파서 기와제작 시에 찍은 것이다. 따라서 인장형태의 도장 형태로 나타난 것이다. 印刻瓦라고도 불린다. 인장와는 보통 한 도장 내에 한 자, 두 자, 네 자가 새겨진 것이 가장 많은 사례이며, 도장의 형태는 둥근 것이 대부분이나, 정사각형과 직사각형도 가끔 확인되고 있다. 글자의 凹凸에 따라 陽刻과 陰刻 두 가지로 분류되며, 양각이 주류를 이루고, 음각은 드물다.
2) 평기와는 지붕에 얹는 가장 기본적인 기와로서 여기서는 암키와와 수키와를 지칭한다.

백제 기와는 성벽 상층과 성벽의 내 외벽 구지표층(舊地表層)에서도 많은 출토량을 보였다. 성벽의 내외 바닥층에서 출토된 기와는 성벽의 상층에서 흘러내렸을 가능성이 높다. 이는 성벽이 축조기법상 토성이라는 점에서, 상층의 구조가 대부분 유실되었고, 이러한 축조방법은 원상태를 보존할 수 없는 조건하에 놓여있었다고 볼 수 있다. 따라서 백제 성벽 초축 당시에는 기와가 성벽에서 어떤 기능을 했는지 알 수 없다. 그렇지만 성벽이 토성이었기 때문에 성의 표면을 보호하기 위하여 평기와가 어떠한 형태로 그 기능을 담당했을 가능성도 있다고 판단된다.

한편 부소산성 서문입구에서 올라가면 폐사지(廢寺址)를 지나 군창터와 사비루로 갈라지는 광장과 접한 바로 북편의 대지에서는 와적기단(瓦積基壇) 건물지가 조사되었는데, 기단의 잔존길이는 연장길이 12.5m, 폭 40㎝ 내외이다. 이 기단은 최고 기와 12단까지 남아 있는데, 기와와 마사토를 번갈아가며 쌓았다.

위의 내용은 평기와의 기능이 단순한 지붕을 얹기 위한 용도뿐만 아니라 토성벽이나 건물지 기단 등의 용도 등으로도 사용한 사례를 든 것이다.

1. 백제 기와

백제 기와는 수막새, 시원형(始原形)의 암막새, 인장와(印章瓦), 평기와 등이 출토되었다. 이 중 평기와는 수십 만 점 이상 출토되었다. 수막새는 서문지(西門址) 및 동문지(東門址), 남문지(南門址)와 그 주변의 건물지, 기타 백제와 관련된 건물지 등지에서 집중적인 출토를 보였다. 막새류가 출토되는 지점에서는 다량의 평기와가 집중적으로 출토되는 경향을 보였다. 평기와 중에는 많은 인장와가 확인되었으며, 인장와는 암·수키와를 가리지 않고 비슷한 비율로 나타났다.

가. 수막새

백제 수막새의 문양은 연화문(蓮花紋), 태극문(太極紋)[3], 소문(素紋)[4]으로 크게 분류된다. 연화문은 크게 단엽단판(單葉單瓣)과 복엽단판(複葉單瓣)으로 나누어진다. 그렇지만 연화문을 각 꽃잎의 끝 형태, 꽃잎의 내부 중앙을 세로로 가로지르는 양각선 존재, 꽃잎의 중앙에 넣은 꽃술형태에 따라 8종류 이상 나눌 수 있다.

태극문의 특징은 중심부에 작은 원형의 편평한 자방부(子房部)를 중심으로 네 개의 날개를 등 간격으로 배치하고 있다. 또 날개의 방향에 따라 시계방향과 그 반대방향으로 나타낸 것이 있다. 날개의 모양에 따라서 살펴보면, 날개를 가는 돌기 형태의 선으로 나타낸 것, 날개를 넓고 도톰하게 표현하되 중심부를 향하여 점차 두텁게 하여 중앙에는 마치 가는 돌기 선 형태로 나타낸 것 등이 있다. 태극문 수막새의 날개방향은 시계반대방향으로 제작된 것이 대부분이다.

(1) 연화문 수막새

《복엽단판 연화문》
① 연화문 수막새 A형식(삽도1①)

8엽의 연화문으로서, 연화문은 도톰한 볼륨을 가지고 있다. 연꽃의 중앙 선단부는 뾰쪽한 삼각형이 반입되었고, 간엽(間葉) 역시 삼각의 돌기 형태로 조성되었다. 자방부는 연잎보다 볼륨이 낮고 편평하며, 그 가장자

---

3) 太極紋은 巴紋 또는 巴形紋, 바람개비문 등으로도 불린다. 태극문은 휘어진 바퀴살이 시계방향으로 곡선을 이루는 것과 그 반대방향으로 휘어진 두 방향의 문양이 있다.
4) 素紋은 문양이 없는 민무늬이다.

리는 가는 선으로 둥그렇게 경계를 짓고 있다.

자방부의 연자(蓮子)는 작은 크기로 중앙에 1과, 연잎과 연잎 사이에 각 1과씩 배치되었다. 주연부는 백제의 수막새가 그렇듯 연주문(連珠紋)은 배치되지 않았다. 연화문은 선단부가 반입되어 복엽으로 확인된다.

② 연화문 수막새 B형식(삽도1②)

이 연화문 수막새의 출토 유적은 부소산성 내 폐사지와 익산 왕궁리 백제유적에서 출토된 바 있고, 부소산성 내 수혈주거지 주변에서 3점이 출토되었다. 백제 말경인 7세기 초경보다 이르지는 못할 것으로 판단된다.

8엽의 연화문은 볼륨이 낮고 문양이 정교하지 않은 편이다. 특히 자방부의 연자는 중앙에 1과, 중앙에 7과, 가장자리에 15과가 3중으로 빼곡하게 배치되었다. 주연부는 연주문은 배치되지 않았고, 다른 수막새에 비하여 두께가 얇고 불규칙하다.

연화문의 선단부는 작은 돌기형이 반입되어 복엽이다. 백제 수혈주거지 주변의 목책공(木柵孔) 주변에서 여러 점이 출토되었다. 드림새의 너비 15.6㎝, 자방너비 4.3㎝, 주연부 외곽높이 2.1㎝.

③ 연화문 수막새 C형식(삽도1③)

연화문은 8엽의 복엽 단판문으로 태토는 거칠고 드림새는 둔중한 편이다. 자방부의 지름은 3.8㎝이며, 연꽃잎보다 좀 높게 만들었다. 연자는 거친 태토에 볼륨이 작고 마모되어 자세하게 관찰되지 않는다.

출토위치는 서문지 내측의 와적기단 주변에서 7점이 출토되었다. 연꽃잎은 복엽단판이지만 꽃잎의 선단부는 만입상태가 잘 드러나 있지 않는 것도 관찰된다. 주연부에는 연주문은 확인되지 않았다. 주연부의 두께는 좁은 편이다. 지름 16.2㎝.

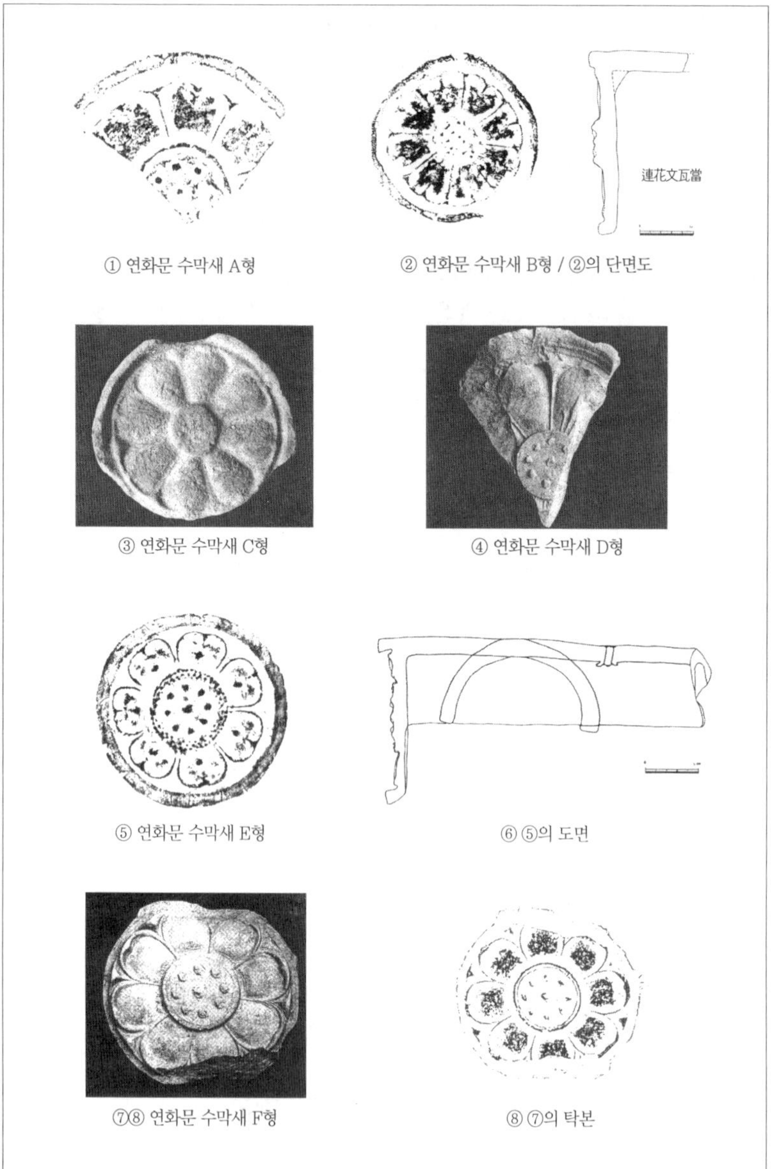

① 연화문 수막새 A형

② 연화문 수막새 B형 / ②의 단면도

連花文瓦當

③ 연화문 수막새 C형

④ 연화문 수막새 D형

⑤ 연화문 수막새 E형

⑥ ⑤의 도면

⑦⑧ 연화문 수막새 F형

⑧ ⑦의 탁본

삽도1. 백제(百濟)복엽단판 연화문 수막새

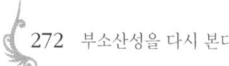

④ 연화문 수막새 D형식(삽도1④)

연꽃잎은 좁고 긴 편이며, 8엽의 복엽단판형이다. 연꽃잎은 2잎이 확인되는데, 볼륨은 낮지만 문양은 정교하고 태토가 곱다. 연꽃잎의 특징은 한 잎은 낮은 볼륨으로 밋밋하고, 다른 잎은 같은 형태와 크기의 볼륨에 가늘고 날카로운 세 개의 꽃술을 배치하였다. 이 연화문 수막새는 꽃술이 있는 잎과 없는 잎을 한 조로 하여 네 조의 연화문을 배치한 셈이다.

자방부는 지름 3.3㎝ 내외로, 연꽃 뿌리보다 약간 높게 조성하여, 연자는 중앙에 1과, 가장자리에 8과를 돌렸다. 연꽃잎을 이렇듯 다른 형태로 조성하여 배치한 사례는 고구려의 경우 흔하게 확인되지만, 신라나 백제에서는 보고사례가 거의 없어 특이하다. 주연부에 연주는 없으며 너비는 좁다.

⑤ 연화문 수막새 E형식(삽도1⑤,⑥)

연꽃잎은 볼륨 없이 하트 형태의 돌기 선으로서 연잎을 표현하였다. 잎의 중앙에는 떨어지는 물방울 형태의 도톰한 꽃술을 표현하고 있다. 자방부의 크기는 화판에 비하여 크고 높게 조성하여 지름 5.7㎝에 이른다. 자방부는 가장자리를 주름살 형태로 나타내고 있는데 이러한 기형은 부여읍 백제시대의 동남리 건물지, 정암리 와요지(瓦窯址), 부소산성 폐사지 등에서도 출토되고 있어 당시 정암리 요지에서 제작하여 부여 인근의 궁궐(宮闕)과 관부(官府), 사찰 등지에 공급했던 것으로 추정된다.

연잎은 모두 7엽으로, 선단부의 중앙이 만입하여 복엽 형태이며, 주연부는 연주문은 배치하지 않고, 보통의 너비를 가지고 있다. 자방부의 연자는 중앙에 1과, 가장자리에 8과를 등간격으로 배치하고 있다.

서문지 안쪽에 있는 길이 35m를 넘는 대형 건물지 내부에서 출토되었다.

⑥ 연화문 수막새 F형식(삽도1⑦⑧)

연꽃잎은 작으며, 납작하고 밋밋한 8엽의 단판으로서 선단부와 외곽선을 따라 가는 선을 돌렸다. 연잎의 선단부는 좀 깊게 눌렀지만, 一見 겹연꽃문 같은 뉘앙스를 준다.

이러한 유형의 수막새는 백제 말기의 토층이나 유적에서 출토된 사례가 있다. 익산의 왕궁리 유적과 부여의 금강사지 등 부여 주변의 백제유적에서도 흔히 출토되는 양식이다.

연꽃은 8엽으로 선단부는 약간 안쪽으로 만입되어 있어 복엽이다. 간엽은 삼각형으로 좀 날카롭게 솟은 형상을 보인다. 지방부는 화판부에 비하여 좀 큰 뉘앙스를 주며, 화판부에 비하여 약간 높게 만들어졌다. 연자는 중앙에 1과, 각 연꽃의 뿌리 중앙에 맞추어 한 과씩 배치하여 8과를 두었다.

《단엽단판 연화문 수막새》

① 연화문 수막새 A형(삽도2①)

연꽃잎은 8엽으로 추정되며, 볼륨은 낮은 편이다. 자방부는 작고 연잎에 비하여 낮게 조성되었다. 자방부와 화판부는 가는 돌기 형의 선으로 경계선을 구획하였다. 자방부는 연꽃뿌리와 높이 차이가 없이 가는 선으로 돌려 경계를 지었다. 자방부 내부에는 중앙에 약간 큰 연자를 1과를 배치하고, 그 주변에는 연자를 정형성 없이 15과를 배치하였다. 연자의 형태 역시 모양이 날카롭거나 둥근모양이 섞어진 부정형이다.

연꽃의 특징은 연잎의 중심부를 길게 가로지르는 세선을 마련한 것이다. 간엽은 삼각형을 띠고 있으나 자방부를 향하여 가늘게 선이 이어져 각 연꽃잎의 구획선 기능을 겸하였다.

이러한 수막새 연잎 양식의 원류는 고구려에서 기원을 찾고 있는 것이

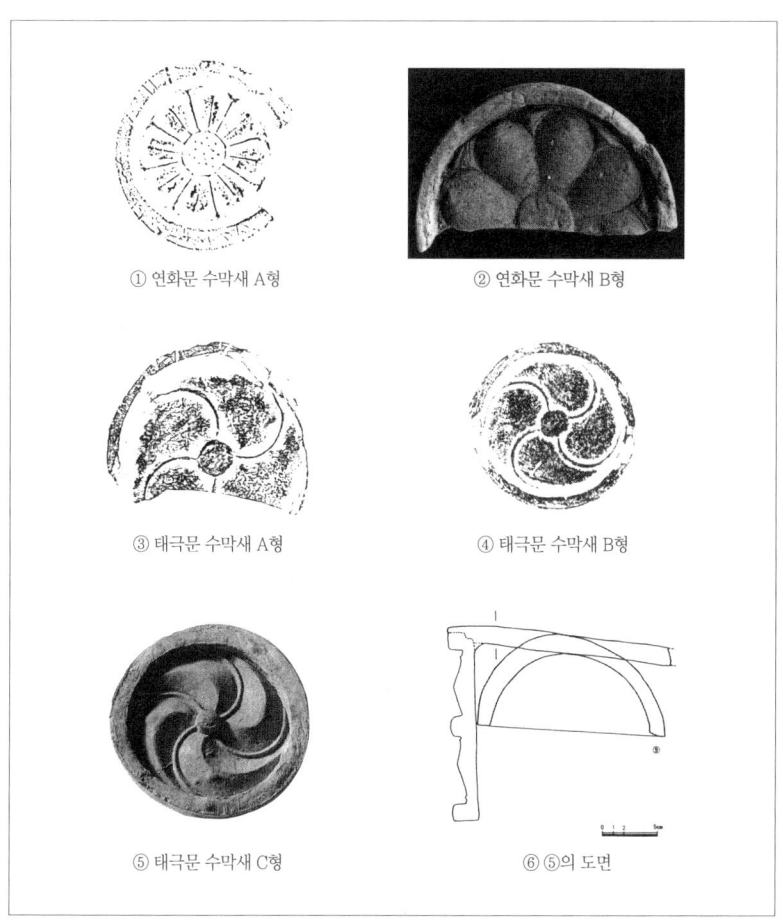

① 연화문 수막새 A형   ② 연화문 수막새 B형

③ 태극문 수막새 A형   ④ 태극문 수막새 B형

⑤ 태극문 수막새 C형   ⑥ ⑤의 도면

삽도2. 백제 수막새 각종

일반적인 견해이다. 신라의 경우 이러한 양식의 연꽃잎은 6세기경에 등
장했던 것으로 보고 있어 비교적 이른 시기에 편년을 설정하고 있다. 결
국 양식의 기원을 고구려의 연화문 수막새로부터 영향을 받아 제작했던
것으로 보는 셈이다.[5] 백제에서는 이러한 양식이 많지 않지만 부여 주변
의 백제유적에서는 가끔 출토사례가 보고되고 있다.

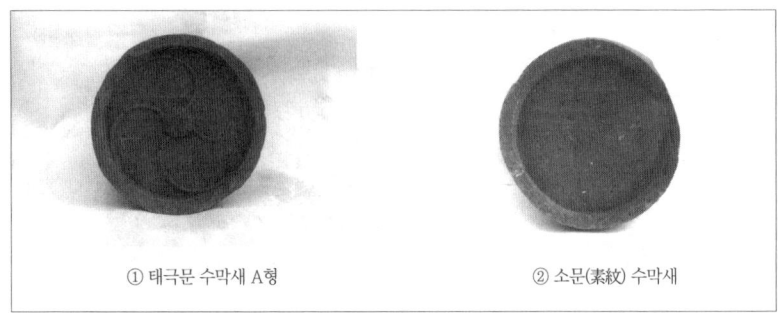

| ① 태극문 수막새 A형 | ② 소문(素紋) 수막새 |

사진2. 백제 수막새

② 연화문 수막새 B형(삽도2②)

이 수막새는 작고 아담해 그리 크지 않은 건물지에 쓰였을 것으로 판단된다. 지름 12.5㎝이며, 연꽃잎은 8엽이다. 연꽃잎은 전체적으로 고르고 정형화된 모습이다. 또한 선단부로 가면서 약간씩 높아지는 형상을 지니고 있고 연잎 끝자락은 미미하게 반전(反轉)된 형상이다. 연꽃잎 사이에 따로 구획선은 없고, 주연부에 접하여 간엽만 삼각형 모양으로 솟아 있다.

자방부는 작고 화판부에 비하여 낮으며 편평하다. 연자는 작게 만든 듯 겉면이 닳았지만, 중앙에 1과 가장자리에 7과를 배치였다.

(2) 태극문 수막새

태극문의 문양은 크게 세 가지 유형별로 분류할 수 있다. 각 문양은 공통점이 있으며 이는 네 개의 날개가 등 간격으로 바람개비처럼 돌아가는 곡선을 이루면서 배치되어 있다.

문양은 다음의 몇 가지로 그 특징을 말할 수 있다. 특징을 보면,

---

5) 일본에서는 90년대 이후, 기와 연구자들이 이러한 양식을 모두 고구려계로 정리하고 있음이 눈에 띠는데 이는 이러한 양식계통을 고구려 영향을 받아 제작했던 것으로 보기 때문이다.

⊙ 편평한 민무늬에 돌기 선만 돌린 것(A형),

⊙ 태극문을 돌기 선으로 처리하되, 나머지 넓은 공간은 도톰한 볼륨을 주어 역시 같은 태극형으로 곡선을 준 것(B형),

⊙ 위의 B형과 거의 같지만, 넓은 공간에 도톰하게 처리한 태극문을 가장자리부터 중앙으로 가면서 점차 높이 솟게하여 태극문의 중심에는 각이 진 선처럼 제작된 것(C형, 삽도2⑤⑥),

⊙ 태극형의 문양을 시계방향으로 돌린 것과 그 반대방향으로 돌린 것 등으로 정리할 수 있다. 다만 대부분의 경우 시계반대방향으로 향한다.

또 태극문 수막새의 특징은 자방부가 화판부에 비하여 작고, 낮으며, 편평하다는 점(일부는 중심부가 약간 도톰한 형상을 보이기도 함), 아무런 문양이 시문되지 않았다는 점을 들 수 있다.

① 태극문 수막새 A형식(사진2①, 삽도2③)

이 수막새는 중심부에 문양 없는 자방을 중심으로 태극형의 곡선만 네 조가 시계반대방향으로 시문되었다. 문양은 간단하지만 태토와 기형이 좋고 바르다. 주연부는 연주문이 없으며 적당한 너비를 가지고 있다.

문양은 일정한 가는 돌기로 이어진 것이지만 가장자리로 가면서는 점차 가늘어지고 있다.

② 태극문 수막새 B형식(삽도2④)

중심부는 편평한 단추형의 작은 자방부를 형성하고 네 조의 태극문이 정교하게 시문되어 있다. 이들 네 선 사이의 넓은 공간에는 도톰하고 넓은 태극문이 시계반대방향으로 나타나 있다.

주연부의 일부는 드림새를 앞으로 직각으로 구부려 주연부로 이용한 것이어서 특이하다. 일부 등기와가 남아 있는 것이 있는데 선문이 타날된 것이 확인된다.[6] 토톰한 태극문은 비교적 정교하고 문양이 등 간격으로 볼륨있게 처리되어 생동감이 있게 느껴진다.

③ 태극문 수막새 C형식(삽도2⑤⑥)

문양은 이 중 태극문으로 돌기 선과 도톰한 문양이 함께 어우러진 이 중 태극문이다. 시계반대방향으로 문양이 나있으며, 넓게 형성된 태극문의 표면은 가장자리에서 중심점을 향하여 곡선이 아닌 직선으로 솟아있다. 즉 양면이 만나는 중심선부분은 태극문양을 따라 각이 형성되어 마치 선으로 처리된 느낌이다.

자방부는 작은 단추모양으로 편평하고, 주연부는 연주문이 없어 좀 넓은 느낌을 준다. 전체적으로 고운 태토에 정형화된 수막새이다.

④ 태극문 수막새 D형식

문양은 작은 단추형 자방부에 네 조의 돌기 선만 태극문으로 돌려진 것이다. 주연부에는 연주문이 없이 처리되어 다른 동류의 수막새와 차이가 없다. 다만 태극문의 방향은 시계방향으로 돌아가고 있어 대부분의 것에 비하여 반대방향으로 돌린 점이 다르다.

(3) 소문 수막새(사진2②, 삽도3, 삽도4①②⑥)

소문 수막새는 문양을 전혀 두지 않은 민무늬로서 정형화된 수막새의 구조상 자방부, 화판부, 주연부 중, 자방부가 생략된 것이다. 화판부 역시

---

6) 이러한 태극문이 출토되는 유적은 상당히 제한되어 있는 것으로 나타나는데, 익산 미륵 사지 및 왕궁리 유적, 공주 공산성과 부소산성 등이다.

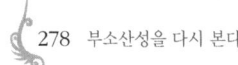

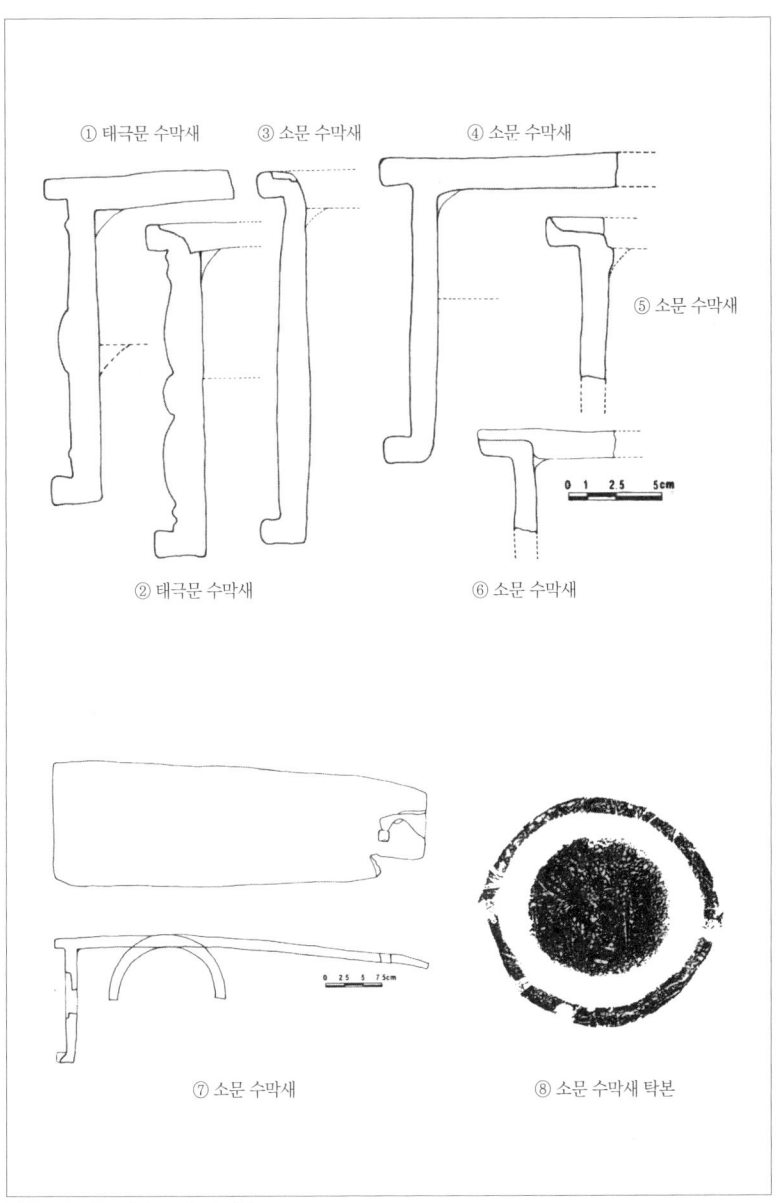

① 태극문 수막새   ③ 소문 수막새   ④ 소문 수막새

⑤ 소문 수막새

② 태극문 수막새   ⑥ 소문 수막새

⑦ 소문 수막새   ⑧ 소문 수막새 탁본

삽도3. 백제 수막새 도면 및 탁본

①② 소문 수막새 및 등기와
③④⑤ 백제 암막새 외·내면

⑥ 소문 수막새 접합기법
⑦ 백제(미구)수키와
⑧ 백제토 수키와

삽도4. 백제 수막새·암막새 탁본 및 수키와 도면

문양은 시문하지 않았기 때문에 구조로 보면, 사실상 백제 초기부터 존속했던 수막새가 정형화하면서 발전되어온 측면에서 보면 대혁명이라고 할 수도 있다.[7]

소문의 드림새는 편평하다. 이 수막새는 제작 시에 바탕흙이 모자라 나중에 추가된 흙이 처음의 흙과 접합된 흔적이 확인되기도 한다. 이 막새 중에는, 제작 시 드림새 틀에 바탕흙을 대어 누르면서 주연부를 직각으로 꺾어 올려 마무리한 부분도 관찰된다.

소문 수막새의 크기는 큰 차이가 있는 사례가 확인된다. 즉 큰 수막새는 지름이 20㎝에 이르고, 작은 것은 15㎝가 채되지 않는 것이 조사되기도 한다. 아마 사용하는 건물의 규모에 따라 크기 조정을 거쳤을 것으로 판단된다.

나. 암막새(사진3, 도면2, 삽도4③④⑤)

삼국 중, 암막새의 존재는 고구려의 경우 이미 정형화될 정도로 발전되었음은 잘 알려져 있다. 반면, 백제와 고신라는 특정 이형(異形)기와[8]에 관하여 암막새로 보는 견해는 오래 전에 있었지만, 학술적으로 종합적인 연구조사에 따른 견해 제시는 90년대 이후의 일이다.

이러한 한반도에서의 백제와 고신라의 암막새에 관한 본격적인 시도는, 다양한 기와의 적극적인 자료의 출토와 보다 많은 연구자들의 조사결과

---

7) 다른 계통상에서만 본다면, 초기 한성시기의 主城으로 조사된 풍납토성 출토 수막새 중에서도 이러한 소문 수막새가 확인된 바 있다.

8) 백제의 경우, 군수리사지에서 출토된 指頭紋기와를 암키와의 원형으로 보는 견해가 있었고, 古新羅의 경우 慶州 月城 垓字에서 출토된 대형토기 口緣部 모양의 기와, 물천리 요지 출토의 동형기와를 근래 들어와 암막새의 시원으로 보았던 소수의 의견이 있었다.

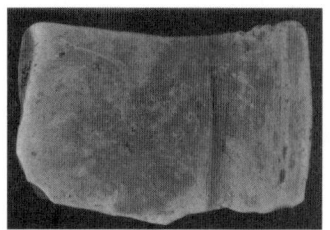
① 백제 암막새 외면

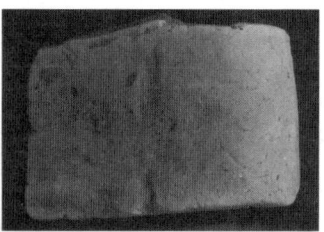
② ①의 내면(통쪽흔적, 연결끈흔적, 마포
통보흔적)

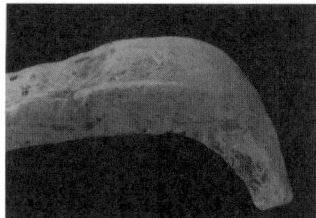
③ ①의 측면(瓦刀로 벤 흔적 관찰됨)

사진3. 백제 시원형 암막새

에 힘입은 것이다.

부소산성 내(동문지 주변 성벽 내측 배수용 부석(敷石) 직상층 출토)에
서 80년대 후반에 출토된 시원적 암막새의 형태는, 지금까지 암막새의 여
부를 논란으로 소모했던 것에서 보다 확실한 자료를 제공하였다.

이 암막새에 관하여 제작기법면에서 보면, 통쪽와통[9]에 의한 백제 고유
의 기와 와통을 사용하고 있음을 관찰할 수 있었다. 이 암막새의 내측에
는 제작 와통의 특성상 와통의 한 부분을 형성하고 있는 각 통쪽의 흔적
이 뚜렷하고, 각 통쪽을 잇는 연결 끈 흔적을 관찰함으로서 이를 증명하

---

9) 중국의 明시대 宋應星의 天工開物(瓦條)에 의하면, 그림으로 제시한 제작 와통을 模骨이
라 칭하고 있다. 이를 필자는 재래식 기와제작에서 와통에 사용하고 있는 동일한 형태의
긴 나무조각을 통쪽으로 칭하고 있음을 착안하여 통쪽와통으로 명칭을 부여한 바 있다.

였다. 또 기와 제작 시 암키와의 경우, 전통적인 4분법에 의하여 기와를 분리하게 되는데, 한 와통에서 4매의 기와로 분리 시 기와를 와도(瓦刀)로서 베어낸 흔적이 확인되었다.

시원적인 이 암막새의 드림새는 마치 대형 토기의 구연부(口緣部)처럼 기와의 배면 쪽으로 구부려 드림새 기능을 하게 하였다. 이러한 기법은 아직 암막새가 정형화되었을시, 등기와와 드림새를 따로 제작하여 서로 90° 각도로 접합(接合)하는 것과는 사뭇 다른 것이다. 대신 드림새 부분은 배면 쪽으로 130° 정도 기울기로 완만한 곡선을 그리면서 구부린 것이다. 이 암막새 내면에 드러난 각 통쪽의 너비는 5.8㎝ 내외이며, 드림새 부분의 높이는 5.6㎝ 정도이다. 기와의 배면에는 소격자문(小格子紋)을 두드려 시문하였고, 드림새의 턱 부분에도 소격자문을 두드린 흔적이 역력하다.

암막새의 출토는 동문지에서 남쪽으로 약 150m 정도 지점에서 조사된 치성 바로 내측에서도 출토된 바 있다. 이 암막새의 형식은 시원적인 양식으로 볼 수 있으며, 이와 거의 동일한 양식은 경주의 월성해자(月城 垓字)에서 출토된 바 있다. 백제와 고신라는 정형화된 암막새는 아직 등장하지 않았지만, 부소산성에서 출토

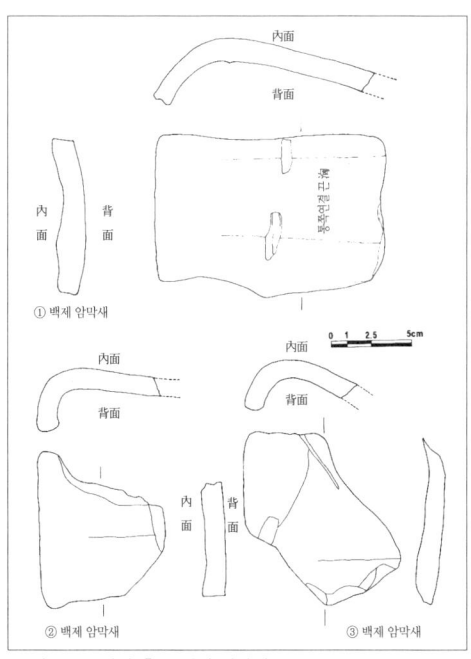

① 백제 암막새

② 백제 암막새   ③ 백제 암막새

도면2. 부소산성 출토 백제 암막새

된 사례와, 고신라의 동일한 양식의 출토는 이 시기에 의식적인 도입과 국가 간 교류 등을 통한 필요성과 구체적인 제작생산이 이루어졌음을 확인할 수 있는 자료가 된다.

특히 궁남지 서편에 자리하고 있는 군수리 백제 절터에서는 암키와의 선단부에 지두문(指頭紋)을 배치하고, 지두문이 있는 지점으로 가면서 점차로 두께를 두텁게 제작하였음을 알 수 있는데, 이는 비슷한 기능이나 인식을 함으로서 생산되었음을 알 수 있게 한다. 특히 지두문은 중국의 북조의 북위(北魏) 및 고구려(高句麗)에서도 널리 제작되었음은 알려진 사실이다.

다음 도면 2는 부소산성 내에서 출토된 백제 암막새 도면이다.

다. 인장와(印章瓦)

(1) 인장와의 의미에 관하여

인장와는 그동안 삼국 중, 백제만이 가지는 특유의 문자(文字) 도장을 찍은 기와로 알려져 왔다. 그렇지만 80년대 이후 북한의 자료가 조금씩 알려지기 시작하면서, 90년대에는 좀 더 본격적인 자료가 입수될 수 있는 여건으로 변하면서 발굴보고서를 접할 수 있게 되었다. 이러한 과정에서 평양을 중심으로 한 고구려 유적에서 출토된 평기와에 인장와의 존재가 알려지게 되었다.

그러나 접할 수 있는 자료를 통하여, 북한에서는 아직 기와에 관한 연구라기보다는 출토된 유물을 간단하게 소개하는데 그치는 것이었다. 따라서 인장와의 존재는 어느 정도 파악이 되었으나 전체적인 자료나 연구 결과물은 접하기 어렵기 때문에 비교 검토하기에는 역부족이다.

백제의 인장와는 자수(字數)가 한정되고, 대부분의 문자가 어떤 명칭이

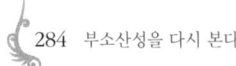

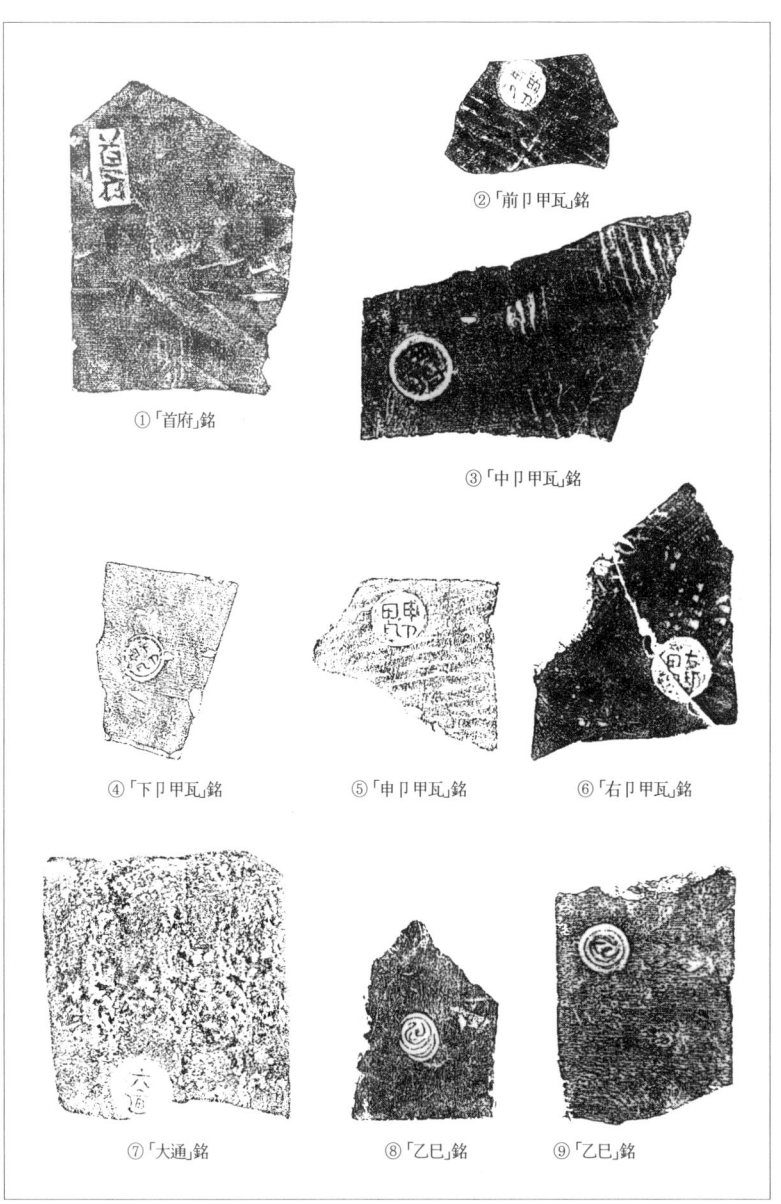

① 「首府」銘

② 「前卩甲瓦」銘

③ 「中卩甲瓦」銘

④ 「下卩甲瓦」銘

⑤ 「申卩甲瓦」銘

⑥ 「右卩甲瓦」銘

⑦ 「大通」銘

⑧ 「乙巳」銘

⑨ 「乙巳」銘

삽도5. 백제 인장와 각종

나 의도하고자하는 내용의 앞 자나 뒷 글자, 또는 포괄적인 내용으로 함축된 글자만을 새겨 찍은 것으로 판단된다. 따라서 삼국사기(三國史記)나 중국(中國)의 정사(正史) 등에 출자(出字)되는 행정구역(行政區域)이나 간지(干支)를 나타내는 정도의 문자로 추정된다. 나머지는 대부분 무슨 의미를 함축하고 있는지 정확하게 확인할 수 없는 것이 현실이다. 어떤 것은 특별한 의미가 있다기보다는 부소(符號)라고 판단되는 사례도 있다.

(2) 인장와의 형태

인장와는 내용과 형태, 문자를 에워싸고 있는 가장자리의 모양 등 여러 가지 특징별로 분류할 수 있다.

◉ 인장와의 가장자리 모양에 따라 분류하면,

　① 둥근 원모양으로 나타낸 것(대부분이 여기에 포함됨),

　② 정사각형의 모양으로 나타낸 것,

　③ 직사각형으로 모양을 나타낸 것 등 세 가지로 나누어진다.

◉ 인장와에 찍힌 글자의 요철(凹凸)상태로 분류하면,

　① 문자를 볼록 나오게 하는 양각문자(陽刻文字 ; 주류를 이루고 있음)

　② 문자를 움푹 들어가게 하는 음각문자(陰刻文字) 등 두 가지로 나누어진다.

◉ 한 인장와에 넣은 글자 수에 따라 분류하면,

　① 한 자를 새긴 것(한 자만을 새긴 것은 대부분 서로 다른 문자를 새긴 도장을 상하로 배치하여 나란히 찍는다. 두 인장와 간의 간격은 서로 연접한 것부터 2.5~3cm 범위에 포함되는 것이 주류)

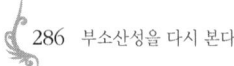

② 두 자를 새긴 것

③ 네 자를 새긴 것

네 자를 새긴 인장와는 우측 상단부터 아래로, 다시 좌측 상단에서 아래의 순서로 문자를 넣어, 요즈음의 인명(人名)도장을 새기는 순서와도 일치된다.

⊙ 문자(文字)의 내용별로 분류하면,

① 행정기관(行政機關)이나 이를 상징적으로 표현한 것

② 행정구역(行政區域)을 나타낸 것

③ 간지(干支)를 나타낸 것

④ 제작기관이나, 특정위치에서 제작 장소와 함께 기와의 등급(等級)을 표현한 듯한 문자

⑤ 와장(瓦匠)이나 특정 지명(地名), 사용부서, 제작 관련 부서(府署)나 이와 연관된 듯한 문자를 한두 자로 생략하여 찍은 것

⑥ 그밖에 부호나, 도형화(圖形化)한 문양(紋樣) 같은 것 등이 있다.

(3) 인장와의 관련된 내용 사례

① 행정기관 또는 이를 상징적으로 기록한 것

⊙ 부서(「首府」)명(銘) 기와 (삽도5①)

수부(首府)라는 명칭은 중앙 행정기관 중, 최고의 부서 또는 이를 상징적으로 표현한 것으로 보인다. 아마 이 인장와는 수부에 해당하는 중앙 관청에서 주문제작하거나, 여기에 필요한 기와를 제작하면서 인장을 찍었던 것으로 판단된다.[10)]

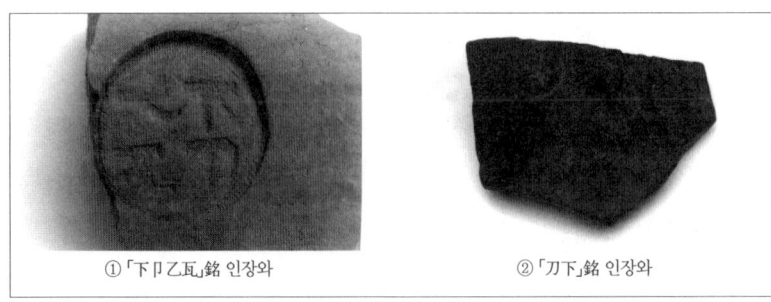

① 「下卩乙瓦」銘 인장와   ② 「刀下」銘 인장와

사진4. 백제 인장와

인장의 크기는 가로 2㎝, 세로 4.3㎝이며, 문자는 양각으로 찍혔다. 문자의 서체는 해서(楷書)로 정교한 붓글씨로 쓴 듯한 달필가의 자체로 보인다. 인장의 가장자리는 대부분의 인장와가 음각 선이나 양각 선을 돌리는 것이 일반적이나, 이 문자에는 이러한 선을 돌리지 않았다.

이 암키와는 선문으로서 부소산성 군창터로 알려져 있는 지점의 남측 대지에 펼쳐진 백제 수혈주거지(竪穴住居址)와 목책공이 자리한 주변에서 출토되었다.

② 행정구역을 기록한 것으로 보이는 인장와

삼국사기에 의하면 중국 정사의 하나인 북사(北史)를 인용하여 백제는 수도(首都)를 거발성(居拔城) 또는 고마성(固麻城)이라 하고 그밖에 오방성(五方城)을 두었다 하였다. 또 고전(古典)의 기록을 살펴보면 옛날에는 五部가 있어 37군 200성 76만 호를 나누어 다스렸다고 하였다.[11]

중국의 주서(周書)에 의하면, 수도는 만가(萬家)가 있어 이를 5부(部)로

10) 首府라는 명의 인장와는 부소산성에서 몇 점 출토되었고, 사비시기의 別都 또는 行宮터였을 것으로 학계에서 확인하고 있는 익산의 왕궁리 백제유적에서 출토 보고되었다.

11) 三國史記, 雜誌 6 百濟 條.

나누었는데, 5부는 상부, 전부, 중부, 하부, 후부 (「上部」「前部」「中部」「下部」「後部」)가 있다고 하였다.[12] 이와 동일한 내용은 수서(隋書)에도 기록되어 있는데 5부를 구체적으로 명시하지는 않았다.[13]

⊙ 중부을와, 후부을와, 전부을와, 하부을와(「中部乙瓦」「後部乙瓦」「前部甲瓦」「下部甲瓦」)(사진4①, 삽도5②③④⑤)

부소산성 내에서 출토된 기와는 수도권에서도 왕성(王城)이라는 점에서 당시 최고의 전통과 기술을 가진 와장(瓦匠)들이 국가에서 운영하는 체제하에서 기와를 제작하였던 것으로 판단된다. 이는 기와에 찍힌 인장와 내용에서 볼 수 있듯이 5부의 행정구역 명칭이 확인되고 있는 것이 그 증표가 아닌가 한다.

5부는 수도권의 행정구역 단위를 나타내고 있음은 문헌기록에서 본바와 같다. 다만 이들 5부(部)는 지방을 5방(方)으로 나눈 것과 대조되는데, 사비의 중심부를 포함하여 인접한 지점이었을 것이다. 그렇지만 기내(畿內)라는 점을 착안하면, 순수한 당시 사비성(泗沘城) 시내만을 제한하지 않고 수십 리 정도의 일정한 범위를 포함했을 가능성을 배제할 수 없을 것이다. 다만 여기에서 사용한 기와는 공급과 수요라는 생산체제의 편리성이나 효율성으로 보면 시내권에서 생산과 운반을 쉽게할 수 있는 범위에서 생산된 기와가 공급되었을 것으로 추정된다.

이 인장와에 찍힌 네 글자 중, 뒤의 두 자인 갑와(甲瓦) 및 을와(乙瓦)는 기와를 만드는 제작 장소 즉 예를 들면 당시 수도였던 사비(泗沘)를 중심에 두고 동서남북의 방향에 따른 어떤 생산 장소에 따른 와요지(瓦窯址)에 관

---

12) 周書 異域傳 百濟 條.

13) 隋書 異域傳 百濟 條에 의하면, 畿內爲五部部有五巷士人居焉.

한 제작소를 의미할 수도 있다. 또는 기와를 생산하는 일정한 범위 내에 공촌(工村)이나 공방(工房)을 두었을 수도 있다. 이 경우, 여러 와장이나 와요지마다 이를 구분하여 문자를 찍어 단위별 기와생산에 관한 책임과 의무를 부여하고 제작소마다 생산량이나 질 등을 점검하고 관리할 수 있는 체제 및 관장할 수 있도록 한 것으로도 볼 수 있다.

⊙ 우성갑와, 우부갑와, 신부갑와(「右城甲瓦」「右部甲瓦」「申部甲瓦」)명 인장와(삽도5⑥)

우성(右城)과 우부(右部)는 행정의 특정한 성(城), 즉 사비성과 같은 중심성을 기준으로 한, 상대적인 성이나 행정구역을 지칭한 것으로 추정된다. 이러한 상대적인 명칭은 구체적인 고유 지역 명칭이 있었을 가능성이 있지만 확실한 근거는 없다. 인장와의 뒤의 두 자인 갑와(甲瓦)와 같은 문자는 기와 생산 단지 내의 세분된 기와 생산지마다 구분한 의미의 가능성 또는 생산단지별로 구분하는 명칭일 가능성이 있다. 이것은 와장(瓦匠)의 구분일 가능성과, 다만 세분된 와요간의 생산 구분 명칭일 가능성도 가지고 있다.

우부(右部)는 5부 중 하나의 또 다른 특정한 행정구역에 대한 이명동칭(異名同稱)일 가능성도 있다. 신부(申部)는 방향에 따른 고유의 행정구역일 가능성도 있지만, 서남방(西南方)에 가까운 생산지를 지칭하는 구분일 가능성도 있다.

신부갑와(申部甲瓦)명 인장와는 선문이 타날된 암키와이며, 내면에는 통쪽 흔적이 관찰된다. 인장의 크기는 지름 3.2cm이며, 우측 상단부터 읽을 수 있게 찍힌 것이다. 부(「部」)자는 다른 모든 인장와와 같이 약자로 씌어졌다. 이 부(部)는 인장에는 "卩"와 같은 약자(略字)를 새겨 찍었는데, 부여 궁남지에서 출토된 목간묵서(木簡墨書)에서도 확인되고 있어 백제에서 유행했던 형상의 글자체로 인식된다.

③ 년호명(年號銘) 인장와

⊙ 대통(「大通」)명 인장와(삽도5⑦)

대통(大通)명 인장와의 크기는 지름 3.8cm 크기의 원형 내에 上下로 새겨진 것이다. 문자는 양각으로 찍힌 것으로, 색은 적갈색으로서 기와의 문양은 승문(繩紋)이다. 기와의 내면에는 통쪽흔적이 잘 남아 있는데 통쪽 폭은 약 4.5cm 내외이다.

대통(大通)은 중국 남북조시대(南北朝時代)의 양(梁)나라 연호로서 해당 시기는 527년(梁 武帝 8년)이다. 삼국유사(三國遺事)에 의하면 양제(梁帝)를 위하여 웅천주(熊川州)에 절을 창건했다고 하는데[14], 이 절은 공주 반죽동의 백제 절터에서 대통(大通)명 인장와가 출토되어 대통사(大通寺)터로 명명되었다. 여기서 출토된 대통명 인장와는 동일한 양식과 질이라는 점에서 함께 제작되어 나누어 공급되었던 것으로 추정된다.

백제 무령왕(武寧王)과 성왕(聖王)은 512년, 521년, 524년, 541년, 549년에 각각 중국 양나라에 사신을 보내어 조공을 바쳐 두 차례에 걸쳐 책봉(册封)을 받았다.[15] 이는 백제가 중국과의 활발한 통교(通交)가 있었음을 증명하는 것이고, 이러한 과정에서 중국과의 인연은 곧 양제(梁帝)를 위하여 웅천주(熊川州)에 사찰을 건립하기에 이르렀던 것으로 판단된다.

따라서 이러한 인장와의 년호와 구체적인 문헌기록을 통하여, 사비 천도가

---

14) 三國遺事 興法3 原宗興法厭觸滅身 條.
15) 三國史記 26, 武寧王 12년 4월.
  ------------, 21년 11월.
  ------------, 聖王 2년.
  ------------, 12년 3월.
  ------------, 19년.
  ------------, 27년 16.

538년에 이루어졌다는 점을 감안하면 사비에 관한 경영과 천도의 계획은 538년 이전부터 계획적인 작업이 착수되었을 가능성이 높다.

이 대통명 인장와의 출토위치는 부소산성 백제 동문지에서 남측으로 10m 정도 떨어진 성벽 내 와적층(瓦積層)인 적갈색 점토층에서 출토되었다.

④ 간지(干支)를 나타내는 인장와

⊙ 을축(「乙丑」)명 인장와(삽도6①)

간지를 나타내는 인장와 중 한 개의 인장에 두 자가 새겨진 경우, 상하로 새긴 것이다. 을축(乙丑)명 인장와의 지름은 3.7cm의 크기로 원형이다. 문자는 양각(陽刻)으로 찍힌 것이다.

인장와 가장자리는 음각(陰刻)의 둥근 선을 돌린 것이다. 이러한 간지명은 부여 및 익산의 백제유적에서 많은 출토량을 보인다.[16] 이 을축(乙丑)명 인장와의 내면은 삼국시대의 기와제작기법에서만 확인할 수 있는 통쪽흔적이 잘 남아 있는 경우가 대부분이다.

을축(乙丑)년은 서기 545년, 605년으로 확인된다. 아마 이 시기 중의 어느 시기에 제작되었을 것으로 판단된다.

⊙ 정사(「丁巳」)명 인장와(삽도6②)

丁巳명 인장와는 부여의 백제유적에서 적지 않게 출토되고 있다. 지름 3.7cm의 원내에 상하로 찍힌 干支명으로 연대는 537년, 597년, 657년 중 어느 한 시기에 제작되었을 것으로 보인다.

---

16) 인장와는 부여를 중심으로한 지근거리에 있는 백제유적, 익산 금마와 왕궁면을 중심으로한 반경 5km 내의 백제유적을 중심으로 출토되었다. 그렇지만 근래에 들어와 금산의 百嶺山城과 순천과 광양주변의 백제산성에서도 확인되고 있음이 확인되고 있다.

기와는 암키와로서 기와의 내면에는 통쪽와통 흔적이 남아 있다.

⊙ 을사(「乙巳」)명 인장와(삽도6⑧⑨)

을사(乙巳)명 인장와는 지름 3㎝의 인장에 자체(字體)를 도안화(圖案化)하여 예술적으로 표현하고 있다. 즉 을(乙)은 흘림을 인장의 좌측 상단 쪽부터 시작하여 원형의 가장자리를 따라 거의 한 바퀴 돌리고 사(巳)자는 을(乙)자의 안쪽 공간에 넣었다. 이러한 을사(乙巳)명 인장와는 여러 점 출토되었는데 모두 이러한 특이한 형태로 도안화한 것이어서 주목된다.

이 인장와는 같은 형태로 도안화한 것이지만 조금씩 변화를 주었다. 인장와는 선문기와도 확인되는데, 내면에는 대부분 통쪽와통의 흔적이 관찰된다. 통쪽의 흔적은 너비 5㎝ 내외이다.

⊙ 「己丑」명 인장와(삽도6③)

이 인장와는 암키와에 새겨진 것으로 외면은 선문(線紋)이 타날되었다. 기와 내면에는 통쪽흔적이 희미하게 남아 있다. 문자는 지름 3.3㎝의 원형 내에 양각으로 찍힌 것이다. 기축(己丑)명은 연호로서 569년, 629년에 해당하며 이 두 연대 중 한 시기에 제작되었을 것으로 추정된다.

⊙ 임술지와(「壬戌之瓦」)명 인장와 (삽도⑥④)

임술지와(壬戌之瓦) 인장와는 나무에 처음 도장을 새길 때, 좌우를 바꾸어 새긴 듯하다. 일반적으로 한자는 완성되었을 시에 우측 상단부터 읽을 수 있도록 하는 것이 상례임에 비추어 이 인장 문자는 좌측에서부터 우측으로 읽을 수 있게 하였다.

다만 우측 두 자는 명확하게 판독되지는 않는다. 인장의 지름은 2.9㎝로서 글자수에 비하여 크기가 작다. 인장와 중에는 세밀한 자체를 넣기가 어려

① 「乙丑」 　　　　② 「丁巳」 　　　　③ 「己丑」

④ 「壬戌之瓦」 　　⑤ 「巳」「刀」 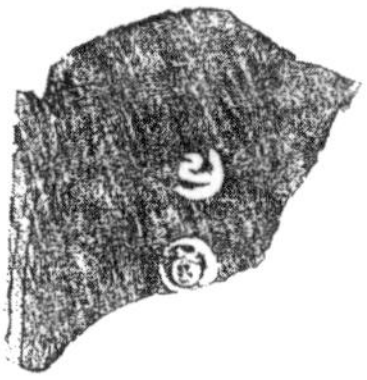　　⑥ 「己」「酉」

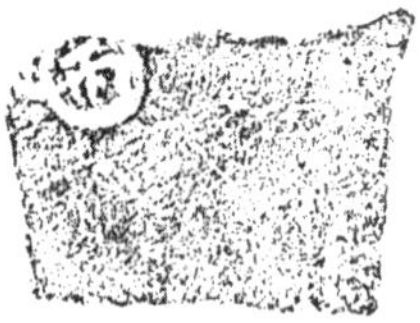

⑦ 「丙」 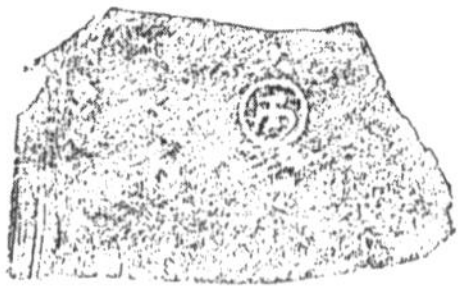　　　　　⑧ 「丙」 　　　　　⑨ 「丙」

⑩ 「寅」 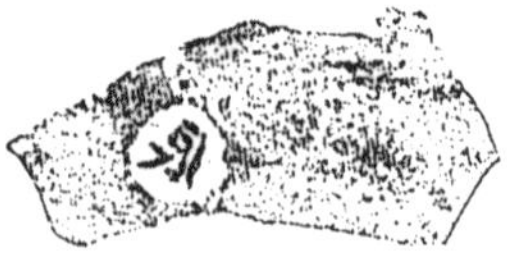　　　　　⑪ 「辰」 　　　　　⑫ 「巳」

삽도6. 백제 인장와 각종

웠던듯, 약자나 기타 초서와 같은 모양으로 새겨 판독하기 어려운 문자도 적지 않다.

이 기와는 암키와로서 선문을 시문한 것이다. 기와의 내면에는 통쪽흔적이 남아 있고 통쪽을 연결하는 끈 흔적도 관찰된다.

◉ 기묘(「己」「卯」)명 인장와

이 인장와는 1.9cm의 원 내에 한 자씩 새겨 찍은 것이다. 문자는 양각으로 찍힌 것이며 己자가 찍힌 인장은 가장자리가 타원형에 가깝다. 인장은 己와 卯를 따로 새긴 도장을 상하로 1.5cm 간격을 둔 것이다.

인장와는 선문의 암키와로서 기와의 내면은 통쪽 와통의 흔적과 이를 연결하는 두줄 엮기법의 흔적이 뚜렷하게 남아 있다. 「卯」자는 전서체(篆書體)의 형태로 새겨 넣은 것이어서 고졸(古拙)한 맛이 풍긴다.

◉ 기유(「己」「酉」)명 인장와(삽도6⑥)

기유(己酉)명 인장와는 서로 다른 작은 인장에 한 자씩 새겨 찍은 것이다. 인장의 크기는 지름 2.2cm 크기의 것으로서, 두 인장은 상하 1.5cm 간격으로 찍었다. 문자는 음각(陰刻)으로 찍은 것이다. 이러한 음각의 인장은 다른 인장와가 대부분 양각으로 찍히는 것과는 대조적이다. 음각 인장와는 드물게 출토된다. 수키와에 새겨진 것과 암키와에 새겨진 것도 있어 다른 인장와 같이 암·수키와를 구분하지 않는다.

기유년은 589년 또는 649년 중 어느 한 시기에 해당할 것으로 판단된다.

⑤ 천간(天干)을 나타내는 인장와

⊙ 병(「丙」)명 인장와(삽도6⑦⑧⑨)

　병(丙)자명 인장와는 부여지방의 백제유적에서 자주 관찰되는데 대부분 음각으로 찍혔고, 한 인장에 단일자(單一字)로 새겨졌다. 단일 자로는 인장의 규모가 큰 편이다. 인장의 크기는 지름 2.7cm이다.

　병(丙)자명 인장와는 다른 도장과 짝을 이루는 문자 없이 단일 자이면서도 한 기와에서 다른 문자를 함께 사용하지 않는 특징을 가지고 있다. 편의상 천간(天干)의 하나로 분류하였지만, 백제 당시 우리가 문헌이나 다른 자료에서 검증할 수 없는 상태여서 어떠한 의미로 사용했는지는 확인되지 않는다. 천간의 문자는 약자나 기관의 특정한 약자 등, 당시 어떤 특정한 의미가 있을 가능성도 있지만 기와를 제작하는 곳에서 어떤 지역, 순서, 방향, 범주 등 편의상 사용한 단순한 문자로서의 기능을 담당했을 가능성도 고려해야 한다.[17]

⑥ 지지(地支)를 나타내는 인장와(삽도6⑩⑪⑫, 삽도7②③④)

⊙ 신·오·진·사·미·인(「申」「午」「辰」「巳」「未」「寅」)명 인장와

　위의 지지(地支) 중의 하나로 새겨진 문자는 인(寅)과 진(辰)은 다른 자와

---

17) 조선시대 동전의 경우, 동전을 鑄造하는 관청이나 8도의 명칭을 약자를 넣어 관청과 감영 등 지역을 파악할 수 있게 하였다. 또 千字文을 순서대로 특정 시기에 따라 다르게 한 자씩 넣은 것, 周易의 八卦를 넣은 것, 天干 중 하나씩 넣은 것, 숫자인 一~十 중의 하나 씩을 넣은 것, 地支 중의 하나를 넣은 것 등 다양하게 넣어 관리상 편리하게 하거나, 특정한 주조소에서 특정 시기에 어떠한 문자를 넣음으로서 부호로서 기능, 또는 함부로 주조하는 것을 막기 위한 비밀부호 같은 기능의 역할을 기하였다. 기타 「·」이나, 「~」 와 같은 부호도 사용하였다.

짝을 이루고 있지 않다. 인(寅) 자는 다른 지지의 인장보다 좀 크게 새겨 찍은 것이고, 진(辰) 자는 예외 없이 좌서체(左書體)로 찍힌 점이 특이하다. 여기서 보이는 이러한 지지(地支) 중의 하나인 이들 문자들은 위의 天干에서 설명한 것처럼 반드시 지지(地支)로서의 의미를 두지 않은 포괄적이고도, 편의상 사용되었고, 따라서 천간과 비슷한 의미로서의 기능을 했을 것으로 추정된다. 이들 문자는 대부분 지지(地支)가 아닌 포(布), 사(斯), 조(助), 지(止), 고(古), 륵(肋), 전(田), 도(刀), 모(毛)와 같은 글자와 짝을 이루면서 두 인장의 거리가 상하방향으로 0~3㎝ 정도 거리를 두고 찍혀져 있다. 지지(地支) 문자가 위로 가는 경우와 아래에 놓이는 경우 모두 확인되고 어 어떤 정형성있는 배치는 없다. 아마 특정한 의미나 부호로서 사용되었음은 분명하지만, 기와 제작 시에 이들 도장을 구지순서를 구분하여 찍을 정도의 필요성은 없었을 것으로 판단된다.

⑦ 그 밖의 인장와(사진4, 삽도7)

⊙ 「布」「斯」「助」「止」「古」「肋」「田」「刀」「毛」명 인장와
「布」「斯」「助」「止」「古」「肋」「田」「刀」「毛」와 같은 문자들은 대부분 다른 地支와 같이 짝을 이루면서 찍혀있는 경우가 대부분이다. 이들 문자는 와장(瓦匠)이나 지명(地名), 또는 제와생산과 관련된 어떤 의미의 약자나 그렇지 않다면 한자(漢字)를 빌린 판독할 수 없는 또 다른 백제어의 특유한 의미를 가졌는지 모르겠다.

⊙ 「下」「前」「北」「本」「木」「十」「井」「蛇」「卍」「大」「大也」「功」「土」명 인장와
하(下), 전(前), 북(北)명 인장와는 행정구역이나 특정 행정구역을 기준으로

① 「午」「肋」 　② 「甲布」 　③ 「午斯」 　④ 「甲布」

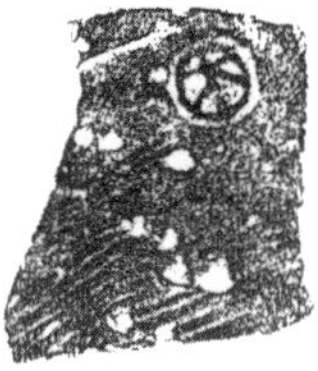

⑤ 「木」 　⑥ 「午」「止」 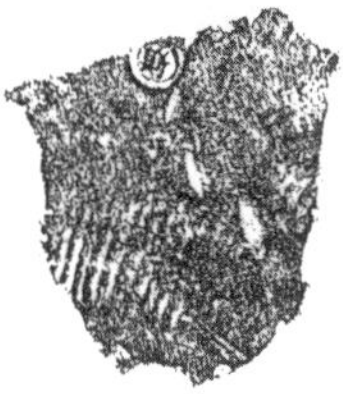　⑦ 「斯」

⑧ 「巳」「刀」 　⑨ 「大也」 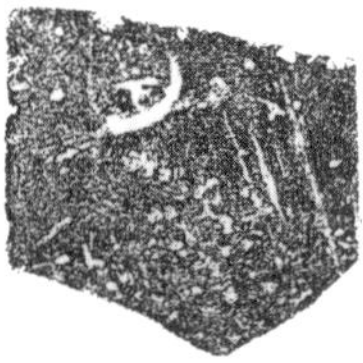　⑩ 「刀下」

⑪ 「功」 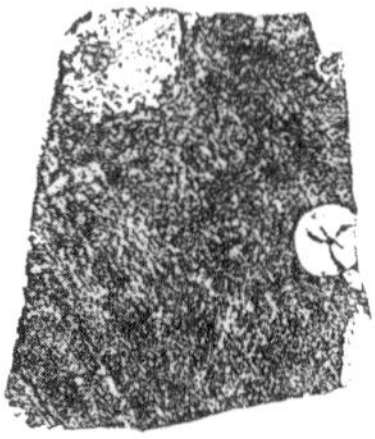　⑫ 「大」 　⑬ 「米」 本

삽도7. 백제 인장와 각종

명명한 고유 명칭이나 지명 등을 약자 등으로 표기한 것으로 추정된다. 그렇지 않다면 특정 관부(官府)의 위치에 따른 약자 표기일 수도 있다. 부소산성 내와 부소산성 앞의 기슭 백제유적에서 출토된 대형 백제토기에는 북사(北舍)명의 인장을 새겨 찍은 사례가 확인되었다. 따라서 행정적인 지명이 아닌 일정 구역의 집단 기관의 건물이나 단위별 건물별로 고유명사를 붙이지 않는 경우는 방향을 나타내는 문자로서 특정건물을 지칭했을 가능성도 있다.

 북사(北舍)명의 토기 인장의 의미를 위와 같이 해석할 경우, 본(夲)이라는 문자 역시 본사(本舍), 본부(本部), 본부(本府) 등 어떤 일정한 범위의 집단 건물 중 가장 중심이 되는 위치나 건물 등을 의미하는 것으로 볼 수도 있겠다.

 정(井)은 중앙에 점이 있는 것과 없는 것 두 종이 확인된다. 이 두 자는 음(音)과 훈(訓)을 가진 동자(同字)이다. 아마 지명이나, 전통적인 특정 제작 과정에서 이러한 문자(文字)는 부호(符號)로서 사용되어 왔던 것으로 여겨진다.[18]

 대(大) 및 대야(大也)는 지명이나 크기, 정도 등 상태를 나타내는 의미인지도 모르겠다. 공(功)은 정사각형모양의 인장에 새겨 찍은 것으로 좌서체(左書體)로 나타나 있다. 아마 위의 대(大), 대(大也)와 같은 어떤 상징적인 것을 의도하는 문자이거나, 또 다른 알 수 없는 특정 의미나 명칭을 포괄·함축하여 나타내는지 알 수 없다. 사(士)는 특정 신분(身分)을 가진 사람이 거주하거나, 관부(官府)의 기능과 관련된 것인지 알 수 없다.

---

18) 부호로서 이용될 경우, 이러한 「井」이란 것은 음이나 훈의 의미보다는 귀하거나 최고, 등 돋보이는 상징적인 의미를 지니고 있다고 여겨진다.

라. 평기와

평기와는 문양과 제작기법으로 나누어 이야기할 수 있다. 백제시대의 평기와는 암키와와 수키와로 분류된다. 기와는 채토(採土)부터 굽는 과정에 이르기까지 7단계의 제작과정을 거치게 된다. 이 과정 중에 와통(瓦桶)에 소지(素地)[19]를 씌워 두드려 성형한다. 우리가 고대에 제작된 기와를 관찰하는 작업을 통하여 4단계에서 형성된 모양을 관찰할 수 있는 기회가 적지 않다. 이 관찰을 통하여 어떠한 소지모양을 만들어 성형작업에 착수했는지 알 수 있는 경우가 많다.

5단계는 와통에 소지를 부착하여 두드려 제작하는데, 이 때 두드린 도구(道具)의 흔적을 세밀하게 관찰함으로서 타날 도구의 형태와 크기를 어느 정도 판단할 수 있다.[20] 또 타날 도구에는 문양을 넣게 되는데, 백제시대에는 선문(線紋)과 격자문(格子紋), 승문(繩紋) 세 종류가 확인된다. 이 세 문양은 백제 초기 풍납토성 발굴조사에서도 모두 출토된 바 있어 이들 문양은 한성도읍기(漢城都邑期)부터 이미 존재하고 있음을 알 수 있게 되었다.

---

19) 素地는 기와를 만들기 위하여 숙성된 흙을 말한다. 일반적으로 기와 제작과정 중, 4단계까지 거치면서 숙성과 기와제작을 위하여 瓦桶에 부착하여 두드려 성형하기 위하여 가래떡형모양이나 널판형으로 만들게 된다. 이러한 5단계인 성형 직전단계의 바탕흙을 아직 모양이나 구체적인 기와형태로 만들지 않았다는 의미에서 포괄적인 의미로 素地라고 칭한다.

기와는 제작기법상, 단계별 작업과정을 정리하면, ① 채토 작업 ② 흙고름 작업 ③ 흙벼늘 작업 ④ 다무락 쌓기 ⑤ 成形 ⑥ 乾燥 ⑦ 燒成 등 7단계를 거쳐 완성한다.

20) 타날 도구는 전통적 한식기와 제작방법에 의하면 나무에 문양을 새겨 두드린다. 아마 고대부터 가장 일반적으로 사용되었던 타날 도구는 나무판을 사용했을 것으로 추정된다. 다만 繩紋은 실이나 기타 새끼줄을 꼴 수 있는 재료(짚, 풀, 실 등)를 사용하여 꼰 새끼줄을 이용하게 된다. 이 새끼줄을 나무판과 같은 도구에 말아 감아 두들겨 타날 도구로 이용했던 것으로 알려져 있다.

백제 기와를 관찰하면서 제작기법을 확인할 수 있는데, 이는 와통을 사용하고 기와의 내측에 와통의 흔적을 관찰할 수 있는 요소가 남아 있기 때문이다. 기와의 내·외면과 측면, 상·하면 등을 통하여 기와의 제작 와통의 종류 및 사용된 통보, 눈테(분리선), 성형 후 재 손질여부 흔적까지 알 수 있는 사례가 적지 않게 나타나고 있다. 이러한 조사연구를 통하여 파악된 백제 평기와의 문양과 제작기법을 알아보기로 한다.

(1) 평기와의 종류

평기와에 관한 범주는 연구자에 따라 차이가 있을 수 있다. 여기서는 지붕에 얹는 가장 기본 기와인 암키와 및 수키와를 평기와로 지칭하기로 한다. 암키와는 통상 한 와통에서 1회에 4매씩 제작 생산할 수 있다. 수키와는 2매씩 제작된다.

암키와는 단일한 종류로 제작되고, 건물의 크기에 따라 기와의 크기만 조절하여 제작할 뿐, 양식상 다른 차이는 없다. 기와의 모양은 瓦匠이 필요성이나 수요처의 주문 등에 따라, 너비에 비하여 길이가 지나치게 좀 길게 하거나 그렇지 아니한 경우가 있다.

반면에 수키와는 토수기와와 미구기와로 나누어지는데, 모두 모양에 따라 실 기능에서 역할을 다할 수 있게 제작한 점에서는 차이가 없다.[21](삽도4⑦⑧)

---

21) 백제시대 수키와는 풍납토성에서 출토된 평기와를 조사 분석한 결과, 초기부터 토수기와와 미구기와가 분리되어 제작되었고, 이 시기에는 오히려 미구기와 중 미구의 기능을 할 수 있도록 인위적인 방법을 사용한 특이한 기와가 확인되었다. 이 기와는 준 미구기와라고 할 수 있으며 미구의 부분의 처리가 미미하다. 그러나 출토위치로 보아 미구기와의 전단계로 단정할만한 근거는 아직 발견되지 않아 동시에 제작 사용되었던 것으로 추정되고 있다.

(2) 기와의 문양[22]

① 선문(線紋)(사진5, 삽도8①)

선문은 기와를 만들 때, 두드리는 나무 도구에 세로나 가로의 어느 한 방향으로 선을 새긴다. 이 도구로서 기와 성형 시, 기와의 외면을 타날하게 되면 새긴 문양이 기와에 그대로 찍히게 되는 것이다.

부소산성 기와는 웅진·사비기시대의 평기와를 연구하는데 가장 대표적인 좋은 자료에 속한다. 따라서 백제 후기에 연구된 여러 기법 등의 대부분이 이곳 부소산성에서 확인되는 추세이다. 선문은 기와의 세로인 장축 길이방향에 맞추어 타날하는 것, 기와의 가로인 횡방향에 맞추어 나타난 것, 기와와 일정한 방향이 아닌 비켜 나타난 것 등이 있다.

선문은 타날 후, 물질처리에 의하여 지워져 이른 바, 무문(無紋)으로 처리된 사례가 많다. 어떤 선문은 부분적으로 물질 처리하거나, 조그마한 작은 도구 같은 것으로 횡방향으로 문질러 처리한 사례도 확인된다.

문양의 상태는 타날 도구에 따라 문양이 넓거나 얇게 나타나 일정하지 않다. 문양은 제작자의 기술과 정성, 또 같은 제작 생산지에서 제작되었다고 하더라도 제작 시의 생산 조건과 와장들의 행위에 따라 기와의 모양과 질은 가변성이 항상 존재할 수 있었다고 보아야 한다. 따라서 기와의 사용처나 위의 제반 조건에 따라 기와의 상하단, 측면 등의 처리는 기와의 형태와 질에 많은 영향을 주었을 것으로 추정된다.

---

22) 백제시대의 기와 문양은 기와 성형 시 밀도를 충분하게 하기 위함이 목적이었다. 예를 들면, 어느 한 문양의 타날 도구로서 충분히 타날한 후, 다른 문양도구로서 재타날한 사례가 확인되기도 한다. 이 때 문양은 자세하게 관찰하여야 이를 볼 수 있는데, 이러한 재타날의 목적은 충분한 타날에 따른 거친 면을 재타날함으로서 이를 조정하고 거칠게 형성된 면을 고르게 할 수 있는 목적을 위함이다.

① 백제 선문 암키와 　　　　　② ①의 내면(통쪽 및 연결끈 · 마포 통보 흔적)

사진5. 백제 선문 암키와

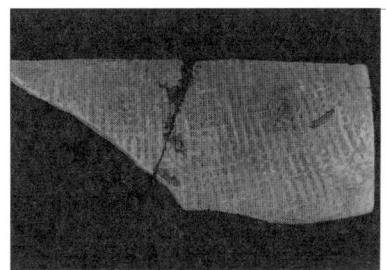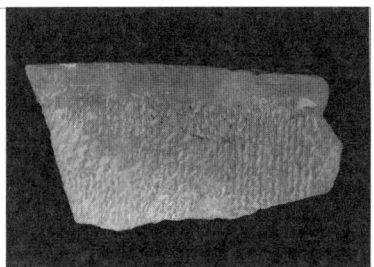

① 백제 격자문 암키와 　　　　　② 백제 승문 암키와

사진6. 백제 격자문 및 승문 암키와

　선문이라고 하지만 자세하게 관찰하면, 다른 방향의 또 다른 선 등이 복합적으로 시문된 것도 관찰된다. 그렇지만 삼국시대에는 동일한 기와에서, 주문양(主紋樣)이외에 나타나는 다른 문양흔적은 미미한 편이어서, 따로 명칭을 부여하거나 분류하게 되면 오히려 혼선을 가져올 수 있다.

　부소산성 내에서 출토된 문양은 선문이 가장 주류를 이루고 있다. 순수한 선문은 통일신라 말기까지 전승되어 명맥을 이어가다가 사라지게 된다. 통일신라 중기 이후부터는 격자문과 함께 시문되거나 어골문(魚骨紋)과 혼용되는 등 많은 변화가 나타난다.

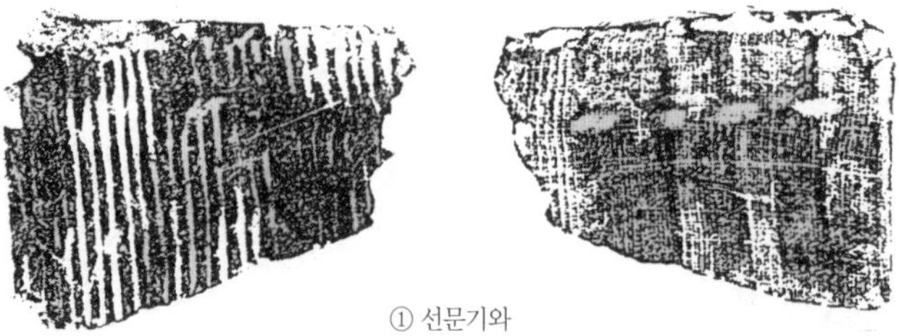

① 선문기와

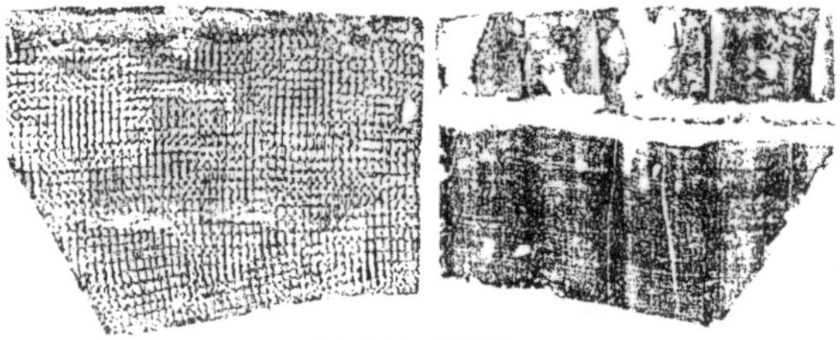

② 격자문 기와 (小)

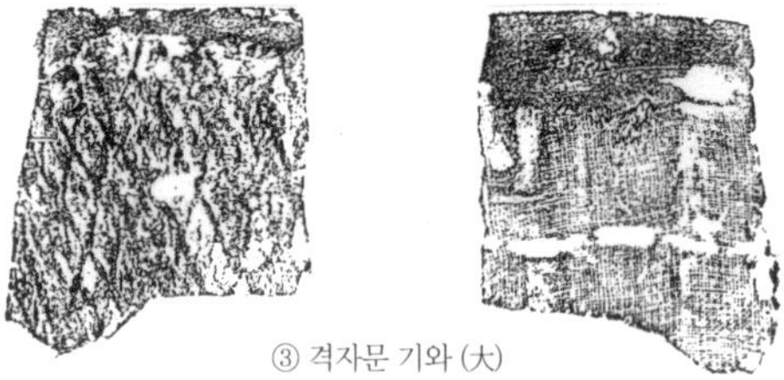

③ 격자문 기와 (大)

④ 승문기와

삽도8. 백제 평기와 문양 및 내면의 통쪽(연결끈)흔적

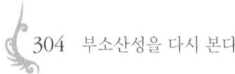

② 격자문(格子紋)(사진6①, 삽도8②③)

格子紋은 문 창살문과 같이 네모 또는 마름모 형태의 문양을 지칭한다. 이 문양은 크기에 따라 대 중 소로 나눌 수 있고, 네모 형태는 정격자문(正格子紋), 마름모형은 사격자문(斜格子紋)으로 분류하기도 한다. 부소산성 내에서 출토된 백제 격자문은 대부분 소격자문계통으로 소문(素紋) 수막새의 등기와는 거의 이 범주에 들어 있다.[23]

복원된 소문 수막새의 등기와에 시문된 소격자문의 경우[24], 기와가 50㎝에 이르며, 소격자문(小格子紋)이 틈 없이 시문되었다. 이 기와는 기능상 앞쪽에서 43.7㎝되는 지점에 와정공(瓦釘孔)이 마련되어있다. 이 격자문양은 작은 타날 도구로서 시문되지 않고, 이 기와를 덮을 수 있을 만한 크기와 격자문 도구를 덮은 다음 타날 도구로 두드려 문양을을 내었던 것으로 관찰되었다.[25] 이들 소격자문(小格子紋)의 특징은 모두 정격자문(正格子紋)으로 확인된다.

초기 백제 주성(主城)의 하나로 알려진 풍납리토성 출토 평기와는, 대부분 소격자문(小格子紋)을 주문양(主紋樣)으로 적용되고 있음은 주목된다.

③ 승문(繩紋)[26] (사진6②, 삽도8④)

승문은 새끼를 꼬아 도구에 감아 두드려 낸 문양이다.[27] 승문을 가진 기

---

23) 부소산에서 출토된 소문 수막새는 다른 수막새에 비하여 수량이 월등히 많은 편이며, 이 막새의 등기와는 거의 남아 있는 경우도 확인되는데, 등기와의 길이는 50㎝에 이른다. 이 등기와는 미구없는 토수기와로서 드림새와 접한 선단부 쪽은 두께 1.3㎝이지만 기와의 선단부에서 ⅓지점부터는 점차 얇아져 가장 뒷부분은 0.8㎝에 지나지 않는다. 이런 두께 차이를 두었던 것은 제작 당시 인위적인 작업을 시도해 제작했는데, 건물의 규모나 기와의 무게를 견딜 수 있는 건물하중을 반영하여 제작한 흔적으로 이해된다.

24) 부여문화재연구소, 『扶蘇山城 發掘調査中間報告』 11집, 1995, p.75, 433(도판 134①).

25) 이러한 사례는 간접 타날 문양으로서 토기에서도 볼 수 있는 것이다.

와의 개체 수는 유적에 따라 편차가 심한 편이다. 부소산성 내 출토 승문기와는 백제기와 문양 중 가장 적은 수량을 보인다.

승문기와는 통일신라에 들어와서는 크게 줄어들지만 어느 시기를 막론하고 원칙적으로 다른 문양과 혼합하여 사용되지는 않는 특징을 가지고 있다. 통일신라에 들어와서는 이성산성과 부소산성 통일신라 유적 일부에서 출토된다. 승문의 특징 중의 하나는, 가래떡형 소지만을 사용하는 경우가 대부분이다. 이 점은 가래떡형 소지가 연원이 더욱 오래 전부터 사용되어왔다는 점에서 그 전통을 끝까지 지켜갔다고 볼 수 있겠다.[28]

백제의 승문기와는 통일신라시대의 것에 비하여 상하단과 측면을 현저하게 잘 다듬었고, 기와내면에는 통쪽의 흔적이 뚜렷하게 남아 있다. 이는 기와제작기법에서 통일신라에 들어와서는 고신라에서 선호한 원통와통에 의한 제작기법이 한반도에 널리 퍼졌기 때문이다.

부소산성 내측에서는 사비루(泗沘樓)에서 170여 m 정도 떨어진 동편의

---

26) 繩紋은 繩蓆紋으로 기술을 해왔으나, 승석문은 새끼줄문과 자리문(섶문)의 두 문양을 의미하고, 고구려의 경우 자리문이 따로 확인되고 있다. 따라서 繩蓆紋으로서는 이들 순수한 문양의 의미를 전달할 수 없고, 혼선을 가져올 우려가 있다. 경기도 주변의 산성에서는 통일신라 극초기에 제작되었던 것으로 보이는 보다 도안화된 형식의 순수한 고구려계와 구분되는 蓆紋이 보고되고 있어 이들 간 명확한 명칭의 구분 필요성이 요구된다.

27) 중국의 경우, 西周시대의 가장 이른 기와에서부터 남북조시대에 이르기까지 가장 널리 사용되어온 것이 승문이고, 이 승문은 이 오랜 기간 동안 거의 점유해왔다. 이러한 경향은 중국 漢까지는 단일문양으로 볼 수 있을 만큼 점유하고 있는데, 그 원인은 기와의 제작기법에서 찾을 수 있다. 이 시기까지는 기와 제작을 위하여 가래떡형 소지를 적용해왔다. 가래떡형 소지는 그 특성상 충분한 두들김 작업이 선행되어야 기와제작을 할 수 있게 되고, 후에 소지 간에 서로 분리되는 모순을 방지할 수 있다.

28) 부소산성 내에서 출토된 승문기와는 백제시대 기와 및 통일신라 말경의 것 모두 가래떡형 소지만을 사용하여 제작하고 있음은 특기할만하다. 또 이성산성에서 출토된 통일신라시대의 승문 역시 확인되는 경우는 가래떡형 소지를 사용했음을 알 수 있다.

능선 주변에서 많이 출토되었다. 이곳은 통일신라 극초기에 백제 토성을 그대로 이용하여 내성을 다시 쌓은 두 곳 중의 한 곳이다. 이 지점은 통일 신라시대의 건물지와 백제의 장대지터가 확인된 곳이다. 통일신라 건물 지 주변에서는 많은 동시대의 수막새와 평기와가 토기편과 함께 출토되 었다. 여기에서 출토된 승문 평기와는 암·수키와가 많이 출토되었다.

통일신라시대의 승문은 모두 두텁고, 거친 태토를 지니고 있었으며, 암 ·수키와 모두 가래떡형 소지가 완전한 밀착 타날작업을 거치지 못한 것이다. 이 기와는 내면과 외면에 가래떡형 소지가 서로 접합된 부분이 그대로 노출되어 있음이 조사되었다. 또 이 시기의 기와는 모두 원통와통에 의하여 제작 생산하였다.[29]

(3) 평기와 제작기법

① 와통(瓦桶)(그림1, 2)

부소산성 내에서 출토된 기와의 제작은, 백제 후기 기와제작기법에서 보이는 대표적인 것이다. 이러한 기법들은 익산 왕궁리 유적, 미륵사지, 부여 지방의 백제 사찰유적 등에서 출토된 기와와 차이점이 없다.

기와제작을 위해서는 와통을 사용하는데, 수키와 같은 경우 전통재래식 기와제작에서는 미구기와로 단일 제작만을 하고 있기 때문에 아래의 그림에서 볼 수 있듯이 한 가지 와통만이 통용되고 있다.[30] 암키와 와통은

---

29) 국립부여문화재연구소,『부소산성발굴중간보고 Ⅲ』, p.371, 372, 376.

30) 현재 유일한 재래식 기와 무형문화재인 한형준 옹이 제작 생산하고 있다. 이러한 기법은 고려시대까지는 수키와의 경우에도 미구기와와 토수기와가 공존하여 생산 사용했던 것으로 많은 자료를 통하여 알 수 있다. 조선시대에 들어와서는 토수기와를 생략하고, 미구기와로 통일하여 사용했던 것으로 조사된다.

삼국시대에 두 가지 와통이 사용되었던 것으로 조사된다. 이 와통의 명칭은 그 모양에 따라 통쪽와통[31] 및 원통와통으로 불리고 있다. 이들 두 와통의 사용은 풍납토성 출토기와에서도 이미 적용 · 사용되었음을 확인할 수 있다.

이러한 기와제작을 위한 와통은 고구려(高句麗)와 고신라(古新羅) 등 삼국 공히 사용되었음이 출토된 기와분석에서 조사되었다. 와통과 함께 가장 중요한 재료는 이른바 기와제작을 위한 바탕흙[素地]이다. 이 소지는 앞서 이야기한 바와 같이 7단계의 과정을 거쳐 기와가 완성되는데, 숙성된 소지를 와통에 부착 성형하기 위해서는 일정한 모양의 소지를 만들어야 한다.

부소산성에서 출토된 기와는 통쪽와통 및 원통와통을 적용한 제작기법이 조사된다. 암키와 틀은 이를 올려 돌려가면서 성형할 수 있는 회전식의 받침대가 따로 있다.

통쪽와통은 특성상 나무 조각이나 대나무 조각을 알맞은 크기로 쪼개어 다듬어서 긴 직사각형의 통쪽을 만들고 구멍을 뚫어 끈으로 연결하여 발(簾)처럼 엮는다. 각 통쪽은 세로방향으로 2개소, 3개소 또는 4개소에 끈을 연결할 구멍을 뚫고 가로방향으로는 1개소, 3개소, 4개소의 구멍을 뚫는 사례가 조사되었다.

통쪽마다 구멍을 뚫은 후, 끈을 연결하여 엮는 방법은 지금까지 14종류가 확인되었는데 부소산성 내에서는 9종이 관찰되었다. 끈 연결방법은

---

31) 통쪽와통은 통쪽이라는 가늘고 긴 널판형 판자나 이와 유사하게 깍은 나무조각이나 대나무 조각으로 만든다. 이들 각 조각을 전통 재래식 기와제작 을 하는 곳에서는 통쪽이라 칭하고 있다. 따라서 필자는 이들 조각을 통쪽으로 명명하여 칭하고 있다. 중국 明나라의 宋應星, 『天工開物』에 의하면 이러한 와통의 그림을 제시하고 있는데 여기서 이러한 와통을 이루고 있는 나무나 대나무 조각을 模骨이라 칭하고 있다. 여기에서 日本에서는 이러한 통쪽을 사용하여 제작한 와통을 모골와통이라 부른다.

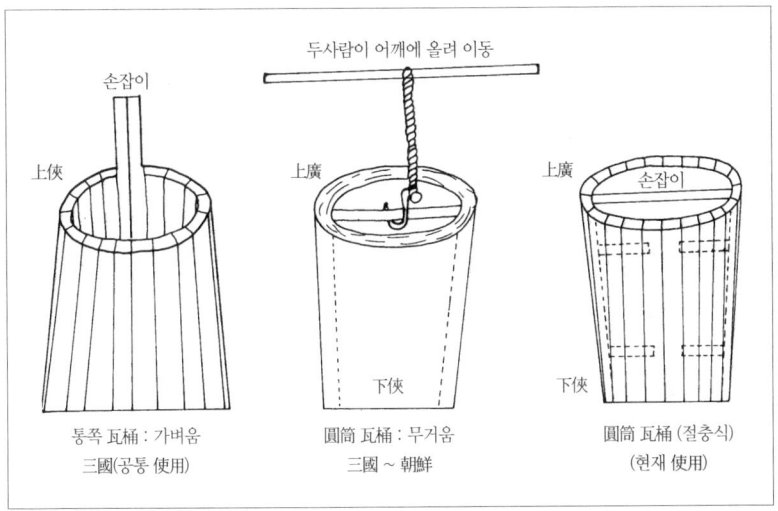

두사람이 어깨에 올려 이동

손잡이

上侠

上廣

上廣

손잡이

下侠

下侠

下侠

통쪽 瓦桶 : 가벼움
三國(공통 使用)

圓筒 瓦桶 : 무거움
三國 ~ 朝鮮

圓筒 瓦桶 (절충식)
(현재 使用)

그림1. 암키와 제작 瓦桶의 각종

실제 실험한 결과 끈의 연결방법에 따라 통쪽이 강하게 엮어지거나, 좀
느슨하게 엮어지는 것으로 나타났다. 또 한 줄의 끈으로 엮는 방법, 두 줄
을 동시에 모으거나 변화를 주어가면서 엮는 방법 등 다양한 방법을 동원
했다. 이러한 다양한 기법은 편의상 기법에 따른 명칭을 부여하였다.[32]
(사진7~9, 삽도8)

　이러한 각 통쪽을 연결하는 끈의 연결법은, 통일신라 이후의 기와와 구
분되는 가장 확실한 기법 중의 하나이다.(사진7, 8, 9)

　수키와 제작을 위해서는 아래 그림에서와 같이 굵은 통나무에 받침쇠

---

32) ① 한 구멍 뚫기(두 줄 통쪽건너엮기법, 두 줄 통쪽사이엮기법), ② 두 구멍 뚫기(한 줄
엮기법, 두 줄엮기법, 한 줄 홈쳐엮기법, 두 줄 홈쳐엮기법, 두 줄 엇걸어엮기법, 사각홈
한 줄엮기법, 한 줄 고정엮기법), ③ 쌍두구멍뚫기(두 줄 평행엮기법, 두 줄 홈쳐 평행엮
기법, 두 줄 엇걸어 평행엮기법, 사각홈 평행엮기법), ④ 네 구멍 뚫기(한 줄 통쪽 건너엮
기법).

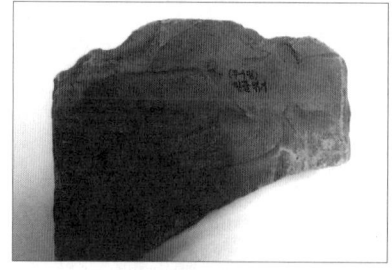

① 한 줄엮기법(두구멍)　　　② 두 줄엮기법(두구멍)

사진7. 백제 암키와 내면 통쪽 및 연결끈 흔적

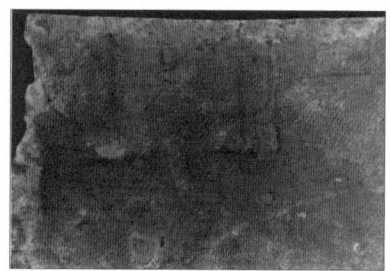

① 통쪽와통 연결끈 흔적(사각 홈파 엮기법)　　② 통쪽와통 연결끈 흔적(두 줄 엇걸이 엮기법)

사진8. 백제 암키와 내면 통쪽 및 연결끈 흔적

① 통쪽와통 연결끈 흔적(한 줄 끈 고정 엮기법)　　② 통쪽와통 연결끈 흔적(두 줄 훔쳐 평행 엮기법)

사진9. 백제 암키와 내면 통쪽 및 연결끈 흔적

네 개를 박아 말처럼 고정시키고, 윗면에는 새끼손가락 굵기 정도의 곧은 둥근 쇠를 적당한 높이로 고정시킨 이른바 작업대(받침대 ; 현장에서는 통칭 말이라고 함)를 만든다. 와통은 아래에 널판을 둥글게 잘라 받치고, 수키와 모양으로 나무를 다듬어 둥근 널판위에 놓고 못으로 박아 고정시킨다.

이때 아래에 받치는 원판은 수키와 형의 원통보다 수 cm 정도 더 넓게 공간을 남긴다. 이 남은 공간에는 가는 새끼줄을 바닥에 깔아 고정하는데, 이 새끼줄의 기능은 기와를 성형 후, 떼어낼 때 쉽게 떨어지도록 하기 위한 역할을 하게 된다. 이 수키와통에는 양쪽 두 곳에 대칭으로 눈테를 고정시켜 수키와를 성형 후, 2분할 때 분리용 표시가 나도록 한다. 통보는 원형으로 만들어 꿰매는데 상면에는 철사같은 것으로 매달아 손잡이 역할을 하게 한다.

기와를 성형할 때는 통보를 기와통에 씌우고 소지를 덮어 두드린다. 기와성형이 완성된 후, 통보의 손잡이를 잡아 올리면 와통은 그대로 남아 있고 통보와 성형된 기와만 들린다. 통보의 손잡이를 잡고 건조장으로 옮긴다.

② 素地(사진10, 그림3, 도면3,5)
소지는 위에서 서술한 바와 같이 가래떡형 소지와 널판형 소지가 있다.[33] 백제 초기인 풍납동 출토기와는 확인되는 경우, 예외 없이 가래떡형 소지를 사용하고 있다. 가래떡형 소지는 가장 이른 시기부터 사용되어왔던 전통적 방법으로 인식되고 있으며, 이 방법은 통일신라 말경까지 사용되었던 근거가 부소산성과 이성산성 등에서 나타났다.

---

33) 가래떡형 소지는 토기 제작 시 용어인 점토대(粘土帶)로 표기하기도 한다.

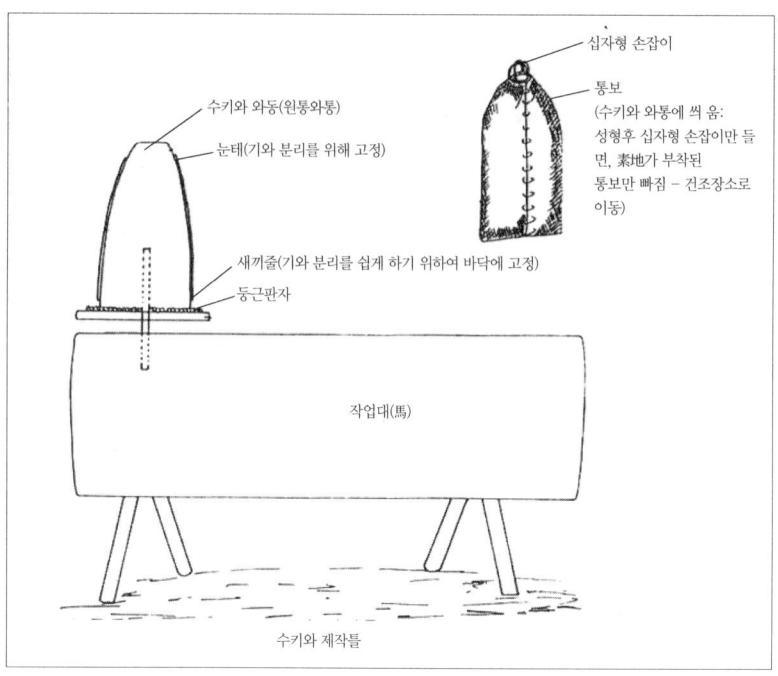

그림2. 수키와 제작틀

부소산성에서 출토된 백제기와는 가래떡형 소지와 널판형 소지 두 가지를 모두 적용하여 제작하고 있다.

가래떡형 소지는 중국의 경우, 처음 기와 등장시기로 조사된 서주(西周)부터 가래떡형 소지가 존재하고 있음을 알 수 있다. 이 시기는 토기와 함께 제작하기 위한 소지 형태가 유사하고, 분업이 철저하게 이루어지지 않아 비슷한 여건 하에서 함께 발전해왔던 것으로 추정된다. 백제 초기인 풍납토성이나 몽촌토성 등 한성도읍기(漢城都邑期)에 제작된 평기와는 모두 가래떡형 소지로 제작되었음이 보고되었다.

웅진(熊津 ; 公州)으로 천도하면서 널판형 소지가 등장하였는데, 중국에서 영향을 받았는지는 근거가 확실하지 않지만, 중국의 경우는 전국시대

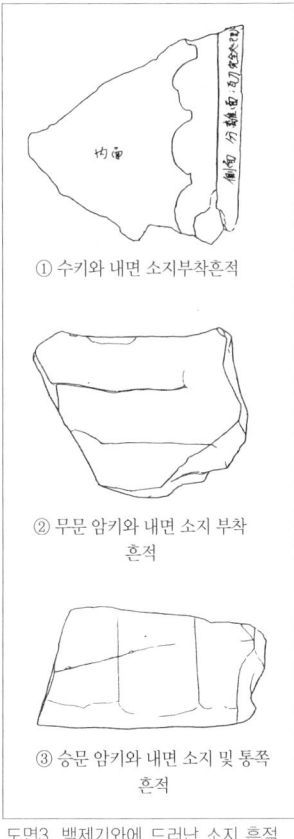

① 수키와 내면 소지부착흔적

② 무문 암기와 내면 소지 부착
흔적

③ 승문 암기와 내면 소지 및 통쪽
흔적

도면3. 백제기와에 드러난 소지 흔적

부터 널판형소지가 등장했다고 한다.[34] 그렇지만 남북조시대까지도 가래떡형 소지가 우세하게 사용되었음을 보고서나, 실물을 통하여 확인할 수 있다.

가래떡형 소지는 신라가 통일한 이후, 거의 소멸되고 극히 부분적으로 계승되었음을 유적출토 기와를 통하여 알 수 있다. 그렇지만 부소산성 내의 영일루 동편 통일신라 건물지와 성벽 주변에서는, 통일신라의 승문(繩紋) 암·수키와에서 다량의 가래떡형 소지에 의하여 제작된 기와를 발굴한 바 있다. 부소산성에서 출토된 백제기와는 가래떡형 소지와 널판형 소지 두 가지를 모두 적용하여 제작하고 있다.

백제의 평기와는 선문, 새끼를 꼰 문양, 네모문양이 있다. 이들은 신라와 고구려에서도 주로 사용되었던 세 가지 문양이며, 통일신라에 들어와서도 사용되었다. 기와를 만드는 틀은 통쪽와통과 원통형 와통으로 나누어진다. 백제시대에는 이들 두 기와 틀이 모두 사용되었고, 통일신라 이후에는 원통형 와통만이 사용되다가 고려, 조선시대까지 전승되어왔다.

기와제작은 기와 틀에 숙성된 흙을 부착하여 나무 도구를 사용하여 두

---

34) 널판형 소지는 판자형 소지라고도 할 수 있으며, 점토판(粘土板)이라는 명칭을 부여하기도 한다.

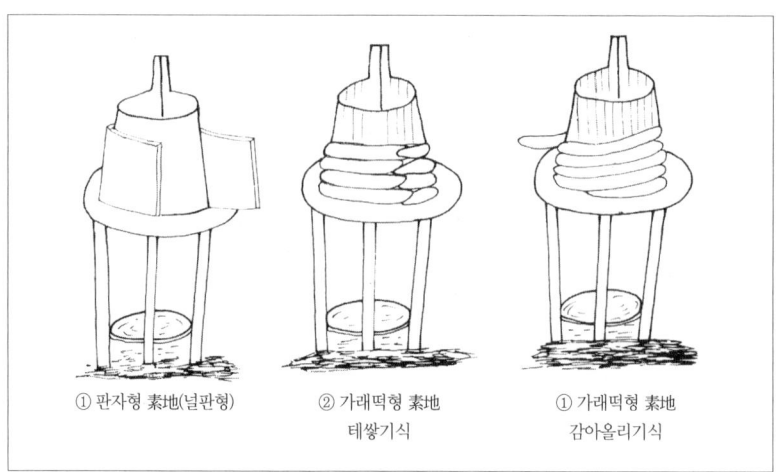

① 판자형 素地(널판형)   ② 가래떡형 素地   ① 가래떡형 素地
                        테쌓기식   감아올리기식

그림4. 素地형태에 따른 기와 성형 방법

드려 만들게 된다. 이때 흙의 모양은 두 가지 형태가 사용된다. 한 가지는 널판형 소지라 하고, 다른 한 가지는 가래떡형 소지라고 한다. 널판형 소지는 네모형태로 넓게 만들어 기와 틀에 부착하여 만드는 것이고, 가래떡형 소지는 흙을 가래떡처럼 둥글고 길게 말아 기와 틀에 돌려가면서 올린 후, 나무판을 세게 두드려 기와의 형태를 만들게 되는 것이다.

　암키와는 한 기와 틀에서 네 조각으로 나누어지게 되며, 수키와는 두 조각으로 나누어져 기와가 완성되는 것이다.

　기와의 문양은 통일신라에 들어와서 위의 세 가지 문양에서 벗어나 어골문(魚骨紋)이라는 새로운 문양이 등장하게 된다. 이후 어골문은 고려시대의 중심문양으로 자리 잡게 된다. 통일신라 말경에는 어골문과 다른 선문, 네모문양 등과 섞여 사용하면서 100여 종류 이상으로 늘어난다. 또 고려시대에 와서는 250여 종의 많은 문양이 생겨나고, 백제시대의 선문이나 네모문양, 새끼를 꼬은 문양은 사용하지 않게 된다.

　조선시대에 오게 되면 물결문양이 중심이 되어 약 50여 종으로 줄어든다.

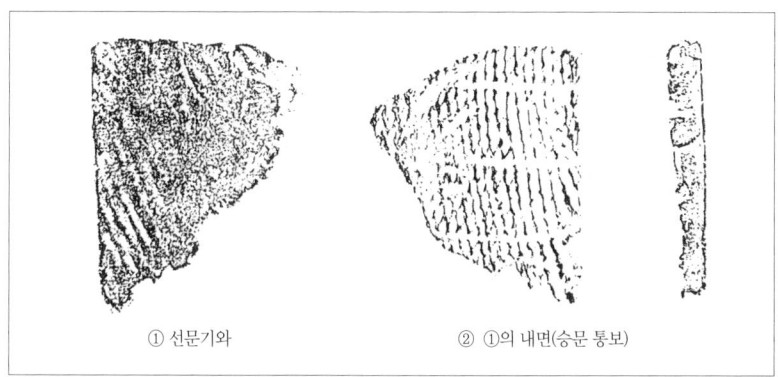

① 선문기와   ② ①의 내면(승문 통보)

탁본1. 선문기와 및 내면 승문 통보 흔적

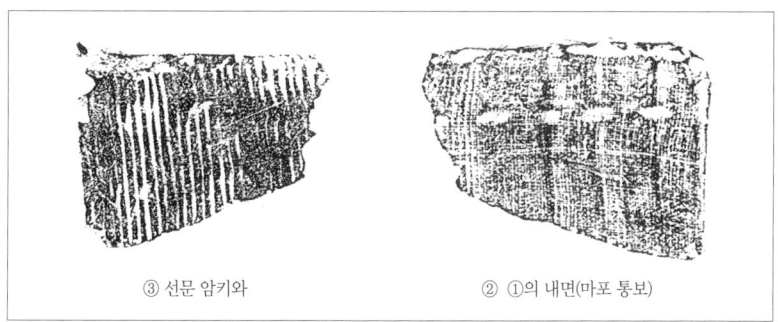

③ 선문 암키와   ② ①의 내면(마포 통보)

탁본2. 부소산성 출토 선문기와 승문 통보

③ 통보(탁본1, 2)

통보는 기와 제작 시, 와통에 부착한 소지가 성형 후 와통에서 잘 분리 되도록 중간에 매개물을 설치하는 것이다. 이 매개물은 그동안 마포(麻 布)라는 명칭으로 통용해왔다.[35] 통보의 종류는 재료에 따라 마포 통보, 승문 통보, 갈대형 통보 등 세 종류가 조사되었다.

부소산성 출토기와는 대부분 마포 통보를 사용하고 있지만, 승문 통보 가 조사됨으로서 이러한 통보의 사용은 대전의 계족산성, 금산의 백령산 성, 익산의 왕궁리 유적, 익산의 마룡지 동편 백제유적 주변, 전주와 순천, 광양 등 백제고지의 전 지역에 넓게 분포 사용되었음이 발굴조사를 통하여 밝혀지고 있다.

승문 통보의 분포는 임진강유적의 고구려유적인 호로고루 등 고구려와 낙랑 등의 유적에서도 그 조사례가 보고되고 있다.

한편 갈대형 통보의 존재는 대전에 위치한 백제의 월평산성에서 보고사례가 있다.

통보의 재료는 통일신라 이후 마포 통보로 단일화되어 고려, 조선을 거쳐 지금까지 그대로 계승되어 왔다.

마. 치미(鴟尾)(도면 5)

치미는 부소산성 내 서쪽 중간 기슭에 위치한 백제 절터에서 출토한 것으로 확실한 백제시대의 유적층에서 출토된 것으로는 유일한 사례이다. 출토위치는 금당지(金堂址)에서 사용되었던 것으로 조사되었다. 이 치미는 전체가 거의 완전하게 남아 있으며, 용마루 양 끝에 올려 웅장함과 벽사(陽邪) 등의 상징적인 의미를 가지고 있다.

치미는 편의상 날개형태의 대칭으로 부착된 돌기를 날개로 보고, 두 날개 사이를 배로 불린다. 가장 윗부분의 솟은 곳은 반원(半圓) 형태로서 곡

---

35) 麻布는 일본과 중국에서 布乂이나 俑녑으로 물려지고 있다. 이것은 대부분의 마포가 이러한 마포로서 대신했던 것으로 조사되었기 때문에 이러한 명칭이 생겨났다. 그렇지만 90년대에 들어와 백제와 고구려에서 마포 이외에 새끼끈을 발처럼 엮어 이를 대신하는 사례와 갈대와 같은 재료를 새끼 끈으로 엮어 대신하는 등 새로운 재료를 이용한 중간 매개물이 조사되었다. 따라서 마포라는 명칭으로서는 이러한 매개물의 본 뜻을 다할 수 없고, 현 전통 기와제작소에서 통보라는 명칭이 전승되고 있어 麻布를 통보로 고쳐 부르기로 한다. 또 재료의 다양성에 맞게 이를 마포 통보, 승문 통보, 갈대형 통보라고 세분하여 부르기로 한다.

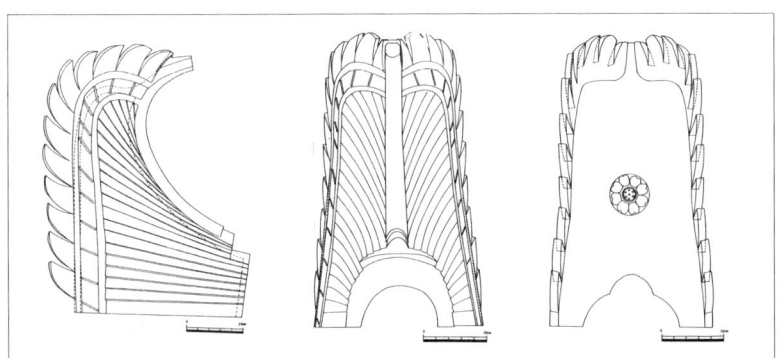

도면4. 부소산 서편 백제 절터출토 치미

선(曲線)을 그리면서 아래로 내려오는데, 이 곡선이 내려와 마무리되는 부분을 머리부분으로 명칭을 부르는 것이 통례이다. 머리부분은 양 용머리의 끝 부분과 접하여 고정시키게 된다.

날개는 한 쪽에 12개씩 모두 24개로 구성되어있다. 치미의 배부분은 양 날개 사이가 공간으로 남아 있는데, 이 공간에는 연화문 수막새를 그대로 형상화하여 조성해 놓았다. 이 연화문 수막새모양은 8엽으로 수막새의 주연부만 제외한 그대로 옮겨 놓은 모습이다. 연화문은 두텁고 도톰한 볼륨을 주고 있다. 자방부는 가장자리에 원형 양각선(陽刻線)을 돌리고 연자(蓮子)는 중앙에 1과 가장자리에 6과를 배치하였다.

치미의 크기는 높이 90.9cm, 길이 67.8cm, 두부폭(頭部幅) 34.3cm, 배 부분의 날개 쪽 폭 56.1cm에 이른다.[36]

---

36) 백제 계통의 또 다른 치미는 미륵사지에서 출토되어 복원된 사례가 있다.(높이 99cm)

2. 통일신라 이후 기와

통일신라시대에 축조된 테뫼형산성은 군창터 바로 북편의 토성 내 바닥층에서 출토된 대형호(大形壺)와 함께 출토된 木炭의 탄소 측정법에 의한 연대에서 서기 680~900년으로 측정되었다.

한편 사비루(泗泚樓)주변 통일신라 토성조사에서는 성벽의 서편과 동편 끝부분에서 공히 동일한 시기의 상한(上限)유물들이 출토되어 시기의 일치를 보여주었다. 이러한 시료분석 자료는 이 시기에 통일신라 성벽을 새롭게 구축했음을 알 수 있다. 아울러 이 주변 조사에서 나타난 건물지와 성벽주변 출토유물 중에서는 회창칠년정묘년말인(會昌七年丁卯年末印)(847)명문와 수십 점이 확인되었다. 물론 이 명문에 나타난 연대는 통일신라 토성의 조성시기의 상한을 나타낸 것으로 판단되지는 않는다.

따라서 이 두 통일신라시대의 테뫼형산성의 축조시기는 통일신라시대 전기(前期)의 어느 시기에 축조되었던 것으로 믿어진다.

가. 수막새

① 대당(大唐)명 수막새(삽도 9①)

부소산성의 사용기간은 백제시대부터 조선시대 전기경(前期頃)으로 추정된다. 그 때 처음 포곡형산성이 축조된 이래 신라가 통일을 하면서 그대로 이용하였을 것으로 생각된다. 이러한 흔적은 대당(大唐) 명 수막새의 명문을 통하여 판단할 수 있다.

대당(大唐)명 수막새는 군창터 바로 북편의 풍화암반층의 백제시대 저장고의 기능을 했던 깊은 구덩이시설 내에서 출토되었다. 이 토광시설의 출토유물은 두 층에서 출토되었는데, 깊은 층은 지하 160~180㎝ 지점에

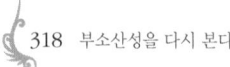

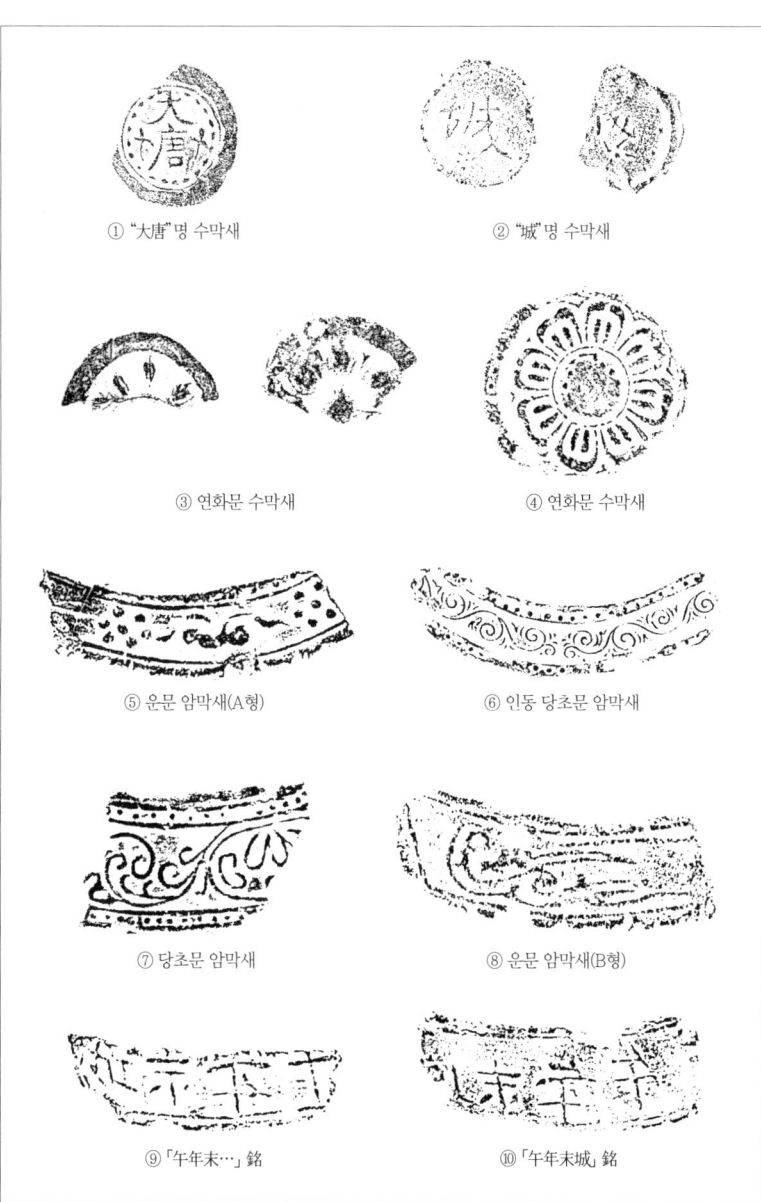

① "大唐"명 수막새　　　　　② "城"명 수막새

③ 연화문 수막새　　　　　④ 연화문 수막새

⑤ 운문 암막새(A형)　　　　　⑥ 인동 당초문 암막새

⑦ 당초문 암막새　　　　　⑧ 운문 암막새(B형)

⑨「午年末…」銘　　　　　⑩「午年末城」銘

삽도9. 통일신라 수막새 및 암막새

서 백제기와와 중국 남북조시대의 흑유(黑釉) 계통의 양이관(兩耳罐) 및 흑유완(黑釉碗)이 함께 출토되었다. 상층은 지표 하 45~105cm층으로서 대부분은 백제 평기와와 토기였고, 유일하게 이 대당(大唐)명 수막새가 유물층의 가장 상층에서 출토되었다. 이 유물층은 이 유물보다 늦은 유물은 출토되지 않았다.

이 수막새는 태토나 기형 질 등에서 백제의 장인이 만든 백제의 수막새와는 근본적으로 이질감(異質感)이 느껴진다. 주연부의 너비는 2cm, 높이 0.2cm이며, 주연부 내에는 주연부와 접하여 타원형의 연주문(連珠紋)을 거의 접하여 돌린 것이다. 대당(大唐)명은 드림새의 중앙부에 상하로 배치하고 있다. 자체(字體)는 안진경 서체(顔眞卿 書體)와 거의 유사한 서체를 보인다.[37]

이 명문의 좌우측에는 인동화(忍冬花)를 대칭으로 배치하였다. 수막새의 크기는 가로 13cm, 세로 14cm로 종횡의 차이가 적지만 처음부터 타원형으로 의도하여 제작했던 것으로 추정된다. 태토는 모래가 많아 거친 편이다.

② 성(城)명 수막새(삽도 9②)

城 명문은 드림새의 중앙에 크게 자리 잡고 있다. 서체는 해서체로서 획이 날카롭고 짜임새 있게 새겨 찍은 것이다.

드림새의 가장자리는 주연부와 접하여 연주문을 돌렸는데, 이러한 양식은 백제나 통일신라의 경우는 별로 선호하지 않은 양식이다. 이러한 양식은 중국의 남북조시대 수막새와 당(唐)의 수막새에서 흔하게 보고되는 양

---

37) 안진경은 唐의 말기에 유명한 서예가 중의 한 명이다. 이 서체를 안진경 체로 볼 경우, 8세기 이후의 수막새로 편년을 설정할 수 있다.

식이다. 城 명문은 드림새 전제에 꽉 차게 배치한 것인데, 명문 이외의 다른 문자나 문양은 두지 않았다.

태토는 모래가 많이 혼입되어 거칠며, 주연부는 대부분 탈락된 상태이다. 전체적인 기형과 태토 및 질 등으로 보아 백제나 전형적인 통일신라의 수막새와 다른 느낌을 주고 있다. 이 수막새 역시 위의 대당(大唐)명 수막새와 동일 시기나 비슷한 시기에 같은 계통의 와장(瓦匠)에 의하여 제작되었을 것으로 추정된다.

성(城)명 수막새는 두 가지 양식이 조사되었으나, 양식상 큰 차이점은 발견되지 않는다. 두 양식은 명문(銘文)의 크기에서 다소 차이가 나는데, 문자가 큰 수막새는 문자의 아래 문양이 중앙에 점문이 있고 그 주위에 6조의 작은 타원형 유사 문양이 배치되었다. 문자가 작은 수막새는 문자의 아래에 둥근 점주위에 5조의 긴 이등변 삼각형이 등 간격의 시계방향으로 나있다.

③ 연화문(蓮花紋) 수막새(삽도 9③)

이 수막새는 군창터 남편의 통일신라시대 주거지 내부와 주변에서 출토되었다. 연화문은 볼륨이 크고, 크기는 작다. 연화문의 특징은 꽃의 중앙과 양 가장자리를 종방향으로 가로지르는 선이 있는데, 이러한 계통은 고구려의 연화문 계통이다. 그렇지만 이 문양은 태토와 뉘앙스, 양식 등에서 백제의 숙련된 와장(瓦匠)의 생산품과는 질적으로 다르다.

전체적인 출토 위치와 양식 등으로 보면, 위의 대당(大唐)명 수막새와 비슷한 시기에 제작되었던 것으로 추정된다. 주연부에는 연주문을 배치하지 않았다. 이 연화문 수막새는 파편으로 출토되었으나, 잔존한 상태로 보아 7엽의 연꽃이 배치되었을 것으로 판단된다. 전체적으로 잔모래 등이 많이 혼입되어 거친 편이다. 주연부의 너비는 1.5cm, 높이는 0.4cm 내외이다. 이 계통의 수막새는 백제의 양식이나 통일신라의 정형화된 양식 중, 어느 쪽과도 연관시키기 어려운 것이다.

④ 연화문 수막새(삽도 9④)

이 수막새는 사비루 동편 테뫼형산성 내 통일신라 건물지 주변에서 많이 출토되었다. 이 수막새는 주연부와 화판부, 자방부가 뚜렷하다. 주연부에는 連珠紋이 배치되고, 화판부는 8엽의 복엽단판문이 배치되었는데, 연꽃에는 두 개의 꽃술이 두 개씩 나타나 있다. 자방부의 가장자리는 가는 선으로 경계를 짓고, 연자는 많이 배치되어있지만 박락이 심하다.

부소산성 백제 폐사지 옆 향교밭에서 수습된 연화문 수막새와 흡사하지만, 향교밭 옆에서 수습된 수막새는 주연부에 연주문이 없고, 자방부의 경계선이 도톰하게 돌아간다. 태토와 정교함 등에서도 차이가 나고 있어, 시기적으로 차이가 있는 것으로 보인다.

사비루 주변에서 출토된 이 양식은 "會昌七年丁卯年末印"명 기와와 함께 출토되어 비슷한 시기에 제작된 것으로 추정된다.

나. 암막새

① 운문(雲紋) 암막새 A형(삽도 9⑤)

운문 암막새는 문양우 유무과 6매와점(梅花點)을 좌우로 번갈아 배치하였다. 암막새의 좌우측 끝은 칼로 베듯이 깔끔하게 처리하여 주연부가 따로 마련되어 있지 않다. 반면에 상하측면은 각각 약간 내측에 돌기 선을 두어 주연부 구획을 두었지만 돌기 선 이외에는 따로 높게 처리하지 않고, 드림새와 같은 높이로 밋밋하다. 다만 밋밋한 주연부에는 볼륨이 낮은 연주문을 배치하였다.

드림새의 너비는 5㎝이다.

② 운문 암막새 B형(삽도 9⑧)

이 암막새는 순수한 운문만을 좌우 대칭으로 배치한 것으로, 중앙부에는 몇 조의 점과 유사한 문양이 있으나 표면 탈락으로 확실한 내용은 확인되지 않는다. 운문은 2획을 마치 한 조로 움직여 변화를 주고 있는데 선이 자유로우면서도 어색하지 않게 처리하고 있다.

주연부는 드림새와 높이 차이 없이 양각 선을 돌려 처리하였다. 태토는 모래가 많이 혼입되어 거칠게 성형된 편이다.

③ 인동당초문(忍冬唐草紋) 암막새(삽도 9⑥)

당초문 암막새는 부소산성 출토 암막새의 주종을 이루는 문양이다. 드림새의 내부는 당초문을 가늘고 정교하게 배치하고 있다. 이 암막새의 주연부는 드림새의 중심부와 높이 차이는 두지 않았다. 대신 가는 양각 선을 일정한 간격으로 평행으로 돌리고, 양각선 사이의 공간에는 작은 연주문(連珠紋)을 밀도 있게 배치하고 있다. 드림새의 문양은 중심부를 기준으로 하여 동일한 문양이 좌우 대칭으로 뻗어 나간 형식이다. 드림새의 너비는 5.6㎝이다.

④ 당초문 암막새(삽도 9⑦)

이 암막새는 문양으로 보면 가장 정교하고, 복잡하게 시문된 것이다. 문양은 가는 당초문을 상면 주연부에서 아래쪽으로 이어가는 가지를 사이사이마다 배치하여 위쪽으로 말아 감아 장식하고, 다른 가지 선을 다시 이어가는 형식이다.

암막새의 중앙으로 추정되는 부분은 잔존한 양식으로 추정컨대, 타원형의 가는 선을 좌우로 두었다. 내부의 중앙 상단은 세 잎을 나란히 벌려 배치하고, 그 아래 좌측에는 크게 휘인 형태의 선을 넣었다. 아마 이 중앙의 문양을 중심으로 당초문은 좌우 대칭으로 장식했던 것으로 추정된다.

주연부는 드림새와 높이 차이는 두지 않고, 두 가는 선을 평행으로 돌리고 그 내의 공간에 작은 연주문을 배치하였다.

⑤ 오년말성("…午年末城") 명문 암막새 (삽도 9⑨⑩)

드림새에는 문양 대신 문자만을 배치한 특이한 암막새이다. 사비루에서 동편으로 170m 정도 떨어진 통일신라시대에 초축된 성벽 즉 테뫼형산성 내에서 출토되었다. 이 주변에는 백제시대의 장대지와 건물지 유적이 남아 있으며, 신라에 의한 통일 후, 정상부를 중심으로 좀 더 작은 규모의 성을 다시 보축하거나, 새로 쌓아 內城 형태로 만들었다. 이 지역은 정상부에 약간의 대지가 형성되어 있으며, 이 곳에는 통일신라시대의 건물지가 확인되었다. 이 건물지 내·외측에서 통일신라시대의 많은 평기와와 여러 점 이상의 암·수막새가 출토되었다.

이러한 출토유물 중에 이 암막새가 포함되어 있다. 이 암막새는 완형은 없으며 대부분 좌측 일부만 잔존한 상태였다. 명문은 드림새에 꽉 차게 배치한 것으로 좌서(左書)의 해서체(楷書體)이다. 아마 干支가 포함된 명문이었을 것으로 추정된다.

주연부는 화판부와 높이 차이를 두지 않은 대신, 한 조의 양각 선을 돌리고 연주문을 성기게 배치하고 있다.

동형태의 암막새는 중심부의 드림새 너비가 5.5㎝, 양 끝 부분은 좀 더 넓어 6.4㎝ 내외이다.

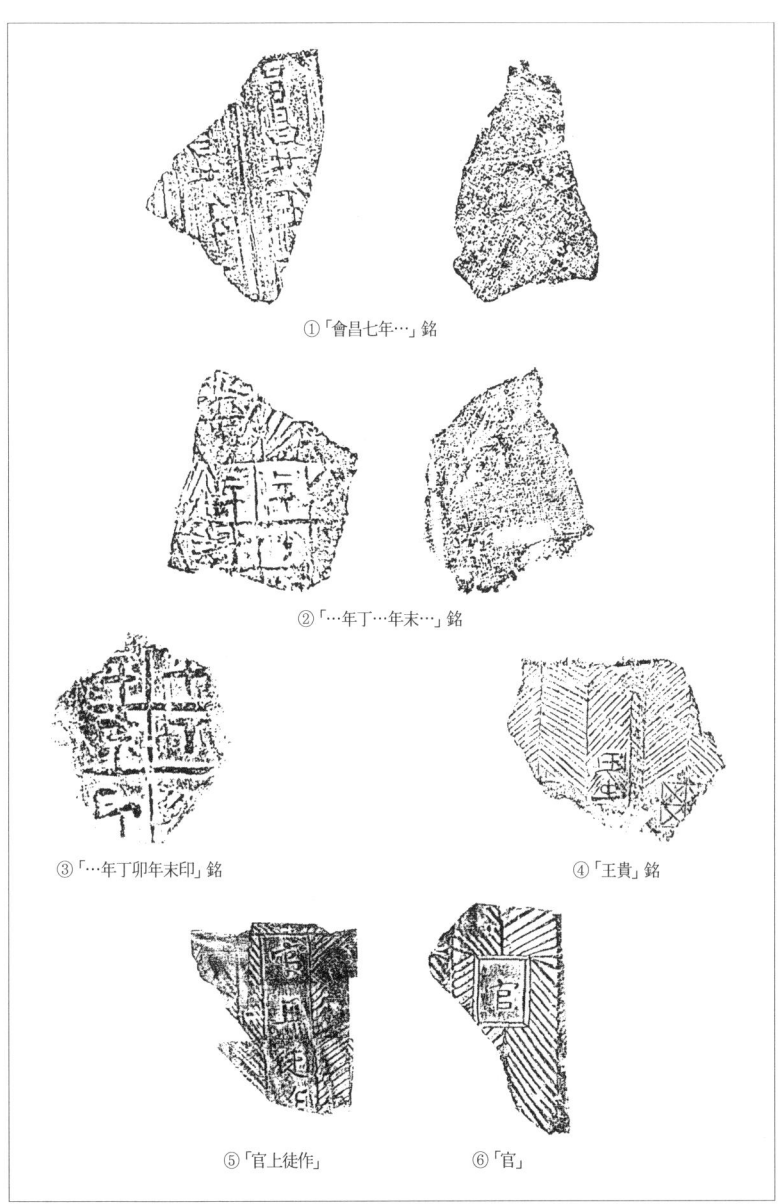

① 「會昌七年…」銘

② 「…年丁…年末…」銘

③ 「…年丁卯年末印」銘

④ 「王貴」銘

⑤ 「官上徒作」

⑥ 「官」

삽도10. 통일신라 명문기와

다. 명문(銘文) 기와

① 회창칠년(會昌七年)명 암키와(삽도 10①②③)

이 암키와는 세로의 긴 직사각형 내에 년호(年號)와 기년명이 칸 없이 세로로 길게 양각으로 배치되었다. 이 명문은 좌서(左書)이다. 이 회창7년명 암키와는 모두 세 종류가 확인되었다.

세 종류를 알아보면,

▶ 사례 1; 나무에 정사각형으로 도장을 만들어 문자를 새겼는데, 가로 세로를 각 세 칸씩 선을 두어 문자를 배치한 것이다. 이 문자는 우측 상단부터 읽을 수 있게 하고 있어, 일반 한자 문화권의 전통적인 방법을 그대로 적용한 것이다. 이 명문은 모두 판독할 수 있는 기와가 확인되었는데, 내용은 회창칠년정묘년말인(會昌七年丁卯年末印)(847)명으로 중국 당의 년호(年號)와 간지(干支)를 새겨 넣은 것이다.

▶ 사례2; 직사각형의 긴 네모 칸을 만들어 위에서부터 "회창7년…"명 문자를 새겨 찍은 것이다. 역시 좌서이다.

▶ 사례3; 이 명문은 위의 두 사례를 혼용한 것으로 나타나 있는데, 파편이어서 명확하지는 않다. 다만 가로 세로 각 3칸의 구획선을 그어 "…년(年) …정(丁)…년말(年末)"이 관찰된다. 또 문자의 상단외측에는 어골문(魚骨紋)이 시문되었고, 좌우측으로는 명문으로 보이는 흔적이 뚜렷하다. 명확한 확인은 자료의 증가를 기다려 판독해야 가능할 것으로 보인다.

위의 세 명문기와는 모두 사비루 동편의 통일신라 건물지 주변에서 함께 출토된 것이다.

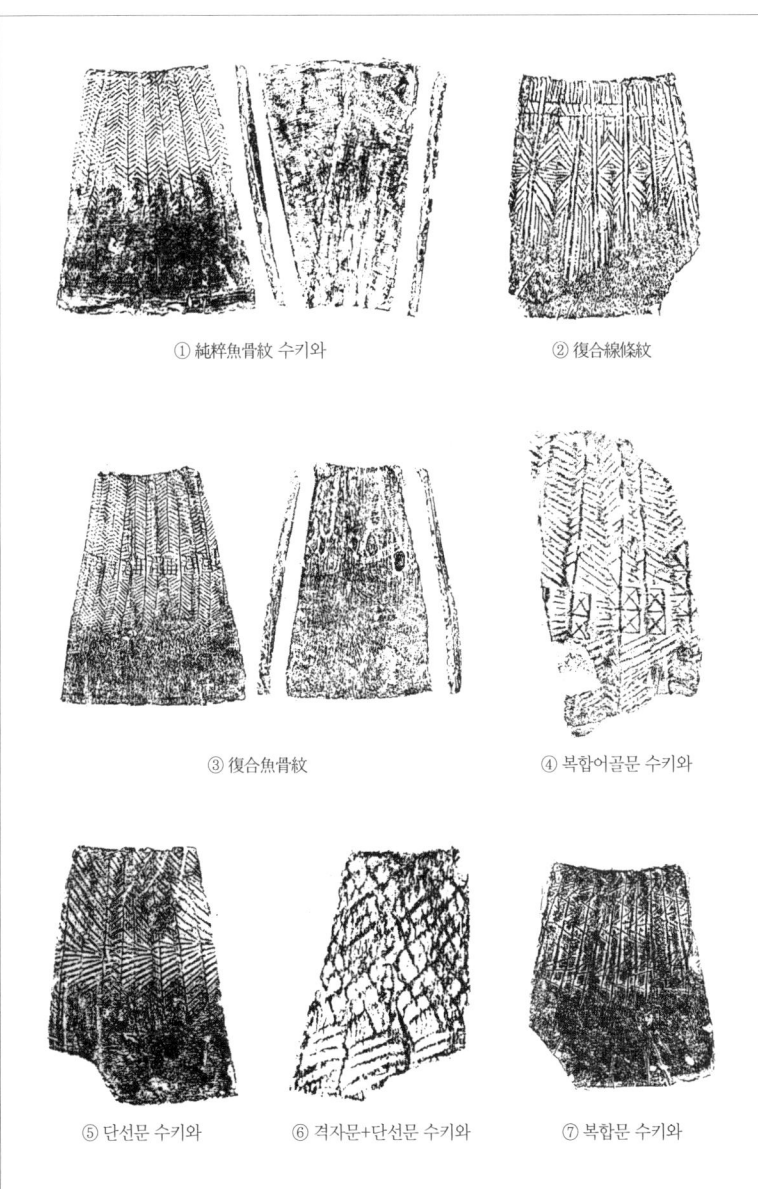

① 純粹魚骨紋 수키와 ② 復合線條紋

③ 復合魚骨紋 ④ 복합어골문 수키와

⑤ 단선문 수키와 ⑥ 격자문+단선문 수키와 ⑦ 복합문 수키와

삽도11. 통일신라 각종 문양기와

② 관상도조(官上徒造) 및 관(官)명문기와(삽도 10⑤⑥)

官上徒造명기와는 官명기와와 함께 군창지 서북편의 통일신라시대 북문지 내측의 계단 주변에서 출토되었다. 이 층은 안정된 토층으로서 통일신라시대의 많은 평기와와 백제기와가 반출되었다. 官上徒造는 기와의 중심부 쪽에 긴 직사각형의 구획 내에 해서체로 뚜렷하게 찍혔다. 당시 기와를 제작 생산하는 고유명칭의 기관명칭 또는 기관에 부속된 瓦匠이나 이들을 포함한 단체(지방관에서 경영하는)일 가능성이 있다.

官명은 관에서 주도하는 瓦匠 또는 그 곳에 속하거나 관으로 기와를 생산 공급하는 전용 공급처 등의 의미가 아닌가 한다. 이 두 기와는 모두 명문 주위에 어골문이나, 短斜線紋을 배치하고 있고, 기와의 두께 및 색조, 태토의 질 등에서 차이점이 없다.

③ "王貴"명 암키와(삽도 10④)

이 암키와는 가는 어골문이 전면에 시문된 기와의 중심부에 양각으로 찍혔는데, 문자는 左書이다. 명문의 우측에는 □ 형태의 문양 네 개가 한 조를 이루면서 시문되었다.

라. 평기와

통일신라시대의 평기와 문양은 삼국시대가 모두 공유했던 서문(線紋), 승문(繩紋), 격자문(格子紋)이 그대로 전승되고 있다. 그러나 동일한 문양이면서도 제작기법상 가장 큰 차이는 기와내부에 통쪽흔적의 유무(有無)에서 다르다. 삼국시대의 기와는 대부분 통쪽흔적이 기와내부에 드러나 있다. 다만 고신라(古新羅)계는 통쪽흔적이 고구려와 백제에 비하여 적게 나타나는데 이는 원통와통을 선호했기 때문이다.

통일신라에 들어와서는 고신라가 선호했던 원통와통에 의한 제작기법이 한반도에 널리 유행하였다. 이 시기의 기와는 태토와 질 등의 상태에서도 삼국에 비하여 떨어지며, 문양의 도안화가 이루어져 많은 새로운 문양이 등장하게 되었다.

이 시기에 새롭게 등장한 문양의 특징은 기존의 문양을 이용하여 혼용하거나, 새로운 어골문의 등장, 어골문과 다른 작은 문양(回, 回, ◇, ◆, "+", "-", 짧은 단선문(短線紋) 등이나 이러한 문양을 약간 변화시킨 것)과의 혼용이 많다.

통일신라시대 중기경 어골문이 등장한 후, 어골문과 함께 연호 찍힌 기와 중, 가장 연대가 올라가는 사례는 부소산성에서 출토된 것과 청주 흥덕사지 출토기와가 있다. 부소산성에서는 앞서 기술한 회창칠년정묘년말인(會昌七年丁卯年末印)(847)과 흥덕사지(興德寺址) 기와는 대중삼년(大中三年)(849) 명문이 있다. 이들 두 기와는 모두 명문과 함께 어골문이 시문되어 있다.

통일신라 후반경인 9세기의 수키와 제작기법 중에는 특징 한 가지가 있다. 수키와는 통상 와통에서 2분법에 의하여 2매가 생산된다. 이 때 와도로서 분리하는 방법은 일반적으로 삼국시대부터 전통적으로 양면을 외면에서 내면을 향하여 그어 분리하거나, 내면에서 외면을 향하여 분리한다. 그런데 이 시기만은 위의 두 가지 분리법 외에 한 가지가 더 등장하게 되는데, 한 쪽은 내면에서 외면으로 다른 한 쪽은 외면에서 내면으로 그어 분리하는 방법이다. 이 방법은 9세기경을 전후하여 사용하였다가 고려시대로 오면서 소멸된 후, 출현하지 않는다.

통일신라 말경인 9세기를 전후한 수키와 특징 중의 하나는, 미구기와의 생산이 중단되었다는 점이다. 대신 토수기와만이 사용되었는데 이 시기는 약 100~150여 년 동안 지속되다가 고려로 넘어오면서 다시 미구기와가 등장한 것으로 조사되고 있다.

① 격자문＋단사선문(格子紋＋短斜線紋)(삽도 11⑥)
단사선문은 일반적으로 기와의 장축(길이)방향으로 일정한 간격마다 선을 배치하고, 이 종선 내부에 짧은 선을 좀 비껴 시문한 것이 많다. 이 범주에 포함될 수 있는 문양은 여러 가지 다양하게 나타나며 격자문은 소격자문 계통이 주류를 이룬다.

② 단선문(短線紋)(삽도 11⑤, 삽도13⑦)
기와의 중심부를 기준으로 양쪽 방향으로 대칭되게 배치한 경우와 한쪽 방향(문양을 사선(斜線)으로 두지 않고 횡으로 배치한 경우도 있음)으로 두는 경우가 있다. 단사선문은 기와의 중심부에 중복된 마름모 등 작은 다른 문양을 혼용하는 경우가 우세하다.

③ 어골문(魚骨紋)(삽도 11①)
순수한 어골문은 9세기 초경을 전후하여 등장했던 것으로 추정된다. 어골문이 시문된 절대 연대가 찍힌 것은 부소산성에서 출토된 회창칠년(會昌七年)(847)명이 가장 빠르며, 청주 흥덕사지에서는 대중삼년(大中三年)(849)명 기와가 있다.
이골문은 순수한 어골문만 시문한 경우도 적지 않지만, 대부분의 경우는 위에서 제시한 각종의 다른 문양을 한 가지 또는 복합적으로 시문한 것이 우세하다.

④ 격자문기와(삽도 12①⑧)
통일신라시대의 격자문은, 방향이나 크기 순수한 격자문은 그리 많지

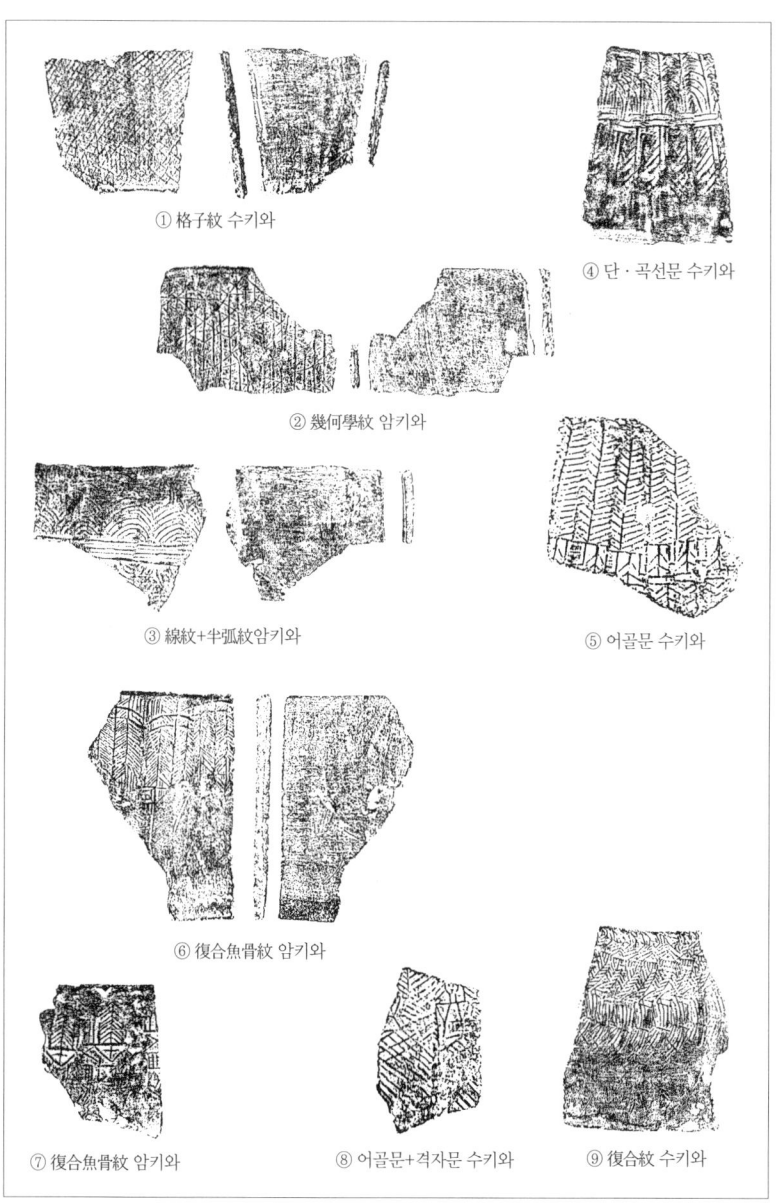

① 格子紋 수키와

④ 단·곡선문 수키와

② 幾何學紋 암키와

③ 線紋+半弧紋 암키와

⑤ 어골문 수키와

⑥ 復合魚骨紋 암키와

⑦ 復合魚骨紋 암키와

⑧ 어골문+격자문 수키와

⑨ 復合紋 수키와

삽도12. 통일신라 각종 문양기와

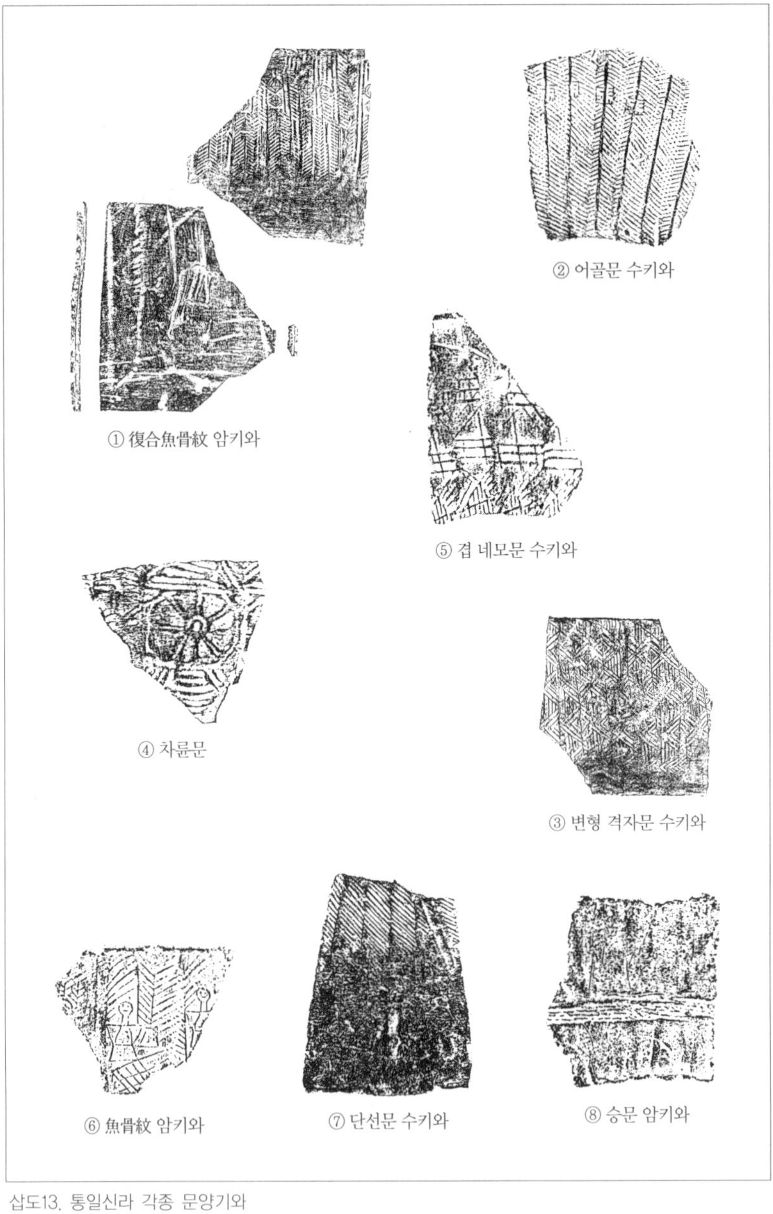

① 復合魚骨紋 암키와

② 어골문 수키와

⑤ 겹 네모문 수키와

④ 차륜문

③ 변형 격자문 수키와

⑥ 魚骨紋 암키와

⑦ 단선문 수키와

⑧ 승문 암키와

삽도13. 통일신라 각종 문양기와

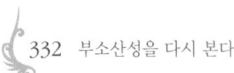

않다. 작은 격자문위에 방향이 일정치 않은 또 다른 선의 그음 현상이 대부분을 차지하고 있다.

격자문 중에는 정격자문과 긴 직사각형의 격자문이 동일한 타날구에 시문되어 시문된 경우도 적지 않게 관찰된다. 이 시기의 격자문은 변형 격자문이 많으며, 긴 격자문이 가로방향 또는 세로방향 등으로 혼용되고 이러한 문양에 정격자가 함께 시문된 것도 있다.

사격자라고 하는 문양은 마름모형으로도 볼 수 있으며, 좀 큰 마름모 문양 내에 短線紋을 넣거나, 겹 사각형문 내에 형상을 쉽게 설명하기 어려운 각종 변형문양이 많다.

⑤ 繩紋(사진10, 삽도13⑦)

부소산성에서 승문기와가 출토된 곳은 사비루 동편의 능선상에 펼쳐진 작은 대지이다. 이 대지에는 백제시대에 구축된 성벽이 북쪽에 동서로 있고, 대지의 남단에 접하여 통일신라시대에 구축된 성벽이 남아 있다. 이 중간의 대지에는 통일신라시대의 건물지, 조선시대에 조성된 것으로 보이는 礪壇유구가 노출되었다.

이 대지의 동편에 접한 부분은 아래로 레벨이 떨어지는데, 백제 성벽과 접한 안쪽에 장대지의 흔적이 드러났다. 이 대지에서는 통일신라 말경의 승문 암·수키와가 많이 조사되었다. 이곳 승문기와는 몇 가지 점에서 서로 공유하는데 그 공유된 특징은,

① 색조가 회청색(灰靑色),

② 모두 두께 2~3㎝ 내외의 두터운 두께를 가진 점

③ 모두 가래떡형 소지를 사용·제작 생산되었다는 점

④ 백제기와에서 보이는 통쪽흔적은 전혀 확인되지 않는다는 점 등이다.

특히 통일신라 평기와 중, 부소산성 사비루 동편 건물지에서 출토된 승문기와는 널판형 대신 가래떡형 소지를 이용하여 제작한 것이었다. 신라가 통일 이후에는 이미 대부분의 기와 제작 시 널판형 소지를 사용하였다. 따라서 이러한 가래떡형 소지 사용은 아직도 전통적인 기법을 계승하고 있다는 것을 의미한다. 이후 고려시대에는 널판평 소지만을 사용하는 기법이 이어졌다(사진10, 도면4).

① 통일신라 승문 암키와(사비루 동편 건물지 출토)　②①의 내면 가래떡형 소지 부착흔적

사진10. 통일신라 승문기와 소지 흔적

3. 고려 및 조선시대 기와

① 태평팔년무진정림사대장당초(太平八年戊辰定林寺大藏當草)명 기와(삽도14①)

고려시대의 기와로서 절대연대(1028)를 파악할 수 있는 기와이다. 이 명문기와는 부여읍 내에 있는 백제시대에 초창된 정림사지 내에서 출토되

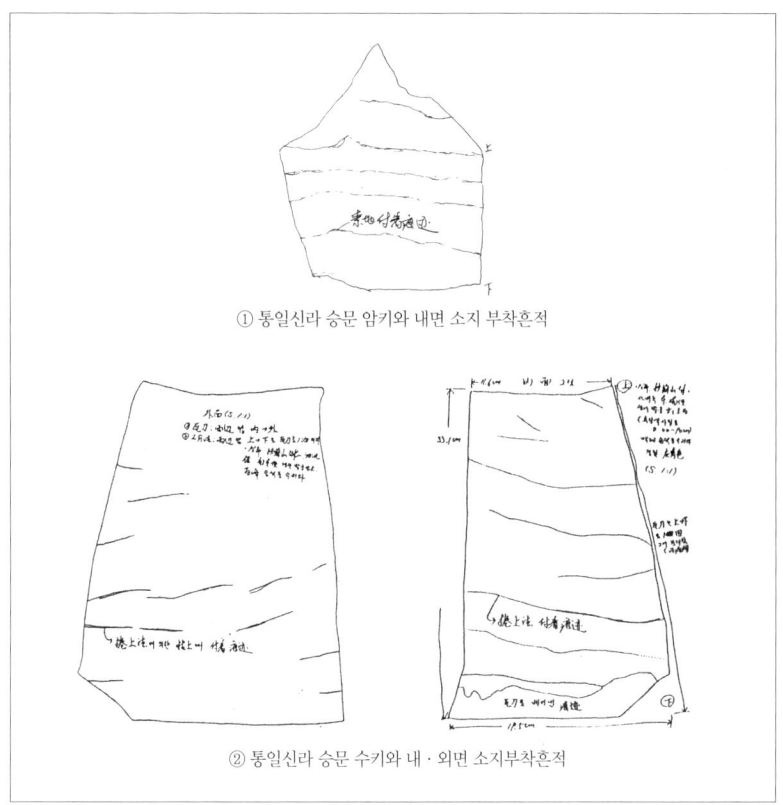

① 통일신라 승문 암키와 내면 소지 부착흔적

② 통일신라 승문 수키와 내·외면 소지부착흔적

도면4. 통일신라 승문기와 소지 흔적(사비루동편 건물지 출토)

어 현재 定林寺라고 명명된 사찰터에서도 출토된 바 있다. 여기서 알 수 있는 바와 같이 동일한 요지에서 생산된 기와는 필요에 의하여 여러 곳으로 동시에 공급되었음을 알 수 있다.

이 기와의 문양은 어골문이다. 명문은 기와의 중심부에 2중의 선으로 긴 직사각형을 구획하고 다시 이 긴 직사각형을 세로로 2등분하였다. 명문은 이 두 칸으로 나누어진 공간에 나누어 배치하고 있다. 명문과 어골문 이외에는 다른 문양은 관찰되지 않는다.

① 「太平八年戊辰定林寺大藏當草」 　② 「阿尼城」 　③ 「三十一年三月日沙尒寺造」

④ 「…寺造」 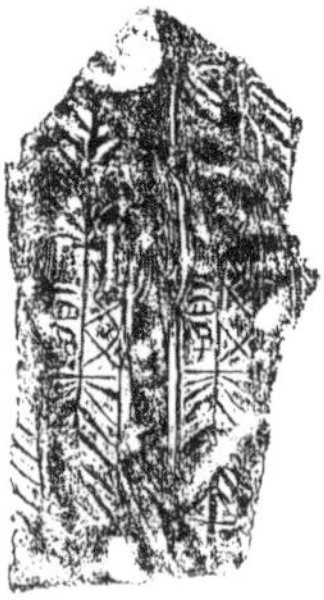　⑤ 「…四月」 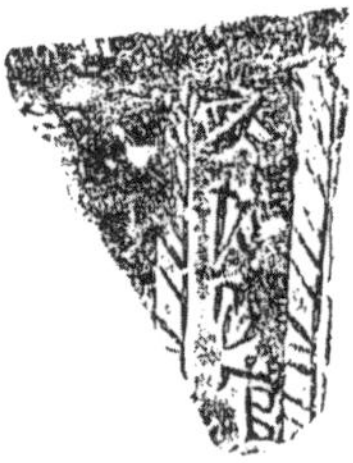　⑥ 「…官」

⑦ 「寺」 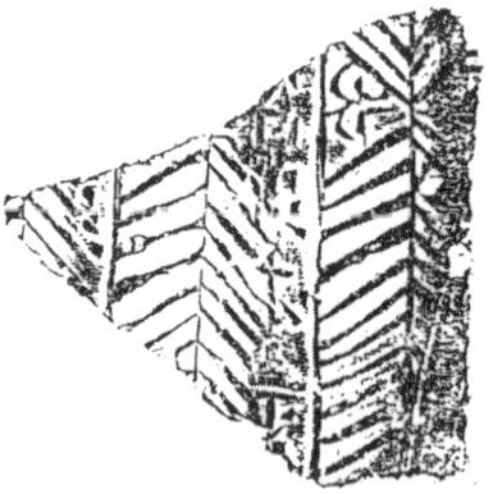　⑧ 「…日沙尒寺」

삽도14. 고려시대 명문기와 각종

② 아니성조(阿尼城造)명문 기와(삽도 14②)

이 명문기와는 군창터 바로 서편의 고려 말과 초에 초축된 성벽(체성부) 단면조사에서 출토되었다. 따라서 기와의 제작시기는 고려시대의 것으로 추정된다. 문양은 어골문(魚骨紋), 단선문(短線紋), 차륜문(車輪紋), 당초문(唐草紋)이 기와의 상단부[38]부터 횡으로 일정한 부분을 차지하면서 차례대로 시문되었다. 명문은 당초문이 있는 지점에 시문되었다. 기와의 명문 상태로 보아, 위의 네 문양을 시문한 장판형 시문구로서 두드려 성형한 후, 또 아니성조(阿尼城造)를 시문한 또 다른 시문구로서 당초문이 있는 지점에 돌려가면서 반복하여 문자명을 나타낸 것으로 보인다.

이 명문 기와의 크기나 형태 등 전체적인 뉘앙스는 통일신라시대의 말경으로 보이기도 하지만, 고려시대에 제작되었을 가능성도 크다. 다만 시기를 판단할 수 있는 확실한 토층에서 출토되지 않아 정확한 판단은 어렵다.

③ 삼십일년삼월일사이사조(三十一年三月日沙糞寺造)명 기와(삽도 14③)

이 명문기와는 군창터 바로 서편 고려 말과 초에 초축된 성벽 남단과 백제성벽이 만나는 지점 내측에서 출토되었다. 이 부분은 통일신라시대에 초축된 성벽이 있는데, 이 통일신라 성벽은 백제시대에 초축된 성벽의 바로 안쪽에 들여 구축한 것이다. 통일신라시대에 군청터를 중심으로 테뫼형산성을 새로 구축하면서 이 부분 중 남성(동서향) 일부만을 특이하게 초축했는데 백제성벽이 급경사면이라면 이 통일신라대에 초축된 남성벽은 심한 경사면과 완만한 경사면이 접한 곳이어서 쉽게 성벽을 구축할 수 있는 지점을 모색했던 것으로 추정된다.

---

38) 여기서 상단부라는 명칭은 기와의 임의의 한 쪽 선단부를 의미함.

이 명문은 이 통일신라시대에 초축된 성벽의 고려 말과 초에 구축된 성벽이 접한 서편에서 출토되었다. 이 기와는 수 m 반경 내에서 30점이 출토되었으며, 주변에는 성벽 이외에는 건물지나 다른 시설물 등은 확인되지 않아, 주변에서 성벽구축 시 다지는 토층에 혼입되었던 것으로 보인다. 동일한 명문 중에는 완형에 가까운 기와가 있으나, 년호(年號)나 간지(干支)가 나타난 사례는 한 점도 확인되지 않아 절대 연대를 추정할 수 없다. 글자체는 좌서이며 색조는 적갈색과 회청색 두 가지이다. 기와의 문양과 기형 등으로 보아 고려 말경에 제작되었을 것으로 보인다.

④ 초화문(草花紋) 암막새(삽도 15①)

초화문 암막새는 군창터 조선시대 건물지에서 출토되었다. 드림새와 등기와는 120° 정도의 각도로 접합되어 고려지대까지의 90° 각도에 비하여 크게 벌어진 것이다. 주연부는 선을 내측에 마련하여 대신하고 있고, 조선시대의 일반 막새에서 보여주듯 연주문은 배치하지 않았다.

⑤ 朝禪國何東扶元軍…執知供養(조선국하동부원군…집지공양)명 암키와
(삽도 15②)

기와의 등에 못 같은 날카로운 도구를 사용하여 건조 전에 눌러 쓴 것이다. 한자는 음을 택하여 다른 한자를 사용하고 있는 자가 여러 자 확인된다. 문양은 수파문으로 군창지 조선시대 전기 유적에서 출토되었다.

만(卍)자명(삽도 15③) 수파문 암키와도 확인되는데, 이러한 문자체는 조선시대 기와에서 종종 확인되는 문자로서 고려시대부터 사용되어왔던 것으로 나타난다.

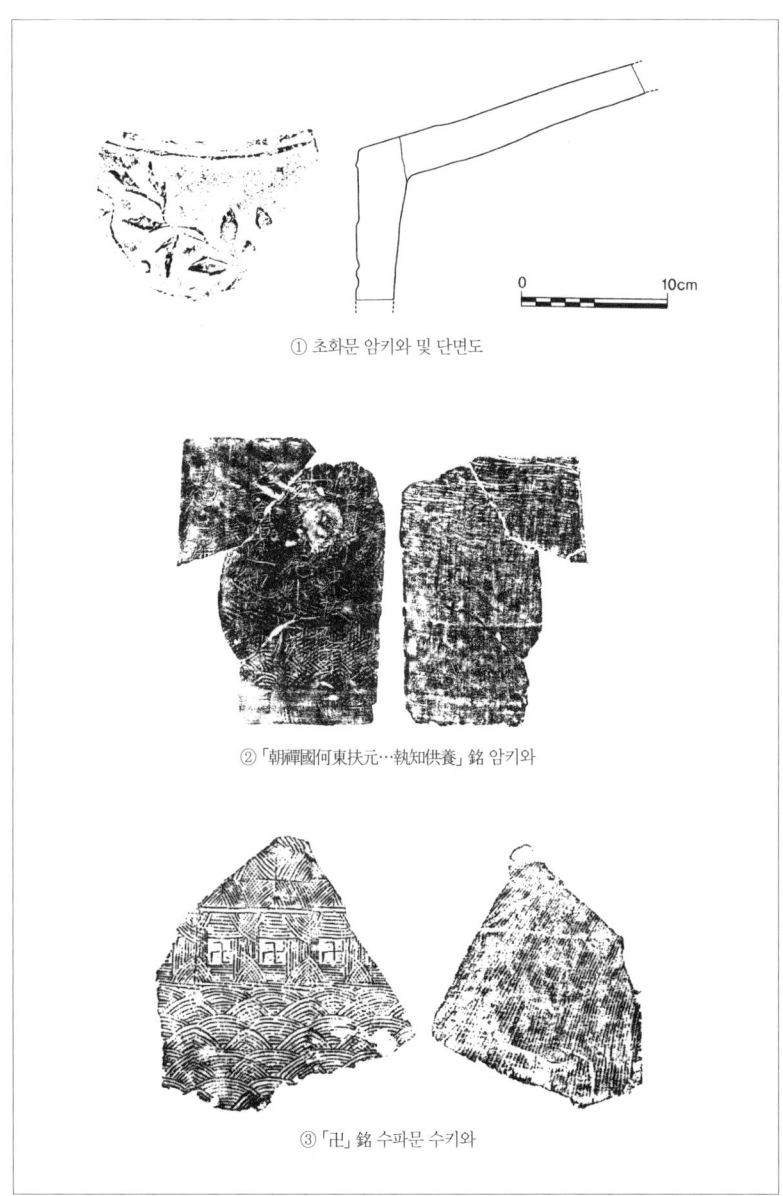

① 초화문 암키와 및 단면도

② 「朝鮮國何東扶元…執知供養」銘 암키와

③ 「卍」銘 수파문 수키와

삽도15. 조선 초화문 암막새·수파문·명문기와

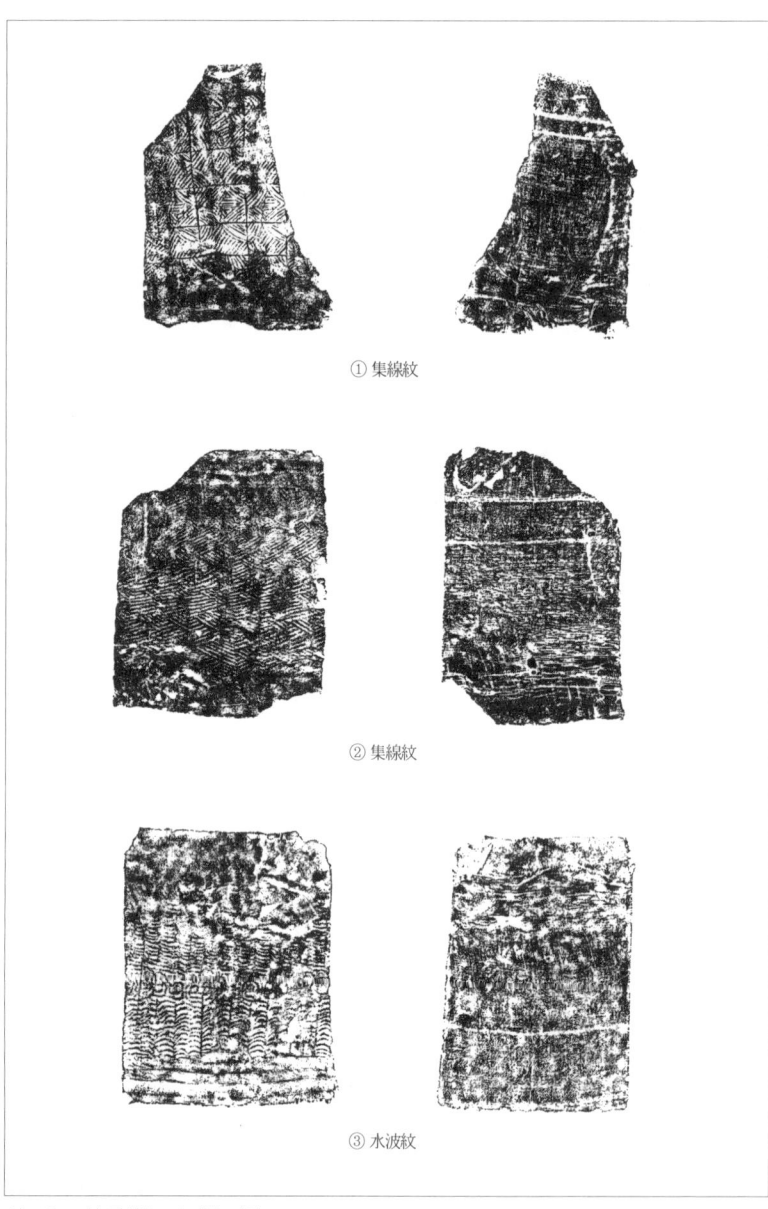

① 集線紋

② 集線紋

③ 水波紋

삽도16. 조선 집선문 · 수파문 기와

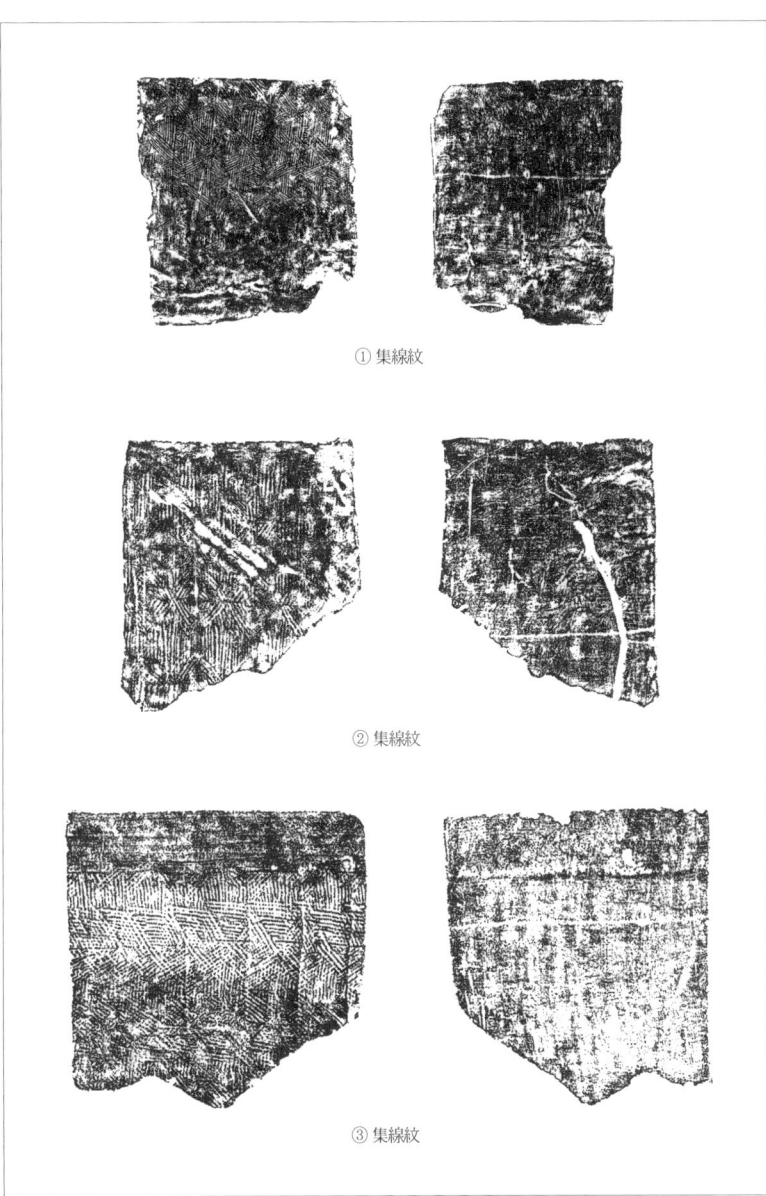

① 集線紋

② 集線紋

③ 集線紋

삽도17. 조선 집선문 기와

⑥ 수파문(水波紋) 조선시대기와[39] (삽도 15③)

수파문기와는 조선시대 대표적인 기와문양으로 알려져 있으나, 조선 초기에는 어골문이나 어골문과 다른 문양을 혼용한 사례가 우세하게 나타나는 유적이 많다. 수파문을 전용으로 시문한 시기는 오히려 임진왜란이후에 더욱 성행하지만, 이 역시 다른 문양이 적지 않게 나타나있다.

수파문 기와의 특징은 회청색계(灰靑色系)나 오히려 검은색에 가깝게 나타나기도 한다. 수파문의 등장은 고려시대 말경으로 조사되었으나 부소산성에서 출토된 수파문은 조선시대 유적에서 출토된 것이다. 수파문은전 군창터의 조선시대 건물지에서 많은 양이 출토되었다. 여기서 조사된건물지는 조선시대 부소산성 바로 아래에 설치된 현청에서 관할하는 창고나 기타 부속건물로 판단되며, 부여현청 관할 건물터로 판단된다.

⑦ 집선문(集線紋) 및 곡선문(曲線紋) 기와(삽도 16, 17)

군창터로 전해지는 지점은 백제부터 조선 전기경의 유적과 유물이 출토되었다. 이곳에서는 조선시대 기와가 많이 출토되었으며, 백자와 분청사기가 함께 조사된다. 집선문은 짧은 선문을 집단으로 한 조를 이루게 하여 방향을 달리하여 마치 섶문(자리문)처럼 배치한 것과, 큰 네모 칸을 그어 집선문을 넣은 것이 있다.

조선시대의 기와 문양은 수파문이 대표격으로 많이 알려져 있지만, 이

39) 수파문은 물결무늬로서 청해파문(靑海波紋)이라고도 한다.

　　부여문화재연구소, 『부소산성발굴조사중간보고』, 1995.

　　국립문화재연구소, 『부소산성발굴조사보고서』, 1996.

　　국립부여문화재연구소, 『부소산성발굴조사중간보고 Ⅱ』, 1997.

　　--------------, 『부소산성발굴조사중간보고 Ⅲ』, 1999.

　　--------------, 『부소산성발굴중간보고 Ⅳ』, 2000.

　　--------------, 『부소산성 발굴조사보고서 Ⅴ』, 2003.

러한 집선문과 변형 곡선문의 수량도 대단히 많은 출토량을 보이는 것이 상례이다. 조선 초기에는 어골문계도 적지 않게 확인되는 경우도 있다.

그밖에도 어골문과 선문, 곡선문 등 다른 문양들이 혼용되어 수십종 이상의 문양이 확인된다.

Ⅲ. 기와를 통해본 부소산 성벽의 등장과 소멸

부소산성 출토 기와 명문을 통해 본 가장 이른 시기의 것으로는, 대통(大通 ; 527~528)명 인장와이다. 이를 연호로 판단하면 6세기 전반경으로 공주에서 부여로 천도한 해를 기점으로 10여 년이나 앞선다. 이 부소산성은 적어도 천도 전후에는 거의 완성단계에 있었을 가능성이 높다. 따라서 백제 마지막 왕성으로 자리를 잡은 후, 통일신라에 들어와서는 두 곳에 내성형태의 테뫼형산성을 초축과 보완을 통하여 완성하게 된다.

테뫼형산성 내의 통일신라 건물지와 성벽 내측의 주변에서 출토된 많은 통일신라시대 명문와는 그러한 사정을 말해준다. 통일신라시대에 축조된 두 곳의 테뫼형산성 중, 한 곳은 군창터 바로 북편에 동서로 축성된 토성이며, 다른 한 곳은 현 사비루를 포함한 동편으로 길게 능선을 따라 길게 축성된 것이다. 통일신라에 들어와 군창터의 북편으로 새로 구축된 토성은 성벽 단면 조사 중, 바닥층에서 대형호(大形壺)와 함께 출토된 목탄(木炭)의 탄소 측정법에 의한 연대에서 서기 680~900년으로 측정되었다.

또 사비루(泗沘樓)주변 통일신라 토성조사에서는 성벽의 서편과 동편 끝부분에서 동일한 유물들이 출토되어 시기의 일치를 보여주었다.

특히 사비루 동편 조사에서 나타난 건물지와 성벽 주변출토 유물 중에서는 "회창칠년정묘년말인(會昌七年丁卯年末印)"(847) 명문와 수십 점이 확인되었다. 물론 이 명문에 나타난 연대는 통일신라 토성의 조성 시기의 상한을 나타낸 것으로 판단되지는 않는다. 이 주변에서는 이보다 다소 빠른 통일신라시대의 토기와(碗)과 뚜껑 등이 출토되었다. 이 두 통일신라시대의 테뫼형산성의 축조 시기는 통일신라시대 전기의 어느 시기에 축조되었던 것으로 믿어진다.

부소산성에 관한 전반적인 발굴결과를 분석·사용되었던 기간을 검토한 바, 백제시대부터 조선시대 전기경에 이르는 것으로 나타났다. 이 기간 중에 고려시대에는 적극적인 국가차원에서의 성벽 축조나 보완 작업은 거의 확인되지 않는다.

백제시대에 처음 포곡형산성(包谷形山城)이 축조된 이래 신라가 통일을 한 후, 얼마동안은 산성을 그대로 이용하였을 것으로 이해되었다. 이러한 흔적은 통일신라 중후반경에 제작된 것으로 보이는 대당(大唐)명과 성(城)명 수막새, 회창칠년명정묘년말인(會昌七年丁卯年末印)명 기와명문 등을 통하여 판단할 수 있다.

신라가 통일을 한 후, 어느 정도 시일이 경과한 후, 국가의 정치와 사회가 어느 정도 안정된 후에는 백제시대의 대형 포곡형산성의 경영을 필요로 하지 않았던 것으로 판단된다. 따라서 이 시기에 사비루와 군창터를 중심으로 하여 정상부의 바로 아랫부분을 아우르는 테뫼형산성을 축조하여 최소한의 경영체계로 부소산성의 맥이 이어졌던 것으로 추정되는 것이다.

고려시대에는 위에서 서술한 바와 같이 산성을 보축(補築)하거나 이 시기와 관련된 건물지는 확인되지 않고 있다. 이러한 점들은 고려시대에는 국가적으로 부소산성의 입지가 대단히 약화되었던 듯한 느낌을 갖게 해주고 있다. 그러나 많지는 않지만 소량의 청자편과 고려시대 기와편 등의 존재는, 산성의 경영은 국가에서 손을 떼었을 가능성이 있으나, 주민 등의 주거나 이에 준하는 어떠한 입지가 있었음을 간접적으로 시사해준다고 할 수 있다.

고려 말이나 조선 초경에 새롭게 구축된 성벽은, 군창터에서 서편으로 40m되는 지점에 축조된 남북향 196m에 이르는 구간이다. 이 구간의 성벽은 백제시대에 처음 성벽을 축조한 이후, 통일신라에 이어 세 번째로 축조된 구역에 해당한다. 이 토성의 내부 바닥층에서는 풍화암반층(風化巖盤層)과 접하는 지점에서 분청사기편(粉靑沙器片)이 출토되었고, 13세기경의 고려청자완 저부편이 바닥층에서 30㎝ 정도 위층에서 출토된 바 있다.

따라서 이 군창터를 중심으로 가장 가깝게 돌려진 840.60m에 이르는 테뫼형산성은 가장 늦게 경영된 산성에 속한다.[40] 특히 이 군창터를 중심으로 하는 작은 산성은 고려 말 서해의 홍건적을 의식한 축성(築城)일 가능성을 논하는 견해도 있는데, 이는 서해안에서 그리 멀지 않은 이곳 부여의 입지와 관련하여 판단할 때 앞으로 검증의 여지를 남기고 있다.

한편 조선시대 초 태종(太宗) 때에는 부소산성 남측 기슭에 부여현(扶餘縣)을 설치하고 현감이 이 곳에서 거주하였다. 이러한 사실은 이 시기에 이 군창터 서편 토성이 새로 축성되었을 가능성을 점쳐볼 수 있는 또 다른 근거가 될 수도 있다.

조선시대에는 부여현을 부소산성 남측 기슭에 접하여 신축하고 따로 읍성을 조성하지 않았던 것은, 유사시 부소산의 군창터를 중심으로 하는 테

---

40) 군창터 바로 서편에 구축된 남북향의 196m를 포함한 가장 근거리 테뫼형산성 구간이다. 이 구간은 조선시대 태종이후, 현청을 부소산 남측 기슭에 건립하고 이 테뫼형산성을 경영했던 것으로 추정된다.(增補文獻備考 부여 조에 의하면 현청에서부터 방향과 거리, 산성의 규모를 분석해보면, 이른바 靑山城은 바로 이 부소산성 내 테뫼형산성을 지칭하고 있음을 알 수 있다.)

뫼형산성을 의식하였을 가능성도 제기할 수 있다. 이러한 근거는 군창터에서 발굴된 유물이 백제(百濟)~조선시대 전기(前期)까지 이어지고 있지만, 상층에서 조사된 건물지와 관련된 유물들은 대부분 조선시대 기와, 백자편(白瓷片)과 분청사기, 기타 옹기편(甕器片)과 조선시대 기와편 등이 이를 말해준다.

IV. 맺는 말

부소산성은 528년에 천도한 이래, 백제가 멸망할 때까지 122년간 수도의 왕성(王城)으로서 기능을 했던 것으로 알려져 있다. 실제 20여 년 이상 발굴조사 결과, 출토유물의 주류는 백제시대의 것으로 확인되었다. 이후 통일신라 초기에는 사비루와 영일루를 중심으로 테뫼형산성을 다시 축조하면서 내성(內城)의 기능까지 했던 것으로 보인다.

고려시대에는 특별한 성벽구축이나 국가차원에서 관심을 가진 성으로서의 기능은 상실하였던 것으로 보이나, 고려 말이나 조선 초에 지금의 군창터에서 서편에 새로운 성벽을 초축하면서, 조선시대 태종 시에 부소산 아래에 현청(縣廳)과 밀접한 관계를 맺었던 것이 아닌가 추정된다.

출토된 유물은 백제시대의 수막새, 시원적인 암막새, 평기와 등이 많이 출토되었는데, 수막새의 종류는 크게 연화문(蓮花紋), 태극문(太極紋), 소문(素紋) 이 주류를 이루고 있다. 이 중에서도 소문의 수량이 우세하게 나타났다.

여기서 출토된 평기와는 제작기법과 문양 등 백제 후기 평기와의 연구에 결정적인 도움이 될 많은 자료가 확보되었다. 특히 왕성이라는 위치에 있었기 때문에 유물의 모양과 질 등에서 백제 최고의 것들로 보아도 손색이 없을 것이다.

평기와에서는 제작기법상 암키와를 제작하는 와통 중, 통쪽와통의 존재와 관련하여 구체적인 제작기법을 알려주는 많은 자료가 확인되었다. 기와 내면에서 확인된 연결끈흔적은 지금까지 확인된 14여 종 중, 부소산성에서는 9종이 확인되었다. 또 백제기와는 성형 후, 와도로서 분리할 때 분리 표적을 따라 긋게 된다. 이러한 표적을 위한 일환으로 암키와 와통에는 4조, 수키와 와통에는 2조를 부착하는데, 새끼줄이나 가는 나무(철사)를 곧게 깎거나 두께가 고른 얇은 대나무 등을 재료로 이용한다. 그런데 백제 때에는 못 같은 재료나 새끼줄 매듭을 만들어 상하에 고정시켜 만드는 등 다양한 기법을 이용하였다. 이러한 기법은 부소산성 출토기와에서도 연구할 수 있는 많은 사례가 출토되었다.[41]

인장와(印章瓦)는 행정구역을 나타내는 것과 干支, 행정최고기관을 상징하는 것으로 보이는 수부(首府)라는 명문이 출토되어 주목되었다. 이러한 인장와의 출토는 백제가 중앙 행정구역을 전부(前部), 후부(後部), 하부(下部), 중부(中部), 상부(上部) 등 5부 체제로 나누어 다스렸다는 문헌기록을 뒷받침하는 것이다.

통일신라에 들어와서는 수막새에 대당(大唐)이라는 명문으로 보아 신라가 당과 연합하여 백제를 멸망시킨 후, 어느 일정 기간 동안은 당의 직간접적인 영향 하에 있었을 가능성을 높게 한다. 또 암막새 중에는 대당

---

41) 필자는 눈테를 모양이나 재료 등을 고려하여, ① 돌기형(못 눈테, 네모 눈테, 끈매듭 눈테, 쌍가로 돌기눈테, 쌍세로 매듭눈테), ② 끈이음형(끈이음 눈테, 끈이음 매듭눈테, 끈관통 눈테), ③ 젓가락형(젓가락눈테), ④ 단절형(허중(虛中)눈테, 삼절(三絕)눈테, 단선(短線)눈테) 등 형테에 따라 크게 네 가지로 분류하였다. 이러한 다양한 눈테는 삼국 중 백제와 신라가 가장 다양하게 조사되고 있다. 통일신라시대에 오면 종류가 줄어들게 되는데, 고려 이후에는 젓가락형이나 끈이음눈테 등 2종류 정도가 계승되어 단조롭고 간단한 기법만 남게 된다.

(大唐) 및 성(城)명문 수막새와 동일 시기에 제작되었던 것으로 보이는 년말인(…年末印)명문 암막새, 회창칠년정묘년말인(會昌七年丁卯年末印)(847)명 문자를 넣은 사례가 확인되었다. 이러한 문자 명과 당초문 암막새가 건물지 주변에서 출토된 점은, 동일 시기에 성벽을 새롭게 구축하거나 보완했던 근거는 이 시기까지도 부소산성을 국가체제하에서 두고 경영되어 왔음을 알 수 있게 한다.

한편 통일신라시대에 보완되거나 새로 구축된 테뫼형산성 내의 건물지 주변에서는 평기와가 많이 출토되었다. 이 시기의 평기와는 선문과 승문 격자문이 단일문양으로 이어져 계승되지만, 특히 통일신라 중기를 전후하여 어골문(魚骨紋)의 등장과 어골문과 선문, 어골문과 격자문의 혼용문은 본격적인 문양의 도안화(圖案化)가 이루어지는 시점이 되었던 것으로 판단된다. 이러한 문양의 도안화 작업은 지금까지 삼국시대의 기와 문양의 경우, 문양을 내는 목적이 따로 있는 것으로 해석하기는 어렵다. 즉 기와성형을 위한 순수한 기능적인 측면에서 필요에 의하여 타날을 함으로서 문양이 생성되었던 것으로 해석되는 것이다. 이러한 근거는 기와제작용 바탕흙(素地)의 경우 가래떡형 소지의 경우, 충분한 두들김 없이는 소지의 부착부분이 쉽게 분리되거나 파손될 가능성이 매우 높다. 또 이러한 기와 성형 시, 충분한 두들김 작업을 통하여, 기와의 밀도를 높이고 성형 작업을 원활하게 할 수 있었던 것으로 이해된다.

한편 통일신라에 들어오면서 기와의 제작기법에서 보이는 가장 큰 변화는 통쪽와통의 소멸과 원통와통의 전용화를 들 수 있을 것이다. 이러한 전통은 이후 고려 조선까지 이어져 오게 되었다.

참고 문헌 및 인용 문헌

• 三國史記

• 三國遺事

• 宋應星, 天工開物(瓦 條)

• 周書 異域傳 百濟 條

• 부여문화재연구소, 1995, 『부소산성발굴조사중간보고』

• 국립문화재연구소, 1996, 『부소산성발굴조사보고서』

• 국립부여문화재연구소, 1997, 『부소산성발굴조사중간보고 Ⅱ』

  ──────────, 1999, 『부소산성발굴조사중간보고 Ⅲ』

  ──────────, 2000, 『부소산성발굴중간보고 Ⅳ』

  ──────────, 2003, 『부소산성 발굴조사보고서 Ⅴ』

• 부여문화재연구소, 1992, 『왕궁리유적발굴중간보고』

• 국립부여문화재연구소, 1997, 『왕궁리유적발굴중간보고 Ⅱ』

  ──────────, 2001, 『왕궁리발굴중간보고 Ⅲ』

• 윤무병, 1985, 『부여관북리백제유적발굴보고 Ⅰ』, 충남대학교박물관 외

  ─────, 1999, 『부여관북리백제유적발굴보고 Ⅱ』, 충남대학교박물관

  ─────, 1987, 『부여정림사지연지유적발굴보고서』, 충남대학교박물관

• 김성구, 신광섭, 김종만, 강희청, 1988, 『부여정암리가마터(1)』, 국립부여박물관

• 신광섭, 김종만, 1992, 『부여정암리가마터(2)』, 국립부여박물관

부소산성의 토기

김 종 만 (국립부여박물관 학예연구실장)

목 차

Ⅰ. 머리말

부소산성은 1981년부터 2002년에 이르기까지 산성 내외부에 있는 평탄지, 성벽 등 많은 부분에 대하여 발굴조사가 이루어졌다.[1] 발굴조사는 '81~'82년 군창지, '83~'85년 수혈건물지와 와적기단건물지, '86~'87년 남문지, '88~'91년 동문지와 주변 성벽, '91년 사비루광장 남동측 건물지 및 삼충사 동북구간 토성, '92~'94년 군창지 주변 성벽 및 내부, '95년 수혈건물지 북편 문지, '96~'97년 사비루 주변부 및 성벽, '98년 북문지 내측 서편부 일대,'99년 남문지 일대, '00~02년 북문지 내측 및 동편 연결부 성벽에 대해 실시하였다. 그 결과 백제시대부터 조선시대까지 수많은 유적과 유물이 확인되어 가히 부여지방에 있어서 문화의 보고라 할만하다.

부소산성은 백제의 거점성으로 성 내부에서 확인된 '대통(大通)' 명 기와를 통하여 이미 사비백제 이전부터 성 축조가 이루어졌던 것으로 알려지고 있다.[2] 그러므로 부소산성 출토유물은 사비시기 뿐만이 아니라 웅진시기 말기의 문화상도 어느 정도 살펴볼 수 있는 점에서 중요하다고 할 수 있겠다.

---

1) 국립문화재연구소 · 국립부여문화재연구소, 『扶蘇山城』, 1995~2003.
   신광섭, 「부소산폐사지발굴조사보고서」, 『부소산성(扶蘇山城)』, 1996.
2) 심정보, 「산성」, 『백제의 고도 부여』, 1998.

표1. 부소산성출토 각종 토기류 시대별 분류

유 물 명		시 대					합계
기종	기형	백제	통일신라	고려	조선	불명	
접시류	대부접시	20					20
등잔류	동전	4	2			5	11
완류	대부완	122	59				181
	완	26	49			55	130
	전달린토기	15					15
배류	개배	44					44
	고배	13					13
	삼족토기	35					35
	단각고배		2				2
병류	병	20	5	1		29	55
	사이부병	1					1
	인화문병		2				2
	덧띠무늬병		8				8
	반구병		1				1
	주름무늬병		26			2	28
	유병		1				1*
	편병		17				17
시루류	시루	10	1			12	23
자배기류	자배기	39	13			170	222
호류	호	294	84	1		87	466
	직구단경호	67					67
	직구호	12					12
	파수부호	3			1		4
	파수부광구호	1					1*
	심발형토기	1					1*
	경부파상문대형호		49				49
	편호		3				3
뚜껑류	뚜껑	374	22	1		2	396
	인화문뚜껑		137				138
기대류	기대	14				7	21
벼루류	다족형	7	6			20	33
	대족형	4				9	13
	벼루		1			2	3
	녹우벼루	2				1	3

유 물 명		시 대					합계
기종	기형	백제	통일신라	고려	조선	불명	
인정토기류	인정토기	6					6
특수토기	연가	5					5*
	호자	2					2*
도가니류	도가니	3				5	8*
기타 토기류		4	7			82	93
합 계		1,145	496	3	1	489	2,134*

II. 개요

부소산성에서는 선사시대~조선시대에 이르는 많은 유물이 출토되었다. 부소산성에서 발굴조사에 의해 토기류가 확인된 지점은 남문지 부근, 추정동문지와 그 부근 성벽, 추정서문지, 수혈건물지, 와적기단건물지, 북문지 동·서편 부근, 군창지 부근, 사자루 부근, 부소산폐사지가 있고, 유적 종류별로 보면 사지, 건물지, 문지, 성벽, 토기밀집유구, 석곽묘 등 다양하다.

지금까지 보고서에 보고된 토기류를 중심으로 기종을 알 수 있는 토기류가 수천여 점에 이른다. 보고서에 보고된 유물을 중심으로 출토유물을 시대별로 정리한 것이 〈표1〉이다.[3]

부소산성 출토유물 중 기형 파악이 가능한 토기류는 약 2,000여 점이 보고되었다. 약 2,000여 점의 토기는 편이 대부분이므로 토기의 수량이 줄

---

3) 국립부여문화재연구소, 『扶蘇山城發掘調査報告書Ⅴ』, 2003에 수록된 시대별 토기현황을 이용하고 국립부여박물관에 수입된 유물을 보충한 자료이다. 이들 토기는 층위별로 안정된 토층에서 발견된 것보다는 표토층 또는 교란층에서 확인된 것이 많아서 세밀한 편년은 할 수 없으며 대부분 부여 인근의 다른 유적에서 확인된 토기류를 참작하여 시대를 구분한 것이다.(표 중에 *가 있는 것이 추가된 부분임)

어들 가능성은 있다. 그 중 백제시대 토기류가 1,145점으로 가장 높은 빈도를 차지하고 있으며, 통일신라시대 토기가 495점, 고려시대와 조선시대 토기는 상대적으로 영성(零星)하게 나타나고 있다. 토기류가 확인된 지점을 유구별로 나누어 기술하면 다음과 같다.

1. 부소산폐사지 (扶蘇山廢寺址)

부소산폐사지는 1942년 첫 발굴조사가 이루어져 가람배치가 확인된 곳이다. 이후 1980년에 들어와 유적의 정비를 위해 재조사를 실시하였다. 이곳에서는 백제시대·고려시대 토기류가 확인되었다. 백제시대 토기류는 회청색 경질토기와 회색 토기가 있다. 회청색 경질토기는 외반호편과 고배편이 있다. 회색 토기는 뚜껑편이 있다. 고려시대 토기류는 완, 접시가 있다.

2. '81~'82년 군창지 (軍倉址)

군창지는 '81~'82년까지 2차에 걸쳐 발굴조사되었으며, 백제시대 주혈유구(柱穴遺構)와 15세기경에 축조한 조선시대 군창지가 확인되었다. 이곳에서는 백제시대·통일신라시대·조선시대 토기류가 수습되었다. 백제시대 토기류는 회청색 경질토기, 흑색 와기, 회색 토기가 있다. 회청색 경질토기는 대형호, 배, 외반호, 직구호, 삼족토기, 기대편, 뚜껑 등의 편이 있다. 흑색 와기는 외반호편이 있다. 회색 토기는 접시편, 완편이 있다. 통일신라시대 토기류는 대형호, 대부파수부직구 호, 완, 편병, 주름무늬병, 인화문병, 반구병, 뚜껑편 등이 있다. 대형호는 구연부편으로 경부에 파상문이 있는 것이고, 나머지 기형들은 인화문이 시문되어있는데, 이

중원권문(二重圓圈文), 연주문(連珠文), 이중수적문(二重水滴文) 등이 있다. 조선시대 토기류는 외반호가 있다. 조선시대 외반호는 와질계통으로 정선된 태토를 이용하여 만들었다.

3. '83~'85년 수혈건물지(竪穴建物址)와 와적기단건물지(瓦積基壇建物址)

가. '83년 조사

반월루 뒷편에서 군창지로 올라가는 부근의 평탄지를 조사한 것이다. 이곳에서는 수혈건물지 3동, 원형구덩이, 사각구덩이, 축대에서 토기류가 수습되었다.

(1) 수혈건물지1 출토 토기류

토기는 건물의 바닥과 연도에서 확인되었는데, 모두 통일신라시대 토기류이다. 토기는 완과 뚜껑이 확인되었는데, 인화문이 시문되어 있다. 인화문(印花文)은 이중수적문(二重水滴文), 점열문(點列文), 이중원권문(二重圓圈文)이 있다.

(2) 수혈건물지3 출토 토기류

토기는 건물의 바닥과 연도에서 확인되었는데, 모두 백제시대 토기류이다. 토기는 호편(壺片)과 뚜껑이 확인되었다. 뚜껑 중 완전한 것은 전통적인 기형으로 권대가 부착되어 있다.

(3) 원형저장공1 출토 토기류

토기는 저장공의 바닥에서 확인되었는데, 백제시대·통일신라시대 토

기류가 있다. 백제시대 토기류는 회청색 경질토기류와 회색 토기가 있다. 회청색 경질토기류는 대형호, 외반호, 직구호, 병, 뚜껑 등의 편이 있다. 회색 토기류는 굽편이 있다. 통일신라시대 토기류는 뚜껑편이 2점 있다. 뚜껑편 1점은 안턱식이 아니며 무늬도 없어 시기적으로 통일신라시대가 아닌 백제시대로 올라갈 가능성이 있는 것이고, 나머지 한 점은 이중원권문이 시문되어 있다.

(4) 원형저장공2 출토 토기류

토기는 저장공의 바닥과 그 상층에서 확인되었는데, 백제시대 토기류와 통일신라시대 토기류가 있다. 백제시대 토기류는 회청색 경질토기류와 흑색 와기, 회색 토기가 있다. 회청색 경질토기류는 외반호, 주구형토기, 직구호, 뚜껑 등의 편이 있다. 흑색 와기는 파수부호, 연가편이 있다. 회색 토기류는 전달린토기편이, 통일신라시대 토기류는 완편이 있는데, 점열문이 시문되어 있다.

(5) 사각구덩이1 출토 토기류

토기는 구덩이의 내부에서 확인되었는데, 백제시대 토기류가 있다. 백제시대 토기류는 회청색 경질토기류와 회색 토기가 있다. 회청색 경질토기류는 호편, 뚜껑이 있다. 회색 토기류는 완, 접시, 뚜껑 등의 편이 있다.

(6) 원형저장공3 및 사각구덩이2 출토 토기류

토기는 원형구덩이와 사각구덩이의 내부에서 확인되었는데, 모두 통일신라시대 토기류이다. 토기류는 인화문과 주름문이 있는 것으로 완, 편병, 뚜껑 등의 편이다. 인화문은 제형(蹄形)이다.

(7) 사각구덩이3 출토 토기류

토기는 사각구덩이의 내부에서 확인되었는데, 백제시대 회청색 경질토기의 호편이 발견되었다.

(8) 축대 앞 출토 토기류

축대 앞에는 특별히 유구라고 할 수 있는 것은 확인되지 않았다. 이곳에서 백제시대 회색 토기로 분류할 수 있는 전달린토기 2점이 확인되었다.

나. '84년 조사

'83년 조사의 연장으로 조사를 실시하였으며 2기의 고분과 일괄 출토유물이 있다.

(1) 고분1 출토 토기류

내부에서 수습되었다. 백제시대 회청색 경질토기로 분류할 수 있는 소형외반 호와 양이부직구 호가 있다.

(2) 고분2 출토 토기류

백제시대 회청색 경질토기와 연질토기가 수습되었다. 회청색 경질토기는 배와 뚜껑이 있다. 연질토기는 몸통에 승문+선문이 있는 심발형토기가 있다.

(3) 일괄 출토유물

청자완과 함께 발견된 병 1점이 있는데, 고려시대 토기이다.

다. '85년 조사

부소산폐사지에서 반월루부근 광장으로 올라가면 추정서문지가 있다. 추정서문지 뒤편으로는 넓은 평탄지가 있는데 이곳에서 와적기단건물지가 확인되었다. 와적기단건물지에서는 백제시대·통일신라시대 토기가 확인되었다. 백제시대 토기류는 회청색 경질토기류, 흑색 와기, 회색 토기가 있다. 회청색 경질토기류는 외반호, 벼루편이 있다. 흑색 와기는 등잔이 있다. 회색 토기는 굽편이 있다. 이외에 백제시대에 제작한 것으로 도가니 1점이 있다. 통일신라시대 토기로는 점열문이 있는 병이 있다.

4. '86~'87년 남문지

남문지는 삼충사 뒤편에 위치하고 있다. 이곳에서는 백제시대·통일신라시대 토기류가 확인되었다. 백제시대 토기류는 회청색 경질토기류, 흑색 와기, 회색 토기가 있다. 회청색 경질토기류는 외반호, 병, 기대, 벼루, 인장토기가 있다. 회색 토기는 완, 뚜껑편이 있다. 이외에 녹유벼루편이 있다. 통일신라시대 토기는 편병, 인화문토기편이 있다. 인화문토기는 이중원권문, 점열문, 화문이 있다.

5. '88~'91년 동문지와 주변 성벽

동문지는 성벽절개지 안쪽과 그 양편으로 엽접된 성벽 안쪽의 퇴적토에서 출토되었다. 이곳에서는 백제시대·통일신라시대 토기류가 확인되었다. 백제시대 토기류는 회청색 경질토기류, 흑색 와기, 회색 토기가 있다. 회청색 경질토기류는 대형호, 외반호, 직구호, 단경병, 사이부병, 기대, 벼루, 호자, 삼족토기, 배, 고배형토기, 뚜껑 등이 있다. 흑색 와기는 자배기, 연가가 있다. 회색 토기는 완, 전달린토기, 접시 등이 있다. 통일신라시대 토기로는 대형호, 병, 완, 뚜껑이 있다.

6. '91년 사비루광장 남동측 건물지(泗沘樓廣場 南東側 建物址)

사비루광장의 백제시대 포곡식산성과 통일신라시대 산정식산성이 덧달아 이어지는 곳에 건물지가 확인되었다. 건물지에서는 백제시대 · 통일신라시대에 해당하는 소량의 토기편이 수습되었다. 백제시대 토기는 회청색 경질토기의 벼루, 흑색 와기의 자배기가 있다. 통일신라시대 토기는 대형 호, 완, 뚜껑편이 있다.

7. '92~'94년 군창지 주변 성벽 및 내부

가. '92년 조사

군창지 남서쪽의 평탄지를 조사하여 원 · 방형주거지와 십자형구(十字形溝)가 확인되었는데, 토기류는 이 유구의 주변에서 발견된 것이다. 이곳에서는 백제시대 · 통일신라시대 · 고려시대 토기류가 수습되었다. 백제시대 토기류는 회청색 경질토기, 흑색 와기, 회색 토기가 있다. 회청색 경질토기는 외반호, 벼루, 삼족토기, 무뉴식 뚜껑이 있다. 흑색 와기는 자배기와 방형주거지2에서 확인된 시루편이 있다. 회색 토기는 완과 뚜껑이 있다. 이외에 도가니가 확인되었다. 통일신라시대 토기류는 대형호, 자배기, 완, 병, 뚜껑 등이 있다. 완은 굽이 있는 것과 굽이 없는 것이 있다. 대부완은 경질로 이중원문이 시문되어 있다. 굽이 없는 완은 구연이 외반되었으며 와질이다. 병에는 주름무늬+점열문, 점열문이 시문되어 있거나 장식되어 있다. 뚜껑은 요자형 꼭지에 단원문, 이중원문이 시문되어 있다. 고려시대 토기는 호의 바닥편이 있다.

나. '93년 조사

군창지의 동편에서 영일루까지 이어지는 넓은 대지와 군창지 남측계곡, 동편 포곡식산성과 산정식산성의 연결지점, 군창지 동북편 산정식산성 주변에서 토기류가 수습되었다. 군창지 정동측인 평지부근의 나지구조사 시 발견된 사각토광시설·백제석축 하부, 통일신라시대에 축조한 다지구 B지점 성벽의 판축층 아래 암반층조사에서 나온 토기류는 중요하다. '93년도 조사에서 확인된 토기류는 위의 두 곳을 제외하면 대부분 교란토에서 확인되었다. 이곳에서는 백제시대·통일신라시대 토기류가 발견되었다. 백제시대 토기류는 회청색 경질토기, 흑색 와기, 회색 토기가 있다. 회청색 경질토기는 대형호, 외반호, 직구호, 파수부호, 완, 삼족토기, 벼루, 뚜껑 등의 편이 있다. 흑색 와기는 외반호와 군창지 정동쪽인 평지부근의 나지구 조사 시 발견된 사각토광시설에서 확인된 완이 있다. 회색 토기는 완, 접시, 뚜껑이 있는데, 가지구 탐색갱 암반층 위에서 확인된 완의 내부에는 칠이 발려져 있다. 칠이 있는 완은 현재로서는 담는 용기인지 아니면 칠을 바른 것인지 확인이 불가능하지만 회색 토기를 이용하여 칠을 사용했다고 하는 것은 처음 보는 자료이다. 이외에 가지구 탐색갱 조사 시 확인된 녹유뚜껑편과 도가니편이 있다. 통일신라시대 토기류는 다지구 B지점 성벽의 판축층 아래 암반층 조사에서 나온 대형호, 파수부 외반호, 완, 병, 벼루가 있다. 벼루에 화문이 압인되어 있다.

다. '94년 조사

군창지를 중심으로 사방의 산정식산성의 축조시기, 보완시기, 축조방법을 밝히는 조사로 다지구 백제토성 내 배수로 상층·통일신라 토성 및 주변, 라지구, 마지구 저장공, 바지구 A·B지점 출토 토기가 있다. 이들 지역에서 확인된 토기는 백제시대·통일신라시대 유물들이다. 백제시대는 회청색 경질토기, 흑색 와기, 회색 토기로 나누어 볼 수 있다. 회청색 경질토기는 마지구 저장공의 외반호, 직구호, 직구소호, 마지구 저장공에서 확인된 구순 아래 요철대가 돌아가는 완, 벼루 등이 있다. 흑색 와기는 파수부호, 파수부광구호, 자배기, 이형토기가 있다. 회색 토기는 완, 전달린 토기, 접시가 있다. 통일신라시대 토기는 완, 병, 뚜껑이 있다.

8. '95년 수혈건물지 북편 문지(竪穴建物址 北便 門址)

수혈주거지 동북 편으로 200m 떨어진 지점에 문지와 계단지가 있으며, 문지내 구지표층 하부 축기부(다짐층)에서 백제시대·통일신라시대 토기가 수습되었다. 백제시대 토기는 구연부편, 파수가 있다. 통일신라시대 토기는 경부에 파상문이 있는 구연부편과 몸통에 띠가 있고 격자문이 시문된 것이 발견되었다. 통일신라시대 토기편이 출토하여 문지의 시대가 확인되었다.

9. '96~'97년 사비루 주변부 및 성벽

가. '96년 조사
사비루의 남동쪽에 있는 산정식산성의 연결선 확인을 위한 조사로 백제시대·통일신라시대 토기류가 수습되었다. 백제시대는 회청색 경질토기의 외반호, 기대편이 있다. 통일신라시대 토기는 대형호, 완, 병, 뚜껑 등이 있다.

나. '97년 조사

'96년 조사에 연이어 포곡식산성의 북문지 서쪽 성벽에 대한 발굴조사이다. 이곳에서는 통일신라시대 대형호, 병편이 소량 수습되었다.

10. '98년 북문지 내측 서편부 일대

취수장 서편에 축조한 백제시대 포곡식성벽에 대한 발굴조사이다. 이곳에서는 백제시대·통일신라시대 토기류가 수습되었다. 백제시대는 회청색 경질토기, 회색 토기가 있다. 회청색 경질토기는 '북사' 명토기편, 외반호, 직구호, 삼족토기, 뚜껑 등의 편이 있다. 회색토기는 완, 전달린토기가 있다. 통일신라시대 토기는 외반호, 자배기, 편병, 완이 있다.

11. '99년 남문지 일대

삼충사 뒤편 남문지 부근의 동쪽 백제시대 포곡식성벽에 대한 발굴조사이다. 이곳에서는 백제시대·통일신라시대 토기류가 수습되었다. 백제시대 토기로는 회청색 경질토기가 있는데 외반호, 벼루 등의 편이 있다. 이외에 녹유벼루편이 있다. 통일신라시대 토기는 완이 있다. 완은 굽이 있는 것과 없는 것이 있다.

12. '00~'02년 북문지 내측 및 동편 연결부 성벽

포곡식산성의 북문지 내측 일대와 그 동편 연결부 성벽에 대한 조사로 '가'·'나'·'다' 지구로 나누어 3년 동안 진행되었다.

가. '가' 지구 조사

이곳에서는 동서석축열, 방형우물지, 수로가 발견되었는데, 토기류는 주로 수로 내부에서 확인되었다. 백제시대·통일신라시대 토기류이다. 백제시대 토기류는 회청색 경질토기, 흑색 와기, 회색 토기가 있다. 회청색 경질토기는 외반호, 직구호, 기대, 벼루, 병, 삼족토기, 개배, 인장토기, 뚜껑 등의 편이다. 흑색 와기는 호, 자배기, 시루, 완, 연가 등이 있다. 회색 토기는 완이 있다. 통일신라시대 토기는 인화문호, 완, 명문토기('灌' 자), 뚜껑이 있다.

나. '나' 지구 조사

이곳에서는 주거지, 수혈, 원형저수조가 발견되었는데, 나-7호 주거지와 2호 원형주거지에서 소량의 토기류가 확인되었다. 백제시대·통일신라시대 토기류이다. 백제시대는 회청색 경질토기, 흑색 와기, 회색 토기가 있다. 회청색 경질토기는 외반호, 병, 삼족토기, 벼루가 있다. 흑색 와기는 소형의 원형공이 있는 자배기가 있다. 회색 토기는 완, 전달린토기가 있다. 이외에 녹유벼루편이 있다. 통일신라시대 토기는 대형호, 완, 병, 뚜껑 등이 있다.

다. '다' 지구 조사

이곳에서는 주거지, 토기밀집유구, 굴립주건물지, 판축대지, 인화문토기 매납구덩이가 발견되었는데, 토기류는 주로 수로 내부에서 확인되었다. 백제시대·통일신라시대 토기류이다. 백제시대는 회청색 경질토기, 흑색 와기, 회색 토기가 있다. 회청색 경질토기는 토기밀집유구, 판축대지에서 확인된 일괄유물이 중요하다. 토기밀집유구 출토 회청색 경질토기는 대형호, 직구호, 고배, 삼족토기, 개배, 완 등이 확인되었는데, 사비시기의 초기는 아니지만 고배 및 삼족토기가 공반하고 회색 토기가 1점도 혼합되지 않았다는 점에서 늦은 시기의 것은 아니라고 생각된다. 판축대지출토 토기류는 삼족토기가 주류를 이루지만 인화문뚜껑이 공반하고 있어 사비시기 말에서 통일신라시대 초기에 걸친 시기라고 생각된다. 이외에 백제시대 회청색 경질토기로는 기대, 벼루가 있다. 회색 토기는 완, 접시가 있다. 통일신라시대 토기류는 화장장골용기로 사용된 완과 석곽묘의 부장품인 등잔이 있다. 이외에도 생활용기로 사용했던 것으로 생각되는 완이 있다.

이상에서 연도별로 실시된 부소산성의 각 유구와 유물에 대하여 살펴보았다. 수습된 유물에 대하여 기종별로 검토하고자 한다.

III. 기종 검토 (器種 檢討)

1. 백제시대 (百濟時代)

가. 생활유적출토 토기류 (生活遺蹟出土 土器類)

부소산성에서 생활유적이라는 범주에 드는 것은 성체(城體), 성 내부의 건물지(建物址) 등 고분(古墳)을 제외한 모든 것을 포함하였다. 생활유적에서 수습된 토기류(土器類)는 회청색 경질토기(灰靑色硬質土器), 흑색 와기(黑色瓦器), 회색 토기(灰色土器), 기타로 구분하여 기종(器種)에 대해 검토해 보기로 한다.

(1) 회청색 경질토기 (灰靑色硬質土器)

회청색 경질토기는 호류(壺類), 완(盌), 병(瓶), 기대(器臺), 배(杯), 삼족토기(三足土器), 고배(高杯), 뚜껑, 호자(虎子), 벼루가 있다.

호류(壺類)는 기형에 따라 외반호(外反壺), 직구호(直球壺)로 나눌 수 있다. 외반호는 크기에 따라 대·중형으로 세분된다. 대형외반호(大形外反壺)는 추정동문지와 추정북문지 동편의 북성벽 부근의 토기밀집유구에서 확인되었다. 추정동문지 출토품은 구연부 구순은 단순하게 처리하였으며 경부 중간에 1조의 돌대가 있다. 추정북문지 출토품은 추정동문지 출토품보다 구연부의 외반도가 심한 것으로 경부에 밀집파상문이 있다. 중형 외반호는 구연부의 구순에 홈이 있고, 몸통은 광견형이며 몸통에는 평행 선문이 타날되고 있는 것이 많다. 군창지 부근의 산정식산성이 갈라지는 부근에서 1994년에 발굴조사한 마지구 내의 저장공과 2001년 북문지 부근 나지구 2호 원형저수조 내부에서 확인된 중형외반호는 광견형, 납작 바닥, 선문타날 등 전형적인 사비시기 외반호의 형태를 하고 있다. 그리고 추정동문지 북서편으로 연결된 성벽토루 안쪽에서 확인된 2점은 몸통이 광견형이면서 장동형(長胴形)을 하고 있는 것도 있다. 직구호(直口壺)는 기벽이 얇고 태토가 비교적 고운 편이며 무문양이 많다. 직구호는 중·소형으로 나눌 수 있다. 중형직구호는 몸통 상부에 2~3단 혹은 1단의 횡침선으로 구획하고 문양이 없는 것이 많은 양을 차지하나 간혹 밀집파상문이 시문되는 예가 있다. 견부 이하에는 승석타날문이나 표면을 지워 희미하게 남아 있다. 그리고 몸통과 바닥의 연결부분은 각을 이룬다. 직구소호(直口小壺)는 역시 무문양이 많고 어깨가 넓게 벌어지며 바닥은 평저가 대부분이다.

부소산성에서 발견된 대형외반호는 구연부의 형태에 따라 2개의 형식으로 대별할 수 있다. Ⅰ형식은 구연부가 직립에 가까우나 구순은 외반하고 있으며, 경부가 낮으면서 중간에 1조의 돌대가 있는 것을 말한다.(사진 1) 부여 관북리 추정왕궁지와 부여 장암면, 익산 미륵사지에서 발견되었다.

사진1. 대형외반호

부소산성 Ⅰ형식은 부여 관북리 추정왕궁지에서 출토된 것처럼 경부와 견부에 '북사(北舍)' 명 인각이 있는 것은 아니지만 태토, 시문문양이 동일한 것이다. Ⅰ형식은 한성·웅진시기는 물론 영산강유역에서는 발견예가 없다. 일반적으로 광견형의 형태에서 벗어나 난형(卵形)의 형태를 하고 구연부가 직립에 가깝고 발견 유적의 종류 및 공반유물로 볼 때 상류층에서 특별히 제작하여 사용한 것이라고 할 수 있다. Ⅰ형식의 범위는 북쪽 한계가 금강이남(錦江以南), 남쪽 한계가 익산지방(益山地方)이다.

Ⅱ형식은 구연부가 외반된 형태로 무늬가 없는 것(A), 밀집파상문이 있는 것(B)이 있다. 부소산성에서는 ⅡA형식보다 ⅡB형식이 많이 보인다. 추정북문지 동편의 토기밀집유구에서 확인된 ⅡB형식은 구순에 요철이 있는 것은 같지만 경부에 있는 시문문양이 달라 밀집파상문+요철대+밀집파상문, 밀집파상문+밀집선+밀집파상문, 밀집파상문으로 세부 분류할수 있다. ⅡB형식은 ⅡA형식보다 늦은 형식으로 생각된다.

중형호(中形壺)는 외반호와 직구호로 나누어 살펴볼 수 있다. 중형외반호는 구연부의 형태가 구순에 홈이 생기고, 몸통은 광견형으로 변하고 몸통에는 평행선문이 타날되고 있는데, 문양의 끝을 뾰족하게 표현하는 제작상의 특징을 나타내고 있다. 부소산성 중형외반호는 몸통과 저부와의 경계지점이 각이 없는 듯한 것도 있으나 대부분 부여 관북리 수혈유적(철기제작소)·궁남지 출토품에서 발견된 것과 같이 몸통과 저부의 경계지점을 깎기기법으로 처리하고 있어서 사비시기의 형태적 특징을 보여주고 있다.(사진 3) 그리고 7세기 이후가 되면 미륵사지출토품처럼 몸통이 광견형이면서 장동형(長胴形)으로 변천하는 것으로 추정되며 추정동문지 북서편으로 연결된 성벽토루 안쪽에서 확인된 2점의 중형외반호가 이에 해당한다.(사진 2)

직구호는 초기 백제토기를 구분하는 자료로[4] 이용되는 기형으로 한성시기 이후 사비시기에 이르기까지 지속적으로 사용된 토기이다. 부소산성 출토 직구호는 한성시대보다 몸통이 높고 몸통최대경이 상부에 있는 특징을 갖는다.(사진 4)

완(盌)은 굽이 없는 것이 대부분을 차지하고 일부는 굽이 있었던 것이 아닌가 한다. 부소산에서 확인된 완은 직립된 구연에 심도가 비교적 깊은 형태를 하고 있다.

경질의 대부완은 현재로서는 부소산성에서 완형을 찾기가 쉽지 않다. 다만 후술할 회색 토기의 대부완과는 달리 굽이 높고 사각을 이루는 형태를 말하지만 현재로서는 비교하기가 어렵다. 94년 군창지 주변 마지구 저장공에서 확인된 구순 아래 요철대가 돌아가는 형식은 부여 정림사지 출토 완 중 구순 아래 홈이 있는 것과 대비할 수 있으며 백제 최 말기형식일 가능성이 있다.(사진 5)

병(甁)은 경부가 짧은 단경병이 많은 편이다.(사진 7·8) 병은 동문지에서 출토한 1점을 제외하면 모두 편으로 알려지고 있다. 1983년 수혈건물

---

4) 林淳發,「考古學으로 본 百濟의 國家形成」,『韓國古代文化의 變遷과 交涉』, 서경문화사, 2000, pp.283~313.

사진2. 중형외반호

사진3. 중형외반호

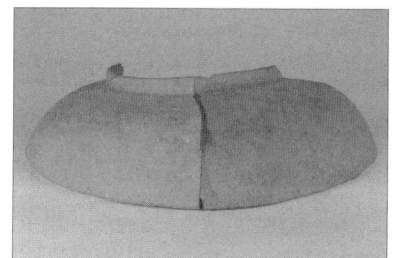

사진4. 직구호

사진5. 완

지 부근의 원형저장공1에서 확인된 병편은 굽이 있는 것으로 장경병(長頸瓶)일 가능성이 있다.(사진 6) 굽이 있는 장경병은 부여 능산리사지 출토품이 있는데, 몸통이 둥근 형태를 하고 있는 것까지 닮고 있다. 추정동문지에서 확인된 병 중에는 견부(肩部)에 사이(四耳)가 있는 것이 확인되었는데 중국도자기를 모방한 제품으로 보인다.(사진 9) 이와 동일유형이 부여 용정리에서 확인된 바 있다.(사진 10)

기대(器臺)는 편(片)으로만 확인되어 전체 기형파악이 어렵지만 고배형(高杯形)은 없고 장고형(長鼓形)만 확인되었다. 몸통에 세로띠와 고사리모양의 띠를 붙인 장식이 있다.(사진 11) 장고형 기대 중 남문지 부근에서

사진6. 장경병　　　　　사진7. 단경병　　　　　사진8. 단경병

사진9. 사이부병　　　　　　사진10. 부여 용정리 사이부병

확인된 것과 같은 몸통이 사선에 가깝고 밀집파상문이 시문된 것이 있고, 배부(杯部) 밑에 장식되는 원구(圓球)의 형태가 작아지면서 완만해지는 것도 있다. 몸통에는 사각 투공, 원형 투공이 장식되고 있다. 남문지부근 출토 장고형 기대는 공주 정지산에서 확인된 장고형 기대와 형태적인 면에서 비슷하므로 웅진시기 말기~사비시기 초기의 형태를 알 수 있는 자료이다.

　개배(蓋杯)는 뚜껑과 분리된 채 배신부(杯身部)만 남은 것으로 배류 중 가장 많은 양을 차지한다. 개배는 배신이 납작한 형태를 하고 있으며 모두 뚜껑받이 턱이 있다. 사비시기 개배는 소멸되는 기형 중 하나로 고분

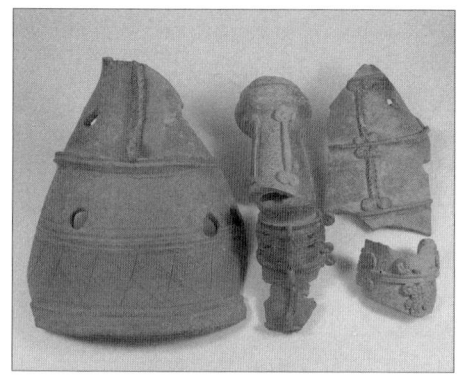

사진11. 기대

사진12. 개배(위)/사진13. 삼족토기(아래)

에서도 1~2개씩 출토하고 있어서 일상 생활유적에서도 매우 적은 양만이 확인되고 있다.(사진 12)

삼족토기(三足土器)는 유개식(有蓋式)으로 배신(杯身)이 얕고 평평하며 족(足)의 형태가 원추형에 배신주연부(杯身周緣部)에 부착되는 특징을 갖는다. '84년 수혈건물지 주변 성벽조사 시 발견된 삼족토기는 구경이 19 ㎝가 넘는 대형품이다. 이와 같은 대형품은 미륵사지출토품이 있다. '02년에 확인된 북문지 동편 성벽 토기밀집유구에서 확인된 삼족토기는 사비시기의 전형적인 형태로 다리를 'J'자를 하면서 배의 바닥 가장자리에 부착하고 있어 사비시기의 전형적인 형태를 하고 있다.(사진 13)

고배는 토기밀집유구와 부소산폐사지 출토품이 있다. 고배는 대각만이 있기 때문에 뚜껑의 유무에 대하여는 알 수 없다. 대각은 단각이며, 대각 하단부의 표현에 따라 5개 형식으로 나눌 수 있다. 이들 형식은 신라 단각고배와는 대각하단의 형태가 말리지 않고 있다는 점에서 차이점을 보여준다. 부소산성 출토 고배는 한성시기 이래 전통적인 제작형태를 고수하고 있는 것이다.(삽도 1) 고배와는 형식상 다르지만 무개식의 소형접시에 굽이 달려있는 것이 추정동문지에서 확인되었는데, '91년 군수리사지

사진14. 고배형토기

사진15. 뚜껑

에서 현 궁남지 사이의 토층조사에서 동종(同種)의 기형이 확인된 바 있다.(사진 14)

 뚜껑은 유·무뉴식으로 대별할 수 있다. 유뉴식(Ⅰ형식)은 실제로 꼭지가 남아 있는 것보다 파실된 것이 많아 꼭지의 형태를 알 수 없는 것이 포함되어 있는데, 권대형, 보주형이 있다. 무뉴식(Ⅱ형식)은 Ⅰ형식보다 많은 양이 확인되고 있다. 유·무뉴식 모두 덮개부가 약간 납작한 편이며 드림부는 덮개 주연(周緣)에서 턱을 많이 내밀지 않고 형식적으로 약간 단(段)을 두면서 곧바로 수직이 드림부가 형성된다. 대부분 개배, 삼족토기의 뚜껑으로 추정된다.(사진 15) 호자(虎子)는 동물형(動物形)과 주구부형(注口附形)이 있다.(사진 17) 동물형은 엉덩이와 뒷다리만 남아 있는 것이다. 주구부형은 주구와 몸통 일부가 남아 있다. 주구부형은 능산리사지에서도 확인되며 고구려 호자의 영향으로 알려지고 있다. 동물형은 부여 군수리 추정서문지 부근에서 나온 호자와 유사한 것이다.(사진 16) 부여 능산리사지에서도 동물형이 1점 출토되었는데,

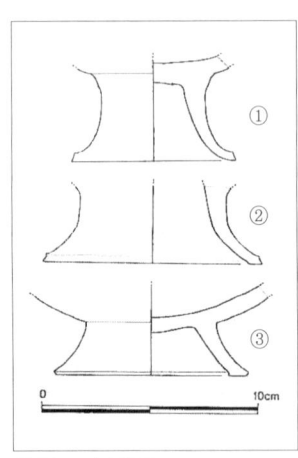
삽도1. 고배 실측도

사진16. 부여 군수리 호자

사진17. 호자

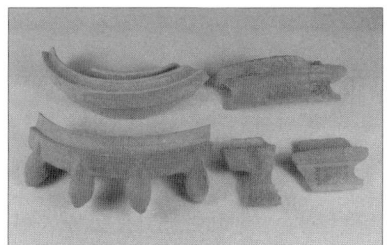

사진18. 벼루

사진19. 벼루

다리의 형태가 약간 다르게 표현되어 있다.

벼루는 다족식(多足式)의 Ⅰ형식과 대족식(臺足式)의 Ⅱ형식이 있다.[5](사진 18 · 19) Ⅰ형식은 다리에 부조된 문양 여부에 따라 몇 개의 형식으로 세분된다. 다족식은 무문양에 다리 끝이 뭉툭하게 처리된 것이 많고 다리 표면에 간단하게 띠를 한줄 돌린 것이 대부분이다. 다리는 벼루 몸통에

---

5) 부여 군창지 부근의 가지구 탐색갱 부식토층에서 확인된 벼루 1점은 다리를 붙인 흔적이 없다. 이 형태가 백제벼루인지는 확인할 수 없지만 지금까지 무족식(無足式)은 여타의 백제유적에서 확인된 바가 없어 자료의 증가를 기다려보아야 한다(국립부여문화재연구소, 『扶蘇山城』, 1997, p.568의 도판 144-⑧. 山本孝文, 「百濟 泗沘期의 陶硯」, 『百濟研究』 제38집, 忠南大學校 百濟研究所, 2003, pp.85~118.).

별도로 부착하였다. 다족식은 부여 능산리사지에서 확인된 청자연(靑磁
硯)의 영향을 받아 만들어지는 것으로 생각되고 있다. 다족식은 중국 청
자연을 수용하여 토기로 모방한 형태가 부여 금성산 출토품이고 이것을
다시 부여 부소산 출토품처럼 녹유제품으로 생산한 것으로 보인다. Ⅰ형
식은 다리가 높이 만들어진 부소산성 출토품이 시기상 앞서고, 부여 능산
리사지 서회랑지 북단건물지(공방지1) 출토품처럼 7세기 중엽에 가까운
시기에는 다리의 높이가 낮아지고 크기가 작게 만들어지는 형태로 변화
한 것으로 보인다. Ⅱ형식은 Ⅰ형식보다 양이 적고 다리에 투창(透窓)이
있다. 부여 정암리가마터 출토 Ⅱ형식은 대족에 투공이 없는 형식으로 부
여지방에 있어 초기형식이라고 생각되며 부여 능산리사지 출토품으로 변
화하는 것으로 보인다. 익산지방에서는 Ⅰ형식과 Ⅱ형식이 확인되고 있
으며, 영산강유역에서는 아직 벼루의 발견은 없다. 이렇게 사비시기에 만
들어진 벼루의 형태가 다양하게 나타나는 것은 부여 이궁지출토 백자연
에서와 같이 중국의 벼루가 끊임없이 수입되고 시기별로 모방과 백제화
를 거듭하여 이루어진 현상으로 보인다.

인장토기는 기형을 알 수 없지만 '북사(北舍)'등의 글씨가 있다.

(2) 흑색 와기(黑色瓦器)

흑색 와기는 호류, 자배기, 완, 등잔, 시루, 연가, 이형토기가 있다.

호류(壺類)는 대부분 몸통에 횡대식의 파수가 부착된 것이다. 1994년 군
창지 주변 마지구 저장공에서 확인된 파수부호(把手附壺)는 흑색 와기의
정형을 보여주고 있다.(사진 22) 파수부호는 중형이 많으며 부여지방을
중심으로 발견되며, 표면이 평행선문타날에 흑색으로 제작된 특징을 갖
는다. 부여·공주지방에서 발견된 파수부호는 표면이 흑색과 다르게 나
타나고 있는 것은 토기표면에 본래 탄소가 흡착되어 있었던 것이 지하에

서 습기로 인해 탈락된 경우로 추정된다. 외반호 중에는 몸통 중앙부에 대칭으로 대상파수(帶狀把手)가 없는 것도 있다. 파수부호를 포함한 중형의 외반호는 금강유역에서 부여지방을 중심으로 주변지역에서 일상생활용보다 장용(葬用-옹관, 화장장골용기)으로 사용하고 있다. 이 중형의 외반호는 부여 저석리 5호 옹관이 비교적 빠른 단계로 보이며, 부여 송국리 75-56지구 옹관처럼 Ⅰ형식 외반호와 공반하는 형식으로 변하며, 전주 중화산동 2호 화장장골용기처럼 구경 : 높이의 비율이 낮아지는 것으로 변천하는 것이 아닌가 한다.

자배기는 평저에 몸통이 조금씩 벌어져 올라가다가 어깨부분에 안쪽으로 둥글게 패인 홈을 이루며 구연부를 외반시킨다. 부소산성 출토 자배기는 구연부의 형태를 기준으로 3가지로 세분할 수 있다. 첫째, 구연부를 거의 직각에 가깝게 외반되도록 하여 구순처리는 단순하게 각이진 것, 둘째, 구연부를 외반시키고 그 끝을 살짝 말아 둥글게 되도록 처리한 것, 셋째, 구연부를 외반시킨 후 단면이 삼각형에 가깝게 바깥 면에 테를 돌려 처리한 형식 등이 있다. 자배기는 일상생활용에서 빼놓을 수 없는 중요한 기종이다. 금강유역에서 발견된 자배기의 구연부 형식은 모두 12가지가 알려지고 있다. 자배기는 고구려의 남하에 따라 5세기 중엽 이후 한강유역에 나타나며, 크기에 따라 大·中·小 3개군으로 나뉘며 구경 26~45cm의 것이 88%를 차지하는 것으로[6] 나타나고 있다. 그러나 웅진시기 유적으로 알려진 공주 공산성 추정왕궁지와[7] 정지산(艇止山)에서는[8] 자배기출토가 거의 전무한 실정이어서 고구려의 남하와 관련여부는 자료의 증가를 기다려보아야 한다. 사비시기 자배기는 부여 관북리 연지 및 대전 월

---

6) 金元龍·任孝宰·朴淳發, 『夢村土城』, 서울대학교박물관, 1988.

7) 安承周·李南奭, 『公山城百濟推定王宮址發掘調査報告書』, 공주대학교박물관, 1987.

8) 國立公州博物館, 『艇止山』, 1999.

평동 E11 저장공출토 대형품을 제외하면 중구경(中口徑)에 속하고 있는 것으로 파악되었다.

자배기의 변천은 부여 송국리 '75-56지구 원형구덩이[9]를 통해 살펴볼 수 있는데, 층위에 따라서 구연부가 길게 외반한 것에서 짧은 것으로 변화하는 양상을 띠고 있다.

자배기는 겉 표면에 탄소를 흡착시켜 만든 흑색 토기로 만들어진 것이 50% 이상을 점하고 있다. 이러한 현상은 사비시기에 부여를 중심으로 널리 만들어진 지하식요(地下式窯-와도겸업요)의 발달과 더불어 나타난 제작기법으로[10] 보인다. 금강유역에서 발견되는 자배기의 표면에 평행선이 타날된 것이 91%를 차지하고 있는데, 이 문양은 사비시기 기와문양에 흔히 사용되었던 것으로 전술한바와 같이 요업의 발달과 더불어 사비시대 와도겸업요의 산물이 아닌가 한다.

자배기는 부여 구아리 정지(井址)에서 6세기 중엽으로 편년되고 있는 연화문와당과 공반하고 있어, 자배기의 부여지방 출현시점은 백제가 사비로 천도한 후 얼마 되지 않은 시점에 나타나는 것으로 보인다. 또한 부여 정암리 A지구 요지출토 자배기를 통해볼 때 공반한 연화문와당이 부여 군수리사지·구아리 정지·관북리·쌍북리·규암 외리·동남리유적·능산리사지·청양 분향리 등에서 수급관계가 밝혀지고 있고 유적들의 연대인 6세기 중·후반경에는[11] 와도겸업 체제에서 만들어지는 것을 알 수 있다. 약간 시기가 내려가면 부여 송국리요지·추양리요지와 같이 토기류만을 전문적으로 생산하는 가마에서 만들어지는 것으로 추측된다. 와

9) 國立中央博物館, 『松菊里 IV』, 1991.

10) 金鍾萬, 「百濟黑色瓦器考」, 『韓國史의 理解-重山鄭德基博士華甲紀念韓國史學論叢』, 경인문화사, 1996, pp.175~207.

11) 申光燮·金鍾萬, 『부여 정암리 가마터(II)』, 국립부여박물관, 1992.

사진20. 완

사진21. 시루

사진22. 파수부호

도겸업 체제를 벗어나서도 자배기가 토기요에서 흑색 토기로 계속해서 만들어지게 된 것은 일상생활에서 널리 사용된 생활토기로서 수요가 폭발적으로 증가함에 따라 이루어졌다. 이는 곧 요업의 분업화와 관련이 있어 보인다.

완은 직립한 구연부가 끝에서 살짝 외반된 것과 완만하게 벌어지다가 자연스럽게 외반된 두 종류가 있다. 93년도에 사각토광시설에서 확인된 소형완은 중국청자양이관·청자완과 발견되어 7세기경의 연대를 갖는다.

일상생활용에서 자배기와 함께 가장 많은 양을 차지하는 완은 굽의 유무에 따라 2개의 형식으로 나눌 수 있다. 4~5세기 유적으로 알려진 몽촌토성에서 발견된 완은 평저로 굽이 없으며, 기신(器身)이 높지 않다. 이 형태는 연대가 5~6세기 초로 편년되고 있는 논산 연산지방의 석곽분에서도 발견되고 있다.

완은 이른 시기의 유적인 몽촌토성에 그 형태가 보이고 있다. 회색 연질로써 수직구연에 구순이 둥글게 처리되었으며, 저부가 완전히 편평하게 만들어진 것이 특징이다. 부여 정암리요지 A지구 1호 요전회구부·관북리 연지·구아리 정지·능산리사지·정림사지 연지에서 출토되는 완을 몽촌토성 출토품과 비교해 보면 구순과 저부에서 차이점이 보인다. 이러한 점에서 부여지방 출토 완은 구순이 둥근 것보다는 안쪽으로 사각이 이루어진 것이 많아지며, 말기에 이르러서는 구순 아래에 홈이 생기는 형태로 변화한다. 저부는 지름이 좁아지며, 편평한 것에서 중앙부가 들리는 형태로 발전한 것으로 보인다. 이러한 형태분석에 따르면 정암리 A지구 요지 출토품이 백제 후기 유적에서 시기적으로 가장 빠른 단계에 위치될 수 있다. 그 이유로는 편평한 바닥, 수직구연에 둥근 구순을 유지하고 있으면서 완을 만드는 기술이 매끄럽지 않고 몸체에 선문양이 남아 있는 점, 내부 바닥을 조정하는 기술이 조잡한 것을 들 수 있다. 이러한 기술적인 결함을 보충하여 나타난 것이 부여 구아리 정지출토품 · 관북리 연지 출토품이라고 생각된다. 그 다음에 나타나는 것이 부여 능산리사지 출토품 · 송국리 원형구덩이 출토품 · 궁남지 출토품 · 지선리 4호분 출토품인데, 저부를 절단하는 기술이 실끈이나 예새를 이용하는 단계라고 할 수 있으며, 이 시기부터 바닥이 오목하게 들리는 경향이 나타난다. 부소산성 출토 완은 전체적인 기형에서 완형이 적어 현재로서는 모든 출토품의 연대를 확언할 수는 없지만 '93년도에 사각토광시설에서 확인된 소형완은 7세기경의 연대를 갖는 것이라 주목된다.(사진 20) 완의 최말기 단계는 부여 정림사지 연지 출토품에서 보는바와 같이 구순 아래에 홈이 생기고, 바닥이 앞 단계보다 확연히 오목하게 들어가는 것이 아닌가 한다.

완 중에는 표면에 칠(漆)을 바른 것도 부여 능산리사지에서 발견되고 있다. 흑색 와기 완이 갖는 미비점을 보완하고, 동제 완을 모방하면서 고급화된 용기로 공급하여 사용되었음을 알 수 있다. 부소산성에서는 칠을 바른 토기가 확인되고 있는 점을 보면 완 중에도 칠을 바른 고급토기가 존재할 가능성이 높다.

등잔(燈盞)은 구연부가 외반인 것(I형식), 직립인 것(II형식)이 있으며, 내부에 촉이 있는 것(A)과 없는 것(B)이 있다. 부소산성 출토 등잔은 '83년 수혈건물지 주변 축대조사에서 확인된 바와 같이 IIB형식이 우위를 점하고 있다. 등잔은 사비시기에 들어와 일상 생활유적에서 널리 발견되는 기종으로 사지, 공방지에서 가장 많이 수습되고 있다. 부여 능산리사지 강당지 서측 건물지(공방지2) 통로에서는 무려 30여 개의 등잔이 수습된 바 있다.[12] 등잔은 대개 와질소성으로 소성되었다. 등잔은 외반인 것(Ⅰ형식)보다 직립인 것(Ⅱ형식)이 많이 사용되었으나 내부에 촉이 있는 것(A)과 없는 것(B)의 시기적인 선후관계는 확실하지 않다.

시루는 기형상(器形上) 자배기와 거의 차이가 없는 것으로 바닥의 투공(透孔)이 원형이며 투공(透孔)지름이 크다. 2001년 북문지 부근 1수로에서 확인되었다.(사진 21)

연가(煙家)는 1983년도 수혈건물지 주변 원형구덩이 내부 출토품, 동문지, 2001년 북문지 부근 1수로에서 확인되었다. 연가는 부여 화지산·능산리사지·동남리사지·관북리 추정왕궁지, 익산 왕궁리에서 확인되고 있는 특수토기라 할 수 있다. 연가는 투공된 구멍의 형태에 따라 Ⅰ형식 : 소형 원형투공, Ⅱ형식 : 하트형+소형 원형, Ⅲ형식 : 원형+사각형, Ⅳ형식 : 원형+장타원형+사각형으로 분류할 수 있다. 연가에 대한 이해는 부여 능산리사지 출토품이 처음이라고 할 수 있으며 이후 연가에 대한 자료가 축적되고, 고구려에서 확인되고 있는 연가의 영향으로 나타난 것으로 이해하고 있다.[13] 사비시기 연가의 형태는 사실 완전한 것은 없으며 집안 우산하묘구(集安 禹山下墓區) M2325호 출토품을 통해 알 수 있다.[14] 집안의 고구려유적 출토품은 고분의 부장품이며 하트형의 투공만 배치하고 있으며 6세기경의 연대를 갖는다. 이것과 가장 유사한 형태는 부여 화지

---

12) 金鍾萬, 「부여 능산리유적」, 『고대와 도시』, 제40회 전국역사학대회발표문, 1997.

13) 金容民, 「백제 緣家에 대하여」, 『文化財』 35집, 국립문화재연구소, 2002, pp.58~80,
金圭東, 「百濟 土製 煙筒 試論」, 『科技考古研究』 8집, 아주대학교박물관, 2002, pp.51~68.

14) 耿鐵華·林至德, 「集安高句麗陶器的初步研究」, 『文物』 84-1, 1984, pp.55~63.

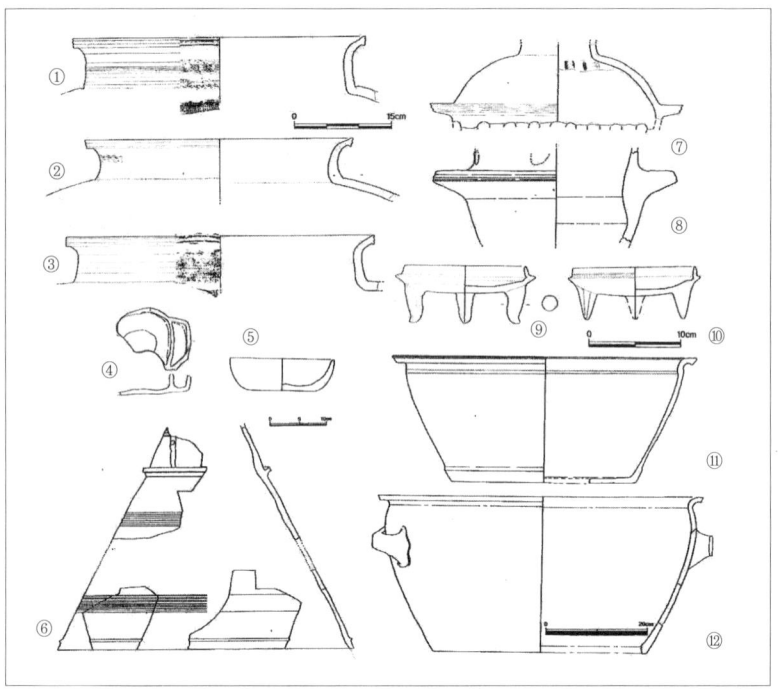

삽도2. 각종 토기 실측도(①~③ : 대형외반호, ④ : 이형토기, ⑤ : 등잔, ⑥ : 기대, ⑦ · ⑧ : 연가, ⑨ · ⑩ : 삼족토기, ⑪ · ⑫ : 자배기)

산에서 확인된 Ⅱ형식이다. Ⅰ형식은 소형의 원형 투공만을 배치하고 있어 사실 하트형이나 사각형이 배치된 형식보다 빠를 가능성이 있고 유적의 성격상 Ⅱ형식보다 늦는 것으로 보인다. Ⅲ형식은 원형에 사각형을 추가한 것으로 Ⅰ형식보다는 시기적으로 후행하는 것으로 보인다. Ⅳ형식은 연가 중 가장 화려한 형식으로 가장 늦은 시기인 7세기 중엽경에 사용된 형식이라고 생각되며 능산리사지 출토품이 이에 해당한다. 부소산성 출토품은 현재로서는 투공된 부분이 완전한 것이 없어 대비할 수는 없지만 대부분 소형의 원형 투공이 있는 Ⅰ형식이었다고 추정된다. 사비시기 연가의 큰 특징인 원형 투공의 존재는 고구려 연가에 없는 백제만의 독창적인 투공 형태라고 생각된다.(삽도 2) 연가는 부여, 익산에서만 발견되고 있어 영산강유역에서는 사용되지 않은 토기라고 생각되며 도성을 중심으로 한 고급 기종 중 하나이며, 사용하는데 있어 중앙정부의 허가를 받아야 하는 물품 중 하나가 아니었나 한다.

이형토기(異形土器)는 1994년 마지구 성벽에 마련된 수구(水口)의 직상층에서 발견되었다.(삽도 2-④) 말각방형의 그릇 한쪽에 별도의 벽을 만들어 2개의 공간을 마련한 것으로 모자(母子)의 관계이다. 이 기형은 부여 관북리 추정왕궁지, 익산 왕궁리유적에서도 확인된 바 있다.

(3) 회색 토기 (灰色土器)

회색 토기는 완, 전달린토기, 접시, 뚜껑이 있다.

완(盌)은 굽이 부착된 유개대부완으로 부소산성의 대부분의 유구에서 확인되는 기형이다.(사진 24) 완은 정선된 점토를 이용하여 물레성형한 후 고화도로 소성한 것이다. 구절기법(球切技法)으로[15] 성형하여 만들기 때문에 뚜껑과 몸통이 분리되기 전에 바닥에 구멍을 뚫어 내부에 있는 공기를 빼내고, 도구를 이용하여 자른 다음 한 짝임을 표시하는 수직선을 긋고, 굽은 완을 뒤집어 놓은 상태에서 부착한다. 굽을 부착한 후에 굽 가까운 몸통에 숫자나 기호를 새겨 완성한다.

완은 회청색 경질토기 · 흑색 와기완과는 전혀 다른 방법으로 만들어졌다. 지금까지 발견된 상황으로 살펴보면 부여 관북리 추정왕궁지에 처음 대량으로 공급되었으며, 도성 내부의 군수리지역, 동남리사지, 궁남지 등

---

15) 일본에서는 풍선기법(風船技法)이라는 용어를 사용하고 있으나 풍선이라는 의미가 바람을 불어넣는 의미가 크므로 지양하고 원형에 가깝게 만들어 뚜껑부와 몸통부를 잘라내어 하나의 그릇을 만들고 있으므로 구절기법(球切技法)이라는 용어를 사용하고자 한다. (北野博司, 「須惠器の風船技法」, 『北陸古代土器研究』 9號, 2001, pp.159~169.)

에서도 볼 수 있다. 이것이 다시 도성의 외부로 재공급되었는데, 부여 능산리사지, 익산 미륵사지 · 왕궁리유적이다. 대부분 백제왕실과 밀접한 관계가 있는 장소들로 완이 최상급의 장소에서 사용되었던 것임을 알 수 있다.

완은 양질의 점토를 가지고 정성들여 소성한 것으로 도자기 태토에서나 볼 수 있는 회색, 회백색을 내려고 한 점 등은 이 토기가 중국도자기나 동제품을 모방하려고[16] 하였다는 점을 쉽게 알 수 있다. 이렇게 굽이 높지 않은 것을

사진23. 칠바른 완

보면 동제품보다는 도자기를 모방했을 가능성이 높다. 그러나 완 중에는 구순이 안쪽으로 경사진 형태는 도자기보다는 동제완에서 잘 보이고 있어 모티브는 광범위하게 받아들여 백제화한 것으로 보인다. '93년도 부소산 군창지 부근의 가지구 탐색갱 암반층 위에서 확인된 완은 내외면에 칠이 발라져 있어 최고급 토기의 면모를 보여주고 있다.(사진 23)

완은 국가의 철저한 통제와 규격화에 의해 만들어진 토기[17]이며, 당시 율령에 따른 규격화가 토기에도 적용되고 있다는 것을 보여주는 좋은 자

---

16) 중국 영녕사에서는 토기완이 수습되었는데, 회색토기 완과 유사점이 인정된다. 결국 회색토기 완은 동제품, 도자기, 토기, 목제품 등 다양한 제품을 모델로 하여 제작된 것으로 보아야 하겠다.

17) 金鍾萬,「百濟後期 土器爐의 樣相과 變遷」,『東垣學術論文集』 2, 한국고고미술 연구소, 1999, pp.5~30.

18) 완이 발견된 곳은 제사토기를 보관하는 창고로 알려지고 있다(尹武炳,「百濟王都 泗沘城研究」,『學術院論文集』 인문 · 사회과학편 33집, 1994, pp.87~153.) 완을 포함한 전 달린 토기, 2종류의 접시, 대형항아리편 등 宮中 에서 필요한 식기(食器) 및 저장용기(貯藏容器)로 이용되었을 수도 있어 오늘날의 물류창고(취사창고)일 가능성이 있다.

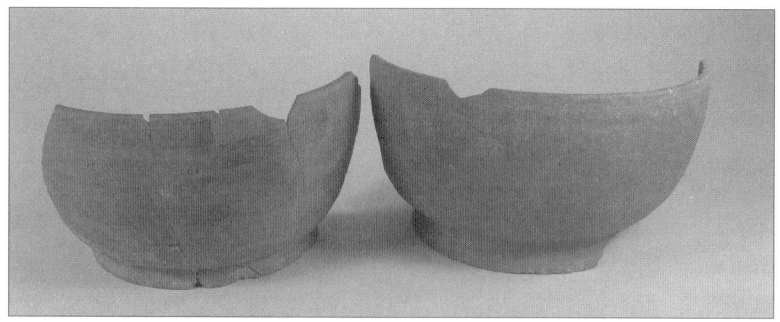

사진24. 완

사진25. 전달린토기

료로 이해된다. 완의 성격에 대하여는 제사토기(祭祀土器)로[18] 보고 있다. 완은 국가에서 사용한 토기 중 최고급품으로 분류되고 있기 때문에 제사토기로도 사용되었겠지만, 전달린토기, 접시, 정병(詞瓶)과 공반되어 발견되고 있어 최상급층(왕실)에서 배식용 그릇의[19] 하나로 사용된 것일 가능성도 있다. 부여 관북리 추정왕궁지에서 발견된 토기류가 최고 상위층

---

19) 완은 국가의 엄격한 통제 하에 만들어진 규격토기(規格土器)로 생각된다. 일본 등원궁(藤原宮) 발굴조사에 의하면 각 계층별로 사용되었던 그릇의 종류 및 수가 정해져 있었음을 알 수 있다(奈良國立文化財研究所 飛鳥藤原宮蹟發掘調査部, 『藤原宮と京』, 1991, pp.54~57). 그리고 서울 구의동에서 발견된 토기완을 군사의 배식기로 보고 있음도 주목할 만하다(崔鍾澤, 『九宜洞-土器類에 대한 考察』, 서울대학교박물관총서 2, 1993).

에서 사용하였던 그릇의 기본범위를 말해주는 것이 아닌가 한다. 따라서 완은 왕실의 요청에 의해 특별히 제작되어 공헌(貢獻)된 것으로 보이며, 일정시기에 왕실에 관련된 행사나 귀족들에게 보급형식으로 재공급되었을 것으로 추측된다.

전달린토기는 완과 같은 방법으로 만들고 있지만 구연 선단에서 약 2㎝ 아래에 전을 돌린 것이 다르다. 유개식이다.(사진 25) 전달린토기의 몸통에는 완의 몸통 하부에 표시하는 숫자나 기호는 잘 보이지 않는다.

전달린토기는 사비시대에 발전한 기형으로 부여 관북리 추정왕궁지·부소산성·능산리사지와 익산 왕궁리에서 발견되고 있으며, 부장용으로는 수습되지 않는다. 전달린토기는 2종류가 있는데, 구연 선단과 전과의 사이가 2㎝ 정도의 거리를 두고 있는 것(Ⅰ형식), 구연 선단과 전과의 사이가 1㎝ 이하로 가까운 것(Ⅱ형식)이 있다.

Ⅰ형식은 구순 하단에 침선이 그어져 있어 뚜껑이 있었던 것임을 알 수 있고, 부여 관북리 추정왕궁지에서 가장 많은 양을 차지하고 있다. Ⅰ형식은 전의 형태에 따라 2종류로 나뉘어지는데, 전이 수평으로 제작된 것(A), 전이 사각으로 제작된 것(B)이 있는데, A형식이 압도적으로 많다. ⅠB형식은 부여 부소산성·능산리사지와 익산 왕궁리유적에서만 발견되고 있는 것이다. 이러한 형식은 부여 부소산성에서 발견된 중국 청자 이부관(耳附罐)에서 볼 수 있듯이 중국도자기·칠기의 영향으로 나타난 것이 아닌가 한다. ⅠA형식과는 부여 관북리 추정왕궁지을 제외하면 공반하여 나타나고 있어 다소 늦은 시기에 나타나는 것으로 추측된다. Ⅱ형식은 Ⅰ형식보다 작은 것으로 4점이 출토되었다. 고구려토기 중에도 Ⅱ형식과 비슷한 것이 서울 아차산과 구의동에서[20] 발견되고 있다. 그러나 굽이 없고, 집안 삼실총 제1실(集安 三室塚 第1室)에서 발견된 것은[21] 전이 전면을 두른 것이 아니고 귀처럼 양단에 붙이고 밑이 편평한 굽으로 되어

사진26. 접시

있어 다르게 나타나고 있음을 알 수 있다. 전달린토기는 충남 서산 출토
품(Ⅰ형식)이 알려지고 있다.[22] 서산 출토품은 태토, 색조, 형태에 있어 부
여·익산지방 출토 Ⅰ형식과 같은 범주에 드는 것으로 Ⅰ형식의 북쪽 한
계를 알려주는 자료이며, 구경 : 높이의 비율을 볼 때 부여 관북리 추정왕
궁지에 보급된 것보다는 익산 미륵사지 출토의 Ⅰ형식에 가까운 것이다.

전달린토기는 567년보다 빠른 것이 부여 능산리사지에서 확인되었는데,
모두 흑색 와기로 겉면에 칠을 바르고 있어 주목된다.[23] 이렇게 칠을 바른
형태는 흑색 와기를 보완한 것이 확실하다. 이것은 칠목기를 모방한 것으
로도 해석할 수 있어 중국문물의 수용을 잘 보여주는 것으로 생각된다.

Ⅰ, Ⅱ형식 전달린토기는 부여지방에서 볼 때 비슷한 시기에 출현한 것
으로 생각된다. Ⅱ형식은 부여지방을 포함하여 그 수량이 매우 한정적이
어서 Ⅰ형식보다는 앞서 소멸하는 것으로 보인다.

접시는 몸통이 저부에서 수평으로 뻗은 것(Ⅰ형식)과 굽의 바깥쪽에서
세워 올린 것(Ⅱ형식)의 두 가지 형식이 있다. Ⅰ형식은 무개식이지만 Ⅱ

20) 서울대학교박물관, 『발굴유물도록』, 1997. p.329.
21) 金基雄, 「土器」, 『韓國史論』15, 國史編纂委員會, 1992, p.35.
22) 百濟文化開發研究院, 『百濟土器圖錄』, 1984, p.35 1의 도판 415 참조.
23) 金鍾萬, 「泗沘時代 灰色土器의 性格」, 『湖西考古學』 9집, 호서고고학회, 2003.

사진27. 뚜껑

사진28. 부소산 폐사지 출토 도가니

형식은 유개식이다. Ⅱ형식은 완이나 전달
린토기와 동일 방식으로 만들어졌다.(사진
26)

Ⅰ·Ⅱ형식은 부여지방과 익산지방에서만
발견되는 특색을 갖고 있다. Ⅱ형식은 부여 관북리 추정왕궁지에서의 출
토상황을 보면 완과 공반하여 발견되고 있기 때문에 무령왕릉 출토 동제
접시와 동제 완과의 set 관계처럼 접시와 완의 set 관계가 상정된다. 접
시는 기물(器物)을 올려 놓았거나 음식물을 담는 기물로 사용된 것으로
추측된다. 일본 비조 등원궁(藤原宮)의 토기[24]를 보면 Ⅱ형식과 비슷한 기
형이 음식물을 담는 기물로 사용되고 있는 것이 좋은 참고가 된다.

뚜껑은 보주형꼭지가 부착되어 있고 반구형(半球形)으로 둥글게 된 것과
완만하게 된 것의 두가지로 세분할 수 있다.(사진 27) 완, 전달린토기, 접
시의 뚜껑으로 사용된 것이다.

(4) 기타

기타로는 녹유벼루편, 도가니가 있다. 녹유벼루편은 다족형으로 다리에
연꽃무늬가 부조되어 있다. 녹유기는 사비시기에 유행한 것으로 부여, 익

---

24) 奈良國立文化財硏究所 飛鳥藤原宮蹟發掘調査部, 『藤原宮と京』, 1991.

산, 순천에서 발견되고 있으며, 호(壺), 병(瓶), 기대(器臺), 완(燔), 벼루 등 다양한 기종이 있다. 특히 부여 쌍북리 북요지에서 확인된 연꽃이 부조된 호편(壺片)은 가마에서 확인되어 중요하다.

도가니는 부소산폐사지,[25] 1985년 서문지 주변조사, 1992년 군창지 남쪽 대지의 방형주거지1 및 동 가지구에서 확인되었다. 부소산출토 도가니는 바닥이 뾰족한 것(Ⅰ형식), 둥근 것(Ⅱ형식)이 있다.(사진 28) 사비시기 도가니는 부여·익산지방에서 확인되고 있다. 도가니는 주구부분에 묻어있거나 내부 바닥에 남아 있는 찌꺼기로 보아 동, 철 및 유리를 끓여내었던 것으로 보인다.

도가니는 모래가 다소 포함된 점토를 이용하여 정지된 상태에서 만들었다. 표면은 거칠지만 내면은 매우 매끄럽게 되어 있어 용적의 양을 일정하게 하기 위해 지정된 틀에서 만든 것으로 생각된다. 이렇게 틀을 이용하여 만든 제품은 규격화와 밀접한 관련이 있는데, 이는 국가에서 도가니를 이용하여 만드는 제품에 대하여 직접적으로 관할하였거나 통제하고 있었음을 말해주는 것이다. 백제지방에서 발견된 도가니의 연대에 대하여는 부여 구아리 정지 출토품이 가장 빠른 것으로 보이고 나머지는 대부분 7세기를 전후한 시점이라고 추측된다. 그리고 부소산 출토 도가니는 일본 비조지(飛鳥池)에서 비슷한 유형이 확인되고 있어 당시 문화교류를 살펴볼 수 있는 귀중한 자료이다.

나. 고분유적출토 토기류

부소산 반월루 부근의 수혈건물지 동편 지역 조사 중 고분 2기가 확인되었으며, 회청색 경질토기와 연질토기가 있다.

---

25) 金鍾萬, 「부여지방출토 도가니」, 『고고학지』 6집, 한국고고미술연구소, 1994, pp.109~122.

(1) 회청색 경질토기

회청색 경질토기는 호류, 개배, 뚜껑이 있다.(사진 29) 호류는 소형외반호와 양이부직구호가 확인되었다. 소형외반호는 구연선단이 짧게 곧추섰으며, 몸통은 구형이나 평저이다. 양이부직구호는 어깨에 대칭으로 귀가 달려있었으나

사진29. 고분출토 토기류

떨어져 나가고, 몸통은 요철대(凹凸帶)를 이용하여 3단으로 구획하였으며, 표면에 선조문이 타날되어 있으나 희미하게 남아 있다.

개배는 2점 모두 원저(圓底)이다. 구연부(口緣部)는 약간 내경한다. 표면은 예새로 깎은 후 회전 물 손질하였다.

뚜껑은 무뉴식(無鈕式)으로 수하연(垂下緣)은 직립하며 내려오다 입술부분은 외반하였다. 표면은 회전하면서 예새로 깎아 조정하였다.

(2) 연질토기

심발형토기 1점이 있다. 심발형토기는 표면에 승문+선이 시문되어 있다.

2. 통일신라시대

이 시기의 토기로는 호류, 완(盌), 병(甁), 벼루 등이 있다.

호류는 목인 긴 대형호가 확인되고 있다. 대형호는 긴목 표면에 파상문 또는 침선문이 몇줄 돌려진 것이 특징이다. 1993년 군창지 다지구 B지점 산정식산성 성벽 상단 판축부의 바닥층 중앙지점인 풍화암반층에서 발견

사진30. 병

사진31. 대형호

사진32. 인화문 뚜껑

사진33. 완

된 대형호는 최소한 CE680~900년의 연대를 갖는다.(사진 31) 이 기형은 미륵사지, 왕궁리유적, 목천토성, 공산성 등의 유적에서 확인된 바 있다. 익산 미륵사지 출토 대형호에 '대중십이년(大中十二年−858년)'의 명문(銘文)이 확인되어 통일신라시대에 널리 유행한 기형임을 알 수 있다.

완은 성벽이 폐기된 이후의 층에서 확인되고 있다. 토기는 정면조정 시 물레회전으로 물결모양 곡선이 몸통에 나타나고 있다. '98년도의 북문지 서편성벽조사(西便城壁調査), '99년도의 남문지주변 치성부 조사(雉城部調査)에서 주로 수습되었다. 완 중에는 백제시대 성벽의 표토층(表土層)에 배장(配臟)한 장골용기(臟骨容器)가 포함되어 있다.(사진 33) 또한 국립부여박물관(부여 3040) 소장품 중에는 단각고배와 함께 동시반출된 완이 군창지 부근에서 수습된 예가 있다.(사진 34) 등잔은 2001년에 조사한 북문지 동편부근의 석곽묘 내부바닥에서 출토한 것이 있다.

병은 편병, 이부병, 인화문병, 덧띠무늬병, 주름무늬병, 반구병, 유병 등 다양하게 확인되고 있으며 주름무늬병과 편병이 다수를 점하고 있다.(사진 30) 이부병은 구연부(口緣部)와 동체일부(胴體一部)만이 남아 있지만 중국도자기(中國陶磁器)를 모방(模倣)한 것으로 추정되고 있다. 벼루는 1993년 군창지 가지구에서 인화문이 시문된 편이 1점 출토하였다.

시루는 '01~'02년도에 실시한 북문지 동편지역의 다지구 Ⅱ층에서 확인된 시루가 있다. 구멍의 배치가 중앙에 원형구멍을 중심으로 주변에 소형의 원형구멍을 6개, 그 바깥으로 아치형의 구멍 6개를 배치되었다.

이외에 부소산에는 기형 파악이 어려운 인화문토기편이 다수 확인되었다. 인화문의 문양에 따라 이중반원문(二重半圓文)이 전면배치된 것 또는 부분배치된 것이 있고, 이중반원문화, 이 중의 말발굽무늬가 결합된 것, 이중원문(二重圓文)과 수적형문(水滴形文)이 결합된 것, 이중원문과 볼록 렌즈모양 또는 화엽형문(花葉形文)이 결합된 것, 점렬문과 화염문이 결합된 것 등 몇 가지 분류가 가능하다. 이 중 이중원문과 이중반원문을 위주로한 문양이 다수를 점하고 있다.

사진34. 완 및 단각고배

사진35. 병

3. 고려시대

고려시대 토기로는 자배기, 완, 접시, 병이 있다.

자배기는 어깨부분의 둥근 홈이 형식적으로 표현되며 동체부(胴體部)의 벌어짐도 크지 않아 거의 직선에 가깝게 올라가 구연부(口緣部)처리로 이어진다. 또한 구연부(口緣部)는 두텁게 말려진 테를 두르며 음각(陰刻)홈이나 돌대(突帶)를 표현하여 구순부(口脣部)의 장식이 강조된다. 횡대파수(橫帶把手)는 낮고 동체부(胴體部)의 안쪽을 패이게 하거나 파수(把手)의 상하 양 끝을 말아 쥐기가 용이하도록 한 예가 많다. 완은 부소산폐사지에서 확인된 것이 있는데, 굽이 있는 것과 없는 것이 공존하며 와질성으로 소성되었다. 접시는 평저에 구연이 약간 외반하였는데, 소성도는 완과 같다. 병(사진 35)은 '83년 수혈주거지 주변의 성벽조사 시 확인된 것으로 평저에 둥근 몸체를 하고 있는 소형품으로 청자완과 동반하여 고려시대 제작품이 확실하다. 이러한 고려시대 토기류는 부여 정림사지[26], 공주 가교리[27], 익산 미륵사지[28], 용인 좌항리 3호 석곽묘[29] 등에서 그 출토 예가 알려지고 있다.

4. 조선시대

이 시기의 것으로는 군창지에서 나온 것들이 있다. 창고에서 곡식을 담

---

26) 尹武炳, 『定林寺』, 충남대학교박물관, 1981.

27) 공주대학교박물관, 『佳橋里 陶器窯址』, 2000.

28) 국립문화재연구소, 『彌勒寺 I 』, 1989.
   국립부여문화재연구소, 『彌勒寺 II 』, 1996.

29) 崔喆熙, 『고려시대 질그릇의 형식분류와 변천과정』, 한신대학교대학원 석사학위논문, 2003.

았을 것으로 추정되는 단지류가 소량 있지만 주변에서 비교할만한 자료가 없어 이번 고찰에서는 제외한다.

IV. 부소산성 출토 토기류의 생산유통

부소산성에서 확인된 토기류의 생산유통은 백제토기류에 한하여 살펴보고자 한다.

1. 사비시기 요지(窯址)의 양상(樣相)

사비시기 요(窯)는 백제의 사회상을 볼 때 개인이 만들 수 있는 생산시설은 아니다. 특히 도성지역 인근에 조영된 요업단지(窯業團地)는 더욱 그러하다. 사비시기 토기요지는 금강유역에서 주로 확인되고 있다.

금강유역에는 등요(登窯)와 평요(平窯)가 있다.[30] 등요(登窯)는 부여 쌍북리 남요지 · 쌍북리 북요지[31] · 정암리 B지구 7 · 8 · 9호[32] · 신리[33] · 송국리 76-70지구,[34] 청양 관현리 질평[35] 등에서 확인되고 있다. 그리고 익산 신

---

30) 金誠龜,「부여의 백제요지와 출토유물에 대하여」,『百濟硏究』 21집, 충남대학교 백제연구소, 1990, pp. 217~246.
　　金鍾萬,「사비시대 瓦에 나타난 사회상 小考」,『國立公州博物館紀要』 2집, 國立公州博物館, 2002, pp. 49~72.
31) 金誠龜, 위의 논문, 1990.
　　尹武炳,「부여 쌍북리유적 발굴조사보고서」,『百濟硏究』 13집, 1982, pp. 61~94.
32) 申光燮 · 金鍾萬,『부여 정암리 가마터(Ⅱ)』, 國立扶餘博物館, 1992.
33) 金鍾萬,「백제 후기 토기완의 樣相과 變遷」,『東垣學術論文集』 2집, 韓國考古美術硏究所, 1999, pp. 5~30.
34) 國立中央博物館,『松菊里Ⅳ』, 1995.

용리요지(新龍里窯址)에서 토기가 만들어져 금강유역으로 공급되고[36], 고창 운곡리, 익산 산북리에서도 토기를 생산한 등요(登窯)[37]가 발견되고 있어 점차 다원적으로 체제를 갖추었을 것으로 보인다.

이들 등요(登窯)는 지하식으로 소성실(燒成室) 내부의 형태에 따라 무단식(無段式)과 계단식(階段式)으로 나누어볼 수 있다. 무단식(無段式)은 한성시기부터 웅진시기에 조영된 등요(登窯)가 이러한 형태를 띠고 있는데 사비시기에는 부여 송국리요지(松菊里窯址), 익산 신용리요지(新龍里窯址), 고창 운곡리요지(雲谷里窯址), 청양 관현리(冠峴里) 질평요지(窯址)가 이를 계승하고 있는데, 청양 관현리(冠峴里) 질평요지(窯址)만 와도겸업요(瓦陶兼業窯)이다. 계단식(階段式)은 부여 정암리요지B지구(亭岩里窯址B地區) 7·8·9호·쌍북리 남요지에서 확인되고 있으며 와도겸업요(瓦陶兼業窯)이다.

평요(平窯)는 부여 정암리 A지구 1호 및 B지구 2·3·5·6호·동남리 구인삼창부지(舊人蔘廠敷地−반지하식), 청양 왕진리 강변 4호요[38] 등 금강유역에서만 확인되고 있으며 와도겸업요(瓦陶兼業窯)이다. 사비시기 요(窯)는 그 성격과 조업시기에 따라 단기관요(短期官窯)와 장기관요(長期官窯)로 나눌 수 있다. 단기관요(短期官窯)는 중앙정부에서 시행하는 사업 중 단기간에 걸쳐 조업이 이루어졌던 것으로 주로 사찰을 만들 때 이용되고 있는데, '1 : 1의 수급관계(需給關係)'를 위해 만들어진 것이다. 부여 능산리사지(陵山里寺址)·송국리(松菊里) 76−50지구·신리 등의 요지(窯

35) 大田保健大學博物館, 『發掘遺物特別展示圖錄』, 1998, pp.79~85.

36) 金鍾萬, 「공주 道川里出土 백제토기 小考」, 『國立公州博物館紀要』 창간호, 2000.

37) 全榮來, 「高敞 雲谷里 百濟窯址 發掘報告」, 『全北遺蹟調査報告-下』, 西京文化社, 1973, pp.485~504.

38) 김성구, 『백제의 와전예술』, 주류성, 2004, pp.196~203.

址)를 들 수 있다. 장기관요(長期官窯)는 '1 : 다수 수급관계(多數 需給關係)'를 위해 공방시설(工房施設)을 대규모로 만들고 조업이 장기간 이루어진 곳이다. 부여 정암리·정동리 B·C지구, 청양 왕진리·관현리 질평 등의 요지(窯址)를 들 수 있다. '1 : 1의 수급관계(需給關係)'는 백제 중앙정부가 특별한 목적을 가지고 단기적(短期的)인 사업을 시행할 때 이용되고, '1 : 다수 수급관계(多數 需給關係)'는 연차적인 사업의 성격을 갖거나 보수의 성격을 갖고 있는 경우로 생각된다.

2. 생산유통(生産流通)

사비시기 백제토기의 공급에 따른 생산유통은 왕실(王室)을 포함한 도성내부용(都城內部用), 중앙에서 사용하면서 지방으로 분배한 보급용(普及用), 사찰용(寺刹用), 고분부장용(古墳副葬用) 등으로 나누어 살펴볼 수 있다.[39]

부소산은 사비시기 도성 내부에 해당하므로 왕실을 포함한 도성 내부용의 경우에 해당한다. 부소산폐사지출토 토기류는 소량이지만 사찰용으로 구분할 수 있겠으나 출토장소나 층위가 명확하지 않아 공급지를 살펴보는 데는 약간의 문제가 있다. 마지막으로

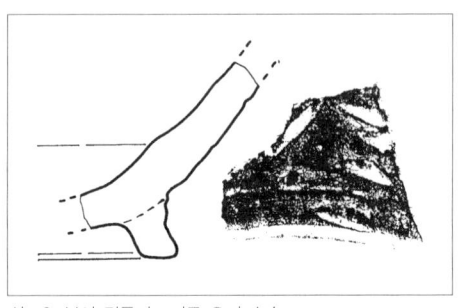

삽도3. 부여 정동리 c지구 요지 수습

---

39) 金鍾萬, 「사비시대 백제토기와 사회상」, 『百濟研究』 제37집, 충남대학교 백제연구소, 2003, pp. 40~45.

반월루 부근에서 확인된 고분출토품을 살펴보아야 한다.

부여지방에서 왕실을 포함한 도성내부용(都城內部用)은 대형호(大形壺)·단경외반호(短頸外反壺)·직구호(直口壺)·장경병(長頸瓶)·개배(蓋杯) 등의 회청색 경질토기류(灰靑色硬質土器類), 자배기·호(壺)·완(盌)·연가(煙家) 등의 흑색 와기류(黑色瓦器類), 완(盌)·전달린토기·접시·병(瓶)·기대(器臺)·뚜껑 등의 회색 토기류(灰色土器類)를 들 수 있다. 회청색 경질토기류(灰靑色硬質土器類)는 주로 도성 주변에서 공급(供給)되었을 것으로 생각된다. 부여 인근에서 회청색 경질토기(灰靑色硬質土器)를 생산하였던 곳으로는 부여 정동리C지구요지·정암리B지구요지, 청양 왕진리요지를 들 수 있다. 특히 부소산성에서 출토된 토기들 대부분이 사용이나 폐기맥락을 알 수 없는 것이 대부분인 것에 반해 2002년의 토기밀집유구에서는 다량의 토기들이 인위적인 폐기에 의해 버려져 있는 것이 확인되어 백제 사비시기 어느 한 시점의 토기상을 반영하고 있는 것이 확실하다. 여기에서는 경부에 파상집선문이 시문된 대형호들과 다량의 뚜껑, 고배, 완 등의 대각부로 생각되는 대각편 등이 출토되었다. 이 토기밀집유구에서 출토한 토기들은 사비시기 백제토기의 양상을 보여주고 있지만 회색 토기류가 포함되지 않고 있다는 점에서 또 다른 점을 말해주고 있다. 즉 회색 토기의 출현 시점이 6세기 말경이라고 한다면[40] 토기밀집유구에서 회색 토기가 출토하지 않은 상황은 부소산성에서 확인된 다른 사비시기 유구와 관련하여 폐기시점을 알려주는 중요한 것이라 생각된다.

흑색 와기류(黑色瓦器類)는 자배기, 완(盌), 연가(煙家), 등잔(燈盞) 등이 도성 내부에서 사용되었다. 이들 토기는 생활용기로 자배기와 완(盌)은 부여 정암리 A·B지구요지와 정동리C지구요지, 청양 관현리 질평요지

---

40) 金鍾萬, 「사비시대 회색토기의 성격」, 『湖西考古學報』 9, 湖西考古學會, 2003.

(窯址)에서 확인되고 있어 인근지역에서 공급되었음을 알 수 있다.

회색 토기류(灰色土器類)는 부여 관북리 추정왕궁지(推定王宮址) 등 최고의 시설물에 사용된 것이다. 회색 토기는 부여, 익산을 중심으로 확인되고 있으며 도자기와 같은 정교한 제품을 만드는 기술에 의하여 제작된 것이다.[41] 부여 정동리C지구 요업단지(窯業團地)에서 채집된 토기류 중에는 굽이 부착되어 있는 대부완편(臺附盌片)이 있고(삽도 3), 청양 왕진리요지 (汪津里窯址)에서도 확인되고 있다.

도성 내부는 화장묘를 제외한 사비시기 고분의 조영은 없었던 것으로 보인다. 그런데 반월루 부근 수혈건물지 동쪽에서 확인된 백제시대 고분은 부소산의 역할변천을 이해하는데 도움이 된다. 고분에서 확인된 소형 외반호는 구연부 상단의 구순처리가 뾰족하게 직립하고 있다는 점에서 익산 입점리 8호분 출토품과[42] 같은 계통에 있는 것으로 생각된다. 또한 양이부직구호는 사비시기 직구호와 비교하면 견부의 요철대, 바닥과 몸통 하부의 표현 등이 다르다. 이 직구호와 비슷한 것은 보령 장현리고분 출토품과[43] 부여 염창리 Ⅲ-62호분 출토품이[44] 있다. 개배는 공주 도천리 출토 개배와[45] 홍성 성호리 9호분 출토품과 유사성을 갖는다.[46] 보령과 공주, 홍성 출토품은 모두 웅진시기 중기의 연대를 갖는다.

41) 金鍾萬, 『사비시대 백제토기 연구』, 서경. 2004.
42) 문화재연구소, 『익산 입점리고분발굴조사보고서』, 1989.
43) 池健吉, 「보령 장현리 백제고분 출토유물」, 『百濟文化』 11, 공주대학교 百濟文化研究所, 1978.
44) 이남석 · 서정석 · 이현숙 · 김미선, 『朴倉里古墳群』, 2003.
45) 金鍾萬, 「공주 도천리출토 백제토기」, 『國立公州博物館紀要』 창간호, 國立公州博物館, 2002.
46) 安承周 · 李南奭, 『洪城星湖里百濟古墳發掘調査報告書』, 百濟文化開發研究院, 1991.

V. 부소산성 출토 토기류의 성격

부소산성에서 확인된 토기류는 시대별로 그 쓰임새가 다르다. 백제시대
는 생활용기가 다수를 점하고 그 중에서 당시 백제 최고의 토기류가 확인
되고 있는 것은 부소산성이 생활유적이었다는 것을 의미하고 역할이 최
상위에 있었다는 것을 말해주고 있다. 부소산에 백제토기가 등장하는 것
은 현재로서는 웅진시기 중기에 해당한다고 할 수 있다. 그러나 이 시기
는 부소산이 관방(關防)으로서의 중요성이 인식되지 못하던 시기였다고
할 수 있다. 그러다가 웅진시기 말 공주에서 부여로의 천도계획과 더불어
부여지방이 중요시되면서 부소산에 성을 축조하기 시작하였던 것으로 보
인다. 기와 중 '대통(大通)' 명이 있는 것은 이를 증명한다고 할 수 있겠
다. 그리고 토기류 중에서도 고분 출토품 이외에 웅진시기 말기~사비시
기 초기로 볼 수 있는 토기가 남문지 부근에서 확인됨으로써 부소산성이
이미 웅진시기 말기에 축조되고 있었음을 알 수 있다.

부소산성에서 확인된 백제토기는 회청색 경질토기(灰靑色硬質土器), 흑
색 와기(黑色瓦器), 회색 토기(灰色土器), 녹유기(綠釉器)가 있다. 회청색
경질토기, 흑색 와기는 전통적인 제작기법에 의하여 지속적으로 이 지역
에 알려진 기형들이지만 회색 토기, 녹유기는 새롭게 등장하는 신기종들
이다. 부소산성에서 전통양식의 기형과 신종의 기형이 공반하면서 사비
시기 백제토기의 모든 기형이 출토하고 있는 것은 부소산성이 당시 매우
중요한 거점성(據點城)이었음을 말해주는 것이다.

부소산성 내부에서 확인된 백제고분 2기는 사비시기 이전의 부소산의
역할을 말해주고 있는 듯하다. 삼국시대 산성 내부에는 고분이 조성되지
않았다는 것은 이미 알고 있는 바이다. 그러나 부소산 반월루 부근의 수
혈건물지 동편에서 확인된 백제시대 고분은 부소산이 산성으로서 역할을

수행하기 이전에 조성된 것으로 보인다. 고분의 부장품으로 확인된 소형 단지와 직구호는 웅진시기 중기 이전의 토기와 맥락을 같이하고 있다. 그러므로 부소산성의 축조시기를 알려주는 중요한 단서를 제공해준다고 할 수 있다.

부소산에서 확인된 통일신라시대 토기 중에서 초기로 분류된 인화문토기는 경주산(慶州産)일 가능성이 있지만 9~10세기로 분류되고 있는 병류는 보령 진죽리요지와 영암 구림리요지와[47] 같은 서해안 지역에서 공급된 토기류이거나 부여 인근 요지에서[48] 공급되었을 가능성이 높다. 이들 토기류는 대부분 생활토기로서 사용되고 있었지만 성벽에서 확인되고 있는 완은 화장장골용기로 사용하고 있어 부소산의 성벽으로서의 역할이 훼손되고 있음을 알 수 있다.

통일신라시대의 말굽형문이나 수적형문, 점열문 등이 시문된 인화문 뚜껑이나 합 등이 다수 출토되고 있는데 이는 6세기 후반~7세기대의 인화문 토기의 특징으로 알려져 있어[49] 신라가 백제를 점령한 후 부소산성에 주둔하면서 사용했던 토기였을 가능성이 있다. 이 통일신라시대의 토기 연대는 660년이 상한이 될 수 있을 것이다. 부여 정림사지에서 출토한 인화문토기가 갖는 성격과 같은 것이라고 생각된다. 왜냐하면 부여 정림사지(定林寺址) 오층석탑(五層石塔) 초층탑신(初層塔身)에 각자된 당군(唐軍)의 기록은 백제가 멸망한 660년의 여름을 기록하고 있기 때문이다. 그리고 덧띠무늬병, 주름무늬병, 편병, 경부파상문 대형호 등은 통일신라 후반기인 9세기 이후에 유행하는 기종으로 알려져 있으며, 이러한 토기들

---

47) 梨花女子大學校博物館, 『통일신라·고려 질그릇』, 1989.
48) 필자가 2002년 여름에 초촌 신암리에서 통일신라시대에 조영된 요지 1기를 확인한 바 있다.
49) 홍보식, 『新羅後期 古墳文化 硏究』, 춘추각, 2003. pp.72~110.

이 토루 내부와 건물지 등에서 많이 출토되고 있어 이 시기에 들어 부소산성에 대한 수축 및 이용이 활발했다는 사실을 반영하고 있다. 이렇게 시기를 놓고 볼 때 8세기대의 토기류가 확인되지 않고 있는 점이 이상하게 보일 것이다. 그러나 인화문토기류 중에는 토기 자체의 시기 폭이 넓기 때문에 그 중에는 8세기대의 토기류가 포함되어 있을 가능성이 있다. 그리고 8세기대는 부여지방보다도 보령 성주사를 중심으로 한 충남 서해안지방으로 문화중심권이 이동하여 나타난 현상으로도 이해할 수도 있다. 하여튼 부소산에서 다량의 통일신라시대의 토기가 확인되고 있는 것은 나당연합군이 백제의 도성을 장악하고 입성(入城)하였다는 사실을 입증해주는 자료이다.

고려시대에는 성으로서의 역할보다는 고란사(皐蘭寺)와 같은 절이 들어서 있고, 부소산성 조사결과 고려시대에 축성하거나 백제시대~통일신라시대에 축조한 성벽을 보수한 흔적이 나타나지 않고 있어 관방(關防)으로서의 역할이 다른 것으로 변질된 것이 아닌가 한다. 즉, 부여 정림사가 중건되고 그 뒷부분에 있는 평범한 야산으로 성격이 변하였으며 이로 인해 무덤을 조성해도 아무런 제약도 받지 않았던 것이 아닌가 한다. 그러므로 산성의 북문지 부근 · 부소산폐사지 부근에 조성된 석곽묘(石槨墓), 화장장골용기(火葬藏骨容器)는 인근의 부여 중정리 화장묘유적처럼 고려시대에 있어 부소산의 상황을 대변하고 있다.

조선시대는 동헌(東軒)의 뒤편에 해당하고 15세기경 만들어진 군창(軍倉)이 있는 등 매우 중요한 역할을 하였을 것으로 보이지만 조선시대 질그릇의 발견이 영성하여 자세히 살펴보기가 어려운 실정이다.

VI. 맺음말

부소산에는 백제시대, 통일신라시대, 고려시대, 조선시대에 걸쳐 각종 토기류가 발굴조사를 통하여 확인되었다. 이 중 절대 수량을 차지하는 것은 백제시대 토기류이다. 백제시대 토기류는 26종의 기형으로 분류되었으며 일상 생활용과 고분부장용로 나누어볼 수 있다. 일상생활용은 회청색 경질토기류, 흑색 와기, 회색 토기가 있다. 회청색 경질토기류는 한성·웅진시기 이래 전통적으로 내려오는 기형과 중국 등 주변국의 도자기를 모방한 제품이 포함되어 있다. 흑색 와기는 사비시기에 증가한 생활용기로 와도겸업요의 생산체계 하에서 제작된 것으로 보인다. 회색 토기는 부여와 익산지방에서 유행한 최고급 토기로 6세기 말경 나타나기 시작하였다. 회색 토기는 사비시기에 새로 나타난 신기종으로 백제토기에 새로운 기술을 보여주는 것으로 규격토기이다. 부소산에서 부여, 익산 이외의 지역에 잘 나타나지 않는 회색 토기가 많이 발견되고 있는 것은 산성의 중요성이 높다는 것을 말해주고 있다. 고분부장용은 회청색 경질토기류와 연질토기가 있는데, 사비시기 이전에 조성된 것을 알 수 있다. 고분유구는 파괴가 심하여 전체 형태를 알 수는 없지만 부장 토기류는 검토 결과 웅진시기 중기에 해당하는 것으로 보인다. 이러한 사실을 통해서 부소산에 성을 축조한 시기가 웅진시기 중기 이후라는 사실이 확인되는 것이다. 통일신라시대 토기는 7~10세기에 이르는 기간 동안 장기간 사용되고 있는데, 나당연합군이 백제의 도성을 장악하고 입성하였다는 사실을 알려주는 자료이다. 그리고 통일신라시대 토기 중에는 화장장골용기가 확인되고 있어 부소산이 성으로서의 역할이 변천하는 과정도 보여주고 있다. 고려시대는 토기류를 통해 볼 때 관방(關防)으로서의 역할이 완전히 소멸했던 시기였다고 추측된다. 조선시대는 토기류가 있기는 하지만 매우 영성하여 군창지(軍倉址) 이외의 지역에서는 잘 보이지 않고 있다.

참고 문헌 및 인용 문헌

- 국립문화재연구소 · 국립부여문화재연구소, 1995~2003, 『扶蘇山城』
- 國立公州博物館, 1999, 『艇止山』
- 國立中央博物館, 1991, 『松菊里Ⅳ』
- 국립문화재연구소, 1989, 『彌勒寺Ⅰ』
- 국립부여문화재연구소, 1996, 『彌勒寺Ⅱ』
- 공주대학교박물관, 2000, 『佳橋里 陶器窯址』
- 金元龍 · 任孝宰 · 朴淳發, 1988, 『夢村土城』, 서울대학교박물관
- 金鍾萬, 1997, 「부여 능산리유적」, 『고대와 도시』, 제40회 전국역사학대회발표문
- 金鍾萬, 1999, 「百濟後期 土器墦의 樣相과 變遷」, 『東垣學術論文集』 2, 한국고고미술 연구소
- 金鍾萬, 2003, 「泗沘時代 灰色土器의 性格」, 『湖西考古學』 9집, 호서고고학회
- 金鍾萬, 1994, 「부여지방출토 도가니」, 『고고학지』 6집, 한국고고미술연구소
- 金鍾萬, 2002, 「사비시대 瓦에 나타난 사회상 小考」, 『國立公州博物館紀要』 2집, 國立公州博物館
- 金鍾萬, 2000, 「公州 道川里出土 百濟土器 小考」, 『國立公州博物館紀要』 창간호
- 金鍾萬, 2003, 「사비시대 백제토기와 사회상」, 『百濟研究』 제37집

- 金鍾萬, 2003, 「사비시대 회색토기의 성격」, 『湖西考古學報』 9, 湖西考古學會
- 金鍾萬, 2004 ,『사비시대 백제토기 연구』, 서경
- 金鍾萬, 1996, 「百濟黑色瓦器考」, 『韓國史의 理解-重山鄭德基博士華甲紀念韓國史學論叢』, 경인문화사
- 金元龍·任孝宰·朴淳發, 1988, 『夢村土城』, 서울대학교박물관
- 金容民, 2002, 「백제 緣家에 대하여」, 『文化財』 35집, 국립문화재연구소
- 金圭東, 2002, 「百濟 土製 煙筒 試論」, 『科技考古研究』 8집, 아주대학교박물관
- 耿鐵華·林至德, 1984, 「集安高句麗陶器的初步研究」, 『文物』 84-1
- 金基雄, 1992, 「土器」, 『韓國史論』 15, 國史編纂委員會
- 金誠龜, 1990, 「부여의 백제요지와 출토유물에 대하여」, 『百濟研究』 21집, 충남대학교 백제연구소
- 金誠龜, 2004, 『백제의 와전예술』, 주류성
- 奈良國立文化財研究所飛鳥藤原宮蹟發掘調查部, 1991, 『藤原宮京』
- 大田保健大學博物館, 1998, 『發掘遺物特別展示圖錄』
- 朴淳發, 2000, 「考古學으로 본 百濟의 國家形成」, 『韓國古代文化의 變遷과 交涉』, 서경문화사
- 北野博司, 2001, 「須惠器の風船技法」, 『北陸古代土器研究』 9號
- 百濟文化開發研究院, 1984, 『百濟土器圖錄』
- 신광섭, 1996, 「부소산폐사지발굴조사보고서」, 『扶蘇山城』
- 申光燮·金鍾萬, 1992, 『부여 정암리 가마터(Ⅱ)』, 國立扶餘博物館
- 심정보, 1998, 「산성」, 『백제의 고도 부여』
- 山本孝文, 2003, 「百濟 泗沘期의 陶硯」, 『百濟研究』 제38집, 忠南大學校百濟研究所

- 서울대학교박물관, 1997,『발굴유물도록』
- 安承周·李南奭,『公山城百濟推定王宮址發掘調查報告書』, 공주대학교 박물관
- 崔鍾澤, 1993,『九宜洞-土器類에 대한 考察』, 서울대학교박물관총서 2
- 이남석·서정석·이현숙·김미선, 2003 ,『朴倉里古墳群』
- 梨花女子大學校博物館, 1989,『통일신라·고려 질그릇』
- 安承周·李南奭, 1991,『洪城星湖里百濟古墳發掘調查報告書』, 百濟文化 開發研究院
- 尹武炳, 1994,「百濟王都 泗沘城研究」,『學術院論文集』인문·사회과학 편 33집
- 尹武炳, 1981,『定林寺』, 충남대학교박물관
- 尹武炳, 1982,「부여 쌍북리유적 발굴조사보고서」,『百濟研究』13집
- 全榮來, 1973,「高敞 雲谷里 百濟窯址 發掘報告」,『全北遺蹟調査報告- 下』, 西京文化社
- 池健吉,「보령 장현리 백제고분 출토유물」,『百濟文化』11, 공주대학교 百濟文化研究所
- 崔喆熙, 2003,『고려시대 질그릇의 형식분류와 변천과정』, 한신대학교 대학원 석사학위논문
- 홍보식, 2003,『新羅後期 古墳文化 研究』, 춘추각

부소산성의 자기

정 상 기 (국립공주박물관 학예연구사)

목 차

I. 머리말

扶蘇山城은 백제 사비시대(538~660년)의 중심성으로서, 百濟 都城 體系의 中心部를 이루는 유적이다. 이러한 중요성 때문에 지금까지 부소산성에 대한 조사와 연구는 활발하게 진행되었다. 부소산성에 대한 발굴조사는 1980년에 扶蘇山 西麓 百濟寺址를 시작으로 하여 1981년부터 2002년까지 매년 실시되었다. 1980년 서쪽 백제사지 발굴조사를 시작으로 하여 군창터, 동문지, 북문지, 남문지, 북문지 동편 일대 등이 2002년까지 조사되어 그 결과를 수록한 보고서가 총 7권 발간되었다. 그러나 부소산성이 泗沘百濟의 사비도성 구조와 방위체계를 연구하는 중요성 때문에 조사결과는 부소산성의 기능과 역할에 촛점이 맞추어졌다.[1] 이러한 부소산성의 기능과 역할의 중요성 때문에 발굴 유물의 개별 연구는 미진하여 체계적으로 진척되지 않고 있어, 부소산성에 대한 종합적인 이해를 어렵게 만들고 있다. 현재까지 부소산성에서 발굴 및 수집 등으로 확인된 중국 수입도자는 施釉陶器 · 綠靑瓷 · 靑瓷 · 黑褐釉陶瓷 등으로 약 30여 점에 이르고 있

---

1) 부소산성의 발굴결과를 종합적으로 정리한 논고는 부소산성의 발굴을 담당한 국립부여문화재연구소가 발간한 다음의 학술발표집과 보고서를 들수 있다.
   崔孟植, 『사비도성과 백제의 성곽』, 「泗沘都城과 扶蘇山城의 最近成果」, 국립부여문화재연구소, 2000, pp.159~178.
   국립부여문화재연구소, 『부소산성』 발굴조사보고서 V, 2003, pp.198~218.

다. 이러한 중국자기는 대체로 백제~통일신라 말에 이르는 기간 동안 중국에서 수입되어 사용하다가 폐기된 것으로 보인다. 또한 이외에도 고려시대 청자와 조선시대 전반기에 유행한 분청사기, 조선 중·후기에 사용된 백자 등이 1981년 및 1982년 발굴조사된 군창지를 중심으로 부소산성 거의 전역에서 수습되었다. 이 글에서는 중국 수입도자로 백제에서 통일신라시대 부소산성의 도자를 정리하고, 그 도자의 사용의미와 한반도에 미친 영향을 결론적으로 정리하고자 한다. 고려 및 조선시대에 사용된 청자, 분청사기, 백자 등은 부소산성의 유구와 직접적으로 관련없는 층위에서 수습된 도자편들이므로 유물의 성격을 대략적으로 파악하고 개별 도자가 갖는 특성을 종합하여 정리하고자 한다.

II. 扶蘇山城 槪要

부소산성은 백제 사비시대(538~660년)의 中心城으로서, 부소산은 현 부여의 북쪽에 위치한 白馬江을 마주하고 있다. 이 부소산을 중심으로 남쪽에 시가지가 펼쳐져 있고, 부소산성의 동·서 좌우에는 羅城이 뻗어 나가 사비백제 당시의 사비도성을 둘러싸는 외곽 경계를 이룬다. 부소산성은 이러한 당시 都城 體系의 중심부를 이루는 유적으로서, 지금까지의 조사·연구결과에 의하면 이 부소산성의 남쪽 기슭 官北里 일대에 宮闕과 官府가 자리잡고 있었을 것으로 추정되고 있다. 결국 부소산성은 백제 사비시대의 왕권과 관련하여 가장 중요한 위치를 차지하고 있는 유적의 하나라고 할 수 있다.

지금까지의 조사결과에 의하면 부소산성은 크게 두 개의 봉우리를 감싼 테뫼식산성과 그 두 봉우리를 외곽에서 감싸고도는 包谷式산성의 두 형

식이 혼합된 複合式산성으로 알려졌다. 발굴조사 시 조사된 層位區分에
의하여 백제시대에는 포곡식산성 밖에 없었으나, 그 후 통일신라에 들어
서서 기존 포곡식산성에 남쪽 군창터와 서쪽 반월루에 걸친 고위평탄면
과 泗沘樓 南便을 둘러싼 테뫼식산성이 축조되었다고 한다.[2]

부소산성 출토 중국도자는 東門址와 南門址 그리고 軍倉址 주변에서 주
로 확인되었다. 이들 도자 역시 모두 파편으로 출토되었으나 중국 측에서
보고된 자료와 국내 출토 중국도자를 참고하면 대체적인 기형이 파악된
다. 이들 도자들은 시유된 유약에 의해 크게 '施釉陶器'와 '黑褐釉'·'靑
釉'도자로 구분되며, 중요한 기종은 항아리 형태의 罐과 접시류인 燔, 그
리고 벼루편 등으로 구분된다. 이 글에서는 먼저 수입도자를 시유된 유약
과 기종에 따라 분류하여 서술하고, 끝으로 중국 수입도자가 갖는 의의를
조명하고자 한다. 그리고 후반부에 국내도자를 출토지역별로 구분하여
서술하고자 한다.

Ⅲ. 扶蘇山城 出土 中國 輸入 陶瓷의 分類

부소산성 출토 중국도자는 동문지와 남문지 그리고 군창지 주변에서 출
토되었다. 이들 도자 역시 모두 파편으로 출토되었으나 그동안의 연구성
과에 의하거나 중국 측에서 보고된 자료를 참고하여 器形을 파악하면 기
종을 파악할 수 있다. 이들 도자들은 시유된 유약에 의해 크게 '施釉陶
器', '黑褐釉陶瓷'와 '靑釉陶瓷', '綠釉陶瓷'로 구분되며, 기종은 靑瓷耳附

---

2) 李蘭英, 『百濟研究』 제28집, 「百濟지역 출토 中國陶瓷 研究」 - 古代의 交易陶瓷를 중심으
로-, 忠南大學校 百濟研究所, 1998, pp. 221~222.

罐을 비롯하여 흑갈유로 조성된 罐과 黑褐釉 및 靑瓷燔으로 분류할 수 있는데, 이 글에서는 시유도기·흑갈유도자·청자·백자·녹유로 된 벼루의 5종으로 분류 및 서술하겠다.

1. 施釉陶器

시유도기는 東吳 만기에서 西晉代에 걸쳐 강소~절강지역에서 제작·사용되었는데 높이 80㎝, 구경 40㎝, 저경 30㎝ 전후의 크기에 타원형의 동체, 말린 입술, 평평한 바닥, 흑갈색의 색조, 동체에 시문된 鋸齒文과 線文 등을 특징으로 한다.

한국에서는 풍납토성과 몽촌토성 등 백제 때 한성지역은 물론이고 홍성 신금성에서도 시유도기가 출토되어 백제의 대외교섭과 지방의 지배방식 등의 이해에 많은 시사점을 주고 있는 유물이다. 부소산성에서는 2000년도 추정 북문지의 북성벽의 조사 시에 중국제 시유도기 1점과 북문지 다지구 Ⅱ층에서 2점이 확인되었다.[3]

2000년 추정북문지 발굴조사에서 확인된 중국제 시유도기는 '가'지구 북쪽 산사면 탐색트렌치 및 잡석층에서 각각 출토된 것을 복원한 것으로 대부분 결실되고 저부편만 잔존한다. 바닥은 중앙이 약간 들린 平底이고 가장자리를 따라 바닥과 기벽을 접합한 흔적이 확인된다. 내면에는 연녹색의 유약이 시유되어 있고, 외면에는 유약이 시유되지 않았으나 상부에

---

3) 국립공주박물관, 『백제문화 해외조사 보고서』Ⅴ- 中國 江蘇省·安徽省·浙江省-, 2005, pp.50~51.
  국립부여박물관, 『百濟의 文物交流』, 2004, p.56.
  서울역사박물관, 『풍납토성』- 잃어버린 『王道』를 찾아서-, 2002, p.108.
  國立扶餘文化財硏究所, 『扶蘇山城』 發掘調査報告書Ⅴ, 2003, p.77, 176.

는 내면과 마찬가지로 유약이 시유되어 있을 것으로 추정된다. 기벽은 두꺼운 편이며 벌어져 올라가는 기형으로 보아 壺의 저부편으로 판단된다.

북문지 Ⅱ층에서는 중국제 시유도기 저부편 2점이 수습되었는데, 그 중한점은 황갈색 경질로서 내·외면에 황녹색 유약이 시유되었다. 壺의 저부편으로 추정되며, 같은 Ⅱ층에서 출토된 저부편은 황백색 경질로서 출토 당시 바닥만 남아 있었으며, 平底이다. 내면에는 연녹색의 유약이 얇게 묻어 있다.

2. 黑褐釉 陶瓷器

부소산 출토 흑갈유 도자기들은 유약에 있어 동일한 성분으로 보여지며 그 색조와 시유 방법 등의 공통점이 있을 뿐만 아니라 제작된 태토, 소성 방법 등도 동일하다. 따라서 이들의 중국에서의 제작지도 동일한 곳이었을 것이고 수입된 시기도 동일 시대였을 것으로 판단된다. 확인된 기종은 罐(壺 종류)과 완 2종이었으나 이들 모두 태토가 堅緻한 점토로서 내부는 회백색을 띠며, 외부는 적갈색이었다. 底部가 남아 있는 罐과의 경우 모두 平底이며 바닥 면은 燒成 時 받쳐 구웠던 받침눈 흔적이 남아 있다. 유약의 시유방법은 그릇 외부 下腹部에는 시유하지 않은 채 몸체 중앙 아래까지만 시유하고, 나머지는 태토를 그대로 露胎시킨 공통점이 확인된다.[4]

1) 黑褐釉 兩耳罐
1993년 군창지 동편의 토광 내에서 편으로 출토되었으나, 底部가 완전하

---

4) 國立扶餘文化財硏究所, 『扶蘇山城』 發掘調査 中間報告, 1995, pp.176~178.
　 國立扶餘文化財硏究所, 『扶蘇山城』 發掘調査 中間報告Ⅱ, 1997, pp.234~235.
　 國立扶餘文化財硏究所, 『扶蘇山城』 發掘調査報告書Ⅴ, 2003, p.131.

고 구연과 귀 등이 비교적 온전한 형태로 전체의 기형을 파악할 수 있다.

구연은 직립 형태면서 둥글게 마무리되었으며, 목은 따로 만들어지지 않았다. 둥글게 부풀어진 어깨는 몸체 중앙에서 점차로 줄어들다가 저부 쪽으로 가면서 탄력있게 급격히 준다. 저부는 평평하다. 조그마한 橫帶고리형 귀는 구연부와 어깨의 경계에 낮게 붙어 있다.

단아한 형태의 작품으로 1995년 발굴된 黑褐釉 兩耳罐과 동일한 형태이다.

2) 黑褐釉 兩耳罐

1989년도에 조사된 동문지 치성 내의 황갈색 마사토층에서 확인되었다. 남아 있는 片은 구연·어깨·몸체로 연결된 일부로, 그 기형은 구연 끝이 둥글면서 직립되어 있으며 구연과 연결된 짧은 목은 또 다시 어깨와 연결되어 있다. 타원으로 내려온 어깨선은 몸체 중앙에서 최대복경을 이루고 있다. 목과 어깨가 만나는 부분에 고리형의 귀[耳]가 횡으로 달려 있다. 이와 같은 동일한 유약과 기형을 갖춘 罐이 93년도 조사 시 군창지 동편 지역의 토광시설 내에서 출토된 바 있다. 이 유물을 참고로 할 때 귀는 2개가 달렸고 저부는 平底의 기형임을 확인하였다. 따라서 이 罐 명칭은 兩耳罐으로 할 수 있다. 유약은 갈색빛이 도는 흑색유로 외벽은 몸체 중앙인 복부까지 시유되고 나머지 하복부는 露胎된 상태이며 내부는 구연 부쪽만 시유되었는데 한 줄기 유약이 뭉쳐져 아래로 흘러 고여 있기도 하다.

유약은 고르게 시유되지 않았고 일부는 두껍게 뭉쳐진 곳도 있는데 이런 부분에 빙렬이 엷게 보여지기도 한다. 특히 시유된 외벽의 유약은 두꺼우면서도 수평으로 갑자기 멈추어진 듯 고여 시유되지 않은 하복부와의 경계가 매우 뚜렷하다. 이는 위에서 아래로 흘러내린 유약을 정리하기 위해 붓을 사용해 횡으로 돌려 칠한 상태에서 마감했기 때문이다. 내벽엔 물레 성형자욱이 뚜렷하나 노태된 외벽은 기구를 사용해서 한 번씩 돌려 깎은 듯 경미한 각 처리 면이 보이고 있다. 태토는 회갈색으로 견고한 편이다. 이외에 동일한 기형의 몸체편 1점이 함께 출토되었는데 복원은 되지 않고 있다. 복원구경은 8.2㎝, 기벽두께는 2.5~3.5㎜이다.

3) 黑褐釉燔

부소산성에서 출토된 흑갈유양이호와 동일한 모습의 흑갈유완이 동문지에서 2점이 출토 확인되었다. 유약·태토·소성방법 등은 黑褐釉兩耳罐과 같은데 다만 유색이 暗褐色 빛을 띠는 차이만을 보이고 있다. 그 중 하나는 구연에서 저부까지 확인되었는데 그 복원된 구연지름은 17㎝, 저부지름은 7.8㎝, 높이는 5.3㎝이다.

底部 바닥은 平底이며 底部에서 완만한 경사로 올라간 器身은 구연부 쪽에서 내만되면서 좁아들어 거의 수직을 이룬 후 구연부에서 둥글게 마무리 된다. 內底面은 완만한 각을 주어 둥글게 형성하고 있다. 암갈색빛 유약은 내·외벽 모두 몸체 중간부까지만 두껍게 시유하고 나머지는 노태된 상태이다.

半破된 露胎상태의 저부 내·외부에는 소성 시 받쳐 구웠던 호박씨만 받

사진1. 흑갈유양이관 黑褐釉兩耳罐/부여 부소산성

사진2. 흑갈유관편 黑褐釉罐片/부여 부소산성

사진3. 흑갈유편 黑褐釉片/부여 부소산성

사진4. 흑갈유자기편 黑褐釉瓷器 片/부여 부소산성

사진5. 흑갈유자기편 黑褐釉瓷器 片/부여 부소산성

침눈 자국인 적갈색 반점 2개소가 남아 있다. 태토는 견치한 점토로 회백색을 띠나 유약이 발라지지 않는 부분은 모두 적색이다.

또 다른 片은 구연만이 확인되었는데 유약 및 시유방법·태토 등은 앞의 완과 동일하다. 복원 구연지름은 13.4cm이다. 내저 곡면을 띤 저부 아랫부분에서 올라온 器身은 구연 쪽으로는 거의 직선을 그으며 올라가다 그 끝을 둥글게 마무리하였다. 이들 완들은 기벽 두께가 두꺼워 투박함을 주며 유약 역시 고르지 못하면서도 두껍게 칠해져있다.

4) 黑褐釉 瓷器片

흑갈유를 시유한 접시편으로서 굽이 없는 평평한 모습이다. 이러한 흑갈유를 시유한 중국자기편은 그동안 부소산성에서 여러 편이 출토된 바 있는데 태토는 밝은 적갈색이라는 점이 공통점이고 유약 역시 기벽의 전면에 시유하지 않고 저부쪽을 잡고 유약통에 집어 넣어 일부만 시유한 점에서 기형을 막론하고 모두 일치하고 있다. 이러한 흑갈유 계통의 중국자기는 중국의 당나라 李徽墓에서의 출토된 예가 기준이 되고 있다. 이 시기는 李徽의 생존 연대가 7세기 전반에서 후반에 걸쳐 살았던 인물인 점을 고려하면 중국 初唐에 이러한 기형과 유약을 시유한 자기가 유행했던 것으로 나타나고 있다. 이 접시는 1994년 발굴 구역 중 군창지 옆의 水

口址시설 입구주변에서 출토되었으나 이 층은 조선 전반기경까지 사용된 층으로 안정된 층은 아니다.

5) 黑褐釉燔

2000년 북문지 발굴에서 출토되었는데, 구연부만 잔존하고 있다. 구연부에만 흑갈유가 시유되었는데, 잔존높이가 4.3cm이다.

3. 靑瓷釉 陶瓷器

청자유가 시유된 중국 도자기편은 여러 종이 확인되었으나 전체 기형이 복원되는 경우는 없다. 형태는 특색이 있는 벼루와 耳附罐 외에는 정확한 형태를 추정할 수 없다. 罐은 기종과 유색에 있어서 차이를 보여주고 있는데, 모두 귀가 달린 형태에서 공통점을 찾을 수 있다. 청자유도자기는 주로 남문지와 동문지에서 발굴되었다.[5]

1) 靑磁耳附罐

출토지는 동문지의 토루 내부의 敷石列 상면으로 안정된 백제시대 층위로 볼 수 있겠다. 구연부와 동체 어깨부에 해당하는 片 2점이 복원되어, 기형파악이 어느 정도 가능하다. 즉 구연은 이중구조로 내벽은 몸체에서 연결되어 올라온 구부가 직립된 채 그 끝이 둥글게 말린 구연이 있고 그

---

5) 國立扶餘文化財研究所, 『扶蘇山城』 發掘調査 中間報告, 1995, pp.93~94, 233~234, 257~258.
   國立文化財研究所, 『扶蘇山城』 發掘調査報告書, 1996, p.143.
   國立扶餘文化財研究所, 『扶蘇山城』 發掘調査 中間報告 II, 1997, pp.53~54, 93~95, 257~258, 278.
   國立扶餘文化財研究所, 『扶蘇山城』 發掘調査報告書 V, 2003, p.77, 131, 173, 174, 176, 196.

외벽에 2㎝ 정도의 널따란 전이 사선형으로 돌려져있는 내구연과 외구연을 지닌 雙脣罐이다.

동체의 기형은 목선에서 풍만한 곡선을 그리며 내려온 어깨로 추정할 때 아래 배부분에서 최대넓이를 이루는 것으로 판단되어 진다. 또한 외구연 밑에는 귀가 달렸던 흔적이 남아 있는데 그 간격이 120° 각도차로 보아 원래 3귀를 지녔던 것으로 추정된다.

잔존된 귀의 상·하·양끝으로 보아 고리형의 귀를 從으로 부착했을 것으로 여겨진다. 유약은 갈색빛이 도는 청자유로 외벽은 어깨부분인 귀 끝까지만 한 번 돌려 시유하고 나머지는 박락된 상태이다. 그러나 내벽은 거의 시유흔적이 보여지지 않고 있다.

시유된 유약은 두껍고 그 표면에는 가는 병렬이 있다. 태토는 회홍색 고운점토에 가는 모래가 섞여있으며 경질이다.

2) 靑瓷耳附罐

동문지 북쪽에 연접된 성벽 안쪽 퇴적토에서 출토되었다. 구연부 일부 片만 확인되었으나 남아 있는 편으로 보아 뚜껑이 있고 배가 부른 罐으로 판단된다. 즉 구연은 뚜껑을 덮을 경우 받칠 수 있게 이중적인 형태를 취하는데 외벽에 수평형의 널따란 전(폭 2㎝)이 있어 받침 턱 구실을 하였을 것 같고 내벽은 몸체에서 직립되어온 口部의 일부만 남아 있는 상태이나 기형의 흐름으로 보아 雙脣罐으로 판단된다.

짧은 목선에서 둥근 어깨로 흐르는 기형은 잔존된 片으로 보아 매우 풍만하게 전개될 것 같다. 즉 목은 짧고, 어깨부는 둥글고 넓은 형태로 판단된다. 어깨에는 반파된 ∩모양의 귀 1개만이 단정하게 붙어있어 원래 귀가 모두 몇 개인지 알 수 없으나 복원할 때는 兩耳로 복원하였다. 유약은 옅은 녹색이 器面에 얇게 시유된 상태인데 외벽은 귀의 아래쪽까지만, 내벽은 파손부에만 시유되었다. 따라서 그릇의 상단부인 일부만 시유한 상태로 보아야 할 것이다.

釉 표면에는 잔 빙렬이 전면에 보이며 태토는 견치한 점토로 회갈색 빛을 띤다.

3) 靑瓷耳附片

동문지 남쪽 연접성벽 관통부 다짐토에서 출토된 것인데 목부분의 도자편에 불과하다. 아주 일부 편이어서 기형복원은 불가능하나 편의 상태로 보아 목이 있고 귀가 달렸던 대형의 壺나 罐으로 판단된다.

귀는 결실되었으나 일부 잔존된 흔적으로 볼 때 목과 어깨에 걸쳐 두 가닥의 고리를 모아 위에서 아래로 만들어 붙였던 것 같다. 이와 같이 두 줄의 귀를 세로로 세워 붙인 형태를 중국에서는 復式系耳라 한다.

목아래 내·외벽에는 음각선이 두껍게 각각 한 줄 돌려지고 그 아래 기벽은 특히 두껍다. 태토는 회갈색인데 堅緻하지 못하며 깨진 단면에는 점토에 모래 알갱이가 보인다. 표면에는 잔구멍들이 일부 뚫려있기도 하다. 잔존 크기 가로변 6.5㎝, 세로변 8.5㎝이다.

4) 靑瓷片

부소산 竪穴 住居址에서 출토된 청자완으로서 파편으로 굽에서 구연부까지만 남아 있다. 태토는 정선되었다. 기벽은 대단히 고르며, 저부에서 45° 정도 넓게 벌어진 채 구연부까지 굴곡 없이 곧바로 연결되었다. 저부 내부와 器壁과의 연결부위는 대단히 완만한 곡선을 유지하는데 이는 당시 중국 청자완과 대체로 비슷한 양상이다. 굽은 넓은 해무리굽으로서, 파손으로 인하여 굽의 전체는 남아 있지 않으나, 잔존 굽 너비는 1.3㎝에 이른다. 굽 높이는 매우 낮은 0.3㎝ 정도이다. 유약은 굽의 외벽까지만 시유하고 굽바닥은 처음부터 시유한 흔적이 보이지 않는다. 유약 색조는 옅은 연두색계인데, 외면의 유약은 산화된 흔적과 탈락 현상이 나타난다. 외면에는 부분적인 빙렬흔적이 있다.

5) 靑瓷片

군창터 남쪽에서 수습되었는데, 저부와 몸통 일부만 잔존하며, 해무리굽으로 굽에 태토비짐받침흔 4개가 확인되나 파손된 부분까지 추정하면 총 8개로 추정된다. 기형은 고려청자와 달리 내부바닥과 기벽 연결부가 대단히 완만하다. 굽은 성형 시 밑면과 외측을 칼로 정교하게 베어내 처리하였다. 유약 색조는 연녹색계이며 기벽 내외에 모두 고른 氷裂痕을 유지하고 있다. 中國 越州窯系 靑瓷片으로 추정된다. 잔존높이는 3.1㎝이다. 唐에서 제작된 9세기 무렵의 靑瓷片으로 추정된다.

6) 靑瓷 兩耳罐

군창지 남쪽에서 파편으로 출토되었는데 출토 당시부터 동체부의 상면 중 1/2 정도는 결실되었고 나머지 잔존파편은 모두 복원되어 기형파악은 가능하다.

平底에 비교적 고운 태토로서 이 청자양이관의 특징은 동체부의 1/2 상층부만 아주 짙은 녹청자색조를 띠고 있는 유약이 시유되었고 내측은 구연부까지만 시유되었는데 내측의 경우 유약을 듬뿍 담궈 아랫측은 두텁게 흘러내려 뭉친 상태를 보이고 있다.

태토는 유약이 시유되지 않은 기벽의 內·外를 막론하고 모두 밝은 적색계를 띠고 있다. 그러나 청자의 단면은 백색을 띠고 있어 사뭇 다른 양상을 보이고 있다. 외측기벽 중 유약을 시유한 곳은 관찰할 수 없지만 시유되지 않은 부분은 날카로운 칼로서 손질했던 흔적이 역력하게 나타나 있다. 목과 어깨상면이 이어지는 부분에는 동체부쪽에 치우쳐 반원형의 손잡이가 부착되어 있었으나 다른 반대쪽은 기벽의 결실로 인하여 남아 있지 않다. 중국의 동시대에 발굴된 同一器形의 자기에서 볼 수 있듯이 원래는 양쪽에 손잡이가 각각 하나씩 부착된 기종으로 확인되었다.

기벽의 내측바닥과 동체부 쪽에는 물레를 사용하여 기벽을 성형했던 흔적이 뚜렷하게 나타나 있다. 소성 시 받침대가 있었던 부분은 다른 부분보다 어둡고 짙은 적갈색을 띠고 있다. 또한 바닥면에는 소성 시 받침흔적이 네 곳에 크게 나타나 있지만 흔적만 있을 뿐 받침대 재료는 부착되지 않아 내용물을 구체적으로 알 수는 없다. 높이 13cm, 저부직경 5.4cm, 구연부 지름 8cm 정도인 청자이다.

7) 靑瓷燔

청자완 역시 전체기형 중 1/2 정도만 잔존한 상태인데 그 중에서도 구연부는 많이 결실되었다. 그러나 파편으로 출토된 자기완은 복원되어 구연부의 기형은 충분히 확인할 수 있다.

기형은 굽 없는 평저에서 크게 벌어지면서 올라오다가 동체부 1/3되는 지점에서 크게 꺾여 거의 직립상태로 구연부까지 뻗었다. 유약은 짙은 녹색으로 두텁게 시유되었는데 역시 한 손으로 그릇을 잡고 유약통에 그릇의 반쯤만 담구어 빼내었다. 따라서 이 완 역시 전체 기형 중 1/2 정도만 시유되었고 저부 쪽은 일체 유약이 시유되지 않았다.

자기의 바닥면과 내측 면에는 받침흔적이 나타나 있는데 받침흔적은 다른 기벽보다 짙은 적갈색조를 띠고 있어 확연하게 구분된다. 역시 군창지에서 출토되었다. 높이 6.5cm, 저부지름 4.8cm, 구연부지름 12.5cm인 작은 燔이다.

8) 青瓷 底部片

두 편이 모두 잔편만 남아 있고 심한 산화현상으로 인하여 원유약의 발색상태를 관찰할 수 없지만 잔존 기형으로 보아 청자완류로 판단되며, 이러한 기형을 가진 청자류는 그동안 부소산성과 더불어 미륵사지, 완도 장도의 청해진 유적 등에서 확인되었다.

중국 唐代에 제작된 越州窯系 青瓷燔으로 추정된다. 역시 군창지에서 수습되었다.

9) 青瓷 底部片

두 점의 저부 편은 모두 산화되어 유약이 거의 녹아 없어 졌거나 색조가 변질된 상태이다. 2점 모두 중국 당나라시대 월주요계의 青瓷燔片이다. 한 점은 저부의 1/2 정도 남아 있으며 내부는 바닥면에서 기벽으로 이어지는 면이 아주 부드러운 곡선으로 유지된다. 또한 이 바닥면의 1/2 정도 잔존한 부분에 4개의 하얀 백토와 점질을 섞은 받침흔적이 잘 남아 있다. 또 다른 저부편은 굽이 해무리형 굽으로서 칼로 잘 다듬어 대단히 정교하며 굽의 면이 고르고 낮다. 굽에도 동질의 받침흔적이 6개가 남아 있다. 역시 군창지에서 출토되었다.

10) 青瓷 口緣部片

청자구연부편은 군창지 저장공에서 출토되었는데, 세로 5.7㎝, 가로 6.3 ㎝ 정도로 기벽두께가 1㎝나 된다. 그러나 파편 일부만 잔존하여 정확한 기형은 알 수없다. 구연부 외측에는 전이 있어 마치 2중 구연과 비슷한 모습이다. 유약은 짙은 녹색이며 잔존한 기벽의 내외측에 모두 시유되었고 가는 빙렬이 나타난다. 유약은 흠이나 돌기가 있는 윗면에는 두텁게 뭉쳐 있다. 태토는 아주 정선된 것은 아니어서 유약을 통하여 작은 입자가 여기 저기 표현되어 있다.

11) 靑瓷爐

北門址 산사면 탐색트렌치에서 출토되었으며, 바닥부만 잔존하고 있다. 내·외면에 연녹색의 유약이 시유되고 일부 흘러내린 부분도 확인된다. 유조는 황백색을 띠고 있다.

잔존높이 3.9㎝ 정도인 爐으로 판단된다.

12) 靑瓷片

북문지 상부 퇴적층에서 출토되었는데, 동체 일부만 잔존하고 있다. 내·외면에 연녹색의 유약이 시유되었다. 잔존길이가 4.5㎝에 불과하다.

13) 靑瓷耳付罐

2001~2002년 발굴된 북문지에서 출토된 중국제 청자로 구연 일부만 잔존한다. 구연부는 살짝 내경하면서 길게 뻗어있고 경부 하단에는 위로 솟은 전이 부착되어 뚜껑을 덮을 수 있게 하였다. 그리고 전의 바로 밑에는 ∩모양의 귀가 각각 다른 편에 1개소씩 확인되어 兩耳일 가능성이 크다. 동체부는 잔존한 상태로 보아 배부른 壺의 형태를 취하는 것으로 보인다. 전 하단부에서 귀가 부착된 부분까지의 외면에는 연녹색의 유약이 얇게 시유되었다.

14) 靑瓷花形爐

북문지의 고려 석곽묘 내부바닥에서 출토된 완형의 자기로 청자 아래에는 백제 기와편이 놓여 있었고, 구연부가 서쪽을 향한 채 옆으로 기울어져있었다. 외면 상부에는 담황갈색의 유약이 묻어 있고, 하부는 옅은 청색으로 변색되어 있다. 기형은 얕은 굽에 이어 동체가 벌어져 올라가고 구연부는 살짝 외반한다. 입술에는 등 간격으로 홈이 파여 연판효과를 내었다. 이 음각 홈은 4곳이 확인되며 일부 결실된 부분까지 추정하면 총 5곳에 문양

사진6. 청자완 青瓷花形椀/부여 부소산성

을 내었다. 내저면에는 백색의 내화토가 11개소 묻어 있다. 높이 7㎝, 구경 17㎝, 저경 8.4㎝이다

15) 青瓷 片

북문지에서 출토되었는데, 저부편만 잔존하고 바닥은 평평한 형태이다. 외면 일부에만 자연유가 부착되었으며, 바닥과 단면에서 동체 접합흔적이 확인된다.

역시 북문지에서는 중국제 청자완편이 수습되었는데, 녹갈색으로 태토는 매우 정선된 편이다. 외면 전면에 유약이 시유되었으나 내면에는 일부만 시유되었다. 굽 부분도 시유되었으며, 내화토받침 흔적이 남아 있다. 또 다른 중국제 청자편이 수습되었는데, 구연부만 남아 있다. 구연부는 나팔꽃 같이 벌어지고 있는 형태인데; 목과 구연에는 수직으로 된 돌대가 나타나 있고, 전체적으로 황회색 유약이 고르게·시유되었다. 기종은 병으로 추정된다.

이밖에도 북문지에서는 시유도기 저부편 2점과 중국제 자기편, 중국제 벼루 등이 출토되었다.

벼루는 다리가 모두 결실되었으며, 다족형인데, 구연은 직립되었다. 외면에 암녹색 유약이 일부분 잔존하나 그 외에는 유약이 시유되어 있지 않다.

2003년 북문지 판축대지 발굴유물 중에는 중국제 청자가 1점이 확인되었는데, 회색의 경질청자로서 고화도에서 소성되었다. 청자 안쪽에는 녹유가 시유되었으며, 굽 바닥 가운데는 홈이 파였다. 잔존높이가 1.5㎝ 밖에 안되는 소형편이다.

16) 靑瓷塡 [6)]

부여 부소산에서 출토되었다는 청자완으로 1943년 일제가 扶餘神宮을 짓기 위한 토목 공사 중 발견되었으며, 출토지는 부소산 동쪽이라고 알려졌을 뿐 정확하지는 않다. 청자완과 함께 청동병, 철제약

사진7. 청자완 靑瓷塡/부여 부소산성

연, 청동정병 등이 함께 출토되어 통일신라에 수입된 청자로서 추정이 가능하다. 당 후기의 월주요에서 생산된 청자로 알려져 왔다.

굽은 전형적인 玉壁形이 아니라 接地面의 폭이 좁아져 있는 형태의 해무리굽이다. 완의 기벽은 약간 휘인 맛이 있지만 전체적인 풍격은 唐代의 형태이다.

월주요 특유의 올리브 그린색의 청자유을 바닥까지 시유하고 내화토 받침을 이용하여 구웠다. 대략 8~10세기에 제작된 것으로 추정되며, 높이가 8.5㎝에 이르는 완형이다.

함께 출토된 청동정병과 청동병 등 청동제품은 상감기법이 가미되지 않은 작품으로서 주목된다. 특히, 청동정병은 경주 석굴암의 십일면관음보

6) 국립부여박물관, 『국립부여박물관』, 1997, pp.187~188.
　李蘭英, 『美術資料』 第 二十號, 「扶蘇山 出土 一括 遺物의 再檢討」 - 그 年代를 中心으로-
　1977, pp.1~9.

삼상과 일본 정창원 소장유물인 정병과 비교되어 그 제작시기가 대략 10세기 전후의 유물로 추정되고, 청동병의 모양은 통일신라 시대의 토기와 비교해볼 수 있어 이들 유물들의 연대를 통일신라로 올려볼 수도 있겠다. 이 부소산 출토 유물들은 통일신라에서 고려시대로 넘어가는 과도기의 것으로 추정되며, 중국 월주요 계통의 청자와 나말여초의 특징을 보이는 동기류가 발견되어서 대략적인 연대 추정이 가능한 유적이라는 점에서 매우 중요하다.

4. 綠釉 陶瓷器

녹유 도자기는 중국과의 교류로 유입된 중국청자의 영향과 시유도기 제작기법의 수용으로 사비시기에 이르러서 백제는 토기에 유약을 입히게 된다.

백제지역에서 발견된 綠釉陶器는 부여 능산리 출토 녹유그릇받침, 나주 복암리 1호분 출토 녹유탁잔과 녹유방추차, 부여 능산리절터 출토 녹유병 편, 익산 미륵사터에서 출토된 녹유서까래기와 등이 알려져 있다. 처음 백제에 등장한 綠釉陶器의 형태는 중국의 황갈유 연유 계통의 도기를 모방하여 만든 것으로 사비시기에 이르러 본격적으로 제작되었다. 부소산 성에서는 녹유로 만든 獸足形 벼루 한 점과 녹유뚜껑 1점이 출토되었다.[7]

1) 綠釉 獸足形 벼루

부소산 남문지에서 출토된 綠釉 獸足形 벼루는 현재 다리가 3개만 남은

---

7) 國立文化財研究所, 『扶蘇山城』 發掘調査報告書, 1996, pp.243~244.
　國立扶餘文化財研究所, 『扶蘇山城』 發掘調査 中間報告 Ⅱ, 1997, pp.126~127.

이 벼루편은 硯般이 原形으로서, 복원된 지름은 21.4㎝로 추정되며, 잔존 높이는 6.6㎝이다. 벼루의 구연이라 할 수 있는 硯堤는 거의 직립한 채 그 끝이 둥글게 마감되었고, 외부의 넓은 턱은 본래 뚜껑을 받칠 수 있도록 제작된 듯하다. 두툼한 다리는 힘차게 바깥쪽으로 벌린 채 연반을 떠받치고 있고 다리 하단부에는 2條의 띠를 橫으로 출각하여 대나무와 같은 마디 장식을 하고, 그 아래는 3條의 복판 연잎을 돌려 장식하였다. 다리의 斷面은 角이 있는 마름모 형태인데, 5각에 가까운 다리는 벼루 몸체와 따로 제작하여 붙인 흔적이 역력하였다. 胎土는 매우 고운 백색의 점토이며, 유색은 녹색빛이 도는 靑釉로서 내·외면 전면에 얇게 시유하였다. 이와 같은 유형의 벼루는 중국 長沙市 左家塘 36호묘에서 16足을 지닌 獸蹄硯이 출토되었다고 전하며, 그 제작시기는 初唐으로 판단된다.

한편, 이와 같은 중국제 벼루가 백제시대에 제작된 벼루의 모델이 되었음을 알 수 있는 동일한 형태의 토제 벼루편이 함께 출토되어 중국 양식의 전파를 엿볼 수 있었다. 또한 부여 錦城山 朝王寺 출토의 벼루도 이것의 模倣形이라 판단되어 泗沘시대에 유행된 벼루 형태로 생각된다.

2) 綠釉 뚜껑편

綠釉 뚜껑편은 군창터의 동쪽에서 출토되었는데, 이 뚜껑편은 높은 드림새를 가졌다. 드림새의 중앙부에 한 조의 양각선을 돌렸다. 잔존한 기

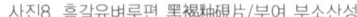

사진8. 흑갈유벼루편 黑褐釉硯片/부여 부소산성   사진9. 청자벼루편 靑瓷硯片/부여 부소산성

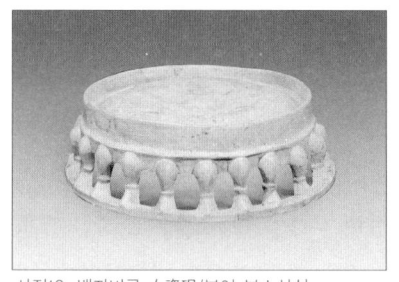

사진10. 백자벼루 白瓷硯/부여 부소산성　　　사진11. 녹유 벼루편 綠釉硯片/부여 부소산성

형으로 보아 큰 뚜껑편에 속하는데, 뚜껑 가장자리부분은 처마처럼 턱을
내밀고 있다. 이 턱의 바로 윗면에는 한 조의 음각선을 돌렸다. 이 뚜껑
편은 기벽의 내·외측 모두 청아한 투명유약이 시유되어 있는데 부분적
으로는 옅은 녹색계의 색조로 관찰되고 있다. 태토는 극히 정선된 백색으
로 일반 백제의 토기에서는 확인되는 예가 없다. 뚜껑의 胎土가 연질인
점을 보면 높은 온도로 굽지않았는데, 이는 일반 청자에서 사용되는 유약
과 구분되는 점이다.

5. 벼루

　현재까지 우리나라에서 발견된 삼국시대 벼루의 대부분은 백제 것으로
서 국립공주박물관에 소장되어있는 공주 공산성에서 출토된 도제 원형벼
루 1점 외에는 주로 부여를 중심으로 발견되고 있어서 백제가 중국으로
부터 벼루를 수용하여 사용이 보편화된 시기는 사비도읍기로 추정된다.
　중국 벼루는 다리의 구조에 따라 圓筒臺足形·多足形·多足連環臺形 등
으로 크게 구분된다. 사비시대 벼루의 주요한 형태는 다족형으로서 이는
獸足形과 水滴形 으로 나누어진다.
　부소산성에서는 주로 수족형 벼루가 출토되었다. 녹유와 흑유 벼루 편

들이 모두 확인되었다.[8)]

1) 중국제 벼루편

북문지의 주거지에서 중국제 벼루가 출토되었는데, 다리만 잔존하고 있다. 벼루는 밖으로 벌어지는 형태로 안쪽은 대칼 같은 것으로 깍은 흔적이 있고, 바깥면은 양각선을 이용하여 굽과 같은 문양을 시문하였다. 외면에는 연녹색의 유약이 시유되었다.

2) 白瓷벼루

부여 부소산성에서 출토되었다고 전하는 작품으로 7세기 무렵의 중국제 백자 벼루의 특징을 잘 보여준다. 고월자요에서 유래하는 이런 벼루는 원반형의 동체 아래에 많은 다리가 달렸다하여 百足硯이라 부르는 종류이다. 다리모양이 백제시대 유행하던 벼루의 형태에서 많이 간략화되어있다. 이런 벼루가 백제에 수입되어 사용되다가 이를 본 따 토기로 많이 만들어 진 것으로 추정된다.

3) 多足形 黑褐釉 벼루편

부여주민인 김광선씨가 부소산 광장 부근에서 채집하여 부여박물관에 보관되어있는 벼루편으로 황색을 띠는 청자유가 전면에 시유되어 있다. 현재 벼루의 형태만 확인가능한 1/4 정도만 잔존하고 있는데, 외면에는 빙렬이 많고, 유색은 많은 박락을 가지고 있다. 다리는 붙어있는 흔적만

---

8) 金姸秀, 『考古學誌』 第6輯, 「傳, 扶餘 發見 中國靑磁벼루에 대하여」, 1994, pp.101~103.
　　山本孝文 , 『百濟硏究』 第38輯, 「百濟 泗沘期의 陶硯」 - 分類 · 編年과 歷史的 意義 -, 2003, pp.89~95.
　　國立扶餘文化財硏究所, 『扶蘇山城』 發掘調査報告書 Ⅴ , 2003, p.131.

확인되어, 정확한 다리의 형태는 알 수 없다. 이 벼루를 추정 복원하면 여섯 개의 다리를 가지고 있었던 것 같다. 잔존높이는 3.8㎝이며 복원된 원반의 지름은 14.4㎝ 가량이다. 硯盤의 외부에는 보통 다른 벼루에서 볼 수 있는 뚜껑을 받칠 수 있는 턱 대신 굵은 橫帶線이 돌려져있어 뚜껑 받침턱이 퇴화된 器形의 양식으로 판단된다. 연반을 받쳤던 다리는 이 횡대선에 바로 부착되었는데, 잔존된 다리의 형태로 보아 그 형태는 둥글었던 것으로 추측된다. 退色된 유색은 黑褐釉이며 유약이 고인 곳에는 갈색 빛이, 엷게 발린 곳에는 황색 빛을 띤다. 그러나 갈판인 연반은 전혀 시유되지 않았다. 태토에는 붉은 빛이 돌아 박락된 상태를 보여주고 있다. 이러한 벼루를 통해 중국의 벼루가 백제로 유입되어 사용되었음을 추정할 수 있다. 이러한 五足 및 六足을 가진 벼루에서 10개 이상의 다리를 가진 다족형 벼루로 변화되며, 기술상의 문제 등으로 인하여 토기로 만든 다족형 벼루가 백제에서 많이 제작된 것으로 추정된다.

IV. 扶蘇山城 出土 中國 輸入 陶瓷의 意義

지금까지 제작형태와 종류에 따라서 부소산성 출토 중국도자에 대해 알아 보았다. 현재 부소산성 출토 중국 수입도자에 대한 개별 논고는 없지만 백제지역 출토 중국도자에 대한 심층적인 연구는 계속 진행되어왔다.[9] 李蘭英은 1998년의「百濟지역 출토 中國陶瓷 硏究」에서 처음으로 부소산성 출토 중국 수입도자를 체계적으로 정리하였다. 그는 사비시대의 對中交易陶瓷가 武王의 唐과의 적극적인 교류 추진정책에 힘입어 활발하게 수입되었으며, 이를 뒷받침할 수 있는 중국도자로서 부소산성 출토 耳附罐과 燔類를 들었다. 또한 그는 사비시대 수입된 도자는 北齊·隋·唐 등에

서 제작된 청자와 백자 그리고 흑갈유도자의 尊·罐·燔·벼루 등 다양
한 기종이 확인되었다고 하였다. 이난영은 또 부소산성 남문지에서 출토
된 靑瓷耳附罐片이 中國 上海博物館 소장의 六耳罐 및 국립공주박물관에
소장되어있는 무령왕릉 출토 靑瓷六耳壺와 기형이 유사하다고 하여 그 제
작 시기를 5세기 말~6세기 초로 편년하여 부소산성에서 나타난 최초의
중국 수입도자로 보고 있다. 김영원은 1998년 「百濟時代 中國陶磁의 輸入
과 倣製」 글에서 부소산성을 비롯한 부여지방의 중국 수입도자가 단지 수
입에만 그치지 않고 백제에서 토기제작 시에 중국도자의 모양을 본뜨는
倣製의 기법이 나타나고 있어 백제의 토기제작에 커다란 변화가 일어난
다고 하였다. 그는 부소산성 출토 중국도자를 흑갈유·청자로 크게 나누
었으며, 청자 중에서도 벼루를 심도 있게 다루었다. 이러한 중국도자의
모습이 단지 수입하는 단계에서 모방하여 제작하는 단계로 발전하여 최
종적으로 부여 定林寺址 출토 綠釉塑造佛像, 부여 능산리출토 綠釉器臺 등
의 '백제연유'로 발전하였다고 주장하였다. 권오영은 2002년 「百濟의 對
中交涉의 전개와 그 성격」이란 글에서 사비시기 중국도자의 수입량이 절
대적으로 적어지는 것은 도자가 사비시대에 오면 부장품으로서의 기능을
상실했을 가능성을 제기하였으며, 사비시기에는 남조 청자만이 아니라

---

9) 李鍾玟,『百濟研究』 제27집,「百濟時代 輸入陶磁의 影響과 陶磁史的 意義」, 忠南大學校
百濟研究所,1997, pp.165~194.

李蘭英,『百濟研究』 제28집,「百濟지역 출토 中國陶瓷 研究」-古代의 交易陶瓷를 중심으
로-,忠南大學校 百濟研究所, 1998, pp.213~244.

김영원,『百濟文化』第二十七輯,「百濟時代 中國陶磁의 輸入과 倣製」, 公州大學校 百濟文
化研究所, 1998, pp.53~80.

權五榮,『古代 東亞細亞와 三韓·三國의 交涉』,「百濟의 對中交涉의 전개와 그 성격」, 복
천박물관, 2002, pp.1~17.

成正鏞,『百濟研究』第38輯,「百濟와 中國의 貿易陶磁」, 忠南大學校 百濟研究所, 2003,
pp.25~56.

북조계의 도자가 이입되고 있는데, 그 증거로서 부소산성 출토 黑釉罐을 들고 있다. 이러한 백제의 대중 교섭방식의 변화는 백제 威德王 14년(567)부터 진행된 남·북조 등거리외교와 관련이 있을 것으로 파악하였다. 성정용은 2003년의 「百濟와 中國의 貿易陶磁」에서 사비시대 부소산성에서 확인되는 중국도자의 수량을 16점으로 파악하고 있다. 그는 백제 사비기에 중국 수입도자의 수량이 급격히 적어진 것은 당시 백제의 薄葬化현상과 더불어 중국 수입도자의 희소성과 위세품적 성격이 약해지고 있는데 기인하고 있다고 보았다. 이러한 고급품에 대한 사회적 분위기의 변화는 백제에서 개발한 綠釉陶器 등의 생산실험이 성공을 이루어 사회적 분위기가 실용성에 기반을 두었기 때문이라고 추정하였다. 또한 성정용은 사비기 수입도자의 특색으로 고분출토 부장품이 한 점이 없다는 것을 들고 있는데, 이것은 웅진시대 중국 수입도자가 무령왕릉에서 9점이 출토되어 대부분 고분에서 확인되는 것과는 확연히 구분되는 커다란 변화라고 주장하였다.

이상의 결과를 종합해보면 부소산성에서 확인되는 30여 점의 중국 수입도자는 몇 가지의 커다란 의의를 갖는다고 보여진다. 첫째, 지금까지의 연구결과에 의하면 백제 全 時代에 걸쳐 확인되는 중국 수입도자가 약 漢城期 74점, 熊津期 9점, 泗沘期 23점 등 약 106점에서, 최근에 새롭게 확인된 사비기 대표적 유적인 부소산성에서 13점, 한성기 遺蹟인 공주 수촌리와 서산 부장리유적에서 5점 정도가 추가될 경우 백제의 중국 수입도자는 약 120여 점을 훨씬 상회하게 되는데, 이 중 1/4인 30여 점이 부소산성에 집중되어 부소산성은 백제시대 최대의 중국 수입도자 출토지역이 된다. 둘째, 한성에서 웅진시대까지의 백제의 對中交涉이 南朝에 집중되었던 반면 부소산성에서 확인되는 北朝의 문물인 黑褐釉罐 등이 출토되는 것은 백제의 중국 교섭의 방향이 바뀌어 백제가 남·북조 등거리외교정책을 본격적으로 실시한 사실을 확인시켜 준다고 하겠다.

셋째, 부소산성 군창터에서 1993년 출토된 녹유뚜껑편과 능산리 출토 녹유기대편은 백제가 독자적으로 백제연유를 제작하기 시작했다는 사실을 확인시켜주어 백제인들이 중국 수입도자를 모방하여 백제인에게 적합한 실용기를 제작하여 사용하고 있음을 알려주고 있는 것이다. 넷째, 한성시대와 웅진시대에는 중국 수입도자가 생활유적과 고분에서 골고루 출토하고 있는데 반해, 사비시대에는 부소산성과 익산 왕궁리 유적과 같은 생활유적에만 집중적으로 출토되고, 분묘유적에서는 아직까지 한점도 확인되지 않는 것은 백제인의 사생관의 변화 즉 薄葬化 현상이 심화되고 있음을 알려주고 있다고 하겠다. 이러한 점에서 부소산성에서 출토된 중국 도자들은 백제의 시대적 변화를 확인해주는 점에서 커다란 의의를 가진다고 하겠다.

V. 扶蘇山城 出土 國內 陶瓷

1. 軍倉址 出土

1981~1982년 사이에는 부소산성의 최초의 발굴조사인 軍倉址에 대한 발굴조사가 실시되었다. 이 조사에서는 많은 양의 도자가 수습되었다. 東·西·南·北庫址에서는 12점의 청자와 12점의 분청사기가 확인되었다. 東庫址를 제외한 지역에서 골고루 13점의 백자편이 수습되었다.[10]

수습된 청자들은 주로 燔·大촞·접시·瓶·盤·盞片으로서 기종이 다

---

10) 國立扶餘文化財硏究所, 『扶蘇山城』 發掘調査報告書Ⅴ, 2003, pp.451~457.

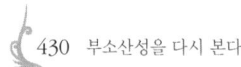

양하다. 이 중 청자완 저부편 3점은 우리의 고려청자가 아니라 중국 월주
요계의 청자로 판단되고 있다.

北庫址에서 출토된 청자완 저부편은 내저가 넉넉하며 굽이 낮지만 접지
면이 1.0㎝ 내외로 비교적 넓은 玉環底 형태이다. 청자완의 표면의 유약
은 산화되어 뿌옇게 변색된 상태인데 굽 주위는 원래 시유되지 않았다.
半破 상태지만 8군데 정도에 내화토 비짐흔이 있는 것으로 판단되는데,
흔적은 약간만 남아 있다. 西庫址에서 출토된 청자완 저부편의 내저는 넓
고 비교적 낮은 굽이다. 接地面은 0.85㎝ 내외로서 굽의 접지 면에는 내화
토 비짐흔이 나타난다. 유색은 황녹갈색을 띠고 있다. 역시 서고지에서
출토된 저부편은 내저가 완만하며 비교적 낮은 굽으로 접지면은 1.0㎝ 내
외이다. 굽을 제외한 전면에 유약이 시유되었으며, 황녹갈색조를 띠고 있
다. 고려청자의 일부에서는 내저원각이 나타나며, 국화문과 보상화문, 우
점문 등이 압출기법과 상감기법으로 표현되기도 한다. 분청사기는 대접
과 접시片 이외에 壺·푼주·瓶 등이 확인되는데, 분청사기의 인화·덤
벙·상감·조화·철화기법 등 다양한 기법이 사용되고 있어 분청사기는
부소산에서 전 기간 동안 사용되었던 것으로 추정된다. 분청사기 초기의
대표적인 문양인 국화문·연주문 등이 사용되었으며, 北庫址 東側에서 수
습된 인화「內贍」명 대접 저부편은 국화문과 함께 그 內底에 장방형의 도
장이 압인되어 있으며, 안에는 명문이 양각으로 새겨져있다. 잔존높이가
3.0㎝인 작은 대접이다. 군창지에서는 13점의 백자편이 수습되었는데, 주
된 기종은 대접과 접시이다. 구연은 외반되었으며, 일부에서는 내저원각
이 사용되었으며, 굽은 죽절굽이 대부분이다. 내화점토 비짐흔과 굵은 모
래사용 흔적이 확인된다. 대략 16세기 이후에 제작된 백자로 추정된다.

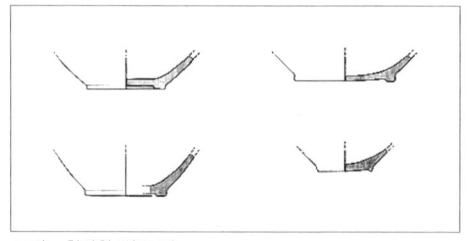

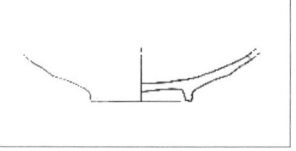

그림2. 분청자 『내섬內贍』명 자기 편

그림1. 청자완 저부 편

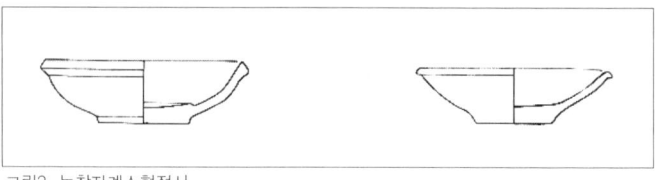

그림3. 녹창자계소형접시

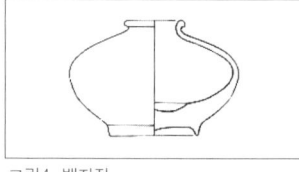

그림4. 백자잔

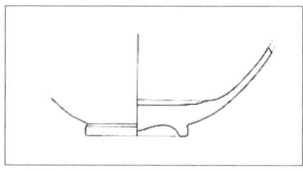

그림5. 백자대접

2. 東門址 出土

부소산성 동문지는 1988년부터 1991년까지 4년간 발굴되었는데, 중국자기 일부를 제외하면 국내자기 중 청자에서 백자에 이르는 소량의 편들이 수습되었다. 이러한 편들은 시기적으로 볼 때 부소산성 동문지 유구와 관련된 유물은 아니다.

그 출토지 또한 관계유구가 확인된바 없는 자연 퇴적물로서 청자·분청사기·백자편들이 모두 함께 확인되고 있어 안정된 유구의 출토유물은 아니라는 판단이다.[11]

청자는 기종이 모두 접시들로서 4점이 확인되었는데, 녹청자계 소형접시 · 素文 · 양각문의 접시 등으로 그 제작시기는 11~12세기 무렵의 일상 용기로 판단된다. 접시들은 입지름이 8.6 ~12.2㎝, 밑지름이 3.4~7.8㎝, 높이가 2.4~2.7㎝ 정도의 소형접시다.

분청사기는 항아리 · 접시 · 대접 · 손잡이로 추정되는 편등 4점이 확인 되었는데, 상감 · 인화 · 귀얄 등의 다양한 시문기법이 사용되었다. 구 연 · 저부 등의 매우 작은 편으로서 정확한 규모를 알 수 없다. 유약의 시 유상태가 모두 좋지 못하다.

백자는 대접 · 잔 · 소형호 등 3점이 출토되었는데, 이 가운데 소형호는 태토와 유색 등이 매우 좋은 양질의 백자로서 소성 당시에 고운모래가 사 용되었던 흔적이 있다.

백자의 기형과 굽 형태로 보아 제작시기는 15세기 후반에서 16세기 초반 에 제작된 것으로 보이는데, 대접과 잔은 15세기 말에 제작된 것으로 판단 된다. 이 중 백자소형호는 저부만 완전할 뿐 나머지는 모두 파손되었으나 짧고 둥글게 말린 단정한 구연에서 크게 팽창하는 몸체로 연결된다. 낮고 좁은 수직굽에는 작은 크기의 고운 백색 모래가 약간 묻어있다. 유약은 두 껍게 내 · 외부에 모두 시유되었고, 유색은 푸른빛이 나는 회색이다.

3. 군창터 · 동 · 서 · 남 · 북편 성벽 출토[12]

1992년 조사에서 청자를 비롯하여 분청사기, 백자가 출토되었다. 그러 나 자기류가 출토된 지역은 이러한 유물들과 관련된 유구가 확인되지 않

---

11) 國立扶餘文化財研究所, 『扶蘇山城』 發掘調査 中間報告, 1995, pp.171~176.
12) 國立扶餘文化財研究所, 『扶蘇山城』 發掘調査 中間報告 Ⅱ, 1997, pp.53~64, 253~257.

아 얼마 떨어지지 않은 군창터 유적이 경영될 당시 이 지역으로 흘러들어
왔을 가능성을 배제할 수 없다.

다만 군창터의 방형 주거지 주변에서는 주거지보다 상층에서 고려시대
기와 편과 금속류, 자기류 등이 함께 출토되어 이 층위가 당시 구지표로
서 드러나 있었을 것이라는 추정을 할 수 있는 단서를 제공하였다. 주거
지 서쪽 주변에서도 고려 전반경의 청자가 일괄 출토되기도 하였다. 이
자기 편 중에서는 중국 월주요계의 청자 저부 편 1점이 고려시대의 청자
류와 함께 반출되었다.

군청터 주거지에서는 고려청자 14점이 출토되었다. 순청자가 주류를 이
루고 있는데, 접시·대접·盤 등이 확인되었으며, 일부청자에서는 목단
문이 확인되었다. 구연부의 일부만 확인되고, 대부분의 陶片은 底部만 확
인되어 정확한 자기의 규모는 추정하기 어렵다.

약 50여 점의 분청사기도 수습되었는데, 청자류와 마찬가지로 출토지역
에서 관련 유적은 확인이 되지 않았으며, 조선시대에 경영되었던 군창터
에서 어떠한 경유로 흘러 들어오거나 인근의 군청터 길목에서 유입된 것
으로 판단된다.

50여 점의 분청사기에서는 병·접시·잔탁·대접 등이 기종이 확인되
며, 雨點文·菊花文 등이 주 문양으로 사용되었다. 片은 대부분이 底部로
서 작은 소형편이다. 대표적인 편이 底部만 남아 있지만 내측 상면에 가
로 1.6㎝, 세로 2.2㎝ 정도의 양각 직사각형 안에 「內贍」이라는 명문이 찍
혀있는 분청사기 소형접시이다. 현재 전체의 1/3 정도만 남아 있어 정확
한 규모를 추정하기는 어렵지만 굽이 대략 5㎝인 소형접시로 추정된다.

출토된 분청사기의 연대는 유적층이 아니고 이에 따른 정확한 반출유물
의 층위상태 등을 확인할 수 없지만 고려시대의 청동유물과 조선시대 제
작된 백자 저부편 등이 주변의 층위에서 확인되고 있어 분청사기들은

14~16세기경에 제작되어 사용된 것으로 추정된
다.

백자편은 3점이 확인되었는데, 모두 주거지 주
변에서 출토되었다. 백자의 기종은 접시·대접
등이 확인되었으나 유약이 고르게 시유되지 않
은 것 등을 볼 때 양질의 백자는 아닌 것으로 판
단된다. 대략 16세기경에 제작된 백자로 보인다.

1994년 군창지 '라'지구 조사에서도 청자·분
청사기·백자편 30여 점이 확인되었다. 청자류

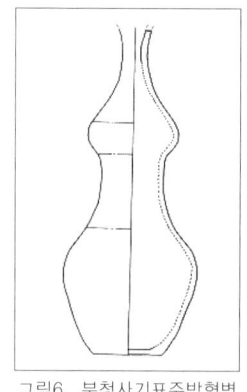

그림6. 분청사기표주박형병
편

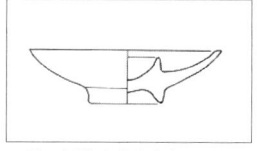

그림7. 분청사기잔탁편

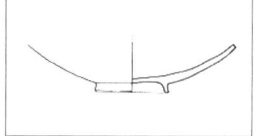

그림8. 청자저부편

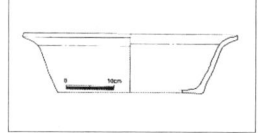

그림9. 청자반편

는 대접이나 접시의 底部片들이 대부분이며, 분청사기는 병·대접·접시
가 확인되는데, 상감기법이 사용되었으며, 주 문양으로는 雨點文 등이 사
용되었다.

백자는 접시·대접 등이 주류를 이루는데, 대부분 半破되었다. 백자편
들은 암거시설과 같은 깊이의 모래층이나 부식토층에서 출토된 것들이어
서 백자의 제작시기는 15~16세기로 추정된다. 1994년 군창지 '마'지구
발굴에서도 약 20여 점의 청자·분청사기·백자편들이 확인되었는데,
1994년도 '라'지구 출토 자기류와 성격은 대동소이하다.

'마'지구 출토유물로서 靑瓷兩耳附壺가 대표적인 유물이다. 양이호는
2/3가 결실되었는데, 저부와 한쪽 把手部 및 구연 일부는 저부에서부터
잔존하여 기형은 짐작할 수 있다. 기형은 평저로서 몸통부의 기벽 면은

크게 꺽여 올라가나 기벽 면 자체는 크게 곡선을 그리지 않고 완만하게 곡선을 이루면서 어깨부까지 뻗다가 여기서부터 크게 줄어들어 목에 이른다. 손잡이는 횡으로 부착된 半弧形으로서 근래까지도 흔히 물동이와 같은 옹기의 손잡이로 사용했던 것과 같은 모습이다. 녹색유약이 두텁게 시유되어 불투명하며 빙렬현상은 보이지 않는다. 저부를 먼저 만든 후 기벽 면을 따로 부쳐 올라가는 방식인데 이 부착흔적이 뚜렷하게 남아 있다. 저부 바닥면은 연한 적색을 띠고 있어 생활용기로 사용하면서 불에 직접 닿았을 가능성도 있다.

4. 泗沘樓 남동편 百濟·統一新羅 城壁 및 建物址 出土

1996년 '가' 지구에서는 분청사기 1점과 백자 3점이 수습되었으며, '나' 지구에서는 녹청자와 청자편 3점, 분청사기편 2점, 백자편 5점 등 총 14점의 자기류가 확인되었다.[13] 분청사기는 모두 상감기법을 사용하였으며, 거의 접시나 대접류이다. 유약의 상태가 좋지않고, 빙렬이 나타난다. 백자는 태토가 매우 정선되었으며, 유약의 시유상태도 매우 양호한 편이다. 모래비짐흔적이 주로 사용되었으며, 기형은 대접·접시류로 확인되었는데, 거의 저부만 잔존하여 정확한 규모는 파악이 불가능하다. 청자는 구연부 1편과 녹청자 구연부와 저부편이 확인되었는데, 녹청자 저부 및 구연부 편은 태토 및 유약의 시유상태가 좋지 않다. 녹청자들은 고려 말이나 조선 초에 막그릇으로 사용된 것으로 추정된다.

1997년 조사에서는 분청사기 5점과 백자편 18점이 수습되었는데, 분청사기와 백자의 주 기종은 대접이며, 그밖에 壺 등도 확인된다. 분청사기

---

13) 國立扶餘文化財硏究所, 『扶蘇山城』 發掘調査 中間報告書Ⅲ, 1999, pp.136~140, 223~231.

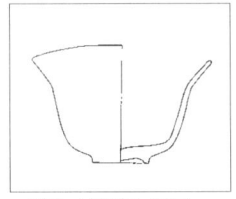
그림10. 분청사기대접편

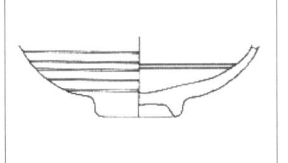
그림11. 분청사기대접 저부편

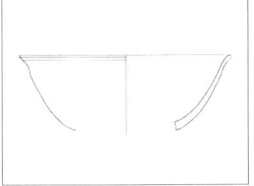
그림12. 백자대접편

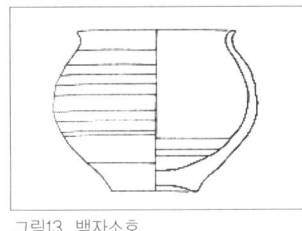
그림13. 백자소호

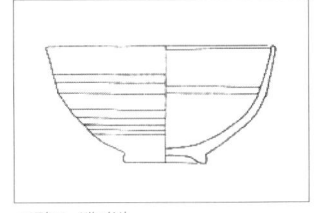
그림14. 백자발

에는 우점문과 국화문 등이 일부 확인되며, 인화문기법이 주로 사용되고
있어 조선 전반기인 15세기 무렵의 분청사기로 파악된다. 백자는 유약의
색조가 녹색·청색·회색계열이 많으며, 거의 모든 백자편에서 빙렬이
많이 확인된다. 기종은 대접의 저부편이 대부분으로 내저원각형으로 제
작하였다. 바닥면에는 모래비짐눈 흔적과 함께 내화토받침흔적도 확인된
다. 모든 자기 편들은 方形積石壇 유구에서 수습되었는데, 일부는 임진왜
란 전에 사용된 것으로 판단되지만 대부분은 조선 후기에 사용된 것으로
판단된다.

5. 南門址 周邊 出土

1999년도 남문지 주변 발굴조사에서는 백자 항아리와 함께 백자사발 2
점이 수습되었다.[14] 이 중 백자 항아리는 아가리 부분에 백자사발이 씌어
진 채로 출토되었는데, 葬骨用器로 사용된 것으로 여겨진다. 흐린 회청색

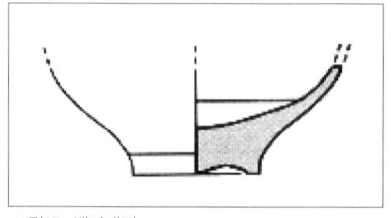

그림15. 백자대접

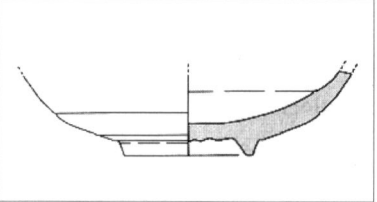

그림16. 백자대접

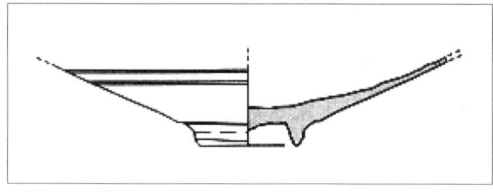

그림15. 백자대접

계열의 백자 항아리로 기벽 내·외면에 고르게 유약이 시유되었다. 굽은 좁고 평평한 형태이며, 동체부로 올라오면서 급격하게 폭이 벌어지면서 최대를 이루다가 구연부쪽으로 갈수록 점차로 좁아지는데 아가리부분은 底部보다 훨씬 넓다. 구연부는 살짝 외반된 형태로 안쪽으로 살짝 들어간 모습이다. 전체적으로 볼록하면서 풍만한 느낌을 주는 백자 항아리이다. 백자 사발은 백자 항아리 위에 덮어 씌어진 상태로 출토되었다. 유백색 색조를 띠고 있는데, 아가리 부분은 넓적하게 벌어져있고, 아래쪽으로 갈수록 점차로 완만하게 줄어들다가 저부에서는 얕은 平底의 굽 받침을 하고 있다. 구연부는 직립한 상태로 끝 부분은 둥근데, 동체부와의 구분이 거의 없이 구연부에서 약간 굴곡을 이루다가 동체부와 연결된다. 안쪽 바닥부분은 검게 산화된 흔적이 일부 남아 있어 실생활에서 사용되었던 것을 다시 이용한 것으로 보인다.

───────────────

14) 國立扶餘文化財硏究所,『扶蘇山城』發掘調査中間報告書Ⅳ, 2000, pp.210~212.

6. 北門址 周邊 出土

2000년 추정 북문지의 북 성벽과 북 성벽 안쪽 평탄지역의 발굴조사에서는 분청사기 저부편과 함께 백자 대접 및 백자 저부편이 출토되었다.[15] 분청사기 저부편은 죽절굽이며 내면에 백토상감하여 문양을 시문하였다. 백자 대접은 굽과 동체 하단부만 잔존하고 있는데, 내저원경이다. 백자 저부편은 약간 안으로 굽은 굽을 부착하였으며, 외면 유약은 산화되어 상태가 좋지 않다. 이들 분청사기와 백자 대접편은 잔존높이가 2~3cm, 바닥지름이 3~6cm에 불과하여 정확한 규모는 파악이 힘들다.

VI. 맺음말

지금까지 부소산성 출토 中國 輸入陶瓷와 국내의 청자·분청사기·백자를 정리하여 보았다. 중국 수입도자에 대해서는 이미 앞에서 언급한 적이 있으므로 생략하고 부소산성 출토 국내도자만 정리하고자 한다. 국내도자 중 군창지와 동문지에서 출토된 고려청자는 초기양식인 玉環底 형태인 청자완과 더불어 녹청자계 소형접시·소문·양각문의 접시가 확인되었는데, 이러한 청자는 대략 11~12세기경의 청자로 판단된다. 청자는 대부분이 군창지와 동문지에서 출토되었다. 분청사기 중 주목을 끄는 것은 1981~1982년 사이에 조사된 군창지와 1992년 조사된 군창터 주거지에서 출토된 「內贍」銘 대접편이다. 「內贍」銘은 주로 전라도 지방의 자기소에서 구웠던 분청사기에 사용되었던 기관명칭으로 태종 3년(1403)에 설치되어

---

15) 國立扶餘文化財研究所,『扶蘇山城』發掘調査報告書 V, 2003, p.77.

정조 24년(1800)까지 존속했던 기관이다. "內贍寺"를 새긴 형태는 장방형의 도장으로 "내섬" 두 자만을 대접이나 접시 안 바닥에 한 개 혹은 여러 개를 압인하고 백토를 넣는 경우가 많다. "내섬"명 대접과 부소산성에서 출토된 대부분의 분청사기들이 주로 국화문과 우점문이 함께 사용되는 것을 볼 때 대략 조선 전기인 14~15세기에 제작되었던 분청사기들로 판단된다. 또한 부소산성에서는 전라도에서 주로 분청사기를 제작할 때 사용하는 기법인 덤벙기법과 더불어 계룡산록에서 주로 사용되었던 철화기법 등 다양한 기법이 골고루 나타나고 있어 부소산성에서 출토된 분청사기는 조선 전기에서 임진왜란까지 계속 사용되었던 것으로 추정된다. 백자는 주로 동문지와 군창지, 사비루 등에서 확인되는데, 대부분의 백자는 小形片으로서 정확한 기종의 추정은 어렵지만 대접·접시·잔 등 생활에 사용되는 생활용구였으며, 제작된 형태 및 기법을 볼때 임진왜란 전의 백자보다는 조선 후기 백자가 압도적으로 많이 확인된다. 이러한 국내자기로 볼 때 부소산성 출토 자기는 고려 초기에서 조선 말기까지의 각종 도자가 모두 수습되었다. 백제의 수입도자를 고려하면 부소산성은 약 1400여 년 동안 우리 선조들이 사용했던 다양한 도자문화를 보여주는 도자문화 연구의 보고인 것이다. 우리는 이 부소산성에서 한반도에서 처음 사용되었던 중국 수입도자를 비롯하여 고려 청자·분청사기·백자 등 다양한 도자를 체험할 수 있다.

참고 문헌 및 인용 문헌

• 강경숙, 1990, 『분청사기』, 대원사

• 公州大學校 百濟文化研究所, 1998, 『百濟文化』第二十七 輯

• 국립공주박물관, 2005, 『백제문화 해외조사 보고서』Ⅴ-中國 江蘇省 · 安徽省 · 浙江省

• 국립대구박물관, 2004, 『우리문화속의 中國 陶磁器』

• 국립부여박물관, 1997, 『국립부여박물관』

• 국립부여박물관, 2004, 『百濟의 文物交流』

• 국립중앙박물관, 1977, 『美術資料』第 二十號

• 國立扶餘文化財研究所, 1995, 『扶蘇山城』發掘調査 中間報告

• 國立文化財研究所, 1996, 『扶蘇山城』發掘調査報告書

• 國立扶餘文化財研究所, 1997, 『扶蘇山城』發掘調査 中間報告 Ⅱ

• 國立扶餘文化財研究所, 1999, 『扶蘇山城』發掘調査 中間報告書 Ⅲ

• 國立扶餘文化財研究所, 1999, 『扶蘇山城』

• 國立扶餘文化財研究所, 2000, 『扶蘇山城』發掘調査中間報告書 Ⅳ

• 國立扶餘文化財研究所, 2003, 『扶蘇山城』發掘調査報告書 Ⅴ

• 국립부여문화재연구소, 2000, 『사비도성과 백제의 성곽』

• 서울역사박물관, 2002 , 『풍납토성』- 잃어버린 『王道』를 찾아서 -

• 세계도자기엑스포 2001 경기도, 2001, 『동북아도자교류전』

• 忠南大學校 百濟研究所, 1997, 『百濟研究』제27집

• 忠南大學校 百濟研究所, 1998, 『百濟研究』제28집

• 忠南大學校 百濟研究所, 2003, 『百濟研究』第38輯

• 韓國考古美術研究所, 1994, 『考古學誌』第6輯

부소산성의 무기

김 성 태 (기전문화재연구원 조사연구실장)

목 차

Ⅰ. 머리말

이 글은 부소산성에 출토된 철제무기를 종합하여 정리하고, 개별무기에 대한 무기사적 검토를 하는 데에 있다. 이를 위하여 보고서에 수록된 무기관련 도면과 설명을 개별무기별로 따로 정리하였고, 이들을 지역별·무기별로 구분하여 하나의 표로 정리하여 종합적인 출토현황을 파악할 수 있도록 하였다. 개별무기에 대해서는 공격용무기, 수성용무기, 마구와 갑주, 농공구겸용 등으로 구분하여 장(章)을 달리하면서 정리와 분석을 시도하였다. 그런 후 마지막으로 부소산성 출토무기에 대한 분석과 고찰을 토대로 백제 후기의 무기, 통일신라시대의 무기, 수성병기를 통한 당시 전황(戰況)의 추측 등으로 절(節)을 구분하여 논의하였다.

이 글은 편집자의 의도에 맞추어 부소산성 출토무기의 무기사적 가치를 부각하는 데에 서술의 비중을 두는 한편, 원(原) 보고서에서 심층적으로 다루지 못한 개별무기의 고찰에 치중하였다. 결국 이 글은 부소산성종합보고서의 무기 고찰에 해당되는 성격을 지닌 글이라 할 수 있겠다.

한편, 이 글에서 개별유물에 대한 설명은 보고서의 원문을 가능한 그대로 수록하였으며, 이에 대한 분석은 필자의 의견을 중심으로 기술하였다. 단, 동문지 회곽도 부근에서 덩어리 채로 일괄출토된 수성용무기에 관한 검토는 보고서(부여문화재연구소, 1995)에서의 고찰내용을 그대로 전제하였다.

II. 출토유물현황

1. 현황과 정리

부소산성에서 수습되어 보고된 철제무기는 대략 187점이며 그 중에서 백제문화층에서 확인된 것이 154점, 통일신라 문화층에서 확인된 것이 33점이다. 이 중에서 소모성무기인 철촉과 다량으로 연접되어 확인되는 찰편을 제외하면 무기의 개체 수는 그렇게 많지는 않다. 그럼에도 동문지에서 일괄로 확인된 수성용무기는 그 수량에서 다수를 차지하고 그 종류도 다양하며 일식(一式)으로 출토되어 더없이 귀중한 고고학정보를 제공한다. 그리고 출토위치는 동문지와 북문지, 그리고 사비루 근처 등에서 상대적으로 밀집 출토되어, 부소산성 내에서도 북반부에 치우쳐있다. 이런 사실은 동문지 일괄출토품과 함께 사비성이 함락될 때에 백마강에 연한 북쪽 성벽과 동쪽 성벽을 중심으로 접전이 이루어졌을 가능성을 보여준다.

그런 한편, 개별무기들이 백제 말기 문화층과 통일신라 문화층에서 구별·출토되어 백제 말기 출토품과 통일신라 출토품의 구분을 가능케 하고 있다. 이는 현재까지 연구가 전무한 통일신라 무기를 연구하는 데에 작은 단서를 제공하며, 한편으로 백제 말기 무기체계를 이해할 수 있는 좋은 자료가 된다.

표1. 부소산성 출토 철제무기의 현황

조사지역	대도	철모	물미	화살촉	마구	갑주	대행철겸	향지창	갑고리창	노고	삼지갑리	향공부	마름쇠	소행철겸	비고	보고서 (연번, 간행연도)
1984년조사 (수혈주거지 주변)	1		1	1		30										I, 1996
'86~'87년조사 (남문지와 주변성벽)													3	1		I, 1996
1992년도조사 (군창터담서편 대지, 방형주거지)						7								4		II, 1997
'88~'91년도조사 (추정동문지)		2	1	7		9	16	4	12	29	1	1	10	2		중간보고, 1995
1996년도조사 (사비루 남동편)			1	2	2							1			마구는 제갈	III, 1999
1997년도조사 (사비루 동편)			1	7									1			III, 1999
1998년도조사 (북문지 서편)				11												IV, 2000
1999년도조사 (남문지 주변)		1		6												IV, 2000
'00~'02년도조사 (북문지 동편)				2											나지구	V, 2003
				6		3						1			다지구	
총계	1	3	4	42	2	49	16	4	12	29	1	3	14	7	총 187점	

1. 굵은 글씨는 백제시대 문화층에서 확인된 것임.
2. 총 187점 중에서 백제시대유물은 154점, 통일신라 유물은 33점.

III. 공격용무기

1. 대도

1) 소개

(1) 1984년도 조사(수혈주거지 서편) 출토품[1], 도면1-⑧

이 刀는 수혈건물지 서편의 성벽 횡단면 조사에서 출토되었는데 배수로 안쪽의 후대 수축층하(修築層下) 구지표면에서 수습되었다. 손잡이는 단면 직사각형을 갖춘 단조품으로 여겨지며 손잡이의 기본 재료는 목재를 이용했던 것으로 나타나고 있다. 이것은 손잡이의 둘레가 온통 목질로 쌓여있을 뿐만 아니라 칼코부분은 당시 손잡이의 타원형태가 완연하게 남아 있기 때문이다.

도신(刀身)부분의 최대너비는 2.8㎝ 정도이며 도신의 전면에도 목질이 고르게 덮여있어 이 목질은 칼집이 그대로 도신에 수착된 채 남아 있는 것으로 판단된다. 칼코와 연접하여 도신(刀身) 쪽으로는 청동제판이 3㎝ 너비로 초구금구부(鞘口金具部)를 이루고 있다. 잔존상태로 본 이 刀는 직도(直刀)이며 총 길이 68.7㎝에 이르는데 莖部[2]는 9.8㎝ 정도이다. 부소산성에서 출토된 무기류 중 장도(長刀)[3]는 처음 확인된 예이며 백제 고분이 아닌 성벽조사에서는 거의 발견예가 없었던 것이다. 도신부(刀身部)의 횡단면은 이등변 삼각형을 이루고 있다. 무게는 503.05g이다.

---

1) 국립문화재연구소, 『부소산성 발굴조사보고서』, 1996, pp.191~192.
2) 경부(莖部)보다는 병부(柄部)라고 해야 적절한 용어이다.
3) 장도(長刀)는 흔히 청룡언월도와 같은 장병을 가진 도검을 일컫는다. 대도라고 하는 것이 적절하겠다.

2) 분석

이 대도는 형식상 무환두대도(無環頭大刀)에 속할 가능성이 높다. 이는 손잡이 끝 부분에 둥근고리가 공반출토되지 않은 점과 동시기 대도에서 환두대도(環頭大刀)가 거의 확인되지 않는 점으로 추정할 수 있다. 길이는 68.7㎝로 삼국시대 대도의 일반적인 길이와 크게 어긋나지 않는다. 장식성이 약하고 크기가 실전에 적합하여 실용도(實用刀)였을 것으로 추측된다. 보고서에서는 손잡이의 단면을 직사각형으로 파악했으나 도의 구조상 손잡이 철심의 형태는 제형(梯形)이 적합한 사실을 염두에 두면 재고의 여지가 있다. 또한 손잡이의 기본재료를 나무로 파악했으나 어떤 방식으로도 접전 시의 충격을 감안하면 노끈과 같은 완충재(緩衝材)를 사용하지 않았을 리가 없다. 이에 대해서는 면밀한 분석과 X-ray 촬영이 요구된다. 삼국시대 말기의 대도가 유적에서 완형(完形)으로 출토된 예가 극히 드물기 때문에[4], 이 대도가 지니는 학술적인 가치는 높다고 할 수 있다.

2. 철모

1) 소개

(1) 1988~1991년도 조사(동문지) 출토품[5], 도면1-①, ②

모두 2점이 출토되었다. 한 점은 제1 출토지점의 철제덩어리 속에서 나왔고 다른 한 점은 제2 출토지점(N9구역)에서 출토되었다.

---

4) 도검 일반에 대한 연구는 다음의 글을 참고하기 바란다.
　金性泰, 「三國時代 刀劍의 硏究」, 『仁荷史學』 8, 仁荷歷史學會, 2000.
5) 부여문화재연구소, 『부소산성 발굴조사중간보고』, 1995, pp. 195~196.

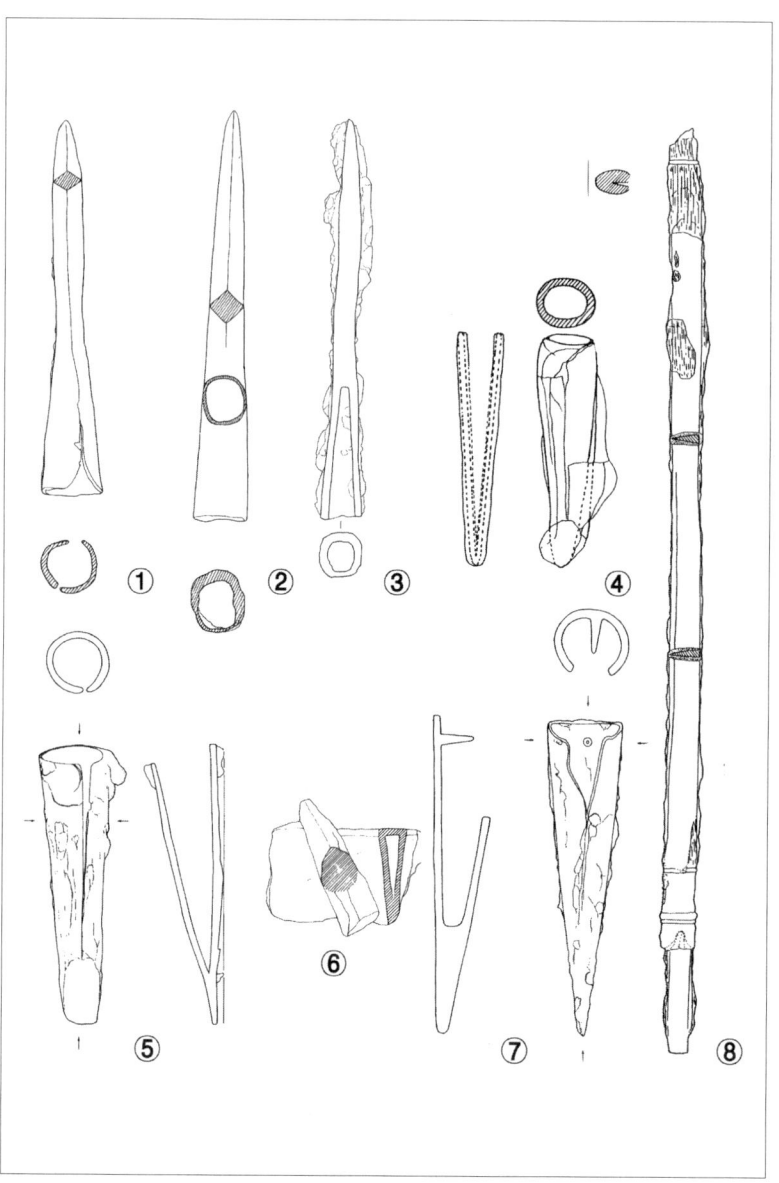

도면1. 철모(①②동문지 ③북문지 동편), 물미(④수혈주거지 주변 ⑤사비루 동편 ⑥동문지 ⑦사비루 남
동편), 대도(⑧수혈주거지 주변)

도면1-①은(보고서 도면68①, 도판179⑤) 철제덩어리의 유물들을 분리할 때 손상이 없이 완형의 상태로 분리될 정도로 보존상태가 양호하다. 기본적인 형태는 자루를 끼우는 투겁부와 창날부분으로 되어 있다. 관부(關部)가 뚜렷하게 형성되어있지 않아 투겁부와 창날부분이 명확하지는 않으나 구분은 된다.

창날은 선단이 뾰족하고 폭이 좁으며 능각(稜角)이 서있고 그 단면은 세장(細長)한 릉형(菱形)이다. 투겁부는 철판을 원형으로 말아서 단접시켜 만들었는데 단접부의 아랫부분은 내만(內灣)의 쐐기형태로 완전히 단접시키지 않은 상태이다. 창머리를 자루에 고정시키기 위한 못과 못구멍은 현재 확인되지 않는다. 전체길이 : 38.4㎝, 날폭 : 3.1㎝, 공부외경 : 6.6㎝, 무게 : 1053.5g

도면1-②는(보고서68②, 도판179⑤-1) 관부(關部)가 뚜렷하게 형성되어 있지 않아 투겁부와 창날부분이 명확하지는 않으나 구분은 된다. 기본적인 형태는 투겁부에 길쭉한 사각추형의 창날이 붙은 형태이다. 투겁부는 철판을 원형으로 말아서 단접시켜 만들었는데 단접부의 아랫부분은 내만(內灣)의 쐐기형태로 완전히 단접시키지는 않은 상태이다. 이 투겁에서 특징적인 점은 투겁 아래에 자루 쪽을 향한 ㄴ자의 고리가 붙어있는 점이다. 고리는 자루와의 결합을 공고하게 하기 위한 고리이거나 아니면 깃발을 달기 위한 창의 한 요소로 생각된다. 그리고 이 창에는 창머리를 창대에 고정시키기 위한 못과 못구멍은 현재 확인되지 않는다. 전체길이 : 42㎝, 날폭 : 2.98㎝, 공부외경 : 7.5㎝, 무게 : 1345g

(2) 2000~2002년도 조사(북문지 동편 나지점) 출토품[6], 도면1-③

2호 저수조 외곽 보강토에서 출토된 철제무기류로서 완형이다. 외형은 창날부와 투겁부가 확연하게 구분이 되며 길쭉한 형태이다. 창날부는 좁고 납작한 형태이며, 투겁부는 원통형이면서 나무를 끼울 수 있도록 내부가 비어있다. 투겁부 외면에서 다른 철모와 단접된 부분이 확인되지 않는다. 길이 24.3㎝

2) 분석

3점 모두 투겁부의 말단의 형태가 직기형(直基形)인 점이 가장 특징적이다. 삼국시대 철모의 발전에서 5세기대는 연미형(燕尾形)이 유행을 하나 6세기 중엽부터 직기형 일색으로 바뀌는 사실을 감안하면 당연한 양상으로 볼 수 있다. 또한 창날과 투겁부의 경계에 있는 관부(關部)가 흔적상으로 남아 있거나 전혀 없는 무관형(無關形)인 사실도[7] 주목된다. 무관직기형(無關直基形) 철모의 전형이라 할 수 있다. 그런데 백제 철모인 도면1-①과 도면1-②의 크기는 평균 40㎝ 정도로 대형에 속한다. 삼국시대를 비롯한 철모의 일반적인 크기가 25~30㎝ 정도인 점과 비교할 때, 특기할 만한 사실이다. 결국, 수성전에 적합한 철모로 볼 수밖에 없다. 그럼에도 형식적으로는 삼국시대 말기 철모의 전형으로 볼 수 있다. 통일신라시대 철모인 도면1-②의 경우, 투겁 아래에 자루 쪽을 향한 ㄴ자의 고리가 붙어있는 점이 특징적인데, 이런 고리가 부착된 철모는 그 출토예가 극히 드물다. 도면1-③은 실측이 불량하여 그 전모를 파악하기가 쉽지 않다. 그럼에도 삼국시대 말기의 무관직기형 철모의 전통이 고스란히 남아 있는 점을[8] 확인할 수 있다. 이를 통하여 통일신라시대에도 무관직기형 철

---

6) 국립부여문화재연구소, 『부소산성 발굴조사보고서』Ⅴ, 2003, p.136.

7) 이는 6세기 중엽의 철모가 직기형이지만 有關形이 여전히 주류를 이루었던 점과는 대조가 된다. 도면14-① 참조.

8) 창모 일반에 관한 연구는 다음의 글을 참고하기 바란다.
   김성태, 「三國時代 槍鐓의 硏究」, 『史林』16, 수선사학회, 2001.

모가 유행하였던 사실을 추측할 수 있다. 그리고 창날이 가늘고 뾰족한 협봉(狹鋒)식인 사실과, 그 크기가 24cm 정도인 사실도 주목해둘만 하다.

3. 물미

1) 소개

(1) 1984년도 조사(수혈주거지 서편) 출토품[9], 도면1-④
동편의 목책공 유적의 남쪽 탐색갱에서 출토된 것으로 심한 녹이 슬어 내부와 외부의 세심한 관찰은 불가능하나 형태는 파악이 가능하다.
겉부분은 녹과 흙이 함께 부착되었으나 자루구멍이 확연하게 구분된다. 자루구멍부분의 철심두께는 0.3~0.5cm 정도이며 제작방법은 단조인지 주조인지는 확실하지 않다. 길이 13.8cm, 자루구멍부분 지름 3cm

(2) 1988~1991년 조사(동문지) 출토품[10], 도면1-⑥
단조품으로 0.3~0.5cm 두께의 철판을 원추쐐기모양으로 말아서 단접시 켰다. 따라서 그 단면이 원형이고 속은 비어있어 나무자루를 끼울 수 있게 되어 있다. 철부(鐵斧), 철촉(鐵鏃) 등과 함께 녹슬어 붙어 있었다. 선단부분은 뾰족하게 처리하였다. 전장 : 10.5cm, 공부경 : 2.8cm, 공부길이 : 6.3cm

---

9) 국립문화재연구소, 앞의 책, 1996, p.192.
10) 부여문화재연구소, 『부소산성 발굴조사중간보고』, 1995, p.196.

(3) 1996년도 조사(사비루 남동편) 출토품[11], 도면1-⑦

전체적으로 원뿔 형태의 완형을 유지하고 있으며, 상태도 대체로 양호하다. 나무를 끼웠던 부분은 한쪽 면이 세모꼴로 파여 있으며, 바로 입구에는 나무를 고정시키기 위해 사용되었던 고정못이 잘 남아 있다. '나' 지점 상단 통일신라 건물지 기단석열 외부 표토하 50㎝ 황갈색 사질토층에서 수습되었다. 길이 15.0㎝, 두께 0.6㎝

(4) 1997년도 조사(사비루 동편) 출토품[12]

물미는 단조품으로 거의 완존하고 있는 상태이다. 원뿔형태로 둥글게 맞물려 있는 한쪽 면이 납작하다. 몸통부분은 둥글게 이어지다가 땅에 박히는 부분은 납작한 형태로 두드려 형성하였다. 자루를 끼우는 부분에는 못으로 연결한 흔적이 남아 있다. 표면에는 녹혹이 많이 형성되어 있으나, 원형이 잘 보존하는 편이다. 길이 12.8㎝, 지름 3.0㎝

2) 분석

전체적인 형태와 크기가 거의 비슷하다. 크기는 10~15㎝ 정도이며, 모양은 세장한 원뿔모양이다. 날을 전혀 세우지 않고 철판을 말아서 만든 점으로 미루어 창날로 사용되지는 않은 듯하다. 그런데 철모와 함께 공반 출토되지 않은 까닭에 그 기능에 대하여 정확히 규정하기가 어렵다. 철모가 아닌 철겸이나 도끼 등의 물미로 사용되었을 가능성도 배제할 수 없다. 어쨌든 장병기(長柄器)의 말단에 끼워서 유기질의 손잡이 끝 부분이 쪼개지거나 마모되는 것을 방지하기 위한 목적으로 만들었을 개연성은

---

11) 국립부여문화재연구소, 『부소산성 발굴중간보고서』Ⅲ, 1999, p.153.
12) 위의 책, p.247.

있다. 삼국시대 말기의 물미와 통일신라시대의 그것과는 형식상 큰 차이는 없다.

4. 화살촉

1) 소개[13]

(1) 장경유엽형 (長頸柳葉形)

유엽형(柳葉形)은 글자 그대로 버들잎모양의 촉신(鏃身)를 가진 형식을 말한다. 그러나 기존의 연구에서 뾰족촉을 유엽형으로 통칭하여 서술하여 왔고, 또 촉두의 형태적인 차이가 시기적, 공간적 차이를 민감하게 반영하고 있지 않으므로 장삼각형(長三角形), 사두형(蛇頭形) 촉신를 가진 철촉도유엽형이라 통칭하겠다. 목의 단면은 장방형이고 습베의 단면은 원형·방형인 것이 일반적이다. 그리고 촉신의 단면형태는 이등변삼각형, 납작한 능형이 기본이다. 길이 12㎝ 이상이면서 목이 긴 형식을 장경유엽형으로 편의상 분류한다.

부소산성에서는 84년도 조사지역(도면2-③), 98년도 조사지역(도면2-⑦⑧⑨⑩), 2000~2002년도 다지역(도면2-⑰~⑳), 1988~1991년도 조사지역(도면3-①~⑥), 1999년도 조사지역(도면3 ⑦~⑩) 등에서 확인된다. 이들 철촉이 수습된 지역은 백제시대 유물이 공반출토되어, 백제 말기의 철촉형식으로 보아도 무방하다. 유물을 완전히 보존처리하지 않고 도면 작성을 한 까닭에 개별속성을 파악하는 데에 어려움이 있다. 원래 유물의 형태는 대동소이했을 것으로 추측되나, 각 보고서별로 작도법에 차이가

---

13) 철촉에 대한 설명은 발굴조사보고서의 내용을 정리하여 형식별로 소개코자 한다.

있어 도면상으로는 차이가 확연히 나타난다. 도면2의 ⑤는 목과 슴베가 만나는 부분의 경계가 뚜렷하고 슴베가 각진 것으로 표현되어 있어서 초장경유엽형(超長頸柳葉形)일 가능성도 배제할 수 없다. 도면2-⑱도 목과 슴베가 만나는 부분이 각진 형태여서 일반적인 장경유엽형보다는 발전한 형태로 볼 수 있다. 전체길이는 15cm 전후로 장경유엽형 중에서도 비교적 긴 편에 속하는 것들이다.

(2) 추형 (錐形)

추형은 촉의 전체길이가 5~7cm 정도이며 촉신(鏃身)이 전체길이의 대부분을 차지한다. 촉신의 형태가 원추형(圓錐形), 방추형(方錐形), 삼각추형(三角錐形) 등인 점이 특징적이다. 촉신의 단면은 능형, 삼각형, 방형, 원형이다. 유경추형(有莖錐形)과 단경추형(短頸錐形)으로 세분형식을 나눌 수 있다. 유경추형은 목이 뚜렷하게 형성되어있지 않고 슴베만이 있는 형태이다.

세분형식은 촉신의 길이가 길이의 대부분을 차지하는 장신형인 a식과 촉신이 2~3cm로 매우 짧은 단신형(短身形)인 b식으로 구분된다. 단경추형은 유경추형(有莖錐形)의 b식에 목이 뚜렷하게 형성되어있는 형태로 양주(楊州) 대모산성(大母山城)에서 발견된 삼각추형 철촉이 대표적이다. 길이는 5cm 전후로 짧고 철머리의 단면이 삼각형인 매우 특징적인 형태를 지닌 철촉이다.

부소산성에서는 96년도 조사지역(도면3-⑭), 97년도 조사지역(도면3-⑯~㉒)가 비교적 완전한 형태로 수습되었다. 전체길이는 형태는 일반적인 단경추형의 그것과 크게 차이가 나지 않는다. 단지 촉의 단면이 원형, 삼각형, 능형 등 다양하다. 모두 통일신라시대 유물과 공반출토되어 통일신라 철촉의 전형으로 볼 수 있다.

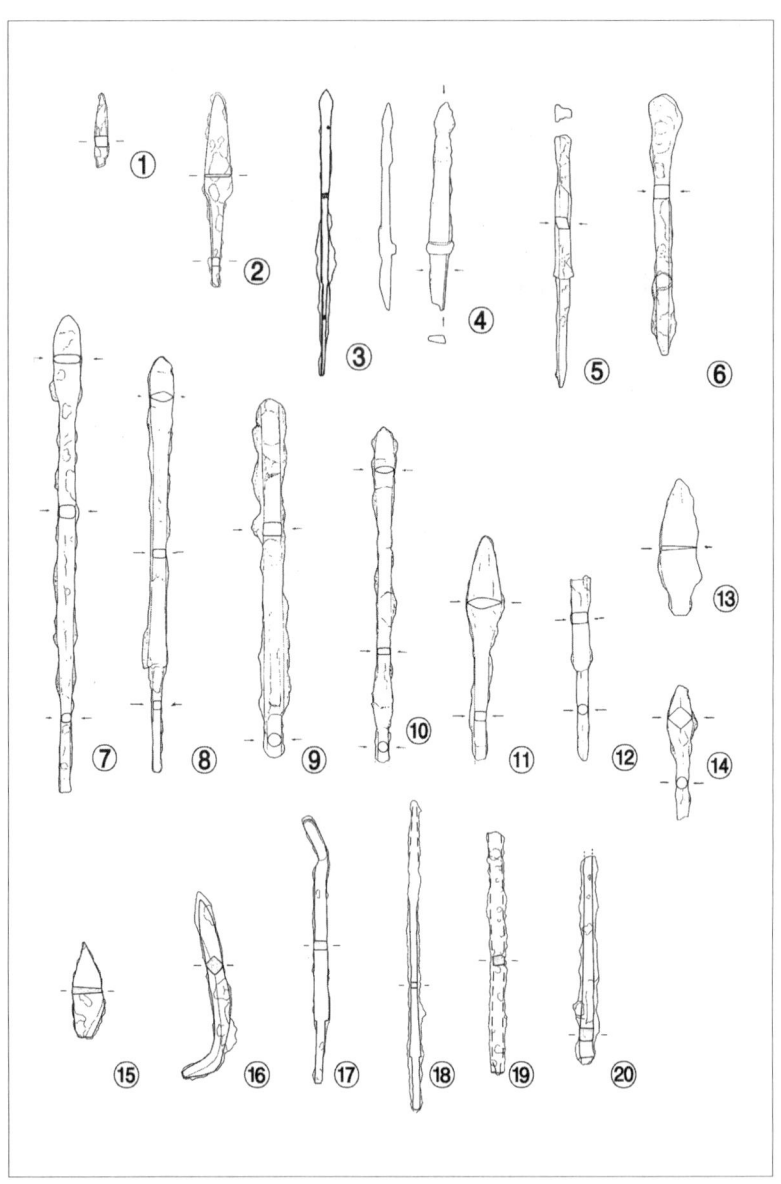

도면2. 철촉(①②북문지 동편 ③수혈주거지 주변 ④-⑭북문지서편 ⑮-⑳북문지 동편)

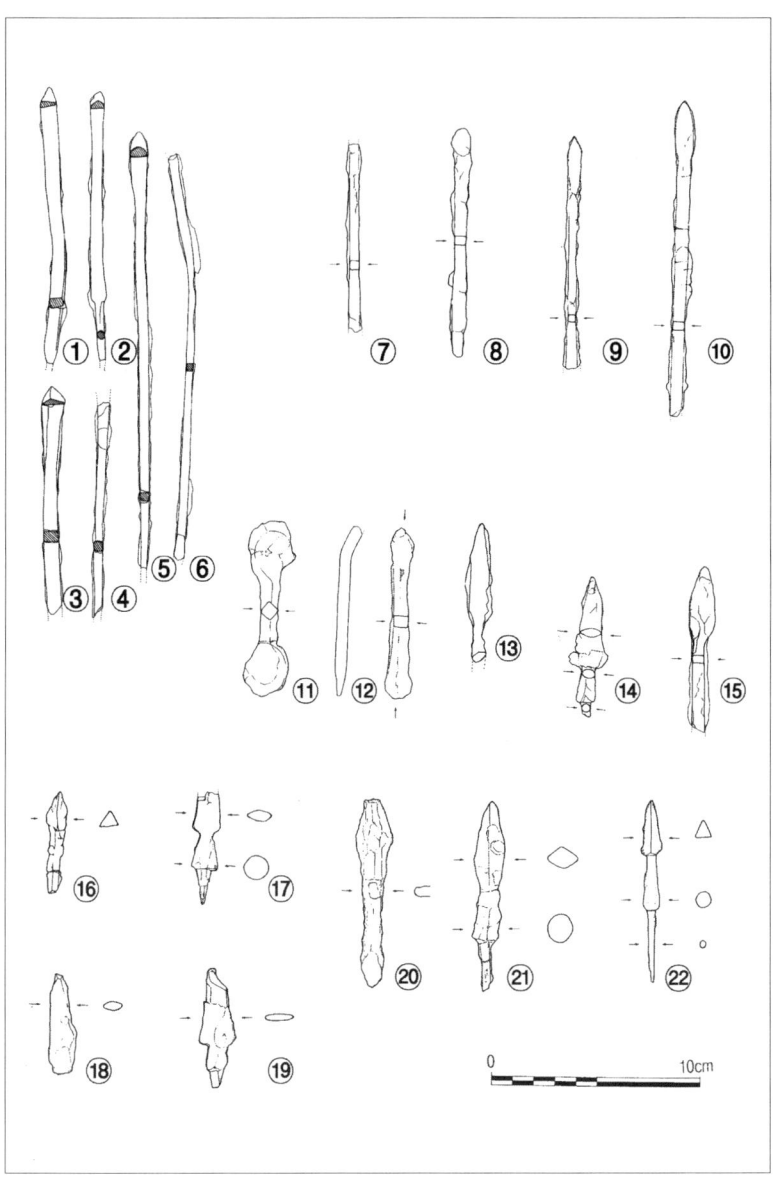

도면3. 철촉(①—⑥동문지 ⑦—⑫남문지주변 ⑬동문지 ⑭⑮사비루 남동편 ⑯—㉒사비루 동편)

2) 분석

부소산성에서 출토된 철촉은 크게 2종류로 나누어지는데 하나는 소형의 추형(錐形)철촉이며 다른 하나는 장경유엽형(長頸柳葉形)이다. 이런 형식의 차이는 철촉이 꼽힌 화살대를 사용한 원사기(遠射器)의 차이라 판단된다.

우선 소형의 추형철촉에 대해서는 그것이 노(弩)에 사용되었을 가능성을 제시할 수 있다. 그 근거로서 우선 촉머리의 기본적인 형태가 원추형, 사각추형, 삼각추형 등의 추형인 점이 중국(中國) 노(弩)의 촉(鏃)과 그 형태가 일치하고 있다는 점을 들 수 있다. 둘째로 크기와 무게가 소형인 점으로 미루어 활의 철촉으로서는 부적합한 점을 들었다. 셋째로 출토유적이 대부분 산성으로 노가 수성용의 무기로 위력을 발휘한 사실과 연결되는 점을 들었다.

장경유엽형은 고분출토품을 예로 미루어볼 때 활에 사용된 것이 거의 확실시된다. 왜냐하면 촉두의 무게와 길이가 노에 사용하기에는 너무 무겁고 또한 길기 때문이다. 한편 수성 시 노와 궁을 적절하게 혼성하여 사용하였던 것은 잘 알려진 사실이다. 왜냐하면 노와 활이 가진 각각의 단점을 보완하기 위해서는 두 병기를 적절한 구성비로 전투에 배치해야 되기 때문이다.[14]

부소산성에서 전형적인 형태의 추형철촉은 통일신라시대 문화층에서 확인되고, 그에 비해 장경유엽형철촉은 백제 말기 문화층에서 확인된다. 이런 출토양상에서의 차이는 일단 추형철촉을 통일신라 철촉의 전형으로

---

14) 노촉과 화살촉 일반에 관한 연구는 다음의 글을 참조하기 바란다.

　　金性泰, 「韓國古代의 弩」, 『石窩黃龍渾敎授停年紀念論叢亞細亞古文化』, 刊行委員會, 1995.

　　金性泰, 「韓半島 東南部 地域 出土 鐵鏃의 硏究」, 『韓國上古史學報』 第10號, 1992.

볼 수 있는 근거가 된다. 또한 백제 말기 철촉의 기본적인 형식은 장경유엽형이었던 사실을 분명히 할 수 있다. 그런데 6세기 중엽부터 등장하여 7세기 철촉을 대표하는 초장경하각형(超長頸下角形)(도면14-③ 참조) 철촉이 전혀 보고되지 않은 점은 의문으로 남는다. 앞의 유물소개에서 특기한 도면2-⑤와 도면2-⑱이 초장경하각형일 가능성을 배제할 수 없다. 그러나 작도(作圖)상의 차이일 가능성도 있으므로 상기 철촉을 초장경하각형으로 단언하기는 어렵다.

IV. 수성용무기

1. 출토상황[15]

1988~1991년도에 조사한 동문지의 적대시설 내측 회곽도 부근에서 덩어리 형태로 철모, 갈고리창, 양지창, 철촉, 철겸 등이 엉킨 상태로 출토되었다. 제1 출토지점은 암적갈색 다짐층 상면을 파서 만든 구덩이로 한 개의 덩어리 상태로 출토되었다. 이 철제덩어리를 분리하여 보존 처리한 결과 철겸 13점, 갈고리창 8점, 삼지갈고리 1점, 양지창 3점, 철모 1점, 철부 2점, 철촉 20여 점, 철제둥근고리 등이 확인되었다. 이들 철기는 모두 무기들이고 또한 모두 대형인 점이 무엇보다도 주목된다. 출토상태로 미루어 이들 철기들은 한 군데 모아둔 상태에서 폐기된 것으로 추정된다.

제2 출토지점(N9구역)은 제1 출토지점(N8구역)에서 서쪽으로 400cm 지점에 암적갈색 다짐층을 길이 40cm, 폭 130cm 정도 크기로 판 구덩이로,

---

15) 부여문화재연구소, 앞의 책, 1995, pp.190~191.

이곳 역시 제1 출토지점과 마찬가지로 한 곳에 엉킨 채로 출토되어 인위적으로 모아 둔 상태에서 폐기된 것이 아닌가 추측케 한다. 한편 철기류는 이상의 집중 출토지역 이외에서도 다수 출토되었는데 주로 회곽도를 중심으로 출토되고 있다. 제2 출토지점과 회곽도 주변에서 출토된 철기는 철겸 4점, 소형철겸 1점, 갈고리창 3점, 양지창 1점, 철모 1점, 창고달 1점, 철부 2점, 찰갑편 2점, 철촉 10여 점, 철제둥근고리 2점, 철정 3점, 철제따비 1점, 꺾쇠 1점, 사각장식(四角裝飾) 1점, 유사철겸(類似鐵鎌) 1점, 철제솥편 2개체분, 장방형 철편 등이 출토되었다.

한편 덩어리 상태의 출토상황과 관련하여 주목되는 사실은 덩어리상태의 철기는 모두 무기류이며 출토된 지점은 토루 내부의 구지표상으로 그 주변에 소토흔적과 함께 숯이 집중적으로 분포하고 있는 점이라 하겠다. 이는 무기류가 덩어리상태의 엉킨 채로 출토된 상황과 관련지어볼 때 시사하는 바가 크다고 생각된다. 이에 관한 자세한 논의는 뒤에서 하고자 한다.

2. 대형철겸 (大形鐵鎌)

1) 소개 : 1988~1991년도 조사(동문지) 출토품[16], 도면4, 도면5-①~⑤

철겸은 16점이 출토되었는데 이 중 13점이 제1 출토지점인 철제덩어리에서 확인되었다. 모두 대형으로 단조로 제작하였다.

기본적인 구조는 몸통부분과 날 끝 부분 그리고 자루결합부로 이루어져 있다. 기본적인 형태는 현대의 낫과 같이 호형을 기본으로 하고 있으나 직선상의 호형몸통에 날 끝 부분이 둔각으로 이어지는 A형(꺾임형)과 전

---

16) 위의 책, pp.191~193.

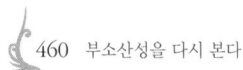

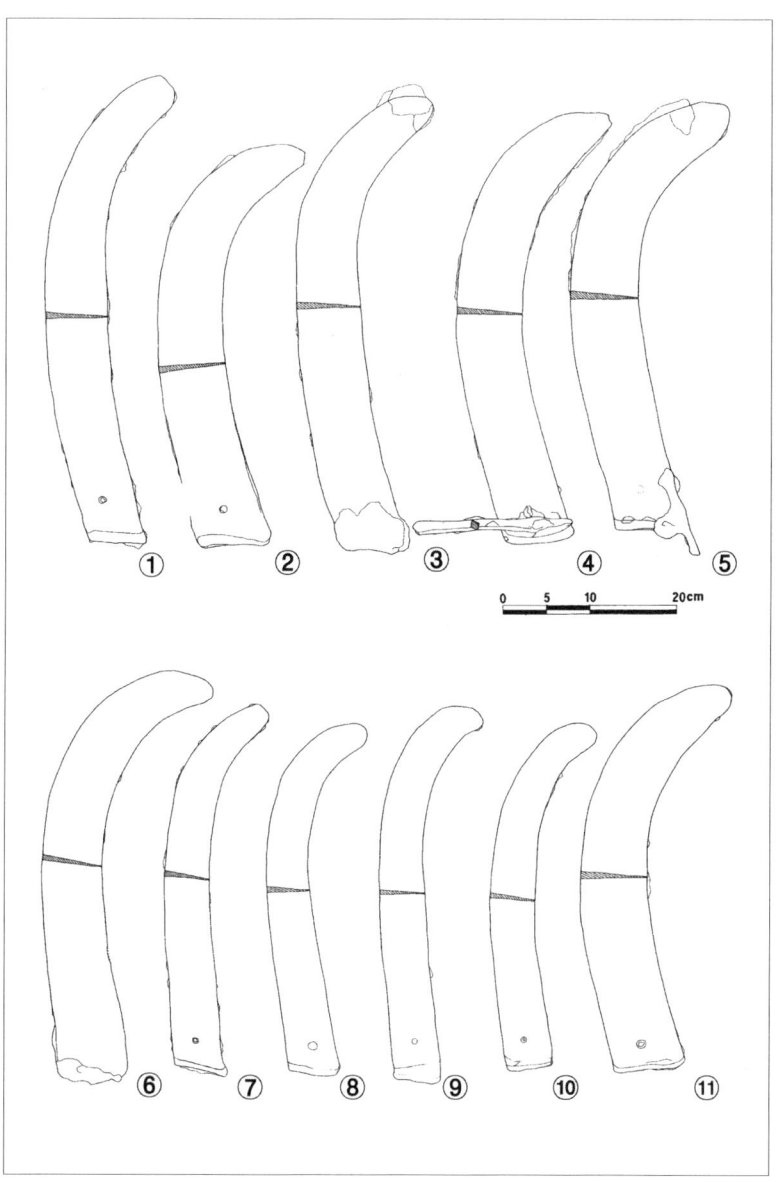

도면4. 대형철겸(동문지)

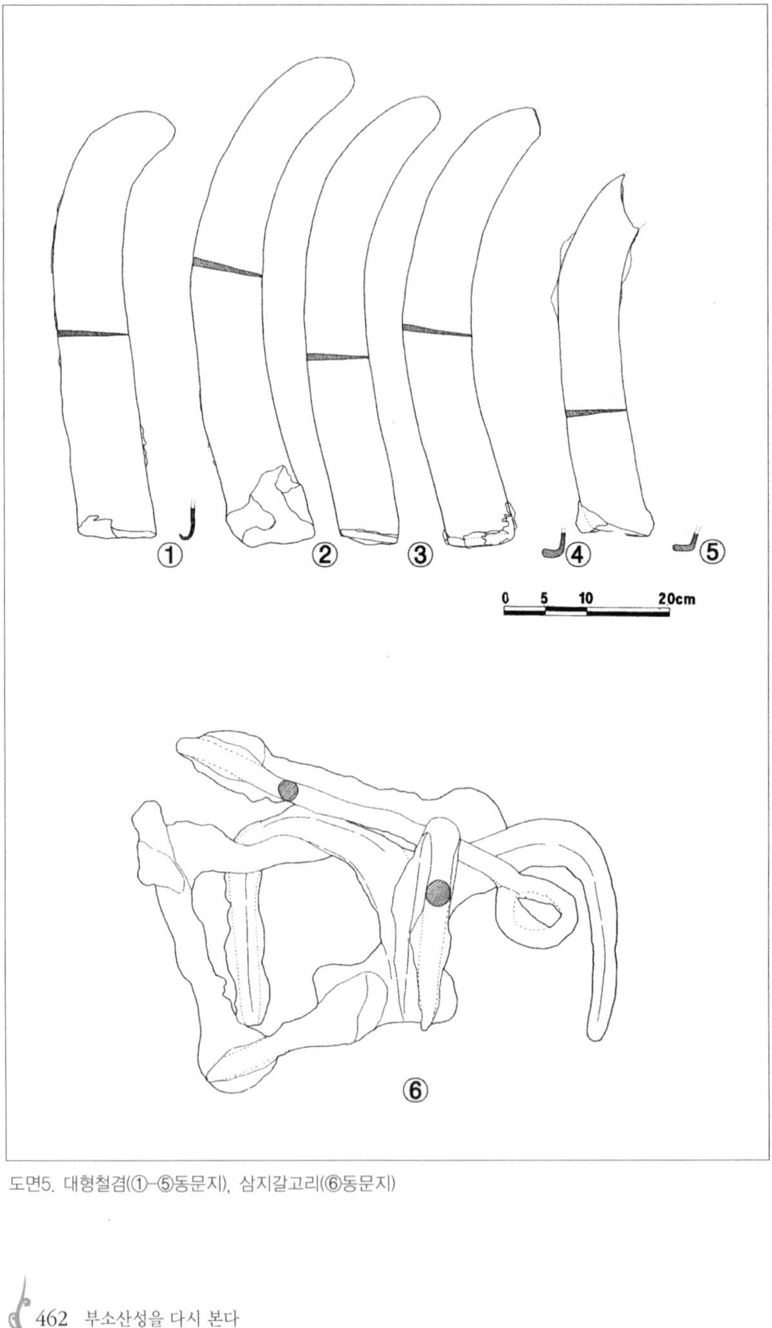

도면5. 대형철겸(①~⑤동문지), 삼지갈고리(⑥동문지)

체적인 형태가 호형인 B형(호형)으로 나누어진다. 단면은 이등변삼각형이고 그 폭은 자루결합부에서부터 조금씩 좁아지면서 날 끝 부분으로 이어진다. 자루결합부는 명확히 마련되어있지 않고 그 말단은 끝 부분을 직각 혹은 100° 정도 L자 모양으로 구부려져 만들었거나 아니면 둥글게 말아서 처리하였다. 자루와의 결합을 공고히 하기 위하여 못을 박았던 흔적이 소형의 구멍으로 남아 있다. 자루결합부와 자루와의 결합은 90°로 이루어졌던 것으로 보인다.

2) 분석

철겸의 기능이 농기구 외에 무기로서 사용되었을 가능성은 일찍부터 제시되어왔다. 김기웅은 철겸의 출토정황으로 미루어 그것이 개지극(皆枝戟)과 함께 대기병용(對騎兵用)의 걸어 당기는 무기로 사용되었을 가능성을 제시했다. 그는 또 철겸이나 철부와 같은 생산용의 농공구(農工具)가 전투용(戰鬪用)의 무기로 전용(轉用)된 사실들을 지적하고 특히 창녕교동(昌寧校洞) 제89호분과 달서(達西) 제37호분 일석곽(一石槨)과 이석곽(二石槨) 등에서 나무집에 넣어진 상태로 철겸이 출토된 점을 지적하고 무기로서의 사용을 강조했다.[17] 이런 지적들에도 불구하고 철겸이 무기로서 사용되었을 결정적인 증거는 나타나지 않은 실정이었고 그 후 연구들에서 철겸을 무기의 범주에 따로 포함시켜 논의된 일도 없다.

이런 실정에서 부소산성에서 출토된 다량의 대형철겸은 철겸이 무기(武器)로서 사용된 사실을 분명하게 전하여 주며, 한편으로는 철겸이 수성용 무기로서도 사용되었을 뿐만 아니라 또한 가장 중요시된 사실도 알 수 있다. 즉 철겸은 성을 오르는 적을 걸어 당기거나 베는 무기로서 사용되었

---

17) 김기웅, 「제2절 삼국시대의 무기」, 『한국무기발달사』, 국방군사연구소, 1994, p.81.

던 것이 확실시된다.

그런데 이와 함께 논의되어야 할 사실은 이 철겸이 매우 대형이라는 점이다. 자루를 뺀 철겸의 머리부분만 하여도 그 무게가 1kg에서 1.5kg에 달하고 있다. 이처럼 무겁고 큰 철제의 이기(利器)는 그에 걸맞는 길고 무거운 자루가 필요했을 것으로 추측되는데, 『武經總要(무경총요)』에 기록된 수성창(守城槍)의 길이가 약 7.5m인 사실을 감안하면, 그 길이는 적어도 대략 6m 이상은 되었을 것이라[18] 추측된다. 이런 추정은 뒤에서 소개할 갈고리창, 양지창 등 수성용장병기(長柄器)의 자루 길이에도 적용될 수 있을 것이다.

3. 양지창 (兩枝槍)

1) 소개 : 1988~1991년도 조사(동문지) 출토품[19], 도면6

모두 4점으로 제1 출토지점인 철제덩어리에서 3점이 출토되었고 나머지 한 점은 N9구역에서 출토되었다. 모두 대형으로 단조로 제작되었다.

기본틀은 자루를 끼우기 위한 투겁부와 두 날[兩枝]로 이루어진 몸통부로 되어 있다. 투겁부는 앞에서 설명한 철겸이나 갈고리창의 투겁부와 동일한 형태와 방법으로 제작되었다. 즉 철판을 원형 혹은 타원형으로 말아서 길쭉한 원추형의 원통관(圓筒管)을 만든 후 자루를 그곳에 끼운 후 못을 박아 고정하였다. 이때 못은 한 개만 박았는데 그 못이 자루를 완전히 관통하지는 않았다. 결국 못은 자루를 걸쳐서 박혀 있는 것이 아니라 자루의 한쪽부분에만 박아 자루를 고정시켰다.

---

18) 笹田耕一, 『武器と防具(中國篇)』, 1992, 新紀元社, pp. 170~178.
19) 부여문화재연구소, 앞의 책, 1995, pp. 194~195.

몸통은 자루에서 분수모양의 호선(弧線)을 그리면서 벌어져 나가는데 마치 양갈래로 벌어진 양(羊)의 뿔을 연상케 한다. 그리고 날은 창을 잡은 사람의 위치에서 볼 때 몸통의 바깥쪽으로 나있다. 즉 전투 시 상대방을 걸어서 살상을 도모하도록 날을 안쪽으로 낸 철모와는 좋은 대비가 된다. 그리고 날의 반대쪽의 등부분은 상대적으로 날에 비해 두터운 편으로 철겸 등부분과 비슷한 두께로 되어 있다. 따라서 그 단면은 철겸이나 도(刀)와 같이 세장한 이등변삼각형이다.

2) 분석

특이한 형태로 인하여 발굴 이후 그 용도에 대하여 많은 추측들을 가지게 했지만 이는 중국 수성병기(守城兵器) 중의 하나인 차간(叉竿)(도면15-②)과 저리(抵籬)와 같은 용도로 판단된다. 즉 이 양지창은 밖으로 향한 날을 이용해 성을 기어오르는 적의 손을 자르거나 공격용무기인 비제(飛梯)를 밀어버리기 위한 목적으로 사용된 수성용병기라[20] 할 수 있다. 이 양지창의 크기와 무게는 철겸이나 갈고리창의 그것과 비슷한 6m 이상이었을 것으로 판단된다.

4. 갈고리 (槍)

1) 소개 : 1988~1991년도 조사(동문지) 출토품[21], 도면7, 도면8-①~③

제1 출토지점의 철제덩어리에서 8점이 확인되었으며 나머지는 제2 지점과 회곽로 주변에서 수습되었다.

---

20) 韋鎭福 外, 『中國軍事史』 第1卷(兵器), 解放軍出版社, 1983, pp. 59~60.
21) 부여문화재연구소, 앞의 책, 1995, pp. 193~194.

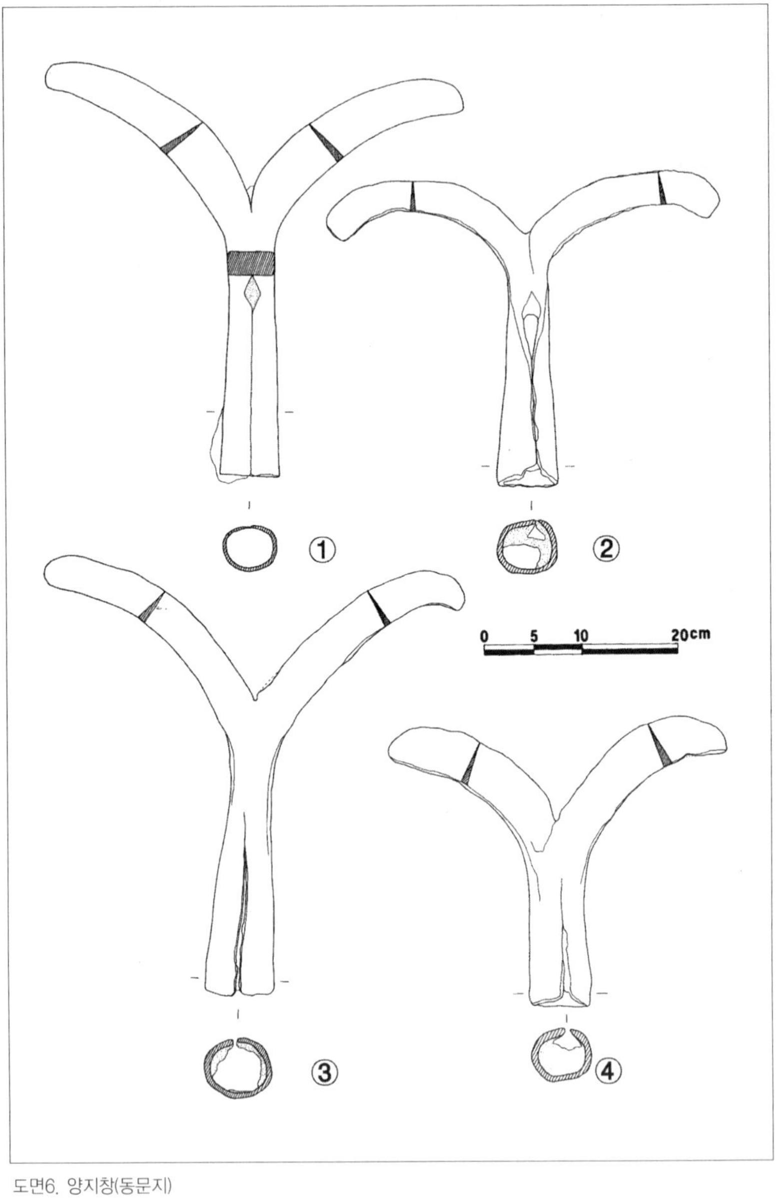

도면6. 양지창(동문지)

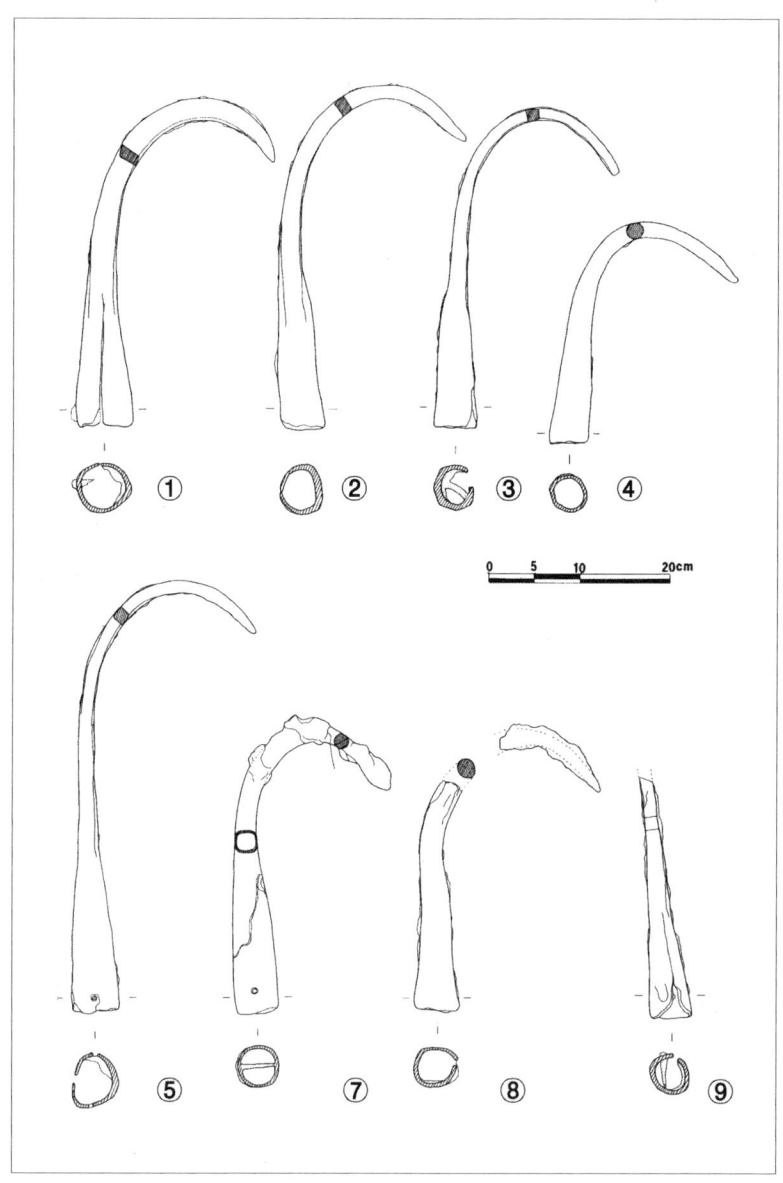

도면7. 갈고리창(동문지)

기본틀은 투겁부와 갈고리부분으로 나누어진다. 투겁부는 갈고리에 비해 짧은 편으로 사다리꼴모양의 철판형태를 둥글게 말아서 만들었다. 따라서 그 단면은 원형이나 타원형이고 전체적인 형태는 길쭉한 절두원추형(截頭圓錐形)이 된다. 끝 부분에는 자루와의 결합을 공고하게 하기 위하여 구멍을 뚫고 거기에 단면방형(斷面方形)의 철못을 박았다.

갈고리는 그 기본적인 형태가 반원형이며 그 단면은 원형, 타원형, 직사각형, 정사각형 등 다양하다. 그리고 그 끝 부분은 원추나 사각추모양으로 뾰족하게 처리하거나 아니면 끌날모양으로 일자로 처리하였다.

이 갈고리창은 갈고리와 투겁의 연결방법에 따라 2가지 유형으로 구분된다. 제1 유형은 투겁 위의 철봉을 바로 구부려서 갈고리를 만든 유형이고, 제2 유형은 윗부분을 일정 높이까지 직선으로 철봉을 연장시킨 후 구부려서 갈고리를 만든 유형이다.

2) 분석

이는 찍거나 걸어 당기기 위한 무기로서 기본적인 형태는 투겁에 갈고리가 연결되어있는 모양이다. 길이와 무게는 철겸이나 대형철모의 그것과 비슷하였을 것으로 추정된다. 현재까지 부소산성에서만 그 존재가 알려졌을 뿐이다. 중국의 기록이나 실물자료로서 이런 갈고리가 소개된 문헌을 보지 못하였고 또한 우리나라의 다른 유적에서도 발견된 바가 없다.

5. 노촉 (弩鏃)

1) 소개 : 1988~1991년도 조사(동문지) 출토품[22], 도면8-④~19, 도면9-①~⑬

몇 점을 제외하고는 대부분이 촉머리, 목, 슴베의 일부가 결실되어 있다. 부소산성에서 출토된 철촉류의 대다수를 차지하고 있다.

촉머리의 전체적인 평면형태는 마름모형이고 중간부분에서 최대두께를 가지며 단면은 정방형을 이루고 있다. 목은 촉머리의 아래부분의 폭을 줄여서 만들었는데 그 경계는 뚜렷하지 않다. 목의 단면은 정방형이고 전체적으로 두터운 특징을 지니고 있다. 습베는 목과의 경계점에서 2면 혹은 3면에 단을 주어 턱이 지도록 하였다. 습베단면은 정방형이며 얇고 길게 뻗어 마무리부분에만 짧고 뾰족하게 처리하였다. 이 철촉의 촉머리와 목이 두텁고 무겁게 제작되어 특수용도의 철촉으로 추정되며 보통의 활이나 노(弩)로는 발사가 곤란한 화살대에 꼽혔던 것이 확실시된다.

2) 분석

대형철촉은 노중에서도 상노(床弩)에 의해 발사되던 화살대에 꽂혔던 촉으로 판단된다. 그 이유는 다음과 같다. 이 노촉은 자료에서 소개했던 대로 길이가 24㎝나 되고 무게가 100g에 달하는 대형으로 보통의 활이나 노에 사용하기에는 부적합한 크기이다. 그런데 다음의 기사는 이 활촉의 용도를 아는데 많은 암시를 준다. 『후한서(后漢書)』 진구전(陳球傳)에는 "絃大木爲弓羽矛爲矢 引機發之 遠射千餘步"란 내용이 보이는데, 이는 상노에 관한 기사로 평가된다. 따라서 부소산성 출토 대형촉은 상노(도면15-⑥)에 사용되었던 노촉이었던 사실을 밝힐 수 있다. 이런 상노는 시위를 당기는데 인력으로는 불가능하여 차의 기계적인 힘을 이용하였던 것으로 전하고 있다. 그리고 철촉이 출토된 위치가 적대로 추정되는 곳으로 주위가 한 눈에 들어오는 지점인 점도 대형철촉을 노시(弩矢)에 사용된 촉일 가능성을 더욱 짙게 한다. 이상의 주장은 차노에 사용된 화살이 "鏃刃長七寸 圍五寸 箭杆長三尺圍五寸 以鏃葉或皮革作箭羽)"라는 『忠公兵法輯本(충

---

22) 위의 책, pp.198~200.

공병법집본)』卷下의 기록으로도 뒷받침된다. 또한 "道督三道諸軍屯漢南…城置萬人…給强弩十二床…弩一床牛六頭"라는 『北史(북사)』 원하전(源賀傳)의 기록은 상노의 사용을 복원해보는데 좋은 자료를 제공한다.

6. 삼지갈고리

1) 소개 : 1988~1991년도 조사(동문지) 출토품[23], 도면5-⑥

짧은 갈고리 3개를 분수모양으로 단접시켜 삼지의 갈고리를 만든 후 그것에 철봉 3개를 연결시켰다. 갈고리는 단면이 원형이며 철봉을 구부려서 만들었고 한 끝에 뾰족하게 날을 세웠다. 철봉은 양쪽에 둥근 고리가 있는 형태로 양쪽 고리는 철봉의 양쪽 끝을 둥글게 말아 만들었다. 철봉의 크기는 첫 번째부터 11㎝, 11㎝, 18.5㎝순이며 현재 5절(節)이 남아 있다. 무게 1962.1g

2) 분석

이 갈고리는 성벽을 오르기 위한 갈고리로 생각할 수도 있으나 오히려 수성용(守城用)의 병기인 비구(飛鉤)이다(도면15-①). 이는 중국 측의 자료가 잘 보여주는데 적이 성벽 아래에 모여 있을 때 이 갈고리를 던져 적을 걸어 올리는데 사용되었다고 한다. 일설(一說)에 의하면 일차(一次)에 2~3명을 걸어 올렸다고 한다.[24]

---

23) 부여문화재연구소, 앞의 책, 1995, p.197.
24) 韋鎭福 外, 『中國軍事史』第1卷(兵器), 解放軍出版社, 1983, pp.60~61.

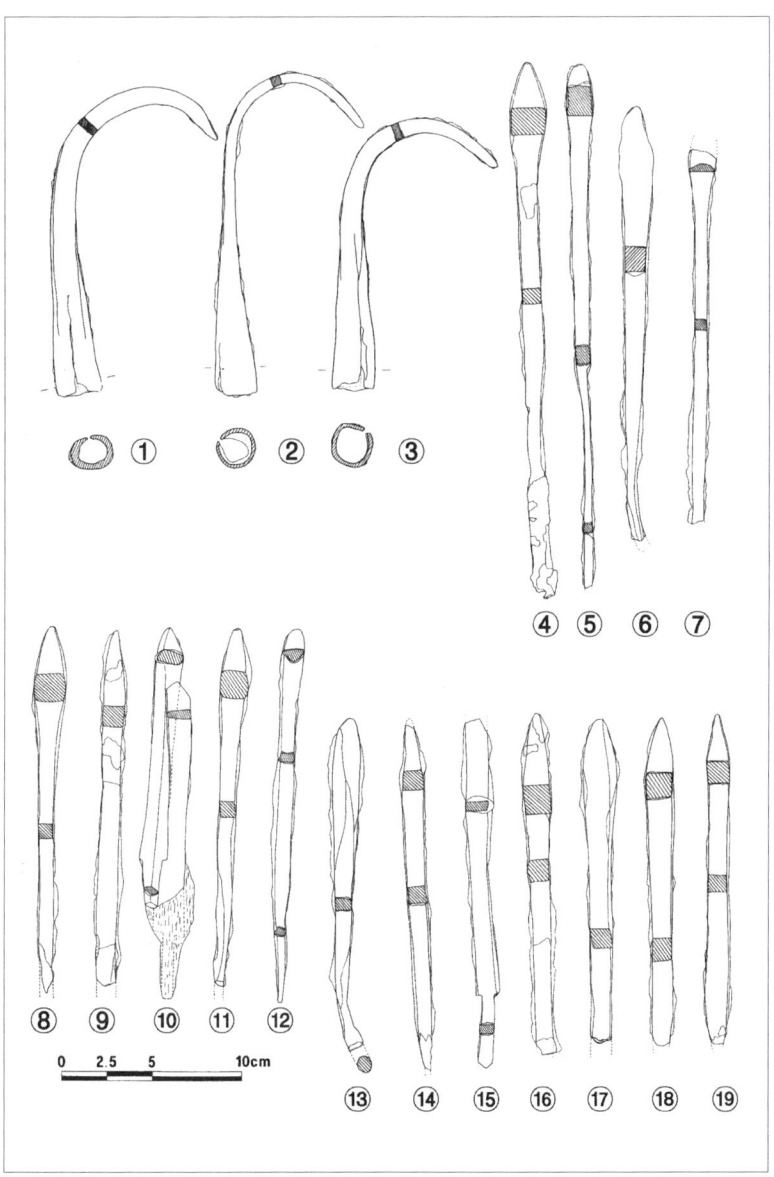

도면8. 갈고리창(①~③동문지), 대형철촉(④~⑲동문지)

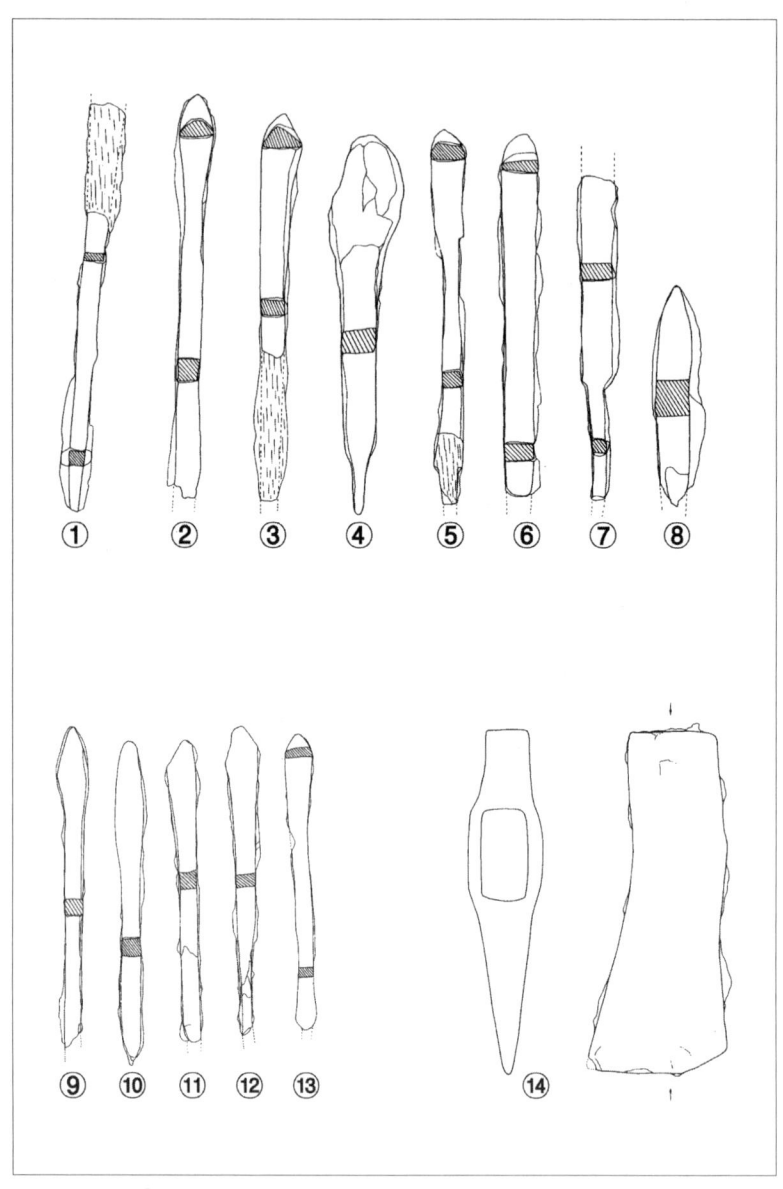

도면9. 대형철촉(①~⑬동문지) 횡공부(⑭사비루남동편)

7. 마름쇠

1) 소개

(1) 86~87년도 조사지역(남문지와 주변성벽)[25] 출토품, 도면10-③④⑤

두 개의 철막대를 단조에 의하여 양단을 날카롭게 처리하고 중앙부는 좀 납작하게 두드려 구부린 다음 두 개를 엇걸어 중앙부의 납작한 부분을 서로 맞대어 부착한 것이다. 마름쇠의 완성형태는 네 개의 날카로운 침이 서로 다른 방향으로 나있기 때문에 어떤 방향으로 던져도 그 중 하나의 침은 위로 향하여 서게 된다. 한 개의 침 길이는 2.7cm~3.4cm 정도이다. 각 침의 횡단면은 정사각형 또는 직사각형을 이루고 있다. 길이 5~6.2cm

(2) 1988~1991년도 조사(동문지)[26] 출토품, 도면10-⑦

마름쇠는 날카로운 송곳형태의 네 끝을 가진 철물로서 성 밖에 던져 뿌려 인마(人馬)가 쉽게 접근할 수 없도록 하는, 일종의 지연효과를 노린 수성용(守成用) 무기로 볼 수 있다. 동문지조사에서는 남측 토루 주변과 문지 밖 경사면과, 특히 추정장대지(치성부근)부근 토루 안쪽에서 10점 이상 출토되었다. 마름쇠는 네 가지로 나누어져 어느 부분이 땅에 닿아도 한 가지는 위를 향하여 서게 되기 때문에 위를 향하여 땅에 놓인 송곳기능을 할 수 있다. 이곳에서 출토된 마름쇠는 크기나 모양이 거의 같은데 높이는 4.2~4.5cm로서, 잘 관찰해보면 ㄱ자형의 철물의 꺾어진 부분을 단조에 의하여 두드려 납작하게 한 후 두 개를 등을 맞대어 붙인 것이다.

---

25) 국립문화재연구소, 앞의 책, 1996, p.246.
26) 부여문화재연구소, 앞의 책, 1995, pp.189~190.

각가지의 몸체는 횡단면 4각형으로 처음 조성 시에는 각이 날카롭게 지도록 두드렸음을 알 수 있다.

이 마름쇠는 삼국사기 신라본기에 그 사용예가 기록되었다. 중국에서도 널리 이용된 것으로 확인되고 있다. 양주 대모산성 조사에서도 발견보고 예가 있다.

(3) 1997년도 조사(사비루 동편) 출토품[27] 도면10-⑥

사비루 동편 조사 시 자물쇠, 철제고리 등과 함께 모두 방형적석단(方形積石壇)의 남동 모서리 부근의 표토하 30㎝ 황갈색 사질토층에서 일괄로 수습되었다.

마름쇠는 끝 부분이 송곳 형태로 4갈래로 갈라졌는데, 어느 쪽이든 바닥에 떨어져도 바로 세워질 수 있는 송곳의 기능을 하고 있다. 끝 부분은 매우 뾰족해서 바닥에 뿌려 인마(人馬)의 접근을 막는데 사용되었음을 짐작할 수 있다. 이 마름쇠는 이전에도 부소산성 백제 동문지 남측 토루(土壘) 주변과 문지 밖 경사면, 추정 장대지(將臺址)부근 토루(土壘) 안쪽에서 10점 이상 출토되어 무기로 사용되었음을 확실하게 알 수 있다. 이번에 출토된 마름쇠로 역시 끝 부분은 뾰족하게 다듬어져있고, 꺾인 부분은 납작하게 두드린 후 두 개를 등을 맞대어 서로 붙였다, 각 가지는 서로 연결되어있는 부분은 가장 두꺼우며 각 단면은 삼각형의 형태를 하고 있고, 각이 져있어 매우 날카롭다. 높이 3.5~3.7㎝

2) 분석

『三國史記(삼국사기)』에는 마름쇠와 관련하여 다음과 같은 유익한 정보

---

27) 국립부여문화재연구소, 앞의 책, 1999, pp.249~250.

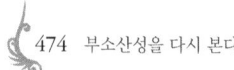

가 있다. 즉 "五月九日(一云十一日) 高句麗將軍惱音信與靺鞨將軍生偕 合軍來攻述川城 不克 移攻北漢山城 列抛車 飛石 所當殲屋輒壞 城主大舍冬陀川 使人 擲鐵所藜於城外 人馬不能行"[28]이라 기록하고 있다. 이를 통하여 마름쇠는 철질려[鐵所藜]로 일컬었으며 성 밖에 뿌려서 사람이나 말의 접근을 방어하는데 사용되었던 것으로 추측된다. 한편으로 철질려 중에는 중간에 구멍이 뚫린 것이 확인되어 철사 등으로 연결하여 철조망이나 차단선을 구축하는 데에도 사용되었을 것으로 추측된다. 또한 땅에 살짝 묻어 침만 노출되게 하여 그것을 밟은 말을 놀라게 하는 암기(暗器)로도 사용되었다.[29]

부소산성 출토품은 모두 철제이다. 그러므로 중심에 구멍을 뚫은 것은 없었다고 판단된다. 백제 말기 문화층과 통일신라 문화층에서 모두 출토되어 시기적인 속성의 변화를 파악할 수도 있으나 도면에 자세한 묘사가 없어 변화상의 추출이 곤란하다.

---

28) 『三國史記』, 新羅本紀 第5 太宗武烈王 8年 條.
　　"고구려 장군 뇌음신이 말갈 장군 생해와 함께 군사를 합쳐 가지고와서 술천성을 공격하다가 이기지 못하고 옮겨서 북산산성을 치는데 적병은 포차를 벌려놓아 날아오는 돌에 맞는 대로 성가퀴와 집이 무너지므로 성주 대사 동타천이 사람을 시켜 마름쇠를 성 밖에 던져 깔아서 사람과 말이 나닐 수 없게 하고…"
29) 笹田耕一, 앞의 책, 1992, pp.178~179 참조.

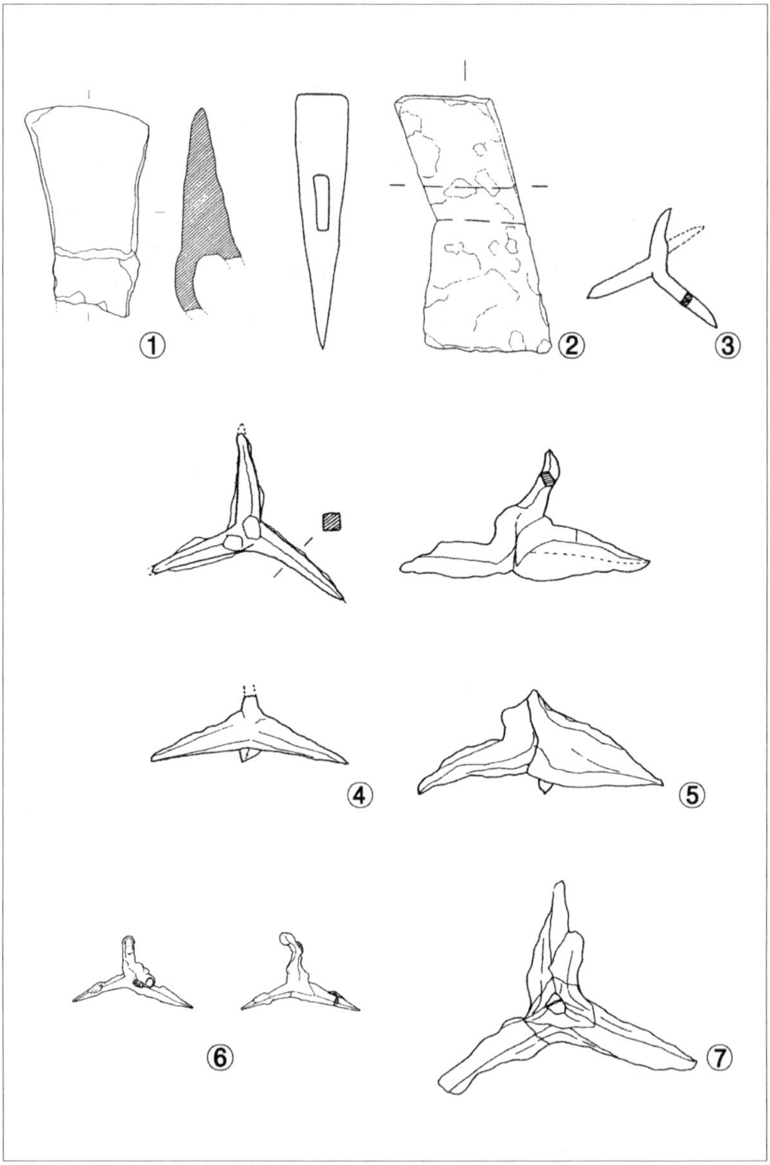

도면10. 횡공부(①동문지 ②북문지 동편), 마름쇠(③-⑤남문지 주변 ⑥사비루 동편 ⑦동문지)

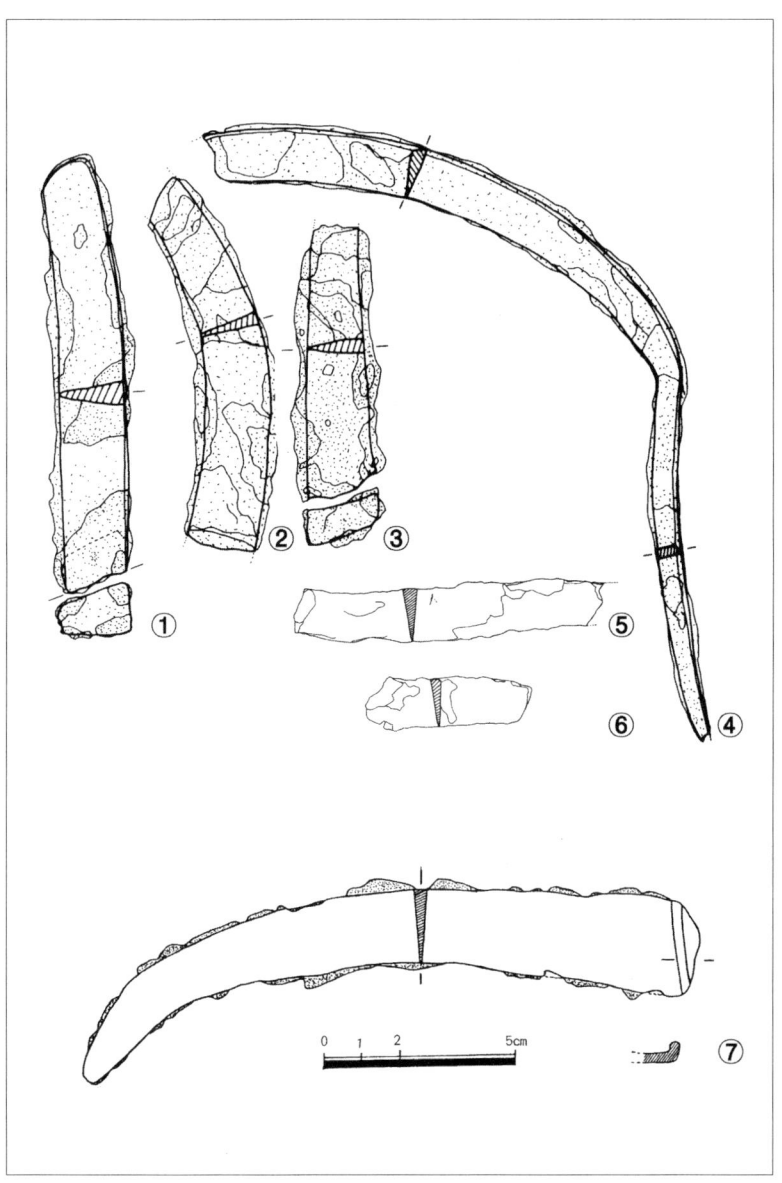

도면11. 소형철겸(①~④군창터 남서편 대지 ⑤⑥동문지 ⑦남문지 주변)

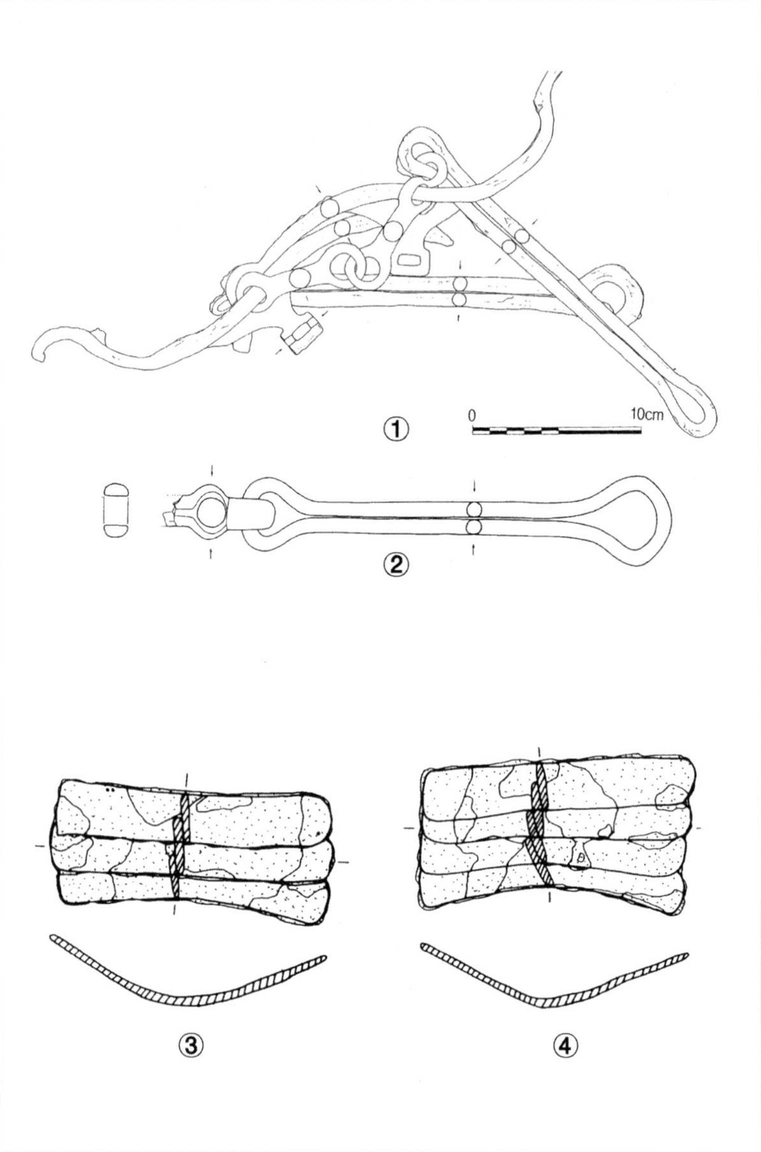

도면12. 재갈(①②사비루 남동편), 갑주편(③④군창터 남서편 대지)

V. 마구와 갑주

1. 마구

1) 소개

(1) 1996년도 조사(사비루 남동편) 출토품[30] 其1, 도면12-②

수습 당시부터 잔존상태가 거의 원형에 가까울 정도로 좋은 편이다. 표면에는 청동 흔적은 매우 고르게 덮혀있고 다른 부속과의 연결고리 일부가 끊어진 채 달려있다.

말의 입안에 물리는 재갈쇠는 자름면이 원형인 2개의 양 끝을 각각 둥근 고리로 만들어 서로 물리게 만들었다. 잔존길이 22.0cm, 두께 0.7cm

(2) 1996년도 조사(사비루 남동편) 출토품[31] 其2, 도면12-①

재갈쇠의 기본 형태는 위의 것과 유사하다, 출토 당시부터 부식이 심하여 하나의 덩어리로 수습되어 그 상태로 보존처리를 실시하였다. 재갈쇠는 지름면이 원형인 2개의 쇠꼬치의 양쪽 끝을 둥근 고리로 해서 물리게 하였다. 여기에 다른 한 토막으로 된 이음대의 양쪽 면에 역시 둥근 고리르 만들어 연결하여 이 고삐이음고리는 재갈쇠와 연결되는 고리와 약 90° 정도를 유지하고 있다.

---

30) 국립부여문화재연구소, 앞의 책, 1999, p.158.
31) 위의 책, pp.158~159.

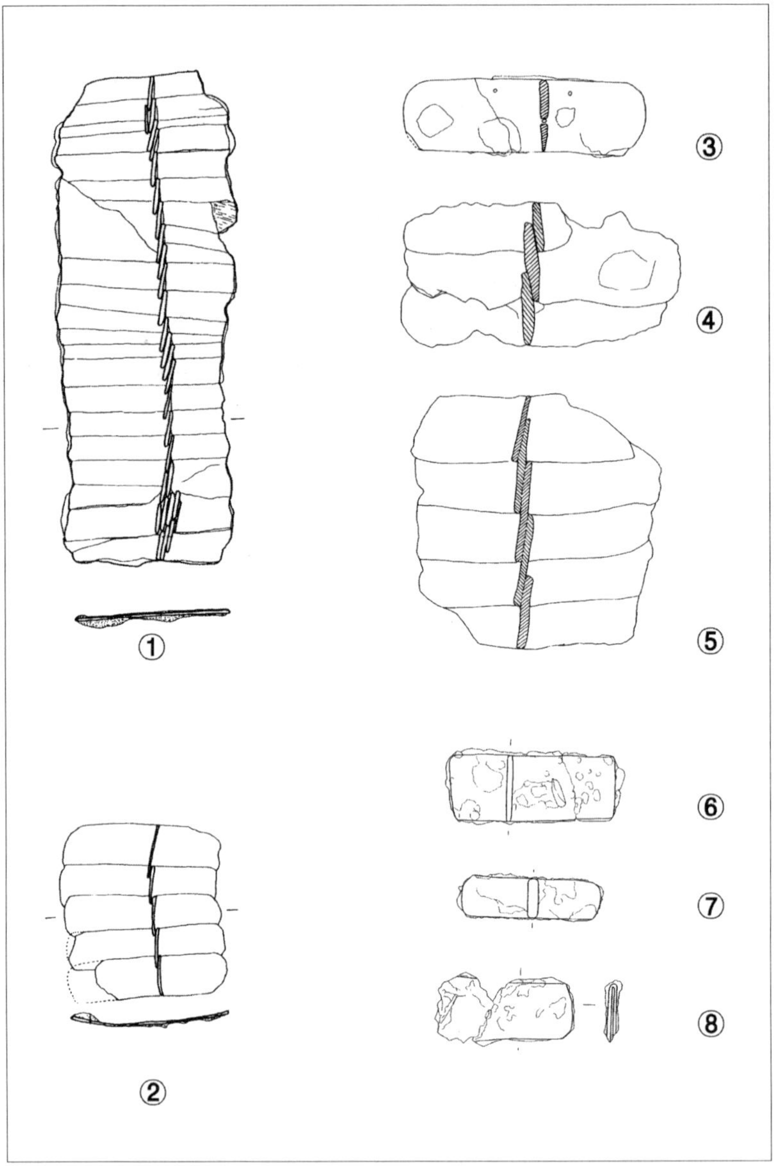

도면13. 갑주편(①②수혈주거지 주변 ③-⑤동문지 ⑥-⑧북문지 동편)

2) 분석

통일신라시대 마구 관련 자료가 매우 부족한 실정에서 원형을 고스란히 유지한 채 출토되어 중요한 학술적 가치를 지닌다. 철제와 동제품이 출토되었으나 기본적인 형태는 유사했을 것으로 판단된다. 보고서에서는 매우 간략하게 유물을 기술하였으나, 여기서 도면을 참조하여 기본적인 분석을 하면 다음과 같다. 우선, 형식상으로 표비(鑣轡)에 속한다. 기본구성은 함(銜, 재갈쇠), 함유(銜留, 재갈멈추개), 인수(引手, 고삐이음새), 유환(遊環)으로 되어 있다. 재갈쇠는 2연식으로 철봉은 꼬지 않고 양쪽 끝을 둥글게 말아서 내환과 외환을 만들었다. 재갈멈추개는 삼한시대 이래의 전통을 따르는 S자형으로 중앙부분에 입문(立聞)을 둔 점이 특징적이다. 고삐이음새는 둥근고리모양의 유환에 의해 재갈쇠와 연결하였는데, 철봉을 꼬지 않은 이조식(二條式)으로 인수외환의 형태가 둥글며 측면의 모양이 본체에서 직선이다.[32] 이 표비는 현재까지 비교대상유물이 없으며 6세기 중엽으로 편년되는 아차산 4보루의 재갈과(도면14-④)는 분명한 형식적인 차이가 보인다. 기본적인 속성으로 미루어 통일신라시대 재갈의 기본적인 형태가 아닌가 추측된다.

한편, 도면12-②는 통일신라시대가 되면서 재갈을 청동으로도 제작하였던 사실을 여실히 보여주며, 이런 사실과 함께 통일신라 유적에서 확인되는 청동화살촉의 존재는 통일신라시대 주조(鑄造)에 의한 청동제무기의 제작과 사용을 암시해준다.

---

32) 재갈에 대한 기본적인 검토는 아래의 글을 참조하였다.
  李蘭暎 · 金斗喆 共著,『韓國의 馬具』, 마사박물관, 1999, pp.12~26.

2. 갑주

1) 소개

(1) 1984년도 조사(수혈주거지 서편) 출토품[33], 도면13-①②

철제찰갑은 주로 서편 성벽의 내측 수축성벽 내나 성 내의 구지표층에 연접한 층위에서 출토되었으며 건물이나 성벽과 직접적인 관련을 보이는 상태로 출토되지는 않았다. 찰갑은 5개 정도에서 최고 약 25개 정도씩 서로 겹쳐진 상태로 출토되었는데 낱개의 형태는 평면상 각이 없는 긴 직사각형으로 얇은 철판을 사용하였다. 찰갑의 낱개크기는 길이 9.6㎝, 너비 2.4㎝로 규격에서는 거의 크기 차이가 없는 듯하다. 철갑간의 연결부 겹침상태는 찰갑너비의 4분의 1인 6㎜를 표준으로 하고 있었다. 찰갑의 두께는 1㎜를 넘지 않는 것으로 조사되었다. 철갑연결끈의 재료는 오랜 기간을 지나는 동안 썩어 흔적을 발견할 수 없었다. 각 찰갑은 적어도 네모퉁이에 지금 1.5~2㎜ 정도의 구멍을 뚫어 서로 연결했던 것으로 보이나 녹이 심하여 구멍의 숫자를 모두 관찰할 수는 없었다. 찰갑의 중앙부의 양측에 두 개 정도의 구멍이 더 있을 가능성도 있으나 확실하지는 않다.

(2) 1988~1991년도 조사(동문지) 출토품[34], 도면13-③④⑤

철판을 두드려 장방형으로 얇게 편 다음 모서리부분을 모죽임(말각(抹角))하여 둥글게 처리하였다. 찰갑판에는 찰갑을 서로 연결할 수 있도록 소공(小孔)을 뚫었다. 현재 한쪽에만 4㎝ 간격을 두고 2개가 확인되었으

---

33) 국립문화재연구소, 앞의 책, 1996, p.192.

34) 부여문화재연구소, 앞의 책, 1995, pp.200~201.

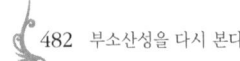

며 중심부에 1개의 소공이 뚫려있다. 길이 : 9.3㎝, 폭 : 3.0㎝, 두께 : 0.3 ㎝, 무게 : 20.1g

동일한 찰갑 수매가 ⅜정도 일정하게 포갠 상태로 출토되었으나 부식이 심하여 혁뉴공(革紐孔)과 연결상태는 알 수 없다.

(3) 1992년도 조사(군창터 남서편 대지) 출토품[35] 도면12-③④

찰갑은 7점이 출토되었다. 그 중 4점은 정연하게 부착된 채 남아 있었는데 찰갑간을 연결시켜주는 끈은 삭아 없어졌으나 철제라는 재료에서 녹이 슬면서 서로 부착되어 몇 점씩이지만 원 모습을 갖추면서 연결된 상태의 모습을 지니고 있었던 듯하다.

다른 3점 역시 연결고리는 삭아 없어졌지만 녹슬은 상태로 그대로 부착되어 반출되었다. 개개의 찰갑은 긴 직사각형과 비슷하지만 자세하게 관찰하면 한쪽은 ⊏형의 반원형을 유지하고 다른 편은 각을 죽인 ⊐형태여서 거의 비슷한 상태를 보여주고 있었다. 다만 중간의 허리부분은 양단쪽에 비하여 다소 좁아 잘록한 형태이다.

찰갑의 측면에는 가장자리를 돌면서 직경 1㎜ 정도의 구멍이 관통되어 있으나 심한 녹으로 인하여 전체의 구멍상태는 관찰할 수 없었고 측면에 2개, 한쪽 끝 부분에 1개의 구멍을 살필 수 있을 뿐이었다. 그 중 한쪽에 쌍으로 나타난 구멍 간의 거리는 0.5㎝ 정도였다.

위의 찰갑편 이외에도 작은 파편 조각 2편이 방형 수혈주거지 내부의 바닥층인 황갈색＋적갈색 점질층인 지표하 90㎝에서 출토되어 이들의 사용시기는 백제에서 통일신라 초기경에 걸친 어느 시기일 가능성이 높게 나타났다. 찰갑 한 개의 크기는 깊이 11.7㎝, 허리부분 너비 1.8㎝, 끝 부분

---

35) 국립부여문화재연구소, 『부소산성 발굴조사 중간보고』Ⅱ, 1997, pp.66~67.

너비 2.2cm, 두께 2mm.

(4) 2000~2002년도 조사(북문지 동편 다지구) 출토품[36] 도면13-⑥⑦⑧

평면은 말각장방형으로 얇으며, X-ray 결과 실로 묶기 위한 작은 구멍이 가장자리에서 확인된다. 길이는 10.1cm, 9cm, 7.8cm 정도이다.

2) 분석

도면에 철찰을 끈으로 묶기 위한 혁뉴공(革紐孔)을 묘사하지 않은 까닭에 자세한 분석이 곤란하다. 왜냐하면 갑주에서 철찰편(鐵札片)보다는 혁뉴공의 배치상태가 시공간적인 차이를 잘 반영하기 때문이다. 보고서에 의하면 철찰의 기본적인 형태는 세장한 말각장방형이며 크기는 10cm 이내이며 폭은 3cm 전후로 파악된다. 세부적인 속성으로 철찰의 상면과 하면이 둥근기미를 보이고 있으며, 출토유물 모두 중앙부분에 끈으로 묶은 부분이 수착되어 잘 남아 있다. 도면12-③④에서 연접한 갑편이 〈모양으로 꺾인 것은 특기할만한데, 아마도 허리갑옷인 요갑(腰甲)일 가능성이 높다.

이상에서의 속성들은 고구려요새인 서울 아차산 제4보루[37](도면14-②)의 그것과 상통한다. 이들 찰갑은 고구려벽화고분의 갑주그림과 실물자료에서[38] 확인되는 갑주와는 다른 형식에 속하는 것으로 판단된다. 무엇보다도 고구려벽화고분의 갑주에 보이는 견갑(肩甲)과 비갑(臂甲)이 확인되지 않는다. 이상의 사실을 감안할 때 부소산성과 제4보루 6건물지에서

---

36) 국립문화재연구소, 앞의 책, 2003, p.178.

37) 서울대학교박물관, 『아차산 제4보루』, 2000.

38) 장경숙, 「고구려 고분벽화에 묘사된 갑주」, 『慶州文化研究』 6, 경주대학교 문화재연구소, 2003.

수습한 찰갑편 일괄은 양당개[裲襠鎧]일 가능성이 높다. 이 양당개는 남북조시대에 유행한 갑옷으로 소매와 견갑이 없는 것이[39] 특징적이다.[40] 따라서 그 복원 모습은 중국의 북위(北魏)시대의 갑주무사도용의[41]에 가까울 것으로 추측되며, 실물복원은 일본의 양당식계갑[裲襠式挂甲]의 복원도(도면15-③)가 참고가[42] 되겠다. 그런데 이들 갑옷편이 일식(一式)으로 출토되지 않고, 10점 이내로 출토된 사실에 대하여 주목할 필요가 있다. 왜냐하면 기본적으로 신체의 급소만이라도 보호하려면 수십 매의 철찰이 필요할 것이기 때문이다. 이런 까닭에 한편으로 조선시대 패옥(佩玉)의[43] 형(衡), 거(琚), 우(瑀)와 같은 용도로 사용되었을 가능성이 있다. 이런 추측은 고구려고분벽화 및 『삼국유사』에서도 그 자취를 볼 수 있다고 하므로[44] 앞으로 검토가 필요하다.[45]

---

39) 楊泓, 『中國古兵器論叢』, 明文書局, 1983, 臺北, pp.42~45.
40) 도면 15-⑤ 참조. 비록 隋나라의 갑옷이지만 양당개의 모습을 잘 보여준다.
   위의 책, 도39를 전재함.
41) 위의 글, p.42 도28참조.
42) 田中晋作, 「武具」, 『古墳時代の 硏究』8, 雄山閣, 1991, p.45의 表1참조.
43) 홍나영, 「패옥」 『한국민족문화대백과사전』, 한국정신문화연구원.
   국립대구박물관, 『尚州 -영남문화의 결절지-』(특별전도록), 2003, p.107의 사진 101.
44) 홍나영, 위의 글.
45) 어쨌든 소수로 확인되는 소찰편을 무조건 갑옷의 일부로 간주하는 데는 신중한 판단이 요구되며, 牌飾 혹은 牌札로도 생각해보아야 할 것이다. 또는 계급장과 같은 계급이나 부대표시의 기능도 있었을 개연성도 있다.

VI. 농공구겸용

1. 횡공부 (橫孔斧)

1) 소개

(1) 2000~2002년도 조사(북문지 동편) 나지점 출토품[46] 도면10-②

암갈색 사질토층에서 출토되었다. 완형의 주조품으로 자루를 끼우는 부분이 삼각형이다. 몸통은 자루에서 날쪽으로 가면서 넓어진다. 길이 9.6cm

(2) 1988~1991년도 조사(동문지) 출토품[47], 도면10-①

몸통 내에 투겁부가 횡으로 뚫려 있는 주조철부이다. 따라서 투겁의 방향이 날의 방향과 일치하고 있다. 투겁부와 그 윗부분의 몸통은 거의 절반이 결실되어 있으나 그 단면은 원형으로 둥근나무자루를 끼웠던 것으로 추정된다. 몸통은 1단 꺾임형으로 몸통의 중간부분에서 날쪽으로 가면서 그 폭이 조금씩 넓어지고 있다. 날부분은 곡선의 기미가 뚜렷한 부채꼴이다. 현존장 : 10.6cm, 공부경 : 3.6cm, 몸통두께 : 2.6cm, 인부폭 : 6.3cm, 무게 : 407.1g

(3) 1996년도 조사(사비루 남동편) 출토품[48], 도면9-⑭

공부(尻部 : 투겁) 날의 한가운데로 뚫린 형태를 한 단조철부이다. 공부

---

46) 국립문화재연구소, 앞의 책, 2003, p.136.
47) 부여문화재연구소, 앞의 책, 1995, p.197.
48) 국립부여문화재연구소, 앞의 책, 1999, p.155.

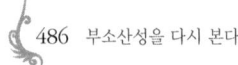

(尻部)는 직사각형을 이루고 있으며, 날부분은 끝으로 갈수록 부채꼴 모양을 이루며 얇아지고 있다. '나-B' 지점 통일신라시대 건물이 아궁이 유구(遺構) 바로 근처 표토하 110㎝ 황갈색 사질토층에서 다른 철제품들과 함께 수습되었다. 길이 15.8㎝, 두께 4.0㎝

2) 분석

이들 횡공부(橫孔斧)가 농공구류로도 사용되었을 개연성은 충분히 있지만, 영남지방의 고분에서 확인되는 농공구류의 철부와는 확연히 구분되는 특징을 지니고 있는 점으로 미루어 전부(戰斧)로 보는 것이 타당하다고 판단된다. 이는 농공구용의 날과는 달리 평행하는 횡공(橫孔)를 갖추고 있는 점, 관방유적에서 집중적으로 출토되는 점, 아차산 제4보루 출토품과 같은 양인(兩刃)을 갖춘 전부(戰斧)가 확인되는 점 등으로 추정된다. 특히 백제 무왕(武王)이 신라에 침범하였을 때, 신라장군 눌최(訥催)가 백제 병사가 휘두른 부(斧)에 맞아 죽었다는 기사는 전부(戰斧)의 존재를 분명하게 전해주기 때문이다.[49] 이를 종합할 때, 문헌 속의 전부(戰斧)는 바로 삼국시대 관방유적에서 확인되는 횡공부(橫孔斧)가 아닌가 추측된다. 그러나 고구려의 병기체제에 관한 중국 측의 기록에 부(斧)가 포함되어있지 않은 사실은[50] 기본병기이기보다는 보조병기였던[51] 것으로 추정된다. 그런 한편으로, 확립기에 횡공부가 폭발적으로 증가하는 점은 이 시기에

---

49) 『三國史記』 卷47 列傳 第7 訥催 條.
    "有一賊出後 以斧擊訥催 乃攣 奴反與鬪俱死"
50) 『周書』 卷49 列傳 第41 高麗 條.
    "兵器有甲弩弓箭戟矟矛鋌"
51) 남성곡산성에서는 목책구덩이에서 이 횡공부가 출토되어, 그것이 무기로만 사용되지 않았을 가능을 보여준다.
    충북대학교박물관, 『淸原 南城谷 高句麗遺蹟』, 2004.

근접전이 새로운 전투방식으로 성행하였을 가능성을 제시한다. 출토된 도끼 중에서 자루구멍이 날방향과 일치되도록 몸통 내에 뚫어진 도끼가 주목되는데 이는 고구려벽화고분 속의 도끼그림을 통해볼 때 병기로서 사용된 도끼일 가능성이 크다.

부소산성에서는 모두 3점의 횡공부가 수습되었으며, 그 중에서 2점(도면9-⑭, 도면10-③)은 통일신라 문화층에서 1점(도면10-⑭)은 백제 말기 문화층에서 출토되었다. 보고서에서는 도면10-①②를 주조철부로 서술했으나, 이런 횡공부에 대한 금속학적 미세조직분석의 결과, 단조가공으로 밝혀진 사실을 감안하면 주조라고 단언할 수 없겠다. 이런 횡공부가 11점이나 출토된 구의동요새[52](도면14-⑦) 및 아차산 제4보루의[53](도면14-⑤⑥) 것들과 부소산성 출토품과는 기본적인 형태에서 차이가 보인다. 즉 전자가 횡공 상부와 횡공 하부의 형태가 상호 대칭을 이루면서 비슷한 반면에 후자는 횡공 상부는 방형이고 횡공 하부는 사다리꼴인 모양을 하고 있다. 달리 표현하면, 전자의 몸통 양측선은 좌우 모두 사선(斜線)의 직선(直線)인 것에 비하여 후자는 한쪽만 직선이고 나머지는 횡공을 기점으로 수직선(垂直線)에서 사선(斜線)이 되면서 내만하는 기미를 보인다. 이런 차이는 6세기 중엽과 통일신라시대라는 시기차이를 반영하는 것으로 판단된다. 한편, 도면10-①은 비록 반파되었지만 횡날(橫刃)을 지닌 것일 가능성도 있다.

---

52) 구의동보고서 간행위원회, 『한강유역의 고구려요새 - 구의동유적발굴조사 종합보고서』, 1997.
53) 서울대학교박물관, 앞의 책, 2000.

2. 소형철겸

1) 소개

(1) 1986~1987년도 조사(남문지 및 주변성벽) 출토품[54], 도면11-⑦

날은 몸통부의 중앙부분까지는 거의 직선을 이루다가 점차 완만한 곡선을 이루면서 날부분의 안쪽으로 구부러지고 날 끝에 가까운 부분에 이르러 좀 심한 각도로 내만하다가 마무리되었다. 손잡이부분은 ㄱ자형으로 90도 각도로 구부러져 자루에 끼우거나 묶어 고정시킬 수 있도록 배려한 것이다. 날부분은 횡단면상 이등변 삼각형을 이루고 있다. 길이 24㎝, 최대너비 3.7㎝, 최대두께 0.5㎝

(2) 1988~1991년도 조사(동문지) 출토품[55], 도면11-⑤⑥

소형으로 단조품이다. 나무자루를 장착하기 위한 자루연결부는 그 말단을 수직으로 꺾어 세워서 만들었는데, 나무자루가 끼워졌을 경우 몸체와 나무자루의 사이각이 70° 정도 벌어지도록 되어있는 상태이며 못을 막았던 흔적은 남아 있지 않다. 날부분이 날카로운 반면 등부분(배부)이 상대적으로 두터운 편이다. 전장 : 18.8㎝, 최대폭 : 3.2㎝, 배후 : 0.8㎝

(3) 1992년도 조사(군창터 남서편 대지) 출토품[56] 도면11-①~④

낫의 형태는 전형적인 ㄱ자형의 낫이나 병부(柄部)와 날부분의 연결부분의 각도가 143° 정도여서 둔각임을 알 수 있다. 이러한 둔각의 낫은 실

---

54) 국립문화재연구소, 앞의 책, 1996, p.247.
55) 부여문화재연구소, 앞의 책, 1995, p.193.
56) 국립부여문화재연구소, 앞의 책, 1997, pp.65~66.

용적인 면에서는 좀 떨어질 것으로 여겨지는데 고대의 일자형(一字形)낫
보다는 한층 발전된 후기의 양식으로 이해된다. 이 낫은 방형 수혈주거지
1 및 2의 동편 상층인 황갈색 황토층인 지표하 56cm 지점에서 출토되었
다. 따라서 시기는 뚜렷하지 않으며 상한은 통일신라부터 하한은 조선시
대 전반경으로 추정된다. 날부분의 끝 부분은 일부 결실되었으나 병부는
거의 남아 있다.

날부분의 단면은 긴 이등변 삼각형이며 병부의 단면은 직사각형을 띠고
있다. 날부분 길이 21cm, 병부(柄部)길이 18.6cm, 날부분 최고너비 2.4cm.
나머지 3점은 원형으로 출토된 것은 없고, 단지 도면11-②만이 기부가
제대로 남아 있다. 기본적인 형태는 도면11-⑦과 비슷했을 것으로 추측
된다.

2) 분석

도면11-⑦을 제외한 나머지의 철겸은 모두 일자형으로 삼국시대 철겸
의 기본적인 형태를 충실히 따르고 있다. 이들과는 전혀 다른 형식의 도
면11-④와 같은 ㄱ자형은 그 출토예가 흔치 않은 것으로 앞으로 자료축
적을 기다려 고찰할 대상이다. 이들 소형철겸은 공구로 사용되었으나 유
사시에는 과(戈)와 같은 기능으로 사용되었을 가능성이 있다.

VII. 정리와 검토

1. 백제 후기의 무기

부소산성에서 출토된 백제 후기의 무기는 대도 1, 철모 2, 물미2, 철촉

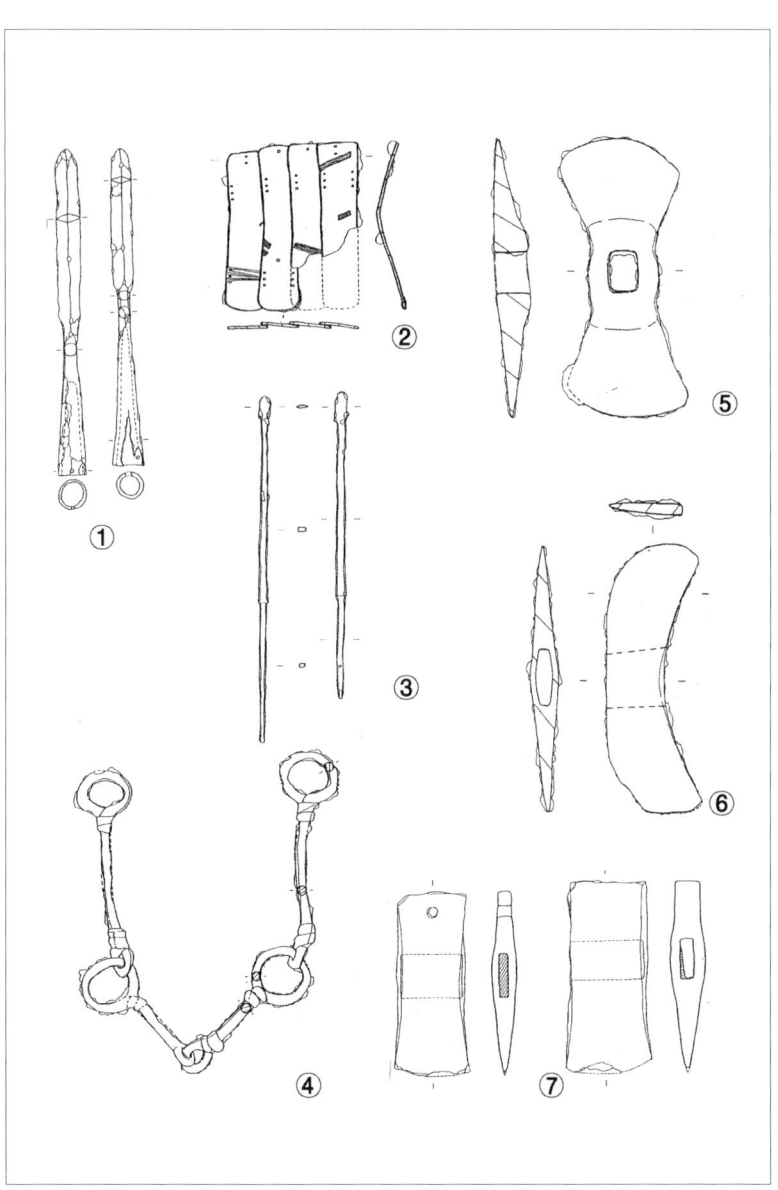

도면14. 6세기 중엽의 산성출토 무기류(①③⑦ 구의동요새, ②④⑤⑥ 아차산 제4보루)

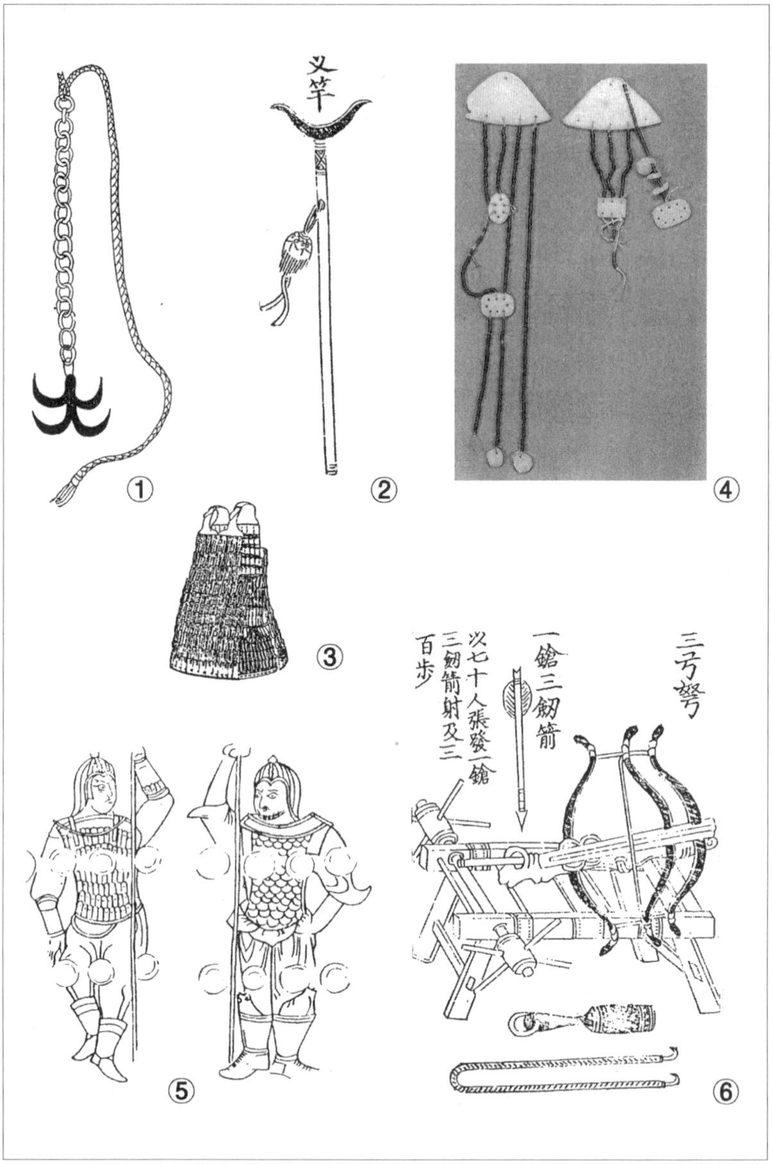

叉竿
①
②
④
③
三弓弩
一鎗三劒箭
以七十人張發一鎗
三劒箭射及三
百步
⑤
⑥

도면15. 참고자료(①飛鉤 ②叉竿 ③妓竅鎧復原圖 ④조선시대의 佩玉 ⑤李和墓의 妓竅鎧武士圖 ⑥床弩의 일종인 三弓弩)

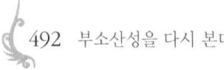

25, 갑주 46, 대형철겸 16, 양지창 4, 갈고리창 12, 노촉 29, 삼지갈고리 1, 횡공부 1, 마름쇠 10, 소형철겸 5 등 154점이다. 이 중에서 갑주와 대도를 제외한 대부분의 유물은 동문지 조사에서 공반출토된 것이다. 그러므로 폐기연대가 동일한 시점이며, 그 편년은 7세기 중엽으로 보아도 무방하다. 이렇듯 폐기연대가 확실시되며 공반출토된 부소산성 동문지 출토 무기류는 무기발달사에서 7세기 중엽 수성용무기의 표지유물이라 할 수 있다. 동문지 출토품을 포함한 백제 후기 무기체계에 보이는 기본적인 특징은 다음과 같이 정리할 수 있다.

우선, 대도는 손잡이부분이 정확하게 기록되지 않아 확언할 수 없으나 둥근고리가 공반출토되지 않은 점으로 미루어 무환두대도일 가능성이 높다. 중세 및 근대 도검에서 특징적으로 보이는 칼코가 없는 점은 특기할 만하다. 따라서 여전히 삼국시대 후기의 도검형식을 계승하였다고 볼 수 있다.

철모는 2점 모두가 무관직기형인 사실이 주목된다. 6세기 중엽으로 편년되는 구의동 요새의 철모가 유관직기형이 주류를 이루는 점과는 좋은 대조를 이룬다. 이런 비교를 통하여 7세기가 되면 철모의 형태에 획기적인 변화가 있었던 사실을 알 수 있으며, 그것은 관부의 소멸이라 할 수 있겠다.

화살촉은 실측도면이 완전히 보존처리가 완료되지 않은 유물을 대상으로 그린 것인 까닭에 세부적인 속성을 파악할 수 없지만, 장경유엽형이 주류를 이루고 있다. 전형적인 추형철촉이 다량으로 출토되지 않는 점은 주목할 부분으로, 백제 말기에 추형철촉이 널리 유행하지 않았을 개연성을 보여준다.

갑주는 길이 9~10㎝, 폭 3㎝ 정도의 말각장방형의 찰편으로 만들었던 것으로 보인다. 갑주의 세부형식을 추정하는 데에 근거가 되는 혁뉴공이 잘 남아 있지 않기 때문에 6세기 중엽의 것과 비교에는 무리가 있다. 다만, 요갑(腰甲)으로 추정할 수 있는 연접찰편(連接札片)이 확인되고 있는 사실과 5세기대의 찰편보다는 길이가 상대적으로 긴 점 등으로 미루어 양당개(妖襠鎧)였을 가능성을 제시할 수 있다.

마지막으로 일괄 출토된 수성용병기이다. 모두 대형으로서 동아시아 무기발달사에서 특기할만한 무기이다. 비록 발전한 형식이지만 유사한 형태를 지닌 것들이 『武經總要(무경총요)』에서 확인되고 있다. 이는 부소산성의 수성용무기가 수당의 수성병기체제를 수용하여 발전하였을 개연성을 보여준다. 어쨌든 부소산성 수성용병기는 동아시아 무기사에서 유일의 실물자료라 할 수 있다.

2. 통일신라시대의 무기

부소산성에서 통일신라의 무기는 32점에 불과하며, 검토의 대상이 될 수 있는 것은 재갈 2, 화살촉 7, 횡공부 2에 불과하다. 여기서 완형으로 출토된 재갈 1점은 재갈쇠, 재갈멈추개, 유환, 고삐이음새를 완전히 갖춘 것으로 통일신라의 마구자료로서 매우 귀중한 학술적 가치를 지니는 것이다. 기본적인 특징상 말을 강력하게 제어할 수 있는 S자형 표비와 긴 인수를 지녔다는 사실은 주목할 만하다. 앞으로 마구관련 자료의 축적을 기다려 비교검토되어야 하겠다.

철촉은 크기가 소형이고 촉신의 단면이 삼각형, 원형, 능형 등인 추형철촉이 일괄로 확인된다. 따라서 통일신라의 대표적인 철촉은 추형철촉이라 규정할 수 있다. 이런 추형철촉이 백제문화층에서 거의 확인되지 않은 점을 감안할 때, 추형철촉의 발생에 대한 재검토가 필요하다고 판단된다.

횡공부(橫孔斧)는 2점 수습되었으나, 6세기 중엽의 구의동요새의 것들과는 기본적인 속성에서 차이를 보인다. 형식과 제작방식에서 일정한 변화가 있었음을 추측해볼 수 있다.

이상의 통일신라무기는 그 출토량이 적고 그 종류가 제한적이다. 또한 우리나라에서 통일신라시대의 무기에 대한 연구가 전무한 상태이기 때문에 비교검토에도 어려움이 있다. 그렇지만, 부소산성 출토 무기를 통하여 통일신라시대 재갈·철촉·횡공부의 일반적인 형태를 설정할 수 있다.

한편, 통일신라시대가 되면서 재갈을 청동으로도 제작하였던 사실을 청동제재갈을 통하여 알 수 있는데, 이런 사실은 통일신라 유적에서 확인되는 청동화살촉의 존재와 함께 통일신라시대 주조(鑄造)에 의한 청동제무기의 제작과 사용을 암시해준다.

3. 수성병기를 통한 당시 戰況의 추측

이상을 종합정리하여 부소산성에서 출토된 수성병기류를 고찰하고 그를 통해 당시 전황을 간단히 그려보면 다음과 같다.

우선, 크기에 있어서 대형이라는 점을 들 수 있겠다. 철겸(鐵鎌), 갈고리창, 양지창(兩枝槍), 철모(鐵矛)와 같은 장병기(長兵器)의 길이가 적어도 6~7m로 추정되고 철로 된 머리의 무게만 해도 1.0~1.5kg에 달하고 있다.

둘째로 병기 구성의 다양화를 들 수 있다. 즉 전투 병기의 구성요소인 찌르는 병기, 찍는 병기, 걸어 당기는 병기, 밀어 베는 병기 등이 모두 보여지는 특징이 보인다.

셋째로 이런 병기의 대형화와 다양화는 성을 수비하기 위하여 가장 적합한 병기체제인 것으로 판단되며, 따라서 부소산성에서 출토된 무기는 수성용병기(守城用兵器)의 가장 전형적인 것들이 세트로 발견되었다고 할 수 있겠다. 결국, 부소산성 출토 병기류는 백제 최 후기 수성용병기의 실상을 어느 정도 보여주고 있는 자료라 단정할 수 있겠다.

이상을 통해 나당연합군(羅唐聯合軍)과 맞서 싸우던 백제군의 전투모습을 그려볼 수 있겠다. 우선 백제군은 백강을 무사히 건너 강안에서 부소산성의 대략 50m까지 진격했던 적군에 대해서는 노포(弩砲)로 포석(砲石)과 대형철촉을 집중 발사하여 저지하였을 것이다. 그런 1차 포격선을 뚫고 성벽 가까이에 접근한 적에 대해서는 장궁(長弓)을 이용하여 이차적인 공격을 하였으리라 생각되며 적군이 거의 성벽에 도달하였을 때에는 활과 함께 돌을 던지기도 하였을 것이다. 그리고 적군의 기마병들은 성벽가장자리에 뿌려져있거나 묻혀있던 철질려에 의해 공격력이 상실되기도하였을 것이다. 이상의 공격에도 살아남아 성을 취하고자 성벽을 오르는적군에 대하여 백제군은 갈고리창으로 걷어올리거나 창으로 지르거나 철겸을 휘두르면서 성위로 오르는 것을 저지하였을 것으로 판단된다. 또한삼지갈고리를 이용하여 적군을 찍거나 걸어서 상해를 입히기도 하는 한편 사다리를 타고 오르는 적에 대해서는 양지창으로 공격을 가하기도 하였을 것으로 판단된다. 이러한 백제의 결사적인 수비에도 불구하고 성이적의 손에 들어가자 백제군은 황급히 무기를 버리고 항복하든지 아니면도주하였을 것으로 보여진다. 이때의 정황은 유물이 집중출토된 지역의소토층과 그 주변에서 발견된 숯 등이 잘 대변해주고 있다. 그런 까닭에백제의 무기들이 집중적으로 버려지게 되었던 것으로 생각된다. 이는 산성유적에서 무기가 거의 발견되지 않는데 반하여 부소산성에서 무기류가다량으로 출토된 사실로 방증된다.

한마디로 말해 부소산성 출토 병기는 백제 최 후기 수성병기의 전모를우리에게 보여주며 한편으로는 백제멸망 시의 전투양상을 간접적으로 추측할 수 있는 자료를 제공한다고 하겠다.

VIII. 맺음말

이상에서 검토한 내용을 무기사적으로 특기할 만한 것을 중심으로 정리하면 다음과 같다.

1. 부소산성 발굴조사에서 수습되어 보고된 철제무기는 대략 187점이며, 그 중에서 백제문화층에서 확인된 것이 154점, 통일신라 문화층에서 확인된 것이 33점이다.

2. 이 중에서 동문지의 적대시설 및 회곽도 부근에서 덩어리 상태로 일괄출토된 대형무기류는 사비성 함락 당시에 실전에 사용되었던 수성용무기의 전형(典型)으로 설정하고, 7세기 중엽 수성용병기의 표지유물로 보았다.

3. 철도는 단지 1점만이 출토되었으나 무환두대도(無環頭大刀)이면서 칼코가 발달하지 않은 특징을 지니고 있다. 이런 특징은 칼코가 발달한 중세의 대도와는 비교되는 특징이라 할 수 있다. 여기서 일단은 백제 말기에 칼코가 발달한 이른바 심부대도(鐔付大刀)가 유행하지 않았을 가능성을 엿볼 수 있다.

4. 철모는 출토된 3점 모두 무관직기형(無關直基形)인 사실이 특기할만한데, 이는 7세기 중엽 철모의 전형이 무관직기형이였을 가능성을 강력히 제기한다.

5. 화살촉은 장경유엽형(長頸柳葉形)과 추형(錐形) 철촉이 주로 출토되었

다. 이를 통해 백제 말기까지 장경유엽형이 백제 화살촉의 주류를 이루었고, 통일신라시대가 되면 유엽형 철촉을 대신하여 추형철촉이 화살촉의 전형이 되었다고 보았다. 한편 백제 말기에 동아시아 전체에서 유행한 초장경하각형(超長頸下角形)철촉이 출토되지 않은 사실이 주목되는데, 이에 대해서는 작도(作圖)상의 문제인지 아니면 백제 말기까지 초장경하각형철촉이 백제에 도입되지 않은 까닭인지 그 이유를 앞으로 검토해볼 일이다.

6. 수성용무기에서 대형철촉을 대형 노(弩)의 사용되었던 노촉(弩鏃)으로, 양지창은 성을 오르는 적의 손을 공격하는 무기로, 갈고리창은 성벽을 오르는 적을 걸어당기는 무기로, 대형철겸은 성벽을 오르는 적을 걸어베는 무기로, 삼지갈고리는 성벽아래의 적을 걸어 올리는 무기로 각각 보았다. 한편으로 길이 40㎝ 전후의 대형철모 역시 수성용무기로 파악할 수 있었고, 이는 무덤에서 출토되는 대형철모의 용도에 대한 이해에 도움이 될 것이라 생각된다.

7. 마구류로는 완형의 재갈이 1점 출토되어 특필(特筆)할만한데, 통일신라시대 재갈의 표지유물로 상정하였다. 그 기본구성은 함(銜, 재갈쇠), 함유(銜留, 재갈멈추개), 인수(引手, 고삐이음새), 유환(遊環)으로 되어 있다. 이들 요소 중에서 S자형 재갈멈추개와 긴 고삐이음새는 말을 강력히 제어할 수 있는 구조로 파악했다.

8. 갑주는 완전한 일식이 출토되지 않아 확언할 수 없지만, 길이 8~10㎝ 전후의 세장한 장방형의 찰편 일색이고, 요갑(腰甲)편이 포함된 사실에 근거하여 양당개(裲襠鎧)의 존재를 상정하였다.

9. 횡공부(橫孔斧)는 출토된 3점 중에서 백제문화층 출토품과 통일신라 문화층 출토품의 형태적 속성에서 차이가 있는 점에 착안하여, 통일신라 횡공부의 기본적인 형태를 상정해보았다.

10. 부소산성 출토무기의 무기사적 가치에 대해서는 우선, 7세기 중엽 수성용무기의 전형을 보여주고 그것이 동아시아 무기발달사에서 유일의 자료라는 점을 강조하였다. 다음으로 부소산성 출토품을 통하여 일단 추형철촉·횡공(橫孔)을 가진 전부(戰斧)·S자형 재갈멈추개가 달린 표비(鑣轡) 등이 통일신라 무기의 구성요소일 가능성을 추출하였는데, 이는 현재까지 연구가 전무한 통일신라 무기연구에 하나의 지표(指標)가 될 수 있을 것으로 평가했다 .

11. 이 글은 부소산성 출토무기의 분석에 목적을 두었는데, 동시대 출토무기와의 비교를 통한 분석으로까지 연구를 심화하지 못하였다. 향후 이에 대한 보완이 요구된다.

참고 문헌 및 인용 문헌

- 부여문화재연구소, 1995, 『부소산성 발굴조사중간보고』
- 국립문화재연구소, 1996, 『부소산성 발굴조사보고서』
- 국립부여문화재연구소, 1997, 『부소산성 발굴조사 중간보고』 II
- 국립부여문화재연구소, 1999, 『부소산성 발굴중간보고서』 III
- 국립부여문화재연구소, 2000, 『부소산성 발굴중간보고서』 IV
- 국립부여문화재연구소, 2003, 『부소산성 발굴조사보고서』 V

- 서울대학교박물관, 2000, 『아차산 제4보루』
- 구의동보고서 간행위원회, 1997, 『한강유역의 고구려요새 – 구의동유적발굴조사 종합보고서』
- 충북대학교박물관, 2004, 『淸原 南城谷 高句麗遺蹟』
- 김기웅, 1994, 「제2절 삼국시대의 무기」, 『한국무기발달사』, 국방군사연구소
- 金性泰, 1992, 「韓半島 東南部 地域 出土 鐵鏃의 研究」, 『韓國上古史學報』第10號
- 金性泰, 1995, 「韓國古代의 弩」, 『石硲黃龍渾敎授停年紀念論叢亞細亞古文化』, 刊行委員會
- 金性泰, 2000, 「三國時代 刀劍의 研究」, 『仁荷史學』8, 仁荷歷史學會
- 金性泰, 2001, 「三國時代 槍棠의 研究」, 『史林』16, 수선사학회
- 李蘭暎・金斗喆 共著, 1999, 『韓國의 馬具』, 마사박물관
- 국립대구박물관, 2003, 『尙州 -영남문화의 결절지-』(특별전도록)
- 홍나영, 「패옥」, 『한국민족문화대백과사전』, 한국정신문화연구원
- 장경숙, 2003, 「고구려 고분벽화에 묘사된 갑주」, 『慶州文化研究』6, 경주대학교 문화재연구소
- 田中晋作, 1991, 「武具」, 『古墳時代の 研究』8, 雄山閣
- 議田耕一, 1992, 『武器と防具(中國篇)』新紀元社
- 楊泓, 1983, 『中國古兵器論叢』, 明文書局
- 韋鎭福 外, 1983, 『中國軍事史』第1卷(兵器), 解放軍出版社

부소산성의 도토금속공예품

여 홍 기 (부여군 문화재담당)

■ 목 차

I. 머리말

부소산성은 일반적인 산성의 기능의 군사적 방어시설로서의 의미보다는 백제도성경영과 관련하여 백제시대의 정치, 사회, 문화적 실체를 파악할 수 있는 도성의 주요 중심시설로 알려진 곳으로 백제사연구의 기초자료 공급처로서 비중있는 유적으로 인식되어 왔다.

근년에 이르러 부소산성에 대한 20여 년간의 발굴조사[1]를 통하여 부소산 서복사지를 비롯 수혈건물지, 와적건물지, 군창지 등의 유구에서 백제시대는 물론 조선시대까지의 시대상을 망라하여 무구류, 와전류, 도자류, 토기류, 불상류 등의 유물이 출토되어 주변의 산성에서 볼 수 없는 다양성을 지닌 유적으로 밝혀졌다. 특히 부소산성에서 출토되는 금속제, 토제, 석제품 등의 유물들은 유구와 연관된 안정적인 층위에서 출토되는 경향이 대부분으로 유적의 성격규명에 기초자료가 되고 있다. 예를 들면 서복사지 경우 목탑지주변 출토품은 진단구를 매납하는 불교적인 행사에

---

1) 국립부여문화재연구소, 『부소산성발굴조사중간보고』, 1995.
　문화재연구소, 『부소산성발굴조사보고서』, 1996.
　국립부여문화재연구소, 『부소산성발굴조사보고서 II』, 1997.
　국립부여문화재연구소, 『부소산성발굴조사보고서 III』, 1999.
　국립부여문화재연구소, 『부소산성』, 1999.
　국립부여문화재연구소, 『부소산성발굴조사보고서 IV』, 2000.
　국립부여문화재연구소, 『부소산성발굴조사보고서 V』, 2003.

왕실의 직접적인 관여가 있었다는 증거로써 중요한 의미를 담고 있다.

동문지부근 퇴적층에서 일괄 출토된 무구류의 갈고리창, 양지창 등은 전투를 벌인 후 전리품을 한데 모은 듯하며, 또한 주변에서 출토된 청동 제관장식은 여건상 이 지역에서 출토될 수 없는 금속제로서 당시 백제왕 족 내지는 귀족의 분묘가 파헤쳐져 이곳으로 이전되어 유린된 과정에서 생겨난 유물로 추정되기도 하는 경우도 있다.

그러나 아쉽게도 조사된 유적의 훼손상태가 심한 까닭으로 일부 공반되 어 출토되는 유물 또한 파손정도가 심하여 유물의 기능과 성격을 세부적 으로 파악하기에는 다소 어려운 점이 있다.

이 글에서는 부소산성의 많은 출토유물 가운데 백제와 부소산성의 기능 과 역할과 연관지어 백제시대의 부소산성에서 출토된 불상, 광배, 금동장 신구, 동전 그리고 숫돌, 어망추, 방추차, 일상용구 등의 금속제류, 석제 류, 토제류 등을 설명하고 그 특징과 기법을 언급하여 다루고자 한다.

II. 부소산성 출토품의 여러 가지

1. 금동제류 출토품

1) 정지원명 금동삼존불입상 (鄭智遠銘 金銅三尊佛立像)[2]

부소산성 사자루부근에서 출토되었다고 전하는 금동일광삼존불의 하나 로 죽은 처의 명복을 기리기 위해 정지원이 조상한 것이다. 불신은 원통 형의 빈약한 체구에 묵직한 법의에 묻혀 굴곡이 배제된 형태미를 보여주

---

2) 백제문화개발연구원, 『백제조각 · 공예도록』, 백제유물도록제3집, 1992.

고 있다. 여기에 비해 시무외, 여원
인을 짓고 있는 두 손은 이런 빈약
한 체구와는 정반대로 큼직하고 투
박하여 강한 느낌을 준다.

통견한 법의는 U자형의 옷주름을
지으면서 묵중하게 흘러냈는데 좌
우로도 중첩한 옷자락을 늘어뜨렸
다. 광배는 유선형적인 곡선으로 처
리되고 끝이 뾰족하며 음각된 두광,
신광이외에는 불꽃무늬를 소용돌이
치는 형상으로 표현하였다. 두광상
부에는 화불1기를 배치하였으며 왼
쪽 보살상은 머리부분만 남아 있으

그림1. 정지원명 금동삼존불입상

며 오른쪽 보살상은 큼직한 보관, 상대적으로 큰 얼굴, 삼각형의 천의는
소박한 고졸미를 표현하였다. 대좌는 원뿔형으로 어깨부분에 날카롭게
끝이 묘사된 연꽃무늬가 선각되어 있다. 뒷면에 "鄭智遠爲亡妻 趙思敬造
金像 俱離三途"라는 명문이 있다.(그림 1)

2) 금동제광배 (金銅製光背)

부소산성 동문지 퇴적층에서 금동봉, 목제판과 함께 겹쳐서 출토된 작
품이다. 이 투조장식에 원형판을 붙인 장식으로 투조장식은 내부에서 외
곽까지 광심부, 연화문대, 내연주문대, 인동당초문대, 외연주문대로 나누
어 구분되어지며 지름은 12.6㎝. 특히 광심부의 중앙에 별도의 꼬다리를
끼워 고정시키기 위한 장방형의 사각형의 구멍이 뚫려있어 불상광배의
두광으로 추정된다.(그림 2)

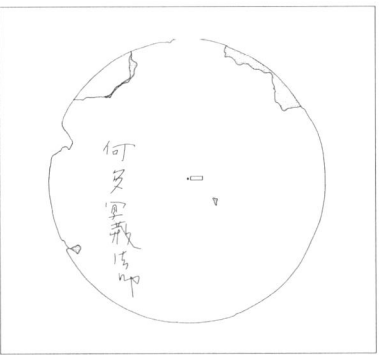

그림2. 금동제광배-광배장식면   그림3. 금동제광배-광배뒷면

광심부의 여섯 잎으로 구성된 연화문은 자방으로부터 3분의 2 부분에서 연판을 도려내어 두 겹으로 이루어진 중판을 만들고 중판을 살짝 올려 입체감을 살렸다. 또한 화판 사이사이에 간엽이 배치되었고 중판의 외곽에 점선을 돌리고 화판과 화판사이에 조그만 원무늬를 새겨 넣어 미적감을 더하였다. 투조된 인동당초문대는 인동꽃을 중심으로 연속된 당초줄기가 물결치듯 힘차게 뻗어있으며 이 줄기의 가장자리에는 점열선을 돌려 타출함으로써 섬세하고 정교한 도금기법을 보여주고 있다. 내외의 연주문대에는 연주 내외에 1조의 점선열이 돌려져있으며 점선열 중간중간에 후면의 금동판과의 연결을 위한 못을 박아 고정하였다. 한편 뒷면의 금동판은 앞면 쪽으로 곡면을 이루고 있고 한쪽으로 치우쳐 발원자로 추정되는 "何多宣藏法師"의 음각침선으로 된 명문이 남아 있다.(그림 3)

3) 금동제과판(金銅製銙板)

서복사지목탑지 기단 심초석공에서 동남쪽으로 약 1.5m 지점의 생토면인 풍화암반층의 바닥에서 교구 2점, 과판 7점, 허리띠 끝 장식 1점의 과대일괄이 출토되었다. 과판은 횡장의 방형으로 장방형은 2점으로 규격은

4.1cm×3cm이고 두께는 0.75cm이며 투공은 3.1cm×075cm이다. 일변을 고형(孤形)으로 처리된 반원형은 5점으로 규격은 3.5cm×2.8cm이고 투공은 2.5cm×0.75cm이다. 과판

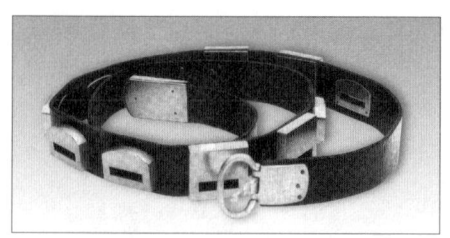

그림4. 금동제과판 복원품

은 내부에 배면의 과판과 연결할 수 있도록 "丁"이 함께 주조되었으며 장방형과 반원형의 과판 하부에는 장방형의 투공이 뚫려져있다.(그림 4)

이 유물은 구리로 주조한 후 금도금한 것으로 여겨지며 금동이 많이 탈락하여 대부분 동질만 남은 상태로 출토되어 당시에 주변이 청동부식층이 넓게 퍼져있었으며 유물 일부 편에서 직유질(織維質) 물질이 부착된 채로 출토되었다. 이 유물은 목탑심초석 주변에 가지런히 놓여있는 출토상태로 보아 목탑의 심주를 세우는 과정에서 공양하였던 진단구(鎭壇具)로 추정되며 금동제품으로 보아 품격상 상당한 지위에 있는 인물의 공양물로 여겨진다.

4) 금동제풍탁수하식 (金銅製風鐸垂下飾)

전체형태가 심엽형으로 보이지만 하단의 심엽형의 돌출부가 결실되어 타원형에 가깝다. 얇은 동판에 금도금한 것으로 가로의 최대지름이 12.2cm이고 세로의 현 길이는 8.4cm이다. 금동판의 중앙선단에는 별도의 두터운 원형판을 금동판에 타

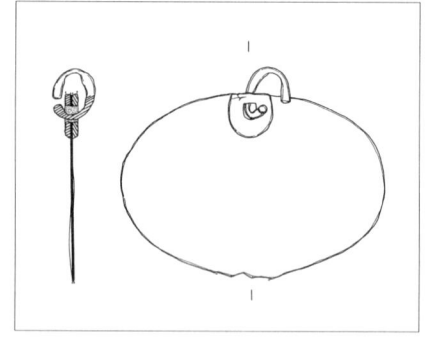

그림5. 금동제풍탁수하식

원형이 별도로 이분할된 것처럼 구부려 부착하여 중앙에 구멍을 뚫어 풍탁에 걸기 위한 고리를 끼운 형태이다.(그림 5)

5) 금동제봉황장식1 (金銅製鳳凰裝飾)

수혈건물지의 저장공에서 출토된 것이다. 외형은 머리부분을 위로 50°정도 치켜든 상태로 부리는 좀 길게 이어지다가 끝 부분에서 날카롭게 휘어 마치 독수리 부리모양을 하고 있다. 긴 입의 안쪽으로 여의주를 물고 있는 듯한 형상이나 금동제선을 넣어 연결해 고정시켰다. 얼굴표현은 동그랗게 뜬눈을 정면을 응시하고 입가의 가장자리 아래쪽에 흔히 조류에서 볼 수 있는 혹 같은 물체가 있다. 눈 주위와 목 아래는 깃털을 세선으로 정교하게 표현하였다. 정수리 위에 솟아난 뿔은 길게 뒤로 뻗혀 목 윗면에 부착하였다. 원통형의 목이 길게 뻗었으며 끝 부분에는 1단의 몰딩형의 턱을 이루고 있다. 몸체내부의 깊이는 12.5㎝이고 지름 2.4㎝의 빈공간에는 6면으로 잘 깎은 나무자루로 보이는 목질이 끼워져 있다.(그림 6)

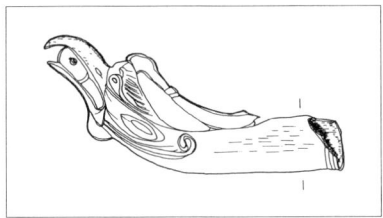

그림6. 금동제봉황장식1

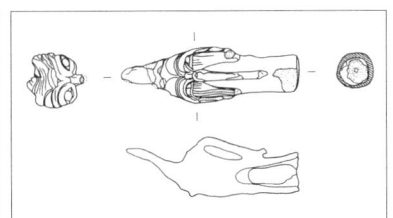

그림7. 금동제봉황장식2

6) 금동제봉황장식2 (金銅製鳳凰裝飾)

동문지부근 성벽토루 내측에서 발굴된 금동봉황장식이다. 총길이는 7.9㎝이며 목봉을 끼울 수 있는 구멍의 지름은 1.3㎝이다. 외형은 짧은 원통에 봉두부분을 붙여 표현한 것으로 머리부분을 위로 치켜든 상태로 눈과

입사이에 주름을 넣어 입부분을 강조하였고 입술을 다문 듯 부리는 좀 길게 이어지다가 끝 부분에서 약간 날카롭게 휘어진 부리모양을 하고 있다.

얼굴모양은 눈은 앞으로 돌출되었으며 눈 주위 좌우 측면은 깃을 별도로 장식하여 음각선을 두고 사실적으로 묘사하고자 하였으며 깃의 중간부분 하부에 형식화된 귀를 양각하였다. 머리 위에는 약식화되어 봉처럼 생긴 벼슬을 길게 뻗쳐 끝 부분을 원통에 붙여 처리하였다. 원통의 끝 부분에는 1조의 돌기를 주위에 돌려 마무리하였다.(그림 7)

7) 금동제용두장식 (金銅製龍頭裝飾)

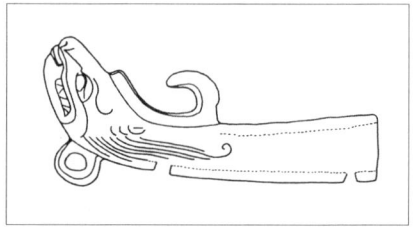

그림8. 금동제용두장식

동문지부근 토루내부 모래퇴적층에서 출토된 청동제품으로 전체길이는 9.7㎝이다. 외형은 긴 원통에 봉부분을 붙이고 아래분에 원형고리를 부착시키고 머리부분은 형식화된 벼슬 끝부분에 앞쪽으로 꺾어진 원형돌기를 가진 형상이다. 얼굴은 눈 부위를 양 끝이 뾰족한 장타원형으로 그리고 그 안에 눈동자를 만들고 전체적인 얼굴부위에서 약간 뒤쪽으로 떨어진 지점에 장타원형에 선을 그어 귀를 만들고 그 밑에 수염을 파도형으로 음각하여 표현하였다.(그림 8)

코는 표면상에서 길게 융기시키고 끝 부분에 콧구멍을 표현하였다. 입술부분은 입술을 돌기시킨 다음 윗니를 드러낸 채로 입을 다문 형태를 띠고 있다. 한편 원통부분에 장방형과 원형의 못구멍이 있어 내부의 목봉을 끼운 후 고정시킬 수 있도록 하였다. 이 장식은 용두장식보다는 간략해진 이수장식에 가깝다.

8) 금동제화판장식 (金銅製花瓣裝飾)

동문지부근 모래퇴적층에서 출토된 것이며 지름 5㎝ 두께 0.2㎝의 동판 표면의 상면만이 금도금한 금동제품이다. 화판은 중앙에 방형으로 추정되는 구멍을 두고 8엽의 화형을 배치한 구도이다. 8엽의 화형은 볼륨 없이 평면상이며 화판의 끝 부분을 약간사선으로 처리하고 화판 주연에는 점선조 기법을 채용하여 1조의 점선을 돌렸다. 화엽과 화엽사이에 직경 0.2㎝의 작은 구멍을 뚫고 주변에 점선열을 돌려 장식효과를 높이도록 하였다.(그림 9)

9) 금동제귀면장식 (金銅製鬼面裝飾)

동문지부근 모래퇴적층에서 발견된 지름 3.3㎝의 반원형의 금동제품이다. 원형동판에 조각을 하여 도금한 기법이며 등·배양면에서 2분의 1 정도 절개한 상태로 반원형만 남아 있다. 문양면은 백제시대의 도깨비문양의 세부적인 형태를 잘 반영한 모양이다. 우선 머리부분은 양미간에 원형 돌기를 조각하였고 입술 주위, 눈 주위, 이마부분에서 각기 시작한 모발은 직상모로 처리되었고 눈은 작게 표현하여 아래로 내려뜨고 콧등에서 시작한 눈썹이 눈을 감싸도록 하면서 눈썹 끝을 치켜 세웠다. 코는 뭉툭하고 콧구멍이 상대적으로 크게 표현되었다.

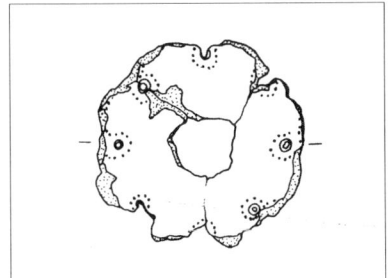

그림9. 금동제화판장식

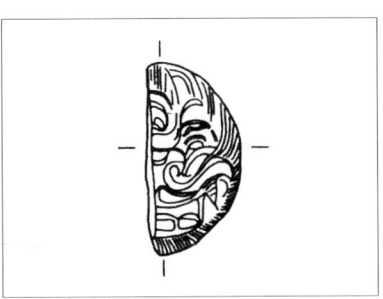

그림10. 금동제귀면장식

전체적인 외형으로 보았을 때에는 입 부분을 크게 부각시켜 2개의 치아를 잇몸과 함께 드러나게 하였고 송곳니 1개를 약간 위쪽으로 외향되도록 하였다. 입술과 콧구멍이 양각되어 송곳니를 휘감아 돌도록 표현하여 턱수염을 음각 처리하였다.(그림 10)

10) 금동방울장식 [金銅母子鈴裝飾]

동문지부근의 퇴적층에서 2조가 출토되었으며 잔존높이는 3.8~4.8㎝이며 직경은 2.7~3.6㎝이다. 전체적인 체형은 타원형이며 상부에 반원형 고리가 세 방향에 각각 부착되었으며 중심부에는 돌대를 돌려 상하에 음각선이 띠처럼 형성되어 상하가 분리된 듯 느낌을 주도록

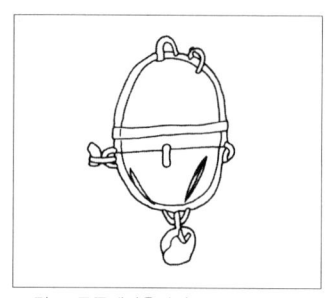

그림11. 금동제방울장식

하였다. 하부에 중심부에는 일정한 간격으로 4개의 고리를 배치하고 고리에 원래는 자령이 달렸으나 현재는 존재하지 않으며 또한 고리를 관통하는 음각선을 1조 돌렸다. 고리와 고리사이 아랫부분은 상하의 구순형 투각을 장식하고 하부의 정상부에 다시 반원형고리를 1개 달아 자령(子鈴)을 부착하고 모령과 자령에 각각 영환(鈴丸)을 넣어 영롱한 소리를 내도록 하였다.(그림 11)

2. 청동제류 출토품

1) 청동제등개 (靑銅製燈蓋)

향교밭사지에서 출토된 것으로 청동등(靑銅燈)의 상부장식이다. 전체적으로 6줄의 합각능선으로 구성하여 중심부가 불록하게 솟은 형태로서 너

비는 34cm이며 높이는 6cm이다. 문양
은 6각형의 상하단 2단으로 구획하고
상단 내부에는 여의두문(如意頭文)을
하단 내부에는 당초문을 투각하고 처
마로 여겨지는 끝 지점은 거치문을 장
식하여 막새기와처럼 꾸몄다. 마루선
끝에는 작은 구멍을 뚫어 장식물을 매
달 수 있도록 하였다.(그림 12)

그림12. 청동제등개

2) 청동제관장식 일괄 (靑銅製棺裝飾 一括)

동문지부근 퇴적층에서 청동제품 관장식이 일괄 출토되었다. 청동제화
형판장식(靑銅製花形瓣裝飾)은 팔화형판의 청동주조품으로 2점이 출토되
었다. 금동제화판장식과 동일한 형태이며 전체적으로 원형에 가까운 화
판의 크기는 7.5cm이며 중앙에 0.8cm 크기의 방형이 뚫려 있다. 화판은 팔
엽화형판으로 화판과 화판사이에 고정을 가능케 하는 직경 0.2cm의 소공
8개가 등간격으로 배치되어 있다. 화판의 주연과 소공의 둘레에는 1조의
점선열을 돌려 미적 감각을 더하였다.(그림 13)

화판장식에 박는 용도로 사용한 청동제못은 2점이 출토되었다. 길이 9.6
cm 못지름 2.3cm 크기이며 형태는 반구형의 못머리에 단면 정방형의 몸체
를 가진 청동 주조품이다.(그림 14)

관장식구(棺裝飾具)는 먼저 관장식은 청동판으로 길이 12.8cm 두께 0.3
cm이며 머리부분은 인동꽃을 변형한 형태로 중앙의 잎은 넓고 양쪽의 두
잎은 형식적으로 표현하였다.(그림 15) 잎의 윤곽선에는 음각선을 돌렸으
며 가운데 잎의 내부에 수직으로 선을 그어 꽃술을 표현하였으며 내부에
는 여의두문(如意頭文)꼴로 투각하였다. 하단에는 장방형의 판이 부착되

없는데 중앙은 장방형으로 길게 투조한 것 이외에는 별다른 장식이 없다. 같은 셋트로 보이는 화판장식은 길이 6.9㎝이며 두께 0.2㎝이다.(그림 16) 넓은 타원형의 팔엽화형판으로 중앙에는 장방형의 투공이 되어 있는가 하면 화판과 화판사이에는 소공이 뚫려져 있으며 주연과 소공의 둘레에는 1조의 점선열이 있다.

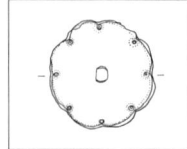 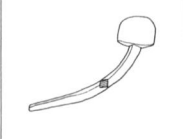 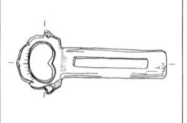 

그림13. 청동제화판장식   그림14. 청동제못   그림15. 관장신구   그림16. 화판장식

3) 청동제생활용구 일괄 (靑銅製生活用具 一括)

1943년 부소산 신궁조영을 위하여 토목공사를 시행하던 중 출토된 일괄 유물로서 출토지를 송월대 주변이라고 밝히고 있지만 현재의 발굴조사 결과를 보면 출토장소를 의도적으로 은닉하고자 했던 것 같다. 보고서에 의하면 고려시대로 추정된다고 하였으나 양식적으로 보면 통일신라시대에 해당한다.

출토품은 청동제숟갈 1점, 청동제접시 등 24점, 청동제정병 1점, 청동제수병 1점 등이다. 먼저 숟갈은 납작한 병부는 20㎝ 내외이며 시면(匙面)은 타원형으로 7㎝로 원형과는 달리 식사용으로 사용된 듯하다.(그림 17) 청동제접시는 지름 15.5㎝, 높이 1.5㎝이며 구연은 약간 외반하며 끝은 납작하게 처리하였다. 바닥 또한 아주 정교할 정도로 납작하게 제작한 접시이다.(그림 18) 오화형완(五花形盌)은 지름이 23.3㎝이며 높이는 6.5㎝로 다섯갈래의 화형의 구연을 가진 것이다. 대부완은 원형의 권족(圈足)위에 납작한 모양의 완을 붙힌 형태로서 저면이 다소 둥근형태에서 동체의 어

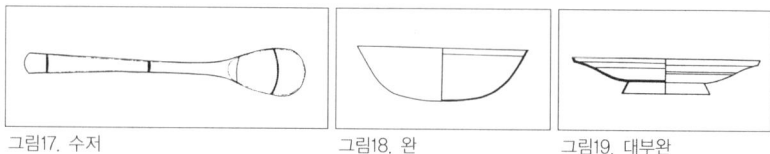

그림17. 수저　　　　　　　그림18. 완　　　　　　　그림19. 대부완

께부분에서 한번 꺽힌 다음 외반된 형태이다.(그림 19) 원저발은 지름 23.7㎝이며 높이 6.7㎝이며 두께가 얇은 것으로 바닥이 원저형식으로 구연가까이에 1조의 선각이 돌려져있다. 정병은 높이 39㎝이며 동체 최대 지름이 11.7㎝이다. 뚜껑은 팔각주상을 하고 주구는 접번(蝶番)으로 여닫게 되어 있다. 수병은 높이 14㎝로 저부에 권족이 붙어있고 저부쪽 가까운데서 최대지름을 이루고 동체의 어깨에서 한단으로 꺽어진다. 짧은 목에 구연은 밖으로 바라진 형태이다.

4) 개원통보 (開元通寶)

부소산성에서 출토되는 동전의 주류를 이루는 것은 개원통보이다. 지름 2.4㎝이며 중앙에 0.7㎝의 방형으로 투공되었으며 서체는 해서체이며 중국의 당 고종년간(서기 621년)에 처음 주조되었으나 고려시대에도 출토예가 확인되고 있다. 수혈건물지, 동문지, 서문지 등 부소산성 전 지역에서 출토되었다.(그림 20)

그림20. 개원통보

3. 철제류 출토품

1) 철제차관 (鐵製車錧)

군창지서편 백제 수혈주거지 바닥에서 세 점이 겹쳐 출토되었다. 지름

은 11.6cm이며 높이는 6.9cm, 두께는 1cm 정도이다. 철제주조품으로 원형의 외부에 등간격으로 톱니바퀴처럼 돌출시킨 형태로서 이는 마차의 횡차축 중심의 둥근 구멍에 끼워 방사선형식의 바퀴살의 중심축 구실을 하도록 하기 위한 마차의 고정도구이다.(그림 21)

 2) 군창지 주변 출토품
 군창지서편 수혈주거지 동편 상층에서 자물쇠, 따비, 삽포, 솥뚜껑 등이 출토되어 군창지건물지와 관련된 출토품으로 보인다. 우선 철제자물쇠는 군창지에서 활용된 조선시대의 자물쇠로 보이며 길이 26cm이다. 긴 사각형의 철제통에 자금물쇠 잠금장치를 설치하고 이 사각통과 둥근 쇠막대기로 연결한 형태이다.
 통일신라시대로 보이는 따비는 길이 23cm 크기이며 중앙부에 자루를 끼울 수 있도록 하고 날부분은 도끼형태로 된 전형적인 철제따비이다.(그림 22) 삽포는 길이 17cm, 너비 10.8cm로 넓은 철판으로 만든 소형삽으로 나무손잡이를 끼우는 목부분이 짧게 부착된 형태이다.(그림 23) 철제솥뚜껑은 지름이 20cm인 비교적 소형에 속한다. 손잡이 긴 무쇠솥뚜껑으로 뚜껑 가장자리에 2조의 음각선이 돌아가는 형태를 제외하고는 별다른 장식이 없다.

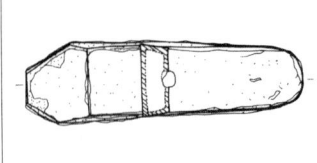
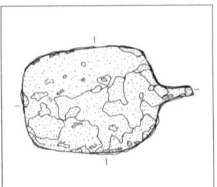

그림21. 철제차관   그림22. 철제따비   그림23. 철제삽

3) 사자루산성 주변 통일신라 건물지 출토품

통일신라시대에 축성된 사자루산성 남측에 위치한 남북 3칸, 동서 6칸 규모의 건물지와 관련된 주변에서 다량의 금속제품이 출토되었다. 철제품으로는 쇠스랑, 물미, 철부, 교부와 말재갈 등의 청동제품이 출토되었다. 쇠스랑은 건물지 아궁이에서 철제솥과 함께 출토되었고 형태는 세 갈래의 갈퀴와 공부로 구성되었으며 요즘의 형태와 매우 흡사하다.(그림 24, 25)

특히 주목되어 지는 것은 말재갈로서 등근고리로 만든 재갈쇠와 고삐이음고리가 원형 가까운 상태로 출토되었다. 이곳에서 출토된 명문와에서 "會昌七年"銘이 표기된 것으로 보아 847년의 전후연대로 추정된다. 사자루산성 동측 통일신라 건물지 출토품은 대부분 따비가 주류를 이루며 일부 청동제 교구 등이 출토되었다. 따비는 주조품으로 자루에 끼워지는 공부는 단면이 제형이며 양 가장자리부분만 뾰족하게 단조되었다. 바닥은 편평하며 공부의 끝 부분은 날이 서있으며 공부의 외면에는 2조의 돌기선이 종으로 있다.

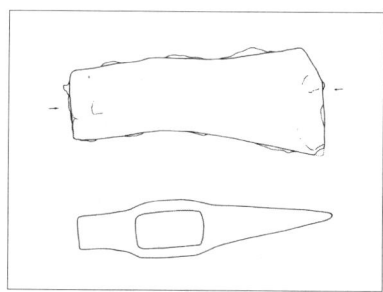
그림24. 철부

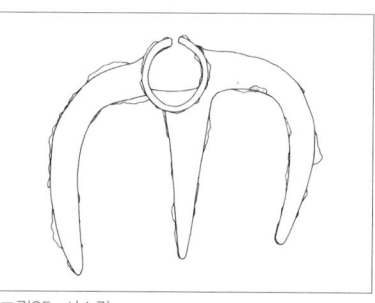
그림25. 쇠스랑

4. 토제류 출토품

1) 소조불두편 (塑造佛頭片)

머리부분 표현으로 보아 불상보다는
공양자상(供養者像)으로 판단되는 소조
상이며 목 부위부터 정수리까지 구멍이
관통한 것으로 보아 몸체와 따로 제작하
여 끼웠던 것으로 보인다, 육계와 오른
쪽 귀가 결실되어 전체형태는 알 수 없
으나 얼굴의 구도는 장방형이며 양볼은
살이 쪄 풍만한 편이며, 오똑한 코, 눈
매가 약간 치켜 올라가면서 살짝 감은

그림26. 소조불두편

눈, 도톰한 눈두덩이, 뚜렷한 인중과 선명하고 도통한 입술, 입가의 엷은
미소 등의 이목구비가 매우 섬세하게 묘사하여 실감있게 표현하였다. 머
리는 가운데에 가르마를 탄 것처럼 선이 그어져있다.(그림 26)

2) 소조상두편 (塑造象頭片)

코끼리의 머리부분만 수습된 소조상이
며 일부에서 백토를 바른 흔적이 보이
며 목부터 정수리까지 구멍이 관통되어
있어 별도로 제작한 것으로 맞쳐 끼우
는 제작기법으로 소조불두와 동일하다.
코는 목 부위에 붙여 만들어 표현하였
고 입 양쪽에 구멍을 내어 상아를 끼우
도록 하였고 눈과 귀는 마치 사실적인

그림27. 소조상두편

느낌이 나도록 표현하였다. 불교유입과 함께 들어온 코끼리는 석가가 도솔천에서 흰코끼리를 타고 내려왔다는 탄생설화와 관련 있으며 특히 삼보의 하나인 법보를 상징하며 신중함과 현명함의 상징이다. 삼국시대에서는 서복사지출토가 유일하다.(그림 27)

3) 치미 (鴟尾)

기와건물의 용마루 양쪽 끝을 장식하는 기와로 망새기와로 불리기도 한다. 추녀마루장식기와인 귀면와와 함께 건물의 장엄과 미적장식효과를 더할 뿐만 아니라 주술적 의미를 갖기도 한다. 부여지방의 백제 건물지에서 치미는 간간이 출토되었으나 다량의 파편이 수습되어 복원된 것은 서복사지가 유일하다.

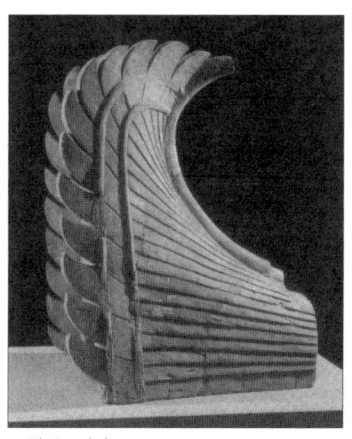

그림28. 치미

이 치미는 동체부의 내구와 미부의 외구를 2조의 만곡(彎曲)돌선대를 경계로 구분되고 있다. 동체부의 두부의 높이는 21.6㎝ 폭은 34.3㎝이며 용마루 끝의 기와와 접속되는 크기 12.7㎝ 폭 24.7㎝의 연결공이 있고 두부(頭部)의 상면 중앙에서 미부 상단까지 단면 반원형의 심경(心莖)을 조성하고 폭 74㎝에서 폭 4.8㎝까지 체감하여 유연한 곡선을 이루도록 하였으며 그로부터 좌우 양 측면에 21개의 羽狀文을 방사상으로 장식하여 구성하였다.

미부(尾部)는 12개의 우각형모양을 12개씩 양측에 부착하였다. 후면 부는 밑바닥의 폭 31.6㎝, 높이 16.4㎝ 규모이며 중앙에 지름 12.5㎝의 연화문을 부조하였으며 연판 끝은 약간 돌기반전되었으며 풍만하고 크고 높은 자방에는 7과의 연자를 배치하여 장식하였으며 연화문의 장식기법으로 보아 백제 후기로 추정된다. 후면 부의 용마루의 마무리를 위한 凸形孔으로 보아 수키와 2매를 평행으로 붙여놓고 중앙에 다시 수키와 1매를 놓아 끝 마무리한 듯하다.(그림 28)

4) 벽화편 (壁畵片)

금당지주변에서 출토된 것으로 금당벽화로 추정된다. 벽화편은 벽체로 보이는 면을 백토를 칠한 뒤 그 위에 다시 점토로 면을 고르고 다시 백토를 칠한 뒤 흑색 안료와 적색의 안료를 사용하여 그림을 그렸다. 그림은 탈색되어 정확치는

그림29. 벽화편

않지만 까치로 보이는 새를 그린 것으로 추정된다.(그림 29)

5. 석제류 출토품

1) 반가사유상 (半跏思惟像)

부소산성 동편에서 출토된 납석으로 제작한 반가사유상으로 현재 높이는 13.5㎝로 허리이상은 절단된 상태이다. 양다리에 밀착된 법의의 옷주름은 모두 선각하였는데 반가한 다리에서는 S자형으로 왼다리에서는 U자형으로 표현하여 변화를 주었고, 융기선으로 표현한 대좌

그림30. 납석제

의 옷주름을 중심으로 도식적인 단위 옷주름이 좌우로 연결된다. 의자의
윗부분인 연화부는 무늬가 없는 두툼한 연판으로 구성되었고 아래부분에
는 정면에서 연결되는 단위주름으로 이루어진 치마 주름이 정연히 드리
워져있다.(그림 30)

2) 석제동마루끝 장식기와 [石製棟端飾瓦]

1942년 서복사지 발굴조사 시에
출토되었다. 지붕의 마룻대 끝을
장식하는 건축부재로 일반적으로
점토로 제작하는 경우가 많으나 이
것은 납석제이다. 상부는 두께 5.4
cm의 높이 28cm, 길이 35.8cm 크기
의 납석제판에 전면에는 6엽의 연
화문을 도안화하여 연판을 삼각으

그림31, 석재동마루 끝 장식기와

로 깊게 각출하여 주연과 자방을 도두라 지도록 하는 기법으로 새겼다.
전체적으로 정상부가 원만한 곡선을 이루며 정상부 중앙에 "丁"자형으로
길이 6.5cm, 깊이 2cm 정도의 홈을 파서 철심을 결구하여 고정시킬 수 있
도록 제작하였다. 각종 건축부재를 과학적으로 응용하는 백제 건축기술
의 단면을 볼 수 있는 좋은 예이다.(그림 31)

3) 도가니 [角鍋]

서문지주변에서 발견된 도가니로서 팽이형이며 높이가 8.7cm 정도이다.
구연부가 약간 내경되었으며 구순 끝 부분은 편평하며 구순의 일부분 한
면에는 주구가 성형되어 녹은 액체의 금속물을 부을 수 있도록 하였다.
도가니의 기벽 내부에는 엉겨 붙은 철성분으로 보이는 슬렉이 남아 있다.

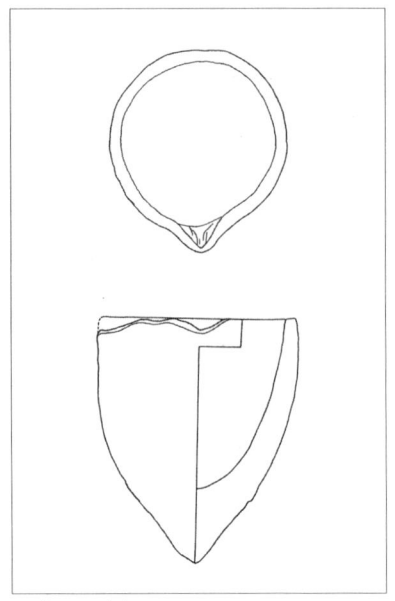

그림32. 도가니

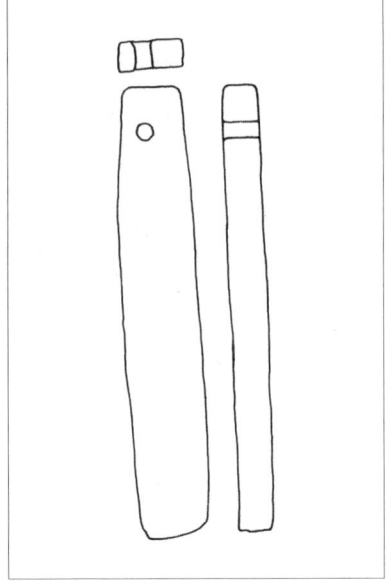

그림33. 숫돌

이 도가니의 전체용량은 85cc이며 재료의 상한선은 58cc이다. 태토는 굵은 모래로 구성되었으며 회갈색을 띤다.(그림 32)

4) 숫돌 [砥石]

동문지를 비롯 발굴유적에서 일반적으로 출토되는 유물로서 점판암계의 석재를 가공하여 제작하였다. 크기는 일반적으로 20㎝ 내외이며 중간부분이 집중 마연되어 가늘고 길며 모서리부분은 날카로운 도구로 도려내었지만 전반적으로 방형에 속한다. 한쪽 끝 부분에 작은 구멍을 뚫어 패용이 가능하도록 하였다.(그림 33)

III. 부소산성 출토 공예품의 분석

1. 부소산불상의 양식적 특징

백제가 불교를 받아들이는 것은 침류왕 원년(384년)[3]으로 모든 사서가 이를 뒷받침하고 있어 384년설을 부정할만한 적극적인 자료는 없는 것으로 보인다. 이는 백제가 이보다 2개월 전에 동진(317~420)으로 사신을 보내어 조공하는데 이때에 백제사신과 함께 마라난타가 건너왔을 것으로 짐작할 수 있을 것이다. 그는 불상과 경전을 함께 들여와 한성에 사찰을 창건하고 승려를 출가시키면서 불교전파에 힘을 쏟게 된다. 아신왕 원년(392)[4]에는 불법을 숭신하여 복을 구하라는 하교하는 기사로 보아 불교 발전의 큰 진전이 있었으리라 본다.

웅진시대에 이르러는 국가의 중흥과 함께 선진문물을 적극 도입했던 때였으므로 불교는 남제와 양과의 국제적 교류를 통하여 단순 종교적 측면에서 백제정치. 사회 속에 깊이 파고들어 문화발전의 모태가 된다. 이를테면 성왕5년(527) 중국양제를 위하여 수도 웅진성에 사찰을 창건하여 양의 연호를 빌어 대통사[5]라 이름을 지었다는 점이다. 사비시대에 이르러는 성왕의 내치와 함께 불교진흥정책으로 일본에 관불기 등을 보내는가 하면 양에 사신을 보내어 공장과 화사(畵師)를 제공받기도 한다.[6] 위덕왕 대에는 일본에 승려, 조불공(造佛工), 조사공(造寺工)을 파견하며 특히 녹

---

3) 『삼국사기』 권24, 백제본기2 침류왕2년.
4) 『삼국유사』 권3, 흥법3 難陀闢濟.
5) 『삼국유사』 권3, 원종흥법 조.
   공주시 반죽동에 소재하고 있으며 대통명인각와가 출토되어 위치를 비정하고 있다.
6) 『삼국사기』 권26, 백제본기4 성왕19년.

심신(鹿深臣)은 백제로부터 미륵석상을 가지고 일본으로 돌아가게 되는데 이는 반가사유상으로 추측되어지며 당시 백제에서 반가사유상 제작이 상당히 유행하고 있음을 암시해주는 것이다.

부소산출토 정지원명 금동석가여래입상이나 납석제반가사유상편이 이러한 범주에 해당되는 것으로 보아야 할 것이다. 이처럼 부소산성의 출토품 가운데 불교문화와 관련된 것은 금동불, 석제불, 토제불, 광배 등 수점에 불과하지만 사비시대의 불교문화의 양식적 측면에서 중요한 의미를 띄고 있다. 더욱이 사비시대의 123년간은 고졸하고 우아하며, 귀족적인 세련된 아름다움을 표현하여 세계에서 유래없는 독창적인 작품들을 창조해내어 고대불교조각사에서 큰 획을 그을 만큼 수많은 걸작을 남겼던 시기였다.

사비시대의 초기의 불상은 성왕의 사비 천도 시기에 건립된 것으로 보여지는 정림사지의 삼존불과 소조불에서 엿볼 수 있는데 부드러우면서도 귀족적인 소불상의 얼굴과 세련되면서고 우아한 형태미 등은 낙양 영녕사지(永寧寺址)[7] 출토품에서 보이듯이 북위조각에서도 찾을 수 있는 모습들이다. 이것은 북위 말에서 동·서위 양식[8]과 밀접한 관련이 있는 양식으로 수입의 전통 양식이 상당히 남아 있으면서 백제화되는 백제 초기 양식으로 구분할 수 있을 것이다.

사비시대 중기는 6세기 중엽에서 7세기 초엽까지의 시기에 해당한다고 볼 수 있다. 이 시기 양식의 특징은 중국의 동·서위 양식 내지는 북제·주 초기 양식도 보이지만 완전히 백제화를 이루는 시기로서 백제인의 얼굴과 백제적인 우아하고 세련된 아름다움이 불상에 본격적으로 표현된

---

7) 낙양시문물관리국, 『고도낙양』, 1999.

8) 문명대, 「부여정림사터에서 나온 불상과 도용」, 『계간미술』, 1981, 겨울호.

다. 앞서 언급한대로 위덕왕대와 불교문화의 흐름과 관련지어 볼 때 부소산성 출토의 정지원명불상이 이 시기의 대표적인 불상의 예이다. 이른바 일광삼존불의 형태로 원추형대좌위에 넓은 광배를 배치하여 날씬한 상승효과를 감소시키는 구도와 신체에 비해 머리부분과 얼굴을 앞선 시기보다 풍만하게 하여 부드럽고 유연하게 처리하는 조각기법과 면보다는 세련된 선을 강조하는 백제 특유의 세련미를 갖춘 형태로 변모된 것을 알 수 있다.

마지막으로 사비시대의 후기는 무왕과 의자왕 재위기간이 이에 해당되며 이 시기는 중국이 왕조의 급변하게 변화는 시대적 상황을 안고 있고 통일제국을 이룩한 수·당 역시 정치적 불안정으로 불교가 쇠

그림34. 금동보존입상

락의 길을 걷게 되는 반면 정치적 안정기에 접어든 백제는 불교문화의 황금기로서 부여규암출토 금동보살입상(그림 34)처럼 단순명쾌하면서 유연한 곡선미가 신체표현까지 묘사되는 획기적인 변모는 과정으로 변한다.

부소산불상의 양식은 6세기 중엽의 중국불상형식의 자유분방한 구도와 연관은 되어 있지만 세계에서 그 예를 찾아볼 수 없을 정도로 나름대로 독특한 양식을 정립하며 백제미 의식을 갖춘 시기의 대표적인 사례로 볼

수 있을 것이다.

앞에서 언급한 정지원명 불상과 동일한 일광삼존불은 원형을 중국의 북위에서 구할 수 있지만 삼국시대에 21건 정도 확인되고 있어 6~7세기의 동아시아의 금동일광삼존불의 중심을 한반도로 여겨도 무리는 아니지 싶다. 일광삼존불은 별도로 머리의 광배나 몸의 광배를 갖추지만 삼존불이 하나의 대광배를 배경으로 배치되며 이 삼존불은 다시 연꽃대좌에 의해 지지된다. 대광배 중앙에는 본존상의 머리광배와 몸광배의 띠가 새겨지며 그 바깥에 화염무늬와 화불이 배치된다. 금동일광삼존불의 제작은 크게 세 가지 유형[9]으로 나타나는데 정지원명 불상은 일주식(一鑄式)에 의한 제작한 불상으로 전체를 한꺼번에 주물하기 때문에 세밀하고 섬세한 공정이 생략되는 기법이며 다른 두 가지 제작기법으로 제작된 불상보다는 작은 평균 10㎝ 내외로 정지원명 불상 역시 8.5㎝에 불과한 소형불에 속한다. 이 기법은 주물실패의 부담을 극복하기 위하여 채택되는 방법이기 때문에 세부적인 조각수법은 기대하기 어려우며 당시의 양식적인 측면만 반영한 것으로 보인다.

2. 여러 금속공예품의 기법

부소산성 출토 금속품에서 전형적인 백제금속조각기법을 파악할 수 있는 좋은 자료로서 관장식과 금동봉황장식을 들 수 있다. 특히 관장식구상 단을 중앙에 인동당초의 꽃봉우리와 꽃수술을 도안화한 표현으로 내부에

---

9) 본존불주결합식(本尊佛鑄結合式)은 대광배와 협시보살을 함께 주조하고 본존여래상을 따로 주조하여 결합하는 기법이며, 삼존불주결합식(三尊佛鑄結合式)은 삼존 각각과 대광배, 연화대좌 모두를 서로 결합하는 방식이다. 일주식(一鑄式)은 대광배. 삼존불, 연하대좌를 한꺼번에 주조하는 방식이다.

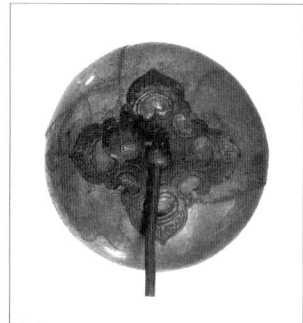
그림35. 부여 화황리 출토 유리구

그림36. 부여 화황리 출토 은제관식

그림37. 부여 능안리고분 출토 은제관식

여의두문을 투각하는 기법이다. 이 기법은 능산리고분의 중상층의 관장식구 및 금동투조금구[10]에서 보이는 기법을 간략화시킨 기법이며 부여 화황리 출토 은제병부유리구[11](그림 35)의 유리구체를 덮어 씌운 고리받침 문양과는 매우 흡사하다. 이보다 완전한 형태로는 부여 화황리 출토 은제관식[12](그림 36)과 부여 능안리고분군 36호분 출토[13](그림 37) 은제관식의 인동당초줄기에서 뻗어 나온 꽃봉우리에서 그 예를 찾아볼 수 있다. 백제는 관(冠)에 6품 이상은 은꽃으로 장식한다는 사료[14]와 일치되는 유물이다. 따라서 당시의 인동당초꽃봉우리+여의두문의 투각장식기법은 사비백제시대에서 상당히 유행했던 장식기법으로 보여지며 인동당초줄기에 막 피어오르는 꽃봉우리를 표현하는 백제인의 예술세계를 엿볼 수 있다.

화형판장식은 장식미술에서 가장 많이 쓰이는 꽃을 바탕으로 화형장식

---

10) 백제문화개발연구원, 『백제조각·공예도록』, 백제유물도록3집, 1992, p.218.

11) 국립중앙박물관, 『백제』, 1999, p.173.

12) 백제문화개발연구원, 앞의책, p.135.

13) 부여문화재연구소, 『능산리』, 1998, p.186.

14) 『北史』 "奈率以上飾以銀花"

으로 화판(花瓣)을 원만한 곡선처리하고 화판사이에는 소공을 뚫고 주연과 소공 주위에 타출점선문을 돌려 장식적인 효과를 더하였다.

금동광배는 두 장의 원형판과 문양판을 리벳형식으로 결합시킨 형태로서 광배를 통하여 모조기법과 점선조기법, 모조기법, 타출기법, 선각기법을 응용하여 완숙된 백제미를 최대한 발휘하였으며 특히 선각하여 이중으로 연판을 들어올린 기법은 삼국에서 유일한 기법으로 조형성이 매우 뛰어나다. 인동당초문대는 투조기법으로 인동당초문이 힘차게 뻗어 가는 형상을 파도형곡선으로 처리한 것과 점입가경으로 점선조로 외연을 마무리 한 기법은 백제금속공예기술을 엿볼 수 있는 좋은 예이다. 이 광배는 섬세하고 정교한 기법과 참신한 의장 등에서 유례를 찾아볼 수 없는 명품으로 백제문화의 높은 수준을 단적으로 보여준다.

3. 부소산성과 출토품의 의미

서복사지 목탑지출토의 과판은 현재까지 출토예가 적어 몇 점의 예만 전해지고 있는데 백제과대[15](敬帶)와 관련하여 기록에 보이는 복식제도[16]에 의하면 국왕은 자색의 큰 도포, 청색바지, 금화로 장식한 검은 비단의 관, 검은 가죽신을 착용하고, 좌평이하 솔(率)계 5관 이상은 자색의 공복

---

15) 과대는 띠를 고정하는 교구(鉸鉤)와 교침(鉸針) 그리고 대와 교구를 연결하는 식금구(飾金具)로 구성된다. 이때 띠에 부착하는 장식품인 과판은 모두 세 가지 유형이다. 위쪽 방형판에 장방형의 투공이 있는 것은 부여외리출토 귀형문전을 보면 도깨비가 한가닥의 요패가 늘어진 과대를 차고 있는데 이 과대에 투공된 방형과판이 고리가 달린 모습을 볼 수 있다. 장방형 위쪽이 호형인 것은 서복사지 금동과판이며, 심엽형과판에 고리가 달린 것은 무령왕릉출토, 부여 능안리고분 36호분 3가지 모두 갖춘 것은 부여가곡리 고분출토품으로 백제과판의 일반형이다.

16) 『삼국사기』권24, 백제본기 고이왕 조.

과 은화장식의 관 및 자색의 관대를 착용하는 등 품계별로 신분에 따라 명확하게 구분하였다. 서복사지과판은 무령왕릉 출토과판이 은제인 것에 비하여 금동제로 제작하였던 것으로 미루어 보아 그동안 관등제가 실제 실행되지 않은 제도로만 존재한 것을 성왕이 사비 천도 이후 관등제를 재 정비하여 국가질서체제를 확고하였음을 입증하는 예일 것이다. 특히 이 과판은 왕실의 기원사찰건립을 위하여 목탑 심초석 주변에 의식구로 묻 는 진단구용으로 사용한 것으로 판단된다.

서복사지는 사비왕궁의 추정건물지[17] 북편에 위치한 부소산성의 중요건 물지 가운데 하나로서 세련된 치미와 동마루 끝기와, 현재까지 사비도성 내에서 전혀 찾아볼 수 없는 중요건물의 벽체로 보이는 새그림의 벽화 등 으로 보아 화려하고 고급스러운 건축물임에는 틀림없다. 건물의 규모는 남북 55m, 동서 34m의 작은 규모이지만 부여지방의 사찰터[18]와는 달리 산지중복에 대지를 조성하고 중문, 목탑, 금당을 건축하되 강당을 생략하 고 또한 산중복 아래에 남문을 배치하여 계단을 통하여 출입하도록 하였 다. 이것은 일반적인 백제사찰의 배치구도를 달리하여 왕실의 권위를 건 축공간과 구조에 반영한 것으로 여겨진다. 따라서 서복사지는 유적의 위 치가 사비왕궁의 후원이라는 점에서 왕실전용의 내원사찰로서 고대사찰 의 기능과 관련하여 매우 중요한 의미를 띠고 있다.

부소산성에서 출토되는 또 하나의 중요한 금속유물로는 금동 봉황장식 과 이수장식을 들 수 있다. 고대 삼국의 여타의 유적에서도 확인된 바 없 는 장식구로서 그 간결한 모양새와 세밀한 표현은 당대의 최고 수준으로 평가되고 있는 작품이다. 중국[19] 측 자료에서는 모양새가 흡사한 형태로

---

17) 부여관북리백제유적11차발굴조사지도위원회자료, 부여문화재연구소, 2005.

18) 정림사지, 능산리사지, 군수리사지, 동남리사지 등은 구릉지를 삭평하거나 저습지를 메 워 평탄대지를 조성하여 사찰을 건축하였다.

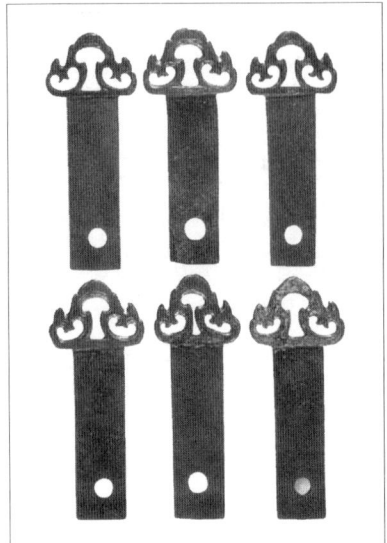

그림38. 부여 능산리고분 관장신구　　　그림39. 무령왕릉 출토 화판장식

마차의 일산에 꾸미는 장신구로 출토된 예가 있으나 중국의 장신구는 머리부분과 몸통부분이 직선인데 비해 부소산성 출토품은 직선화된 몸통이 원만한 곡선을 이루면서 머리부분을 치켜들게 표현하였으며 몸체 내부에는 목질흔으로 보아 지름 1.5~2㎝ 정도의 나무자루를 끼워 사용했던 실용품이었던 것으로 판단된다. 즉 부소산성에서의 금동봉황·용두·귀면장식의 출토는 사비왕궁지 못지않게 백제왕실의 활동공간임을 반증하는 자료가 될 것이다.

　동문지부근에서 출토된 청동제관장신구는 공반 출토된 금동제화판장식과 금동제관정, 금동제고리못과 일괄유물로 보여지며 동일한 유물로서는 부여 능산리고분군[20](그림 38) 중상총출토 관장신구나 무령왕릉 출토[21](그

19) 국립부여박물관, 『중국낙양문물명품전』, 통천문화사, 1998.

림 39)의 도금한 팔엽화형좌판의 예가 있다. 특히 모자방울은 부소산성에서 최초로 출토되었으나 백제왕실의 기원사찰로 알려진 능산리사지공방지[22]에서 출토되어 사용주체를 짐작케 한다. 따라서 부소산성 동문지출토의 장식구는 관장신구임에는 틀림없으나 일반적으로 고분에서나 출토되는 관장신구가 산성의 동문지에서 출토된 연유에 대해서는 백제멸망[23]과 연결지을 수 있다. 즉 백제금동대향로 출토상황[24]과 비슷한 상황으로 능산리왕릉과 능사에 위치한 왕실의 왕릉급의 분묘가 나당군에 의해 탈취되어 부소산성에서 유린되는 과정에서 흩어진 잔유물의 일부로 추정할 수 있을 것이다.

IV. 맺음말

부소산성은 백제중흥의 발판을 마련하기 위한 사비 천도 결행은 백제왕실의 염원이었던 새로운 도성건설을 위하여 부단히 노력한 결과였다. 당시 새로운 도성건설에 기본적인 조건은 지형이 고려되어야 하는데 사비성은 주변경관과 도시시설이 조화롭게 배치할 수 있는 이상적인 조건을 갖추고 있었다.

---

20) 백제문화개발연구원, 앞의책, p.218.

21) 김원룡, 『불교마술』, 「백제무령왕릉과 출토유물」, 1972.

22) 국립부여박물관·부여군, 『능사』, 2000.

23) 『삼국사기』에는 소정방이 왕 및 태자 효 왕자 태·융·연 및 대신과 장군 88인 백성 1만2천8백7인을 수도로 압송하였다. 라고 기록하고 있으며, 『정림사지오충석탑』과 『당유인원기공비』는 왕 의자와 태자 융이외에 13인, 좌평이하 700여 인을 사로잡아 귀국하였다 라고 기록하고 있다.

24) 서정록, 『백제금동대향로』, 고대문화사, 2001.

사비성의 천도계획은 동성왕 재위기간인 490년의 사비원(泗沘原) 수렵 기사로 미루어 보아 사비 천도를 위한 사전 현지조사가 이루어져 501년 에는 사비가 동원, 서원으로 구분된 것은 이때에 천도를 전제로 한 성곽을 비롯 도시시설물이 구축된 것으로 여겨진다. 사비도성의 출발은 웅진 도성의 공간적 한계를 극복하고 도성을 체계적이고 효율적인 운용을 위함이었다. 일반적으로 왕궁, 관부, 사찰, 시전, 성곽 등을 갖추어야만 도성으로서 기능을 유지하는 기본요소이지만 고대 삼국 가운데 백제만이 갖는 또 다른 특징적인 것은 왕궁 북편에 별도의 산성을 두어 평상시에는 후원으로 유사시에는 피난처로서 이중적 방어체계를 구축하였다는 점이다. 부소산성은 북과 서편은 큰 강의 본류에 임하며, 동편으로는 저습지의 범람원, 남측으로는 왕궁과 시가가 형성되는 충적저지로 형성되었고 내부에는 북동 측으로 흐르는 계곡부를 사이에 두고 두 봉우리를 조망점으로 갖는 아주 이상적인 지형조건을 갖추었다. 따라서 부소산성은 백제 왕실의 정치, 문화활동공간으로 중요한 의미를 갖고 있기 때문에 부소산 성 내부에 사찰, 조망대, 지당, 병영초소, 군창지, 등 각종 건물지를 두어 왕궁시설의 상호보완적 기능을 갖도록 하였을 것이다. 이러한 연유로 부소산성에서는 발굴조사지역마다 상당량의 고급스러운 생활용구나 벼루, 토제품, 중국청자, 무구류 등 다양한 유물이 출토되는가 하면 특히 금속 공예품의 조각기법이나 문양이 백제유적 가운데에서는 수작으로 꼽힌다.

부소산성의 금속공예품은 단순한 주조술이나 끌을 이용한 조금술(彫金術)이 백제사비기에 와서 발전적인 모조(毛彫)기법이나 투조(透彫)기법, 점섬조(點線彫)기법 등이 주류를 이루면서 우수한 공예품으로 제작될 수 있었던 시기였다. 부소산성 출토 불상광배 작품에서의 그 예처럼 이 시기의 백제인은 동그란 소박한 큰 소판일지라도 다양한 도구와 기법을 집약시켜 정교하면서 화려한 문양을 장식함으로써 백제인의 예술세계와 정신

세계의 작품에 표현하는 완숙미를 이룬 백제공예사의 최 절정기에 해당한다.

부소산성 출토의 도토금속공예품은 22년간의 부소산성발굴조사를 통하여 산발적으로 출토되고 그 수도 미량의 유물일지라도 백제왕실에서 전용된 공예품이므로 당대의 독창적인 기술이나 빼어난 장식성, 실용성이 반영된 작품이라는 점에서 도성유적에서의 공예분야가 더욱 깊이 연구되어야할 과제이며 그동안의 공예품 연구가 고분출토품을 중심으로 하는 학계풍토 또한 앞으로 개선되어야 할 점으로 여겨진다.

- 국립부여문화재연구소, 1995, 『부소산성발굴조사중간보고』
- 문화재연구소, 1996, 『부소산성발굴조사보고서』
- 국립부여문화재연구소, 1997, 『부소산성발굴조사보고서 Ⅱ』
- 국립부여문화재연구소, 1999, 『부소산성발굴조사보고서 Ⅲ』
- 국립부여문화재연구소, 1999, 『부소산성』
- 국립부여문화재연구소, 2000, 『부소산성발굴조사보고서 Ⅳ』
- 국립부여문화재연구소, 2003, 『부소산성발굴조사보고서 Ⅴ』
- 백제문화개발연구원, 1992, 『백제조각·공예도록』, 백제유물도록 제3 집
- 낙양시문물관리국, 1999, 『고도낙양』
- 문명대, 1981, 「부여정림사터에서 나온 불상과 도용」, 『계간미술』 겨울호
- 부여문화재연구소, 1998, 『능산리』
- 국립부여박물관, 1998, 『중국낙양문물명품전』, 통천문화사
- 김원룡, 1972, 『불교마술』, 「백제무령왕릉과 출토유물」
- 국립부여박물관·부여군, 2000, 『능사』
- 서정록, 2001, 『백제금동대향로』, 고대문화사

부소산성 금속유물의 자연과학적 분석

정 광 용 (한국전통문화학교 보존과학과 교수)

■ 목 차

I. 머리말

최근 자연과학적 분석기법이 고고학 연구에 도입되면서 새로운 사실들이 밝혀지고 있다.[1] 이는 외형적인 요소에 의존하는 기존의 연구가 그 한계성을 갖고 있기 때문이다. 고고학적 자료의 자연과학적 연구는 재질분석[2][3], 연대측정[4][5], 산지추정[6][7], 고대 생활환경 조사, 야금기술사[8] 및 미세조직 연구[9]가 있다.

1) 崔夢龍・崔盛洛・申叔靜 編著, 『考古學研究方法論』-自然科學의 應用-, 서울대학교출판부, 1998.
2) 崔炷・金秀哲・馬淵久夫・平尾良光, 「옛 韓國靑銅器에 대한 小考」, 『금속재료학회지』, Vol. No. 4, 韓國金屬材料學會, 1986.
3) 정광용・강형태・정동찬・윤용현・이훈, 「고대 청동기의 성분조성 및 산지추정 연구」, 『제20회 학술대회 발표 논문집』, 한국문화재보존과학회, 2004.
4) 강형태・나경임, 「考古遺物의 自然科學 應用(1)-絕對年代測定-」, 『문화재』, 文化財管理局, 1999.
5) 김명진・홍덕균, 「한국 중부지역 청동기시대 전기유적의 광 여기 루미네선스를 이용한 연대측정」, 『보존과학지』, 통권 16호, 한국문화재보존과학회, 2004.
6) 이강승・강형태・정광용, 「대전광역시유적 청동기의 성분조성과 납동위원소비 -문화동, 탄방동 및 비래동 유적-」, 『考古學誌』 제12輯, 韓國考古美術研究所, 2001.
7) 강형태・정광용・허우영・김성배・조남철, 「익산 왕궁리유적 납유리의 성분조성과 납동위원소비」, 『한국상고사학보』, 45, 한국상고사학회, 2004
8) 盧泰天, 『韓國古代 冶金技術史 研究』, 學研文化史, 2000.
9) 鄭光龍, 「三國時代의 鐵器製作技術 研究-微細組織分析을 通하여-」, 弘益大學校 博士學位論文, 2001.

금속유물은 고고학 연구의 기본인 형식학적 방법론을 전적으로 적용하기 어려운 유물임에도 불구하고, 금동제품의 경우에는 형식과 제작기법을 분류한 연구논문[10] [11] [12] [13]이 발표되고 있다. 금동제품의 자연과학적 연구방법으로는 금도금방법, 금도금에 사용된 동제품의 미세조직 및 개재물(微細組織 및 介在物), 도금된 표면층(表面層)의 구조(構造), 도금(鍍金) 두께, 순도(純度) 등을 분석함으로써 제작기술을 규명할 수 있다.[14] [15] [16]

고대 청동기의 제작과정은 합금, 주조, 그리고 형태가공 및 각종 열처리 단계로 구분될 수 있다. 합금은 합금에 포함될 원소의 종류와 정량이 정해지며, 이후 주조과정에서는 미리 준비된 형틀에 합금을 녹여 부어 제품의 형태를 만들게 된다.

청동기 중 일부는 여기에서 제작이 완료되나 일부는 추가적으로 실시되는 두드림 및 각종 열처리 과정을 거쳐 최종 제품이 완성된다. 청동합금의 화학조성과 제작과정에는 기술적으로 불가분의 관계가 존재한다. 그러므로 이를 인식해 종합함으로써 하나의 독특한 청동기 기술체계가 이루어지게 되고 시기적으로는 물론 지역적으로도 차이가 발생할 수 있다.

철제품은 미세조직 분석으로 제철 · 제강 · 제련법 및 열처리기법 등 가

10) 李榮姬,「古新羅 金屬工藝의 鏤金細工技法 硏究」, 梨花女子大學校 博士學位論文, 1998.

11) 李漢祥,「金工品을 통해 본 5~6世紀 新羅墳墓의 편년」,『慶州文化硏究』創刊號, 慶州大學校 慶州文化硏究所, 1998.

12) 朴普鉉,「伽倻冠의 屬性과 樣式」,『古代硏究』第5輯, 古代硏究會, 1997.

13) 周炅美,「三國時代 耳飾의 製作技法」,『古代硏究』第5輯, 古代硏究會, 1997.

14) 鄭光龍,「武寧王陵 王妃신발의 製作技法 硏究」,『湖西考古學』第4 · 5合輯, 湖西考古學會, 2001.

15) 鄭光龍 · 鄭永東,「皇南大塚 金銅製品의 鍍金技法 硏究」,『科技考古硏究』第7號, 아주대학교박물관, 2001.

16) 姜炯台 · 鄭光龍 · 鄭永東,「金銅遺物의 科學的 硏究」,『皇南大塚遺物保存處理報告書』, 國立慶州文化財硏究所, 1995.

공방법에 대한 비교적 정확한 정보를 얻을 수 있다.

고대의 철기유물에 대한 시대와 지역별로 제작기법을 규명하기 위한 연구가 활발하게 진행되고 있다.[17] 철기유물의 경우 철 소재는 탄소함유량 및 가공이나 열처리 조건에 따라 기계적 성질이 크게 변화된다. 즉 탄소함량이 낮은 순철은 연성은 높으나 강도 및 경도가 낮은 단점이 있으며, 탄소함량이 높은 주철(鑄鐵)은 취성(脆性)이 심해 충격에 의하여 파손될 수 있는 단점이 있다. 따라서 순철(純鐵)을 침탄시킴으로서 탄소함량을 높이거나, 주철의 탄소함량을 낮추는 방법으로 강을 생산할 수 있었다. 강은 가공이나 열처리 조건에 의해 그 기계적 성질을 조절하여 무기나 농공구 등의 유용한 소재로 사용할 수 있다.[18]

고대에도 제철·제강기술을 응용하여 보다 효율적으로 강을 생산하기 위한 수많은 노력이 있었을 것으로 사료된다. 고대에 강의 제작기법은 저온환원법으로 고체 상태에서 생산되는 순철(純鐵)-괴련철(塊煉鐵)과 용융상태로 생산되는 주철(鑄鐵)을 이용하여 탄소를 증감하는 침탄법(浸炭法)과 열처리방법(熱處理方法) 등을 통하여 탄소를 감소시키는 탈탄법(脫炭法), 그리고 주철(鑄鐵)-숙철(熟鐵)을 이용한 초강법(炒鋼法), 관강법(灌

17) 崔鍾澤·張恩晶·朴張植, 「三國時代鐵器研究」, 서울대학교박물관, 2001.

18) 鄭光龍, 앞의 글, 2001.

19) J. Needham, J., 「The Evolution of Iron and Steel Technology in East Asia and Southeast Asia」 In(T. Wertime & J. Muhly, Eds) The Coming of the Age of Iron, New Haven and London: Yale University Press, 1980.

20) R. Maddin, 「The History of the Evolution and Development of Metal」, 「Proceedings The forum for the fourth international conference on the beginning of the use of Metals and Alloys(BUMA-IV)」 Shimane Japan, 1996, pp.1~7.

21) 楊寬 著, 盧泰天·金瑛洙 共譯, 「中國古代冶鐵技術發展史」, 한국학술진흥재단 번역총서, 대한교과서주식회사, 1992. p.151.

22) R.F. Tylecote, 「A History of Metallurgy」, The Institute of Materials, The Bath Press, Avon, 1992.

鋼法) 등으로 나눌 수 있다.[19] [20] [21] [22]

본 연구는 부소산성 출토유물의 자연과학적 분석을 위하여 가능한 비파괴분석 방법을 활용하고자 하였으며, 시료채취가 가능한 시편은 미세조직 조사를 실시하였다. 비파괴분석은 X선형광원소분석과 휴대용형광X선 분석기로 성분함량을 분석하였다. 그리고 금동, 청동, 철제품에 대한 미세조직을 분석하여 당시 제작에 적용된 기술체계를 추정하였다. 그리고 선행연구에서 얻어진 연구결과와의 비교를 통하여 기술의 시대적 변천과정을 확인하고자 한다.

II. 부소산성의 고고학적 배경

부소산성은 표고 106m의 부소산에 위치하며 총둘레는 약 2.5km이다. 산의 북쪽은 백마강이 흐르고 있는 천연의 요새로 백제시대 수도 사비성을 지키는 중심거점의 산성이다. 또한, 백제 성왕 16년(538) 공주에서 이곳으로 옮겨 123년간 사용한 사비도성의 중심산성으로 이중의 성벽을 두른 백제식 산성이다. 지세는 남쪽이 높고 북쪽이 낮으며 금강이 북·서·남 3면을 돌아 흐르고 있고 남·서쪽으로는 넓은 들판이 있다.

부소산성은 이미 일제강점기 때부터 대표적인 백제유적으로 알려져 있었으나 그 당시에는 매우 단편적인 사실을 확인하는데 그쳤다. 그 후 1970년대 후반에 백제 문화권 개발사업이 추진되면서 비로소 부소산성에 대한 새로운 관심을 갖게 되었고, 1980년대에 들어와서 매년 연차적인 조사가 이루어졌다.[23]

---

23) 成周鐸, 『百濟城址研究』, 서경문화사, 2004, pp.73~83.

부소산성은 군창지 소재의 산정식산성(山頂式山城)과 사비루(泗沘樓) 소재의 테뫼식산성, 그것을 둘러싼 포곡식산성(包谷式山城)으로 이루어졌다고 알려져 왔다. 이른바 테뫼식산성과 포곡식산성이 결합된 복합식산성(複合式山城)의 형태라고 보았다. 그러나 1993년~1994년에 걸쳐 실시된 군창지 소재 테뫼식산성의 조사결과, 이 테뫼식산성의 성벽이 종래의 인식과 달리 통일신라시대에 축성된 것으로 밝혀졌다. 또한 1996년에 사비루 소재 테뫼식산성의 조사에서도 인화문토기편과 '회창(會昌) 7년'이라고 새겨진 명문와가 출토되어 847년을 전후한 통일신라시대 성벽임이 확인되었다. 따라서 부소산성의 성벽 중 백제시대에 축조된 것은 포곡식산성 하나뿐인 셈이다.

지금까지 이루어진 부소산성 성벽조사에서는 세 가지 축성법이 확인되었는데 첫째는 석축시설 없이 순수한 판축에 의한 토루(土壘)로서 포곡식산성에서 확인되는 축성법, 둘째는 토루의 하단부에 기초시설로서 석축이 마련되고, 그 위로 판축에 의한 토루가 축조되는 방법, 셋째는 판축기법이 약화되어 다짐층처럼 성벽을 축조한 방법이다. 확인된 각각 다른 세 가지 축조법은 즉 축조시기의 차이를 의미하며 이것으로 백제가 사비로 천도하기 이전에 포곡식산성이 축조되었을 가능성, 테뫼식산성이 통일신라시대에 축조된 사실, 테뫼식산성의 중앙에 있는 토벽이 조선시대에 축조되었다는 사실을 알 수 있었다.

성의 기능면에서 볼 때에는 현재까지 군사시설만 발견되고 있어 군사적 목적의 비중이 컸을 것이라고 추측된다. 특히 사비루가 있는 지역이 전망이 매우 좋아 이를 뒷받침하고 있다.[24]

---

24) 徐程錫, 『百濟의 城郭』, 學研文化社, 2002, pp.119~128, pp.137~142.

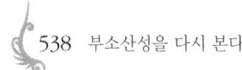

Ⅲ. 분석방법

1. 대상유물

비파괴분석을 위해서 금동과 청동 11점을 대상유물로 선정하였고, 특히 제작기술과 고고학적 성격을 파악하기 위해서 금동투조장식 외 6점은 미세조직분석 대상유물로 선별하였다. 그리고 표 1에 분석대상 유물에 대한 설명을 나타내었다.[25] [26] [27] [28] [29]

2. 비파괴X선형광원소분석 (XGT)

비파괴X선형광원소분석(XGT ; X-ray Guide Tube)는 시료의 X-ray 이미지, 형광 X-ray, X-ray 스펙트럼을 이용하여 시료를 관찰하고 그 원소를 정성, 정량하는 비파괴분석장치이다. X-ray가 X-ray guide tube에 집중됨으로써 직경 10㎛ 또는 100㎛ 분석이 가능하며, 나트륨(11Na)에서 우라늄(92U)까지의 원소 동정이 가능하다. X-ray를 조사하면 CCD카메라와 detector가 작동되어 시각적인 관찰과 원소분석 기능을 함께 수행할 수 있다. 시료는 전처리가 필요하지 않고, 대기압에서 분석되므로 시료의 손상이 없고, 무기물뿐만이 아니라 유기물 분석, 의학, 생물학에서도 이용이 가능하다. 또한 시료의 원하는 부분의 원소를 RGB

25) 國立文化財研究所, 『扶蘇山城』Ⅲ, 國立文化財研究所, 1999.

26) 國立扶餘文化財研究所, 『扶蘇山城』Ⅴ, 國立扶餘文化財研究所, 2003.

27) 國立扶餘文化財研究所, 『扶蘇山城』Ⅵ, 國立扶餘文化財研究所, 2000.

28) 國立文化財研究所, 『扶蘇山城』發掘調査報告書, 國立文化財研究所, 1996.

29) 扶餘文化財研究所, 『扶蘇山城』發掘調査中間報告, 扶餘文化財研究所, 1995.

표1. 분석대상 부소산성 출토유물

No.	유물명 (고유번호)	유물사진	예비조사
1	금동투조장식 (편만일부있음)		금동제품에 투조된 장식품이다. 정확한 용도는 알 수 없다. 길이 : 2.3cm, 1.5cm
2	청동투조장식 (96PS108)		사용용도는 알 수 없으며, 단지 상단으로 추정되는 부분은 상하 약 1.5cm 정도로 테두 리를 하고 있으며 그 아랫부분에 투조로 장식되어 있다. 두께 0.1cm
3	청동주자 (부연 499)		손잡이 부분과 주구로 추정되는 부분이 원형 그대로 잘 남아 있다. 손잡이 가로 : 16.4cm, 세로 6.2cm, 주구 : 가로 4.4cm, 세로 4.6cm
4	청동수저 편 (부연 27-1~3)		청동수저의 입술부분을 제외한 손잡이 부분만 남아 있다. 길이 : 21.2cm
5	청동뒤꽂이 (부연 498)		'ㄷ'자형 동곳이나 한쪽이 결실되어 있다. 잔존길이 : 약 5.6cm, 1.9cm
6	청동말재갈 (없음)		재갈쇠는 자름면이 원형인 2개의 양끝을 각각 둥근 고리로 만들어 서로 물리게 하였 다. 다른 부속과의 연결고리 일부가 끊어진 채 달려있다. 잔존길이 22.0cm, 두께 0.7cm
7	청동그릇 편 (96PS063)		여러 개의 편들로 나뉘어져있어 원형을 추정할 수 없는 그릇 편이다.
8	청동그릇 편 (96PS064)		기벽과 저부 일부만이 잔존하는데 모두 파편이다. 기종은 대접으로 추정된다. 기벽 두께 0.01cm
9	청동그릇 (96PS106)		그릇의 아가리는 어느 정도 잔존하고 있어 원형을 짐작할 수 있다. 기종은 대접 종류로 기벽도 일부분만 잔존하고 저부는 남아 있다. 아가리는 둥글면서 약간 외반한 형태이다. 기벽 두께 0.01cm

No.	유물명 (고유번호)	유물사진	예비조사
10	청동그릇 (96PS065)		원형 파악이 어려울 정도로 손상이 심하다. 기종은 대접으로 추정되며, 바닥부분과 기벽 일부만이 잔존한다. 두께 0.01cm
11	금동교구 (부연26)		타원 장방형으로 가운데에 일자로 구획이 나뉘어져있고, 그 양쪽으로 타원형의 구멍 이 나있다. 장식이 없는 앞면은 돌출되었고 그 면이 둥근 형태이다. 용도는 허리띠 장식으로 사용되었던 것으로 추정된다. 전체길이 5.9cm, 두께 0.5cm
12	철제마름쇠 (97PS091)		끝부분이 송곳 형태로 4갈래로 갈라졌으며 어느 쪽이든 바닥에 떨어져도 바로 세워질 수 있는 송곳의 기능을 하고 있다. 끝부분은 매우 뾰족해서 바닥에 뿌려 人馬의 접근을 막는데 사용되었음을 짐작할 수 있다. 끝부분은 뾰족하게 다듬어져있고, 꺾인 부분은 납작하게 두드린 후 두 개를 등을 맞대어 서로 붙였다. 높이 3.5~3.7cm
13	따비 (97PS087)		주조품으로 자루에 끼워지는 공부(尻部)는 단면이 제형(梯形)이다. 공부의 끝부분은 날 이 서있으며 공부의 외면에는 2조의 돌기선 이 종(從)으로 나있고 바닥은 편평하다. 길이 18.0cm, 너비 5.0cm, 두께 0.6cm
14	물미 (97PS268)		단조품으로 거의 완형이다. 원뿔 형태로 둥 글게 맞물려 있는 한쪽 면이 납작하다. 몸통 부분은 둥글게 이어지다가 땅에 박히는 부 분은 납작한 형태로 두드려 만들었다. 자루 를 끼우는 부분에는 못으로 연결한 흔적이 남아 있다. 길이 12.8cm, 공부 지름 3.0cm
15	화살촉 (97PS082)		촉머리와 슴베로 구성되어있는데, 촉머리는 유엽형으로 앞뒷면이 납작한 형태이다. 촉 머리와 슴베는 뚜렷한 구분이 없이 자연스 럽게 연결되고 있다. 슴베는 가운데부분은 약간 잘록하게 폭이 좁아지고 아래로 내려 갈수록 점차로 넓어지는 형태를 하고 있다. 슴베의 끝부분은 뾰족하게 마무리되었다. 길이 8.6cm, 두께 0.6cm

합성으로 mapping하여 원소의 분포도를 작성할 수 있는 장점이 있다. XGT(X-ray Guide Tube, Model : HORIBA Ltd. XGT-5000)를 사용하였고 분석조건은 X-ray 직경 10㎛, 전압 50kV, 전류 1,000mA, 측정시간 200초로 하였다.

3. 휴대용형광X선분석 (P-XRF)

문화재의 비파괴분석방법으로 가장 많이 사용되는 형광X선분석은 분석위치를 설정하고, X선의 강도 조절과 조사 면적을 관찰하면서 성분원소를 분석한다. 즉 유물의 분석위치에 X선을 조사시키면 원자 특유의 성질을 갖는 특성X선(형광X선)이 발생되며, 특성X선을 분광기에 파장순으로 배열하여 원자스펙트럼 파장과 강도를 비교함으로써 유물의 성분함량을 얻을 수 있다.

부소산성 출토유물의 성분원소를 규명하기 위하여 휴대용형광X선분석기(P-XRF;potable x-ray fluorescence sequential spectrometer, model;seiko instruments ins. SEA 200, Japan)를 이용하였다. 분석조건은 Rh terget로 50kV, 148㎂, 분석면적 2㎜, 측정시간 100초로 하여 크기가 작은 시료는 Mylar cup을 사용하여 분석하였다.

휴대용형광X선분석장치는 1990년대 말부터 개발되어 보급되고 있는 분석장비로 이동이 간편함으로써 문화재가 있는 어느 장소나 또는 발굴현장에서 비파괴적 방법으로 문화재의 성분을 분석할 수 있는 장점이 있다.

4. 미세조직관찰

부소산성 출토유물의 미세조직분석은 광학현미경 및 주사전자현미경

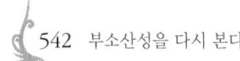

(SEM)을 이용한 형태학적 조직검사로 내부에 존재하는 금속 상(相)의 종류를 확인하고, 이들 상이 취하는 결정립(結晶粒)의 크기·모양·배열 등을 분석하였다. 또한 에너지분산분광계(EDS)를 이용하여 결정립 내의 미세조성분포 등을 개별적으로 분석하였다.

미세조직분석을 위한 시료 채취는 금속유물의 손상을 최소화시키기 위하여 보존처리 후 완형으로 복원되지 않는 편(片)을 대상으로 유물의 사용용도 및 각각의 기능성에 따라 선택된 부위에서 채취하였으며, 마이크로 핸드 카터(micro-hand cutter)를 이용하였다. 채취된 시료는 극미량이어서 미세조직 관찰을 위한 폴리싱(polishing)에 어려움이 있으므로 마운팅(mounting)을 실시하였다. 마운팅된 시료는 샌드퍼이퍼(sand paper) 200mesh에서부터 2,000mesh까지 연마하였으며, 그 이후 $0.3\mu m$와 $0.05\mu m$의 Al2O3분말을 사용하여 미세 연마하였다. 미세 연마된 철제품시료의 부식(etching)은 나이탈을 이용하여 약 3초간 실시하였고,[30] 청동 시료는 질산(HNO3) 50%, 염화제일구리(CuCl2) 5g를 이용하여 약 3초간 실시하였다.[31]

시편의 미세조직 관찰은 광학현미경과 주사전자현미경(SEM, JEOL 5510)을 사용하였고, 비금속개재물 분석은 에너지분산형X선분석기(EDS)를 이용하였다. 주사전자현미경의 가속 전압은 20kV를 사용하였다.

---

30) 김정근·김기영·박해웅 공저, 『금속현미경조직학』, 도서출판골드, 1999, pp.145~166.
31) Gunter Petzow, 『Metallographic Etching』, American Society for Metals, 1978.

Ⅳ. 분석결과 및 고찰

1. XGT 분석결과

부소산성 출토 청동과 금동시료 11점에 대한 비파괴분석은 2005년도 우리대학에 설치한 비파괴X선형광원소분석기(XGT)를 이용하여 정량분석하였으며, 분석결과는 표 2와 같다. 분석결과, 유물이 내포하고 있는 보다 많은 정보를 정확하게 파악하기 위해서는 미량의 시료를 채취하여 각종 재질과 사용 용도에 따라 다양한 분석법이 적용되어야 할 것이다. 그러므로 정확한 성분원소를 측정하기 위해서는 습식분석(ICP, AAS)을 실시해야 하나, 시료의 제한이 많아 부득이 비파괴분석 방법으로 비파괴X선형광원소분석을 실시하였다. 비파괴X선형광원소분석기(XGT)를 이용한 비파괴분석은 분석결과의 신뢰성을 확보하기 위하여 가능한 여러 부위를 선정 측정하고, 이를 평균한 값으로 표면조성을 정량하였다.

[그림 1]은 금동투조장식(NO. 1)의 비파괴X선형광원소 분석결과를 나타낸 것이다. 분석결과 금의 순도는 대략 금 90%, 은 10%를 함유하고 있는 것으로 나타났다. [그림 2]는 비파괴X선형광원소분석으로 금투조동장식 片의 금성분과 구리성분을 Mapping한 것이다.

[그림 3]은 금동교구(NO. 11)의 비파괴X선형광원소분석 결과로 금 성분은 나타나지 않았으며, 구리+주석+납이 함유된 청동으로 확인되었다. 따라서 지금까지 금동교구로 기록되고 있으나 청동교구로 수정되어야 한다.

주요성분 원소는 구리-주석-납 성분으로 확인되었으며, [표 2]에서 보듯이 주성분 원소의 함량은 선행연구의 습식분석 결과와는 비율이 다르게 나타나는 것을 알 수 있었다. 이는 매장환경의 영향으로 인하여 금속

NO.	유물명	Cu	Fe	Au	Ag	Hg	Sn	Pb	K	계
1	청동투조장식			90.00	10.0					100
		10.59		77.70		11.71				100
2	청동투조장식	81.02	1.12				12.03	5.83		100
3	청동주자	59.50					25.02	15.48		100
4	청동수저편	81.89	1.14				16.18	0.79		100
5	청동뒤꽂이	80.74	1.78				17.48			100
6	청동그릇편	75.79	0.85				23.36			100
7	청동그릇편	74.78	0.4				11.19	13.63		100
8	청동그릇	72.57					18.19	9.24		100
9	청동그릇	70.19					19.80	10.01		100
10	금동교구	72.39					12.53	15.08		100

표2. X선형광원소분석(XGT) 결과　　　　　　　　(단위 : mass %)

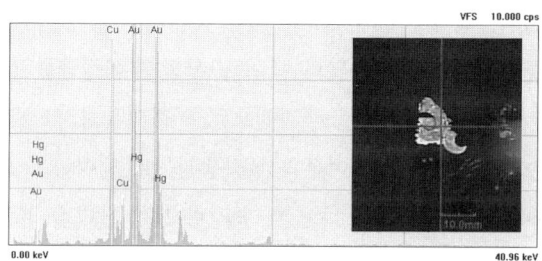

그림1. 금동투조장식편(片) (우측사진 중앙부위 측정) X선형광원소분석 결과

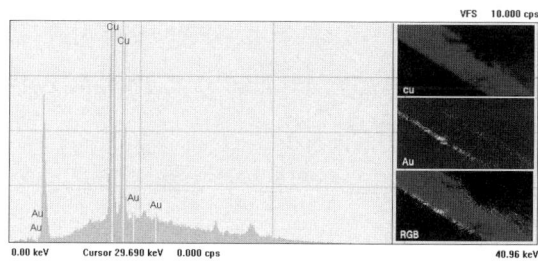

그림2. 금동투조장식편(片) X선형광원소분석 Au · Cu Mapping

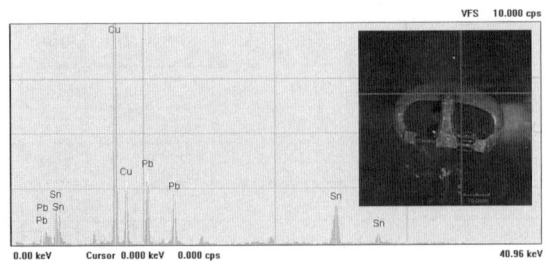

그림3. 금동교구(우측사진 중앙부의 측정) X선형광원소분석 결과

의 표면층이 부식생성물질로 덮이고, 이에 따라 대부분 내부 금속의 성분조성과 표면층의 성분조성이 서로 차이가 나타나기 때문으로 보인다.

즉 비파괴분석에 의한 부소산성 청동유물의 화학조성은 Cu-Sn계와 Cu-Sn-Pb계의 2군으로 분류되었으며, 아연(Zn) 성분은 첨가되지 않았다. 이는 고대 중국·한국·일본의 청동유물에서 발견되는 성분과 공통점을 갖고 있다. 그러나 일반적으로 고대 청동기에서 나타나는 주방용기와 장신구(주조품)에 포함된 납의 함량을 이번 분석결과를 갖고 정확히 해석하기는 무리가 있다. 이는 결과적으로 비파괴분석의 단점을 보완하기 위해서는 표준시료의 사용여부와 부식생성물로 덮여있는 표면층의 전처리를 어떻게 극복할 수 있느냐에 따라 정량 값이 달라질 것으로 판단된다.

참고적으로 선행연구인 미륵사지출토 청동유물의 경우 주방용기(Cu ; 74.8~79.4%, Sn ; 18.6~20.3%, Pb ; 0.06~0.45%)와 장신구(Cu ; 80.8~82.1%, Sn ; 13.0~14.7%, Pb ; 3.4~3.8%)에서 납(Pb)의 함량차이가 정확하게 구분되고 있다.[32]

---

32) 鄭光龍, 「彌勒寺址 出土 靑銅遺物의 金屬學的研究」, 『漢陽大學校大學院 碩士學位論文』, 1992.

부소산성 출토 청동유물의 분석은 비파괴분석법인 XGT와 P-XRF을 적용하였다. 그러나 이 두 가지 비파괴분석법은 정량분석보다는 정성분석에 적합한 것으로 판단되며, 향후 표준시료와 전처리 과정에서 그 해법을 찾아야 할 것이다.

2. 미세조직 관찰 결과

1) 금동투조장식편 (片)

[사진 1]은 금동투조장식 片의 외형사진이고, [사진 1a]는 [사진 1]의 1부위 단면의 금속현미경 확대사진과 [사진 1b]는 [사진 1]의 1부위 전체의 금속현미경 단면사진이다. 그리고 [사진 1c, 1d]에서는 꺾이는 부분과 모서리 부분에 남아 있는 아말감(금알갱이) 잔류흔적을 볼 수 있다. [사진 1b]의 투조장식 양쪽에 전체적으로 도금되어 있는 것을 볼 수 있으며, 우측 아랫부분은 도금층이 떨어져 나간 상태이다. [사진 1a]에서 도금층 아래 검은색 기공은 동판이 부식된 산화물 덩어리들이다. [사진 1b]에서 보는 바와 같이 도금층은 그 두께가 매우 균일하며, 두께는 4~6㎛ 정도인 것으로 나타났다. [사진 1c]는 [사진 1b]의 좌측부분을 확대한 사진으로 [사진 1c, 1d]에 a로 표시한 부분에 도금층이 두껍게 뭉쳐진 상태로 잔류

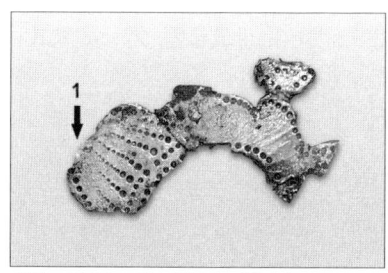

사진1. 금동투조장식편(片)의 외형사진

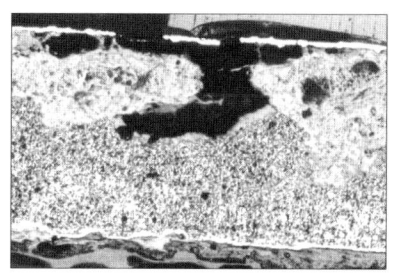

사진1a. 부위 금속현미경사진(×100)

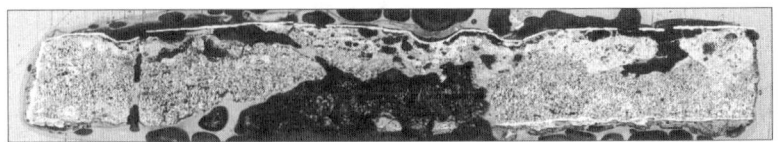

사진1b. 1부위 전체 금속현미경사진(×50)

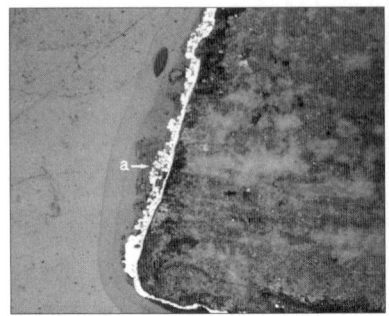

사진1c. a금동투조장식편(片)의 외형사진

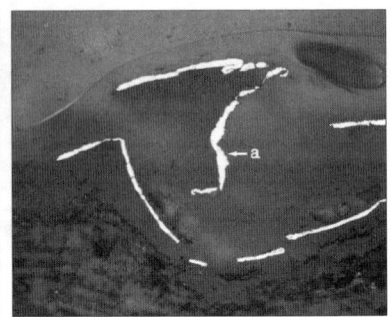

사진1b. a부분의 금속현미경사진(×100)

아말감이 남아 있는 것을 보아 아말감도금 방법이 사용된 것을 알 수 있
다.[33][34] 이는 박도금에서는 형성되기 어려운 도금층으로 아말감 도금 시
손이 미치지 못하는 곳에 다수의 금알갱이(아말감)가 덩어리 상태의 모양
으로 남아 있다.[35]

금동투조장식의 X선형광원소분석 결과 동판을 단조로 제작한 다음, 그
위에 원료광석인 금을 제련(製鍊)하여 금 90%, 은 10%를 함유한 금을 사
용한 것으로 판단된다. 우리나라와 달리 고대 일본의 경우에는 20% 이내
의 은이 포함되어 있어서, 사금(砂金)을 사용하여 금도금한 것으로 보고[36]
되고 있다.

---

33) 鄭光龍, 앞의 글, 2001.

34) 鄭光龍 · 鄭永東, 앞의 글, 2001.

35) 鄭光龍, 앞의 글, 2001.

36) 姜炯台 · 鄭光龍 · 鄭永東, 앞의 글, 1995.

부소산성 금동투조장식의 제작기법 역시 5세기대 무령왕릉 금동신발과 황남대총 금동제품과 유사한 방법으로 제작되었음을 알 수 있다.

2) 청동수저

[사진 2]는 청동수저의 외형사진이고, [사진 2a]는 자루목(1) 단면의 미세조직 사진이다. [사진 2a]에서 α상이 모두 부식됨으로써 어둡게 나타난 것을 볼 수 있다. 청동에서 부식은 환경과 조건에 따라 기지조직만이 부식되거나 α상이 부식되는 경우가 종종 발견되고 있으나 이에 대한 정확한 원인은 아직 밝혀지지 않고 있다. 기지조직은 고온의 β상으로부터 변태된 마르텐사이트(martensite)조직임을 볼 수 있다. 이러한 마르텐사이트 조직은 대략 600~700℃ 부근의 고온에서 급랭할 때 형성된다. 또한 상내의 결정립계(grain boundary) 및 쌍정(twin)이 존재하는 것으로 미루어 단조와 열처리가 반복되었음을 알 수 있다. 그러나 청동은 앞서 설명한 바와 같이 δ상으로 인하여 상온에서 가공되지 않는다. 따라서 고온가공을 반복하였음을 알 수 있다. 미세조직으로 본 청동수저의 성분함량은 구리 75% 이내 주석 20% 이내이고, 납은 1% 포함되어 있다.

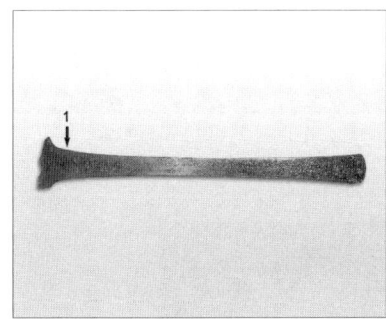

사진2. 청동수저편(片)의 외형사진

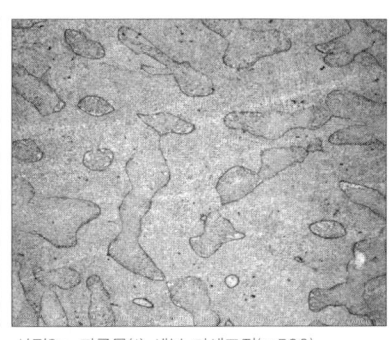

사진2a. 자루목(1) 세부 미세조직(×500)

3) 청동그릇

[사진 3]은 청동그릇片의 외형사진이고, [사진 3a]는 아가리(1) 단면의 미세조직 확대사진이다. [사진 3a]에서 밝은 곳에는 수지상의 α상이 발달해있으며 바탕의 어두운 부위에는 담금질조직인 γ상이 자리하고 있다. [사진 3b]를 보면 섬모양의 α상이 늘임방향으로 늘어져 있고, 겉면과 결정립계에 따라 부식이 진행 중이다. 부식은 주로 α입자의 계면을 따라 γ 바탕이 선택적으로 침식당하는 것을 볼 수 있다. 겉면의 검고 둥근 것은 건전한 α입자가 계면의 부식으로 빠져 나간 상태이다. 여기에서 습립선이 보이지 않고 침상의 마르텐사이트적인 β를 많이 볼 수 있다. 청동그릇은 석출상으로 보아 β영역인 575℃보다 높은 온도에서 우김질이나 벼름질한 것을 알 수 있다. 미세조직으로 본 청동그릇의 성분함량은 구리 73% 이내 주석 23% 이내이고, 납은 극미량이 포함되어 있다.

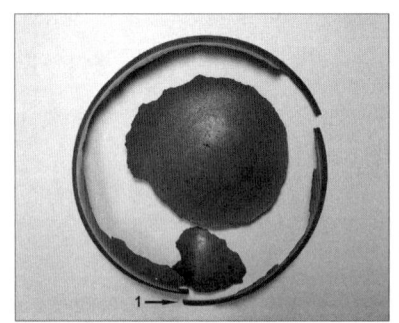

사진3. 청동그릇의 외형사진

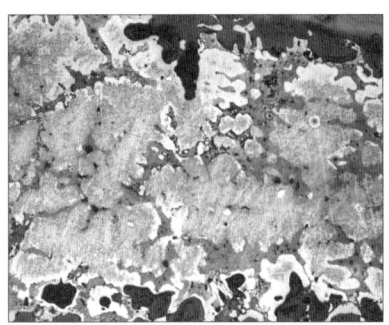

사진3a. 아가리(1) 세부 미세조직(×100)

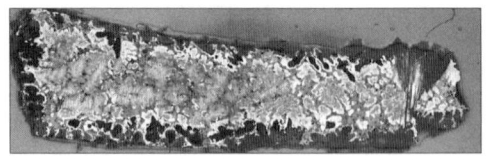

사진3b. 아가리(1) 전체 미세조직(×50)

4) 철제마름쇠

[사진 4]는 철제마름쇠의 외형사진이고, [사진 4a~4c]는 마름쇠의 위쪽 날 1부위에서 채취한 시편의 미세조직이다. 페라이트(ferrite) 결정립이 주를 이루는 가운데 간간이 펄라이트(pearlite) 조직이 분산되어있고, 표면층이 내부에 비해 더 밝게 나타난 것을 볼 수 있는데, 그 이유는 표면에서부터 탈탄이 일어났기 때문이다. 일반적으로 탈탄은 열처리 및 고온가공 등에 의해 높은 온도에서 일어난다. 크고 작은 점들과 길게 늘어진 검은 점은 비금속 개재물로서 제련과정에서 제거되어야 할 슬래그가 일부 존재하고 있음을 보여준다. 즉, 마름쇠는 탄소를 거의 포함하지 않은 순철 소재를 사용하여 만들어졌음을 알 수 있다. 또한 철제마름쇠는 단조가공으로 형태를 만든 후 비교적 느린 속도로 서서히 냉각된 것으로 보인다.

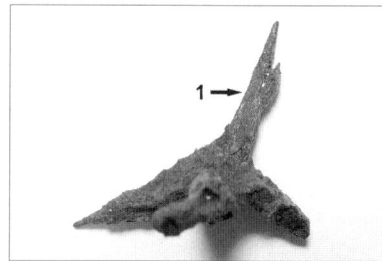

사진4. 철제마름쇠의 외형사진

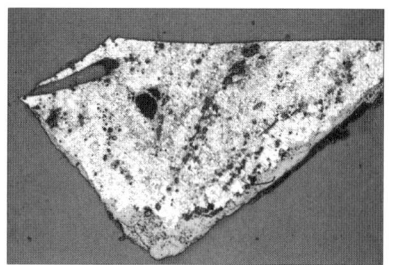

사진4a. 위쪽날(1) 전체 미세조직(×50)

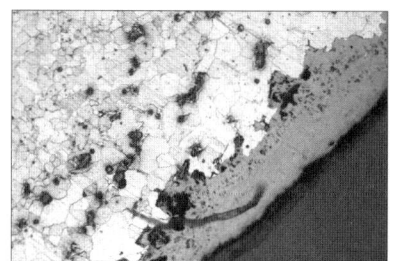

사진4b. 위쪽날(1) 세부 미세조직(×200배)

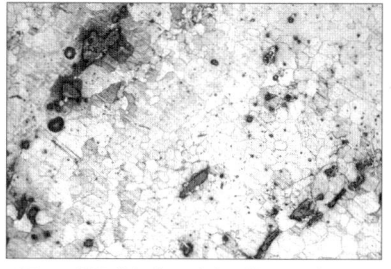

사진4c. 위쪽날(1) 세부 미세조직(×200배)

이러한 사실로 미루어볼 때 마름쇠를 가공하는 과정에서 날 부위의 경도나 마모저항 등 기계적 성능을 향상시킬 목적으로 침탄 – 급랭과 같은 특별한 열처리를 가하지 않은 것을 알 수 있다. 마름쇠에 나타나는 결정립의 크기와 형태는 성형과정에서 가해지는 변형과 열처리의 두 과정을 거쳐 조절됨을 고려할 때, 이 마름쇠는 고온에서 단조작업으로 만들어진 후 별도의 열처리를 실시하지 않았다.

5) 철제물미

[사진 5]는 철제물미의 외형사진이고, [사진 5a~5d]는 물미의 자루(No. 1)에서 채취한 시편의 미세조직사진이다. 사진 5c~5d에서 페라이트가 주를 이루고 있으며, 사진 5b에서는 페라이트 결정립 위주에 약간의 펄라이트가 혼재하고 있다. 철제물미는 탄소함량이 높지 않은 소재를 사용하여

사진5. 물미의 외형사진

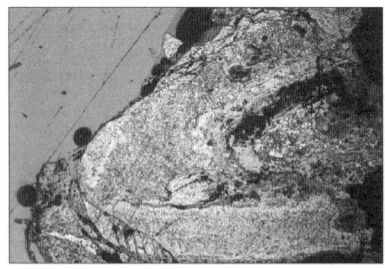

사진5a. 자루(1) 전체 미세조직(×50)

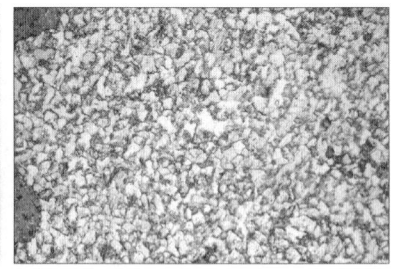

사진5b. 자루(1) 세부 미세조직(×200)

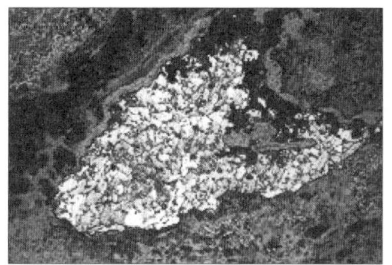
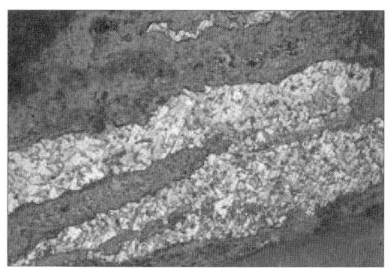

사진5c. 자루(1) 세부 미세조직(×200)   사진5d. 자루(1) 세부 미세조직(×200)

제작된 것으로 조직상의 특징은 [사진 4a] 마름쇠에서 관찰되는 조직과 유사하다. 페라이트나 펄라이트의 형태로 보아 이 시편에서 관찰되는 조직은 단순히 공기 중에서 냉각된 것이 아니며, 펄라이트가 생성된 이후 비교적 높은 온도에서 수행된 두드림이나 열처리과정에서 노출되었던 것으로 판단된다.

6) 따비

[사진 6]은 따비의 외형사진이고, [사진 6a~6b]는 따비의 자루(1)에서 채취한 시편의 미세조직이다. 미세조직은 나뭇가지 모양의 검은 부분과 전체적으로 희게 보이는 바탕조직으로 구성되어 있다. 그리고 검은색 둥근 원형들은 주조 시 형성된 기공과 부식산화물로 보인다. 이 미세조직은 수지 또는 덴드라이트(dendrite)라 불리며, 주철의 탄소함량이 4.3%에 미치지 못할 경우인 아공정주철에서만 나타난다. 바탕은 백주철조직으로서 규소(Si) 함량이 낮은 액체 상태의 주철을 공기 중에서 냉각시킬 경우 나타나는 응고조직이다. [사진 6b]는 백주철조직을 확대한 사진으로 밝은 부분은 시멘타이트(cementite) 구역이고 어두운 부분은 펄라이트 구역이다. 또한 밝은부분 중 막대모양의 구역은 100% 시멘타이트 단일 조직으로 되어 있으나 이들 사이에는 시멘타이트 바탕에 미세한 펄라이트 구

사진6. 따비의 외형사진

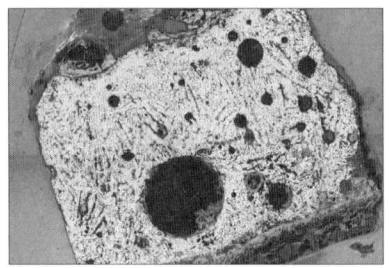

사진6a. 자루(1) 전체 미세조직(×50)

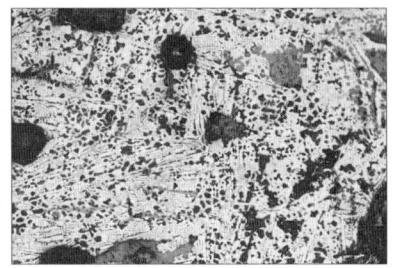

사진6b. 자루(1) 세부 미세조직(×200)

역이 조밀하게 혼합된 조직이 존재한다. 이들 중에서 검게 보이는 펄라이트 구역은 응고 도중 제일 먼저 형성된 부분으로 응고 당시에는 오스테나이트(austenite) 상이었으나 이것이 응고 완료 후 727℃를 통과하면서 펄라이트 조직으로 변화한 것이다. 주철 용액에서는 오스테나이트상이 나뭇가지모양으로 석출된 다음 흰 막대모양으로 나타나는 시멘타이트상이 응고되며, 그 뒤를 따라 시멘타이트와 오스테나이트가 동시에 응고됨으로써 응고 반응이 완료되게 된다. 이렇게 시멘타이트와 오스테나이트가 동시에 응고되어 형성된 조직이 흰 시멘타이트 바탕에 검게 보이는 미세한 점들이 박혀있는 형태로 나타난다. 이곳에서 어둡게 보이는 부분 역시 응고 당시에는 오스테나이트였으나 냉각 도중 펄라이트로 변화된 것이다. 이와 같은 조직은 주조 작업이 완료된 후 더 이상의 열처리를 가하지 않는 경우에 나타나는 것이다. 만일 이것을 녹지 않을 정도의 높은 온

도에서 장시간 열처리하게 되면 조직이 변화되지만 그 같은 열처리 흔적
은 보이지 않는다.

부소산성 따비는 탄소함량이 3~4%의 주철을 주형에 부어 공기 중에서
응고시켰으며, 응고 완료 후 상온까지 공기 중에서 냉각시켜 제작하였다.
백주철조직이 갖는 취성을 완화시키기 위하여 특별한 열처리를 한 흔적
이 보이지 않는 점으로 보아 사용 도중 충격 하중에 노출될 가능성이 비
교적 적은 용도로 괭이 또는 중간 소재로 사용되었을 가능성이 높다.

7) 철제화살촉

[사진 7]은 화살촉의 외형사진이고, [사진 7a~7c]는 화살촉 자루(1)의
미세조직이다. 화살촉의 자루(1)부위인 [사진 7b]에서 표면의 밝게 보이
는 페라이트 결정립이 자리하고 어둡게 보이는 내부에는 펄라이트 영역
이 그리고 페라이트 영역과 펄라이트 영역이 혼재하고 있는 곳으로 볼 때
접어서 단조방법으로 제작되었다. 그리고 내부에 비해 표면층이 더 밝게
나타난 것은 표면에서부터 탈탄이 일어났기 때문이다.

[사진 7d~7e]는 화살촉 촉두(2)의 미세조직으로 표면에는 페라이트와
내부로 갈수록 펄라이트 영역이 나타나고 있어서 이는 비교적 탄소함량이
높은 것으로 판단된다. 자루부위와 같이 표면에서부터 탈탄이 일어났다.

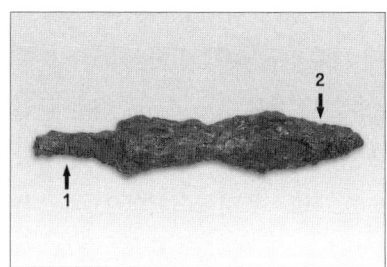

사진7. 화살촉이 외형사진

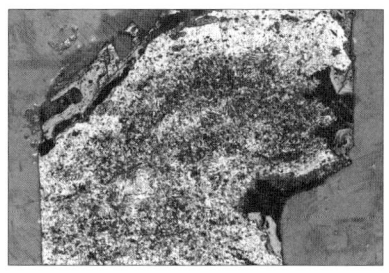

사진7a. 자루(1) 전체 미세조직(×50배)

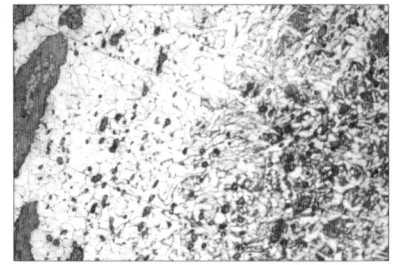
사진7b. 자루(1) 바깥쪽 미세조직(×200배)

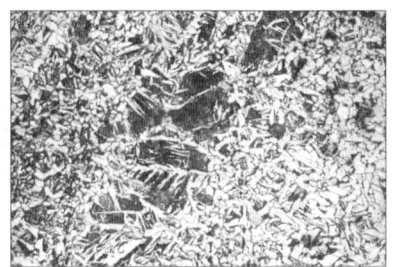
사진7c. 자루(1) 내부 미세조직(×200배)

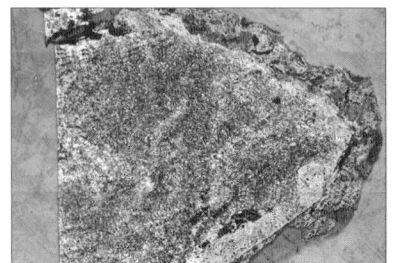
사진7d. 촉두(2) 전체 미세조직(×500배)

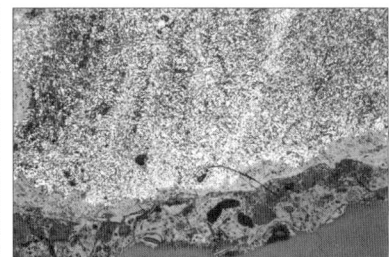
사진7e. 촉두(2) 바깥쪽 미세조직(×100배)

V. 맺음말

부여 부소산성에서 출토된 금속유물의 자연과학적 분석결과 다음과 같은 사실이 확인되었다.

금동제품에 사용된 금도금 기술은 아말감도금 방법으로 제작되었다. 마무리 공정 시 손이 미치지 못하는 곳에 다수의 금알갱이(아말감)가 덩어리 상태의 모양으로 남아 있었다. 도금층의 두께는 $4\mu m \sim 6\mu m$로 매우 균일하고 금의 순도는 90%이고 은이 10% 포함되었다.

미세조직 분석에서 수저와 그릇은 모두 구리-주석합금이었으며, 주석 함량이 20% 이내로 600℃ 내외에서 고온단조가 가능한 조성으로 되어 있었다. 숟가락과 그릇은 거푸집을 써서 주조한 다음 600℃ 근방에서 버림

질한 후 공냉한 것으로 추정된다.

철기의 주조품은 삼국시대에 전형적으로 나타나고 있는 덴드라이트 조직으로 주조작업이 완료된 후에는 별도의 열처리를 가하지 않았다. 이는 사용 도중 충격이나 하중에 노출될 가능성이 비교적 적은 용도로 괭이 또는 중간 소재로 사용되었을 가능성이 높다.

단조품인 철제마름쇠와 물미는 순철 소재를 사용하여 단조가공으로 형태를 만든 다음 비교적 느린 속도로 서서히 냉각된 것으로 보인다. 화살촉은 탄소가 포함되어있었고, 표면층에 탈탄흔적이 보이는 것으로 보아 탈탄강의 소재를 이용하여 만들었을 가능성이 있다.

본 연구대상인 부소산성 출토 금속유물은 매장문화재의 국가귀속이라는 특이성으로 인하여 제한된 자료를 분석하였다. 따라서 부소산성 전체의 제작기술을 논하기는 부족한 면이 있으나, 선행연구 결과와 비교할 때 백제지역에서 나타나는 기술체계를 보이고 있다.

- 崔夢龍 · 崔盛洛 · 申叔靜 編著, 1998, 『考古學研究方法論』-自然科學의 應用-, 서울대학교출판부
- 成周鐸, 2004, 『百濟城址研究』, 서경문화사
- 徐程錫, 2002, 『百濟의 城郭』, 學研文化社
- 盧泰天, 2000, 『韓國古代 冶金技術史 研究』, 學研文化史
- 楊寬著, 盧泰天 · 金瑛洙 共譯, 1992, 『中國古代冶鐵技術發展史』, 한국 학술진흥재단 번역총서, 대한교과서주식회사
- 김정근 · 김기영 · 박해웅 공저, 1999, 『금속현미경조직학』, 도서출판 골드
- 崔炷 · 金秀哲 · 馬淵久夫 · 平尾良光, 1986, 「옛 韓國靑銅器에 대한 小考」, 『금속재료학회지』 Vol. No. 4, 韓國金屬材料學會
- 정광용 · 강형태 · 정동찬 · 윤용현 · 이훈, 2004, 「고대 청동기의 성분 조성 및 산지추정 연구」, 『제20회 학술대회 발표 논문집』, 한국문화재 보존과학회
- 강형태 · 나경임, 1999, 「考古遺物의 自然科學 應用(1)-絕對年代測定-」, 『문화재』, 文化財管理局
- 김명진 · 홍덕균, 2004, 「한국 중부지역 청동기시대 전기유적의 광 여 기 루미네선스를 이용한 연대측정」, 『보존과학지』 통권 16호, 한국문 화재보존과학회
- 이강승 · 강형태 · 정광용, 2001, 「대전광역시유적 청동기의 성분조성 과 납동위원소비 -문화동, 탄방동 및 비래동 유적-」, 『考古學誌』 제 12輯, 韓國考古美術研究所
- 강형태 · 정광용 · 허우영 · 김성배 · 조남철, 2004, 「익산 왕궁리유적

납유리의 성분조성과 납동위원소비」, 『한국상고사학보』45, 한국상고
사학회

• 鄭光龍, 2001, 「三國時代의 鐵器製作技術 研究-微細組織分析을 通하
여-」, 弘益大學校 博士學位 論文

• 李榮姬, 1998, 「古新羅 金屬工藝의 鍍金細工技法 研究」, 梨花女子大學校
博士學位論文

• 李漢祥, 1998, 「金工品을 통해 본 5~6世紀 新羅墳墓의 편년」, 『慶州文
化研究』創刊號, 慶州大學校 慶州文化研究所

• 朴普鉉, 1997, 「伽倻冠의 屬性과 樣式」, 『古代研究』第5輯, 古代研究會

• 周炅美, 1997, 「三國時代 耳飾의 製作技法」, 『古代研究』第5輯, 古代研
究會

• 鄭光龍, 2001, 「武寧王陵 王妃신발의 製作技法 研究」, 『湖西考古學』第
4·5合輯, 湖西考古學會

• 鄭光龍·鄭永東, 2001, 「皇南大塚 金銅製品의 鍍金技法 研究」, 『科技考
古研究』第7號, 아주대학교박물관

• 姜炯台·鄭光龍·鄭永東, 1995, 「金銅遺物의 科學的 研究」, 『皇南大塚
遺物保存處理報告書』, 國立慶州文化財研究所

• 崔鍾澤·張恩晶·朴張植, 2001, 「三國時代鐵器研究」, 서울대학교박물
관

• J. Needham, J., 1980, 『The Evolution of Iron and Steel
Technology in East Asia and Southeast Asia』In(T. Wertime
& J. Muhly, Eds) The Coming of the Age of Iron, New
Haven and London : Yale University Press

• R. Maddin, 1996, 「The History of the Evolution and
Development of Metal」, 『Proceedings The forum for the

fourth international conference on the beginning of the use
of Metals and Alloys(BUMA-IV)』 Shimane Japan
- R.F. Tylecote, 1992, 「A History of Metallurgy』, The Institute
of Materials, The Bath Press, Avon
- 國立文化財硏究所, 1999, 『扶蘇山城』Ⅲ, 國立文化財硏究所
- 國立扶餘文化財硏究所, 2003, 『扶蘇山城』Ⅴ, 國立扶餘文化財硏究所
- 國立扶餘文化財硏究所, 2000, 『扶蘇山城』Ⅵ, 國立扶餘文化財硏究所
- 國立文化財硏究所, 1996, 『扶蘇山城』發掘調査報告書, 國立文化財硏究
  所
- 扶餘文化財硏究所, 1995, 『扶蘇山城』發掘調査中間報告, 扶餘文化財硏
  究所
- Gunter Petzow, 1978, 「Metallographic Etching』, American
Society for Metals
- 鄭光龍, 1992, 「彌勒寺址 出土 靑銅遺物의 金屬學的硏究」, 『漢陽大學校
  大學院 碩士學位論文』

부소산성 발굴조사 결과와 유구 및 유적의 정비방안

김 영 모 (한국전통문화학교 전통조경학과)

■ 목 차

I. 서론

사적 제5호로 지정된 부소산성은 사비도성의 북쪽에 자리하고 있으며, 전체 둘레 2.2㎞가 넘는 규모로 성벽과 성벽관련시설, 건물지와 주거지를 비롯하여 낙화암과 고란사로 대표되는 유적과 유구, 유물이 소재해있는 곳이다. 사비도성과 함께 사비백제(서기 538년~660년)시대를 대표하는 부소산성은 우리 역사에서 처음 나타난 산성을 가지는 나성제도의 핵심 성이자, 왕궁과 같은 중요한 정치적 중심지의 배후에 위치하여 전란 시 최후의 방어거점 역할을 하였던 부여를 대표하는 사적지이기도 하다.

부소산성은 1980년 부소산 서복사지(일명 폐사지라고도 함)의 발굴을 시작으로 2003년까지 총 24차례의 발굴을 통하여 성벽의 축조방법 및 시기가 파악되었고, 성과 관련된 문지, 장대지, 치성, 성 내부의 건물지, 주거지 등 다양한 유구가 확인되었다. 발굴조사가 잠정적으로 종료됨에 따라 지금까지의 발굴성과를 체계적으로 정리하고 더 나아가 발굴된 유구와 유적에 대한 근본적인 보존 및 복원, 활용에 대한 종합적인 정비가 필요하다는 시각이 제기되고 있기도 하다.

그러나 부소산성은 지금까지 발굴된 유구와 유적에 대한 체계적이고도 종합적인 정비의 부재로 소중한 역사적 가치를 갖는 매장유적들이 발굴 후 임시적으로 복토된 상태로 보존되어 오고 있다. 이에 따라 정림사지, 궁남지, 관북리 백제유적과 더불어 부여를 대표하는 역사문화자원임에도 불구하고 관람객들에게는 산성으로서 보다는 낙화암과 고란사로 대표되는 이미지로 인식되고 있기도 하다.

한편, 우리나라에서 문화재의 보존방식은 문화재보호법에서 '문화재보호'의 기본원칙으로서 '원형유지'를 선언하고 있다(문화재보호법 제2조의 2). 즉 문화재는 그 원형 그대로 그 가치를 유지하면서 보존되어야 함을 선언하고 있는 것이다. 이와 관련하여 우리의 문화재보존정책과 행정실무에 있어서는 지금까지 '원형유지'의 의미를 '현상동결'로 파악하여 문화재보존방법의 경직성을 초래, 사회환경의 변화(경관이나 환경상의 변화, 원자재 수급불가, 보존을 전제로한 활용정책의 기조 등)에 따른 보존요구를 적절히 수용할 수 없도록 만들었다. 따라서 문화재의 보존에 있어서는 '원형유지'를 '현상동결'로만 파악할 것이 아니라 보존방식의 다양성을 허용하여 사회환경의 변화에 따른 요구에 유연하게 대처하는 것도 필요하다.[1]

따라서 이제는 발굴된 유구와 유적에 대한 획일적인 보존방식에서 벗어나 다양한 이론적 검토(보존, 보전, 복원, 재현, 모사, 복제 등)를 통하여 효율적인 정비방안에 대한 모색도 시도되어야 할 필요가 있는 것으로 보여진다.

본 글은 부소산성을 대상으로 지난 22년간의 발굴성과를 전체적으로 정리하고 발굴된 유구와 유적의 보존방식에 대한 다양한 이론적 검토를 통하여 효율적인 정비방안을 시론적으로 고찰하여 보고자하는 데 있다.

---

1) 김창규, 「지방문화재의 보존과 활용」, 『2005년도 교육인적자원부 주문식교육사업 충청남도 문화관광해설사이론교육교재』, 2005. 10, 23쪽~24쪽.

II. 발굴조사로 밝혀진 부소산성 조성사실

1. 발굴조사 개요

부소산성에 대한 조사는 1980년 부소산 서복사지를 시작으로 2003년까지 총 22년간 24차례에 걸쳐 이루어져있으며, 이 과정에서 성벽의 축조방법 및 시기를 파악할 수 있었고, 성과 관련된 문지, 장대지, 치성, 성 내부의 건물지, 주거지 등 다양한 유구를 확인하였다. 특히 부소산성의 외곽을 아우르는 포곡식산성이 백제시대에 초축되었고, 성 내부를 구획하는 테뫼식산성이 통일신라시대와 조선시대 초기에 조성되었음을 밝힌 것은 매우 큰 성과라고 할 수 있다. 또한 연도별 조사결과는 현재까지 총 6권의 보고서를 통해 보고되고, 총 7권의 부소산성 발굴조사 보고서가 간행되었다. 부소산성에서 확인된 유구는 크게 성벽 및 문지 등 성 관련 시설물, 그리고 주거지, 건물지와 같은 성 내부 유구로 나눌 수 있다. 부소산성에서 현재까지 확인된 유구는 모두 120여 기로 성과 관련된 시설로써 문지, 치성, 장대지, 배수시설 등이 확인되었으며, 내부에서는 군창지를 비롯한 다양한 성격의 유구가 조사되었다.

문지의 경우 남문지와 동문지, 남편 테뫼식산성의 려말선초에 축조된 북문지와 통일신라시대 북문지 각 1기 등이 확인되었다.

치성은 동문지와 남문지 일대에서 각 1기, 남편의 통일신라 테뫼식산성 동단부에서 1기 등 모두 3개소에서 확인되었으며, 전자의 두 지점은 백제시대에, 후자의 1개소는 통일신라시대에 각각 초축되었음이 밝혀졌다.

장대지는 동문지 일대 치성부에서 1기, 부소산성 서북편 테뫼식산성과 백제 포곡식산성이 만나는 지점에서 1기가 확인되었다.

성벽 관련 배수시설은 백제시대 성벽 안쪽에 성벽과 나란하게 지나가는 배수시설과 통일신라 및 고려~조선시대에 축조된 각종 암거 및 배수로로서 모두 7개 지점에서 조사되었다. 성벽 관련 기타 유구는 1998년 북문지 서편 일대에 성벽 바깥으로 성벽과 연하여 마치 옹벽과 같이 축조된 유구로 백제시대에 축조된 것이나 성격이 명확하지 않다.

표1. 부소산성 발굴유구 세부현황

구 분	성 관련 시설					성 내부 유구												합계
	문지	치성	장대지	성벽관련배수시설	성벽관련기타유구	군창지	수혈주거지	건물지	수혈	도로	수로	우물지	저수조	축대	목책	고분	기타유구	
1981~1982(군창지)						1											1	2
1983~1984 (부소산성 서남편 일대)							3		5					2	2	2		14
1985 (추정 서문지 일대)								1					1		1		1	4
1986~1987 (남문지 일대)	1			2														3
1988~1991 (동문지 일대)	2	2	1	1				1	3				2				1	13
1992 (군창지 남편 일대)							5										1	6
1993 (군창지 동편 일대)								3	1								1	5
1994 (군창지 주변성벽)	1			4					6								1	12
1995 (남편 테뫼식성 북문지)	1																	1
1996 (사비루 일대)								3										3
1997 (서북편 테뫼식성 동편)			1					3				1					1	6
1998 (북문지 서편 일대)				1	1			1										3
1999 (남문지 일대)		1		1														2
2000~2002 (북문지 동편 일대)							11	1	18	1	4	1	2			8	5	51
합 계	5	3	2	9	1	1	19	13	33	1	4	2	5	2	3	10	12	125

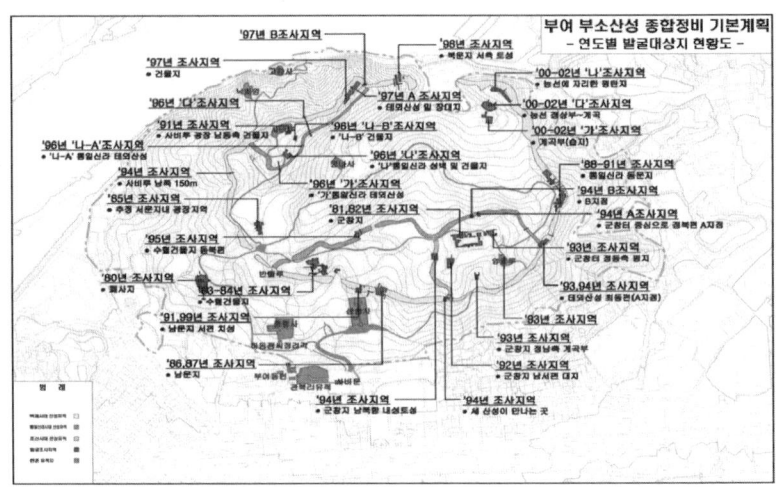

그림 1. 연도별 발굴대상지 현황도

　성 내부 유구로써 군창지는 조선시대에 축조된 것이며, 병영으로 사용했던 것으로 보이는 주거지는 부소산성 서남편과 군창지 남편, 북문지 동편 일대의 평탄지에서 확인되었다. 이외에 통일신라시대~조선시대의 건물지 12기, 원형 또는 장방형의 수혈 33기, 북문지 안쪽 계곡부를 따라 성 내부로 통하는 도로의 남편 석축유구 1기, 우물지 2기, 방형 및 원형의 저수조 5기, 축대형 석축 2기, 목책열로 추정되는 유구 3기, 석곽묘 2기, 추정 석실분 2기, 조선시대 민묘 5기, 기타 성격미상의 각종 석축유구나 토기밀집유구, 기와배수로 등 12기가 조사되었다.

　이들 각종 유구들은 대부분 백제~조선시대에 걸쳐 조성된 것으로 백제시대 부소산성이 초축된 이후 이곳이 중요한 군사적 거점으로 장기간 사용되었음을 말해준다. 한편 1983~1984년 조사된 목책열 및 수혈주거지 3기는 백제 사비시대 이전에 조성된 유구로, 그리고 1992년 군창지 남편의 원형주거지 5호는 선사시대 주거지로 추정 보고하고 있어 부소산성 축조 이전에도 유구가 존재했을 가능성이 있으나 보다 면밀한 검토가 필요하다.

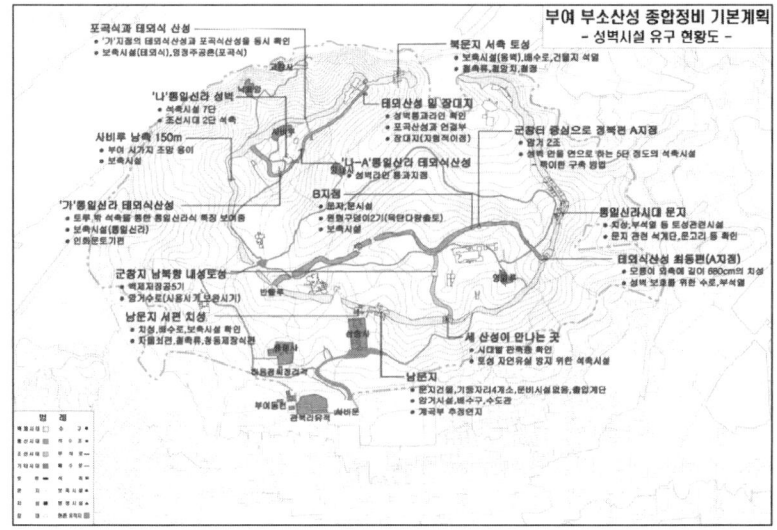

그림 2. 성벽시설 유구 현황도

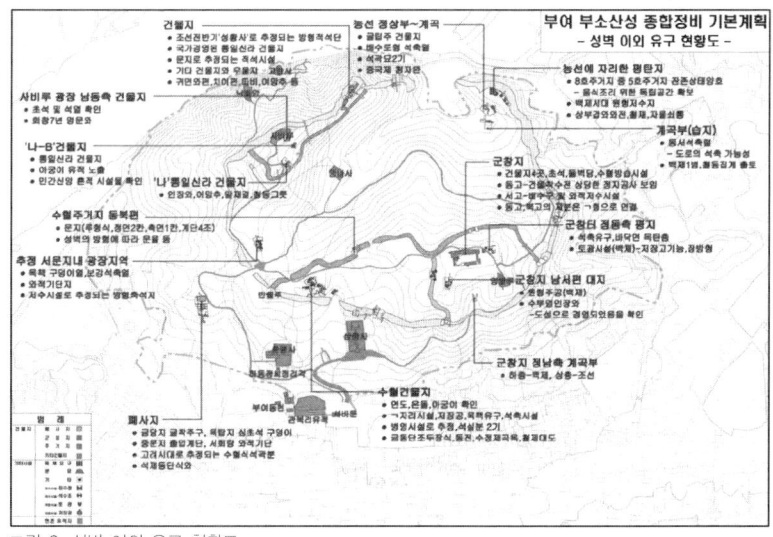

그림 3. 성벽 이외 유구 현황도

2. 시대별 유구 발굴 결과

표2. 부소산성 시기별 유구현황

구 분	성 관련 시설					성 내부 유구												합계
	문지	치성	장대지	성벽관련배수시설	성벽관련기타유구	군창지	수혈주거지	건물지	수혈	도로	수로	우물지	저수조	축대	목책	고분	기타유구	
선사시대							1										1	2
백제시대	2	2	2	3	1			2	13	1	2	1	5	1	3	2	5	45
백제~통일신라시대							18	1	19			1		1			3	43
통일신라시대	2	1		3				6	1								2	15
통일신라~고려시대																2	1	3
고려 말~조선 초	1			2		1											1	5
조선시대				1				4			2					6		13
합계	5	3	2	9	1	1	19	13	33	1	4	2	5	2	3	10	13	126

1) 백제시대

백제시대에 축조된 유구는 성벽 및 성벽 관련 시설과 주거지, 굴립주건물지, 와적기단건물지, 각종 수혈 등 다양하다. 아래 〈표3〉은 조사지역별 백제시대 유구현황을 나타낸 것이다.

표3. 부소산성 백제시대 유구현황

구 분	성 관련 시설					성 내부 유구											합계
	문지	치성	장대지	성벽관련배수시설	성벽관련기타유구	수혈주거지	건물지	수혈	도로	수로	우물지	저수조	축대	목책	고분	기타유구	
부소산성 서남편 일대						3		5					2	2	2		14
추정 서문지 일대							1					1		1		1	4
남문지 일대	1	1		2													4
동문지 일대	1	1	1	1				3				2					9
군창지 남편 일대						4										1	5
군창지 동편 일대							1	1								1	3
군창지 주변 성벽								5									5
서북편 테뫼식성 일대			1								1						2
북문지 서편 일대					1											1	2
북문지 동편 일대						11	1	18	1	2	1	2			.	4	40
합계	2	2	2	3	1	18	3	32	1	2	2	5	2	3	2	8	88

2) 통일신라시대

부소산성은 백제시대 포곡식산성이 초축된 이후 통일신라시대에 들어서 내부에 테뫼식산성이 수축되고, 각종 건물지 등이 들어서는 등 활발하게 이용되었던 것으로 확인되었다. 비록 유구 수에서는 백제시대에 비해 현저하게 적어지지만, 일부 유구들은 백제시대부터 통일신라시대까지 지속적으로 사용되었을 가능성이 있으며, 특히 서북편 테뫼식산성 내부에서는 초석건물지 등이 확인됨으로써 이 시기에 중요 건물이 들어섰음을 알 수 있다. 아래 표는 통일신라시대 유구현황을 나타낸 표이다.

표4. 부소산성 통일신라시대 유구현황

구 분	성 관련 시설				성 내부 유구			합계
	성벽	문지	치성	성벽관련 배수시설	건물지	고분	기타 유구	
남문지 일대		1		1				2
동문지 일대		1					1	2
군창지 동편 일대					1		1	2
군창지 주변 성벽	1	1	1					3
서북편 테뫼식산성 일대	1				4		1	6
북문지 서편 일대				1	1			2
북문지 동편 일대						3	1	4
합 계	2	3	1	2	6	3	4	21

3) 고려~조선시대

고려 말~조선 초 무렵에 부소산성은 군창지 등의 시설이 들어서면서 남편 테뫼식산성을 동서로 양분하는 남북 196m의 성벽이 수축되게 된다. 이 시기의 유구로는 군창지 북편 성벽의 문지시설 및 배수로 시설, 동편의 성벽, 그리고 군창지 주변과 사비루 일대의 건물지, 북문지 동편의 자연수로 및 민묘 등이 있다.

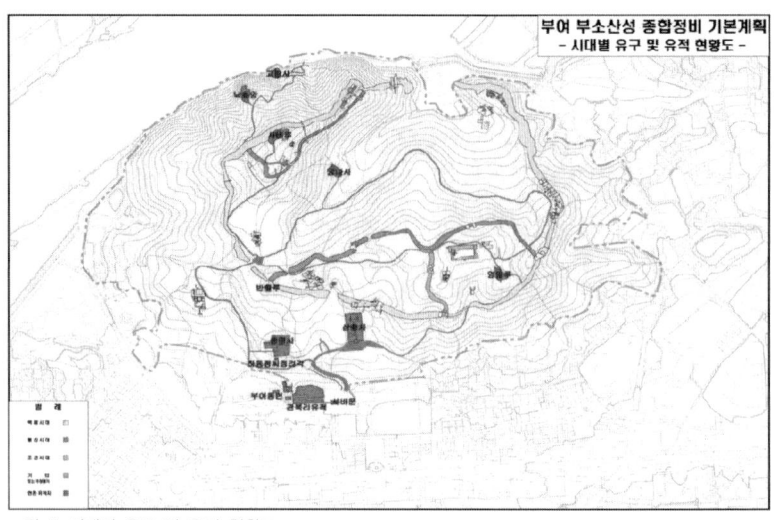

그림 4. 시대별 유구 및 유적 현황도

Ⅲ. 유적과 유구 정비의 제이론과 사례연구

1. 유적과 유구 정비의 이론적 검토

문화재, 역사적 환경, 역사경관, 전통건축물과 정원 등에 대한 보전관련 개념 및 수법은 분야마다 적지 않은 차이가 있다. 이는 보전하거나 정비하려는 대상이 도시, 경관, 환경, 건조물, 정원 등으로 각기 상이하기 때문인 것으로 파악된다. 먼저 각각의 분야에서 사용하는 보존관련 개념과 수법을 살펴보고 이를 토대로 부소산성 유적과 유구에 적합한 보전관련 개념과 수법을 정리하도록 하겠다.

1) 역사적 환경의 보존수법
역사적 환경의 보존에 즈음하여 종래의 종교건축을 중심으로 한 보존방

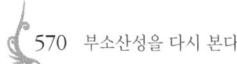

법론만으로는 대응하기 어려운 것이 최근 역사적 건조물 보존의 실정이다. 특히, 격심한 도시화 현상과 함께 경제적, 효율적인 토지 이용의 수요가 높아짐에 따라 종래의 보호 및 동결적인 보존으로는 충분하게 조치를 취하기 어렵다고 할 수 있다. 이로 인해 건조물을 이용, 활용하면서 보존하고자 하는 '동적보존(動的保存)'의 필요성과 그에 따른 새로운 기능의 부가로부터 요구되는 유연한 보존 방법론의 필요성이 요구되었다. 이와 같은 배경하에 현재 일본에서는 전체보존, 부분보존, 전승보존 등 역사적 건조물의 보존에 관한 다양한 수법이 시도되고 있으며, 이를 요약하면 표 5와 같다.

 (1) 전체보존
 전체보존은 건축물의 공간, 부재 등을 그대로 보존하고자 하는 것으로, 보존의 수법으로서는 가장 이상적인 것이다. 하지만 이 개념은 다양한 조건을 만족시키는 것이 필요하기 때문에 현실적으로는 곤란한 경우가 많다. 또 증축에 의한 여러 기능의 충족, 이전보존이나 다른 용도의 도입에 의한 보존이 시도되고 있는 경우도 있다. 전체보존은 크게 (1) 현상보존, (2) 복원보존, (3) 증축ㆍ개수, (4) 이전복원, (5) 용도변경으로 분류된다.

 (2) 부분보존
 건조물을 보존함에 있어 경제상의 이유와 기능적인 문제로부터 전체보존이 불가능한 경우 그 대책으로서 취할 수 있다. 그 건조물의 뛰어난 부분만을 남기는 수법이지만 건물의 무엇이 중요하고 어떠한 가치가 존재하는가를 확인하는 것이 필요하게 되었다. 이 부분보존은 (1) 파사드 보존, (2) 실내의 보존, (3) 구조체의 보존, (4) 부재의 보존 등 네 종류로 분류된다.

(3) 전승보존

실제로 건물은 남아 있지 않지만 이전에 그 장소에 있었던 이미지, 기술 등 건축의 근거가 있는 중요한 요소를 보존하고자 하는 것이다. 이것은 공간보존, 이미지 보존, 기술보존, 환경보존 등 네 종류로 분류된다.[2]

2) 역사경관의 보전유형

(1) 보존(保存 ; Preservation)

현재 상태의 엄격한 유지를 지향하는 것으로서 더 이상의 훼손을 억제하는 것은 물론 개선을 목적으로 한 변경을 시도하지 아니한다. 역사의 충실한 보존을 목적으로 하기 때문에 간섭을 최소화하는 것이다.

(2) 보전(保全 ; Conservation)

과거의 개념이 상대적으로 적으며, 현재 상태의 파괴나 바람직하지 않은 상태로의 변화를 방지하기 위하여 적극적으로 개입하는 것이다. 물리적 요소뿐만 아니라 거주자나 그들의 생활양식까지 대상에 포함하기도 한다.

(3) 복원(復元 ; Restoration)

역사적 원형의 회복을 목적으로 하며, 파괴된 부분을 복구하고 첨가된 것을 제거한다. 어려운 점은 역사상 어느 시점의 상태로 복원하느냐를 결정하는 것이며, 따라서 사학 · 고고학적 분석이 필요하다.

---

2) 신상화외 3인, 「역사적 환경의 보존수법에 관한 연구」, 대한국토 · 도시계획학회지, 「국토계획」 제37권 3호, 198쪽, 2002. 6.

표5. 보존수법의 유형과 개념

보존수법		개 념
전체보존	현상보존	·현상보존은 원래 건물의 기능을 변경하지 않고 그대로 계속 사용하는 것을 말한다. 이것은 종교적인 건축물의 보존이 중심이고, 도심부의 건축물에 있어서는 토지의 유효한 이용중심의 경향 때문에 곤란한 점이 많다.
	복원보존	·복원보존은 이전에 있었던 개조나 변경의 제거에 의해, 그 건조물의 전체 또는 일부를 건설 당시 또는 특정한 시기의 모습에 가깝게 해서 보존하고자 하는 개념이다. 종교적 건축의 경우 어느 시대 혹은 어느 특정의 양식을 나타내는 문화재의 수리·보존에 유효한 수법이다.
	증축·개수	·증축·개수는 설비의 노후화 등 원래의 건물만으로는 충분한 기능을 발휘할 수 없게 되고, 증축에 의해 새롭게 필요하게 된 기능을 부가하고 원래의 건물은 그대로 보존하여 사용하고자 하는 보존수법이다. 이것은 충분한 여유가 있는 경우에만 가능해 현실화시키기에는 어려움이 존재한다.
	이전보존	·이전보전은 건축이 그 토지에서는 이미 존재할 수 없게 되고, 그 토지가 다른 용도로 이용되는 경우에 건물 자체만을 보존하고자 하는 개념이다. 특히 목조건축 등은 해체수리와 조합에 의해 이전된다. 이 경우 건축기준법상으로는 문화재 이외의 건조물은 '신축' 취급을 받기 때문에 그대로 보존하는 것은 불가능한 경우도 있다.
	용도변경	·용도변경은 건물 본래의 기능이 손상되어도, 건축 자체에 그 가치가 있을 경우 본래의 구조를 바꾸지 않고 그 자체의 용도 변경 또는 기능의 확대를 도모함으로써 건물 및 그 주변 지역전체의 가치를 높여 새로운 건축으로 기능시킴으로서 보존하고자 하는 것이다. 박물관이 가진 역사적 증거를 일반에게 공개하려고 하는 목적과 문화재 보존이라고 하는 개념이 합류하여 많은 역사적 건조물이 박물관으로 용도 변경되어왔다. 그러나 최근에는 레스토랑과 아트센터 등 박물관 이외의 용도로 이용하여 건물이 가진 역사성을 잘 끌어낸 것처럼 점점 다양화하는 경향이 있다고 말할 수 있다.
부분보존	파사드보존	·파사드보존은 건물 내부에 관해서는 필요에 따라서 개수가 허용되고, 외관에 대해서는 철저한 보존을 하려고 하는 것으로, 경관을 구성하는 하나의 요소로서 파사드를 취하여, 파사드의 보존에 의해 경관구조의 변화를 방지하여 뛰어난 도시경관의 형성을 계획하는 것을 그 의도로 한다.
	실내보존	·실내의 보존이란 건물을 새롭게 재건축할 지라도 그 속의 유서 있는 특정한 한 실만을 보존하고자 하는 수법으로 신축된 건물 속에 그 실을 복원하고자 하는 것이다.
	구조체의 보존	·구조체의 보존은 개수예산 등의 경제적인 이유에서 오래된 구조체를 이용하여 부분적인 보존을 행하는 것이다.
	부재의 보존	·부재의 보존은 건물 그 자체에 대해서는 보존이 불가능한 경우, 장식기둥이나 아치 등 이미지를 남길 수 있을 것 같은 부재를 이용하여 새로운 건물의 장식으로 이용하고자 하는 것으로, 비교적 간단하게 가능하기 때문에 자주 행해지고 있다. 보존에 관한 장식적 측면이 주목되고 있는 현 시점에서는 유용한 수법이 될 수 있다.
전승보존	공간보존, 이미지보존, 기술보존, 환경보존	

※ 출처 : 井上弘一, 歷史的建築物の施策に關する研究, 1995, 91쪽~94쪽.

(4) 개수(改修 ; Rehabilitation/Renovation)

역사적 시설물을 현대적 시설기준에 맞게 고치되 중요한 역사적 특성을 유지하고자 하는 것이다. 시설물에 유용한 새로운 용도를 부여하되 연속성과 장소성을 유지시켜야 한다.

(5) 복제/모사(複製/模寫 ; Replication/Imitation)

파괴되어 없어진 것을 재현하거나 주변의 역사적 시설물과 유사하게 신축하는 것이다. 시대에 맞는 양식, 규모, 용도 등을 고려하여 역사적 맥락을 유지하여야 한다.

(6) 이전(移轉 ; Relocation)

위치여건상 부득이한 경우 다른 곳에 옮겨 보존하는 것이다. 그러나 모든 역사요소는 그 고유한 위치가 중요함은 말할 것도 없다.[3]

3) 문화재의 보존방식

문화재보호법은 문화재보호의 기본원칙으로서 '원형유지'를 선언하고 있다.(동법 제2조의 2) 즉, 문화재는 그 원형 그대로 그 가치를 유지하면서 보존되어야 함을 선언하고 있는 것이다. 따라서 문화재 보존사업은 철저한 고증으로 원형을 좇아 그 본래의 모습으로 시행되어야 한다는 것을 의미한다. 이와 관련하여 우리의 문화재보존정책과 행정실무에 있어서는 지금까지 '원형유지'의 의미를 '현상동결'로 파악, 지나치게 문화재의 원래 양식, 원재료, 전통기법의 사용만을 강조하여 왔다. 이것은 문화재

---

3) Attoe, W,O(1979) "Historic Preservation", in A.J. Snyder(ed.)(1979) Introduction to Urban Planning, New York, McGraw-Hill Book Co : 297-319(1988) "Historic Prevation" in A.J.Snyder(ed.)(1988) Urban Planning(2nd), New York Mcgraw-Hill Book Co : 345-365.1979,1988).

보존방법의 경직성을 초래, 사회환경의 변화(환경오염, 원자재 수급불가 등)에 따른 불가피한 보존요구들을 적절히 수용할 수 없도록 만들었다.

이러한 관점에서 문화재의 보존에 있어서는 문화재보존의 기본원칙인 '원형유지'를 '현상동결'로만 파악할 것이 아니라 보존방식의 다양성을 허용하여 사회환경의 변화에 따른 요구에 유연하게 대처할 것이 필요하다. 예컨대, 보존(Preservation), 복원(Restoration), 보전(Conservation), 재조립(Reconstitution), 전용(Adaptive Reuse), 재축(Reconstruction), 복제(Replication) 등의 허용이 그것이다.[4]

(1) 보존(Preservation)

성실한 관리자로부터 물려 받았을 때의 그 물리적 상태로 유지하는 것을 의미한다. 구조체의 미학적 부분에 대해서는 어떠한 가감도 없다. 유적의 물리적 완전성을 보존함에 필요한 조치들(화재 및 도난방지, 냉난방, 조명장치)은 미적으로 문제가 되지 않아야 한다. 즉, 유적이 거의 완벽한 상태로 보존되어진 경우 화재예방을 위한 스프링클러의 설치나 도난방지를 위한 CCTV의 설치 등과 같은 조치를 말한다.

(2) 복원(Restoration)

현 유적의 형태학적 발전의 이전 단계였을 물리적 상태로 현 유적을 되돌리는 것이다. 여기에서는 어떤 특정시점을 복원의 기준시점으로 볼 것인가 하는 것이 문제가 된다.

---

4) 김창규, 「지방문화재의 보존과 활용」, 『2005년도 교육인적자원부 주문식교육사업 충청남도 문화관광해설사이론교육교재』, 2005.10, 23쪽~24쪽.

(3) 보전(Conservation)

유적의 계속적인 구조적 안정성을 보장하기 위하여 유적의 실제적 구성 재료에 대한 외적 개입, 즉 경미한 수리부터 대규모의 전체적인 공사행위를 말한다. 기울어진 외관을 바로잡기 위하여 1999년부터 시작되어 2002년에 종료한 경복궁 근정전 보수공사가 여기에 해당한다(4개 귀고주 교체).

(4) 재조립(Reconstitution)

유적의 보존을 위해서 어쩔 수 없이 유적이 있던 원래의 장소나 새로운 장소에 기존 유적을 새롭게 조립하는 것을 말한다. 원래 철도의 추가적인 건설을 위해서 철거될 예정이었지만, 시민들의 보전요구에 따라 유압잭으로 들어올려져 철도건설에 방해가 되지 않는 10미터 떨어진 장소로 이전되어진 일본 나라 역사가 여기에 해당한다.

(5) 전용(Adaptive Reuse)

유적이 건축되었던 당시와는 다른 새로운 사회환경 속에서 달라진 새로운 시대적 요구에 부응하여 사용될 수 있도록 건축물의 외부는 가능한 한 보존하면서 내부를 새로운 사용환경에 맞도록 고쳐 유적을 새롭게 탄생시키는 것을 말한다. 요코하마 개항 당시에 지어진 항구의 물품보관창고(적벽돌창고)를 외관은 원 모습대로 복원하고, 내부를 개조하여 공연장과 갤러리로 이용하고 있는데, 이것이 여기에 해당한다.

(6) 재축(Reconstruction)

이미 사라진 유적을 원래의 자리에 재건축하는 것을 말한다. 경복궁 복원사업의 일환으로 이루어진 경복궁 홍례문과 행각의 재축이 여기에 해당한다고 할 수 있다.

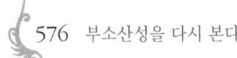

(7) 복제(Replication)

남아 있는 유적을 그대로 복제하는 것이다. 따라서 복제는 오리지널과 동시에 존재한다. 공기의 오염 또는 산성비 등에 따른 훼손을 막기 위해서 오리지널을 통제된 박물관적 환경으로 옮겨서 보호할 필요가 있을 때에 유용한 보존방법이 된다.[5]

4) 역사적인 정원의 보전과 복원방법론

역사적 정원의 보전과 복원을 위한 접근방법에는 유추 복원(analogical restoration)과 보전복원(restoration for conservation), 의미의 복원(restoration of meaning)의 세 가지 방법이 있다.

유추복원은 정원을 구성하는 식물이나 지형, 경관 등 시간이 지남에 따라 계속적으로 변화함에 따라 원래 정원의 형태나 후대에 나타난 형태의 시각적 특징을 복원하려고 하는 방법이다. 이에 따라 원래의 모습 그대로를 모사하는 방법이 시도된다. 보전복원은 유추복원과 정반대의 접근방법이다. 정원이란 끊임없이 변화하는 역사적 산물이므로 고정된 모습으로서보다는 시간에 따라 변화되는 모습을 중시하고 더 이상 훼손되지 않도록 유지관리에 목적을 두는 방식이다. 의미복원은 정원의 외형이나 형태보다는 그 안에 담긴 의미를 복원하고자 하는 접근방법이다.[6]

5) 평성궁적의 보존 및 복원, 전시방법

발견된 유적의 종류와 주변의 환경에 따라 다양하고 뛰어난 전시방법을

---

5) 김창규, 문화재 수리에 관한 법령 제정방안 연구, 2005.11, 15쪽~16쪽.

6) Jong-Hee Choi, 「The Methodologies of Analysis and Record for the Conservation and Restoration of Historic Garden」, 「Journal of Korean Institute of Traditional Landscape Architrcture」, 2003.12.30, pp.61~pp.63.

생각할 수 있다.

가. 형편에 맞게 전시

같은 종류의 유적이라도 주변 환경과 유적의 잔존상태에 따라서 전시방법을 변용하고 있다.

나. 전형 복원

지하유구에서 추정할 수 있는 건물 등의 모양 전체를 복원하는 것

다. 부분 복원

지하유구에서 추정할 수 있는 건물 등의 모양의 내부, 기단과 기둥의 하부 모서리 일부를 복원하는 것

라. 모식 표시

지하유구에서 알아낸 건물의 크기에 따른 기둥의 위치 등을 디자인화한 것에서 평면적 또는 입체적으로 표시하고 있는 것

마. 유적모형전시

지하유구의 형태를 취해 실물모형을 지상에 전시하고 있는 것

사진 4-1. 평성궁적의 다양한 유구 표시방법

사진 4-2. 나니와 유적의 다양한 유구 표시방법

2. 부소산성 유적 및 유구의 보전관련 개념과 수법

관련분야에서 제시된 보전관련 개념 중 본 부소산성의 유적과 유구의 정비에는 보존, 보전, 복원, 개수, 전용, 복제·모사·재현, 이전으로 분류함이 타당할 것으로 판단된다.

보존의 수법으로서는 노출보존, 복토보존, 보호시설보존, 정비 후 보존이 포함될 수 있고, 복원은 복원위치와 복원되는 규모에 따라서 분류할 수 있을 것이다. 복제·모사·재현은 같은 개념으로 범주화될 수 있으며

표6. 부소산성 유적 및 유구의 보존관련 개념과 보전수법

보전유형	개 념	보 전 수 법	
보존	·현재 상태의 엄격한 유지를 지향하며 더 이상의 훼손을 억제하며 간섭을 최소화	노출보존	·유구와 유적을 지상에 노출시켜 그대로 보존하는 방법
		복토보존	·유구와 유적을 흙으로 복토 후 보존하는 방법
		보호시설보존	·유적이나 유구의 보존처리나 지붕·덮개 등의 보호시설을 이용하여 보존하는 방법
		정비 후 보존	·유적이나 유구에 피해를 줄 염려가 있거나 이질적인 주변환경의 요소를 정비 후 보존하는 방법
보전	·현재 상태의 파괴나 바람직하지 않은 상태로의 변화를 방지하기 위하여 적극적으로 개입		
복원	·역사적 원형의 회복을 목적으로 하며, 파괴된 부분을 복구하고 첨가된 것을 제거 ·역사적으로 어느 시점의 상태로 복원하느냐를 결정하는 것이 어려움	현 위치 복원	·전체복원 : 유적이나 유구의 전체적인 복원
			·부분복원 : 유적이나 유구의 대략 1/2 이상 복원
			·일부복원 : 유적이나 유구의 대략 1/2 이하 복원
		이전 복원	·전체복원 : 유적이나 유구의 대략 1/2 이하 복원
			·부분복원 : 유적이나 유구의 대략 1/2 이상 복원
			·일부복원 : 유적이나 유구의 전체적인 복원
개수	·역사적 시설물을 현대적 시설기준에 맞게 고치되 중요한 역사적 특성을 유지하고자 하는 것		
전용	·외관은 가능한 한 보존하면서 내부를 새로운 사용환경에 맞도록 고쳐서 사용하는 것		
복제·모사·재현	·파괴되어 없어진 것을 재현하거나 주변의 역사적 시설물과 유사하게 신축하는 것	모식표시	·입체표시 : 유적의 평면 및 입체적 형태를 유출할 수 있게 지상에 입체적으로 표시하는 방법
			·평면표시 : 유적의 평면을 유추할 수 있게 지하유적의 지상에 토단 등을 쌓는 것
		유적모형제작	·실물모형 : 실제 유적이나 유구와 같은 크기로 모형을 제작하여 야외에 전시
			·축소모형 : 실제 유적이나 유구의 축소된 모형을 제작하여 야외에 전시
이전	·위치여건상 부득이하게 다른 곳에 옮겨 보존하는 것		
추가 발굴	·현재의 발굴결과만으로는 유적의 전체적인 규모나 성격을 알 수 없어 추가적인 발굴조사가 필요한 경우		

보전수법으로서는 모식표시와 모형제작방법이 가능할 것이다. 모식표시의 세부적인 기법으로서는 땅위에 포장이나 지피식물 등을 이용하여 지하유구를 평면적으로 표시하는 방법과 기둥과 같은 수직적 요소를 땅위에 설치하는 입체표시로 구분할 수 있다. 모형제작의 방법으로는 실제 유구와 유적의 크기를 1:1 축척으로 제작하는 실물모형과 작은 축척으로 제작하는 축소모형으로 구분이 된다.

IV. 부소산성 발굴 유적 및 유구의 현황과 가치

1. 산성관련 유적과 유구

1) 성벽
(1) 추정 남문지 동·서편 성벽

발굴년도	·1986~1987
발굴위치와 지역	·추정 남문지 확장 동측 성벽부 및 계곡 서편 성벽
조성시대	·성벽이 확장되기 이전의 것으로 추정

조사결과	·추정 남문지 확장 동측 성벽부
	  - 암갈색 점질토와 흰모래로 판축층 형성
	  - 성벽은 남측으로 150~160㎝ 폭으로 확장하여 조성
	  - 성벽 남측 전면을 자연활석으로 거칠게 치석하여 축조, 기저부의 제1단은 내쌓기, 제2~5단은 15㎝ 가량 물려쌓기 함
	  - 쌓는 방식은 막힌 줄눈 쌓기가 아니고 각 단에 윗선을 맞추어 쌓음
	  - 석축 내부는 최초의 성벽 판축토에 덧대어 피복한 형식으로 다시 판축함
	·추정 남문지 계곡 서편 성벽
	  - 적색 점질토와 붉은색의 굵은 마사토가 판축층 형성
	  - 성벽 폭은 500㎝이며 지형상 남측사면만이 수직상을 이루고 북측 내부로는 성벽의 상면과 성벽 내부의 대지가 평탄한 형상
	  - 성벽의 벽체는 한 번에 구축되고 추가로 확장 보축된 흔적이 전혀 없으며 판축부의 잔존 높이는 300㎝나 됨

역사적 가치와 의미	·확장된 토루의 규모와 축조 방식을 추정할 수 있음
유구와 유적의 보존현황	·남문지를 포함한 산성라인은 잔존상태가 양호함에도 불구하고 주변 수림대와 교란되어 외부에서 구별 불가능
보존·복원·정비방향	·포곡식산성 중 가장 상태가 양호하므로 다양한 방법으로 활용방안 모색

(2) 동문지 주변

발굴년도	ㆍ1990
발굴위치와 지역	ㆍ부여읍 구아리 산 1번지 부소산 동문지 주변
조성시대	ㆍ백제시대로 추정
조사결과	ㆍ판축공법에 의해 조성한 중심 토루는 백제시대에 초축했던 것으로 서편에서 동편으로 판축함 - 후대동문지 남측 판축토루부 지역에 따라 일정하지는 않으나 최대높이는 260cm, 최소높이 110cm, 최대폭 500cm 제방식 토루보다는 초축 당시부터 문지 와 관련하여 수축 또는 개축이 이루어짐 1차 판축 후 영정주와 횡장목을 이용하여 판축한 특이한 양상 - 후대의 보완된 판축층 목축을 세운 뒤 판축을 조성하려던 것으로 보이는 주공열이 확인 - 백제동문지 토루 주변 동문지에서 토루를 따라 70cm 떨어진 곳 계곡부 중심부분에 조성된 성벽축조는 지세에 알맞은 기법을 채용하여 축조 하고 다시 연결하여 제방식 토루를 축조하는 양상 판축토루 진행방향의 급경사를 보완하기 위해 토루 진행방향에 따라 10~20 cm 낮아짐, 영정주공과 영정주공 사이의 판축토는 완전히 수직을 이루고 있 음
역사적 가치와 의미	ㆍ백제시대의 판축구조를 정확히 보여주고 있는 부분으로써 주변 토루가 형성된 지역 중에 가장 높은 위치, 공주 쪽의 금강 줄기와 논산, 석성에서 들어오는 입 구까지 조망이 가능
유구와 유적의 보존현황	ㆍ토루 자체의 보존 상태는 양호하나 주변의 수림대가 시야를 가리고 있음
보존ㆍ복원ㆍ정비방향	ㆍ장기적으로 수목의 정리를 통해 토루의 보존 및 관람객으로 하여금 관찰을 용 이하도록 유도 ㆍ일차적인 토루의 관찰이 아닌 치성, 문지 등의 재현으로 다양한 방법의 토루 관찰이 가능토록 함

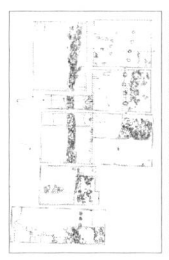  

토루 평단면도 및 토루 노출 사진, 치성내측 횡단면 목주공 초석ㆍ횡장목공 노출 사진

(3) 삼충사 후면, 남문지 서편 외

발굴년도	· 1991, 1999 · 1994 · 1998
발굴위치와 지역	· 부여읍 구아리 산1번지 부소산 삼충사 뒤 추정 남문지 서편 · 부여읍 구아리 산1번지 부소산 사비루 남측 150m 지점 · 부여읍 구아리 산1번지 부소산 취수장(추정 북문지) 서편 · 발굴유적 위치현황도 참조
조성시대	· 백제시대 · 통일신라시대
조사결과	· 추정 남문지 서편 - 체성부와 치성(11×7.5m)으로 구성 - 두꺼운 층은 10cm, 얇은 층은 2~3cm의 판축층으로 이루어짐 - 체성부를 먼저 만들고 치성을 만듦. 40~60cm 두께로 서로 맞물리며 다짐 - 풍화암반층을 일부 굴착하여 영정주공을 세움(영정주 간 거리 약 125cm) - 성벽 안쪽에 토루 시설을 보강하기 위한 석축시설 일부 잔존 - 기초를 만들 때 지형이 평평하지 않은 곳은 마사토로 고름 - 통일신라시대 토층이 일부 잔존 · 사비루 남측 -성 내측은 풍화암반층이 생토층을 이루고 있음 - 토루보강 석축시설(화강암괴 5단) -적갈색계 점질층과 석비레층(모래와 비슷)을 교대로 다져 구축 - 백제 판축층이 220cm 정도 남아 있음. 약 40개 층으로 구성 · 취수장 서편 - 갈색 및 황갈색 점질토와 사질토를 번갈아가면서 구성한 다짐층 - 판축부 잔존 높이 : 약 100~150cm
역사적 가치와 의미	· 백제 포곡식산성의 판축기법을 알 수 있음 · 백제산성의 체성부와 치성으로 구성되어있는 성벽 구조 및 판축 기법을 알 수 있음 · 산성과 관련된 여러 가지 보축시설과의 관계를 알 수 있음
유구와 유적의 보존현황	· 현재 유구는 복토 후 보존
보존·복원·정비방향	· 산성의 외형이 양호한 부분은 복원하는 방향으로 유도 · 발굴 트렌치를 넣은 부분은 실제 토층을 보여주는 장소로 활용

토루 단면 및 백제토성 판축시설 내 횡장목공 발굴 사진

(4) 사비루 동북편 테뫼식산성의 병목부

발굴년도	· 1996
발굴위치와 지역	· 사비루 일대 테뫼식산성 전반에서 발견. 일부 건물지는 제외 · 사비루 북편 포곡식산성. 조사지는 사비루 동북편의 통일신라 테뫼식산성의 병목 부에서 발견
조성시대	· 백제 멸망 이후 통일신라시대(인화문토기편 발견)　　　　　· 백제시대
조사결과	· 사비루 일대 테뫼식산성 전반에서 발견. 일부 건물지는 제외 · 판축구조 : 회색계통의 사질토와 적갈색의 점토를 번갈아가면서 다짐 · 백제시대의 정교한 판축기법과는 많은 차이가 있음 · 토루 중심부의 아래층은 띠가 고르게 조성되었으나 위로 가면서 불규칙하게 조성됨 · 구조적으로 가장 안쪽에 높게 위치하며 이것 밖으로 호박돌 채움과 석축, 그리고 보축시설이 놓이게 됨. 석축시설은 전 구간에 설치되어 있음. 토루+석축의 너비, 즉 성벽의 너비는 12m 이상 · 대체적으로 약 175cm 높이의 토루가 남아 있음 · 백제식 토루와는 달리 영정주공흔을 전혀 발견할 수 없음 · 사비루 북편 포곡식산성 · 판축구조 : 황갈색 사질점토+황갈색 사질토+회백색 사질토 등 차곡차곡 다져진 상태 · 동서북벽에서 영정주공흔 발견 · 영정주 두께 약 25cm, 영정주공간의 거리 약 110~120cm 정도로 기존에 확인되었던 백제 영정주와 거의 비슷한 규모 · 북벽으로부터 약 300cm 정도 거리를 두고 동서방향으로 할석 1단의 내부 보축시설 확인
역사적 가치와 의미	· 사비루 일대 테뫼식산성 전반에서 발견. 일부 건물지는 제외 · 통일신라시기 테뫼식산성의 전형을 파악할 수 있는 좋은 사례 · 백제 포곡식산성과 연결되어있어, 백제식 판축구조와 비교하여 연구 가능 · 사비루 북편 포곡식산성 · 통일기 테뫼식산성과 같은 트렌치 조사에서 드러나 동시에 비교파악 가능한 장소 · 판축기법과 영정주공흔 등 백제 포곡식산성의 특징이 잘 드러나 있음
유구와 유적의 보존현황	· 토루 자체의 보존도는 높으나 현재 유구는 복토 후 보존
보존 · 복원 · 정비방향	· 현재 매장식 보존 방법보다는 개토하여 토루의 모습을 드러내어 복원하는 방법으 로 유도 · 당해 조사지와 연결된 성벽라인 전부를 복원하는 것은 별개의 문제 · 조사지의 발굴 트렌치를 노출하여 각각의 시대별 성벽의 단면을 동시에 관찰할 수 있도록 전시하는 방안도 생각해볼 수 있음

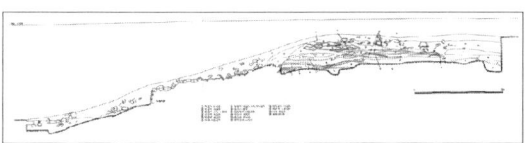 

통일신라 성벽 토층도 및 인화문토기 편 발굴 사진

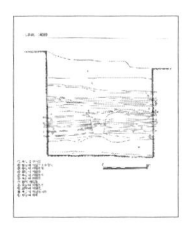 

백제 성벽 내부 판축토루
북벽 토층 · 영정주공 단
면도 및 판축토루 사진

2) 문지

(1) 삼충사 북편

발굴년도	·1986~1987
발굴위치와 지역	·군창지에서 남서편, 수혈주거지에서 남동편에 위치(현 삼충사 바로 북편에 위치)
조성시대	·통일신라시대

조사결과	·문지건물지와 건물유구 남측으로 바로 물려서 이어지는 출입계단으로 구성
	·문지건물
	 - 정면 1칸, 측면 1칸 주칸은 각 330㎝, 적심규모 110×120㎝의 기둥자리 4개소 확인
	 - 초석은 1기도 남아 있지 않아 처음부터 시설하지 않았던 것으로 나타남
	 - 기둥구멍은 직경 40㎝ 내외, 깊이 30㎝ 내외의 막돌로 듬성듬성 덧대어 지지 시킨
	  후 최후로 흙을 덮어 마감처리함
	 - 기둥이 박혔던 자리는 직경 30㎝로 正圓인데 북측의 두 개는 흰모래와 회색 사질이
	  혼입되어 있었고 남측의 두 개는 적갈색 점질토에 소토 및 목탄이 채워져 있었음
	 - 돌쩌귀 등 문비를 시설했던 흔적이 발견되지 않았으며 양 벽체를 시설했던 적심석 확인
	·출입계단
	 - 전체 5단으로 각단의 너비는 40~45㎝, 높이10~15㎝, 규모는 220~540㎝
	 - 대체로 30×40㎝ 내외의 판석형 자연석재를 모가 둥글게 치석하여 시설했는데 상면
	  과의 면을 맞춘 계단은 남측면 만을 매우 정교하게 다듬음
	·성벽 연접부는 커다란 석재로 마감처리하였으며 문지서측의 석열은 완전하게 잔존함
	·확장 문지
	 - 문지는 동편으로 확장되었는데 동측의 성벽 판축토를 걷어내고 서측 즉, 문지부를
	  돋우는 형식으로 확장
	 - 확장 문지의 규모는 정확히 알 수 없지만 동측으로 잔존된 1개의 원통형 초석을 통
	  해 추정

역사적 가치와 의미	·건물은 문없이 양 측벽만 시설하고 정면으로 개방된 문지로 판단 ·문지 서측 석열의 폭은 최초 성벽의 폭과 일치 ·최초의 문지는 480~510㎝ 폭의 성벽이 이어지고 주칸 330㎝의 단칸문이 있으며 이 문 지 남측으로 계단이 돌출되어 시설된 형태로 추측
유구와 유적의 보존현황	·산성이 끊겨진 상태로 문지 건물지 자리만 남아 있음 ·남문지를 포함한 산성라인은 잔존상태가 양호함에도 불구하고 주변 수림대와 교란되 어 외부에서 구별 불가능
보존·복원·정비방향	·문지의 규모와 양식을 추정할 수 있으므로 복원 및 활용

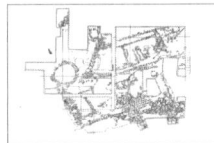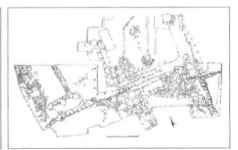

남문지 주변 평면도 및 백제 남문지 적심석, 계단지, 목주공, 주변 유적 평면도

남문지 백제 계단지 및 주변 발굴 사진

(2) 동문지 북편

발굴년도	· 1990
발굴위치와 지역	· 부여읍 구아리 산 1번지 부소산 동문지 주변
조성시대	· 통일신라시대
조사결과	· 토루부분이 절개되어 양날개형을 이루며 내측으로 돌아 마감되어 문지로 추정 · 문지라 추정했지만 문을 위한 시설은 없었고 통일신라시대에 들어와 토루를 헐어낸 후 문 시설을 한 흔적이 있음 · 백제동문지 주변에서는 다량의 기와와 수막새, 철제 못, 문고리, 투겁형의 무기류 등의 유물이 다양하게 출토, 문의 성격과 기능에 따른 관련유물로 보임
역사적 가치와 의미	· 동문지까지도 후대 보완층이 연결되는 상황을 보아 통일신라에와서도 백제 시 초축된 포곡식산성의 전 지역이 산성의 기능이 계속되고 있음을 드러냄
유구와 유적의 보존현황	· 문지의 계곡부에 단을 이룬 형태로 석괴 2매 발견 · 문지에서 토루를 따라 오를 수 있도록 한 계단시설 발견
보존 · 복원 · 정비방향	· 문지의 재현을 통해 그 시대의 토루의 쓰임 등을 보다 자세히 관람객에게 전달 · 문지 주변에서 발견된 다양한 유적들을 이용한 체험적 관람 유도

토루 상에 들어난 구(溝) · 계단석 노출 사진

(3) 군창터 정북편

발굴년도	· 1994
발굴위치와 지역	· 군창터를 중심하여 거의 정북편 지점 : 라지구
조성시대	· 고려 말경
조사결과	· 석축의 상부와 문지 돌쩌귀가 동서로 나란하게 노출되어 문 시설이 있었던 것으로 조사됨 · 북편은 계단시설인 몇 단의 흔적이 그대로 보존되어있음 · 문지주변에서 어골문평기와, 무문 및 선문평기와, 백제 태극문(太極紋) 수막새편, 분청사기편 등이 출토됨
역사적 가치와 의미	· 문지유적의 상한은 이 테뫼형산성이 초축된 통일신라 전반경이 아닌 후대 고려 말경에 퇴락한 산성을 부분적으로 보완하면서 문(門)과 암거형(暗渠形)의 수구(水口)등을 만들면서 일신(一新)했던 것으로 나타남
유구와 유적의 보존현황	· 대단히 많은 할석편이 주변에 무너져 내린 채 덮여있었고, 주변의 흙은 대부분 검은 부식토층과 사질층으로 충진된 상태 · 계단시설이 많이 파괴되었지만 몇 단의 흔적이 그대로 보존됨
보존 · 복원 · 정비방향	· 부소산성에서 보기 드문 고려시대 유구로 시대의 흐름을 볼 수 있을 것임 · 산성과의 관련성을 볼 때 지금의 상태를 보여줄 수 있는 보존처리를 함

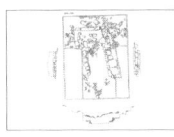

라지구 'B' 지점 문지 발굴유적 실측도면 및 계단석 발굴 사진

(3) 수혈주거지 동북편

발굴년도	· 1995
발굴위치와 지역	· 수혈주거지에서 동북편으로 200m 떨어진 지점
조성시대	· 통일신라시대
조사결과	· 문지의 초석이 발견되어 정면 2칸, 측면 1칸, 루 형식임을 확인 · 동단의 초석에서 동편 100cm되는 지점에 할석을 사용한 계단 4조 확인 · 방형초석의 크기는 지름이 동서남북 각각 80cm 정도로 크고, 다른 원형 초석은 역시 각각 86cm×86cm(주좌 71cm), 운두높이 350cm, 60cm×70cm(주좌 60cm, 운두 높이 3~3.5cm), 95cm(주좌 80cm) 정도로 큰 편임
역사적 가치와 의미	· 성벽의 방향에 따라 계획적으로 문을 두었으며, 결과적으로 동서방향으로 드 나 들 수밖에 없었음 · 잔존 문 시설상태를 보아서 이 문은 암문과 같은 임시문이나 폐쇄적인 문 시설 이 아니고 문루(門樓)를 두어 위층은 누마루를 두어 주변을 경계하거나 장엄함 을 함께 나타내어 위엄을 외부에 보이기도 하는 실질적인 이 성벽구간에서의 중심역할을 했던 문 시설로서의 성격을 갖추었다고 여겨짐 · 문 시설로서 루 형태로 조성되었다면 기동성 있는 말을 이용한 출입이 가능했 을 것으로 보임 · 1986~1987년도 부소산성~남문지 조사에서 확인된 남문지는 백제 문지보다 축 소된 것이었는데 규모나 구조 등에서 서로 일치되는 현상을 보여줌, 또한 초석 의 정면 및 측면 칸의 거리까지도 일치되어 같은 시기에 남문과 북문으로서의 기능을 했던 것으로 보임
유구와 유적의 보존현황	· 초석주변에 나타난 적심석은 4기의 원형초석에서만 노출, 남측 초석 3기는 모 두 적심석을 둠 · 문지의 서북우(西北隅)초석과 적심석은 모두 유실되었음, 적심석을 놓았던 구 덩이만 풍화암반층에 형성되어 잔존
보존·복원·정비방향	· 지형을 이용한 문 시설로 성벽구간에서 중심 역할을 했던만큼 복원이 필요함 · 형식상 루 형식을 취하고 있기에 다른 문 시설과 차별을 둘 수 있을 것임

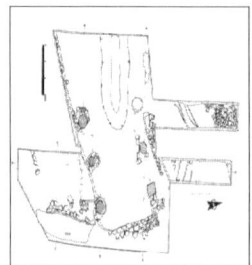 

테뫼형산성 통일신라 북문지

3) 장대

(1) 사비루 동쪽 구릉 정상부

발굴년도	· 1997
발굴위치와 지역	· 사비루 동쪽 구릉 정상부 평탄면. 조사지에서도 동남편의 성곽 우회부 지점
조성시대	· 통일신라식 테뫼식산성보다 이전에 조성. 백제시대에 조성되었을 가능성 높음
조사결과	· 통일기 테뫼식성벽에 직교해 방형으로 돌출됨(조성된 장대에 성벽을 직교시킨 것) · 급경사로 된 암반층을 계단식으로 깎아 단을 조성한 후, 다짐층 바닥에 치석한 장대석을 놓고 그 위에 치석한 석재를 맞추어서 조금씩 내경하여 축조 · 기단부 잔존길이 315cm, 잔존높이 200cm 정도. 상단을 2중으로 내경하여 8단을 쌓은 흔적. 1단 190cm · 장대지 바깥으로 생토면을 파서 조성한 배수시설(길이 600cm, 폭 40~50cm)과 기둥 구멍흔 3개 발견(지름 70cm, 각각의 간격 170cm, 130cm). 보축시설도 확인
역사적 가치와 의미	· 지형상 조망에 유리하여 적의 침입이나 동태를 파악하는 기능으로서 이용되었을 가능성이 있음
유구와 유적의 보존현황	· 많은 부분이 유실되어 원상은 파악 불가. 윗부분 유실. 전체 규모는 어느 정도 파악가능
보존 · 복원 · 정비방향	· 추정복원 가능

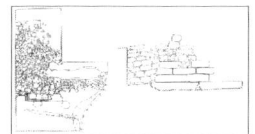

장대지 평면 · 입면 · 단면 및 발굴 사진

4) 치성(稚城)

(1) 후대 동문지 북편

발굴년도	· 1990
발굴위치와 지역	· 부여읍 구아리 산 1번지 부소산 후대 동문지 중심부에서 북편
조성시대	· 백제시대로 추정
조사결과	· 방형 치성이 중심부의 판축토루와 맞붙어있음 · 판축 및 치성 등을 구축하기 위한 목주공(木柱孔)이 동서 횡으로 4개소에 이름
역사적 가치와 의미	· 방어 및 진입의 의미를 갖는 석축 시설
유구와 유적의 보존현황	· 현재 형태가 잔존
보존 · 복원 · 정비방향	· 치성의 복원을 통해 방어의 기능을 했음도 시사 · 조망점이 좋은 것을 이용, 경관을 관망하는 곳으로도 이용

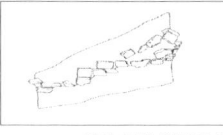

치성 북편 입면도 및 치성 · 원형초석 노출상태 및 계단형 석축 노출 사진

(2) 군창터 정동편

발굴년도	‧ 1993~1994
발굴위치와 지역	‧ 군창터 정동편 지점 : 다지구
조성시대	‧ 통일신라시대
조사결과	‧ 치성의 규모는 남북 800cm, 동서 550cm로서 남북으로 긴 직사각형 ‧ 체성 토루와 석축을 축조하면서 동시에 치성을 쌓음 ‧ 치성의 외벽은 석축, 내벽은 마사토+점질 다짐 ‧ 치성의 모서리, 치성의 중심부에 영정주공
역사적 가치와 의미	‧ 치성에 들어난 영정주공 간의 간격은 각각 370cm, 355cm로 조사되어 통일신라대의 영정주 간의 간격은 부소산성의 경우 백제의 그것보다 약 2배에서 3대가넘는 긴 간격을 유지하고 있어 이 시기에 이르러서는 이미 백제의 전통적인 판축공법과는 다소 변이되고 있었음을 인지할 수 있는 것임
유구와 유적의 보존현황	‧ 치성의 위치상 경관 조망을 위한 중요한 지점임 ‧ 치성의 외벽 석축은 최고 8단까지 남아 있었으며 이 석축의 높이는 130cm에 이르나 내부의 판축층은 최고 180cm(다짐층 포함 220cm) 정도까지 남아 있음
보존‧복원‧정비방향	‧ 치성외벽의 석축은 북, 동측이 대부분 5단 이상 높게 남아 있으나 남측 석축은동편이 5단 정도인 반면 서편으로 오면서 대부분 3~4단 정도 잔존한 상태임 ‧ 치성의 위치상 백제시대 성곽과 통일신라시대 성곽을 볼 수 있는 만큼 복원이필요함

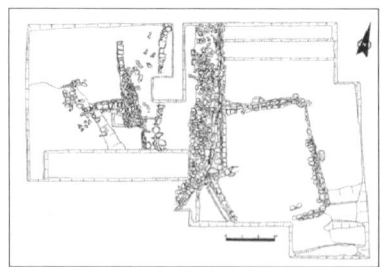 

다지구 테뫼형산성 토성,치성 평면도 및 동측면 치성 전경

(3) 삼충사 뒤 추정 남문지 서편

발굴년도	· 1차 발굴 : 1991　　　　　 · 2차 발굴 : 1999
발굴위치와 지역	· 부여읍 구아리 산1번지 부소산 삼충사 뒤 추정 남문지 서편 · 발굴유적 위치현황도 참조
조성시대	· 백제시대
조사결과	· 백제시대 장방형 치(雉) 확인(동서 11m×남북 7.5m) · 치 동·서편으로 통일신라시대 석축시설 확인 · 성곽 내부에 성곽 보호용 배수로 확인(너비 75cm, 깊이 55cm)
역사적 가치와 의미	· 남문지 좌·우에 있는 것 중 서편에 위치한 것으로 방어 및 공격의 기능을 가진 성곽시설 · 석축시설의 확인으로 통일신라시대까지 계속 이용했음을 알 수 있음
유구와 유적의 보존현황	· 산성에서 육안상 볼록하게 튀어나온 부분이 보임 · 발굴결과 유구의 크기를 알 수 있음
보존·복원·정비방향	· 현 상태가 잘 남아 있고 성곽의 중심문인 남문지 옆이므로 복원 필요 · 전망대로서의 활용 가능성 고려

남동에서 치성 발굴 사진

5) 보축시설(補築施設)

(1) 후대 동문지 주변

발굴년도	· 1990
발굴위치와 지역	· 부여읍 구아리 산 1번지 부소산 후대 동문지 부분
조성시대	· 통일신라
조사결과	· 문지를 조성하기 위해 절개된 토루가 다시 원상으로 회복되고, 토루 내측은 보축 시 덧붙여 상당히 보강된 형태를 취하고 있음 · 토루 축조용 목주를 세우기 위한 기초부 마련, 주공열에 목주를 세운 후 판축 조성 · 판축층이 보편적으로 고르지 못하며 간혹 와 편과 잡석 등 불순물이 혼입되어있음
역사적 가치와 의미	· 다른 시대의 판축기법을 한 곳에서 볼 수 있으며, 그 차이 또한 볼 수 있음
유구와 유적의 보존현황	· 초축된 토루에 비해 유실이 많고 경계가 뚜렷하지 못함
보존·복원·정비방향	· 상부의 보축시설이 답압이나 다른 환경적 요인에 의해 유실되지 않도록 보존함

N22지역 토루 내측 아궁이

(2) 사비루 테뫼식산성 일부구간

발굴년도	‣ 1996
발굴위치와 지역	‣ 사비루 일대 테뫼식산성 일부구간
조성시대	‣ 백제 멸망 이후 통일신라시대(토루에서 인화문토기편 발견)
조사결과	‣ 구조적으로 필요하다고 생각되는 부분에 석축시설 밖으로 할석을 이용하여 보축한 것
역사적 가치와 의미	‣ 성벽의 구조를 파악하는 데에 용이한 유적
유구와 유적의 보존현황	‣ 성격을 파악하는 것이 가능. 그러나 동편으로 가면서 석축이 유실되면서 교란됨
보존·복원·정비방향	‣ 교란된 곳을 제외하면 기본 형태를 노출시키는 것은 가능 ‣ 토루와 석축의 복원 여부에 따라 판단. 일부 복원이나 추정 복원하는 것은 가능

사비루 일대 보축시설 발굴 사진

(3) 취수장 서편

발굴년도	‣ 1998
발굴위치와 지역	‣ 부여읍 구아리 산1번지 부소산 취수장(추정 북문지) 서편 ‣ 발굴유적 위치현황도 참조
조성시대	‣ 백제시대
조사결과	‣ 백제시대 토루 및 석렬과 함께 옹벽용 보축시설 확인 ‣ 잔존길이 약 400㎝ 최고 잔존높이 170㎝ 할석으로 쌓음 ‣ 성과 내부의 배수로 확인 ‣ 망루로 추정되는 통일신라시대 건물지 석렬 2기 유구 확인(규모를 추정하기 어려움)
역사적 가치와 의미	‣ 추정 북문지와 이어지는 백제 포곡식산성의 마지막 연결지점 ‣ 지리적으로 백마강이 보이는 중요한 곳이라 통일신라시대까지 계속 이용된 것으로 보임 ‣ 발굴결과 급경사 지역으로 보축시설을 많이 한 것으로 보임
유구와 유적의 보존현황	‣ 육안상 확인하는 것은 어려움
보존·복원·정비방향	‣ 토루 보강을 목적으로 만든 구조물로 외부로 드러나지 않기 때문에 복원보다 성벽에 대한 정보 자료로 활용

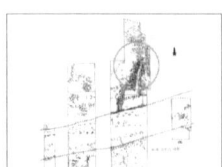 

체성부 외측 보안 성벽 및 옹벽용 석축 발굴 사진

6) 석축

(1) 군창터 정동편

발굴년도	· 1993
발굴위치와 지역	· 군창터 정동편 지점 : 다지구
조성시대	· 통일신라시대
조사결과	· 아래층은 흙으로 일정한 높이까지 다진 후 석축을 쌓고 그 위에 판축과 석축을 차례로 쌓아올림 · 석축을 1단~5단으로 쌓고 하층부는 지대석으로 턱을 둠
역사적 가치와 의미	· 성벽이 꺾이는 지점에서 석축이 90°로 꺾여 조성되었다는 점이 특징인데 이는 바로 상단 석축이 완만하게 곡선을 이루면서 체성곡선과 자연스럽게 조화를 이루면서 방향을 틀고 있는 점과는 대조적임. 이러한 하단석축이 90°로 꺾이면서 조성된 것은 토성의 기초부 및 상층과의 전체적인 조화를 이끌어내기 위한 색다른 기법이 채택되었던 것으로 판단됨
유구와 유적의 보존현황	· 현재는 잘 보존되어 있음
보존·복원·정비방향	· 현재 매장식 보존 방법보다는 개토하여 유구의 모습을 드러내어 전시

다지구 'A' 지점 테뫼형산성 동북편 외측 면의 상, 하 2중 석축 전경

(2) 세 산성이 만나는 곳

발굴년도	· 1994
발굴위치와 지역	· 포곡형산성과 테뫼식산성, 조선시대 산성이 어우러진 곳
조성시대	· 통일신라시대
조사결과	· 2~3단의 석축렬과 석축렬 내에 드러난 영정주공 · 통일신라시대에 조성한 판축층이라도 상층인 내편의 성벽이 밖으로 흘러내리지 않도록 하기 위한 조치로서 석렬을 구축 · 석축렬 맨 아래층 석재는 지대석 기능을 한 듯, 20㎝ 정도 턱을 내밀어 밖으로 내어 쌓음
역사적 가치와 의미	· 서편의 영정주공을 경계로 하여 판축층이 동서로 뚜렷한 경계선을 이루고 있다는 점인데 이러한 장축방향의 판축층 경계선은 부소산성 백제토성 중에서는 아직 확인할 수 없었던 내용임 · 특히 이 판축층 경계선이 마치 톱날처럼 경계를 이루고 있는데, 이러한 판축선의 장축구간의 경계형태는 특이한 예로서 아직까지도 그 예가 보고된 바가 없음
유구와 유적의 보존현황	· 현재는 잘 보존되어 있음
보존·복원·정비방향	· 다른 지역에서 볼 수 없는 양식이므로 원형을 보존하고 보여줄 필요성이 있음

'바' 지구 'B' 지점 서측에서 본 통일신라 판축층과 외벽 전면의 석축 전경

(3) 삼충사 뒤 추정 남문지 서편 외

발굴년도	ᆞ 1991, 1999　　　　 ᆞ 1994, 1998
발굴위치와 지역	ᆞ 부여읍 구아리 산1번지 부소산 삼충사 뒤 추정 남문지 서편 ᆞ 부여읍 구아리 산1번지 부소산 사비루 남측 150m 지점 ᆞ 부여읍 구아리 산1번지 부소산 취수장(추정 북문지) 서편
조성시대	ᆞ 백제시대, 통일신라시대
조사결과	ᆞ 남문지 서편 　- 치성 동ᆞ서편으로 통일신라시대 석축시설 확인 　- 성벽 안쪽 토루 시설을 보완하기 위한 2단 내물림 기법 석축시설 확인 ᆞ 사비루 남측 　- 화강암 암괴로 5단 정도 쌓은 석축시설 확인 ᆞ 취수장 서편 　- 토루의 경사에 따라 조성된 석축시설 확인. 치석되지 않은 장방형 석재 이용
역사적 가치와 의미	ᆞ 토성에 있는 석축은 보통 토성이 가지는 취약부분을 보강하기 위한 것으로 보임
유구와 유적의 보존현황	ᆞ 발굴 후 다시 유구를 흙으로 덮음
보존ᆞ복원ᆞ정비방향	ᆞ 토루의 복원 판단에 따라 복원 방향 결정 ᆞ 외부로 보여지는 시설이 아니므로 보여주고자 한다면 다른 방법을 모색

체성부 토루 외측 보완석축 및 삼충사 동북구간 남측 유구와 보완석축 발굴 사진

(4) 사비루 일대 테뫼식산성 전반

발굴년도	ᆞ 1996~1997
발굴위치와 지역	ᆞ 사비루 일대 테뫼식산성 전반에서 발견
조성시대	ᆞ 백제멸망 이후 통일신라시대(토루에서 인화문토기 편 발견)
조사결과	ᆞ 토루 바깥으로 다듬어진 할석을 내경하여 축조. 구조적 필요에 따라 이중으로 　축조하기도 함 ᆞ 지형에 맞게 고저를 조정하였으며 낮게는 2~3단, 높게는 7~8단 정도로 축조 ᆞ 기단부는 장대석을 1~2단 정도 놓음 ᆞ 석축 안쪽으로 잡석을 채워 구조적으로 보완함
역사적 가치와 의미	ᆞ 통일신라식 성벽축조의 특징을 보여줌
유구와 유적의 보존현황	ᆞ 구간에 따라 유실된 부분도 많으나 대체적으로 구조 파악이 가능함
보존ᆞ복원ᆞ정비방향	ᆞ 토루의 복원 시 함께 복원해야 의미가 있으며, 비교적 상태가 양호하므로 노출 　및 복원 가능 ᆞ 백제시대 성벽과 구분되는 형태적 특성을 보여줌

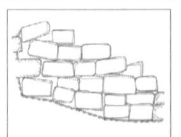

통일신라 성벽 입면도 및
발굴 사진

7) 배수로(排水路)

(1) 추정 남문지 확장 성벽부 외

발굴년도	・1984, 1986~1987
발굴위치와 지역	・'83년도 발굴지역을 중심으로 동,서, 남측과 남서측 성벽 일부 ・추정 남문지 확장 성벽부
조성시대	・백제시대와 통일신라시대 ・성벽이 확장되기 이전의 것으로 추정

조사결과	・'83년도 발굴지역을 중심으로 동서・남측과 남서측 성벽 일부
	・성벽 내측 경계지점에서 외폭 110㎝, 내폭 60㎝의 배수용 부석렬 발견
	・부석렬의 내부는 크고 작은 돌의 윗면을 맞추어 편평하게 하고 양끝은 10㎝ 정도 더 높은 석재를 이용해 성벽 안을 따라 조성함, 내부는 순수한 모래만 두께 7㎝ 정도 쌓여있음
	・처음 구지표였던 배수용 석렬 외측으로 높이 65㎝, 폭 190㎝의 한 단을 이루고 목주공을 경계로 하여 또 다른 판축층이 수직으로 경계를 이룸, 2단을 이루는 판축층은 토루 정상부에서 최고높이 140㎝를 보이고 폭은 195㎝임
	・성벽은 후대에 와서 목주공 내측으로 성토에 의한 보완공사가 이루어졌는데 성토층 상층은 기와층으로만 형성되었는데 너비 270㎝, 두께 18~58㎝ 규모의 점성이 강한 연두색 뻘층이 토기 토루 판축층과의 간벽층을 형성하고 있음
	・연두색 점질층(뻘흙) 두께는 기와층의 최고 두께층과 동일함
	・추정 남문지 확장 성벽부
	・최초의 문지유구 출입계단 전면에 걸쳐서 판판한 잔돌이 깔림, 계단 서편으로 치우쳐서 암거 시설
	・암거의 형태
	  - 잔돌을 폭 20㎝의 거리로 2열을 깔고 60~70㎝의 판석형 자연석을 뚜껑돌로 덮은 형식
	  - 길이는 계단부 남측으로 400㎝까지 이어짐
	・수도관
	  - 위치 : 성문지 내부로 동측 성벽 쪽 계곡으로부터 문지 관통
	  - 문지 쪽에는 길이 70㎝, 직경 13㎝의 토관을 이었으며 접합부는 회색점토 사용
	  - 문지 북측은 길이 35㎝, 폭 17㎝ 안팎의 수키와를 포개어 시설, 주위를 10~5㎝ 납작돌로 보호

역사적 가치와 의미	・백제시대 초기 성벽은 토루판축 전에 기초부분에 대해 넓게 판축하여 충분한 보강작업을 함 ・토루 잔존상태로 본 초기 판축층의 단면 상태는 2개의 단을 형성 ・기와층은 기와층 지하 배수기능을 위한 배려로 판단되고 성벽 보호를 위하여 와적층과 접하여 점성이 강한 뻘흙을 옹벽기능으로 이용했던 것으로 보임 ・성벽 단면에서 기와층을 기준으로 백제시대와 통일신라시대로 구분 ・토루단면을 통해 나타난 성벽 외형은 백제시대 처음 조성 시 외형상 반원형태의 토루가 뚜렷한 반면, 후대에 성 내측을 높이 성토한 결과 성 내측 경사면은 거의 완화되어 완경사를 이룸 ・단부 남측 연장길이를 통해 문지가 폐쇄되고 새로운 진입로가 개설되었던 것으로 추정 ・문지 축조 당시 수도관의 시설 모습을 추정 할 수 있음
유구와 유적의 보존현황	・수혈건물지를 제외한 주변 나머지 부분은 현재 매장 상태임 ・추정 남문지 유구와 함께 현재는 매장 상태임
보존・복원・정비방향	・남문지 복원과 함께 당시 배수로의 구조를 알 수 있는 시설로 복원 필요

성 내측 배수로 및 배수로 주변 백제 구지표하의 판축층 발굴 사진

계단지 앞 후대 배수로 및 남문지 중심부 구지표 직하의 백제 토관 발굴 사진

(2) 군창터 정동편 외

발굴년도	・1994년도 발굴지역
발굴위치와 지역	・군창터에서 정동편 지점 (테뫼형산성의 동단측을 지칭) : 다지구 ・군창터를 중심하여 거의 정북편 지점 : 라지구 ・군창터에서 직서측으로 약 40m 정도 떨어진 남북향의 내성토루 : 마지구
조성시대	・백제시대 ・통일신라시대 ・조선시대 ・고려 말기경인 14C경을 전후

조사결과	・군창터에서 정동편 지점(테뫼형산성의 동단측을 지칭)
	  – 성벽 내측과 연접하여 드러난 바 있는 배수로 부석렬의 지반흔적이 폭 100~130cm, 깊이 30cm로 풍화암반층에서 확인됨
	  – 배수로 바닥층은 순 모래층
	  – 배수지반층용으로 형성된 구(溝)와 남측으로 평행하여 또 다른 좁은 구가 노출
	  – 수로의 너비는 240cm(밑폭 180cm), 깊이는 110cm 정도에 이름
	  – 약한 풍화암반층을 좀 넓고 깊게 풀어 조성
	  – 수로 조성 시에 백제 토성 직하의 암반층유적을 파괴하면서 조성되었던 사실이 관찰됨
	・군창터를 중심하여 거의 정북편 지점 (조선시대, 고려 말기경인 14C경을 전후)
	  – 완만한 할석층의 수로, 수로층의 너비 350cm, 깊이 30~35cm, 남북길이 720cm
	  – 가장 중심부에 좁고 깊은 U자형의 또 다른 수로층 형성
	  – 할석 수로층 밑층에 또 다른 지하암거 2조 확인
	  – 암거의 바닥면은 판석을 깔아 물이 원활하게 흐를 수 있도록 조치되어 있음
	  – 암거의 내부 높이는 47cm 정도이며 내부높이는 동편이 25cm, 서편이 30cm 정도
	・직서측으로 약 40m 정도 떨어진 남북향의 내성토루
	  – 토성을 관통하여 성 내측에서 외측으로 연결, 지하암거의 총 연장길이는 950cm
	  – 토성 초축 시에 조성
	  – 암거형 수로 사용시기와 암거를 메운 보완시기로 나눌 수 있음

역사적 가치와 의미	・통일신라 테뫼식산성과 치성을 조성한 후 이 후대 성벽과 치성을 보호하기 위한 조치였을 것으로 판단됨 ・백제 토성의 성벽이 유실되고 지반부인 암반층에 잔존한 구(溝)와 십자형으로 직교하여 성내측에서 성 외측으로 백제 토성벽 직하를 횡으로 가로 지르면서 형성

유구와 유적의 보존현황	・군창터에서 정동편 지점
	  – 풍화암반층에 유구 흔적이 뚜렷하게 드러남
	・군창터를 중심하여 거의 정북편 지점
	  – 표토부터 지하 80cm까지는 표토층으로서 대부분 검은 사질토와 부식토층으로 덮여있는 상태
	  – 상면의 덮개석은 많이 유실되어 동편 암거는 덮개석이 5개가 남아 있었고, 서편의 암거의 덮개석은 6개가 남아 있어 연장길이는 200cm 정도임
	・군창터에서 직서측으로 약 40m 정도 떨어진 남북향의 내성토루
	  – 암거의 시설 중 상단은 덮개석이 완연하게 남아 있지만 하단부의 암거 덮개석은 끝나는 부분인 서쪽의 130cm 정도만 잔존한 상태

보존・복원・정비방향	・다른 지역에서도 볼 수 있는 만큼 다른 지역을 고려하여 검토함

다지구 C지점 수로, 마지구 토성내 지하수구 및 석축

라지구 'A'지점 할석수로, 할석수로 제거 후 조선시대 지하 수구 전경

(3) 군창터 직서측

발굴년도	· 1994
발굴위치와 지역	· 군창지에서 직서측으로 약 40m 떨어진 남북향의 내성토루
조성시대	· 부소산성 초축 시
조사결과	· 성 내측(동편)에서 외측(서편)으로 토성을 관통하여 암거로 구축된 수로가 토성의 바닥층에 조성됨 · 수로 주변의 성벽보호를 위한 석축을 쌓았음을 확인 · 어느 시기에 이 성의 기능이 필요 없게 되었거나 암거형 수로가 막혀 더 이상이 수로로서는 기능을 충분히 살릴 수 없는 상태에 이르게 되자 토성을 보완하면서 성벽을 축성한 상태
역사적 가치와 의미	· 토성 초축 이후 수로와 석축 위에 새로운 성벽이 축조되어 원래의 기능은 상실
유구와 유적의 보존현황	· 복토 후 보존
보존 · 복원 · 정비방향	· 토성의 기능과 구조를 파악하는데 참고가 될만한 유구

(4) 사비루 일대 테뫼식산성 전반

발굴년도	· 1997
발굴위치와 지역	· 사비루 동쪽 구릉 정상부 평탄면의 장대지 앞
조성시대	· 백제시대에 조성되었을 것으로 추측
조사결과	· 장대지와 같은 방향으로 조성된 암거 수로. 생토면을 파서 조성 · 구형(溝形) 배수로의 북편 선단부는 장대지와 평행을 이루면서 산의 급경사면을 따라 장대지 기초부와 함께 유실(장대지와 관련성 시사) · 깊이 36cm, 길이 600cm, 폭 40~50cm. 내부에는 잔자갈이 채워져 있음
역사적 가치와 의미	· 장대지의 부속시설로서의 가치. 백제식 암거수로의 형태 추측 가능
유구와 유적의 보존현황	· 원형이 단순한 구조여서 발굴상태가 양호함. 전 윤곽에 대한 발굴은 없었으므로 전체의 보존 상태는 알 수 없음
보존 · 복원 · 정비방향	· 노출하여 기존의 형태를 전시할 수 있음. 장대지의 복원판단에 따라 복원여부 결정

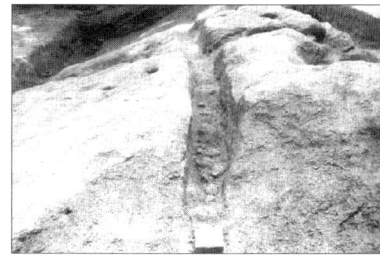 

사비루 장대지 앞 배수로 발굴 사진

(5) 취수장 서편 외

발굴년도	‣1998 ‣1999
발굴위치와 지역	‣부여읍 구아리 산1번지 부소산 취수장(추정 북문지) 서편, 삼충사 뒤 추정 남문지 서편
조성시대	‣백제시대 ‣통일신라시대
조사결과	‣취수장 서편 ‑ 성곽 내부로 치석되지 않은 할석을 깔아 만든 동서 방향 배수로 확인 ‑ 옹벽용 석축 시설 옆으로 추정 배수로가 남북으로 조성 ‣추정 남문지 서편 ‑ 성곽 내부에 성곽 보호용 배수로 확인(너비 75~80cm, 깊이 55cm) ‑ 오목한 형태로 바닥부분은 부석시설을 했으며, 통일신라시대까지 이용 추정
역사적 가치와 의미	‣토성이라는 특성상 유수로 인한 토성유실을 막기 위해 배수로를 만든 것으로 보임
유구와 유적의 보존현황	‣지하에 매몰되어있는 상태 ‣남문지 서편 배수로는 그 형태가 비교적 분명하나, 추정 북문지 서편 배수로는 그 규모가 일부만 확인됨
보존·복원·정비방향	‣토루의 복원 판단에 따라 복원 방향 결정 ‣추정 남문지의 부석렬로 된 배수로는 탐방로로 이용 가능

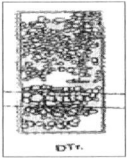

취수장 서편 체성부 외측 옹벽용 석축과 배수로 발굴 사진 및 남문지 서편 배수로 발굴 도면

8) 수구(水口)

(1) 추정 남문지 서편

발굴년도	‣1986~1987
발굴위치와 지역	‣추정 남문지 서편
조성시대	‣백제시대로 추정되나 후대 건물유구와 중첩 교란되어 원상을 알 수 없음 ‣유구의 잔존상태로 보아 문지 최초 문지건물 및 1차 확장 문지보다는 후대이며 최종 문지보다 선행한 시기로 추정
조사결과	‣남문지 북측 내부로는 전역이 유수에 의한 모래층이며 2개의 배수구가 성벽과 평행해 잔존 ‣배수구1 ‑ 성벽 북측 마감석렬의 북방으로 220cm의 거리에 시설 ‑ 폭 90cm, 최대깊이 60cm로 자연막돌로 1~3단이 석축 ‣배수구2 ‑ 배수구 1과 평행하여 역시 북측으로 240cm거리에 동서로 시설 ‑ 자연막돌로 1~3단의 석축을 했으며 최대깊이 60cm로 하부는 생토층에 맞물려 있음
역사적 가치와 의미	‣배수구 120cm, 모두 500~600cm 간격으로 자연막돌로 물막이 시설을 했으며 계곡 쪽으로는 100cm 안팎의 높낮이가 있어서 계곡 동편에 시설된 1단의 석렬 상부로 150~200cm 범위로 40cm 내외의 막돌을 가득 채워서 돌 틈으로 자연배수가 되도록 함
유구와 유적의 보존현황	‣배수구의 상부 전면과 북측, 남측으로는 배수구 남측과 평행하여 60cm 범위까지 두께 30cm 정도의 와적층이 덮여있어 이 배수구의 북측이 건물지일 가능성 ‣추정 남문지 유구와 함께 현재는 매장 상태임
보존·복원·정비방향	‣산성내 발굴조사된 수구 중 잔존상태가 양호하므로 남문지 앞 배수로 복원과 함께 복원 필요

남문지 서편 토성 절개지 배수로 상태 사진

9) 부석렬

(1) 후대 동문지 부분 판축토루 내부

발굴년도	ㆍ1990
발굴위치와 지역	ㆍ부소산 후대 동문지 부분 판축토루 내측
조성시대	ㆍ백제시대
조사결과	ㆍ판축토루 내측에 성벽을 따라 계속 연하여 설치된 구축시설 ㆍ성토 다짐된 사질점토층 지표층위에 평편한 석재를 70~80㎝를 깔고 상부에 사질점토를 얇게 깔아 덮음 ㆍ부석렬 동쪽에는 자연석 돌을 세워 기단처럼 단 처리 함 ㆍ부석렬은 북쪽으로 갈수록 그 폭이 넓어짐 ㆍ부석에 사용한 돌은 크고 작은 얇은 판석
역사적 가치와 의미	ㆍ성벽의 구축시설 중 하나
유구와 유적의 보존현황	ㆍ와적층이 혼합된 표토를 제거하면 노출, 비교적 원형이 남아 있는 상태
보존ㆍ복원ㆍ정비방향	ㆍ토루의 공개 여부에 따라 일부 잔존 부석렬을 노출 전시

돌저귀 및 내측 부석렬 노출 사진

2. 산성 이외 유적과 유구

1) 폐사지(廢寺址)

발굴년도	・1차 발굴 : 1942 ・2차 발굴 : 1980
발굴위치와 지역	・부여읍 구아리 산1번지 부소산 서남록 동쪽 ・발굴유적 위치현황도 참조
조성시대	・백제시대
조사결과	・4면에 석재계단이 있는 금당지(동서 15.2m×남북 12m) 확인 ・방형의 목탑지(795×805cm) 확인 ・중문지 확인 ・와적기단을 사용한 회랑지 확인 ・추정 남문지 확인
역사적 가치와 의미	・백제왕궁지와의 지근거리에 위치한 점으로 보아 기원사찰(祈願寺刹)로 판단 ・산지에 위치하고 있으나 백제 평지가람의 전형적인 형식인 일탑일금당(一塔一金堂) 형식을 보임 ・사비백제 평지가람이 보여주는 자오선에 주축을 둔 형식(현재 자오선에 비해 6° 정도 동으로 기울었는데 이는 별자리를 기준으로 설정한 방향차이임) ・회랑지는 와적기단(瓦積基壇)을 사용
유구와 유적의 보존현황	・사찰의 규모, 형태를 알 수 있는 유구의 발굴 ・평면적 형태의 복원은 가능하나 남문, 중문, 목탑, 금당의 입면적 형태는 알 수 없음
보존・복원・정비방향	・관북리 백제유적과 관련 있는 사찰로서 복원의 필요 ・복원방법에 있어서는 다양한 시각의 조망 요구

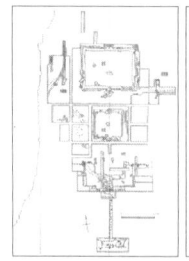 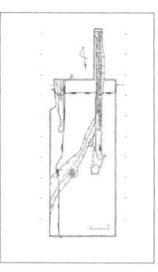  

폐사지 발굴유구 실측도 및 서회랑지(와적기단지) 및 현황 사진

2) 군창지

발굴년도	・1차 발굴 : 1981	・2차 발굴 : 1982
발굴위치와 지역	・부소산성 동남쪽	
조성시대	・조선시대 초기	
조사결과	・동고, 서고, 남고, 북고 확인 ・북고 : 정면 51.3m, 18칸, 주칸 길이 각 2.95m, 초석・돌벽담・수혈방습시설・출입문시설(서, 중, 동문) ・동고 : 정면 29.5m, 10칸, 주칸 길이 1.5m:2.95m:1.5m(처음에는 정면을 10개의 주칸으로 나누어 세워졌으나 후일에 와서 북쪽 측면을 개조하여 1칸(1.8m)을 확장, 초석・돌벽담・출입문・북문・남문・간벽 ・남고 : 정면 길이 30m, 10칸, 주칸 길이 각각 3m, 측면 길이 6m, 3칸, 주칸 길이 1.5:3:1.5m, 벽담 및 방습시설・출입문 및 간벽 ・서고 : 정면 길이 31m, 10칸, 주칸 길이 각각 3.1m, 측면 길이 6m, 3칸, 주칸 길이 1.5m:3.1m:1.5m, 돌벽담・초석・배수구 및 와적저수시설・부설 소건물지(취사장으로 추정) ・창고부지 진입로 및 폐쇄시설		
역사적 가치와 의미	・조선시대 초기에 4동의 창고 건물이 건립 ・백제시대의 유적이 발굴될만한 곳이나 주혈이 일부 발견되는데 그침 ・백제시대의 유구는 발견되지 않았으나, 부소산성 내 가장 큰 규모의 건물지로서 그 복원의 가치는 높아 보임		
유구와 유적의 보존현황	・유구의 잔존현황이 비교적 양호	・복토 후 보존
보존・복원・정비방향	・복원 가능성과 필요성에 대하여 면밀히 검토	

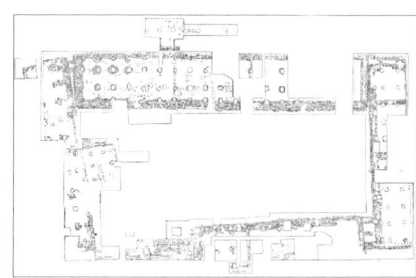

군창지 발굴조사 현황 도면 및 북고 전경

군창지 동고, 남고 발굴 사진 및 현황 사진

3) 분묘

(1) 수혈식석곽분(竪穴式石槨墳)

발굴년도	・1980
발굴위치와 지역	・부여읍 구아리 산 1번지 부소산 서남록 동쪽 폐사지의 중문지 남동회랑 앞쪽 석축하단
조성시대	・고려시대로 추정
조사결과	・중심장축 261㎝ 횡단축 71㎝ 내외 외벽의 높이 75㎝의 석곽분 발굴
역사적 가치와 의미	・백제시대 서록 폐사지가 폐찰이 된 후 후대에 분묘로 사용 ・지하로 무덤구덩이를 파고 석축으로 묘실을 만들지만 출입시설이 전혀 마련되지 않은 묘제 ・백제지역 대부분에서 발견되지만 특히 중서부 지방인 경기도 및 충청도 지역에 집중적으로 남아 있음 ・백제분묘로 유물이 가장 풍성하게 출토되는 수혈식석곽묘로서 수혈식석곽묘는 존재시기가 대체로 4세기대에서 5세기대까지 걸쳐 약 2세기간 유행한 묘제인데, 후장으로 볼 수 있을 정도로 유물이 많이 출토됨 ・이곳에서는 출토유물이 없으며 시대도 백제시대의 것이 아니라 고려시대의 것으로 추정
유구와 유적의 보존현황	・규모와 조성 기법을 알 수 있을 정도로 잔존
보존・복원・정비방향	・폐사지의 남문지와 인접하여 폐사지 복원방향에 따라 결정

  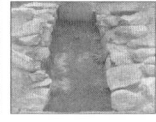

수혈식석곽분 발굴 유구 실측도 및 발굴 사진

(2) 방형석곽유구

발굴년도	・1990
발굴위치와 지역	・부소산 후대 동문지 원형저수조에서 북동편 500㎝지점
조성시대	・백제시대
조사결과	・북쪽은 1매의 할석으로 놓고 북・동・서 각 벽은 내측에 모두 면을 맞추어 1단씩 배열하되 ㄷ자형(ㄷ字形)으로 잔존 ・석곽 내부에는 황갈색 사질토와 와편, 대형옹편 등이 혼합 ・석곽 북동쪽 모서리부분에서 회청색 병형토기 1점이 석곽에 기대어 엎드려진 채로 출토
역사적 가치와 의미	・성벽 내 생활 시설 중 하나
유구와 유적의 보존현황	・표토하 30㎝의 황갈색 사질토(복토층)상에 남북을 장축으로 하고 원형이 보존됨
보존・복원・정비방향	・성 내의 시설을 얼마나 복원하고 재현할 것인가에 따라 전시처리

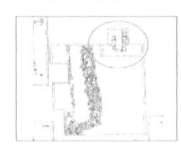 

석곽 도면 및 후대 동문지 부석렬 및 석곽 발굴 사진

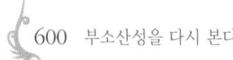

(3) 석실고분(石室古墳)

발굴년도	· 1984
발굴위치와 지역	· 수혈건물지 남측 중간부분에서 발견된 석축의 북편
조성시대	· 백제시대
조사결과	· 북편의 석실분 1기(1호분)와 그 아래쪽에 위치한 석실분 1기(2호분) · 1호분에서 직구형호 2점, 2호분에서 백제 토기뚜껑 3점 출토
역사적 가치와 의미	· 1 · 2호분 모두 같은 구조를 보임 · 20~30cm의 장대석을 이용하여 쌓음 · 석축의 일부만 남고 모두 유실됨
유구와 유적의 보존현황	· 1호분은 남측면에 도괴된 석군만 남고 모두 유실 · 2호분도 북벽의 석축 1~2단 정도 남아 있고 남서측 석축은 모두 유실
보존 · 복원 · 정비방향	· 유구의 가치와 현존하는 유적의 현황을 볼 때 복원의 필요성이 높지 않음 다만 부소산성 내에 전시공간이 확보될 때 역사적 자료로서의 가치를 가짐

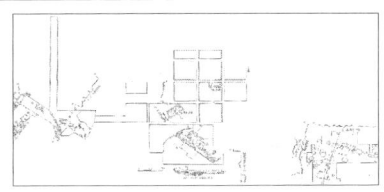

수혈주거지 주변 석실고분 발굴 유적도

(4) 취수장 부지의 동편 능선 정상부와 계곡부 사이의 평탄대지 석곽묘

발굴년도	· 2001~2002
발굴위치와 지역	· 취수장 부지의 동편 능선 정상부와 계곡부 사이의 평탄대지
조성시대	· 9~10세기

조사결과	· 1호 석곽묘
	  - 규모 220×50×60cm 규모의 횡구식으로 추정
	  - 동벽 3단, 나머지 2단이며 뚜껑은 사용안했거나 목재로 사용되었을 가능성
	  - 부장유물로서는 백제 암기와 편, 중국 청자완 등
	· 2호 석곽묘
	  - 할석을 이용해 축조된 동서 장축
	  - 220×90×50~70cm로 1호와 방향, 규모, 축조방식 거의 동일
	  - 부장품으로서 등잔 1점

역사적 가치와 의미	· 백제지역에서 전반적으로 나타나는 석묘
유구와 유적의 보존현황	· 유구의 상태는 비교적 양호
보존 · 복원 · 정비방향	· 유구의 복원보다는 필요 시 부소산성의 생활상의 단면을 보여주는 요소로 활용 가능성 모색

석곽묘 1, 2 발굴 사진

4) 주거지/기타 건물지

(1) 서문지 주변 건물기단지

발굴년도	· 1985
발굴위치와 지역	· 추정 서문지 주변조사
조성시대	· 백제시대 후기
조사결과	· 현 지표 아래 10~20cm 깊이에 다량의 기와 편들이 산재된 층이 노출됨 · 남북 길이로 축조된 와적기단은 동편으로 기와 자른면을 정연하게 맞추어 쌓았으며 현존 기와층 수는 최고 12층, 최대 폭은 약 40cm
역사적 가치와 의미	· 부여지방에서 조사된 와적기단 유적은 부여 군수리사지, 정림사지 및 부소산 서편 폐사지 등에서 조사된 바 있어 와적기단이 백제시대 후기 중요건물의 기단으로 사용되었을 것으로 판단됨 · 다만 시설물의 내부바닥에 대하여 정밀조사하였으나 구조물을 조성하였던 어떠한 시설이나 지하 잔존유구는 확인되지 않음
유구와 유적의 보존현황	· 남북 길이 약 10m 규모로 노출, 그 북편에서 서로 꺾여 약 250cm 길이로 잔존 · 최고층 수는 12층이나 대부분 유실되어 남은 부분은 5~6층
보존 · 복원 · 정비방향	· 추후의 발굴된 결과를 토대로 성격을 규명할 필요가 있음 · 성격이 분명치 않으므로 복원보다는 와적기단의 이미지를 재현하는 방안 검토

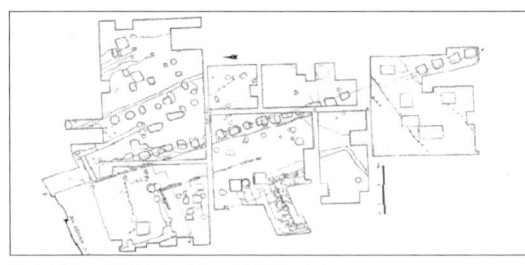

추정 서문지 주변유적 평면도 및 발굴 사진

추정 서문지 주변 瓦積基壇 건물지 전경 및 서편 노출 세부 사진

(2) 수혈건물지

발굴년도	· 1983
발굴위치와 지역	· 부소산성 내 서남편 추정서문지 앞 광장지에서 군창지로 올라가는 도로변의 평편한 대지로서 내성의 중앙부
조성시대	· 백제시대 후기(사비 천도시기보다 이른 4~5세기경으로 추정)
조사결과	· 제1수혈건물지 : 400×400㎝의 장방형의 건물지 발굴, 구덩이 자리와 연도시설 확인 · 제2수혈건물지 : 동서 400~420㎝, 남북 420㎝의 장방형 수혈건물지와 기둥자리 발굴 · 제3수혈건물지 : 약 400㎝의 정방형 건물지와 온돌의 구들과 아궁이, 지붕의 형태를 유추할 수 있는 사천주(四天柱)자리, 침상지, 내부 저장공 등 · 대형저장공 : 항아리 모양의 대형 저장공 발굴 · 중심장축 261㎝, 횡단축 71㎝ 내외 외벽의 높이 75㎝의 석곽분 발굴
역사적 가치와 의미	· 백제시대의 수혈건물지가 산성 내에서 조사 확인된 예는 처음 · 유구의 보존상태도 극히 양호하여 그 규모나 형태를 자세히 알 수 있어 삼국시대 건축양식의 변천과정 일례를 구명하는데 일조할 것으로 판단 · 백제시대 병영시설로 추정
유구와 유적의 보존현황	· 현재 수혈건물지에 철재로 보호 시설을 한 후 유구를 노출전시 중 · 노출된 유구의 훼손이 일부 나타나고 있음 · 철재 보호시설이 시각상, 형태상 이질감을 보임
보존 · 복원 · 정비방향	· 현재의 철재 보호시설을 철거하고 유구의 보존을 고려하면서 효율적으로 전시될 수 있는 방안 모색

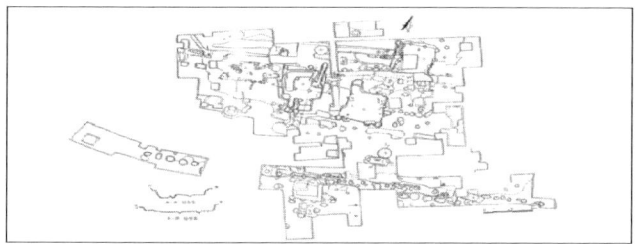

수혈건물지 및 목책공 주변 유적 평면도

수혈건물지 연도 발굴 사진 및 현황 사진

(3) 군창지 남서편 대지 주거지

발굴년도	· 1992
발굴위치와 지역	· 군창터에서 남서편으로 연접된 지역으로 비교적 넓은 대지가 형성되어 있는 곳
조성시대	· 방형 건물지 1,2,3,4 : 통일신라 초기로 추정　· 원형 주거지 5 : 시대 불분명(선사시대일 가능성) · 십자형 도랑 : 백제시대와 관련되는 것으로 추정
조사결과	· 방형 주거지 1 　- 방형 주거지 2와 접합된 상태로 발굴 　- 후대에 조성된 방형 주거지 2에 의하여 동북모서리가 파손된 상태로 발굴 　- 건물을 지지하였던 반원형, 원형 구멍이 확인됨 　- 남동 모퉁이에서 235cm×80cm 규모의 바닥 면보다 30cm 높은 단이 벽에 접하여 조성 · 방형 주거지 2 　- 규모는 동서 400m×남북 320cm이나 북측으로 연장되고 있음 　- 동편에 벽선에 접하여 석재를 깐 방형 주거지 1과 같은 성격의 시설이 확인됨에 따라 방형 주 　　거지 1과 같은 기능의 주거지였음을 알 수 있음 　- 방형 주거지 1보다 후대에 조성 · 방형 주거지 3 　- 규모는 동서 460cm 남북 잔존지름 360cm 　- 주거지 내부에서 크고 작은 12개의 구멍이 조사되었으나 기둥구멍으로 볼 수 있는 정형성이 전 　　혀 보이지 않음 　- 주거지의 성격을 파악할만한 유물은 출토되지 않음 · 방형 주거지 4 　- 규모는 동서 520cm×남북 520cm의 정방형이며 방형 주거지 중에서 규모가 가장 큼 　- 북편과 서편에서 각각 5개씩의 기둥구멍이 조사됨. 지름은 20cm 정도로 거의 동일하며 깊이는 　　15~20cm 정도 · 원형 주거지 5 　- 전체 평면 형태는 원형으로 지름이 320cm이며, 주거지 바닥은 어깨선보다 25cm 더 낮게 형성 　- 두 개의 기둥구멍이 165cm 거리를 두고 대칭으로 마주보고 조성 　- 기둥구멍의 크기는 지름 20cm, 깊이 20cm 정도 · 십자형 도랑(十字形 溝) 　- 원형 주거지 북편 어깨선에서 동서로 긴 구가 형성 　- 폭은 20cm 정도, 깊이는 20cm 전후. 이 구 내에는 지름 15cm 정도의 둥근 구멍이 25~50cm 간격 　　으로 구를 따라 간단없이 조성 　- 구내의 구멍의 깊이는 10cm 내외이며 구와 구 내의 둥근 구멍간격으로 보아 울타리를 목재를 　　사용하여 세웠던 것으로 추정 　- 연장조사 길이는 35m 정도이며 동·서 양측으로 각각 연장되고 있음이 확인됨 　- 동서향의 구와 십자형으로 교차되고 있음이 조사되었으나 총연장 길이가 350cm에 불과하고 주 　　거지 사용 배수시설로 추정할 수 있지만 물이 흘렀던 흔적이 없어 다른 용도로 이용되었을 가 　　능성이 짙음
역사적 가치와 의미	· 선사시대(원형 주거지)와 백제시대, 통일신라경까지 이용되었던 건물지로 추정 · 군창지 일대가 선사시대로부터 조선시대까지 주요한 건물지로서 이용되었다는 장소적 특성을 보 　여주는 가치
유구와 유적의 보존현황	· 현재 유구는 복토된 상태로 보존 · 4기의 방형 수혈주거지와 원형 수혈주거지의 흔적은 뚜렷했지만 내부의 상태는 대부분 원래의 　모습을 찾아볼 수 없을 만큼 파손되거나 후대의 계속적인 사용으로 인하여 어느 한 시대의 특징 　을 보여주는 데에는 어려움
보존·복원·정비방향	· 조선시대나 성격을 명확히 확인할 수 없어 원형의 모습으로 복원하는 데에는 어려움 · 군창지와 더불어 부소산성 내 가장 넓은 평탄지로서 이 지역이 역사적으로 주요한 가치를 가진 　건물지역이라는 것을 나타낼 수 있는 다양한 방안의 모색 필요 · 원형의 주거지와 방형 주거지 4는 기둥자리와 규모를 확인할 수 있어 어느 정도 원래의 모습은 　추정 가능 · 십자형 도랑 중 목책의 재현 방안을 모색

 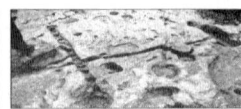

92 주거지 발굴 도면
및 십자형 도랑 발굴 사
진

(4) 군창지 동측 평지 건물지

발굴년도	· 1993
발굴위치와 지역	· 군창터와 연접한 정동측의 너른 대지
조성시대	· 건물지 1 : 조선시대 전반기로 판단 · 건물지 2 : 조선시대 후반기일 가능성 · 석축유구 : 백제시대 · 사각토광시설 : 백제시대

조사결과	· 건물지 1
	  – 동서 기단일부와 적심석 일부만 남아 있어 전체 규모와 성격은 파악할 수 없었으
	    나 조선시대 관아와 관련되었던 것으로 보이는 군창터와 유관한 건물지로 추정
	  – 동서 기단거리는 890㎝, 남북 기단은 확인 못 함
	  – 건물지 내의 칸수는 동서 3칸, 남북은 5칸이 조사되었으나 남북칸 수는 전모를
	    알 수 없음
	  – 중앙에 어칸, 양쪽에 협칸의 퇴칸 형식으로 중앙 어칸은 315㎝, 양협칸은 서편
	    과 동편이 각각 170㎝, 130㎝로서 약간의 거리 차
	  – 출토 유물이 고려에서 조선 전반경까지 이루어지고 있어 조선시대에 들어와 중
	    수과정이 있었던 것으로 추정
	· 건물지 2
	  – 건물지 1의 서편에 위치하고 역시 적심석만 잔존
	  – 정확한 시대편년은 설정하기 어려우나 건물지 1보다 후대의 것으로 확인
	  – 상황파악이 어려운 와적기단(200㎝ 정도)과 직사각형의 구덩이조사(통일신라
	    기와,「大唐」銘文瓦, 중국자기 편(6~7C) 등이 출토되어 이 구덩이는 백제유적
	    과 관련한 것으로 파악
	· 석축유구
	  – 건물지 1의 남동 모퉁이에 위치
	  – 성격이 뚜렷하지 않은 지하의 짧고 깊은 백제석축시설
	· 사각 토광시설
	  – 건물지 1의 북편에 치우쳐 위치
	  – 규모는 남북 250㎝, 동서 65㎝, 깊이 180㎝ 정도의 장방형 형태
	  – 백제시대의 저장고나 그와 유사한 기능을 했던 시설로 판단

역사적 가치와 의미	· 건물지 1은 전모는 알 수 없으나 군창터와 관련된 건물이었을 것으로 파악되고 건 물지 2는 적심석만 남아 전모를 파악할 수 없는 입장 · 성격이 뚜렷하지 않은 지하의 백제석축시설과 백제시대 저장고의 기능을 하였을 것으로 판단되는 사각형 토광시설이 조사됨
유구와 유적의 보존현황	· 현재 유구는 복토된 상태로 보존 · 건물지 1은 적심석만 잔존하나 기둥과 칸 수가 확인되며, 건물지 2는 적심석만 잔존 · 석축유구는 1/4만 확인되어 정확한 기능과 용도를 확인할 수 없으나, 사각 토광시 설은 전모가 드러남

보존·복원·정비방향	· 건물지는 유구의 전모를 파악할 수 없어 복원하는데 어려움
	  단, 건물지 1은 건물의 기둥자리와 칸의 규모를 알 수 있어 모사 등의 방법으로
	  표현은 가능
	· 석축유구와 사각구덩이는 형태와 기능의 활용 가능성 모색

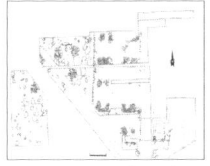 

93 군창지 동측 평지 건물지 발굴 도면 및 발굴 사진

(5) 사비루 광장 남동측 건물지

발굴년도	· 1991
발굴위치와 지역	· 사비루 광장 가장자리와 접한 남쪽지역
조성시대	· 1차 : 백제시대 　　　　　 · 2차 : 통일신라시대
조사결과	· 건물지의 초석이 발굴되고, 잔존한 초석으로 본 규모는 정면 865cm, 측면 495cm · 주좌(柱坐) 없는 원형초석과 정방형 초석이 조사되었으며, 초석과의 간격과 열을 맞추어 초석으로 사용된 석재 중에는 원형 맷돌과 지대석이 확인됨
역사적 가치와 의미	· 초석으로 사용된 지대석(地臺石)은 궁궐이나 사찰의 중요한 건물에서 주로 사용하는 석재로서 기단을 상·하층 이중으로 구축하면서 사용하는 부재 · 이곳에서 확인된 지대석은 우석(隅石)을 놓을 수 있도록 치석된 것이어서 주목되며, 이 지대석의 원래의 위치는 확인할 수 없으나 부소산성 내에 자리 잡았던 백제시대 사찰 터에서 옮겨왔거나 동시기의 궁궐용 석재부를 주변에서 옮겨와 재사용했을 것으로 판단됨
유구와 유적의 보존현황	· 현재 유구는 복토된 상태로 보존되고 있으며 건물지 기단흔적이 확인되지 않았고, 동북편으로는 조사가 충분히 이루어지지 않아 정확한 규모는 알 수 없음
보존·복원·정비방향	· 현재 유구의 규모나 성격을 명확히 알 수 없으므로 추가 발굴여부를 검토 후 정비방안 수립

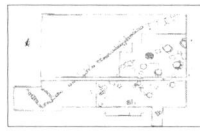 

사비루 남동측 건물지 발굴 도면 및 건물지 발굴 사진

(6) 취수장(추정 북문지) 서편 성벽 건물지

발굴년도	· 1998
발굴위치와 지역	· 북문지로 추정되는 부소산성의 북편 일대
조성시대	· 백제시대~통일신라시대
조사결과	· 석렬로 보이는 2기의 유구 발견 · 많은 양의 와 편으로 보아 건물지였을 가능성 높음 · 통일신라시대 와 편 다량 출토, 무기류(살상용 무기류) 출토
역사적 가치와 의미	· 많은 양의 와편으로 보아 건물지 존재 가능성 높으며, 외부세력에 대한 감시가 용이하다는 장소적 특성 그리고 많은 무기들이 출토된 점으로 보아 군사적 요충지로서 건물의 용도는 망루(望樓)였을 가능성이 높아 보임
유구와 유적의 보존현황	· 현재 유구는 복토 후 보존 · 건물의 규모나 형태는 파괴가 심하여 원형은 파악하기 어려움
보존·복원·정비방향	· 장소적 특성(전망에 유리)과 역사적 기능(군사적 망루의 기능)을 토대로 망루로서의 역사적 흔적을 남길 수 있고, 전망대로서 활용을 고려 · 발굴된 유물로서 무기류의 활용

추정 건물지 발굴 도면 및 발굴 사진

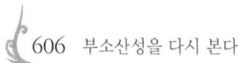

(7) 사비루 광장 남동편 통일신라시대 건물지 등

발굴년도	· 1996
발굴위치와 지역	· '나' 지점 통일신라시대 건물지 : 현 사비루가 위치하고 있는 남동편 일대 · 이단석축 : 통일신라시대 건물지의 북편
조성시대	· '나-B' 지점 통일신라시대 건물지 : '나' 지점 통일신라시대 건물지의 동북편 · '나' 지점 통일신라시대 건물지 : 통일신라시대 · 이단석축 : 조선시대 · '나-B' 지점 통일신라시대 건물지 통일신라시대

조사결과	· '나' 지점 통일신라시대 건물지
	 - 남북에 거의 직교하는 동서 장축방향의 1단의 기단석렬이 존재하고, 그 내부에서
	  초석열 확인
	 - 초석은 장축이 동서방향으로 남북 3칸, 동서방향 6칸이며, 동서방향의 초석 간 거리
	  는 약 160㎝ 남북간 초석 거리는 200㎝, 240~250㎝
	 - 기존의 건물지 폐기 후 통일신라시대에 들어와 조성된 것으로 파악
	· 이단석축
	 - 조선시대에 들어와 경영되었을 가능성
	· '나-B' 지점 통일신라시대 건물지
	 - 아궁이 유구가 노출되었으며, 연도의 잔존 길이는 총 600㎝ 은 약 100㎝
	 - 이중으로 불길이 지나가는 길을 구획하였고, 아궁이의 장축방향에 기준하여 그 서
	  편으로는 2개의 아궁이 입구로 여겨지는 구조가 존재하고 있는 것이 확인

역사적 가치와 의미	· '나' 지점 통일신라시대 건물지
	 - 백제멸망 후 통일신라시기에 조성된 건물지
	 - 건물의 규모는 알 수 있으나 기능과 용도, 구조는 파악하기 어려움
	· 이단석축
	 - 주변이 교란되어 원형을 파악할 수 없으나 이곳에서 백자 편과 말재갈 및 청동그릇
	  편이 수습됨
	· '나-B' 지점 통일신라시대 건물지
	 - 통일신라시대 생활유구로서 아궁이, 철제솥편, 철제쇠스랑 등 실생활에 관련된 유
	  물들 수습

유구와 유적의 보존현황	· '나' 지점 통일신라시대 건물지 - 현재 유구는 복토된 상태로 보존　　 - 원 유구는 많은 부분이 교란된 상태 - 기와류가 다량으로 산포 · 이단석축 -복토된 상태로 보존　　 - 남북 장축의 석축만이 존재하고 동서 축의 석렬은 교란됨 · '나-B' 지점 통일신라시대 건물지 - 건물지는 교란되어 알 수 없으나 생활유구로서 아궁이와 생활유구 잔존 - 철제쇠스랑, 철제용기, 청동제그릇편, 와편을 땅에 묻은 둥근 시설물, 철제솥편, 맷 돌 등 출토

보존 · 복원 · 정비방향	· '나' 지점 통일신라시대 건물지
	 - 원 건물의 복원은 유구가 교란되어 어려우나 통일신라시대 때 조성된 건물지임(기
	  단과 초석의 규모는 알 수 있음)을 나타낼 수 있는 방안 모색
	· 이단석축
	 - 유구보다는 유물을 활용하는 방안을 모색
	· '나-B' 지점 통일신라시대 건물지
	 - '나' 지점 통일신라시대 건물지와 '나-B' 지점 통일신라시대 생활유구를 통한 통일
	  신라시대의 주거문화를 재현할 수 있는 가능성 모색

'나' 지점 및 '나-B' 지짐 통일신라시대 건물지 발굴도면 및 연도 발굴 사진

(8) 사비루 동편 일대 방형적석단/건물지 · 우물지

발굴년도	·1997
발굴위치와 지역	·사비루 동쪽 구릉 정상부 평탄면
조성시대	·방형 적석단 : 조선시대 · 통일신라 건물지 : 통일신라시대 ·건물지 및 우물지 : 통일신라시대 이전
조사결과	·방형 적석단 - 건물지 기단처럼 네 면에 치석한 네모진 돌을 2단 정도의 높이로 한 면이 약 670㎝ 길이의 정방형에 가깝게 맞추어서 쌓고 그 내부에는 잡석과 흙을 채워 넣어 적석시설을 하였음 - 조선 전반경의 와편이 출토되어 조성연대를 추정할 수 있으며 기존의 주변 통일신라시대의 건물지를 인위적으로 파손하면서 그 상면에 조성된 것으로 추정 - 네 면의 중공흔은 적석단의 네 모서리에 나무 기둥을 세워 올린 형태의 건물로도 추정할 수도 있지만, 기둥구멍이 아닐 가능성도 있음 - 적석단의 서북편에는 담장시설로 파악되는 것이 나타남 ·통일신라 건물지 - 동서방향으로 직경 55~60㎝ 정도의 4기의 원형 초석 발견 - 직경 115㎝ 내외의 적심으로 추정되는 유구 2기 확인 ·건물지 및 우물지 - 건물지는 원체 교란이 심하여 원 성격은 파악할 수 없음 - 방형적석단 유구에서 동편으로 약 20m 정도 거리에서 우물지로 추정되는 유구확인 - 인위적으로 둥글게 적석한 유구
역사적 가치와 의미	·방형 적석단 - 『신증동국여지승람』의 「부여 조」에 따르면 부소산 내의 이 일대를 중심으로 하여 여단(厲壇)이 존재했었다는 기록이 있음. 이 방형 적석단을 이 기록에 해당하는 것으로 본다면 이 유구는 조선 전반기에 운영되었던 성황사(城隍社)로 볼 수 있는 가능성을 배제할 수 없음 ·통일신라 건물지 - 초석건물지 내와 그 주변으로 통일신라의 것으로 보이는 유물 다수 수습 - 통일신라의 귀면와 치미편 등이 발굴되어 국가에서 경영하였을 가능성 ·건물지 및 우물지 - 건물지는 성격을 알 수 없음 - 우물지도 문화재적 가치는 높지 않음
유구와 유적의 보존현황	·방형 적석단 - 현재 유구는 복토된 상태로 보존 - 원래의 규모와 형태를 알 수 있는 적석이 잘 보존되어 있음 - 기와류가 다량으로 산포 ·통일신라 건물지 - 복토된 상태로 보존 - 건물지 유구의 교란이 심하여 다른 규모는 파악하기 어려움 ·건물지 및 우물지 - 복토 후 보존 - 유구의 교란이 워낙 심함
보존 · 복원 · 정비방향	·방형 적석단 - 보다 면밀한 고증(기둥과 지붕의 유무 및 기능)을 통하여 원형의 모습을 복원하는 방안 검토 ·통일신라시대 건물지 - 건물보다는 출토된 통일신라시대의 귀면와 치미 등을 이미지 요소로 활용 ·건물지 및 우물지 - 복원될 가치는 높지 않음

  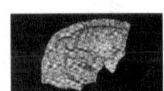 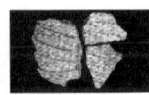

통일신라시대 건물지 발굴도면 및 방형 적석단, 귀면와와 치미

(9) 취수장 부지의 동편 능선 정상부 주거지(2002년 '나' 지역)

발굴년도	· 2001~2002
발굴위치와 지역	· 취수장 부지의 동편 능선 정상부
조성시대	· 출토 유물로 보아 백제시대에서 통일신라시대로 추정됨
조사결과	· 8호의 건물지 　- 1~4호의 경우 잔존상태가 좋지 않고 내부에서 노지와 같은 시설이 확인되지 않고 있어 유구의 성격이 확실하지 않음 　- 5호 주거지 : 규모 410×380×70cm(잔존양호), 점토로 된 터널형 노지시설, 음식조리 등을 위한 독립 공간 확보, 주거지 남편에 출입구를 구성하는 기둥의 흔적 　- 6호 주거지 : 규모 400×400×40cm(방형주거지), 노지에 굴뚝부분 남음 　- 7호 주거지 : 수혈주거지로 동서 길이 440cm, 남북 폭 370cm, 깊이 45cm 규모, 서단부 남편에 아궁이 돌출, 동쪽 벽에 'ㄴ'자형 노지(연기배출) 　- 8호 주거지 : 규모 동서 길이 370cm, 남북 폭 320cm, 깊이 20cm 규모, 특별한 시설은 없음 · 수혈 　- 주거지 내부 및 주변에서 모두 17기의 수혈 확인 　- 주거지 내부의 수혈 이외의 8기의 특징은 규모는 대체로 직경 60~180cm 내외이고, 깊이는 50~100cm 정도 　- 평면 형태는 크게 장방형과 원형으로 나뉘며, 단면은 'U'자형이거나 간혹 상협하광(上狹下廣)의 복주머니 형태로 구분 　- 복주머니 수혈의 경우 백제시대의 전형적인 저장수혈이며, 'U'자형의 수혈 중 크기가 작고 깊이가 얕은 것은 주공(柱孔)이었을 가능성 　- 일부 수혈에서 백제기와 및 토기 편이 출토되기도 함
역사적 가치와 의미	· 총 8호의 건물지와 17기의 수혈이 발견될만큼 거주지로서의 성격이 높음
유구와 유적의 보존현황	· 현재 유구는 복토 후 보존 · 주거지 중 5, 6, 7호는 보존상태가 양호함
보존 · 복원 · 정비방향	· 고증을 통한 장소적 성격을 명확히 한 후 주거지와 수혈, 원형 저수조의 일부 복원 및 활용방안을 구상

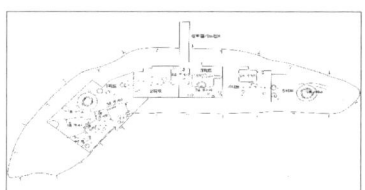

주거지 발굴조사 현황도면

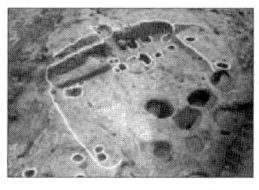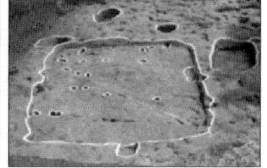

주거지 5, 6 · 7, 8 발굴 사진

(10) 북문지(취수장) 동편 능선 정상부와 계곡부 사이 평탄 대지
(2002년 '다' 지역)의 주거지와 굴립주 건물지

발굴년도	· 2001
발굴위치와 지역	· 북문지(취수장) 동편 능선 정상부('나' 지구)와 계곡부('가' 지구) 사이의 평탄 대지
조성시대	· 백제시대~통일신라시대
조사결과	· 1호 주거지 – 방형 주거지로 동서 440cm 남북 420cm 깊이 30cm 가량의 방형 수혈주거지로 북벽과 서벽은 어깨선이 분명하게 확인되나 남벽과 동벽 쪽은 명확하게 나타나지 않음 – 서벽 쪽으로 기둥구멍 4개 확인, 나머지 벽쪽으로는 확인되지 않음 – 노지, 연도, 아궁이(추정), 연도 등 확인 · 2호 주거지 – 1호 주거지의 서편으로 약 100cm 떨어진 곳에서 확인 – 장축이 동서방향이며, 규모는 길이 410cm, 폭 270cm, 깊이는 10~30cm 가량 – 부뚜막식 노지 · 3호 주거지 – 2호 주거지에 의해 동편 일부가 파괴, 동벽과 북벽 일부를 제외하고는 벽선이 보이지 않고 기둥 구멍만 확인 – 길이 약 420cm, 폭 370cm 가량의 방형이며, 노지와 같은 시설은 보이지 않음 · 굴립주 건물지 – 1호 주거지 북편에 인접하여 확인된 유구로 풍화암반층을 파서 만든 溝가 사방으로 돌아가고, 그 내부와 주변에는 정연하지 않은 주공이 배치됨 – 규모는 남북 길이 290cm, 동서 폭 260cm이고 구(溝)의 폭은 일정치 않지만 30~50cm 정도
역사적 가치와 의미	· 수혈건물지와 굴립주 건물지 등 다양한 양식의 주거유형이 나타남
유구와 유적의 보존현황	· 현재 유구는 복토 후 보존 · 1호 주거지는 북벽과 서벽만이 온전한 상태, 2호와 3호 주거지의 보존 상태는 좋지 않음
보존 · 복원 · 정비방향	· 백제시대 다양한 건축양식(수혈식과 굴립주 건물지)을 나타낼 수 있는 방안모색

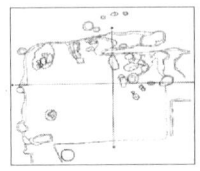 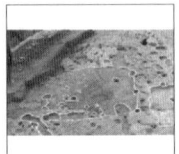 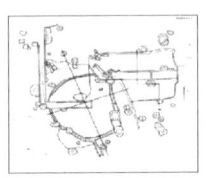 

주거지 1,2,3호 발굴조사 현황도면 및 발굴 사진

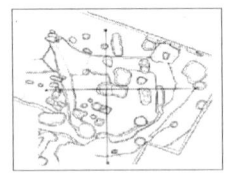 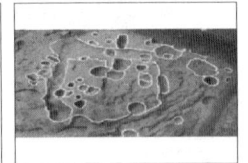

굴립주거지 발굴조사 현황도면 및 발굴 사진

5) 목책시설

(1) 제3수혈 건물지 남편 경사지 목책시설(1983년도 발굴지역)

발굴년도	· 1983
발굴위치와 지역	· 제3수혈 건물지 남편 경사지
조성시대	· 부소산성이 축성되기 이전시기로 판단
조사결과	· 경사지 아래 서편으로 1차 구덩이 열(중앙부 → 서편) 8개소(간격 120㎝) · 2차 구덩이(중앙 → 동편) 5개소(간격 120㎝ 내외) · 3차 구덩이(서편 연장선상) 5개소(간격 120~130㎝)
역사적 가치와 의미	· 윗 지역의 수혈건물지 배치관계나 출입구 및 이 지역으로 출입하였던 당시의 동선시설 등 규명이 가능할 가능성 · 이 목책공은 현 부소산성이 축성되기 이전시기에 조성되었던 목책공으로 판단되며 부소산성의 축성에 대한 변천과정과 삼국시대 성책연구에 대단히 중요한 유구로 평가
유구와 유적의 보존현황	· 일부 목책공 확인
보존 · 복원 · 정비방향	· 목책의 수혈건물지와 목책공, 출입구 시설 등과의 관계를 보다 면밀히 밝힐 수 있는 추가 발굴이 요구됨

(2) 1984년도 발굴지역

발굴년도	· 1984
발굴위치와 지역	· 1983년 조사된 목책공의 동편
조성시대	· 부소산성이 축성되기 이전시기로 판단
조사결과	· 목책공으로 추정되는 목주공 · 동서 연장선 12m 남북 연장선 9m 정도이며 굴광의 규모가 다양하여 일정한 유적의 규모나 양식은 갖추지 않고 있음
역사적 가치와 의미	· 주변의 원형 저장공과 사각 구덩이가 마련되어있어 보다 정밀한 발굴이 이루어진다면 유적의 성격을 파악할 수 있을 것임
유구와 유적의 보존현황	· 유구 내에서 목재부나 기타 이물질은 발견되지 않음
보존 · 복원 · 정비방향	· 주변 전체에 대한 조사가 이루어지지 않아 전체 규모나 명확한 성격이 파악되지 않음 · 추가 발굴의 여부의 결정 필요성

(3) 추정 서문지 내 광장지역 목책시설(1985년도 발굴지역)

발굴년도	· 1985
발굴위치와 지역	· 추정 서문지 내 광장지역
조성시대	· 부소산성 축성 이전
조사결과	· 남북 35m 거리 내에 25개소의 구덩이렬 확인 · 구덩이 간의 간격은 대체로 120~130cm씩의 등 간격 · 형태는 말각방형이며 크기는 긴 변이 약 90~110cm, 너비 70~90cm 구덩이 유구
역사적 가치와 의미	· 현재의 부소산성이 축성되기 이전에 조성된 성의 방호역할을 하였던 목책을 세 웠던 구덩이렬일 가능성 높음
유구와 유적의 보존현황	· 출토 유물은 없으나 주위에서 유입된 것으로 판단되는 백제시대의 기와 편이 3~4편씩 노출 확인 · 지금까지의 확인된 구덩이 유구는 오랜 기간 훼손되어 형태와 크기는 약간씩 다르나 형태는 대체로 이중 구덩이로 방형, 또는 원형에 가까움
보존·복원·정비방향	· 부소산성 축조 이전의 성책(城柵)에 대한 일부 구간의 복원 및 재현의 가능성 검토

6) 도랑(溝), 석열(石列) 및 수로

(1) 수혈주거지 주변 도랑과 석열

발굴년도	· 1985
발굴위치와 지역	· 1983년 수혈주거지 조사지역을 중심으로 동·서·남측
조성시대	· 백제시대
조사결과	· 조사지역 동편에서 목책공으로 추정되는 목주공과 함께 주변에서 원형 저장공 및 사각구덩이가 조사됨 · 백제시대로 추정되는 2기의 저장공 확인
역사적 가치와 의미	· 구덩이렬과 나란히 형성되고 있어 그 기능과 용도는 구덩이 열과 관련되는 보 강 석축열로 추정됨
유구와 유적의 보존현황	· 현존 전체 남북길이는 약 23m 규모로 도랑(溝) 형태로 확인된 유구는 약 15m 이며 북편 연장선상에서 조사 확인된 석열의 잔존상태는 약 800cm
보존·복원·정비방향	· 구덩이렬(목책시설)과 관련지어 부소산성 축조 이전의 성책시설(목책)의 추가 발굴 후 이 일대의 성격이 완전히 드러난 후 정비방안을 결정

(2) 취수장 남동편 계곡부 석축열(2000년도 가지구)

발굴년도	· 2001~2002
발굴위치와 지역	· 추정 부소산성 북문지의 남동편 계곡부로서 과거 논으로 경작되기도 하였으나, 현재는 곳곳에 물웅덩이가 있고 잡목이 무성한 습지
조성시대	· 백제시대
조사결과	· 확인된 석축의 길이는 35.5m, 최대 80cm까지 남아 있음 · 원래의 높이를 추정하기는 힘드나 허튼층 막쌓기로 쌓아올림 · 동서 석축렬에서 남쪽으로 290cm 떨어진 곳에 동서석축과 평행한 620cm 가량의 석축
역사적 가치와 의미	· 기능상 북문지에서 성 내부로 통하는 도로의 남편 석축일 가능성 높음 · 이 지역이 계곡부로 우기에는 계곡 상부로부터 다량의 물이 흐르는 지형상의 특징으로 인해 인마의 통행을 위해서는 별도의 도로시설이 필요했을 것이며, 도로의 남편으로는 물이 흐르는 수로가 확인되고 있어 수로에서 흐르는 물이 도로에 침습하는 것을 방지하기 위해 이와 같은 석축을 축조한 것으로 생각됨
유구와 유적의 보존현황	· 복토 후 보존
보존·복원·정비방향	· 추정 북문지에서 성내로 진입하는 백제시대의 동선체계를 알 수 있는 유적이며, 동선설정 시 역사적 의미와 가치를 일깨울 수 있는 표시방법을 고려 · 부소산성 내에서 발굴된 유일한 도로로서의 보존가치를 가짐

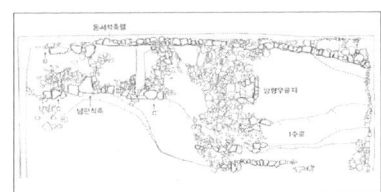 

석축렬 발굴조사 현황 도면 및 발굴 사진

(3) 취수장 남동편 계곡부 인공 및 자연수로

발굴년도	· 2001~2002
발굴위치와 지역	· 추정 부소산성 북문지의 남동편 계곡부 '가' 지구의 동서석축 남편
조성시대	· 인공수로 : 동서석축, 방형 우물지와 같은 백제시대
조사결과	· 인공수로 - 동서방향의 자연수로 3기가 암반층을 파고 형성되어있는데 그 중 북편의 1 수로에서는 부분적으로 석축을 쌓거나 암반을 깎아내어 자연수로의 동선을 변경 시키거나 보강한 흔적 발견 · 자연수로 - 동서석축의 남편으로는 3기의 자연수로가 형성되어있으며, 그 방향은 동서방향이지만 규모나 폭, 깊이 등은 일정하지 않음
역사적 가치와 의미	· 이 일대의 성격과 기능을 알 수 있는 유구로서의 가치
유구와 유적의 보존현황	· 복토 후 보존 · 현재 이 3기의 수로는 조선시대 어느 시점에 큰 홍수가 나면서 일시에 메워진 것으로 추정됨
보존·복원·정비방향	· 현재는 지형이 돋구어져 과거 부소산성 축조 시 가졌던 계곡부로서의 기능은 상실됨

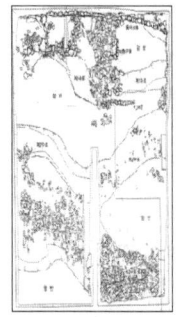

수로 발굴조사 현황 도면 및 수로 1, 2·3 발굴 사진

(4) 취수장 부지의 동편 능선 정상부와 계곡부 사이의 평탄대지 배수로형 석축렬

발굴년도	· 2001~2002
발굴위치와 지역	· 취수장 부지의 동편 능선 정상부와 계곡부 사이의 평탄대지
조성시대	· 백제시대
조사결과	· 'ㄴ' 자 형이며 약 30㎝ 폭의 이중석렬로 구성
역사적 가치와 의미	· 유구의 잔존상태가 극히 나빠 전체의 물의 흐름이나 구조를 알기 어려움
유구와 유적의 보존현황	· 유구의 잔존상태가 극히 나쁨
보존 · 복원 · 정비방향	· 유구의 잔존상태가 좋지 않아 복원가치가 낮음

배수로형 석축렬 발굴조사 현황 도면 및 발굴 사진

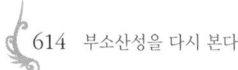

7) 저장시설(저장공)

(1) 추정 서문지내 광장지역

발굴년도	· 1984
발굴위치와 지역	· 추정 서문지 내 광장지역
조성시대	· 부소산성 축성 이전
조사결과	· 조사지역 동편에서 목책공으로 추정되는 목주공과 함께 주변에서 원형저장공 및 사각구덩이 조사 · 백제시대로 추정되는 2기의 저장공 확인
역사적 가치와 의미	· 저장공 1의 규모는 상면너비 100~115cm, 바닥너비 120~140cm, 깊이 85cm · 장공 2는 상면너비 105cm, 바닥너비 130cm, 깊이 63cm 정도 · 장공 내에서 백제시대 금동제서조장식과 수정제곡옥, 연화문수막새편, 개원 통보 등 출토
유구와 유적의 보존현황	· 공의 형태와 규모 확인
보존·복원·정비방향	· 저장공의 형태와 기능을 고려한 이전 복원 및 전시, 모사의 가능성 검토

(2) 군창지 서측 토루 저장공(5기)

발굴년도	· 1994
발굴위치와 지역	· 군창지에서 직서측으로 약 40m 떨어진 남북향의 내성토루 지역
조성시대	· 백제시대
조사결과	· 후대성벽이 남북으로 구축되었으나 백제시대에는 이 지역에 성벽이 자리하고 있지 않음에 따라 저장공들은 성벽의 직하부와 성벽 내측 및 외측에서 5기 정도 확인 · 백제의 저장공의 일반적 양식대로 둥근 상협하광(上狹下廣) 형태를 보이며 풍화암반층에 조성된 것도 다른 백제시대 저장공과 일치되는 성격을 보임 　- 1호 : 지름 87×90cm, 120×155cm, 높이 113cm 　- 2호 : 지름 90×102cm, 155×175cm, 높이 130cm 　- 3호 : 지름 103cm, 90cm, 높이 42cm 　- 4호 : 90×105cm, 110×140cm, 높이 50cm 　- 5호 : 107×137cm, 107×125cm, 높이 65cm
역사적 가치와 의미	· 대부분 유물이 출토되지 않았으나, 발굴지역 중 가장 동북 모퉁이에 자리한 저장공 내에서는 토기편 발견
유구와 유적의 보존현황	· 매립 후 보존 · 원래의 어깨부위는 상당히 꺾여 나갔기 때문에 처음 조성 당시의 크기와는 다소 차이가 있을 것이지만 구조는 어느 정도 원형을 갖추고 있음
보존·복원·정비방향	· 저장공의 형태와 기능을 고려한 현 위치 및 이전 복원·전시, 모사의 가능성 검토

(3) 동문지 북쪽 토루(원형저장공)

발굴년도	· 1990
발굴위치와 지역	· 부소산 후대 동문지 북쪽 토루가 문지 쪽 내측으로 꺾인 지점
조성시대	· 백제시대
조사결과	· 직경 80㎝, 깊이 50㎝로 굴광하여 아래로 갈수록 주머니처럼 내부가 벌어지는 형태 · 저장공의 상부에는 높이 28㎝의 괴석이 2단으로 덮여있음 · 출토유물은 백제와편, 흑유도자, 개배, 적색 연질완, 파수부호편 등이 출토
역사적 가치와 의미	· 성벽 내 생활 시설 중 하나
유구와 유적의 보존현황	· 황갈색 사질토층 110㎝ 아래에 위치, 원형이 잘 보존되어 있음
보존 · 복원 · 정비방향	· 성 내의 생활상을 보여주는 병영 관련 시설로서 보존 처리 후 전시

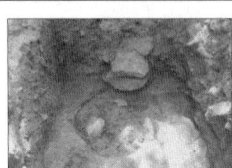

원형 저장공 토광 노출 사진

(4) 후대 동문지 남쪽 토루 내측(방형토광)

발굴년도	· 1990
발굴위치와 지역	· 부소산 후대 동문지 남쪽 토루내측 보도석 서측
조성시대	· 백제시대
조사결과	· 문지 남쪽 토루 내측에 2개의 토광이 발견 · 토광 내부는 습기가 많은 회갈색 사질토와 와편, 토기, 철기 등이 혼합되어 채워짐 · 220×80㎝ 규모로 토광의 깊이는 120~130㎝
역사적 가치와 의미	· 성벽 내 생활 시설 중 하나
유구와 유적의 보존현황	· 풍화암반토 아래 원형이 보존되어 있음
보존 · 복원 · 정비방향	· 성 내의 병영 생활을 추정할 수 있는 유구로써 전시처리

N22지역 토루 내측 아궁이시설 원경

8) 기타시설(우물지 · 저수조 등)

(1) 북문지의 남동편 계곡부 우물지

발굴년도	· 2001~2002
발굴위치와 지역	· 추정 부소산성 북문지(취수장 부근)의 남동편 계곡부 동서석축 남편으로 150cm 지점
조성시대	· 동서석축(백제시대)과 같은 시기로 추정
조사결과	· 규모는 동서 70cm, 남북 80cm의 방형에 가까우며, 깊이는 60~80cm로 암반의 자연경사면을 이용했기 때문에 일정하지 않음 · 얇은 방형석재를 암반 위에 횡적(橫積)하여 축조하였으며, 높은 곳은 5단까지 남아 있음 · 우물 내부에는 불에 탄 씨앗류 출토
역사적 가치와 의미	· 백제시대의 우물로 그 규모와 형태를 알 수 있을 정도로 잔존 · 많은 양의 물이 솟아오르고 있어 활용가능성이 매우 높음
유구와 유적의 보존현황	· 복토 후 보존 · 일부 무너져 내린 것도 있으나 규모와 축조방식을 확인할 수 있음
보존 · 복원 · 정비방향	· 이 지역이 습지이고 아직도 물이 솟아오르고 있다는 점을 고려하여 우물지의 복원(필요 시 수질조사) 내지는 수경시설로 활용

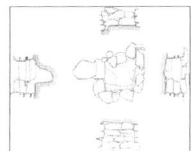

우물지 발굴조사 현황 도면 및 발굴 사진

(2) 토기 밀집유구

발굴년도	· 2001~2002
발굴위치와 지역	· 취수장 부지의 동편 능선 정상부와 계곡부 사이의 평탄대지
조성시대	· 백제시대
조사결과	· 유구의 규모는 동서 길이 약 350cm, 남북 폭 260cm 가량 · 다량의 백제 토기편이 출토
역사적 가치와 의미	· 유물 출토상(호, 기대, 고배, 뚜껑, 개배, 삼족배 등) 폐기된 토기의 기종 구성이 의례행위 등과 관련되었던 것일 가능성
유구와 유적의 보존현황	· 현재 유구는 복토 후 보존
보존 · 복원 · 정비방향	· 이 장소에 대한 성격을 명확히 고증 후 활용방안을 구상

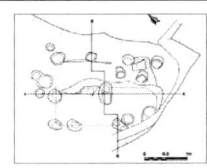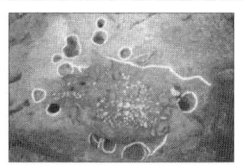

토기밀집유구 발굴유구 실측도 및 발굴 사진

(3) 취수장 부지의 동편 능선 정상부 원형 저수조 2기(2002년 나지역)

발굴년도	· 2001~2002
발굴위치와 지역	· 취수장 부지의 동편 능선 정상부
조성시대	· 백제기와가 가득 차있는 것으로 보아 백제시대
조사결과	· 1호의 저수조 　- 풍화암반층을 파낸 후 바닥과 가장자리를 점토로 채우고 내부에 할석을 이용하여 축조한 원형의 석축 구조물 　- 전체 규모는 상부직경 450㎝, 깊이 170㎝, 하부직경 380㎝ 가량의 평면 원형이며, 내부의 석축은 상부직경 190~210㎝, 하부직경 180㎝, 최대깊이 100㎝ 정도이나 본래는 더 높이 조성되었을 것으로 추정 　- 물을 저장하기 위한 저수조 기능을 했던 것으로 추정, 이와 유사한 유구가 부소산성 동문지 내부조사에서도 확인된 바 있음 · 2호의 저수조 　- 풍화암반층을 동서 480㎝, 남북 420㎝, 최대깊이 180㎝로 파고, 그 내부바닥부터 60㎝ 높이로 회청색 점토를 채움 　- 원형 석축의 규모는 직경 180㎝ 가량이며, 북벽의 경우 현재 5~6단에 최대 60㎝ 정도의 높이만 잔존 　- 폐기 과정과 폐기 이후 이곳이 재사용되면서 남겨진 유물이 많음
역사적 가치와 의미	· 물을 저장하였던 저수조로서의 기능
유구와 유적의 보존현황	· 유구는 복토 후 보존되고 있으며, 유구의 규모와 형태가 잔존하고 있어 원형 복원이 가능한 상황
보존 · 복원 · 정비방향	· 이 지역에 대한 성격 규명 후 복원방안을 검토

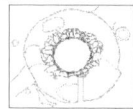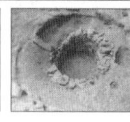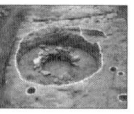

원형저수조1 발굴조사 현황 도면 및 발굴 사진/ 원형저수조2 발굴조사 현황 도면 및 발굴 사진

(4) 후대 동문지 북편 평탄면

발굴년도	· 1990
발굴위치와 지역	· 부소산 후대 동문지 북편 평탄면
조성시대	· 백제시대
조사결과	· 원형석축유구는 직경 440㎝, 깊이 85㎝ 크기로 흑회색 점토로 채움 · 자연할석을 이용하여 직경 170㎝의 원형을 이루도록 축조, 상부로 올라갈수록 약간 벌어짐 · 석축내부에 채워져있는 황갈색 부식토에는 잡석과 와편이 혼재 · 출토유물은 소문수막새와 연질토기편, 기와편이 있음
역사적 가치와 의미	· 성 내의 용수를 저장하는 시설로 추정
유구와 유적의 보존현황	· 표토하 60㎝ 지점에 나타나고 현 상태가 잘 보존되어 있음
보존 · 복원 · 정비방향	· 성 내의 생활상을 보여주는 유구로써 전시처리

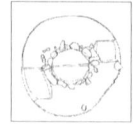

N5구역 원형석축 저수조 평단면도 및 제2 원형석축 저수조 노출 사진

Ⅴ. 부소산성 유적 및 유구의 정비방안

1. 유적 및 유구정비의 기본방향

1) 복원되는 유적 및 유구

역사적 가치, 복원의 가능성, 교육 및 활용적 가치, 유구 잔존현황 등을 종합적으로 고려하여 복원되는 유적과 유구의 대상을 설정하였다.

복원되는 유적 및 유구의 대상은 백제시대의 남문과 장대는 전체 복원을 하도록 한다. 폐사지는 전체 복원보다는 복원을 위한 입면적 고증이 가능한 기단 및 회랑을 1차적으로 부분복원 하도록 한다. 남문지 좌측의 유실된 백제시대의 포곡식성벽을 복원토록 하며 복원하는 과정을 전시요소로 활용한다.

현재 발굴 당시의 모습을 전시하고 있는 수혈주거지 3기를 정비하여 전체, 부분, 발굴 당시 모습으로 복원하며, 삼충사 후면 남문 좌우의 백제시대 성벽에 설치되었던 부석렬과 추정 북문지 우측에서 발굴된 원형석수조와 우물을 복원하도록 한다.

군창지 후면의 통일신라시대의 성벽은 석축 성벽으로서 유구 잔존상황도 양호하고, 인접 관람로에서의 가시적 효과도 우수하므로 일부 구간에 대하여 석축 성벽을 복원하도록 한다. 또한 군창지에서 수혈주거지로 연결되는 통일신라시대의 테뫼식성벽에 위치한 통일신라시대 북문도 유구 잔존상황이 양호하고 그 가시적 효과가 크므로 복원토록 한다.

조선시대의 유구 중에서는 역사적 가치와 관람적 효과, 시각적 효과, 잔존유구 상황이 매우 좋은 군창지와 방형적석단을 복원한다.

2) 재현 및 모사되는 유적 및 유구

백제시대 동성벽 장대지 초석의 평면을 모식하여 장대지였음을 표시하도록 한다. 수혈주거지에서 발굴된 토광의 이미지를 나타내기 위하여 위치를 이전하여 모사하여 전시하도록 한다. 추정 북문지에서 계곡 상부까지 연결되는 도로의 석축렬을 재현한다. 수혈주거지 남쪽 경사지에 부소산성 축조 이전에 있었던 목책을 재현하도록 한다.

추정 북문지 우측의 건물지는 현 지표면에 일정 높이로 복토 후 그 위에 유구의 발굴된 모습과 기둥자리 등을 모사하여 전시한다.

사비루 통일신라시대 테뫼식산성 내의 건물지 3기는 원형의 모습을 추정하여 통일신라시대 주거지와 생활상을 재현한다.

현 관람로에 의하여 단절된 채로 방치된 성벽 단면을 전시시설의 설치를 통하여 성벽단면전시요소로 활용한다.

3) 정비되는 유적 및 유구

현재의 낙화암은 공간이 협소하여 관람객이 자연암반을 그대로 밟고 다니도록 방치되어 있어 자연암반(낙화암)의 훼손 및 안전의 문제가 내재되어있다.

이를 개선하기 위하여 현재의 펜스를 바깥쪽으로 이전하여 설치하고 새로 설치되는 펜스 안쪽에 소규모의 순환관람데크를 설치하도록 한다.

관람데크는 바깥에서 바라볼 때 낙화암의 경관이 이질적이지 않도록 짧은 구간에 작은 폭으로 설치하며 재료에 있어서도 암반과 조화되는 자연질감의 재료를 사용토록 한다.

고란사에서 조룡대 앞까지의 수변공간에 현재의 콘크리트 호안을 이용한 수변연결데크를 조성토록 한다.

1. 보 존	
목 표	· 유구 및 유적의 손실과 훼손방지
방 향	· 현 상태의 개선 및 유지
수법 및 내용	· 성벽에 위해를 가하는 수목제거 　　· 노출된 유구의 보호시설 설치

⇩

2. 복 원	
목 표	· 원형의 회복 　　· 파괴.훼손된 부분 복구
방 향	· 철저한 고증을 전제 　　· 복원의 시점 설정
수법 및 내용	· 역사적 가치, 고증의 정도에 따라 전체.부분.일부 복원 · 건조물, 유실된 성벽, 기타 유구의 복원

⇩

3. 모사 · 재현	
목 표	· 없어진 것을 원래에 가깝게 추정
방 향	· 발굴된 유구를 기초로 하되 유구는 현 상태로 보존
수법 및 내용	· 시대별 부소산성의 생활사 재현 · 유구 발굴 위치나 이전된 위치에 평면, 입면을 모식 및 재현

⇩

4. 정 비	
목 표	· 유구 보존의 지속가능성 확보 　· 　관람의 편의성 제고
방 향	· 유지관리의 효율성 　　· 관람의 편의성 증진
수법 및 내용	· 유구의 가시성 회복(경관 및 식생정비) · 관람 및 교육시설 설치(관람 및 편의시설 설치)

⇩

5. 신규 공간 및 시설조성	
목 표	· 공간이용의 효율성 제고 　　· 장소적 특성의 부각
방 향	· 조성되는 공간의 위치나 설치되는 시설에 대한 철저한 유구 존재 확인 후 시행
수법 및 내용	· 조성되는 공간의 대상지 내 맥락적 성격과 부지특성 고려

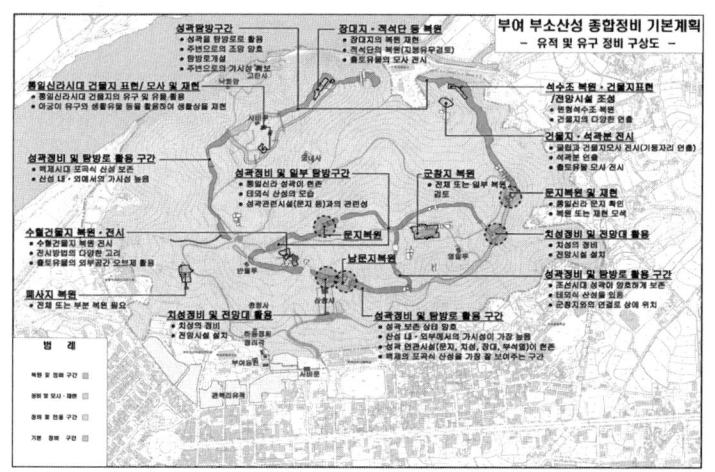

그림5. 부소산성 유적 및 유구 정비구상도

2. 유적 및 유구의 정비방안 고찰

표7. 성벽 유적 및 우구 정비계획

분 류	대 상	정비방안
성벽정비계획	성벽 복원 및 정비	· 성벽형태의 복원 · 단절되거나 유실된 성벽의 보수
	가시성 회복	· 성벽선형을 가시화시키기 위하여 식물과 구조물을 통한 정비 성벽보존을 위한 식생정비 · 산성 안팎에서의 가시성 확보를 위한 시야 개선
	성벽으로의 접근성 개선 및 탐방로 개설	· 성벽으로 직접 진입할 수 있는 진입로 개설 · 원형복원과 탐방로의 기능을 갖는 성벽 부석렬을 복원 · 성벽위로의 탐방 접근성을 제고시키기 위한 목재 관찰 데크의 설치
	성벽축조과정의 전시 및 성벽단면의 연출	· 발굴조사 시 트렌치에 의하여 훼손된 성벽을 단면 전시 요소로 활용 · 현 관람로에 의하여 절개된 부분을 단면전시 요소로 활용 · 절개된 성벽을 복원하는 과정을 성벽 축조과정으로 전시
문지, 치성, 장대지, 망루의 복원 및 정비계획	문지복원 및 정비계획	· 백제시대 남문의 복원 및 재현 · 통일신라시대 남편 테뫼식산성의 북문지 복원
	치성정비(가시성 제고)	· 추정 남문지 서편 백제시대 치성을 현재보다 더 복토하여 치성 형태의 가시성을 제고
	장대지 정비 및 활용계획	· 사비루 동쪽 장대지 재현 및 전망대로 활용 · 동성벽의 장대지 초석의 평면 모식 및 전망대로 활용

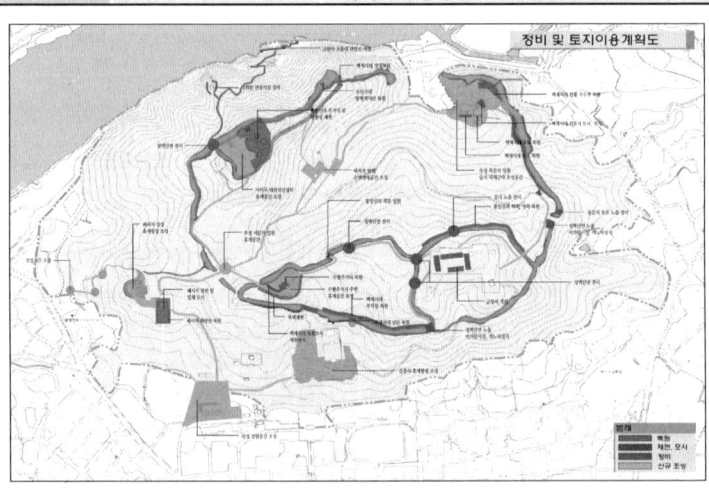

그림6. 부소산성 유적 및 유구 정비계획도

표8. 성벽 이외의 유적 및 유구 정비계획

분 류	대 상	정비방안
폐사지	폐사지	· 남문지, 회랑지, 중문지, 목탑지, 금당지 확인 · 고증 내용을 토대로 복원의 모습을 다양하게 연출 · 일부복원, 평면 입체모사, 평면 바닥모사, 추정 복원도 음각 전시 유리벽 설치 등을 통한 정비
군창지	군창지	· 보다 면밀한 고증을 통한 동고, 서고, 남고, 북고의 전체복원
수혈주거지	부소산성 서남편의 3기	· 현 철재구조물의 철거 및 새로운 재료와 건물형태의 구조물 설치 · 내부공간은 전시 및 안내공간으로 활용할 수 있도록 건축계획 · 3기의 수혈거주지를 전체복원, 부분복원, 평면모식의 방법으로 복원 및 정비
건물지	백제시대 건물지	· 북문지 동편 일대의 굴립주 건물의 흔적을 남겨두기 위하여 지상 위에 재현하고 주공에 기둥을 세우는 방법으로 전시연출

건물지	통일신라시대 건물지	· 사비루 광장 남동편의 '나' 지점의 유구는 건물지임을 기단과 초
		  석을 통하여 나타냄(출토된 유물의 모형전시)
		· 사비루 광장 남동편의 '나-B' 지점의 건물지는 원래의 모습을 추
		  정·재현하여 통일신라시대 생활상을 전시

건물지	조선시대 건물지	· 조선시대의 건물지 중 유구의 잔존상황이 양호한 방형적석단을
		  복원하도록하고 지붕의 유무가 보다 명확히 고증되기 전까지는
		  적석단과 주공흔만 복원

수혈	수혈(토광)	· 백제시대 수혈 33기 중 서남편의 수혈주거지 2기, 군창지 주변의
		  사각 토광시설과 원형구덩이 각 1기, 북문지 동편 능선 정상부에
		  서 '나-4주' 내 서남편 저장고, '나-3주' 내 동남편 저장공 각 1
		  기씩을 원래의 형태와 크기로 복원 및 재현(출토된 유물의 토광
		  내 모형 전시)

도로,우물지	도로, 수로	· 북문지 동편 계곡부 북편의 능선 하단부를 따라 시설된 동서방향
		  의 도로로 동선을 개설하고 원래의 폭과 높이, 석축쌓기 방법(허
		  튼층 막쌓기)으로 복원

도로,우물지	우물지	· 백제시대 조성된 우물지 2곳 중 북문지 남동편의 도로 석축 남편
		  에 인접한 우물지를 복원(잔존유구 상태 양호, 현재에도 많은 양
		  의 수량 유출)

저수조	북문지 동편 능선 정상부	· 백제시대 축조된 원형의 석축 저수조 4기와 방형저수조 1기 중 북 문지 동편 능선 정상부의 원형저수조 2기의 복원
저수조	동성벽 내측 인접부	· 동성벽 내측 인접부와 내측 5m에 위치한 원형 석축 저수조의 복 원 및 재현

축대, 목책	축대	· 1983년의 조사 시 발굴된 제3수혈건물지 남편 경사지 아래와 1984
		  년의 조사 시 발굴된 서남편의 낮고 좁은 계곡사이의 경사진 밑
		  부분에 구축되었던 석축들을 추후 이 지역에 대한 성격이 보다 명
		  확해진 다음 복원 및 정비

축대, 목책	목책	· 목책공으로 추정한 구덩이렬이 부소산성 서남편 일대와 서문지
		  주변에서 조사됨
		· 이 목책공들은 부소산성 축성이전의 서남편 일대의 방어적인 목
		  적으로 세웠던 목책의 유구들로 추정됨
		· 수혈건물지의 남쪽 경사지에 이 목책을 재현하여 펜스로서의 기
		  능 및 목책의 이미지를 연출

기타유구	고분, 분묘, 석렬유구, 십자형 구시설, 석축유구, 판축대지, 토기밀집유구, 배수로형 석렬, 철기산포지	· 기타 유구들 대부분은 잔존상태가 좋지 않고 형태나 규모, 성격 등이 분명치 않음 · 추후의 규모나 형태 성격 등이 명확해질 때 복원 및 활용방안 고려

- 김창규, 2005.10, 「지방문화재의 보존과 활용」, 『2005년도 교육인적자원부 주문식교육사업 충청남도 문화관광해설사이론교육교재』, 충남도립청양대학
- 김창규, 2005.11, 문화재 수리에 관한 법령 제정방안 연구, 한국전통문화학교 부설 한국전통문화연구소
- 부여문화재연구소, 1995, 부소산성 발굴조사 중간보고
- 국립부여문화재연구소, 1996, 부소산성 발굴조사보고서
- 국립부여문화재연구소, 1997, 부소산성 발굴조사 중간보고 II
- 국립부여문화재연구소, 1999, 부소산성 발굴중간보고서 III
- 국립부여문화재연구소, 1999, 부소산성 정비에 따른 긴급발굴조사
- 국립부여문화재연구소, 2000, 부소산성 발굴중간보고서 IV
- 국립부여문화재연구소, 2003, 부소산성 발굴조사보고서 V
- 국립부여문화재연구소, 2005, 백제 사비시기 문화의 재조명
- 국립부여박물관, 2003, 부여나성
- 국립부여군, 1998, 백제의 고도 부여—그 역사와 문화의 발자취, 꿈이 있는 집
- 신상화외 3인, 2002. 6, 「역사적 환경의 보존수법에 관한 연구」, 대한국토·도시계획학회지 『국토계획』 제37권 3호
- 심정보, 2004, 백제 산성의 이해, 주류성
- 이남석, 백제의 고분문화, 서경, 2002
- 이남석, 2004, 백제의 무덤 이야기, 주류성
- 이형구, 2004, 백제의 도성, 주류성
- 장경호, 2004, 아름다운 백제 건축, 주류성
- 조원창, 2004, 백제 건축기술의 대일전파, 서경
- 井上弘一, 1995, 歷史的建築物の施策に關する硏究, 일본 코우베 대학 석사학위 논문
- Attoe, W,O(1979) "Historic Preservation", in A.J. Snyder (ed.)(1979) Introduction to Urban Planning, New York, McGraw-Hill Book Co : 297-319 (1988) "Historic Prevation" in A.J.Snyder(ed.)(1988) Urban Planning(2nd), New York Mcgraw-Hill Book Co : 345-365.1979,1988).
- Jong-Hee Choi, The Methodologies of Analysis and Record for the Conservation and Restoration of Historic Garden, Journal of Korean Institute of Traditional Landscape Architrcture, 2003.12.30.